HISTORIA DEL DERECHO Y DE LAS INSTITUCIONES ESPAÑOLAS

Versión corregida y ajustada al Plan Bolonia

HISTORIA DEL DERECHO Y DE LAS INSTITUCIONES ESPAÑOLAS

Versión corregida y ajustada al Plan Bolonia

Ignacio Ruiz Rodríguez

Dykinson, S. L.

Editorial DYKINSON, S.L. Meléndez Valdés, 61 - 28015 Madrid
Teléfono (+34) 91 544 28 46 - (+34) 91 544 28 69

e-mail: info@dykinson.com
http://www.dykinson.es
http://www.dykinson.com

Consejo editorial véase www.dykinson.com/quienessomos

ISBN: 978-84-9982-739-1
Depósito Legal: M-33688-2011

Maquetación:
BALAGUER VALDIVIA, S.L.
gbalaguer@telefonica.net

Impresión:
SAFEKAT, S. L.
Laguna del Marquesado, Naves 32 K y L - Complejo Neural - 28021 Madrid
www.safekat.com

Para Lourdes

ÍNDICE

INTRODUCCIÓN

La presente obra que tienes en tus manos, estimado lector, no es otra cosa que la continuación, por no llamarla simplemente *evolución natural*, de aquellas otras que ya publicamos en los años 2005 y 2007, las cuales portaban por título "*Apuntes de Historia del Derecho y de las Instituciones Españolas*", la primera de ellas, mientras que la segunda vine a denominarla "*Curso de Historia del Derecho y de las Instituciones Españolas*". A través de estas pretendíamos suplir la siempre tradicional demanda que, de manera reiterada, venían a plantear tus compañeros de cursos pretéritos: la de disponer de unos apuntes de referencia, a través de los cuales poder seguir las explicaciones dadas en clase por este profesor. El problema derivaba, obviamente, en que ya fuese por no poder acudir a todas las lecciones impartidas, o por falta de tiempo para poderlos confeccionar ellos mismos, se presentaban a examen sin haber podido estudiar, al menos con la corrección mínimamente exigible, las materias dadas en clase.

Es por ello que con las citadas obras intentábamos aportar –y continuamos haciéndolo– un elemento básico de trabajo, con el cual hemos impartido hasta la fecha las asignaturas histórico-jurídicas adjudicadas a este profesor, en el seno de la Universidad Rey Juan Carlos de Madrid. En todo caso, advertimos, todo ello es sin perjuicio de que esos materiales deban ser completados con otras obras mucho más especializadas en las distintas temáticas incorporados a este libro, así como de una seleccionada bibliografía.

No está de más recordar, una vez más, que en todo caso ni con los dos textos de historia del derecho y de las instituciones españolas que hemos venido a publicar, ni tampoco con el actual, hemos pretendido que los mismos se conviertan en un manual de historia del derecho en sentido estricto, sino que básicamente, insistimos, se trata de una simple compilación de apuntes, aunque ciertamente se haya trabajado en su constante mejora; de aquellos que tradicionalmente eran depositados en el área de reprografía de nuestra Facultad, para que los alumnos pudieran estudiar a través de ellos la asignatura de la cual este profesor era el responsable, y de los que, a partir de ese momento de haberlos reunidos todos en un libro, los estudiantes gozarían de la ventaja de poder disponer de ellos desde el primer día de clase.

Por otro lado, las novedades que el *Proceso de Bolonia*[1] introduce en el sistema educativo universitario español, hacen que tengamos la necesidad de adaptar el pretérito sistema formativo de los estudiantes universitarios al actual de Grados, en donde se priman varios aspectos educativos desarrollados a lo largo de todo el periodo en el cual se cursa la asignatura (asistencia, trabajos, exposiciones en clase, examen, etc.), y que anteriormente eran ignorados o bien primaban mucho menos a como lo hacen ahora. De este modo, hemos entendido que se trata de una obligación ineludible el hecho de dar cabida a ellos en lo que pretende ser el libro de referencia de mis alumnos, fundamentalmente en lo que se refiere al aspecto de las prácticas, hasta la fecha no tratadas en su seno.

La idea, por tanto, es la de incorporar, ahora, las distintas prácticas que de manera ordinaria se desarrollarán a lo largo del curso que en este momento se inicia, para que desde el primer día de clase igualmente se pueda trabajar en ellas, las cuales una vez elaboradas deberán ser entregadas en el momento en el que este profesor indique, tal y como se hará mención el día de la presentación de la asignatura, momento en el cual procederemos a establecer la fecha de entrega.

---

1 Proceso de Bolonia es el nombre que recibe el proceso iniciado a partir de la *Declaración de Bolonia*, acuerdo que en 1999 firmaron los ministros de educación de diversos países de europeos, tanto pertenecientes al ámbito de la Unión Europea como sí de otros países como Rusia o Turquía), en la ciudad italiana de que le daba su nombre a este Proceso. Se trató de una declaración conjunta que daba inicio a un proceso de convergencia que tenía como objetivos facilitar el intercambio de titulados y adaptar el contenido de los estudios universitarios a las demandas sociales mejorando su calidad y competitividad a través de una mayor transparencia y un aprendizaje basado en el estudiante cuantificado a través de los créditos ECTS.

Pese a no ser este Proceso un tratado vinculante, condujo a la creación del *Espacio Europeo de Educación Superior*, un ámbito al que se incorporaron países y que serviría de marco de referencia a las reformas educativas que muchos países habrían de iniciar en los primeros años del siglo XXI.

Con respecto a la estructura del libro que ahora presentamos, la hemos segmentado del modo siguiente:

Una primera parte dedicada a introducir a los alumnos en el concepto de historia e historia del derecho, a la que seguirá, en segundo lugar, la exposición de cada uno de los períodos que conforman la historia. En este caso concreto trabajaremos desde épocas Romanas, Visigoda, el Medievo en su más amplio recorrido histórico, la Edad Moderna, terminando en el mundo Contemporáneo. Además, hemos separado los distintos territorios que conforman actualmente el territorio español, así como los que históricamente, en un momento dado, habían formado parte de las mismas, en el ánimo de contemplar cual fue su evolución histórica particular.

Para ello, la sistemática comenzará con una cronología de la época tratada, previa al desarrollo de aquel momento histórico, y cuya lectura recomendamos; seguida de una introducción general sobre los acontecimientos pretéritos más relevantes de aquel momento histórico. Más tarde analizaremos las fuentes e instituciones más significativas, profundizando en los aspectos más relevantes de la misma.

Una vez finalizados los distintos períodos que conforman el conjunto de esta obra, aparecerá un capítulo que en cierto modo porta la apariencia de estar desgajado del resto que la componen, y que va encaminado a analizar la Historia de las Universidades, elemento imprescindible para conocer a aquella Institución histórica en la cual hemos y seguimos pasando un tiempo fundamental para nuestra formación intelectual. Tras ello, nos encontraremos un apartado dedicado a incorporar unas prácticas, en donde el alumno deberá leer su contenido, analizarlo y, posteriormente comentarlo. Dentro del comentario que deberán realizar obligatoriamente los alumnos, nos permitimos la licencia de realizarle una serie de recomendaciones:

- autores y destinatarios
- época y año
- pretensiones del documento
- consecuencias históricas pretendidas y resultado real
- conclusiones
- búsqueda de bibliografía al respecto

Finalmente, y a modo de bibliografía, exponemos una serie de manuales de referencia para el alumno, y que a la postre han servido de sostén para la confección de esta obra. En este sentido hemos pretendido citar las obras de los más destacados profesores de la asignatura, sin perjuicio de que para cada uno de los temas concretos, será entregada a los alumnos una bibliografía específica en el caso de entenderlo preciso. También a la hora de confeccionar esta obra, hemos utilizado –como no podía ser de otra manera a estas alturas de la evolución tecnológica– los muchos recursos que podemos encontrar en la Red, fundamentales a la hora de encontrar referencias para un buen desarrollo de cualquier trabajo histórico-jurídico, y en donde encontraremos numerosas bases de datos, enciclopedias virtuales, biografías concretas, etc.

No podemos dejar, ya en este momento, de acercarnos a los criterios que habitualmente utiliza este profesor con respecto a la superación de la asignatura. En este sentido, y con respecto a la evaluación del estudiante, proponemos un sistema de evaluación que no sea exclusivamente final, sino que preferimos una calificación continua; con valor formativo tanto para los alumnos, como para el proyecto de aprendizaje del propio profesor.

Esto último constituye una exigencia permanente por las distintas leyes que rigen el ámbito universitario. El reconocimiento de la plena capacidad docente al profesor de universidad no es un derecho, al menos en lo que para mi persona se refiere, de propiedad absoluto sobre la formación de los estudiantes; no convierte la enseñanza de una disciplina en una «*finca*» del profesor para que éste haga allí lo que le plazca. Implica la responsabilidad de establecer sistemas de corrección y de mejora internos al proceso de dirección de los aprendizajes.

La propuesta que hago se alimenta de dos tipos de criterios evaluadores. Los más clásicos de los exámenes, o pruebas periódicas objetivas, y los que se apoyan en la relación tutorial y en las actividades dirigidas.

Antes de entrar en ellos, y con carácter general, conviene expresar dos criterios fundamentales para que toda evaluación sea correcta, esto es, tenga valor formativo y responda a un mínimo criterio de equidad en su realización.

En primer lugar, toda evaluación debe ser una evaluación de objetivos. Al principio del curso, cuando el profesor presenta y explica el programa de la asignatura, debe comentar los objetivos del curso.

Es muy corriente en el sistema evaluativo final y externo, que la evaluación se centre, exclusivamente, en la constatación de que los alumnos hayan memorizado suficientemente los datos expuestos por el profesor a lo largo del curso. Y ello, aun a pesar de que, teóricamente, en el programa se haga referencia a otros valores docentes como la reflexión, la pericia en formas de argumentación propias de la disciplina, u otras aptitudes, además de aquellas exigencias impuestas por el sistema de grados. Pero lo cierto es que, en el momento de calificar al estudiante, sólo se suelen tener en cuenta los valores que tienen que ver con el esfuerzo de la memoria. De esta manera, muchos estudiantes que han podido llevar a cabo durante el curso un importante esfuerzo en orden a la lectura de textos recomendados, asistencia a clases, seminarios u otras actividades recomendadas por el profesor, resultan, al final, calificados, tan sólo, por su capacidad reproductiva y acrítica, muy a pesar de lo que, pomposamente se pudo expresar a principio de curso sobre la creatividad, el desarrollo de las técnicas jurídicas, etc.

En segundo lugar, toda evaluación debe incorporar consecuencias de mejora, tanto docentes como discentes. En nuestra modesta opinión, el fracaso evaluativo siempre será un fracaso compartido por el que aprende y por el que dirige el aprendizaje. Por esto es por lo que la evaluación tiene que ser formativa, porque a su raíz y desde sus indicaciones se podrán establecer las correcciones que sean necesarias por ambas partes, para mejorar el proceso y culminar con éxito el aprendizaje.

Hay que tener siempre presente que no es posible una programación sin fallos; el profesor debe asumir que la evaluación también le atañe a él. Su programa es un documento de intenciones, pero dada la complejidad que deberá entrañar, su desarrollo continuado en el tiempo, la necesaria adecuación a la individualidad, es lógico pensar que todo programa, por bien diseñado que esté, necesitará de correcciones a lo largo de su materialización para conseguir una mayor efectividad en sus objetivos.

Ya con respecto al tan temido examen final, indicar que se trata de la culminación de un esfuerzo docente y discente que ha podido seguir un difícil itinerario, con constantes correcciones y modificaciones (en función de los resultados de un proceso evaluativo continuo) y que ha debido concluir con un grado de aprendizaje adecuado. En este sentido, ese examen final ha de consistir en la acreditación de lo que los anteriores criterios evaluadores deben venir ya indicando. Así las cosas, las improbables diferencias radicales entre el resultado del examen final y las evaluaciones anteriores, únicamente deberían responder a situaciones excepcionales, ante las cuales será necesario una atención personalizada de aquel o aquellos alumnos, para hallar y solucionar, a ser posible, la razón de la mencionada disfunción. Lo normal, si el sistema se ha realizado correctamente, es que el examen final simplemente sirva para corroborar la trayectoria que el alumno ha llevado a lo largo de todo el proceso de aprendizaje, prácticas realizadas, trabajos, etc.

En este momento únicamente me resta agradecer la colaboración que de manera desinteresada nos han prestado compañeros y amigos, destacando la figura del profesor Martínez Diez, maestro de entre maestros; sin olvidar otros magníficos profesionales de la universidad española, como son los profesores José Antonio Escudero, Emiliano González Diez, Bruno Aguilera Barchet, Rogelio Pérez-Bustamante, Luis Palacios Bañuelos, José Manuel Calderón Ortega, Félix Martínez Llorente, Francisco Javier Díaz González, y un largo etcétera, estando presente en este libro de Historia del Derecho, como no podía ser de otra manera, la impronta y buen hacer de todos ellos.

Pero no podemos olvidar a los auténticos protagonistas de que esta obra haya sido una realidad: los alumnos de la Universidad Rey Juan Carlos de Madrid, en donde la autoexigencia que ellos se imponen en sus tareas de aprendizaje, hacen que este profesor tenga que poner cada día mayores medios a su disposición, en justa correspondencia.

Finalmente, indicar que este *libro de Historia del Derecho* es deudor singularmente de algunas obras de importantes maestros de la Historia del Derecho y de las Instituciones Españolas, las cuales han servido, cuando menos, de guía y referencia a la hora de confeccionar el libro que ahora tienes en tus manos. Así, los amplios y más que reconocidos trabajos de los profesores García-Gallo, García de Valdeavellano, Martínez Diez, Escudero López, Aguilera Barchet y Pérez-Bustamante se ven reflejados en muchas de estas páginas. A ellos, una vez más, mi admiración, agradecimiento y afecto infinitos.

Alcalá de Henares, cuna del inmortal Miguel de Cervantes,
primavera de 2011.

EL CONCEPTO DE HISTORIA DEL DERECHO Y DE LAS INSTITUCIONES

EL CONCEPTO DE HISTORIA DEL DERECHO Y DE LAS INSTITUCIONES

Introducción

La historicidad del Derecho

El objeto científico de la Historia del Derecho se identifica por lo jurídico en su realización temporal y esta argumentación exige la consideración de lo jurídico contemplando la historicidad del derecho desde aquella delimitación: el objeto de la Historia del Derecho como el estudio de lo que alguna vez fue derecho, y las relaciones del derecho con el espacio, temas ambos clásicos del pensamiento jurídico que permiten trazar las coordenadas cronológicas y espaciales donde el objeto del derecho debe quedar instalado[2].

De entre las tres perspectivas de contemplar un fenómeno: el pasado, el presente y el futuro, el Derecho histórico se encuadra conceptualmente en la primera, la investigación de lo que fue Derecho en algún momento pretérito[3].

Ello, obviamente, nos obligará a tener siempre presente la idea que sobre el Derecho se haya tenido en cada época y lleva también a estudiar

[2] Así lo manifiesta el profesor José Antonio Escudero, precisando que esta identificación, en cuanto encerrada en los contornos de una tautología, no presenta problemas a nuestro asentimiento o divergencia. Escudero, J.A., *Curso de Historia del Derecho. Fuentes e Instituciones político-administrativas*, Madrid, 2005., p. 391.

[3] Paradisi, B.: «*Apologia della Storia giuridica*». Bolonia, 1973, fundamentalmente en el capítulo titulado Questioni fundamentali per una moderna Storia del Dirito.

todas las manifestaciones del derecho, tanto en su aspecto formal como en su contenido relacional, así como la actuación del sujeto con arreglo a ella[4]. Igualmente implica la necesidad de reconstruir cada ordenamiento jurídico desde las fuentes históricas que lo caracterizan[5], y por tanto el Derecho del pasado aparecerá caracterizado por los diferentes sistemas de creación, aplicación y exposición, valorando a su vez el papel que cada elemento juega en la construcción y aplicación del sistema jurídico que se investiga, y así en la consideración de los niveles de creación de conocimiento del Derecho, se deberán tener en cuenta las concepciones morales de cada pueblo en cada contexto temporal determinado y el conjunto de factores condicionantes de la evolución histórica del Derecho: materiales, éticos, ideológicos, etc.,[6]. Dada la amplitud que supone el objeto del Derecho histórico, queda clara la insuficiencia de la pura consideración de las normas jurídicas para el conocimiento del derecho del pasado, el cual debe ser rastreado y sometido a examen en la multiplicidad variada de los testimonios que el pueblo dejó, tales como en el arte, la poesía, los refranes e incluso los cuentos.

La Historia del Derecho Español

La determinación de lo español adquiere complejas características, que originan debates transcendentes en diversos órdenes. Para el profesor García de Valdeavellano, la reducción a la unidad de las diferenciaciones que caracterizan territorios y gentes de tan diversa geografía, la fusión de lo genérico de elementos específicos, adventicios, los siglos de convivencia, de tradición, de empresas y de mitos comunes, habrían dado aliento perdurable al concepto de lo español y lo habrían convertido en un hecho único e indiscutible[7].

Igualmente, el catedrático de historia del derecho Pérez Prendes, sintetizando las posiciones generales mantenidas por los historiadores, recuerda que no parecen ser los elementos económicos los que jueguen un papel

[4] Punto de partida para la delimitación material, en Escudero, J.A., op. cit., p. 381.

[5] Como primera tarea de la aprehensión del ordenamiento jurídico propiamente dicho, en Coing, H.: «*Las tareas del historiador del Derecho*». Sevilla, 1977, pp. 45 y ss.

[6] Font Rius, J. Mª., "Derecho Histórico", en *Nueva Enciclopedia Jurídica*, t. I. Barcelona, 1950, p. 479.

[7] García de Valdeavellano, L., *Memoria sobre el concepto, método, fuentes y programa de la Historia del Derecho Español*, pp. 38 y ss.

configurador de lo hispano, y se refiere a la polémica entre Américo Castro, para quién lo español vino a ser un producto de la mezcla de un triple elemento cristiano, musulmán y judío, que durante nuestra Reconquista se dio de modo que no pueden encontrarse rasgos diferenciadores con anterioridad, y Sánchez albornoz, el cual sostenía que estos rasgos aparecen con más o menos fuerza desde que hay testimonios de referencia[8].

Es por ello que para la caracterización de lo español han sido utilizados criterios muy diversos[9]; Hinojosa utilizó el criterio geográfico, estudiando el derecho de cada una de las regiones que integran el estado español[10] y esta fue la posición mantenida por Galo Sánchez, para quién ha de tenerse como objeto de nuestra disciplina:

> «*La historia jurídica de los diversos territorios que forman o han formado parte integrante de España y han recibido de modo descabale las influencias de nuestro derecho*»[11].

Aunque el elemento geográfico, el marco territorial, resulta ser el elemento determinante, no puede ser considerado como elemento diferenciador único y exclusivo, así como tampoco lo es el criterio lingüístico en un país en donde se han mantenido, dentro de sus comunidades, diversas lenguas a lo largo de su historia, por muchas razones descartamos obviamente el elemento racial o popular. El maestro García Gallo destaca la imprecisión de estos criterios, recordando que el nombre de España no se ha dado siempre al mismo territorio ni sobre este ámbito ha existido siempre una organización política, así como la imposibilidad de acudir a criterios lingüísticos o raciales, por lo cual parece más conveniente acudir a criterios generales apriorísticos: la consideración de los elementos que forman el Derecho español. Entiende éste que la mejor solución quizá sea la de considerar como español el conjunto de derechos por los que se ha regido el pueblo español, tanto si han sido creados por él o en España, como si han sido recibidos de

---

[8] Castro, A, *La realidad histórica de España*, México, 1964; Sánchez Albornoz, C., *España, un enigma histórico*, Buenos Aires, 1967.

[9] A propósito de la cuestión, y sobre las opiniones historiográficas, vid. Otero Varela, A., "La delimitación nacional de la Historia del Derecho", *En torno a los orígenes de la nacionalidad española*, en «Boletín de la Universidad Compostelana», nº. 78. 1971.

[10] Hinojosa, E. de, *Historia General del Derecho Español*. Madrid, 1924, v. I., p. 2.

[11] Sánchez, G., *Curso de Historia del Derecho Español*. Madrid, 1952.

fuera y simplemente aplicados en ella, con tal que haya vivido conforme a ellos, sea dentro del territorio actualmente español, o en otras partes[12].

Ello supone la existencia de una comunidad cuyos miembros tuvieron la condición de españoles en cualquiera de los períodos históricos. En esta misma línea ha de entenderse la «*solución práctica*» que Font Rius adopta para la determinación de lo español, considerando como derecho español,

> «*el conjunto de los sistemas vividos por el pueblo español, bien como creados por él mismo en su propio seno, bien como recibidos e importados de fuera, pero asimilados por él y aplicados en mayor o menor grado, tanto en el ámbito del territorio actualmente español, como en otras partes fuera del mismo*»[13].

Cabe por último apuntar que no siempre es este ámbito espacial de la nación el más conveniente para la consideración del derecho del pasado, de ahí que se hayan acuñado diferentes términos, –área jurídica, círculo cultural–, para referirse a circunscripciones dotadas de personalidad propia a lo largo de un gran período, o en tiempos muy concretos pero significados. Parece evidente que los fenómenos jurídicos deberían ser enmarcados en su propio contexto espacial y temporal, evitando de este modo visiones deformadas[14].

Una vez fijado el objetivo de la disciplina a la consideración de la evolución jurídica en el tiempo y en el espacio, resta caracterizar el aspecto conceptual de esta disciplina en lo relacionado al estudio de la evolución del

---

[12] Conforme a este criterio hay que considerar como españoles, aunque no fuesen creados expresamente para el pueblo español en su conjunto o directamente, los derechos celta, romano, gótico, suevo, musulmán y común, en la forma y medida en que fueron conocidos y aplicados en España, así como también el canónico, por el que se rigió y se rige el pueblo español. De igual manera ha de estudiarse como español el Derecho dictado por España para el gobierno de los territorios extrapeninsulares que políticamente dependieron de ella: Italia, Flandes, América, Filipinas, etc., pero no el propio y peculiar de los naturales de ellos: el Derecho sardo, siciliano, flamenco, indígena americano, etc. García Gallo, A, *Manual del Derecho Español*, 2ª ed. v. I., p. 22.

[13] Font Rius, J.Mª., *Apuntes de Historia del Derecho Español*. Barcelona, 1969, p. 15.

[14] Así se refleja por Rafael Gibert al destacar la atención prestada a todos los territorios hispánicos «respetando su autonomía» sin olvidar tampoco la interdependencia, en la medida y el modo que éstas se presentan en cada momento. «Creo haberme liberado de la visión nacionalista y centralista de la Historia del Derecho», en, «*Historia General del Derecho Español*». Granada, 1968, p. XI.

derecho, que rememora el derecho del pasado. Afirmamos la adscripción jurídica de la Historia del Derecho, por ser su objeto el derecho, aunque afectado ciertamente por la historicidad y por el encuadramiento de la disciplina en los planes de estudio. En consecuencia, en nuestra modesta opinión, la Historia del Derecho se nos presenta formando parte de la ciencia jurídica, sea cual sea el encuadre que se de a ella dentro de las Ciencias Sociales[15].

Esta consideración, y su inclusión entre las Ciencias Jurídicas, no niega el carácter histórico de la disciplina, sino al contrario, superada la visión de la historia como ciencia de lo individual e irrepetible y partiendo de la desaparición de aquel hecho diferenciador, no se discute la doble naturaleza de la disciplina, su carácter histórico o su inclusión en las ciencias jurídicas, por tanto en su elaboración han de utilizarse técnicas jurídicas y su metodología histórica[16].

Desprovista de limitaciones temporales y circunscrita la disciplina al ámbito espacial de lo español, aceptamos plenamente la definición predominante de la Historia del Derecho español como la ciencia que estudia el origen y las transformaciones del derecho español a través de los tiempos[17], ciencia por tanto que aspira al estudio y exposición de las relaciones jurídicas en el tiempo.

---

[15] Para el profesor Bartolomé Clavero, la Historia del Derecho puede considerarse «dentro del conjunto de las Ciencias Sociales que se definirían fundamentalmente por su objeto y no por su demarcación temporal de principio, en cuanto que le cabe erigirse no desde luego por la simple declaración de intenciones metodológicas, sino por la efectiva dirección de sus intereses e investigaciones, en Ciencia del Derecho, dotada de los medios de acceder al conocimiento de todas las determinaciones de los métodos y formas de establecimiento y reproducción del orden social expreso compulsivo, conocimiento de un objeto que evidentemente se sitúa en la Historia», en "Historia, Ciencia, Política del Derecho: perspectivas en las últimas décadas", *Revista de Historia del Derecho*, II, Granada, 1981, p. 60.

[16] Lalinde Abadía, J., caracteriza la Historia del Derecho como Ciencia Histórica y Ciencia Jurídica, y subraya que el valor jurídico que fue exaltado al máximo por la Escuela Histórica del Derecho ha sido rebajado e incluso anulado, sin que ello afectara al valor científico. Ninguna corriente, señala Lalinde, ha negado a la Historia del Derecho ese carácter de Ciencia Jurídica, «siendo curioso que esa naturaleza aparece discutirá tanto a la Historia como al Derecho». En «Hacia una Historia Paralógica del Derecho», «*Actas de las Jornadas de profesores de Primer Año de la Facultad de Derecho*». Universidad de la Rábida. Madrid, 1978, pp. 74-79.

[17] "Ciencia que estudia el origen y las transformaciones de los diferentes sistemas jurídicos vividos por el pueblo español a través de los tiempos", en Font Rius, J. Mª., *Apuntes...*, op., cit., p. 15; "Ciencia que estudia el origen y transformaciones del Derecho a través del tiempo". García Gallo, A., *Manual...*, op, cit., v. I, p. 15; «La Historia del Derecho aspira al

En todo caso, la Historia del Derecho puede definirse como la disciplina que estudia el origen, la evolución y las transformaciones experimentadas por los sistemas jurídicos a través del tiempo.

Esta ciencia tiene una naturaleza substantiva doble. De una parte, evidentemente, es Historia, esto es, se ocupa de estudiar la realidad de las sociedades humanas en evolución. Al mismo tiempo, es Derecho, es decir, aborda el análisis de uno de los grandes elementos de la vida humana, elemento que además posee una doble dimensión y utilidad: posibilita la aproximación a esas realidades humanas desde una óptica científica privativa, y al mismo tiempo las contempla a la luz de la múltiple funcionalidad de un concreto elemento de la vida y de la cultura, concebido como un sistemas de normas destinadas a regular con arreglo a un conjunto de valores el funcionamiento de una sociedad.

Con respecto al adjetivo *Español*, indicar que con ello se clarifica el ámbito geopolítico en el que se desenvuelve nuestro estudio, que se atiene a la realidad de España como proyecto político formado por diversos elementos y distintos componentes históricos y jurídicos, además de étnicos y sociales.

En suma, podemos definir la Historia del Derecho Español como una ciencia social perfilada por un triple enunciado significante: es una disciplina histórica y jurídica con una precisa delimitación espacial derivada del contenido político de un proyecto que bajo la denominación de Español integra, denota y significa la razón última de ser y el cometido verdadero de nuestra asignatura.

La Historia del Derecho desde las perspectivas no jurídicas. La Historia del Derecho como disciplina histórica especializada

Evidentemente hay otras perspectivas a la hora de encuadrar a la Historia del Derecho. En este sentido, esta posición que ahora analizamos corresponde a quienes han considerado a la Historia del Derecho como

---

estudio y exposición del desarrollo de las relaciones jurídicas en el tiempo». Lalinde Abadía, J.: *Iniciación al estudio del Derecho Español*, Barcelona, 1978, p. 1; "Ciencia que estudia el sentido de los procesos de mutación de las estructuras Jurídicas". Pérez Prendes, J. M., *Curso de Historia del Derecho Español*, Madrid, 1983, v. I, p. 135.

una rama especializada de la Historia General, consideración obvia hasta que algunos historiadores del Derecho la negaron al plantear, una radical autonomía disciplinar.

Fue la posición de los investigadores de la Historia General que trataron temas de historia jurídica, como Mommsen, Mitteis o el italiano Enrico Besta, destacando ya en tierras de España a Eduardo de Hinojosa.

El tratamiento de la historia jurídica por estos investigadores, había de desembocar en la consideración de la historia jurídica como rama especializada de la Historia, que debe ser estudiada con autonomía, planteamiento seguido por una gran parte de los titulares de las cátedras de Historia del Derecho en la España de los años 20 a 50: Altamira, Torres López, García de Valdeavellano, y en sus inicios, por García Gallo. Desde esta perspectiva la Historia del Derecho se vio obligada a seguir los casos del método científico. Así lo estimaba García de Valdeavellano al destacar, siguiendo estos casos, el interés de encontrar las fuentes y someterlas a una crítica detallada, buscando la singularidad y la individualidad, seleccionar lo esencial por la referencia a valores jurídicos de cada período, descubrir 1a relación causal entre los sistemas de períodos sucesivos[18].

Sin lugar a dudas, en donde se hace más patente esta dependencia de la Historia del Derecho respecto a la Historia General para los seguidores de esta postura, es en el problema relativo a la periodificación de la evolución del Derecho. Por lo general se ha acudido a la división por edades, tradicional de la Historia General: Época prehistórica, Antigua, Media, Moderna y Contemporánea. Desde luego, para el historiador del derecho esta división resulta cómoda y útil, sobre todo en lo que respecta al Derecho Público, más conexo siempre a los acontecimientos políticos; resulta por el contrario más difícil de adaptar a la hora de marcar las pautas del desarrollo del Derecho Privado.

Como señalaba García Gallo, este modo de proceder se explica al intentar reducir todo el Derecho vigente a un Sistema, entendiendo por éste la construcción lógica y estática del ordenamiento jurídico. De este modo, cada período de la Historia General se hizo coincidir con un Sistema. Sin embargo esto no era siempre posible y se intentó modificar la división de

---

[18] García de Valdeavellano, L., *Memoria sobre el concepto, método, fuentes y programa de la Historia del Derecho Español*, op. cit., pp. 54-55.

la Historia del Derecho para que se reflejara claramente la vigencia de cada Sistema. No obstante, la periodificación de la Historia del Derecho, para lo que al Derecho Público se refiere, en líneas generales no difiere mucho de la utilizada por los historiadores generales y se suele presentar como la exposición de los diferentes sistemas jurídicos[19].

En otro contexto temporal y desde posiciones más actuales cabe considerar en este apartado la posición que en su día tomó el malogrado profesor Tomas y Valiente, el cual se mostraba ciertamente decidido a mantener que la historia del Derecho era una de las especialidades en la Ciencia Derecho[20]. Justificaba su posición manifestando que la historia sólo estudia partes de la realidad del pasado, una de cuyas secciones o elementos es el Derecho, y que la Historia de las Sociedades pasadas debe estudiarse delimitando áreas homogéneas de estudio, una de las cuales puede ser el Derecho. Esta posición era ya mantenida por Tomas y Valiente cuando indicaba que el derecho como elemento de la convivencia humana en sociedad es histórico, con su peculiar historicidad, y por tanto, la historia del Derecho no puede ser sino una especialidad historiográfica[21]. De tal modo, concluye, que el estudio de las realidades pretéritas, elaborado con los métodos de investigación críticos y rigurosos, propios de la historiografía actual constituirá siempre una especialidad de la Historia y si esta realidad es lo jurídico, esa especialidad será la Historia del Derecho.

Con respecto al método no es obstáculo para esta posición el hecho de emplear junto a los métodos históricos, métodos jurídicos, en tanto en cuanto la peculiaridad del objeto que se estudia lo exige. Dos serán las partes de la estructura de una exposición de conjunto de la Historia del Derecho español:

- La Historia de los modos de creación del derecho, esto es la creación del derecho en cada formación social concreta, y

---

[19] García Gallo, A., *Historia, Derecho e Historia del Derecho*, op. cit., pp. 22 y ss.

[20] Tomás y Valiente, F., «Historia del Derecho y Derecho». La Historia del Derecho como especialidad de la Ciencia de la Historia en el primer año de Derecho, *Actas de las Jornadas de profesores de Primer Año en la Facultad de Derecho*, Universidad de la Rábida. Madrid, 1978, p. 75.

[21] Tomás y Valiente, F., "Historia del Derecho e Historia", en *Ensayos sobre la Historia,* Diversos Autores, Madrid, 1976, p. 165.

- La Historia de las Instituciones que debe comprender las instituciones jurídicas; públicas y privadas.

La cuestión de la periodificación es también abordada de modo amplio por este autor, para quién la Historia del Derecho debe articular su propia división en periodos, atendiendo a los modos de creación del Derecho estudiados, como:

> «*Las distintas y sucesivas combinaciones que se han dado en la Historia entre el núcleo Jurídico normativo y técnico y los factores condicionantes que sobre él actúan*»[22].

Indicar que el tratamiento de la Historia del Derecho dentro de la ciencia histórica ha reportado, no cabe duda, grandes beneficios para la disciplina. Gracias a la ciencia histórica se ha podido destacar la historicidad del derecho y se ha corregido el excesivo conceptualismo a la hora de caracterizar las distintas instituciones Jurídicas. Ha servido también para poner de relieve la relatividad del derecho, así como su interdependencia con las circunstancias de todo orden conexas con él. La ciencia histórica ha aportado a la Historia del Derecho nuevas fuentes de conocimiento, acrecentando los materiales necesarios para una mejor reconstrucción del derecho del pasado[23].

A cambio de estas ventajas, concebir la Historia del Derecho como una parte de la Historia General supone la privación de sustantividad propia al tratamiento del fenómeno jurídico del pasado que aparece diluido en consideraciones de otro orden: otras veces ha mostrado el Derecho como algo atemporal, carente de evolución propia.

Finalmente, y en el ánimo de concluir este apartado, no conviene nunca olvidar que la Historia puede llegar a menospreciar la importancia de la persistencia del Derecho y su particular ritmo de evolución, aparte de trasvasar los problemas metodológicos propios de la Historia general al campo del Derecho, como sucede con la priorización[24].

---

[22] Tomás y Valiente, F., «Historia del Derecho e Historia», op. cit., p. 178.
[23] García Gallo, A., *Historia, Derecho e Historia del Derecho*, op. cit., p. 17.
[24] García Gallo, A., *Historia, Derecho e Historia del Derecho*, op. cit., p. 22.

LA ESPAÑA ROMANA

LA ESPAÑA ROMANA. CRONOLOGÍA

238 a. C.

Cartago se dispone a ocupar la Península para compensar la pérdida de Sicilia y Cerdeña, en poder de Roma.

Amílcar Barca desembarca en Gadir e inicia la conquista militar del sur. Ocupa el valle del Guadalquivir y el litoral levantino. Le sucede su yerno, Asdrúbal; éste funda Cartago Nova (Cartagena), que convierte en capital (227).

226 a. C.

Asdrúbal avanza hacia el Ebro. Se firma un tratado con Roma por el que se limita la expansión cartaginesa al sur de este río.

221 a. C.

A la muerte de Asdrúbal, Aníbal, hijo de Amílcar, se pone al frente del ejército cartaginés y avanza hacia el norte.

219 a. C.

Aníbal pone sitio a Sagunto, aliada de Roma, y la conquista. Este conflicto origina la segunda guerra púnica. Aníbal cruza los Pirineos y se dirige a Italia (218 a. C.).

218 a. C.

Roma envía un ejército mandado por Cneo Escipión, que desembarca en Emporion y se asienta al norte del Ebro. La llegada de su hermano Publio como cónsul, con nuevas tropas, corta el avance de Asdrúbal, hermano de Aníbal, y abre para los romanos el camino hacia el sur.

211 a. C.

Mueren los dos Escipiones en su intento de penetrar en el valle del Guadalquivir: desastres de Cástulo y Lorca.

209 a. C.

Publio Cornelio Escipión, llamado más tarde *el Africano*, toma Cartago Nova y vence a Asdrúbal en Baecula; pero no puede impedir que éste alcance los Pirineos para ir en ayuda de Aníbal.

206 a. C.

Tras la victoria romana de Ilipa, el abandono de Gadir y la retirada de Magón, termina el dominio cartaginés en la Península.

205 a. C.

Se asignan gobernadores a las provincias de Citerior y Ulterior.

Sublevación de los ilergetes, que son sometidos, tras la muerte de Indíbil y la ejecución de Mandonio, sus jefes.

197 a. C.

Sublevación general de las tribus ibéricas (indigetes, turdetanos, celtíberos, etc.). El ejército consular, al mando de Marco Poncio Catón, domina el área catalana y el valle del Ebro. Concluye la guerra de la Citerior con la toma de Jaca (194), núcleo de los jacetanos.

193-192 a. C.

Marco Fulvio Nobilior, pretor de la Ulterior, vence a los carpetanos y somete la Meseta inferior (Toletum).

180-179 a. C.

Tiberio Sempronio Graco, pretor de la Citerior, vence a los celtíberos y vacceos, con los que firma pactos. Funda Gracurris, la actual Alfaro, en La Rioja, y extiende el área de influencia romana.

179-155 a. C.

Tras el sometimiento de los pueblos íberos se conoce un período de relativa estabilidad.

155-154 a. C.

Púnico, caudillo lusitano, invade y saquea territorios romanos, aliado de los vetones. Los celtíberos inflingen una severa derrota a Fulvio Nobilior, quien reacciona y asedia Numancia, reducto arévaco (153).

151 a. C.

Rompiendo los acuerdos establecidos por Claudio Marcelo con los celtíberos, el cónsul Lúculo ataca por sorpresa a los vacceos en Cauca (Coca, en Segovia), causándoles una gran mortandad.

150 a. C.

Galba traiciona a los lusitanos mediante un engañoso reparto de tierras; de la matanza se libra Viriato, quién será elegido caudillo.

147-139 a. C.

Viriato se enfrenta a los romanos y obtiene sucesivas victorias con su estrategia guerrillera. Después de firmar un acuerdo con Roma (140 a. C.), es traicionado y asesinado por tres de sus jefes, lo que extingue la rebelión.

141-140 a. C.

Tras la acción del cónsul Cecilio Metelo, Quinto Pompeyo reanuda el sitio de Numancia, ciudad a la que no consigue someter, ni él ni sus sucesores Popilio Lenas (139 a. C.) y Mancino (137 a. C.).

134 a. C.

Se concede a Escipión Emiliano el mando de la Citerior, con el encargo de doblegar a la indómita Numancia. Escipión recluta sus tropas entre las tribus aliadas, los contingentes militares existentes en Hispania, y honderos y arqueros de Yugurta, en total 60.000 hombres. Debilitados por el hambre, los arévacos deciden capitular, pero muchos de ellos prefieren suicidarse a rendirse vivos a los romanos. Numancia es arrasada (133 a. C.).

83 a. C.

Sertorio es nombrado pretor de la Hispania Citerior. Partidario del partido popular de Mario, intenta atraerse a lusitanos y celtíberos para luchar contra los amigos de Sila (partido senatorial) en Hispania. Al ser nombrado éste dictador, Setorio tiene que huir a Cartago Nova y a Mauritania. Llamado por los lusitanos, regresa a la Península para dirigir la resistencia contra Roma (80 a. C.). Consigue someter la mayor parte de la Citerior, consolidando su poder hasta la línea del Ebro. Organiza Hispania a imagen de Roma, creando un senado y una escuela en Osca. Ante la amenaza que ello supone, Roma envía a Cneo Pompeyo, lo que provoca una alianza entre Sertorio y Mitrídades

(75 a. C.). Tras sufrir diferentes derrotas, Sertorio se refugia en el valle del Ebro; en Osca es asesinado por sus propios partidarios (72 a. C.). Celtiberia queda definitivamente incorporada a la órbita romana tras la metódica aniquilación de los grupos de resistencia por parte de Pompeyo.

69 a. C.

Primera estancia de Julio César en Hispania como cuestor de la Ulterior.

61 a. C.

Segunda estancia de César, que se hace cargo del gobierno de la Ulterior como propretor. Sus campañas contra los lusitanos le aportan prestigio militar; es también brillante su gestión como administrador.

56 a. C.

En el reparto del primer triunvirato, Pompeyo es nombrado procónsul de las dos Hispanias, que a partir de entonces se convierten en uno de los escenarios de la guerra civil entre César y Pompeyo en su pugna por el poder.

49 a. C.

En Ilerda, César vence al ejército pompeyano y consigue el dominio de la Citerior. También las ciudades de la Ulterior se decantan a su favor.

45 a. C.

Tras la muerte de Pompeyo en Egipto (48 a. C.), César derrota en Munda los hijos y partidarios de aquél.

42 a. C.

Las dos circunscripciones de Hispania corresponden a Octaviano, futuro Augusto, después de serles concedidas a Lépido (43 a. C.), según el reparto del segundo triunvirato.

27 a. C.

Augusto se traslada a Hispania para luchar contra los cántabros y astures y se instala en Tarraco. El gran avance romano se desencadena en la primavera del 26 a. C.

19 a. C.

Con la victoria de Agripa, yerno de Augusto, frente a los últimos núcleos de resistencia indígena, Hispania se convierte en zona pacificada, con una nueva división territorial en tres provincias: la Tarraconensis, que comprende la antigua Citerior, y la Bética y la Lusitania, divisiones de la Ulterior.

17 a. C.

Tiberio y Druso penetran en la zona del Danubio y Germania, cuya frontera intenta fijar en el Elba.

37-41.

Con Calígula, el principado se transforma en una monarquía teocrática.

40.

Mauritania se convierte en provincia romana.

43.

Conquista del sur de Britania bajo Claudio. Tracia, provincia romana (46).

64.

Persecución de los cristianos bajo Nerón, a quienes se les atribuye el incendio de Roma.

68-69.

Cuatro emperadores se suceden en un solo año: Galba, Otón, Vitelio y Vespasiano, con el que se inicia la dinastía Flavia.

70.

El hijo y sucesor de Vespasiano, Tito, conquista Jerusalén y destruye el templo: inicio de la diáspora (dispersión) de los judíos.

73-74.

Edicto del emperador Vespasiano concediendo la latinidad a todos los habitantes de la península Ibérica.

98-117.

Trajano, primer emperador nacido en Hispania, conquista Armenia, Siria y Mesopotamia: con él el Imperio adquiere la máxima extensión territorial.

111-112.

Persecución de los cristianos bajo Trajano.

117-138.

Adriano, también nacido en tierras de Hispania, emperador. Adriano construye una muralla fronteriza en Britania, que marca el límite con Escocia, reforzada más tarde por Antonino Pío. Asimismo, se construye en el Rin una barrera fortificada, el denominado limes, como protección de las fronteras del Impero.

125.

Persecución de los cristianos bajo Adriano.

131.

Edicto perpetuo, codificación y unificación de la legislación de todo el Imperio.

169-174.

Guerra contra los marcomanos, que traspasan el limes.

177.

Persecución contra los cristianos bajo Marco Aurelio.

180.

Marco Aurelio cambia el principio de adopción por el de sucesión dinástica, nombrando a su hijo Cómodo emperador; los abusos de poder de éste abren un período de anarquía militar.

202.

Primeras muestras de lo que será una gran crisis económica.

212.

Bajo el reinado de Caracalla, hijo de Séptimo Severo, se concede la ciudadanía a todos los súbditos del Imperio con algunas excepciones.

260-268.

Período de los 30 tiranos como emperadores romanos, en el cual se producen fuertes incursiones bárbaras.

293-305.

Diocleciano establece la tetrarquía en el Imperio. En el 303 tiene lugar la última persecución de cristianos.

313.

Constantino promulga el Edicto de Milán, por el cual se establece la libertad religiosa y se restituyen los bienes eclesiásticos confiscados. Constantino unifica de nuevo el Imperio, eliminando el sistema político de Diocleciano (324).

323.

Inicio de la herejía arriana, condenada en el primer concilio ecuménico de Niecea, donde Arrio es excomulgado (325).

324.

Traslado de la capital del Imperio a Constantinopla, antigua Bizancio.

378.

En la batalla de Adrianópolis, el emperador Valente es derrotado por los godos.

379-395.

Teodosio, último emperador del Imperio unificado. Le suceden sus hijos, Honorio, primer emperador romano de Occidente, y Arcadio, primer emperador romano de Oriente.

406.

Invasiones bárbaras en la Galia y asentamiento de burgundios, alamanes y francos en la orilla izquierda del río Rin; simultáneamente, las legiones romanas abandonan Britania.

410.

Alarico, rey visigodo, saquea Roma.

452.

El papa León I evita la entrada de Atila, rey de los hunos, en Roma y logra su retirada de Italia.

455.

Genserico, rey de los vándalos, saquea de nuevo Roma.

456-472.

El Imperio sufre sucesivas invasiones bárbaras, cada vez más difíciles de contener.

476.

La deposición del emperador Rómulo Augústulo por Odoacro marca la caída del Imperio romano de Occidente.

LA ESPAÑA ROMANA

Introducción

Una de las mayores aportaciones del mundo romano a la Historia es, sin lugar a dudas, el Derecho, sobreviviendo los elementos fundamentales del mismo a la misma sociedad que vino a crearlos. En este sentido, las leyes insertas en las XII Tablas bien pueden ser consideradas como el punto de partida del sistema legal romano.

En este sentido, el Derecho Romano es producto de un lento proceso de elaboración que abarcará desde el mismo instante en el cual se funda la ciudad de Roma, tradicionalmente asignada al 754 a. de C., hasta la propia caída del Imperio Romano de Occidente en el 476 d. de C., cuando el caudillo hérulo Odoacro elimina del poder a Rómulo Augústulo[25]. A lo largo de este dilatado espacio de tiempo, éste Estado se regirá por distintos sistemas jurídicos y políticos. En este sentido se observará una República, que durará hasta año 27 a. de C.; el Principado, que finalizará la extinción de los Severos a principios del siglo III d. de C.; y, finalmente, el Dominado, que dará comienzo con la toma del poder por Diocleciano en el año 286, el cual se consideraba como un auténtico dios viviente, y perdurará hasta la caída del Imperio Romano de Occidente.

[25] Flavio Rómulo Augústulo, había nacido en el año 461 en Rávena, siendo a todos los efectos el último Emperador del Imperio Romano en tierras del occidente europeo (475-476), no volviendo a haber en Occidente hasta épocas de Carlomagno, en el año 800. Era hijo del general de Atila Flavio Orestes, promocionado por su padre a Emperador, con el nombre de «*Rómulo Augusto*», aunque debido a su poca edad siempre sería llamado Augústulo. Sin embargo, el emperador de Oriente, Zenón, no lo reconoció como tal. Mientras tanto, la presión del pueblo hérulo al reclamar para ellos las tierras en el centro de la actual Italia, provocó la caída de Rómulo cuando contaba con tan sólo 15 años de edad. En ese momento, el general de los hérulos, Odoacro, reclamaría el trono de Italia, en el año 476, confinando de paso al depuesto Emperador en Lucullanum, el Castell dell'Uovo, en la bahía de Nápoles. La deposición de Rómulo Augústulo se considera tradicionalmente como el fin del Imperio Romano de Occidente, sin perjuicio de la supervivencia del Oriental hasta épocas mucho más tardías, aunque también es cierto que Odoacro, cuando reclamaba para sí el trono de Italia, no lo hacía con respecto a la toga púrpura ni a la dignidad imperial, ya que envió las insignias imperiales a Constantinopla. Sin embargo, esta acción sería la justificación usada por los emperadores bizantinos para la reconquista del Imperio de Occidente.

El Derecho más antiguo de la Roma republicana está formado por las *mores maiorum* o costumbres y conductas de los antepasados, cuyo sentido religioso permitía a los pontífices ejercer el monopolio jurídico, y a estas fuentes suelen unirse una serie de preceptos atribuidos a los reyes, las «*leges regias*», realizadas a fines del s. VI a. de C. Esta formación del Derecho se supera con la Ley de las XII Tablas hacia el 451-449 a. de C., que supone la aparición de una nueva vía de creación del Derecho por la actividad de las Asambleas populares y de los magistrados dotados de jurisdicción *–Ley Decemviral–*, así como el inicio de una labor interpretativa de las *mores maiorum* a cargo de los «*prudentes*» del Derecho, término que bien pudiera ser asimilado con el de Jurisprudencia[26].

Los primeros entendidos en el Derecho serían los pontífices, siendo los consejeros de jueces y particulares, siendo sus comentarios los primeros pasos de la literatura jurídica. Este primer Derecho pontificio estaba vetado a los profanos, ya que mantenía un carácter sacro, motivo por el cual Cneo Flavio publicará la lista de los días que se celebraban los juicios, para de esta forma evitar aquellas prohibiciones, abandonando así los sacerdotes su monopolio, e iniciándose la llamada jurisprudencia pública.

Esta actividad legislativa vino a ser potenciada a partir del momento en el cual las Asambleas populares, los magistrados y el Senado aumenten el número de edictos promulgados. Incluso llegaron a realizarse recopilaciones de leyes que habían sido promulgadas por los pretores (*ius*[27] *praetorium*) o los ediles curiales (*ius aedilicium*) conformando el *ius honorarium* o Derecho de los magistrados.

El poder judicial residirá en manos de los pretores desde el año 336 a. C., teniendo los restantes magistrados romanos un poder efectivo mucho más limitado, en comparación con estos pretores.

Haciendo referencia al proceso civil, indicar que éste se iniciaba cuando el querellante invitaba al demandado a presentarse ante el pretor. Si el demandado se negaba, el querellante podía utilizar la fuerza para llevarle a juicio, ya que el Estado declinaba la potestad de la citación en los ciudadanos. Con respecto a los jueces encargados de dirimir el conflicto de intereses,

---

[26] La jurisprudencia fija el estado del derecho, reflejado por el conjunto de soluciones que, en un aspecto concreto, consagran las decisiones de los tribunales.

[27] *Ius* es una voz latina que significa *derecho*.

indicar que eran elegidos por las partes entre aquellos que se encontraban inscritos en una lista que anualmente preparaba el pretor para ese efecto. Si ambas partes llegaban a un acuerdo sobre los hechos juzgados, el pretor decidía. La fórmula más antigua de proceso civil que tenemos noticia es la llamada de *legis actio*, que consistía en una declaración realizada por un ciudadano ante el pretor de sus derechos. El pretor poseía la facultad de rechazar o dar curso a la instancia presentada por el demandante.

Las causas penales eran mucho más sencillas, entre otras cosas porque los crímenes que juzgaban eran menores: incendio doloso, asesinato, destrucción de cosechas de manera intencionada. La antigua Ley del Talión, consistente básicamente en la fórmula del ojo por ojo, será sustituida por una multa que recibe el agredido. Indicar que la jurisdicción sobre las causas penales, que en un primer momento recaía en los reyes, pasaría más tarde a manos de los magistrados en los tiempos de la República, que más tarde dejaría su lugar a las Asambleas populares.

Si durante la época republicana el Derecho alcanzó un importante grado de desarrollo, ya en el Imperio tomará unas proporciones vastísimas, parejas a las dimensiones y cantidades de población que habitaban dentro de las fronteras.

La Ley de las XII Tablas

La verdadera importancia de las leyes o Ley de las XII Tablas reside en que esta codificación constituye la conclusión del proceso de consolidación del Estado ciudadano romano, de la civitas. Por obra parte, hasta la redacción de este código legal, el derecho en Roma había tenido un carácter sagrado en razón de su propio carácter consuetudinario y por haber estado ligado a la monarquía y al colegio de los Pontífices, principalmente. La redacción de las leyes es el punto de partida de la desacralización del derecho romano y la base remota del derecho de nuestro mundo occidental.

Según la tradición, el rey Numa Pompilio[28] habría sido el primer monarca en dotar al incipiente Estado romano de una serie de disposiciones

[28] Numa Pompilio pasará a la historia por haberse convertido en el segundo rey de Roma, sucediendo a Rómulo. Se casó con Tacia, hija del rey Sabino Tito Tacio. Aunque no es mucho

jurídicas, las llamadas *leges regiae*. Posteriormente, tras la caída de la monarquía, la aplicación de este derecho consuetudinario pasó a ser patrimonio de un pequeño sector patricio, fundamentalmente del Colegio de los Pontífices que controlaban las disposiciones jurídicas escritas en los libros pontificales, tal vez no de ese modo tan arbitrario como algunos historiadores mantienen, pero con el inconveniente de ser desconocidas por los plebeyos. La decisión de elaborar este código legal escrito hay que considerarla como un triunfo de la plebe.

La resistencia inicial de un gran número de patricios se desprende tanto de los acontecimientos que las fuentes antiguas nos transmiten como del propio contenido de las leyes. Respecto al primer punto, Tito Livio nos dice que todavía en el ano 390 a. C. los pontífices se oponían a este código y después del incendio de Roma provocado por los galos –en el que las 12 placas de leyes habrían sido destruidas– los pontífices hicieron todo lo posible para que algunas de estas leyes no fueran escritas de nuevo.

Respecto al segundo punto, en ellas se percibe claramente una especie de compromiso entre patricios y plebeyos –al menos entre un sector de ambos– entre lo antiguo y lo nuevo. Así, por ejemplo, se aplica la *ley del Talión* en una disposición y en la siguiente se aplica como castigo el pago de una multa, procedimiento mas evolucionado sin duda.

Según nos transmite la tradición, en el 451 a. C. se eligió el primer colegio de decemviros, integrado mayoritariamente por patricios que elaboraron, durante el año en el que asumieron el poder, diez tablas de leyes. El segundo colegio decemviral, elegido el 450 a. C. recibió el encargo de concluir el corpus jurídico. Este segundo grupo de decemviros estaba integrado por patricios y plebeyos. Parece que este gobierno degeneró en una tiranía y habrían sido destituidos mediante una revolución popular que habría restablecido posteriormente el consulado. Pero los últimos decemviros habrían preparado dos tablas de leyes, llamadas por los juristas romanos posteriores, leyes inicuas y que incluían la esclavización por deudas y la prohibición de los matrimonios mixtos entre patricios y plebeyos, etc.

Respecto al contenido de las leyes, indicar que éstas se encuentran basadas en unos ejes claramente definidos, como son la salvaguarda del

lo que sobre su persona conocemos, bien es cierto que aquellas noticias que nos ilustras sobre su vida con conocidas a través de las referencias que nos transmite Plutarco, escritor griego.

patrimonio y la autoridad del padre, que se presenta ante todos como el único titular de derecho en su plenitud. La mujer aparece privada de toda capacidad jurídica y pasa, tras el matrimonio, de la potestad del padre a la del marido. La potestad del padre sobre sus hijos incluye que puedan disponer libre y arbitrariamente de los recién nacidos, pudiendo eliminar a los hijos nacidos con deformidades o, simplemente, no reconocerlos como hijos.

Cierta limitación a esta patria potestad puede considerarse la norma según la cual el padre que vendía a su hijo, no una sino tres veces consecutivas, perdía todo derecho sobre él, quien, a su vez, adquiría plena capacidad jurídica. En base a ello, el delito considerado mas grave es el parricidio. El asesinato del padre o de un familiar próximo es castigado con la muerte.

También sumamente arcaicas y adecuadas a esta sociedad, en la que la *gens* seguía teniendo mucha fuerza, parecen las leyes relativas a los atentados contra la propiedad. Así, quien utilizase furtivamente los pastos de otro para su ganado quedaba a merced del propietario perjudicado, que podía llegar a matarlo. Sin embargo, no se considera legal la muerte de un ladrón cogido en flagrante delito, sino que el castigo aconsejado es el de propinarle un número determinado de bastonazos, reservándose la muerte únicamente para el supuesto de que el ladrón aprehendido sea un esclavo.

Las leyes de las XII Tablas son sumamente duras con los deudores insolventes. Estos quedan prácticamente a merced del acreedor, que puede encadenarlos o venderlos. Cuando los acreedores eran más de uno, todos participaban proporcionalmente del beneficio que reportara la venta del deudor o del patrimonio que se le hubiera confiscado. Se castiga con pena capital al juez que emita una sentencia bajo la influencia de haber recibido alguna compensación económica.

Hay además algunas normas que regulan la vida económica, fundamentalmente relativas a los acuerdos comerciales, y otras que regulan situaciones de carácter diverso como la prohibición de enterrar a los muertos dentro de la ciudad, la herencia de los bienes del *pater familias* o del liberto intestado, la aplicación de multas ante casos de injurias o difamación, etc.

En conjunto, las leyes de las XII Tablas presentan unos rasgos muy definitorios de la sociedad romana de esta época. En primer lugar, la estratificación social manifestada en la diferencia de los estamentos patricio y plebeyo. Además, el número de leyes que salvaguardan la propiedad agraria es característico de una sociedad agrícola formada por grupos gentilicios, mientras que las pocas normas sobre el comercio reflejan, en términos generales, que tales transacciones pertenecían a la esfera de lo privado. Ciertamente, la promulgación de estas leyes no resolvió las tensiones y enfrentamientos entre patricios y plebeyos, pero la existencia de una legislación escrita, accesible y válida para todos, favoreció sin duda la colaboración entre ambos órdenes y contribuyó a reforzar definitivamente las estructuras de la ciudad estado.

La constitución política de la República romana se formó en la primera mitad del siglo IV a. de C., y en ella el poder pasó a residir en los magistrados y en la autoridad del Senado, quienes representaban la *magestas del populus romano*. Los magistrados supremos ordinarios era los cónsules, que poseían la máxima autoridad, apareciendo junto a ellos desde el 367 a. de C. la figura del *praetorem*, o pretor[29], a quien se le concede la jurisdicción. Con todo, el órgano más significativo por excelencia del mundo romano será sin lugar a dudas el Senado, el cual llegó a estar formado en tiempos de Julio César por 900 senadores, y cuyas decisiones recibían el nombre de Senadoconsultos, disposiciones que por otra parte vinculaba a los magistrados en cuanto a su aplicación se refiere.

Con respecto a la jurisprudencia, indicar que su origen tradicionalmente viene a establecerse a mediados del siglo III a. de C., cuando Tiberio Coruncanio, al que muchos vienen tradicionalmente considerado como el padre de la jurisprudencia, ofreció por vez primera respuestas públicas a las cuestiones jurídicas que se le planteaban, dejando de ser esta función exclusiva del Colegio de Pontífices, y secularizándose la jurisprudencia[30].

---

[29] En este sentido, a partir del año 367 a. C. en que se crea el cargo, el pretor, provisto de jurisdicción civil, descargaría a los cónsules de parte de su tarea. Era elegido por los comicios centuriados, podía ser plebeyo, residía en Roma y era llamado *praetor urbanus*. Desde el año 243 a. C. fue secundado por un praetor peregrinus, que juzgaría los litigios concernientes a extranjeros. Pronto se crearían pretores en las provincias y para presidir los jurados criminales; en el Imperio habría hasta 18 pretores. Se repartían las tareas por suertes y según las decisiones del senado. El pretor, legislador y juez, al ocupar su cargo promulgaba su edicto, en el cual indicaría las reglas de derecho que pensaba seguir. Aparte de estas funciones de naturaleza judicial, el pretor asumía el poder del cónsul en ausencia de éste, convocaba al senado, presidía los comicios y, al finalizar su cargo, gobernaba una provincia en calidad de propretor. Ya en el siglo III d. C. el poder de los pretores disminuiría en provecho de los prefectos urbanos.

[30] En efecto, en el año 252 a. C. Tiberio Coruncanio, primer pontífice máximo plebeyo, comenzaría a emitir los responsa de manera pública, dejando se esta forma la actividad de los pontífices de ser secreta.

Entre los juristas republicanos se significan, en la segunda mitad del siglo II a de C., tres destacados personajes que incluso parece ser que llegarían a fundar el Derecho Civil, al menos según opinión de Pomponio en el Enchiridion: Publio Muscio Scévola, Bruto y Mario Manilio.

Los magistrados que poseían el *imperium* eran los encargados de proponer a los Comicios la aprobación de leyes. En este sentido, en aquella Roma Republicana vino a configurarse una cuádruple formulación de los sistemas jurídicos, de las que tres de ellas serán las tradicionales. En este sentido deberíamos citar aquella que aparece formada por el *Ius Civile*, que era el derecho propio de los ciudadanos romanos; el *Ius Honorarium*, que fue paulatinamente introducido por la jurisdicción de los magistrados en su tarea de completar o corregir el *Ius Civile*; y, en tercer lugar, el *Ius Gentium* que era el Derecho que siendo romano era accesible a aquellos no romanos que de una forma u otra necesitaban un sistema normativo que regulase sus relaciones jurídicas. Finalmente citar el *Ius Naturale*, que no es otro que aquel derivado directamente de la naturaleza, ese derecho que la naturaleza ha enseñado a todos los animales, y que no es propio del hombre.

Ya durante la época del Principado, las antiguas fuentes de creación del Derecho de la República van ir desapareciendo, pasando a controlar aquella actividad legislativa tanto el Príncipe a través de sus Constituciones Imperiales, y mediante el control sobre la actividad del Senado; como, por otro lado, los juristas, encargados de ir completando aquel derecho a través de la Jurisprudencia.

Tiempo más tarde, cuando las dos primordiales fuentes de aquel Derecho propio del período republicano se encuentran en declive, aparecerá en el escenario jurídico el Senadoconsulto, convertido en una nueva fuente del Derecho que respondía a la idea de la diarquía entre el Senado y el «*Princeps*». Sin embargo, la labor legislativa del Senado no será realmente espontánea, sino impulsada por los Emperadores, quienes de manera progresiva irían incrementando su actuación a la hora de crear derecho de manera directa, sin cuerpos interpósitos.

Durante el gobierno de Augusto, la legislación emanada de los Comicios o Asambleas ciudadanas todavía resultaría notable, aunque no es menos cierto que frente a ellos prevalecerán los Senadoconsultos y las Constituciones Imperiales.

Con todo, el Principado constituye claramente la época llamada de la Jurisprudencia clásica, en la cual los jurisconsultos pasaron a participar directamente en la creación del Derecho en virtud de la decisión del Emperador Augusto de otorgar a ciertos jurisconsultos la facultad de que los dictámenes confeccionados por éstos personajes de reconocido prestigio, tuvieran análoga autoridad a los realizados por el propio Emperador.

En este sentido, podríamos establecer una serie de premisas en relación al concepto y características más destacadas de ese derecho clásico. En este sentido se trata de un derecho elaborado y que rigió durante el lapso de tiempo que va desde el Principado de Augusto, en el año 27 a. C., hasta la toma del poder por parte de Diocleciano.

Sobre sus principales características, indicar las siguientes:

Libertad creativa: en torno a la cual se producirá una creciente centralización del poder, ejercido en forma cada vez más absoluta por gobernantes autócratas; los juristas clásicos se conducen dentro de un campo de libertad operativa muy importante.

Universalidad: en este sentido, a partir de la ya citada Constitución de Antonino Caracalla del año 212 d. C., todos los habitantes del territorio dominado por los romanos recibieron la ciudadanía y, por ende, fueron alcanzados por las normas del Derecho Romano.

Flexibilización: así las cosas, la aplicación de principios generales como la *aequitas* y la *bona fides*, produjeron una moderación de la vieja rigidez proveniente del Derecho Arcaico, que no había desaparecido del todo durante el periodo preclásico.

La aparición de la escritura como prueba fundamental y como método procesal: de este modo, durante este periodo se consolidará la utilización de la escritura como método válido para probar la existencia de diversas obligaciones, empezándose con posterioridad a poner por escrito gran parte de los procesos judiciales.

Continuando con la historia de ese derecho romano, resulta interesante observar como en épocas del emperador Augusto, se formaron las escuelas de Sabinianos y Proculeyanos. En este sentido, ya en los últimos periodos de la República se había evidenciado en Roma una fuerte oposición entre dos juristas de la época y sus discípulos. Este enfrentamiento se reprodujo durante los primeros siglos de nuestra era a partir de la existencia de de dos escuelas, las llamadas Sabiniana y Proculeyana. Curiosamente, la verdadera diferencia entre unos y otros residía mucho más en una cuestión de orgullo de pertenencia y reivindicación de la personalidad de los fundadores de las respectivas escuelas, que en lo que sería una verdadera razón científica. En la practica lo que existía eran dos conjuntos de juristas, cuyo enfrentamiento se evidenciaba por sostener sobre algunas cuestiones, opiniones opuestas al otro.

En este sentido, el Digesto de Justiniano dice que:

> «*Estos dos fueron los que por vez primera formaron escuelas diferentes, pues Ateyo (Capiton) perseveraba en la tradición en tanto Labeon por la calidad de su ingenio y la confianza de su doctrinaria dado que se había dedicado también a las demás obras de la sabiduría, comenzó a innovar muchas cosas*».

El moderado enfrentamiento de Labeon con el Emperador, tiene que haber atraído a su escuela a los espíritus más independientes y audaces. También resulta un dato objetivo que los Proculeyanos tienen una marcada preferencia por la casuística, mientras que los sabinianos prefirieron un desarrollo mas sistemático en sus obras.

Estas obras de los jurisconsultos del Principado las conocemos gracias al Digesto de Justiniano, aunque de forma fragmentaria, salvo las Instituciones de Gayo, de las que se conserva un manuscrito tardío, de finales del siglo V, y cuyo contenido tiene un carácter didáctico. Estas Instituciones del jurisconsulto Gayo aparecen divididas en cuatro libros o comentarios, dedicándose el primero de ellos a introducirnos en el derecho de las fuentes y el derecho de personas; los libros segundo y tercero tratan sobre el derecho de cosas; mientras, finalmente, el cuarto de estos libros tratarán sobre acciones y recursos procesales.

El ordenamiento jurídico del Dominado se formó a través de las recopilaciones jurídicas surgidas desde épocas del emperador de Diocleciano, en donde se vislumbra su deseo de reunir las Constituciones imperiales y ordenarlas sistemáticamente para facilitar su manejo. Las primeras Colecciones de leyes serán el *Código Gregoriano* y el *Hermogeniano*.

El Código Gregoriano, confeccionado gracias debido a la iniciativa de un tal Gregorio, nos es conocido a través del Breviario de Alarico ya que del mismo no se conserva ningún ejemplar, aparece en torno al año 291 constando de 15 libros, dividido cada uno de ellos en títulos y dentro de cada titulo las Constituciones estaban cronológicamente ordenadas. En él se recogen las Constituciones Imperiales dictadas en épocas de Adriano hasta Diocleciano. Por otro lado, el código Hermogeniano es complementario del anterior y contenía en un solo libro todos los rescriptos dados por Diocleciano, recogiendo en este sentido aquellas Constituciones de los años 293 y 294.

Estas dos obras no fueron producto de una iniciativa oficial ni se las dotó de ese carácter, pero serían posteriormente reconocidas cuando en el 429 el Emperador Teodosio II ordenó que se hiciera una recopilación oficial según tal modelo.

Con todo, la más importante de cuantas recopilaciones de constituciones imperiales se realizó fue el *Codex Theodosianus*. Se trata de una obra cuya redacción fue publicada oficialmente, teniendo, por tanto, vigencia por decisión expresa del emperador. Además, portará el nombre del Emperador Teodosio II, encaminándose en cierto modo su obra legislativa se encamino a lo que luego haría Justiniano. En este sentido, en el año 438 mando hacer una compilación que entro en vigencia con valor vinculante en Oriente. Valentiniano III puso en vigencia el Código Teodosiano en Occidente y aquí fue donde tuvo su mayor vigencia, ya que en el Oriente fue reemplazado por el Código de Justiniano. En cuando al contenido de la misma, la obra contiene 16 libros, 11 de los cuales se refieren a Derecho Público y el resto a Derecho Privado.

Tras la edición de este Código Teodosiano, por deseo expreso del emperador, vinieron a ser derogadas todas las Constituciones no insertas en él, aunque no es menos cierto que con el tiempo iría apareciendo una nueva legislación de los emperadores, normas que serían recogidas de manera no oficial con el nombre de *Novellae postheodosianae*, como apéndice, con la idea de facilitar la tarea de los juristas.

La obra de la Jurisprudencia, los *Iura*, también fue objeto de recopilaciones con el fin de facilitar el acceso a la tradición jurídica romana; dentro de ellas deben mencionarse las *Regulae Ulpiani*. Otras recopilaciones son el Epítome o *Líber Gaii*, edición de las Instituciones de Gayo que se recoge en el Breviario de Alarico, y en el Digesto de Justiniano, y otra serie de textos como una colección mixta de «*leges*» y «*iura*» que se conoce con el nombre de *Fragmenta Vaticana*.

El Derecho Romano Vulgar

Con el nombre de Derecho Romano Vulgar se entenderá el Derecho de la parte occidental de las provincias y de Italia, nacido con una concepción del Derecho Romano que no puede identificarse con el Derecho oficial del Imperio, ni con los Derechos populares propios. El Derecho Romano Vulgar sería el resultado de la fusión entre el Derecho Romano y los Derechos y costumbres prerromanas vigentes durante la época romana. Para Levi, el Derecho Romano Vulgar hay que identificarlo con el Derecho de la práctica diaria, que puede ser el oficial o surgir al margen de ese ámbito.

La extensión del Derecho Civil de Roma a los diversos pueblos del Imperio, cuya mentalidad, régimen cultural y vida era muy diferentes, produjo la distorsión de aquel sistema jurídico y la formación de un Derecho vivido, resultado de la aplicación de aquel Derecho oficial de Roma en territorios tan diferentes.

El protagonismo de haber acuñado el término Derecho Romano Vulgar de debe a Brunner, quién en el año 1880 cuando comparaba la formación de un latín vulgar en las provincias del Imperio frente a la lengua pura, a la formación de un Derecho Vulgar en las provincias romanas como degeneración del Derecho Romano puro, entendiendo que Derecho Romano Vulgar era el Derecho Romano propio de la práctica provincial, nacido de la corrupción del Derecho Romano Clásico. Esta cuestión la vuelve a plantear el romanista Mitteis, quien entendió que este no era el Derecho oficial sino un Derecho nacido de la corrupción del Derecho Romano Clásico, es decir, el Derecho aplicado en la práctica en contraposición al Derecho culto contenido en las obras de los juristas clásicos.

En una comunicación al Congreso de Oslo de 1928, Lévy realizó nuevas e importantes aportaciones al estudio del Derecho Romano Vulgar en Occidente, identificándolo con el Derecho de la práctica occidental, como una desintegración de los conceptos clásicos al ser aplicado en dicha práctica,

y que puede encontrarse de «*Iura*» formadas en el Dominado, ya que las «*Leges*» sólo recogen el Derecho oficial.

Sobre estas cuestiones insistirá Wieacker, en 1955, aportando una más amplia perspectiva al manifestar que Vulgarismo y Clasicismo son fenómenos culturales que no sólo se reducen al campo del Derecho, y que no pueden reducirse tampoco a un período histórico determinado, señalando que puede configurarse un Derecho Romano Vulgar común a varios Imperios que puede descubrirse tanto en las «*Leges*» como en los «*Iura*».

La conquista de Hispania y las formas de anexión

La primitiva ciudad de Roma se había convertido ya en una potencia bélica cuando a mediados del siglo III a. C. derrotó a los cartaginenses en la primera guerra púnica e impuso su hegemonía en la Italia continental, Cerdeña y Sicilia. Tras unos años de intervalo y cierto equilibrio, en los que Roma firmó con Asdrúbal el Tratado del Ebro (226 a. C.) para evitar que los cartaginenses se expansionaran al norte del río y amenazaran así a las aliadas colonias griegas, se desencadenó el segundo conflicto bélico. Bien fuera debido a la toma de Sagunto por Aníbal, o bien por las presiones de sectores sociales en los senados romano y cartaginés, el caso es que la nueva declaración de guerra se produjo y con ella tuvo lugar, el 218 a. C., el desembarco del ejército romano en Ampurias que inicia la presencia romana en España.

Desde esa fecha hasta el año 19 a. C., en que Augusto sometió definitivamente a cántabros y astures, transcurren dos siglos de lenta conquista, entre incesantes guerras y rebeliones, lo que determinará desde el principio el diverso grado de romanización existente entre los distintos territorios que conforman la Península Ibérica.

A lo largo de dicho período de romanización citado, vinieron a instalarse en nuestra Península contingentes militares, pero también lo hicieron numerosas personas a la búsqueda de fortuna, o simplemente mejorar su pretérita situación. En este sentido, conforme se iba asegurando la paz en España acudirían y se instalarían gentes procedentes de las más variadas tierras del Imperio.

Se podría afirmar que Roma respetó la vida política de las comunidades indígenas, siempre y cuando éstas aceptaran su supremacía, sojuzgándola, en cambio, cuando vinieran a ofrecer resistencia a esta situación. Ante esas dos posibilidades, Roma habilitó dos formas ordenadoras de su presencia: los tratados (*foedera*) para los primeros supuestos, o la exigencia de rendición incondicional (*deditio*)[31] para los segundos.

El pacto o *foedus* supondría la sumisión pacífica de los aborígenes, incluso se preveía cierta alianza entre los dos pueblos, el romano y el indígena. En todo caso los acuerdos se presentaban bien en un marco de amistad y cierta igualdad, el llamado pacto equitativo, o bajo la fórmula de sumisión sin ambages a la soberanía romana (pacto inicuo). La alteración de las cláusulas del convenio o su violación por parte de los indígenas, permitían a los romanos liberarse de todo compromiso pretérito, exigiendo la rendición incondicional.

La *deditio* constituye el resultado normal de la resistencia armada de aquellos que se hubiese negado a capitular o pactar con Roma. Las ciudades así vencidas quedan como *ciudades dediticias*, que unas veces subsisten pagando un tributo a Roma (ciudades estipendiarias) y otras perecen arrasadas, pasando su territorio a ser dominio romano. Los habitantes pierden sus derechos y organización política, y ocasionalmente también la libertad convirtiéndose en esclavos a merced de los conquistadores.

La Romanización Jurídica de Hispania

En la Romanización jurídica se produce el siguiente proceso cronológico:

La introducción a la romanización. Este fenómeno se extiende desde los inicios de la conquista de las tierras de la península Ibérica, hasta la concesión de la Latinidad por Vespasiano. Durante este período, sólo algunas personas poseen la condición de ciudadanos romanos, y a ellos se les aplica el estatuto de ciudadanía y, por tanto, el Ius Civile. Así, desde la declaración de guerra que se produce como consecuencia de la ruptura del Tratado del

[31] Para el profesor Escudero, el término *deditio* constituye simplemente el desenlace lógico de la resistencia armada de quienes se han negado a capitular ante los ejércitos romanos, teniendo su rendición un claro carácter de incondicional.

Ebro (226 a. C), sucedida en el año 218 a. C, y en donde se contemplaría el desembarco del ejército de Roma en lo que años más tarde sería la Hispania Romana, con la intención de enfrentarse a los ejércitos cartaginenses. Desde esa fecha citada –218 a. C.– hasta el año 19 a. C., cuando las tropas de Augusto sometieron definitivamente a los habitantes de la península, observamos un largo periodo de tiempo en donde progresivamente se irá incorporando a las gentes al mundo romano.

La Concesión de la Latinidad por Vespasiano. Para poder gozar de la aplicación del Derecho Romano, era necesario encontrarse en posesión de la ciudadanía romana. Frente a éste se encontraba el llamado Derecho Peregrino, que era el natural o propio de las gentes que habían sido sometidas al dominio político de Roma, pero que, a pesar de aquella incorporación continuaban rigiéndose sus relaciones jurídicas principalmente por su derecho pretérito.

El Derecho Latino era el Derecho de las ciudades itálicas, de la zona de la actual Lacio, y que se habían incorporado en tiempos primitivos a Roma, aunque sin fusionarse plenamente. Los sujetos de este Derecho disfrutaban parcialmente de las ventajas de ser ciudadanos romanos, aunque determinados derechos únicamente caían en manos de los plenamente ciudadanos.

Esta diversidad jurídica en tierras de Hispania se mantendría hasta el año 73 ó 74 d. de C., fecha en la que el Emperador romano Vespasiano concedía la latinidad a todos los habitantes de la Península Ibérica. Además, dicha concesión venía a representar una mayor facilidad para acceder rápidamente a la ciudadanía romana, ya que según el derecho romano ésta sería concedida directamente a quienes desempeñasen magistraturas o cargos en los gobiernos municipales.

La Concesión de la Ciudadanía por Caracalla. Un paso definitivo hacia la plena romanización jurídica la encontraremos de mano del Emperador romano Antonino Caracalla, quién a través de cierta Constitución otorgada en el año 212 d. de C., venía a conceder la ciudadanía plena a todos los habitantes libres del Imperio. Aquella medida supondría la definitiva implantación del concepto de territorialidad del Derecho Romano, ahora único para todos los habitantes del Imperio, con la única excepción de los llamados *dediticios*.

El Derecho Provincial de la Hispania Romana

El Derecho Provincial se configuraba a partir de una «*Lex*» o «*Fórmula Provinciae*», estatuto fundamental en el cual por mandato del Senado quedaba establecida la situación jurídica de las diferentes ciudades y pueblos sometidos a Roma. Esta «*Lex Provinciae*», cuya existencia nos es conocida por un pasaje de Alejandrino, fue promulgada en el 133 a. de C. tras la caída de Numancia, pero no conocemos su texto.

Tras la Ley Provincial, se otorgarían numerosas «*Leges*» especiales, entre las que se destacan las leyes de las colonias y municipios. Estas leyes corresponden al carácter de *Leges datae*, otorgadas por un magistrado unilateralmente como estatutos de fundación de colonias, de reglamentación de municipios y de organización de las provincias, así como concesiones del Derecho de ciudadanía. Por otra parte, la Lex dicta aludió a la reglamentación u ordenanza sobre las cosas sagradas o sobre bienes propios del Estado o de los municipios (montes, minas, etc.).

Entre las *Leges datae provinciarum* hemos de considerar las que afectan a la fundación de colonias y municipios en Hispania, como la Ley de Osuna que era otorgada por el cónsul Marco Antonio hacia el 44 a. de C. a una colonia de ciudadanos previamente fundada por Julio César. De esta ley que debió ocupar nueve tablas, se conservan cuatro tablas de bronce que contienen 50 capítulos que se refieren al procedimiento judicial, la organización político-administrativa de la colonia, las magistraturas municipales y la administración financiera, culto y fiestas públicas. Algunos capítulos proceden de la *Lex Iulia Agraria*, y probablemente a la Ley de Osuna pertenecen algunos fragmentos aparecidos posteriormente que se conocen con el nombre de los *Bronces del Rubio*.

Posteriores a ésta en más de un siglo, correspondientes a la época imperial, son la *Ley de Salpensa* y la *Ley de Málaga*. En la parte conservada, la Ley de Salpensa es una ley municipal otorgada al municipio latino de este nombre –situado cerca de la sevillana localidad de Utrera–, en el que se regula el *Ius Latii* concedido por Vespasiano a las provincias hispánicas, y consiste en una Lex data otorgada en tiempos de Domiciano entre los años 81 y 84. En la parte dispositiva de la Ley Salpensana se regula las manumisiones, la tutela y el régimen de las magistraturas locales.

Con un contenido muy similar a la anterior, la Lex Malacitana es una ley romana de carácter municipal que fue otorgada al municipio latino de Málaga. De esta Ley se conservan en una tabla de bronce 19 capítulos y parece responder al mismo modelo que la Ley de Salpensa. Trata su contenido de cuestiones financieras y urbanísticas, y del sistema electoral. Uno de sus capítulos presenta analogías con un fragmento del Estatuto Municipal de *Lauriacum* –Austria– otorgado por Antonino Caracalla.

Pero la fuente más importante para conocer también este Derecho Municipal Romano será la *Lex Irnitana*, hallada en 1981 en la localidad sevillana de El Saucejo. Similar en algunos capítulos a las leyes Salpensana y Malacitana, se conservan seis de los diez bronces en que estaba escrita, conteniendo la reglamentación de las magistraturas municipales y el estatuto jurídico de la localidad, además de cuestiones como la administración, jurisdicción, nombramiento y competencia de jueces, etc. Su antigüedad, al igual que las anteriores, es de finales del siglo I, y fue otorgada por Domiciano en el año 91 d. de C.

Otro grupo de leyes provinciales son las de los distritos mineros imperiales, de las que se conservan los *Bronces de Vipasca*, en el actual estado vecino de Portugal, perteneciente al distrito minero que radicaba en ese lugar y que era regido por un procurador o administrador de las minas. De esta Ley o Estatuto se conservan algunos fragmentos en el anverso y reverso de una tabla de bronce, descubierta en el siglo XIX en el emplazamiento de una antigua mina cerca del Ajustre, y en el mismo lugar se encontró a principios de siglo otra tabla de bronce que parece contener una epístola dirigida por el procurador imperial de la Provincia de Lusitania al administrador de las minas, y en ellas se incluyen algunos capítulos de la *Ley Metalli*, general para todo el Imperio.

En los Bronces de Vipasca se contienen normas sobre la administración de estos distritos, concesiones mineras y normas técnicas y sobre todo los servicios públicos, como sería el asunto de los arriendos de los baños públicos, zapatería, barbería, tintorería; y régimen jurídico de la explotación.

Pero no podemos dejar de citar las referencias que Diodoro realiza, sobre la vida de aquellas personas que trabajaban en la mina:

> *«Los mineros extraen fortunas increíbles para sus amos, mientras que ellos mismos agonizan trabajando día y noche, muriendo a menudo a causa*

de tantas penalidades. Para ellos no existe descanso o tregua en el trabajo, al contrario pierden su vida quedando forzados a soportar la inhumana fatiga bajo los golpes de los capataces. Y aun aquellos que sobreviven, gracias a la fuerza de su cuerpo y a la energía de su espíritu, no alcanzan nada sino miseria eterna. Para ellos sería mejor la muerte que una vida tan penosa».

Un tercer conjunto de disposiciones son los Decretos o disposiciones de los magistrados.

No se conoce ningún Senadoconsulto o decisiones del Senado dirigidas a Hispania, pero hay referencias a ello, como la mencionada por Tito Livio del año 197 a. de C. por la cual se llevó a cabo la primera división de Hispania en dos provincias. Son numerosas las Constituciones Imperiales dirigidas a las provincias hispánicas en el s. IV, procedentes de Vespasiano, Adriano, Antonino, Constantino, Constancio, Valentiniano y Valente, Arcadio y Honorio, Valentiniano III y Teodosio II, y asimismo hay muchas constituciones dirigidas a la Prefectura de las Galias, de la que Hispania formaba parte.

Estas disposiciones de Derecho Provincial no agotaban la totalidad de la vida jurídica de Hispania, que siguió regida por el Ius Provinciae o Derecho propio hasta las concesiones de latinidad y ciudadanía que acabaron englobando teóricamente a todo el territorio dentro del ordenamiento jurídico romano.

Por último, hay que significar la existencia de documentos públicos o privados de aplicación del Derecho. Entre los documentos públicos se conservan numerosos contratos de Hospitalidad y Patronato como el Bronce de Luzaga. Asimismo, entre los privados se conocen diversas manifestaciones de negocios jurídicos, contratos y testamentos.

Especial importancia tiene la llamada *Formula Betica*, que se refiere a una «*mancipatio fiduciae causa*» de una finca rústica y de un esclavo, otorgada por el propietario a un esclavo del acreedor, que puede datarse en el s. I. Este Bronce fue hallado cerca de Bonanza, en la provincia de Cádiz.

Entre las Fuentes indirectas señalaremos las que proporcionan los escritores griegos y latinos como Apiano, Tito Livio, Plinio, Polibio, Séneca y Cicerón. Las inscripciones recogidas por Hübner en sus *Corpus Inscrip-*

torum Latinarum, permiten conocer numerosos datos sobre el Derecho y las Instituciones de la Hispania Romana.

La labor jurídica de Justiniano, Emperador del Imperio Romano de Oriente

En el año 527 Justiniano comenzaba a sentarse en el trono del Imperio Romano de Oriente, habiendo transcurrido ya más de medio siglo desde la desaparición del Imperio de Occidente, y mientras las monarquías germánicas se habían consolidado en las antiguas provincias de lo que fue la parte occidental del Imperio.

Justiniano, en el momento de acceder al poder, atesoraba el ideal de la restauración del Imperio Romano lo que le llevó a conquistar el norte de África, parte de las penínsulas Ibérica e Itálica. Su intervención en Hispania se produjo en el 554, unido a los partidarios del pretendiente visigodo Atanagildo, en nombre de los hispanos de la Bética. Tras un Tratado solemnemente firmado en el 554, los bizantinos ocuparon Cartagena, Málaga, Córdoba y seguramente Sevilla y, sobre todo, extendieron su influencia cultural sobre la Hispania Visigoda, aunque dicha presencia comenzaría a ser eliminada con el rey Leovigildo, concluyéndose a lo largo del reinado de Suintila, en el 629.

Con todo, la época de Justiniano ofrece un especial interés por su ingente obra legislativa.

El Código de Justiniano

En este sentido, nada más comenzar su reinado ordena realizar –a través de la *Constitutio Haec quae necessario*, que sería publicada el 13 de Febrero del 528– una compilación total del Derecho Romano, encargando a diez prestigiosos juristas, entre los que se encontraban Triboniano y Teófilo, la compilación de las Constituciones Imperiales vigentes, las llamadas leges, comenzando a partir de los códigos Gregoriano, Hermogeniano, Teodosiano, además de las Constituciones Romanas Post-Teodosianas, tarea que se finaliza en el año 529, entrando en vigor con la publicación del Código de Justiniano. El contenido del mismo se halla dividido en doce libros y éstos, a su vez, en títulos con sus correspondientes epígrafes, comenzando cada Constitución con el nombre del Emperador que la otorga y el lugar y fecha de publicación. Pero también es necesario indicar que se encuentra dividido por materias, ya que el primero de sus libros pasa a ocuparse del Derecho Eclesiástico y Político, los libros segundo al octavo tratarán la regulación del Derecho Privado, en el noveno se analiza el Derecho Penal y Procesal, mientras, finalmente, los tres últimos se ocupan del Derecho Administrativo.

El Digesto

En el año 530, al ser nombrado *Triboniano quaestor sacri palatii*, se daba comienzo a la ingente misión de recopilar el conocido como *Ius Vetus*, o lo que es lo mismo se comienza a recopilar los textos de la tradición romana contenida en los Iura, que como ya sabemos se trata de las obras de los más destacados juristas, formándose la recopilación que recibe el nombre de Digesto o Pandectas, obra que sería publicada en el año 533. A la hora de confeccionar este ingente trabajo, vinieron a participar los profesores de la escuela de Constantinopla –la actual Estambul, capital de la parte europea de Turquía–, Teófilo y Cretino; y los de la escuela de Berito –Beirut, capital del Líbano–, Doroteo y Anatolio.

En esta obra aparecen recogidos los fragmentos jurídicos de aquellos autores dotados del *Ius publice respondendi*. En cuando a su composición, aparece dividido en cincuenta libros, y cada uno de ellos a su vez en títulos y epígrafes, haciéndose indicación del jurisconsulto y de la obra de la que se toma el pasaje, calificados como leyes en la Edad Media.

Una vez concluida la obra, fue promulgado por el Emperador Justiniano, a través de la *Constitución Tanta*, entrando en vigor el 17 de Diciembre del 533, momento a partir del cual se prohibiría la utilización práctica o docente de las anteriores ediciones de la jurisprudencia romana.

En virtud de esta citada Constitución Tanta, el Digesto se divide en siete partes analizándose en el mismo las nociones generales de Derecho y Jurisdicción, acciones e instituciones, obligaciones crediticias y contractuales; prenda, hipoteca y derecho de familia; sucesión testamentaria;

sucesión intestada y otras instituciones; estipulación, delitos, crímenes y apelaciones.

Las Instituciones de Justiniano

Coetáneamente a la redacción del Digesto, los jurisconsultos Triboniano, Teófilo y Teodoro, realizaron un tratado con carácter docente, llamado las Instituciones, que aparecen en el año 533. Esta obra aparece articulada en cuatro libros, subdivididos éstos en títulos encabezados por una rúbrica referida a su contenido. Las materias allí contenidas se dividen conforme a análoga forma a la seguida por el jurisconsulto Gayo. Así, el libro I hace referencia a las personas; el Libro II a los primeros títulos del libro IV están referidos a las cosas; y, finalmente, los últimos títulos del libro IV tratan sobre las acciones.

La última pieza de este proceso fue la publicación en el 534 del *Codex Repetitae Praelectionis*, publicado por la *Constitución Cordi*, del 16 de Noviembre del 534, y que efectuó algunos cambios al Código del 529, y quedó formado por 12 libros divididos en títulos, que contienen las disposiciones imperiales por orden cronológico –algo más de 4.500 Constituciones desde Adriano a Justiniano–, comenzando cada Constitución con una *inscriptio* en la que figura el nombre del Emperador y sus destinatarios, y finalizando con una *subscriptio*, en donde se hará referencia a la data y al lugar.

Las Novelas

En el año 534 se reformaría el Codex de Justiniano, lográndose de esta manera codificar el Derecho Romano Postclásico creado entre los años 528 y 534, formándose por este motivo un apéndice con las nuevas Constituciones, llamadas Novelas o *Novellae*.

Las Novelas contienen 157 leyes pertenecientes al período histórico que abarcaría de los años 535 a 540. Su contenido aparece dividido en capítulos, refiriéndose la mayoría al Derecho Público Eclesiástico y otras al régimen de Familias y Sucesiones.

Además, a través de las llamadas *interpolaciones*, el Emperador Justiniano autorizaba que pudieran ser modificados tanto los textos de las Constituciones Imperiales recopiladas, como igualmente los de los jurisconsultos.

En todo caso, la compilación jurídica de Justiniano formaría la base de partida del derecho bizantino, que se mantendrá en lo que fue la parte oriental del Imperio Romano. Años más tarde, en el occidente europeo, su estudio y conocimiento surgirá en Bolonia en donde en el siglo XI comenzará a ser estudiado y, más tarde, difundido por toda Europa, y de cuyo fenómeno daremos debida cuenta a lo largo de este curso de Historia del Derecho.

LA ESPAÑA VISIGODA

LA ESPAÑA VISIGODA. CRONOLOGÍA

441-456.

Revueltas de los *bagaudas*, en el valle del Ebro y en Gallaecia. Estas revueltas son reprimidas por los generales romanos y también por federados visigodos venidos desde las Galias al mando de sus propios jefes, en 454.

456.

Los visigodos vuelven a intervenir en la Península al mando de su rey Teodorico II para combatir el expansionismo de los suevos, a los que derrotan a orillas del río Órbigo, cerca de León.

460.

El emperador Mayoriano se desplaza a la península Ibérica con el propósito de reunir una flota para atacar al reino vándalo de África.

466-484.

Eurico, rey de los visigodos. Durante su reinado, el reino visigodo de Tolosa alcanza su plenitud, ampliando sus fronteras en las Galias e intensificando su presencia en Hispania, especialmente en la provincia Tarraconense. Eurico es, además, el primer monarca visigodo que lleva a cabo una labor legisladora: sus leyes son conocidas como el Código de Eurico.

476.

Deposición del emperador Rómulo Augústulo, último emperador romano de occidente.

486-507.

El expansionismo de los francos obliga a muchos visigodos a trasladarse a Hispania, asentándose preferentemente en la Meseta superior.

506.

Promulgación del Breviario de Alarico o de Aniano, donde se recogen leyes romanas del código Teodosiano y se añaden interpretaciones.

507.

Los francos derrotan en Vouillé a los visigodos. Su rey Alarico II muere en esta batalla, que pone fin al reino visigodo de Tolosa.

510-526.

El rey de los ostrogodos, Teodorico *el Grande*, se hace cargo desde tierras italianas del gobierno del reino de los visigodos de Hispania y la Narbonense, en nombre de su nieto Amalarico.

546.

El rey Teudis promulga una ley en Toledo, lo que constituye el primer acto de gobierno conocido del rey visigodo en esta ciudad.

552.

Desembarco de las tropas bizantinas en la Península para ayudar al pretendiente al trono Atanagildo en su rebelión contra el rey Agila. Atanagildo se hace con el trono en 555 y los bizantinos pasan a dominar un territorio, fundamentalmente costero, que se extiende desde la desembocadura del Guadalete a Cartagena.

559-560.

Los suevos abandonan el arrianismo y se convierten definitivamente al catolicismo niceísta en los primeros años del reinado de Teodomiro.

568-586.

Plenitud del reino visigodo hispánico con el rey Leovigildo: guerras contra bizantinos, cántabros, vascones y conquista del reino suevo; reorganización administrativa y fiscal y acuñación de moneda en nombre propio; revisión del código de Eurico –*Codex Revisus*– y promulgación de nuevas leyes.

580-585.

Rebelión de Hermenegildo desde la Bética y en alianza con los bizantinos contra su padre el rey Leovigildo, que le derrota y le hace ejecutar.

589.

Bajo el reinado de Recaredo se celebra el III Concilio de Toledo. Los visigodos abandonan el arrianismo y proclaman oficialmente la identificación de la monarquía y del reino con la fe católica.

621-631.

Reinado de Suintila, monarca que puso fin al dominio bizantino en la península Ibérica.

633.

IV Concilio de Toledo, sacralización de la figura del monarca y probable introducción de la unción regia.

654.

Promulgación del *Liber Iudiciorum* o *Liber Iudicum* por Recesvinto. En él se recopilan y sistematizan las leyes de los reyes visigodos hasta esa fecha, prohibiéndose la utilización en delante de las leyes romanas.

672-680.

Wamba, el mismo año de su elección, tiene que afrontar la rebelión del dux Paulo. Sofocada ésta, promulga una severa ley militar, cuyo rigor le enfrenta con la nobleza laica y eclesiástica, que lograría su deposición en 680.

680-687.

Reinado de Ervigio, monarca que llevaría a cabo una política conciliadora con la nobleza; promulga una nueva ley militar menos rigurosa y un edicto condonando los tributos debidos al fisco. Como legislador, Ervigio revisa el Liber Iudiciorum y refuerza la legislación antijudaica.

700.

Égica asocia al trono a su hijo Witiza, que es ungido como rey en vida de su padre.

710-711.

A la muerte de Witiza se abre una guerra civil entre el nuevo rey Rodrigo y los partidarios de los hijos de Witiza, que entrarán en alianza con los musulmanes.

711.

Desembarco de Tariq y derrota de Rodrigo en Wadi Lakka. Se inicia la conquista musulmana del reino visigodo de Toledo.

LOS ESTADOS ROMANO-GERMÁNICOS DE OCCIDENTE

Introducción

La irrupción de pueblos bárbaros, gentes que vivían más allá de los límites del Imperio, del llamado *Limes*, y su ulterior establecimiento en el mundo romano, viene a constituir un fenómeno histórico de larga duración y que responde a muy complejas causas. En este sentido, un primer problema que plantea todo estudio serio en relación a las invasiones bárbaras de fines del siglo IV y de la siguiente centuria será el hecho de determinar sus causas. Aunque antes que nada conviene advertir que éstas no constituyen un hecho histórico aislado y de súbita aparición.

Así, desde finales del siglo II a. C. ya se habían producido los primeros intentos migratorios de gentes de origen germánico hacia tierras mediterráneas. Sólo la conquista romana de las Galias y la constitución del limes o frontera del Rin y del Danubio las habían contenido durante un largo periodo. Sin embargo nuevamente a finales del siglo II y en el III d. C. vendría a producirse una gran oleada invasora.

Tras un nuevo intervalo temporal, posiblemente como consecuencia inmediata de la reconstrucción de las defensas imperiales por los emperadores ilirios, se produciría un nuevo y definitivo asalto a partir del último tercio del siglo IV. Al respecto de las causas que vinieron a motivar aquellas inmigraciones, tradicionalmente se ha hablado de motivos climáticos, demográficos y sociológicos, pero también de presiones de pueblos de las estepas euroasiáticas (Hunos, principalmente). Aunque sin lugar a duda todos estos factores tuvieron su influencia, también deberemos tener presente los importantes cambios que se produjeron en el seno de las sociedades germanas en los primeros siglos de la Era Cristiana.

Estos cambios se habrían concretado en un proceso evolutivo conducente a un progreso social y económico, con la constitución de estructuras sociales y económicas muy jerarquizadas, proceso en el que el contacto con el mundo romano no habría dejado de tener importancia. Para el momento previo a las grandes invasiones de fines del siglo IV habría que poner como base de todo poder social y político en las diversas agrupaciones populares germánicas lo que se conoce como «*Soberanía doméstica*», es decir, en un momento determinado se había concentrado en manos de unos pocos un dominio territorial sobre el que se ejercía una plena soberanía. Esta última alcanzaba a todos los que habitaban y trabajaban en aquella unidad territorial, que también lo era económica, y que podía abarcar a una aldea entera.

Entre dichos habitantes se encontraban gentes de condición amplia, entre los cuales observamos personas sujetas a esclavitud asentados con su familia en una tierra, pero sobre todo un extenso grupo de semilibres según las concepciones jurídicas romanas. Estos últimos se encontraban unidos al señor de la casa mediante un estrecho lazo de obediencia, lo que les obligaba a formar parte de su mesnada cuando aquél decidía realizar alguna expedición militar contra terceros. Cercana a esta forma de dependencia era la que se conoce bajo la denominación germana de «*Gefolge*» (séquito). Por medio de ella hombres de condición libre, con frecuencia jóvenes extranjeros en busca de aventuras y fortuna, se unían a un señor con un lazo de fidelidad y mutua ayuda, pero conservando en todo su libertad personal.

No cabe duda que estos séquitos, de exclusiva significación militar, jugaron un gran papel entre los pueblos germanos de la época, acelerando el proceso de jerarquización sociopolítica y consolidando una auténtica nobleza guerrera. Sin embargo no debe olvidarse la estrecha unión entre dicha institución y la de la soberanía doméstica antes mencionada. De forma que siempre continuarían existiendo los otros séquitos compuestos de aldeanos y gentes no-libres.

Así las cosas, no tenemos la menor duda de que en tiempos históricos como los de las grandes invasiones tales séquitos, de funcionalidad militar, vinieron a representar algo esencial en aquellos pueblos. En este sentido, muchas de las realezas germánicas de la época tuvieron su origen en tales séquitos. Además, en esos casos se trató de la elección como rey del pueblo en armas del jefe de uno de tales séquitos. Ante las expectativas de grandes ganancias de botín o de tierras pudieron entrar a formar parte de los séquitos más potentes gentes de condición social elevada, jefes a su vez de otros séquitos, estableciéndose de esta forma una verdadera jerarquía dentro de éstos. Como consecuencia de una invasión exitosa y del inmediato asentamiento en tierras del Imperio dichas monarquías militares se fueron consolidando.

La historia militar de las invasiones bárbaras

En lo que podría ser denominada como historia militar de las grandes invasiones, podemos distinguir perfectamente varias oleadas o etapas. La primera de ellas sería la protagonizada por unos pueblos germanos conocidos como ósticos (del este), refiriéndonos singularmente a godos, vándalos, y burgundios; aunque con relativa frecuencia vendrían a unirse a éstos su migración facciones más o menos numerosas de gentes nómadas, como fueron los sarmáticos o iranios (alanos), procedentes de las llanuras del sur de Rusia y/o del río Danubio central y oriental.

Aquella primera oleada vino a caracterizarse sin duda alguna por la amplitud de los movimientos migratorios, desde las orillas del Mar Negro a la Península Ibérica y el norte de África, y por haber dado lugar a la aparición de los primeros reinos bárbaros en suelo imperial. Pero aun había más, ya que una segunda oleada aunque bastante menos aparatosa, obtendría unos resultados serían mucho más persistentes.

En este sentido, aquella primera marcha afectaría a grupos minoritarios de inmigrantes bárbaros, en comparación con los provinciales invadidos. Esta entrada, por tanto, estaba condenada a disiparse pronto, ya que con la excepción del pueblo visigodo ninguna de aquellas fundaciones estatales a las que dieron lugar pudo pasar la barrera cronológica de mediados del siglo VI.

Sin embargo, y a diferencia de esta primera, la segunda oleada por lo general significó la persistente y en masas bastante cerradas de grupos germanos en tierras de las Galias, Baviera y Gran Bretaña, llegándose a producir hasta una germanización lingüística de territorios antiguamente dominados por el latín y el celta (como bien pudieron ser los casos de la Galia renana y Gran Bretaña). Este suceso sería protagonizado en lo fundamental por germanos occidentales, cuyo proceso de formación como grandes unidades étnicas era sumamente reciente. En este sentido, en una inmensa mayoría de casos respondía al resultado de un agrupamientos de fragmentos de diversas estirpes anteriores, tales como francos, alamanes, bávaros, anglos y sajones.

Ya más tarde, una tercera oleada tuvo como resultado más inmediato el establecimiento de los lombardos en tierras de Italia, y el dominio de las estepas y llanuras de Europa central y oriental por los bávaros, gentes cuyo origen étnico no era germano sino que más bien se trataba de pueblos posiblemente de origen mongol. En buena medida esta tercera oleada portaba características análogas a las señaladas como propias de la primera, aunque la diferente situación existente en tierras europeas en la segunda mitad del siglo VI vino a producir resultados distintos, sin duda más duraderos, como sería el caso del establecimiento de los longobardos en tierras de la Italia septentrional. Además, durante esta época en toda la fachada atlántica europea continuarían las incursiones de los germanos ribereños del mar del Norte, protagonizadas fundamentalmente por grupos de la que ha sido denominada Liga Sajona, además de otras unidades étnicas menores, como sería el caso de los anglios y hérulos, que terminarían por germanizar toda la antigua Gran Bretaña celtorromana.

Las oleadas de los invasores

La que ha venido a ser considerada por la historiografía como primera gran oleada, tradicionalmente se centra en dos grandes hitos: uno de ellos será la *batalla de Adrianópolis*[32], acaecida en el año 378; y, por otro lado, el *paso del río Rin*, hecho que sucedería en el año 406.

Ambos hechos fueron protagonizados, en los aspectos más esenciales, por pueblos germanos de procedencia oriental, y más concretamente por visigodos, ostrogodos, burgundios y vándalos, a ello se añadirían diversos

[32] La Batalla de Adrianópolis fue un enfrentamiento armado que tuvo lugar el 9 de agosto del año 378 d.C. en las llanuras al noroeste de la ciudad romana de Adrianópolis, actualmente llamada Edurne, en la parte europea de Turquía. Allí se enfrentaron las fuerzas de Fritigerno, caudillo visigodo, y el ejército del Imperio Romano de Oriente comandado por el propio emperador Valente I, el cual encontraría la muerte en aquel lugar, siendo además aniquilado su ejército. Se trató de la mayor derrota romana desde la Batalla de Cannas y el último combate en el que los romanos emplearon sus clásicas legiones, pues a partir de ese momento comenzarían a potenciar la caballería y las pequeñas divisiones armadas como los comitatenses.

grupos occidentales agrupados bajo la denominación genérica de suevos, además de los iranios alanos.

Para comprender los motivos y causas de ésta gran invasión hay que acercarse a los acontecimientos que estaban sucediendo en las grandes y abiertas llanuras y estepas centroeuropeas y euroasiáticas. En este sentido, tras una larga emigración desde territorios ribereños del mar Báltico, los pueblos góticos se encontraban hacia el año 230 ya asentados al norte del mar Negro. Además de los elementos populares agregados durante su larga migración, en su nueva sede asumieron importantes contingentes de nómadas iranios (alanos), adoptando como consecuencia de ello ciertas tradiciones de éstos, en especial por parte de los godos situados más al Este, o greutungos. Estos habían constituido un reino relativamente centralizado y extenso, mientras que en zonas boscosas más occidentales habitaban los llamados godos tervingios, los cuales poseían una menor centralización política.

Pero pronto este panorama se vendría abajo, singularmente cuando el poderoso Reino de los greutungos, regido por el linaje de los Amalos, fue derrotado en 375 por unos recién llegados a las estepas pónticas: los hunos. En este sentido, fue tras la derrota y muerte trágica del caudillo ámalo Ermanerico, cuando un pánico indescriptible se apoderó de ambos grupos godos. Así, mientras que una porción muy importante, compuesta especialmente de tervingios, pidió y obtuvo del Imperio asilo en Tracia, otros se asentaron en la región de los Cárpatos y en Moldavia, bajo el protectorado de los hunos.

Sería entonces cuando ambos grupos góticos iniciasen un nuevo proceso de etnogénesis, que llevaría al grueso de los tervingios a transformarse en los históricos visigodos; y a lo principal de los greutungos bajo predominio huno a convertirse en los ostrogodos. Curiosamente, poco después de su entrada en el Imperio, el emperador Valente trató de aniquilar a los grupos godos, ante el peligro que representaban éstos para la vecina Constantinopla. Sin embargo, aquello no sería posible por su derrota y muerte en la ya citada batalla de Adrianópolis, acaecida según los historiadores el 9 de agosto de 378, y en donde se perdió una buena parte del ejército de maniobras romano-oriental.

Afortunadamente para Roma, un nuevo emperador, Teodosio *el Grande*, conseguiría controlar momentáneamente la situación, beneficiándose de las luchas internas existentes entre diversos nobles y linajes godos. Además los estableció en la provincia de Mesia, consiguiendo también utilizarlos como tropas federadas para la reconstrucción del ejército imperial. Pero, sin embargo, la muerte Teodosio juntamente con las desavenencias surgidas entre el gobierno de Constantinopla y el de Roma, dirigido por Estilicón, fueron utilizadas por el Alarico para erigir una monarquía militar visigoda en su persona.

A partir de entonces el caudillo Alarico y sus gentes iniciarían una ambigua política, que combinaba los saqueos en las provincias romanas con el ofrecimiento de sus servicios a Roma como tropas federadas, recibiendo como contrapartida prestaciones de naturaleza alimenticia. El objetivo último era la obtención de un alto cargo militar para el rey godo, además de un territorio donde asentar a su pueblo en condiciones de cierta autonomía.

Esta política sería seguida en una primera instancia con el gobierno de Constantinopla y, ya a partir del año 401, con el de Ravena. Pero las ansias de poder por parte de los bárbaros no tenía fin, ya que tras la caída y asesinato de Estilicón, Alarico realizó un más que importante golpe de efecto: el saqueo de Roma en el año 410[33]. Desaparecido al poco Alarico, su política será seguida por su cuñado y sucesor Ataúlfo.

Los pactos de Hospitálitas

Tras el fracaso del rey visigodo Ataúlfo de entroncar con la familia imperial, proyecto que realizase a través de su matrimonio con la princesa romana Gala Placidia, y de hacerse una posición fuerte en el sur de las Galias, los visigodos se establecerían finalmente en el Imperio a través del pacto (*foedus*) firmado entre el rey godo Walia y el general romano Constancio, nuevo hombre fuerte del gobierno occidental, en el 418. En

[33] El saqueo de Roma aconteció el 24 de agosto de 410 y se trató de una acción de rapiña llevada a cabo por los visigodos, comandados por el citado Alarico I, tras expugnar los muros de la Urbe. Fue la primera vez en casi 800 años que la ciudad de Roma caía en manos de un enemigo, causando una gran conmoción en la sociedad romana de la época, y aún es considerado por muchos historiadores como un hito clave en el final del Imperio Romano de Occidente.

virtud de ese pacto los visigodos se comprometían a servir como tropas federadas al Imperio occidental. Prueba de cumplimiento de este *foedus* fue el hecho de aniquilar a una buena parte de los grupos bárbaros que habían invadido la Península Ibérica, en el 409 (parte de los Vándalos y Alanos). A cambio estos visigodos, en lugar de obtener los tradicionales subsidios alimenticios, el Imperio les permitía asentarse en tierras galas de la Aquitania, entregándoles a tal efecto dos tercios de una serie de fincas que serían repartidas entre los diversos agrupamientos nobiliarios godos y el del rey con sus séquitos, existiendo diversas teorías al respecto de qué tierras fueron realmente repartidas –singularmente si el reparto correspondió a todas, o si únicamente fueron objeto de reparto los latifundios–.

El germen del Estado Visigodo

Aunque todavía subsistiría la antigua administración civil provincial romana, el rey godo recibía amplias atribuciones que de hecho implicaron el establecimiento de un embrión de lo que más tarde se identificaría con el Estado visigodo en territorio imperial, con una corte y un núcleo de administración central de molde romano en la ciudad de Tolosa. Sin lugar a dudas había nacido lo que más tarde sería conocido como el *Reino Visigodo de Tolosa*.

Años más tarde, en el año 476 nos encontrados ante una mítica fecha de referencia: la desaparición de la institución del *Imperator Populi Romani* en Occidente. Esta había sufrido enormes quebrantos durante el último siglo del Imperio y, en los últimos años, había sido una designación puramente formal, cada vez con menos poder y menor control territorial.

El Imperio oriental continuaría perdurando en el tiempo, fundamentalmente porque, salvo los ataques de los hunos y ostrogodos en su parte europea, sus fronteras habían sufrido menos amenazas que las de Occidente. No obstante, esta calma se vio turbada por las constantes querellas religiosas e intrigas palaciegas, que a menudo estaban ligadas. La institución imperial siguió ejerciendo todas sus prerrogativas y, en general, tanto en Constantinopla como en Asia Menor; Egipto y Siria se mantuvieron con altos niveles de prosperidad. Teodosio II ejerció su poder durante más de 40 años (408-450).

Durante su reinado se promulgaría el *Código Teodosiano* (438) y se crearía la mítica *Universidad de Constantinopla*[34]. Pero también los conflictos de naturaleza religiosa constituirían una constante durante su reinado: su primera mujer, Pulcheria, seguía al nestorianismo, mientras que la segunda, Eudocia, apoyaba al patriarca de Constantinopla.

El asentamiento de los pueblos bárbaros en Hispania

A lo largo de los siglos V y VI vino a asentarse en tierras de Hispania el pueblo godo, gentes de etnia germánica procedentes originariamente de la Gothia escandinava (Gotland) que, después de un largo periplo, terminó por conformar su nueva y definitiva patria en tierras hispánicas. Sobre ello no informa San Isidoro de Sevilla en su Historia Gothorum:

> «*Como* (los visigodos) *no podían aguantar los ultrajes* (de los romanos) *tomaron las armas furiosamente, invadieron la Tracia, saquearon Italia y alcanzando España, establecieron allí hogar y dominio*».

Otros pueblos germánicos se establecieron también en España como fue el caso de suevos y vándalos, unas pocas decenas de miles; pero fueron los godos, especialmente la rama de los visigodos o godos tervingios, los que en un número cercano a los 300.000 individuos incidirían esencialmente en el desarrollo de las gentes hispanas. Se trata de una cifra pequeña en relación a la población del conjunto peninsular, calculada en torno a unos 5 millones de habitantes, aunque significativa sobre todo por la trascendencia futura del lugar de su asentamiento preferente, la Meseta Central, concretamente las cuencas de los ríos Duero y Tajo, como así ponen de relieve las numerosas necrópolis.

---

[34] Fundada en la ciudad de Constantinopla (actual localidad turca de Estambul), fue la primera universidad del mundo, ya que fue erigida en el año 340. Con todo, en el sentido moderno de Universidad, el título de la primera universidad se le otorga tradicionalmente a la Universidad de Bolonia. En la *Universidad de Constantinopla*, nacida con el nombre de Pandidakterion (Πανδιδακτήριον) aunque luego fuera reformada por el emperador Teodosio II en 425, se enseñaba Gramática, Retórica, Derecho, Filosofía, Matemáticas, Astronomía y Medicina. Por otro lado, contaba con grandes salones de conferencias en donde enseñaban sus 31 profesores.

El peculiar modo de instalación de los godos en la Península, mediante pactos y repartimientos con los hispano-romanos, explica que no hubiera invasión, pudiendo afirmarse que no hubo ni vencedores ni vencidos, sino que tanto godos como hispano-romanos coexistieron con sus diferencias, sin superponerse, hasta que paulatinamente fue verificándose la fusión entre ambos grupos.

El pueblo visigodo pasó masivamente desde la Galia a Hispania en grandes carros tirados por bueyes, como así lo atestiguan varios documentos latinos de la época, sobre todo, a partir de la batalla de Vouillé, acaecida en el año 507, en la que los francos auxiliados masivamente por los galo-romanos autóctonos y aliados con los burgundios, derrotaron al ejército visigodo, provocando el establecimiento franco en las tierras existentes entre el río Loira y los Pirineos, adjudicadas hacía casi un siglo a los visigodos por el poder imperial romano en los ya citados Pactos de Hospitálitas, y la marcha de éstos hacia el otro lado de las montañas pirenaicas.

También durante aquel siglo VI llegarían elementos ostrogodos a Hispania, con motivo de la regencia de su rey Teodorico *el Grande* sobre los visigodos (511-526) y, desde luego, también tras la derrota de los ostrogodos instalados en Italia a manos del ejército imperial bizantino de Justiniano. En el conjunto de la importante inmigración goda a Hispania, debemos diferenciar, entonces, a la minoría político-militar dirigente, y el contingente popular gótico. Mientras aquella se acantonaba en las principales ciudades de la Hispania romana (Mérida, Barcelona, Valencia, Sevilla, Córdoba y Toledo, la capital), el otro se instalaba mayoritariamente en el ámbito rural meseteño.

La elección por el rey Leovigildo de la ciudad de Toledo como capital del Reino hispano-godo respondía a las necesidades de control sobre el conjunto peninsular (identificado entonces como el recinto territorial de dicho Reino), más fácil desde su centro y en un entorno de numerosa población gótica. La elección de Toledo hacía de la Meseta Central, por primera vez, el centro político y cultural de la Península Ibérica.

El rey Eurico (466-486), durante cuyo reinado tuvieron lugar los primeros establecimientos populares góticos, puede ser considerado el primer gobernante autónomo de Hispania, puesto que el año 476 sucumbe definitivamente el Imperio Romano de Occidente con la conquista de Roma por el rey de los hérulos, Odoacro. El reino godo se separa definitivamente del tronco del Imperio obteniendo su total independencia y Eurico rompe el pacto que le ligaba con Roma, amplía sus posesiones del sur de la Galia se anexiona la mayor parte de la Península Hispánica, creando así un gran reino occidental galo-hispánico. Además, se puede atribuir a su persona el hito de ser el primer monarca visigodo legislador, abandonando la ancestral costumbre visigoda[35].

El Estado Visigodo

La Monarquía gótica como estructura de poder desplegará una organización política peculiar. El rey de los godos, es el máximo jefe político-militar, resulta de la celebración de una asamblea de electores, destacados miembros de la comunidad, que lo eligen «*armas in sonantibus*» tras la muerte del rey anterior. El rey, jefe popular electo, que, según la tradición germánica, no crea derecho, pues éste ya existe, es de carácter consuetudinario, lo produce la propia comunidad; como protector del reino, tiene el difícil encargo de hacer cumplir el derecho de aquella comunidad germánica. Prevalece, pues, la costumbre a la ley escrita, pues aquélla es producto social que facilita la convivencia colectiva regulando oportunamente las relaciones sociales y resolviendo puntualmente los conflictos, en virtud del precedente judicial (gran relevancia de los jueces, principales intérpretes del derecho popular).

La Ley, concepto romano, privilegia al que la impone amenazando así la libertad e igualdad esencial de todos los miembros de la comunidad. La coexistencia de godos y romanos en el Reino de Toledo supondrá la progresiva romanización de sus estructuras jurídico-políticas, aunque nunca desaparecerán las costumbres germánicas, sobre todo, en las comunidades rurales góticas alejadas de la Corte toledana, costumbres jurídicas que reaparecerán con fuerza en los primeros siglos de la Reconquista, sobre todo en Castilla, recogidas en los fueros territoriales.

Existió un Estado hispano-godo dirigido por el rey y organizado por una serie de instituciones que sostenían la unidad política. El *Aula Regia* o

[35] En este sentido, la costumbre tuvo una gran importancia en la ordenación de las sociedades, cuando el poder del Estado era todavía débil. Con su expansión, aquella costumbre quedaría englobada y refrenada por la ley o ésta la rechazó abiertamente.

Senado visigodo, es el órgano que colabora con el monarca, asesorándole en su labor de dirección político-militar, en su actividad legislativa y en la administración de justicia. El núcleo fundamental del Aula Regia lo componen los miembros del *Oficio Palatino* que agrupa a los nobles de la Corte, siempre de estirpe goda: condes, jefes de los espatarios o guardia del rey, de las caballerizas, etc. En definitiva, el Aula Regia reúne a los altos funcionarios del Ejército y la Administración hispano-godos.

Aunque más tarde le dedicaremos una especial atención, no nos resistimos a hacer, en este momento, una mención a los *Concilios de Toledo*, precedente histórico de las futuras Cortes medievales, que aconsejaban en cuestiones militares, judiciales y eclesiásticas. Estos Concilios supondrán la expresión fundamental de la colaboración entre la Iglesia y el Estado, una Iglesia que era el recipiente principal, y mantenedor entonces, de la cultura y los saberes. En este sentido resultó muy influyente la doctrina jurídica de San Isidoro[36], la cual establecía la sumisión de la potestad civil a las leyes o normas de la comunidad, en contra de la tradición cesarista del derecho romano y de la práctica oligárquica bizantina. En este sentido, los Concilios de Toledo son, entonces, el punto de confluencia entre la potestad del Estado y la aplastante en esos momentos autoridad moral e intelectual de la Iglesia católica, de modo que los reyes godos solicitaban de ellos su asistencia y apoyo en el gobierno del Estado y en las tareas legislativas, e incluso enviaban a los magnates del Aula Regia a las reuniones de éstos.

Existía, pues, una relativa intervención de estos organismos en el ejercicio del poder aunque éste residía fundamentalmente en el rey, jefe electo, que detentaba un enorme poder, por más que el mismo fuese el origen de las sangrientas disputas que se desataban en el momento de la sucesión entre las distintas facciones y clientelas nobiliarias, dando ello lugar al nacimiento del llamado *morbo gótico*. Además, el rey, que conforme al derecho visigodo debía ser de estirpe gótica y caracterizada por sus buenas costumbres, era el jefe supremo de la comunidad y representación personal del Estado. Era el responsable de la dirección de las relaciones con otros países declarando la paz o la guerra, a la vez que también la cúspide de la Administración del Estado. Igualmente ostentaba la potestad legislativa, y era el juez supremo

[36] Isidoro de Sevilla (nacido probablemente en Cartagena hacia el 556, falleciendo en Sevilla el 4 de abril de 636). Fue un eclesiástico católico y erudito de la época visigoda. Estuvo al frente del arzobispado de Sevilla durante más de tres décadas (599-636).

con jurisdicción sobre todos los súbditos de su Estado, correspondiéndole también la convocatoria de los Concilios de Toledo.

Con respecto al Reino, al frente del cual estaba el rey, aparece integrado por el conjunto de súbditos, independientemente de si se trataba de godos o romanos (los que con el tiempo conformarían los llamados hispano-godos) y el territorio de la Península y zonas adyacentes.

El Estado Visigodo tenía por finalidad procurar el bien común, la defensa del territorio contra los enemigos del interior y del exterior, y la aplicación del derecho mediante la actividad legislativa y judicial. Además, este sistema político no tuvo el carácter de Estado patrimonial, ni la comunidad hispano-goda se fundamentó en relaciones jurídico-privadas, ya que se ordenó para fines de índole pública.

Igualmente, la ciudad de Toledo, capital del Estado godo-hispánico, vino s suponer la concreción de un centro general de imputaciones, sede de la Corte, cabeza metropolitana de la Iglesia hispana y sede de los Concilios, residencia de los magnates rectores del reino y capital cultural.

La intervención de Teodorico *el ámalo* sirvió para salvar la misma existencia del Reino visigodo. Pero a partir de entonces el centro de gravedad del mismo pasaba a encontrarse ubicado en la Península Ibérica. Hecho que no sería totalmente percibido por la totalidad de los grupos dirigentes godos, como mínimo hasta el nuevo fracaso de la política franca de Amalarico (526-531), el nieto y sucesor del gran Teodorico.

Por otro lado, el gobierno de éste, su intento fallido de crear un único Reino godo, fusionando visigodos y ostrogodos, supuso el trasvase al Reino visigodo de algunos expedientes administrativos ostrogodos, muy restauradores de las estructuras civiles imperiales, así como la consolidación de un grupo nobiliario de procedencia ostrogoda, que se reflejaría en los reinados de Teudis (531-548) y Teudiclo (548-549), que tenían ese origen.

Por lo demás, estos soberanos, en especial Teudis[37], reforzarían la política de colaboración con las aristocracias hispanorromanas, reforzándose

[37] Teudis reinó entre los años 531 y 548, habiendo accedido al poder tras la muerte de Amalarico, siendo el responsable del traslado de la capital visigoda de Narbona a Barcelona. En 541 tuvo que enfrentarse a los francos, al mando de Clotario y Childeberto, que penetraron por Pamplona hasta Zaragoza, la cual sitiaron durante cuarenta y nueve días. Tras defenderla consiguió derrotarles y hacerles huir por donde entraron, donde además, su general Teudiselo,

así el papel de liderazgo del episcopado católico. Política tanto más necesaria a la vista del avance de la Reconquista emprendida por el emperador bizantino Justiniano y del aislamiento progresivo de los visigodos como consecuencia de la misma. Con dicha colaboración se intentaría un nuevo avance en el completo control del espacio peninsular por parte de la Monarquía visigoda, en especial en sus áreas meridionales y del sureste, las más marginales o amenazadas por Bizancio.

Sin embargo, esta política se había quebrado como consecuencia del estallido de un conflicto en el mismo seno de la nobleza visigoda ante los fracasos militares de Agila (549-554), que se resolvió en la revuelta del noble Atanagildo y en una guerra civil. En este sentido, la victoria de Atanagildo (554-567) no se logró sino a costa del apoyo de un cuerpo expedicionario bizantino, que obtuvo a cambio la cesión de una buena franja del litoral peninsular, desde Denia a Gibraltar, donde se establecería la provincia bizantina de España que se proyectaría entre los años 555 al 625. Dificultades imperiales posteriores permitirían a Atanagildo en los años sucesivos una cierta consolidación en el interior peninsular, estableciendo también una vital política de alianzas matrimoniales con las Cortes merovingias de Austrasia y Neustria.

El último siglo y medio de historia visigoda se conoce como Reino de Toledo. Y en él se pueden señalar dos momentos que aparecen como claras inflexiones de carácter constituyente. La primera de ellas está representada por los reinados sucesivos de Leovigildo y su hijo Recaredo (569-601). Mientras la segunda lo está por los de Chindasvinto (642-653) y su hijo Recesvinto (649-672). Ambas épocas se caracterizarían por los esfuerzos del poder monárquico por mantener o crear un Estado centralizado, con una administración pública de tradición tardorromana –justinianea y protobizantina, mejor dicho– no totalmente en manos de la potente nobleza terrateniente hispanovisigoda, para lo que era necesario lograr la máxima

les produjo grandes bajas. Por el contrario, en 542 no consiguió defender Ceuta, que había sido ocupada en 533, por los bizantinos, que les atacaron por tierra y mar. En 546 dictó una ley en Toledo sobre costas procesales, que ordenó incorporar en una sección correspondiente al Código Teodosiano, recogida por el Breviario de Alarico, que demostraría la aplicación de este último texto en la Hispania visigoda. Parece ser que en el año 548 muere asesinado en su palacio barcelonés por un godo que simuló estar loco, aunque otras versiones sitúan su asesinato en su palacio de Sevilla, y realizado por un soldado de la guardia, implicado en una conjura nobiliaria, fingiéndose loco.

unidad jurídica e ideológica de la sociedad hispanovisigoda, realzando el vinculo personal de súbdito frente a los lazos de dependencia personal de tipo clientelar y protofeudal.

Como ya advertimos, en el Concilio III de Toledo celebrado en el año 539 se oficializaría la conversión del monarca y la nobleza visigoda a la fe católica, paso decisivo en la constitución de un Estado unitario hispanovisigodo. Pero la conversión de Recaredo significaba reconocer por la Monarquía visigoda el poder e influencia institucional de una Iglesia y jerarquía eclesiástica cada vez más dominadas por la nueva nobleza unificada hispanovisigoda.

Hecho más que significativo si se tiene en cuenta que el reforzamiento del poder real buscado por Leovigildo y Recaredo chocaba radicalmente con un poder nobiliario fuertemente anclado en las tradicionales clientelas militares de raíz germánica, en los usos autonomistas de los senadores tardorromanos y en las dependencias sociales y económicas engendradas por la propiedad latifundiaria en vías de señorización.

En todo caso, para muchos resulta nítido que al rey Leovigildo corresponde el mérito de ser el fundador del Reino visigodo de Toledo; aunque la capital pudo haber sido establecida en esta ciudad central por su predecesor Atanagildo[38]. Sus campañas militares victoriosas le habrían llevado a la dominación efectiva de la mayor parte de la Península Ibérica. Tras la anexión del Reino Suevo en el 585 sólo quedarían fuera del poder toledano la franja costera bizantina y algunas áreas marginales en la cordillera Cantábrica y la zona Vasco-Navarra. Esta política militar sería acompañada de importantes medidas de política interior destinadas a conseguir la unidad

[38] Atanagildo ascendió al trono en año 555, e inmediatamente declaró la guerra a los bizantinos, en un enfrentamiento inevitable, al controlar éstos buena parte de la costa mediterránea de Hispania. Pronto sus enemigos tomarían Cartago Nova, además de observarse como una flota de cierta importancia, organizada por Justiniano, amenaza al reino visigodo, desembarcando en tierras de Málaga. Entre el los años 566 y 567, Atanagildo trataba de controlar las zonas insurrectas de Sevilla, que es conquistada, y de Córdoba, en donde se vería frustrado el intento. Con todo, la presencia bizantina en la Península cristalizó, convirtiéndose en una provincia más del imperial. En otro orden de cosas, Atanagildo cultivó buenas relaciones con los francos, fundamentalmente por ser la vía libre de comercio y seguridad que tenía garantizada, además a dos reyes francos, Chilperico I y Sigeberto I, dio en matrimonio a sus dos hijas, Galswinta y la influyente Brunilda, respectivamente; siendo asesinada la primera, lo que originó una serie de luchas. Finalmente, trasladó la corte visigoda a Toledo, que pasaría a ser la definitiva capital del reino.

máxima del Estado y fortalecer las instancias absolutistas y centralistas de la Monarquía, en clara imitación de Justiniano.

Sin embargo, el empecinamiento de Leovigildo por llevar una política de unificación religiosa, sobre la base de un llamemos *arrianismo dulcificado*[39] y la oposición nobiliaria y de sectores influyentes hispanorromanos, que se plasmó en la revuelta de su hijo Hermenegildo (579-584), impedirían al este rey visigodo conseguir todos sus objetivos. Su hijo y sucesor Recaredo habría continuado la política paterna, pero tomando buena nota de sus fracasos. Por ello llegaría a un rápido pacto con la poderosa iglesia católica hispana y los sectores sociales que ésta representaba.

En el ámbito jurídico, Leovigildo se encargaría de revisar el ya viejo código de Eurico, a través del Código de Leovigildo o *Codex Revisus*. Aunque el texto de esta actividad reformadora no se conserva en la actualidad, la existencia del mismo es conocida gracias a unos textos de San Isidoro de Sevilla, que a la postre había nacido durante el reinado de Leovigildo (568-586). Del *Codex Revisus* procederán diversas normas contenidas en el *Liber Iudiciorum*.

Por eso los años que van de la muerte de Recaredo a la subida al trono de Chindasvinto se encuentran marcados por la lucha entre el poder real y la nobleza, saliendo por lo general ganando la segunda. De forma que, a pesar de los éxitos militares de soberanos enérgicos como Sisebuto (612-621) y Suintila (621-631), al final se impondrían reformas constitucionales en los Concilios IV (633), V (636) y VI (638) de Toledo, limitadoras del poder monárquico por las prerrogativas de la nobleza laica y eclesiástica.

Los reinados de Chindasvinto y Recesvinto, sobre todo el primero, marcarían uno de los esfuerzos supremos por fortalecer la institución monárquica y la idea estatal centralizada y de índole pública heredadas del Bajo Imperio. Pero, paradójicamente, tal intento se realizaría a partir del reconocimiento contradictorio de la insoslayable realidad de la estructuración sociopolítica visigoda sobre la base de una clase dominante latifundista, de

---

[39] El arrianismo es definido como aquellas enseñanzas atribuidas a Arrio, opuestas al Dogma Trinitario determinado en los dos primeros concilios ecuménicos, y mantenido en la actualidad por la Iglesia Católica, las Iglesias Ortodoxas Orientales y la mayoría de las Iglesias protestantes. Este término también se utiliza en ocasiones de forma inexacta para aludir genéricamente a aquellas doctrinas que expresen negación de la naturaleza divina de Jesús.

la que dependía un gran número de campesinos mediante lazos de índole económica y extraeconómica, grupo dominante cohesionado entre sí por múltiples vínculos de dependencia y fidelidades mutuas. Todo lo cual habría de traer, como consecuencia inevitable, la formación de facciones nobiliarias en lucha continua por alcanzar la hegemonía, y fuente de beneficios, representada por el poder regio.

La gran reforma administrativa realizada por Chindasvinto –y reflejada en el nuevo Código legal– no sería otra cosa que el intento de estructurar un Estado centralizado y poderoso sobre la base de tal realidad socioeconómica protofeudal. A la larga el fracaso estaba garantizado. Y ya el propio Recesvinto fue consciente de ello en el Concilio VIII de Toledo (653), en el que la poderosa nobleza laica y eclesiástica, además de criticar la política antinobiliaria de su predecesor, frenó las apetencias regias de controlar patrimonialmente los importantes recursos fundiarios de la Hacienda real. Y tampoco habría dado resultado el intento de Chindasvinto de crear una adicta aristocracia de servicio frente a la nobleza de sangre.

Las duras purgas y confiscaciones realizadas por éste en el seno de dicha nobleza no habrían, al final, resultado más que en una concentración de las riquezas y dependencias sociales en unas pocas familias, con intereses y ambiciones cada vez más autonomistas y localistas. La última fase de la historia hispanovisigoda vería la completa protofeudalización del Estado, hasta unos niveles nunca antes alcanzados en otros países occidentales.

Los sucesivos monarcas del periodo –Wamba (672-680), Ervigio (680-687), Egica (687-702), Rodrigo (710-711) y Agila II (¿710-714?)– se debatirían entre los esfuerzos por reforzar el poder real, con una política de mano dura contra la nobleza (Wamba, Egica), y las concesiones a ésta (Ervigio, Witiza). Pero incluso los primeros no concebirían otra forma de fortalecer su posición más que aumentando la base económica personal y de su familia, y beneficiando a sus vasallos (*fideles*), concediéndoles tierras y jurisdicciones sobre los hombres.

A pesar de ello durante estos años se multiplicarían los intentos de rebelión y usurpación por parte de nobles ambiciosos, incluso pertenecientes al círculo más restringido de los vasallos del monarca reinante.

Al final la invasión islámica, conducida por el gobernador de la Ifriquiya[40] califal, Muza, y su lugarteniente Tarik, habría sido propiciada por el estallido de una nueva crisis sucesoria a la muerte de Witiza. Tras un largo interregno, mientras un grupo mayoritario de la nobleza optaba por elegir, un tanto tumultuariamente, a Rodrigo, otros parece que decidieron propiciar la continuidad de algún familiar del difunto soberano, Agila II.

Como antes había ocurrido en más de una ocasión la facción minoritaria pudo ver en los musulmanes –que, de todas formas, se preparaban para el asalto al Reino visigodo desde hacía ya algún tiempo– el instrumento para imponerse en una guerra civil que, hasta entonces, había ido muy mal para ellos. En la misma batalla decisiva del Guadalete bastantes nobles visigodos harían defección, propiciando así la derrota de Rodrigo y los suyos. También como en el 673 las dos facciones entonces en lucha parecían tener unas referencias regionales muy marcadas, obedeciendo así a un proceso de protofeudalización muy avanzado. Mientras los partidarios de Rodrigo, probablemente antiguo duque de la Bética, debían ser numerosos en las zonas meridionales y occidentales de España, sus rivales, agrupados en torno a Agila II, lo eran en el valle del Ebro y la Narbonense.

La alianza, más o menos formalizada o tácita, entre estos últimos y el invasor musulmán, explicaría que la ocupación por éste de dichas zonas orientales del Reino visigodo se demorase algún tiempo.

En todo caso entre el 716 y el 719 habrían acabado las últimas resistencias visigodas en tierras de la actual Cataluña, falta ya de una organización centralizada efectiva. Y todo ello ocurría en el seno de un malestar cada vez mayor por parte de los sectores sociales más humildes, inmersos en un proceso de enservilamiento radical, agudizado coyunturalmente por factores catastróficos naturales –sequías hambrunas, epidemias de peste, etc.– repetidas cíclicamente. Y, en fin, con problemas de minorías ideológicas, como la judía, resueltos en falso, con soluciones como la conversión forzosa y hasta su dispersión y esclavización (694).

[40] Ifriqiya (en árabe إفريقية) es, en historia del Islam medieval, un territorio ubicado al norte de África que corresponde aproximadamente al actual Túnez, excluyendo las partes más desérticas, un fragmento del noreste de Argelia y la Tripolitania (actual Libia), siendo su capital Kairuán (Túnez).

El Derecho Visigodo

Sin perjuicio de la existencia de un derecho de naturaleza consuetudinaria propio de aquellas gentes, e incluso de ciertas leyes que habían sido recogidos por escrito, en épocas pretéritas, tanto en su vertiente Gala como Hispana, hubo de destacar una serie de códigos, entre los que necesariamente deberemos hacer referencia a los siguientes:

El Código de Eurico

Conocido gracias al *palimpsesto*[41] encontrado por los monjes maurinos de Saint Germain des Prés, el texto, que debió de constar de unos 350 capítulos de los que en la actualidad únicamente se conservan 47, está basado en lo que el profesor d'Ors calificaría como Derecho Romano Vulgar.

La obra fue dictada por Eurico, fundamentalmente si nos atenemos a la fecha, siglo VI, su relación con la *Lex Burgundionum* y dos capítulos, entre ellos el 277, en el que se dice que el padre del rey que legisla era rey y se prohíbe que se viera cualquier pleito de antes del 451. Por lo tanto, tuvo que ser posterior a esa fecha, pero anterior al año 481 porque los pleitos no debían de haber cumplido 30 años.

Con estos datos, sólo podrían haber sido tres reyes y quedarían eliminados los otros dos si tuviéramos en cuenta la afirmación del principio el primer rey bajo cuyo gobierno los godos comenzaron a regirse por leyes y no por costumbres.

Sin embargo, esta autoría se puso en duda tras las investigaciones desarrolladas por el profesor García-Gallo en el año 1947. En este sentido, este maestro universitario comenzaba por negar la coincidencia del Código con la *Lex Burgundionum*, por lo que el periodo ya se tambalearía (451-481) y nos quedarían tan solo las otras dos razones. Además una cosa es que Eurico dictara leyes y otra cosa muy distinta es que promulgara un código y que fragmentos de éste estuvieran recogidos en el códice de París. En este

[41] Se denomina palimpsesto (del griego antiguo "παλίμψηστον", que significa "grabado nuevamente") al manuscrito que todavía conserva huellas de otra escritura anterior en la misma superficie, pero que ha sido borrada expresamente para dar lugar a la que ahora existe.

sentido el profesor y maestro García-Gallo venía a atribuir la autoría al hermano de éste, Teodorico II, puesto que la prohibición de revisar causas falladas en el reinado del padre resulta más lógica cuanto más se acerque a la muerte de Teodorico I, acaecida en el año 451.

Si el código perteneciera realmente a Teodorico I dataría de la fecha 453-466, aunque dicha tesis es improbable puesto que Leovigildo corrigió, añadió y excluyó leyes de Eurico, por lo que es de presuponer la existencia de un código.

Tampoco existe una coincidencia entre los investigadores con respecto a la fecha de su promulgación, ya que unos nos vamos al año 481, mientras que para otros la fecha podría ser establecida en torno al año 466, momento en el cual el rey Eurico se hace cargo del poder. El profesor Zeumer lo data entre el año 469 y el 481, alrededor del 475. Finalmente Álvaro d'Ors, basándose en cierto testimonio de Sidonio Apolinar, lo concreta en el 476, curiosamente año en el cual caía el Imperio romano de Occidente.

Con respecto a los motivos que llevaron al rey Eurico a promulgar esta obra jurídica, nos encontramos en un campo algo más nítido, ya que no resulta complicado descifrar los motivos impulsaron al rey visigodo a compilar una colección legislativa. En este sentido, la población visigoda vino a asentarse en los territorios conquistados, tierras diseminadas entre la población romana, con la que entraron en contacto muy íntimo, a causa de la manera de hacerse el reparto de tierras, los famosos y ya citados *Pactos de Hospitálitas*. Y no vino a resultar extraño que con la convivencia de godos y romanos surgieran las clásicas cuestiones y disputas de Derecho. En estos supuestos, resulta obvio, se pondría de manifiesto la superioridad del Derecho romano frente al Derecho consuetudinario germánico.

El Breviario de Alarico II

La catástrofe derivada de la derrota sufrida en la batalla de Vouillé (507) supuso la destrucción del núcleo y epicentro del Reino visigodo, situado entonces en Aquitania. Además significó el fracaso de la política de acercamiento y colaboración activa con las aristocracias provincial-romanas, bien lideradas por la jerarquía católica, propugnada por Alarico II (484-507), y que había tenido sus momentos culminantes en el Concilio de Agde (506) y en la promulgación del llamado Breviario de Alarico, actualización del Código Teodosiano como Derecho territorial aplicable a todos los súbditos de la Monarquía goda.

Haciendo referencia a la estructura de esta obra jurídica, indicar que nos encontramos ante una recopilación o compilación de Derecho Romano postclásico, en su doble vertiente de Leges e Iura. En este sentido, el Breviario constaría de Leges tomadas por el *Codex Theodosianus*, más las novelas posteriores al año 438 y que correspondían a Teodosio II, Valentiniano III, Marciano, Mayoriano y Severo. Además se incorporarán los Iura, es decir, el *Liber Gai*, que sería una interpretación o adaptación de las Instituciones del jurisconsulto Gayo, juntamente con textos pertenecientes a las *Sentencias de Paulo*, un fragmento de las *Responsa* de Papiniano y algunas constituciones tomadas de los Códigos Gregoriano y Hermogeniano, que vienen incluidas en las iura y no en las leges por proceder de los citados códigos.

Indicar que encontramos un tercer elemento en el Breviario, la llamada *Interpretatio*. En este sentido, cada uno de los textos, exceptuando lo relativo al *Liber Gai*, está aclarado o interpretado por los redactores.

En relación a la finalidad de esta obra jurídica, parece ser que en trasfondo circula una finalidad eminentemente política, máxime cuando el rey Alarico II comprende que la población no visigoda de las Galias, población galorromana por su origen además de católica, se inclina progresivamente hacia su la anexión con los francos, pueblo germánico y católico. Así las cosas la idea del rey visigodo es la de atraerse a los galos ofreciéndole una buena compilación de Derecho romano, por el que tal población se regía. A ello deberíamos añadir otros fines más técnicos, que no son otros que la necesidad de aclarar el Derecho romano, suprimir de él textos inútiles y eliminar ambigüedades.

Una vez publicado, Alarico enviaría numerosas copias a sus condes, los cuales ejercían como máximas autoridades en sus distintos territorios de influencia. Curiosamente encontramos un ejemplar del Breviario diferente al resto. Se trata del que fuera enviado a la máxima autoridad judicial, al máximo magistrado después del propio rey: el conde Timoteo. Este ejemplar difiere del resto en las primeras páginas que empiezan con una advertencia que no está en los otros, conocida como *Conmonitorium*, y en donde se dice expresamente:

> «*Conde Timoteo, tienes la obligación de velar por el cumplimiento en tu Tribunal del contenido de este Breviario. En caso contrario, pagarás con tu cabeza y bienes*»[42].

El Codex Revisus

Anteriormente hemos observado la amplia tarea desarrollada por el rey Leovigildo, pero no podemos olvidar que también fue un monarca legislador. En este sentido, ya en el ámbito jurídico, este monarca se encargaría de revisar el ya viejo código de Eurico, a través del Código de Leovigildo o Codex Revisus. Aunque el texto de esta actividad reformadora no se conserva en la actualidad, la existencia del mismo es conocida gracias a unos textos de San Isidoro de Sevilla, que a la postre había nacido durante el reinado de Leovigildo (568-586). Del Codex Revisus procederán diversas normas contenidas en el Liber Iudiciorum.

---

[42] En este sentido, en ese citado *Commonitorium* se indicaba lo siguiente: "Advertencia al conde Timoteo. Trabajando con el favor de Dios en provecho de nuestros pueblos, hemos determinado corregir con mejor deliberación las cosas justas e injustas que se hallan en el derecho; y tomando el parecer de los sacerdotes y personas de la nobleza, queremos disipar la oscuridad del derecho antiguo y de las leyes romanas, de modo que no quede en ellos ninguna disposición antigua que se origen de disputas diarias y de una multitud de pleitos. Declarados estos puntos y recopiladas en un libro por varios jurisconsultos las leyes escogidas e interpretadas con toda claridad, han merecido el asentimiento de los venerables obispos y de los nobles romanos de las provincias elegidos por Nos. Suscrito el libro tuvimos a bien enviarlo al conde Goyarico para que lo pusiese en observancia, a fin de que con arreglo a él se decidan todas las causas que se ofrezcan, pues es nuestra voluntad que ningún otro texto de leyes o de derecho pueda citarse en los pleitos, sino éste que remitimos firmado de nuestra orden por el espectable Aniano. Mandámoste, pues cuidar de que en los tribunales de tu jurisdicción no se presente ni se admita ninguna otra ley ni fórmula de derecho, bajo pena, si no lo hicieres así, de muerte o confiscación de tus bienes. Y para que todos tengan presente nuestra voluntad y sepan la pena en que incurren los desobedientes, hemos mandado incluir nuestro decreto en todos los ejemplares que enviamos de este libro. Aniano, varón espectable, por mandato del glorísimo Rey Alarico, nuestro señor, ha dado y firmado este Código, compuesto en Aduris, de las leyes de Teodosiano, de las sentencias del derecho y de otros varios libros, en el año 22 de dicho Rey. Cotejado. Dado en Tolosa el 2 de febrero del año 22 del Rey Alarico".

El Liber Iudiciorum

El cenit de la legislación visigoda llegará de la mano del *Liber Iudiciorum*, también llamado *Lex Visigothorum*, *Código de Recesvinto*, *Libro de los Juicios*, *Liber Iudicum*, *Liber Gothorum*, *Fori Iudicum*, *Forum Iudicum* y *Forum Iudiciorum*.

Nos encontramos con un magno cuerpo normativo visigodo de carácter *territorial*, realizado por parte del rey Recesvinto, posiblemente antes de haberse erigido como monarca, al haber sido asociado al trono por parte de su padre, el rey Chindasvinto, y que fue publicado en el seno de un Concilio de Toledo, en el año 654. Su enorme dimensión, hizo que perviviese más allá de la propia vida del Estado Visigodo, en este momento ya bajo su versión romanceada denominada *Fuero Juzgo*. En este sentido, en el año 1241 era traducido, con algunas modificaciones, del latín al castellano, por orden del rey Fernando III el Santo para ser concedido como propio de ciertas localidades de la zona meridional de España.

Con todo, en el momento de su publicación, el contenido de sus normas se extendió tanto a la población goda como romana, cuyas leyes anteriores quedarían derogadas. Además, no parece haber habido resistencia contra las normas en el Liber entre la población romana, y ello debido a dos causas fundamentales. Primeramente porque este Código recogía algunos aspectos de la anterior ley romana; mientras que, en segundo lugar, las leyes romanas no habían sufrido variación desde hacia siglos, ya que no había una autoridad romana que pudiera cambiarlas, y estaban basadas en normas jurídicas del Bajo Imperio Romano.

Por otra parte, un examen de las leyes nos permite apreciar que no eran para un uso amplio entre la población, especialmente entre los humildes, y parece que los pequeños pleitos civiles o en los delitos menores eran habitualmente juzgados por obispos, sacerdotes, y árbitros, que actuaban a modo de jueces extraoficiales, dictando sus sentencias con arreglo a la lógica y a las antiguas leyes romanas, que estarían muy asumidas después de tantos siglos, acudiéndose únicamente a la justicia oficial regia en casos limitados.

Junto al Código se publicaba una disposición especial por la cual se prohibía el uso del llamado derecho extranjero, básicamente romano, en los tribunales. Para aquellos supuestos no contemplados por el Liber, sería necesario remitirlos al rey, y que fuese éste el que resolviese el asunto, creándose de paso una jurisprudencia para supuestos similares en el futuro. Además el rey tendría derecho a añadir todas las leyes que creyese convenientes, tras consultar a obispos y a otros cargos principales del palacio del rey.

El Liber Iudiciorum aparece dividido en un título preliminar y doce libros, subdivididos éstos en cincuenta y cuatro títulos, y quinientas setenta y ocho leyes. Contenía trescientas veinticuatro leyes del anterior Código godo (que en el texto se califican de *antiquae*), noventa y nueve leyes elaboradas por su padre, el rey Chindasvinto, y ochenta y siete leyes propias de Recesvinto (las del padre se encabezan en el texto con el nombre *Flavius Chindasvintus Rex* y las del hijo con *Flavius Reccesvintus Rex*). Finalmente había tres leyes de Recaredo y dos de Sisebuto.

En lo que a la estructura del Liber Iudiciorum se refiere, indicar que la misma sería la siguiente:

El *libro primero* hace referencia al legislador y la ley; el *segundo* a la Administración de justicia, escrituras y testamentos; el *tercero* a los matrimonios y los divorcios; el *cuarto* analiza las sucesiones, herencias y tutelas; el *quinto* tratará las donaciones, ventas y otros contratos; el *sexto* Derecho penal: crímenes y torturas; el *séptimo* se refiere nuevamente al Derecho penal: robo y fraude; el *octavo* también al Derecho penal: actos de violencia y lesiones; el libro *noveno* analiza el ejército y el derecho de asilo eclesiástico; el libro *décimo* Derecho de propiedad y prescripción. En el libro *once* Médicos y enfermos; mercaderes extranjeros. Finalmente, el libro *doce* analizará el siempre difícil asunto de los herejes y judíos.

En el reinado del rey Ervigio varias leyes del Liber serían parcialmente modificadas, motivo por el cual diversos autores comenzaron a conocer la magna obra del rey Recesvinto como *Código de Ervigio*.

La Hispana

Las fuentes del derecho canónico en la época visigoda fueron fundamentalmente los cánones conciliares y las epístolas pontificias. Así las cosas, y con la pretensión de consolidar la unidad normativa y un mejor conocimiento de estas referencias de la Iglesia, fueron llevadas a cabo importantes refundiciones o compilaciones de los mismos. En este sentido, en aquella España visigoda fueron conocidos tres notables resúmenes o epítomes, los cuales dos pertenecen al reino visigodo y otro al suevo, siendo conocidos los primeros como *Colección de Novara* y el *Epítome hispánico*, mientras que el segundo lo será como *Capítula Martini*.

Con todo, la obra cumbre del derecho canónico de la España visigoda será sin duda alguna la Hispana. Se trata de una colección de cánones conciliares y epístolas pontificias realizada por San Isidoro de Sevilla. A su vez, los cánones recogidos corresponden a concilios griegos, africanos, galicanos y españoles, mientras que las epístolas recogidas quedan agrupadas por orden cronológico.

La riqueza del contenido de esta citada Hispana, además de la universalidad de sus planteamientos hace que la misma tenga un protagonismo único en comparación con otra colección canónica de la época.

Sobre esta obra, que ya fue precedida desde mediados del siglo XI por un índice formado por el extracto de los cánones, se hicieron tres recensiones: la llamada Isidoriana, que viene a corresponder a la primera de sus redacciones; la Juliana, de la época de San Julián de Toledo; y, finalmente, la llamada Vulgata, que sería la edición más difundida a la vez que más utilizada, y que a la postre sería conocida en las Galias e influyó en otras colecciones canónicas posteriores.

La cuestión religiosa en el seno del Estado Visigodo

El mantenimiento de Leovigildo en su fe arriana[43], que a la postre resultaba ser la religión propia de los visigodos, y el intento de imponerla a sus súbditos hispano-romanos de religión católica, impedía la vertebración de la unidad de su pueblo.

[43] El arrianismo es el conjunto de doctrinas cristianas desarrolladas cierto clérigo de Alejandría llamado Arrio, el cual consideraba que Jesús de Nazaret no era Dios, ni tan siquiera parte de Dios, sino más bien una criatura. Así las cosas, y una vez que la Iglesia hubo aceptado como dogma de fe la proposición opuesta, el arrianismo fue condenado como una herejía.

Con todo, habría de ser en tiempos de su hijo Recaredo (586-601), quien al convertirse al catolicismo, y con él, oficialmente, todos los godos, pondría las bases de una comunidad político-religiosa nacional diferenciada, una nueva sociedad, en definitiva.

Fue en el III Concilio de Toledo, celebrado en el año 589, cuando tuvo lugar la conversión pública de Recaredo, pudiendo ser considero el punto de partida un Estado visigodo en torno a un monarca, a un poder político ejercido sobre una sociedad que avanzaba firmemente hacia su plena integración desde sus dos elementos conformadores, el latino y el germánico, a diferencia de lo que sucedió en Italia o en el Norte de África donde ostrogodos y vándalos respectivamente constituyeron una minoría extraña y hostil. Así, durante el siglo VII se iría consolidando la nacionalidad común de los denominados ya como «hispano-godos», poseedores de una religión común, gobernados por un mismo monarca, e incorporados plenamente a la Administración los antiguos hispano-romanos. Suintila (621-631) expulsa definitivamente a los bizantinos enquistados en el sur peninsular y consigue la unificación de todo el territorio de la antigua Hispania romana, incorporando Ceuta como cabeza de puente hacia la Mauritania africana, además de llave del Estrecho.

La labor legislativa de los reyes Chindasvinto (642-653) y Recesvinto (653-672) refrendada en los Concilios toledanos, culmina con la promulgación del Liber Iudiciorum (Libro de los Juicios o Fuero Juzgo), compilado por este último rey, convirtiéndose en el único texto legal válido ante los tribunales del reino, un texto que incorpora la herencia jurídica romana a la costumbre germánica hasta el punto de ser aquélla claramente predominante.

Los Concilios Toledanos durante la España Visigoda

Mención aparte de lo ya reseñado en páginas anteriores, en relación a los Concilios de Toledo[44], indicar que los antiguos concilios se los suele

[44] Los Concilios de Toledo y sus fechas fueron las siguientes: I Concilio de Toledo (397), II Concilio de Toledo (527), III Concilio de Toledo (589) (presidido por Leandro de Sevilla), IV Concilio de Toledo (633) (presidido por Isidoro de Sevilla), V Concilio de Toledo (636) (presidido por Isidoro de Sevilla), VI Concilio de Toledo (638), VII Concilio de Toledo (646), VIII Concilio de Toledo (653), IX Concilio de Toledo (655), X Concilio de Toledo (656), XI Concilio de Toledo (675), XII Concilio de Toledo (681), XIII Concilio de Toledo (683), XIV

clasificar por la circunscripción eclesiástica a la que corresponden (el sínodo diocesano no aparece hasta el siglo VI): ecuménicos (de toda la iglesia), generales (de Oriente o de Occidente, y en la Edad Media los ecuménicos) extraterritoriales (de varias provincias eclesiásticas), patriarcales (de un patriarcado), plenarios (igual que los anteriores pero donde no había patriarcado) y provinciales (de una provincia eclesiástica o metrópoli).

En la iglesia de los primeros siglos, los presbíteros vivían en torno a su obispo, cosa que facilitaba la comunicación y hacía menos necesarios los sínodos diocesanos. Cercano el siglo VI y con la penetración de la iglesia en zonas rurales, la comunicación del los presbíteros con su obispo se vuelve más dificultosa. El sínodo diocesano comienza por esto a tomar preponderancia en el caminar de las iglesias locales. Es significativo a este respecto el testimonio del Concilio Toledano IV del 633:

> «*Cuando son ordenados los presbíteros para las iglesias rurales, recibirán de su obispo el libro ritual para que vayan instruidos a las iglesias que les han sido encomendadas, no sea que por ignorancia profanen los sacramentos divinos, de modo que cuando vinieren a las letanías, o para el concilio, den razón a su obispo de cómo ejercen el oficio encomendado, o cómo bautizan*».

La convocación conciliar en la España Visigoda

Durante el tiempo que rigió la monarquía visigoda, la convocación era prerrogativa pertenecía casi en exclusiva al Rey. Después de inaugurado el concilio en forma ceremonial, entraba el Rey con su corte y luego de una oración leía el tomo regio, que venía a consistir en un discurso programático del concilio donde exponía los temas a tratar sea eclesiásticos o civiles. A veces el contenido teológico del tomo regio demuestra que no era obra exclusiva del Rey.

A modo de ejemplo de estos *tomus* podríamos citar el leído por Recesvinto en el Concilio VIII, celebrado en el año 653:

Concilio de Toledo (684), XV Concilio de Toledo (688), XVI Concilio de Toledo (693), XVII Concilio de Toledo (694), XVIII Concilio de Toledo (hacia el año 702).

«En el nombre del Señor, el Rey Recesvinto a los reverendísimos Padres de este Sínodo: Poseyendo y conociendo sólidamente por admirable don del Espíritu Santo la regla de mi fe, y arrojando a sus pies con humildad de corazón mi gloriosa diadema, contento sólo con haber oído que todos los Reyes de la tierra sirven y obedecen a Dios, he aquí, reverendos Padres (a quien acato con profunda veneración), que me presento a vosotros, apelando en gracia de mi mansedumbre al testimonio de vuestra beatitud y sometiéndome a la prueba de vuestro examen ante el terrible mandato del Dios omnipotente, a quien doy infinitas gracias por haberse dignado en su divina clemencia, sirviéndose de mi precepto, congregaros en este santo concilio, confiando que, tanto a mí como a vosotros, nos concederá el premio de su gracia ahora y en los tiempos venideros. El unánime y religioso afecto de vuestra concordia lo habéis demostrado en el mero hecho de acudir a mi llamamiento, apresurándoos a reconocer abiertamente la piadosa intención que me guía en el gobierno del pueblo... Mas como el momento actual no consiente largos discursos, en este pliego veréis cuál es la fe santa que aprendí de los Apóstoles y de los siguientes Padres y cuáles son los negocios por los que os he convocado. Leedlo y releedlo atentamente, y procurad dar soluciones convenientes a los graves problemas que mi poder os plantea. Echando hacia atrás una mirada retrospectiva, recordamos que vosotros y todo el pueblo jurasteis que la persona de cualquier orden y honor que fuere, que se probase haber pensado o maquinado la muerte del Rey o la ruina del linaje godo o de la patria, fuese castigada con sentencia irrevocable, no experimentando jamás perdón ni disminución alguna de la pena. Más, porque ahora se juzga demasiado grave esta sentencia y en contradicción con la misericordia, a fin de no retener una condenación absoluta y para no cerrar la puerta a la piedad, que según el apóstol es útil para todo, encomiendo a vuestro sano juicio este negocio. Examinadlo maduramente y fallad acerca de él. Afán vuestro será inspirados por la gracia divina, moderar de suerte ambos extremos, que se eviten los perjurios y la inhumanidad».

La participación regia en los Concilios de Toledo

Después de la proclamación del tomo regio, el Rey volvía a intervenir en el concilio solamente cuando este terminaba. Firmaba las actas en primer lugar:

«Flavio Recaredo, Rey; estas deliberaciones, que hemos definido juntamente con el Sínodo Santo, confirmándolas, las suscribí».

En algunos concilios aparecen también decretos o leyes explícitamente promulgados por el Monarca. Ejemplos de ellos podrían ser los siguientes:

- Chintila ordena que se recen del 13 al 15 de diciembre las Letanías de los Santos.
- Recesvinto redacta al final del VIII Concilio de Toledo una ley contra la avaricia de los príncipes.
- Ervigio anuncia al final del XIII Concilio de Toledo la reducción de los impuestos.

En cualquier caso, la confirmación regia del concilio por lo general viene formulada con el título de *Lex in confirmatione concilii.*

El rey Recaredo lo hace de esta manera:

> «*Todas estas constituciones eclesiásticas, que hemos tocado compendiosa y brevemente, decretamos que permanezcan en estabilidad perenne, según se contienen con más extensión en el canon. Y si algún clérigo o laico no las quisiere observar, sufra las siguientes penas. El clérigo, sea Obispo presbítero, diácono o de cualquier otro grado, será excomulgado por todo el concilio. Si fuere lego y persona de clase elevada, perderá la mitad de sus bienes; y si fuere persona de clase inferior, será multada con la pérdida de sus bienes y desterrada*».

En algunos casos el Rey nombraba también un ejecutor real, que venía a ser un oficial regio que se encargaría de que las disposiciones del concilio fueran respetadas y llevadas a la práctica. Además, cuando el concilio había dictaminado en algún pleito pendiente entre partes, dicho oficial debía velar por los derechos del que había ganado.

El «Ordo de celebrando concilio» visigótico

Se debe a la España visigótica el primer ordo sobre la forma litúrgica de celebración de un concilio. Este ordo, propio en principio de la Iglesia española, curiosamente tendrá larga pervivencia en la Iglesia occidental. Casi todos los concilios y ordines posteriores se basan en su estructura y autoridad, hasta llegar a nuestros tiempos en que el Concilio Vaticano II usaba las reglas litúrgicas establecidas por los padres del Concilio de Toledo de 633.

Citemos, en breve síntesis el desarrollo de este ordo:

> «*A primera hora de la mañana, antes de salir el sol, se despida a todos lo fieles de la iglesia donde va a tener lugar la reunión, y, cerradas todas las puertas, colóquense los ostiarios en aquella por donde habrán de entrar los obispos. Reunidos los obispos, entren juntos y siéntensen por orden de antigüedad de ordenación. Luego del ingreso de los obispos, llámese a los presbíteros que se juzgue deben asistir, teniendo cuidado que no haya entre ellos ningún diácono. Luego entren los diáconos designados previamente según lo estatuido. Las sillas de los prelados estén dispuestas en forma de corona, detrás de ellos los presbíteros, y de pie, frente a los obispos, colóquense los diáconos. Luego ingresen los laicos que al parecer del concilio han merecido estar presentes. Ingresen luego los notarios necesarios en la composición, lectura y escritura de las actas.*
>
> *Sentados todos en silencio y con el corazón puesto en Dios diga el archidiácono: Orad. Y postrados todos en tierra, orando en silencio con lágrimas y gemidos, uno de los mayores de entre los obispos levantándose mientras los demás permanecen en tierra diga: En tu presencia estamos Señor Espíritu Santo, ante ti también nuestros pecados que pertenecen a nuestra frágil humanidad, sin embargo en tu Nombre nos hemos reunido. Ven a nosotros, a nuestro lado, dígnate penetrar en nuestros corazones; enséñanos qué es lo que tenemos que hacer, enséñanos cómo marchar ante tu presencia y las obras que debemos hacer. Porque solo tú eres el autor e inspirador de nuestros juicios; porque solo tú con Dios Padre y en el Nombre del Hijo poseen la Gloria. No nos hagas padecer bajo la injusticia de nuestros perturbadores, porque más aprecias la equidad. En los peligros, que no nos arrastre la ignorancia; que no nos inclinemos a los favores ni a las personas corruptas, antes bien únenos a ti eficazmente, ya que sólo tú eres don de gracia, para que en ti seamos uno y nunca nos desviemos de la verdad. Nos reunimos por lo tanto en tu Nombre, para que en todo tengamos con moderación justicia y piedad, para que nuestras sentencias no disientan de ningún modo de ti, y para que en el futuro, por nuestras buenas obras consigamos los bienes eternos... Terminada pues la oración y después de haber respondido todos Amén, alzándose el archidiácono dice: Alzaos todos. Y con todo temor de Dios tomen asiento tanto los obispos como los presbíteros. A continuación estando todos en sus lugares y en silencio, entre el diácono revestido con su alba, y profiera del códice de los concilios los cánones siguientes…*»

La ceremonia proseguirá con la palabra del Metropolitano, el cual pedirá a los allí presentes que manifiesten públicamente si había objeciones a la legitimidad de la reunión, y les pedía en nombre de Dios que se despojasen de toda acepción de personas en sus juicios. Terminada esta alocución, entraba el Rey, y como queda dicho arriba leía el tomo regio.

Terminada la lectura, el Rey abandonaba el templo en medio de la oración de los presentes que decían:

> «*Bendígate, Serenísimo Príncipe, el Señor de las Virtudes y el Dios Omnipotente. Inspírete, para que seas misericordioso y justiciero. El que te otorgó a el reino, El mismo guarde tu corazón libre de causar daño al pueblo. Tú que movido por el Señor, miras con reverencia nuestro Sínodo, seas coronado con todos los tuyos eternamente*».

Tras salir el monarca de aquella reunión, comenzaban las deliberaciones. Eran dirigidas por uno de los Metropolitanos (en general el más antiguo según la ordenación). El ceremonial recomienda a los presentes absoluto silencio. Se pide que no se produzcan tumultos ni discusiones acaloradas, recomendaciones que muestran que esto pasaba.

Temática tratada en los Concilios de Toledo

La evolución hacia un contenido cada vez más jurídico-político es índice (sobre todo a partir del XII) de la injerencia del poder temporal, en aquellas en principio reuniones de carácter eclesiástico.

Los Reyes pedían a los obispos que legislaran en lo civil y modificaran lo que no quedaba claro. Por ejemplo en el XVI Concilio de Toledo el rey Egica solicitaba:

> «*Y todas las cosas que en los cánones o en las leyes civiles se hallen menos acertadas o se ve claramente que han de resultar superfluas o perjudiciales, poniéndoos de acuerdo con nuestra serenidad, reformadlas en un mediodía resplandeciente...*».

Pedían también a los obispos resolver los casos de Justicia que se presentaban al concilio. Recesvinto solicitaba a los Padres que:

«...cualquier causa que llegare a vuestros oídos a través de las reclamaciones de quienquiera que sea, la decidáis de acuerdo con nosotros, empleando el rigor de la justicia misericordiosamente, y la templaza de la misericordia justísimamente».

Este es un tema que aparece una y otra vez en los textos de los tomos regios, incluso directamente los monarcas visigodos pedirán a los obispos que no se dejen corromper con regalos y otros tipos de prebendas. En este sentido, refiriéndose a los jueces, San Isidoro de Sevilla llegaría a afirmar que,

«A menudo los malos Jueces, movidos de su codicia, o aplazan o corrompen el juicio y no terminaba los asuntos promovidos por las partes hasta vaciar los bolsillos de los litigantes».

Pero también los monarcas visigodos solicitarán en estos Concilios de Toledo ya ayuda para hacer frente a los casos de conspiración, siendo todo ello fiel reflejo de que los asuntos de naturaleza política sustituyeron progresivamente a los de índole religiosa.

Trascendencia de los concilios toledanos

Los concilios nacionales y provinciales del Reino Visigodo se transformaron con el devenir de los tiempos en fuente de consulta para la liturgia, la disciplina y la praxis pastoral de la Iglesia, resultando, por tanto, una fuente importante del derecho eclesiástico. Los cánones de un concilio se resumían en el siguiente y así sucesivamente hasta que se llegaron a formar colecciones de cánones. La más famosa es la llamada Hispana atribuida a San Isidoro, pero que de hecho se conserva también en recensiones aumentadas con el transcurso del tiempo. Es considerada la «colección más notable de la Iglesia universal en sus diez primeros siglos, tanto por el número de concilios y decretales que recoge como por la genuinidad y pureza de sus documentos». Esta colección de cánones regirá a la Iglesia española hasta la reforma gregoriana, conteniendo en total once manuscritos, once españoles y cinco extranjeros.

Una primera parte contiene los concilios y decretales pontificios del Papa Dámaso, del año 378, hasta Gregorio Magno, en el 600, mientras que la segunda de ellas contiene los cánones de concilios griegos y africanos, diez concilios galicanos, catorce españoles y definiciones de fe de concilios ecuménicos.

La caída del Reino Visigodo de Toledo

Toledo será el referente de la unidad hispánica cuando ésta se derrumbe tras la invasión islámica. El año 711 y tras tres décadas de crisis general motivada por las terribles luchas partidistas para apoderarse del trono, el reino hispano-godo se extinguiría definitivamente cuando aquella unificación nacional peninsular era todavía incipiente y corría serios riesgos de una progresiva feudalización. Los árabes y beréberes, unidos en la nueva fe mahometana, derrotarán al ejército hispano-godo en las cercanías de Jerez de la Frontera. Sería decisivo en el fatal desenlace el apoyo recibido por los musulmanes por parte de los judíos y de una facción nobiliaria, la de los witizanos, es decir, los partidarios de la familia del recientemente fallecido rey Witiza, opuestos al rey Rodrigo, y que incluso recabaron la presencia de los mahometanos en la Península como sus aliados.

El gobernador árabe de África del Norte al servicio del Califato de Damasco, Musa ibn Nusair, respondió a la demanda de los witizanos enviando a su lugarteniente, el jefe bereber Tarik ibn Ziyad, que cruzó el estrecho de Gibraltar en el 711 al mando de un ejército de beréberes recientemente islamizados. Rodrigo fue derrotado y muerto en la batalla que con estos tuvo lugar, probablemente, a orillas del río Guadalete. Al año siguiente, en el 712, el propio Musa desembarcó con tropas de refuerzo.

La intervención de los musulmanes, en un principio como apoyo a la facción witizana, se estaba convirtiendo en un proyecto de conquista a gran escala, aprovechando la impotencia de los jefes visigodos, agotados en una guerra civil sin sentido.

Entramos aquí en otro periodo histórico, sucesivo de la Monarquía gótica, la Reconquista, denominado así por la pretensión de los nuevos poderes autóctonos de recuperar el territorio peninsular ocupado por los árabes (Pérdida de España), a los que en todo momento se les consideró extraños usurpadores, invasores de unas tierras que detentan ilegítimamente, poseedores de una religión y una cultura contrarias, africanos para los que Hispania (Al-Andalus) era un territorio colonial, susceptible de ser explotado en su beneficio a base de fuertes tributos, un botín en definitiva. La gran herencia hispano-goda permitió restaurar en España, por medio de la acción resistente articulada político-militarmente en el norte peninsular, la civilización occidental de raíz grecolatina, cristiana y germánica, superando así el tremendo y prolongado impacto de la dominación islámico oriental, a diferencia de lo que sucedió en el Norte de África que, integrado en el ámbito occidental antes de la invasión de los árabes, permanecería ya definitivamente islamizada y arabizada.

LA ESPAÑA MUSULMANA

LA ESPAÑA MUSULMANA. CRONOLOGÍA

711.

Tariq B. Ziyad, liberto norteafricano de Musa B. Nusayr, desembarca en Gibraltar y se enfrenta al caudillo visigodo Rodrigo, que es derrotado en el río Barbate. La ocupación de la Península se realiza en unos cinco años sin encontrar apenas resistencia. Al-Andalus forma parte del imperio árabe como una provincia más del califato de Damasco. Córdoba se convierte en su capital (719).

712.

Musa B. Nusayr acuña dinares bilingües en Al-Andalus, siguiendo el modelo heracleo, no el visigodo.

722.

La mítica batalla de Covadonga simboliza el inicio de la resistencia astur.

732.

En la batalla de Tours-Poitiers, Carlos Martel detiene al ejército árabe.

740.

Gran insurrección beréber, coordinada con la de sus hermanos magrebíes. Provocará la entrada de la segunda oleada árabe para sofocarla.

750-755.

La «*gran hambre*»: muchos beréberes abandonan su asentamiento peninsular y regresan al Magreb.

756.

Abd al-Rahman I, emir omeya, rompe con el califato de Bagdad: Al-Andalus deja de ser una provincia para convertirse en un estado independiente. Con él se instaura una dinastía que permanecerá ininterrumpidamente hasta la aparición de las taifas. El emirato sufre levantamientos abbasíes beréberes (768-777) y una expedición de Carlomagno.

798.

Mientras gobierna al-Hakam, los francos ocupan la zona pirenaica situada entre Gerona y el Alto Segre.

806.

Concluye, con fuerte represión, la primera rebelión muladí surgida en Toledo.

818.

«*Motín del arrabal*» azuzado por los alfaquíes, descontentos del poco peso «político» que les concede el autoritarismo de al-Hakam. Tras su represión, se fomentará la «participación» de los juristas en el gobierno.

822.

El emirato de Abd al-Rahman II debe hacer frente a una gran inestabilidad interna.

832.

Abd al-Rahman II crea la ceca para acuñar dirhams. Enfatización de carácter estatal del emirato.

844.

Los normandos atacan Galicia y llegan a saquear Sevilla, siendo finalmente rechazados.

845.

Sucesivas rebeliones muladíes. Musa b. Musa ibn Casi, en la frontera superior, se hace llamar *tertium regem in Hispania* (845-860).

850.

Estalla una violenta reacción mozárabe, con ostentosa actuación pública de los «suicidas mártires».

856.

Se recrudecen los ataques cristianos: Alfonso III ocupa varias plazas fuertes de la zona del Duero, lo que provoca una reacción musulmana tanto terrestre como marítima. Al emir Mamad se debe la erección de numerosas fortalezas, que constituyen auténticos sistemas defensivos de cobertura.

888.

Insurrección muladí, la más peligrosa por su proximidad a Córdoba, encabezada por Umar B. Hafsun, asentado en Bobastro. Tras sufrir una serie de reveses, el amir Abd Allah logra derrotarle, restableciendo momentáneamente el equilibrio. Perdida la iniciativa de las operaciones, Umar terminará reconociendo la autoridad omeya.

927.

Inicio de la política africana andalusí y toma de Melilla.

929.

Abd al-Rahman III recaba para sí el título de amir al-mu'minin, estableciendo el califato de Córdoba. Tras el sometimiento muladí, de los Banu Casi, los Banu Tawil y los Banu Tugib, logra unificar los territorios disgregados con los últimos emires. Asimismo realiza numerosas campañas y aceifas: Mitonia (918), Muez (920), Pamplona (924), Simancas (939). Su política africana le lleva a enfrentarse a los fatimíes por el dominio del Magreb. Establecimiento de la Ceca en Córdoba.

931.

Toma de Ceuta.

935.

Ataque naval a Barcelona.

939.

Conspiración y despojo de Alhandega. Construcción de la ciudad palatino-administrativa Madinat al-Zahara (Medina Azara).

940.

Sustitución de los grandes ejércitos de levas por otros compuestos por voluntarios y mercenarios.

946.

El cuartel general de la frontera media es trasladado de Toledo a Medinaceli, para un mejor control de la actividad castellana.

949.

Traslado de la ceca desde Córdoba a Madinat al-Zahra.

951.

Ocupación de Tánger. Los reinos de León y Pamplona quedan supeditados a la hegemonía cordobesa (951-958).

955.

Fundación de Almería. Incendio de la flota omeya, sorprendida en Almería por los fatimíes.

961.

Al-Hakam I, hijo y sucesor de Abd al-Rahman, sufrirá ataques cristianos por parte de Fernán González, García Sánchez y Sancho I de León.

976.

Se inicia la ascensión al poder del Al-Mansur (Almanzor).

981.

Con la eliminación del general Galib, al-Mansur obtiene el poder absoluto. Realiza brillantes campañas anuales: Zamora (981), Simancas (983), Sepúlveda (984), Barcelona (985), Coimbra (987), León (988), Clunia (994), Santiago de Compostela (997), Cervera (1000).

1002.

Muere al-Mansur en Medinaceli. El incremento de la emigración beréber y la influencia y privilegios de que gozan sus jefes provoca un movimiento generalizado de creciente xenofobia. Cuando el poder pasa al inútil Abd al-Rahman Sanchuelo (1008-1009), la crisis se agudiza: la residencia amirí, Madinat al-Zahara, es saqueada y Sanchuelo es asesinado. Su muerte marca el principio de un período de luchas internas; es la llamada fitna bar-bariyya.

1009.

Muhammad al-Mahdí debe enfrentarse con el «*califa de los beréberes*» Sulayman al-Musta'in, que penetra en Córdoba, ayudado por Sancho García de Castilla. Tras recuperar Córdoba, Muhammad es derrotado y asesinado, al igual que Hisam, en la conquista definitiva de la capital por Sulay-man en 1013. Los diferentes grupos beréberes obtienen un reparto de tierras por parte de Sulay-man, iniciándose así el desmembramiento de Al-Andalus en pequeños estados.

1010.

Saqueo e incendio de Madinat al-Zahra.

1031.

Se suceden diferentes califas inoperantes hasta la deposición de al-mu'tadid y la instauración de una república por Abu'i-Hazm ibn Gawhar: se inicia el período de los reinos de taifas.

LA ESPAÑA MUSULMANA Y EL ISLAM

Introducción

El Islam es una religión monoteísta basada en el Corán, libro sagrado que según la tradición musulmana fue dictado por Dios a Mahoma, a través del arcángel Gabriel. Los seguidores del Islam, conocidos como musulmanes creen que Mahoma fue el último de una serie de profetas enviados por Dios a predicar aquella religión, que incluyen a Abraham, Noé, Moisés y el propio Jesús. La mayoría de ellos considera el registro histórico de las acciones y las enseñanzas del Profeta Mahoma relatadas en la *Sunna* y el *Hadiz* como elementos indispensables para interpretar su libro Sagrado, el Corán.

Los historiadores seculares ubican los inicios del Islam a finales del siglo VII en tierras de Arabia. Desde allí, y bajo el liderazgo del Profeta Mahoma y sus sucesores, el Islam se extiende rápidamente mediante conversión religiosa o conquista militar, hallándose en la actualidad seguidores de esta Religión en todos los lugares del mundo, en particular en Oriente Medio, Norte de África y sudeste asiático.

La expansión islámica por la cuenca del mar Mediterráneo y su posterior implantación hasta en regiones tan alejadas del núcleo primitivo del Islam, como son la actual India o la Península Ibérica han sido un permanente objeto de interrogación para los historiadores. El avance fulminante de los ejércitos árabes bajo la bandera de una nueva religión, arrollando y suplantando a los Imperios bizantino y sasánida en el Cercano Oriente y Egipto plantea efectivamente una serie de cuestiones sin resolver, al menos en su totalidad.

Así las cosas, sería en el siglo VII el momento histórico en el cual el mapa político del mundo mediterráneo cambie de una forma irreversible, permaneciendo, aun hoy en día y al menos en parte, esta alteración hasta nuestros días. Además esta acción de ocupación de tierras mediterráneas por ejércitos y otras gentes de origen musulmán, ha sido frecuentemente considerada como una acción que vino a destruir, a consecuencia de una acción mucho más intensa que la empleada por las invasiones bárbaras, el viejo mundo heredado del Imperio Romano.

Es por ello que la orilla norte del Mediterráneo no permaneció inmune ante el avance musulmán, aunque no es menos cierto que aquella penetración de los ejércitos islámicos tomó caracteres muy diversos según se tratase de unas regiones o de otras y su permanencia se extendió en períodos cronológicos muy diversos.

El Islam en la Península Ibérica

Con total seguridad la Península Ibérica ha sido la zona de Europa, en la cual la presencia de la civilización árabe-islámica se ha dejado sentir durante un mayor tiempo y con más fuerza, si exceptuamos la mucho más reciente, además de diferente, ocupación de las tierras balcánicas por parte de los otomanos.

De forma opuesta a lo sucedido en el Norte de África, donde por primera vez los ejércitos musulmanes encontraron una fuerte oposición, que detuvo su expansión hacia el oeste, la conquista del reino visigodo hispánico se llevó a cabo con la misma facilidad y rapidez con la que los árabes se hicieron dueños de Oriente Medio, en tierras de Siria, Irak o Egipto, motivo por el cual nuevamente nos encontramos con numerosos interrogantes que cuestionan sobre las respuestas que justifiquen el brusco colapso de una civilización y una cultura sustituida por otra que se siente ajena y lejana.

Las cuestiones relacionadas con la conquista musulmana que han sido objeto de estudio en los últimos tiempos pueden dividirse en dos grandes grupos: en primer lugar, reflexiones y estudios sobre las causas y el significado real de la conquista en la Historia de España, lo que ha producido una abundante bibliografía, no exenta de polémica. A este apartado han contribuido tanto arabistas como medievalistas españoles y extranjeros. Los primeros han consagrado sus esfuerzos, en mayor medida, a un segundo grupo de estudios, en los que se analizan cuestiones más específicas vinculadas sobre todo a los itinerarios de los ejércitos invasores, el examen de los relatos árabes sobre la conquista o los problemas de identificación toponomástica que ellos plantean.

La conquista musulmana y sus itinerarios

La conquista árabe de la Península Ibérica sigue apasionando a los investigadores por los múltiples problemas que plantea el análisis de las fuentes árabes de la Edad Media. Esos problemas son de índole cronológica, topográfica y onomástica y el primero de ellos es averiguar por qué los árabes dieron el nombre de Al-Andalus a la España musulmana[45], nombre que se perpetuó en el actual de Andalucía tras la prolongada resistencia de los reyes musulmanes de Granada.

Con la conquista de Cartago por Musa ben Nusayr, hacia el año 698, la flota musulmana recorrerá ya el Mediterráneo occidental, pues las fuentes árabes citan de manera reiterada la existencia de incursiones marítimas a la isla de Sicilia –en donde aun hoy en día encontramos numeroso vestigios de su presencia–, Cerdeña, Baleares y, por supuesto, a tierras de al-Andalus. Mientras tanto la decadente monarquía visigoda de Toledo se debate en la anarquía tras la muerte de Witiza, ocurrida en el año 710, y la usurpación de la corona por el rey Rodrigo.

La cronología de la conquista árabe de Hispania es muy contradictoria y confusa. Por el lado musulmán hay cuatro protagonistas según relatos de discutible autenticidad: Musa ben Nusayr, emir de África del Norte nombrado por el califa de Damasco; Tarif; Táriq, gobernador de Mauritania, y Mugit al-Rumi. Por el lado cristiano hay otros cuatro protagonistas: Rodrigo, el rey; Julián, gobernador de la zona del Estrecho; Teodomiro, gobernador de la cartaginense, y los hijos de Witiza.

Según las fuentes árabes, el conde don Julián entabló negociaciones con Musa para demostrar la debilidad de la monarquía visigoda e invitarle

[45] El nombre al-Ándalus referido a la Península Ibérica, aparece documentado por primera vez en una moneda que se conserva en el Museo Arqueológico Nacional de España, en Madrid, la cual data del año 716, como vemos pocos años después de haberse producido la invasión musulmana. En esa moneda aparece el término latino *Span*, que parece ser correspondería a *Spania*, junto con el término árabe *al-Ándalus*. Teniendo en cuenta los múltiples testimonios del bilingüismo que existió en al-Ándalus, a lo largo de casi toda su historia entre el romance vernáculo y árabe dialectal, no resulta extraño que en ésta y en otras monedas fuese usado conjuntamente el alfabeto latino y el árabe para escribir los términos equivalentes en cada lengua. Sin embargo, a pesar de estar claro que el topónimo al-Ándalus se usó como sinónimo de la Hispania musulmana, el origen del término no es nítido, habiéndose formulado varias teorías al respecto.

a desembarcar en la Península, vengando de paso su honor mancillado a consecuencia de la violación de su hija por el rey. El conde don Julián era de estirpe goda, como lo demuestra la existencia de descendientes suyos afincados en la Córdoba califal.

Entonces Musa envió a un beréber llamado Tarif, que desembarcó en una isla con cuatro barcos, 400 hombres y 100 caballos. A partir de entonces recibió su nombre y se llamó Tarifa. Los textos árabes norteafricanos y, por supuesto, los orientales no mencionan a este personaje e incluso algún autor hispanoárabe asegura que Tarifa debe su nombre al fundador de una herejía musulmana posterior y que el hereje se llamaba también Tarif.

Después de ese supuesto desembarco de Tarif, Musa ben Nusayr envió a su lugarteniente Táriq, quien desembarcó con 1.700 hombres, 7.000 ó 12.000, según las fuentes árabes, beréberes en su mayor parte, en un monte que tomó su nombre, es decir, Chabal Táriq, o Gibraltar, en la primavera del año 711. Los combates duraron una semana, desde el 19 de julio del 711 hasta el día 26 del mismo mes y año, terminando todo aquello con la derrota y muerte del visigodo Rodrigo.

Antes de su victoria, Táriq había ocupado la alquería de Qartachanna, donde según la tradición musulmana, un compañero de Mahoma fundó la primera mezquita de la Península Ibérica; mientras el conde don Julián guardaba la retaguardia en su feudo de al-Chazira al-Jadra. Qartachanna ha sido identificada por los árabes con la antigua Carteya, actual Torre de Cartagena, entre Algeciras y Gibraltar y al-Chazira al-Jadra con Algeciras.

El Califato de Córdoba

En el año 929, Abd al-Rahmán III establecía el Califato de Córdoba, declarando de paso la independencia religiosa de Bagdad. A simple vista esta acción de este caudillo musulmán contenía un propósito doble:

Por un lado, un propósito interior, ya que los Omeyas querían consolidar su posición; mientras que con respecto al exterior se consolidaban las rutas marítimas para el comercio en el Mediterráneo, garantizando las relaciones económicas con el Imperio Bizantino, asegurando la subadministración del oro.

Tras la ocupación del territorio de Melilla, acaecida en el año 927, los omeyas controlaban el triángulo formado por Argelia, Siyimasa y el Atlántico. El poder del califato se extendía, asimismo, hacia el norte y en el año 950 el Sacro Imperio Romano Germánico intercambiaba embajadores con el Califato de Córdoba, siendo esta la época de su mayor esplendor. Tras ello, nos encontraríamos con la desmembración de dicho Califato y el surgimiento de los reinos de taifas, que aparecen como consecuencia directa de la fitna o guerra civil provocada por la posesión del trono entre los partidarios del último califa legítimo, Hisham II, y los sucesores de su primer ministro: Almanzor. En el trasfondo de todas estas luchas existían, además, importantes problemas índole fiscal.

Las sucesivas invasiones provenientes desde el norte de África, como la de los almorávides, acaecida entre los años 1090 a 1102, las de los almohades, entre los años 1145 a 1146 y, finalmente, las de los benimerines, en 1224, produjeron un debilitamiento progresivo de los reinos lo que provocó que, a mediados del siglo XIII, únicamente superviviera el reino nazarí de Granada, y además con la condición de tributarios de Castilla. En este sentido, en el año 1238 entraba en tierras de Granada Muhammed I ibn Nasr, conocido como Al-Ahmar *el Rojo*. Este personaje será el creador de la dinastía Nazarí, de la cual se contabilizan unos 20 sultanes granadinos, siendo por otro lado el fundador del Reino de Granada, y del cual el llamado Abu 'Abd Allāh, más conocido como Boabdil, sería el último de sus reyes.

El derecho musulmán

En el mundo islámico, si hemos de operar con rigor, sólo hay una fuente del derecho: la voluntad divina transmitida por revelación a su Profeta, Mahoma. Según su carácter, cabría distinguir diversas manifestaciones de este mensaje, de donde a su vez proceden los principios y normas de carácter jurídico.

En primer lugar, la revelación directa contenida en el Corán, libro sagrado para el Islam que recoge la lectura de todo aquello que Alá inspirase a Mahoma, fijado por escrito a través de los diversos oyentes del Profeta. Con todo, el Corán se ceñirá preferentemente en cuestiones de naturaleza ética, social e individual, dejando un escueto porcentaje –aproximadamente una décima parte de su conjunto total– a cuestiones meramente jurídicas.

En segundo lugar, la revelación indirecta deducida de la conducta del propio Mahoma. Esa conducta o *sunnah* comprende lo que dicho Profeta ocasionalmente pudo haber dicho, sin figurar inserto en el Corán; lo que hizo y constituye, por tanto, un ejemplo a seguir por su comunidad de creyentes, e incluso aquello que vino a realizar de manera tácita.

La sunnah se transmitirá por vía oral. Por ello será necesario fijar un sistema que garantice la autenticidad de la transmisión, sin distorsiones de ningún tipo, y permita la interpretación correcta del comportamiento y actitudes del Profeta

En tercer y último lugar, la revelación genérica o tácita de Alá a los creyentes, presente en el unánime asentimiento de la comunidad musulmana sobre ciertas cuestiones. Su fundamento se encuentra en una presunta asistencia divina al pueblo, lo que le confiere cierto grado de infalibilidad al sentir común.

En resumen, podríamos afirmar que la ley islámica se encarga de cubrir muchos de la propia vida del musulmán, en donde aquellas leyes que se encuentran expresamente descritas en el Corán se denominan *hudud*, y en donde se incluyen la prohibición del homicidio, relaciones sexuales extramaritales, consumo de alcohol y juegos de azar. Igualmente, el Corán también detalla leyes relacionadas con la herencia, el matrimonio, la compensación en los casos de homicidio o daños físicos, así como reglas para el ayuno, el azaque y la oración. Además, los preceptos y prohibiciones son interpretados en la práctica por los eruditos en religión o ulemas.

Otros aspectos legales son dirimidos por los takzir o jueces, a los que se les otorga el poder de dictar sentencia siempre que se atengan a los principios del Corán y la Sunna –tradición–.

LA ESPAÑA CRISTIANA MEDIEVAL

LA ESPAÑA CRISTIANA MEDIEVAL. CRONOLOGÍA

722.

Derrota de los musulmanes en Covadonga por un grupo de montañeses acaudillados por don Pelayo.

778.

Tras fracasar su conquista de Zaragoza, una expedición carolingia es sorprendida de regreso en el valle del Ebro. El ataque se atribuye a vascos y musulmanes y el lugar al puerto de Roncesvalles.

785.

Toma de Gerona por los francos. Barcelona cae en 801; pero tras los fracasos de Luis *el Piadoso* en Tarragona, Tortosa y Huesca (entre 806-811), la frontera de la Marca Hispánica se estabiliza en los ríos Llobregat y Cardoner y en la sierra del Cadí.

791.

Los musulmanes derrotan a Vermudo I en la zona occidental de Galicia. Los astures atacan a su vez y vencen en los Lodos (Grado), al mando de Alfonso II.

826-827.

El cese del conde de Bera de Barcelona, de tendencia independentista, y su sustitución por Bernardo de Septimania son contestados por los hijos y partidarios del conde depuesto.

859.

Ordoño I ataca a los Banu Qasi cerca de Viguera, lo que marca el inicio del declive de éstos. Bajo el reinado de Ordoño se repueblan León y Astorga y la frontera del reino astur se extiende hasta el Miño. Con Alfonso III la expansión se realiza partiendo de estas zonas repobladas.

878.

Alfonso III vence a las tropas cordobesas en Polvoraria, hecho que facilitaría el reforzamiento y la ampliación de las fronteras del reino astur: repoblación de Zamora (883), Simancas (889) y más tarde Toro (bajo García I) y San Esteban de Gormaz. Con la repoblación de Osma se completa la fortificación del Duero. García I traslada la corte de Oviedo a León. Vifredo el Velloso, conde de Urgel desde el año 870, recibe los condados de Barcelona, Gerona y Besalú.

905.

Sancho I Garcés, con quién la dinastía Jimena accede al poder en Navarra, inicia una política de alianzas con García I de León, frente al fortalecimiento del poder musulmán.

920.

Sancho I Garcés y Ordoño II (sucesor de García I), que se habían adentrado en el interior de La Rioja, sufren una gran derrota en Valdejunquera, frente a las tropas musulmanas.

923.

Sancho I y Ordoño II se apoderan de La Rioja. Este último se casa con Sancha, hija del rey navarro. Ambos incorporan los territorios entre los ríos Arga y Ebro y La Rioja Alta. A Sancho I Garcés le sucede su hijo García Sánchez I, con su madre Toda como regente. El relevo de Ordoño II abre una crisis sucesoria en León que se solventa con la elección de Ramiro II.

939.

Una aceifa de Abd al-Rahman III contra leoneses y navarros culmina con la victoria de éstos en Simancas: avance cristiano hacia el sur del Duero. Ramiro II repuebla Salamanca y Fernán González, Sepúlveda. Crisis interna en el reino leonés, en la que la casa de Lara, cuya cabeza es Fernán González, se rebela contra Ramiro II. El matrimonio del hijo mayor de éste, el futuro Ordoño III, con la hija del conde, Urraca, sella la reconciliación, aunque se ponen de manifiesto los deseos de independencia del condado de Castilla.

Por su parte, Navarra continúa su expansión; Aragón, gobernado por el conde Galindo Aznar, se supedita a la autoridad del rey navarro (940).

951.

Al morir Ramiro II se pone de manifiesto una profunda crisis de la monarquía leonesa y un auge de la aristocracia. Sancho se rebela contra su hermanastro Ordoño III, apoyado por Navarra y Fernán González. A pesar de fracasar en su intento, Sancho I *el Craso* ocupará el trono a la muerte del rey.

957.

La nobleza leonesa depone a Sancho I y elige a Ordoño IV. Sancho, apoyado por su abuela la reina Toda de Navarra, pide ayuda a Abd al-Rahman III a cambio de la entrega de diez fortalezas de la frontera del Duero. Ante la negativa de cumplir lo pactado, al-Hakam, sucesor de Abd al-Rahman III, se enfrenta a una coalición de leoneses, castellanos y navarros y se apodera de San Esteban de Gormaz. Fernán González gobierna Castilla con plena autonomía.

970.

García Fernández, hijo de Fernán González, conde de Castilla.

975.

Coalición antimusulmana entre Ramiro III de León, Sancho III Garcés de Navarra, García Fernández y los condes de Monzón y Saldaña-Carrión. Almanzor derrotará más tarde a estas coaliciones cristianas.

988.

Borrel II, conde de Barcelona, no acude a Aquitania a rendir hospedaje al nuevo rey de Francia, Hugo Capeto.

994.

Rebelión de Sancho García contra su padre García Fernández. Bajo su gobierno, la independencia de Castilla es ya un hecho: firmará un acuerdo con Sancho III de Navarra delimitando la frontera castellano-navarra, al margen de Alfonso V, rey de León, en 1016.

1035.

Por el testamento de Sancho III de Navarra, Fernando I es proclamado rey de Castilla.

1037.

Primera unificación de Castilla y León: al morir sin descendencia Vermudo III, rey de León, los derechos al trono pasan, a través de su hermana Sancha, casada con Fernando I, al rey castellano.

1043.

Fernando I de Castilla ayuda a al-Ma'mun de Toledo contra Sulayman ibn Hud de Zaragoza, a cambio de recibir tributos.

1054.

A causa de la política de expansión de Castilla, surgen problemas fronterizos que abocan a enfrentamientos con Navarra en Atapuerca.

1067.

Por iguales motivos, Sancho II el Fuerte de Castilla se enfrenta a los reyes de Aragón y Navarra en la llamada *Guerra de los tres Sanchos*; a pesar de la derrota castellana en Viana, el conflicto concluirá con la incorporación de Pancorbo y Oña a Castilla.

1072.

A la muerte de Sancho II, le sucede su hermano, Alfonso VI, como rey de Castilla, León, Portugal y Galicia.

1076.

Sancho IV de Navarra perece asesinado, y la corona pasa a Sancho Ramírez de Aragón.

Alfonso VI obtiene La Rioja y el reconocimiento de su soberanía por parte de vascos y Aragoneses, haciéndose nombrar *Imperator* (1077).

1085.

Alfonso VI toma Toledo. Su política expansiva y el incremento de las parias a los reinos de taifas hará que éstos soliciten ayuda a los almorávides: Yusuf ibn Tasfin penetra en la Península y derrota a los castellanos en Sagrajas (1086).

1094.

El Cid restaura su poder en Valencia, que mantendrá hasta su muerte en 1099; su esposa Jimena permanecerá hasta 1102, pero tendrá que abandonar la ciudad ante la presión de los almorávides.

1108.

Los castellanos sufren una gran derrota en Uclés frente a los almorávides; en la que muere Sancho, el único hijo varón de Alfonso VI. Al morir éste (1109) sin descendencia, le sucede su hija Urraca, que se casa con Alfonso *el Batallador*, rey de Aragón; el matrimonio será anulado tras años de lucha entre las dos facciones.

1110.

Con la toma de Zaragoza concluye la penetración almorávide en la Península. En Galicia tienen lugar diferentes levantamientos campesinos y comunales. La reina Urraca intentará restablecer el orden aliándose con el obispo Diego Gelmírez (1117).

1127.

Paz de Támara entre Alfonso VII, hijo de la reina Urraca, y Alfonso el Batallador.

1134.

Separación de Navarra y Aragón.

1137.

Ramiro II *el Monje* pacta con Ramón Berenguer IV el matrimonio de éste con su hija Petronila: se unen así Cataluña y Aragón.

1143.

Alfonso VII reconoce la independencia de Portugal en Zamora: Alfonso I Henríques confirma su emancipación proclamada en 1139.

1147.

Alfonso VII conquista Baeza y Almería en su intento de penetración al sur del Tajo. La llegada de los almohades le obliga a retirarse ante Córdoba.

1148.

Conquista de Tortosa y Lérida (1149) por Ramón Berenguer IV.

1151.

Por el tratado de Tudillén, Alfonso VII y Ramón Berenguer IV se reparten las tierras por conquistar de Al-Andalus.

1170.

La alianza de Alfonso VIII y Alfonso II *el Casto* de Aragón contra Navarra permite a Castilla recuperar La Rioja.

1173.

Acuñación de la primera moneda de oro castellana.

1179.

Por el tratado de Cazola la Corona de Aragón se desvincula de toda supeditación a Castilla.

1188.

Alfonso IX convoca las que pueden ser consideradas primeras cortes leonesas.

1196.

En su intento de extender las fronteras hacia el sur, los castellanos son derrotados por los almohades en Alarcos.

1199.

Tras sufrir ataques navarros en tierras de Soria, Alfonso VII de Castilla conquista Álava y Guipúzcoa.

1212.

Unión de los reyes de Castilla, Navarra y Aragón contra los almohades, a los que derrotan en la batalla de las Navas de Tolosa.

1214.

Alfonso IX de León conquista Alcántara (Cáceres) en 1229, Mérida en 1230 y Badajoz, abriendo el camino hacia Andalucía.

1229.

Jaime I conquista Mallorca, expulsando de ella a los musulmanes en 1232 y de Ibiza en 1235. Menorca, a su vez, se somete a vasallaje en 1231, pero no será conquistada hasta 1287 por Alfonso *el Liberal*.

1230.

Al morir Alfonso IX de León, Castilla y León se unen en la persona de Fernando III el Santo.

1238.

Asedio y toma de Valencia por Jaime I *el Conquistador*, la conquista de Valencia concluirá en 1245.

1240-1243.

Las tropas de Fernando III ocupan las sierras cordobesas y sevillanas hasta la capitulación de Sevilla (1248), extendiéndose así por todo el valle del Guadalquivir. Su hijo Alfonso, futuro Alfonso X, toma el reino musulmán de Murcia (1243).

1252-1262.

Etapa de poblamiento de las zonas conquistadas: se refuerza la presencia castellana en Cádiz y Jerez. Los musulmanes se sublevan frente a la ocupación (1264).

1266.

Jaime I ayuda a Alfonso X a someter a Murcia, entregándole después el reino en cumplimiento de los acuerdos firmados en Almizra (1244).

1282.

Pedro III *el Grande* de Aragón incorpora Sicilia a su reino, lo que provoca su enfrentamiento con el papa, los Anjou y el rey de Francia.

1283.

Pedro *el Grande* se ve obligado a pactar con la nobleza, concediéndole privilegios en las cortes de Zaragoza, Barcelona y Valencia.

1284.

Castilla sufre una crisis dinástica entre Sancho IV y el infante Alfonso de la Cerda, nieto de Alfonso X, apoyado por Francia y el papado en su aspiración al trono castellano.

1285.

Felipe I de Navarra se convierte en rey de Francia, con el nombre de Felipe IV. Desde entonces, y hasta 1328, los reyes de Francia lo serán a su vez de Navarra.

1295.

Por la paz de Anagni, Jaime II de Aragón renuncia a sus derechos sobre Sicilia.

1302.

Por la paz de Caltabellota, Fadrique III de Sicilia, hermano de Jaime II, ve reconocida su soberanía por Carlos de Anjou.

1304.

Por el tratado de Agreda, Aragón obtiene la mitad del reino de Murcia.

1317.

Creación, en Valencia, de la Orden Militar de Montesa, con los bienes de la Orden del Temple.

1323-1324.

Jaime II conquista la isla de Cerdeña.

1340.

Alfonso XI derrota a los benimerines en la batalla del río Salado.

1344.

Conquista de Algeciras por Alfonso XI.

1348.

Ordenamiento de Alcalá de Henares.

1348-1350.

Gran oleada de peste negra.

1350-1369.

Reinado de Pedro I *el Cruel* en Castilla y León.

1351.

Confección en las Cortes de Valladolid del *Becerro de las Behetrías*, índice fiscal sobre los privilegios y las bases legales de los derechos territoriales de la nobleza.

1356-1367.

«*Guerra de los dos Pedros*», en la que Pedro IV apoya a Enrique de Trastámara en sus aspiraciones al trono de Castilla, y Pedro I recibe ayuda del reino de Granada y de Inglaterra.

1359-1365.

Las comisiones de las cortes catalanas toman forma estable en una comisión, conocida por diputación del general o Generalidad.

1366.

Enrique de Trastámara, hijo bastardo de Alfonso XI, se hace proclamar rey de Castilla en Calahorra.

1367.

Batalla de Nájera, con victoria de los leales al rey, entre los que se encuentra su aliado el príncipe de Gales (el llamado «*príncipe Negro*»), sobre los partidarios del Trastámara.

1369.

Pedro I muere en Montiel a manos del propio Enrique de Trastámara, quién reinará en Castilla hasta 1379.

1370.

Compilación del derecho marítimo del Mediterráneo en el *Libro del Consulado de Mar*.

1379-1390.

Reinado de Juan I de Castilla y León. Hijo de Enrique II, contrae matrimonio con la infanta aragonesa Leonor, de quién tendrá el futuro Enrique III y a Fernando, llamado el de Antequera.

1381-1383.

Quiebra de la banda privada en Barcelona, Gerona y Perpiñán.

1385.

Las cortes de Valladolid afianzan el poder de la corona castellana.

1387-1396.

Reinado de Juan I *el Cazador* en Aragón.

1390-1406.

Reinado en Castilla y León de Enrique III *el Doliente*.

1381.

Motines antijudaicos en prácticamente toda la Península.

1396-1410.

Reinado de Martín I *el Humano*, hijo segundo de Pedro IV, en Aragón. Al morir su hijo Martín el Joven en Cerdeña, no deja sucesor, en espera de que l hijo bastardo de éste, Federico, conde de Luna, fuera legitimado por el Papa.

1398.

Acta de navegación dictada por Enrique III, reservando a los naturales el transporte comercial de Castilla.

1401.

Creación de la *Taula de Canvi* en Barcelona.

1406-1454.

Reinado en Castilla de Juan II. Hijo de Enrique III y Catalina de Lancaster, casó con María, hija de Fernando I de Aragón, de quien tuvo a Enrique IV; de su posterior enlace con Isabel de Portugal nacería Alfonso (fallecido en 1468) e Isabel, la futura Isabel la Católica.

1410-1412.

Situación de interregno en Aragón a la muerte de Martín I, resuelta por el Compromiso de Caspe: es escogido, como rey de Aragón, Fernando de Antequera.

1412-1416.

Reinado de Fernando I de Antequera en Aragón.

1416-1458.

Reinado de Alfonso V *el Magnánimo* en Aragón. Hijo de Fernando I y Leonor de Alburquerque, no tuvo descendencia.

1427.

El condestable Álvaro de Luna consigue imponerse a los infantes aragoneses y a la nobleza castellana, y erigirse en valido real.

1451.

Nace Isabel, hija de Juan II de Castilla y de su segunda esposa, Isabel de Portugal.

1452.

Nace Fernando, hijo del futuro rey de Aragón, Juan II, y de Juana Enríquez, hija del Almirante de Castilla.

1455.

Carlos de Viana es desheredado por su padre Juan II y sus derechos revierten en su hermana Leonor, casada con Gastón de Foix. Alfonso V declara nulos los «*Malos Usos*». Asalto a la morería de Valencia.

1458-1479.

Reinado de Juan II de Aragón, como sucesor de su hermano Alfonso *el Magnánimo*. Por su matrimonio con Blanca, fue rey consorte (1425-1441) y efectivo (1441-1479) de Navarra.

1468.

Enrique IV firma con su hermana Isabel el acuerdo de Toros de Guisando, por el cual es nombrada heredera.

Juan II de Aragón concede a su hijo Fernando el gobierno de Sicilia como rey corregente.

1469.

Matrimonio de Fernando de Aragón e Isabel de Castilla.

1470.

Con el apoyo y la presión de la nobleza, Enrique IV reconoce a su hija Juana *la Beltraneja* como heredera, contraviniendo el acuerdo de Toros de Guisando.

1474.

Muere Enrique IV. Isabel es reconocida como heredera de Castilla.

1476.

Isabel es confirmada reina de Castilla en las cortes de Madrigal.

1478.

Bula de Sixto IV creando el tribunal del Santo Oficio o Inquisición, en principio destinado a tierras de Castilla.

Las cortes de Madrigal restablecen la Hermandad de Castilla como veladora del orden interior.

1479.

Muere Juan II de Aragón y su hijo accede al trono como Fernando II. Se consuma así la unión dinástica castellano-aragonesa.

Por los tratados de Alcaçovas, Alfonso V de Portugal renuncia a sus pretensiones al trono castellano.

1481.

Comienza la guerra de Granada.

1483.

Tomás de Torquemada es nombrado primer Inquisidor General.

1484.

Alfonso Díaz de Montalvo recopila las Ordenanzas de Castilla. Nueva sublevación de los payeses de remensa en Cataluña.

1484-1496.

Conquista completa de las islas Canarias.

1486.

Intervención mediadora de Fernando el Católico en la sublevación de remensa, que termina con la promulgación de la Sentencia Arbitral de Guadalupe, en donde son abolidos los llamados *seis malos usos catalanes*.

1492.

Muhammad XII, más conocido como Boabdil *el Chico*, rinde Granada a los Reyes Católicos.

Expulsión de los judíos.

Muere, sin dejar herederos, el príncipe Juan de Aragón, casado con Margarita, hija de Maximiliano I de Austria.

Leyes de Córdoba restableciendo las pruebas de acceso a la hidalguía. Descubrimiento de América.

1494.

Creación del Consulado de Burgos, institución que tenía como finalidad la regulación del comercio.

1496.

El papa Alejandro VI otorga a Fernando e Isabel el título de Reyes Católicos.

1501.

La Santa Sede concede a los Reyes Católicos la administración vitalicia de los maestrazgos de las órdenes militares.

1503.

Creación de la Casa de Contratación, organismo destinado a estimular, encauzar y controlar desde Sevilla el tráfico con el Nuevo Mundo.

1504.

Muere Isabel *la Católica*. Las cortes de Toledo reconocen como herederos del trono de Castilla y Aragón a la infanta Juana y a su esposo Felipe de Borgoña.

1505.

Por la concordia de Salamanca, Fernando el Católico y Felipe *el Hermoso* comparten la regencia.

Matrimonio por poderes de Fernando y Germana de Foix, sobrina de Luis XII de Francia.

Leyes de Toro, con las que se *democratiza* en parte el mayorazgo.

1506.

Por el convenio de Villafáfila, Fernando renuncia a la «*gobernación*» de Castilla y se retira a sus reinos patrimoniales.

Felipe *el Hermoso* fallece tres meses después de ser proclamado rey. Primera regencia de Jiménez de Cisneros.

1507.

Fernando *el Católico* es nombrado regente vitalicio de su hija Juana. Jiménez de Cisneros llega al cardenalato.

1516.

Muere Fernando *el Católico*. Cisneros queda como regente en Castilla; Alfonso, hijo de Fernando y arzobispo de Zaragoza, como lugarteniente en Aragón; el duque de Nájera, como virrey en Navarra.

1517.

Muere el cardenal Cisneros. Llega a España Carlos I.

LA ESPAÑA CRISTIANA MEDIEVAL

Introducción

A mediados del siglo VIII la Cristiandad de la Europa occidental parecía estar en trance de extinción. El Islán ocupaba ya la Península Ibérica y se extendía por el sur de las Galias, mientras hispano-godos, francos y lombardos veían derrumbarse sus estructuras político-jurídicas, y la Iglesia sobrevive a duras penas. Sin embargo, en la segunda mitad de ese siglo, la aristocracia franca, el Papado y los restos activos de la hecatombe musulmana, construirán el frente común del Estado carolingio. Se define así una conciencia de Europa –los llamados con aires de unidad *europeenses*– frente al Islam, y todos ellos acompañarán a Carlos Martel en la Batalla de Poitiers[46], deteniendo el avance musulmán.

Con todo, entenderemos como Edad Media a aquel periodo de la historia europea *que transcurrió desde la desintegración del Imperio romano de Occidente, en el siglo V, hasta el siglo XV*. No obstante, las fechas anteriores no han de ser tomadas como referencias fijas: nunca ha existido una brusca ruptura en el desarrollo cultural del continente. Parece que el término lo empleó por vez primera el historiador Flavio Biondo de Forli, en su obra *Historiarum ab inclinatione romanorun imperii decades*, publicada en 1438 aunque fue escrita treinta años antes. El término implicó en su origen una parálisis del progreso, considerando que la edad media fue un periodo de estancamiento cultural, ubicado cronológicamente entre la gloria de la antigüedad clásica y el renacimiento. La investigación actual tiende, no obstante, a reconocer este periodo como uno más de los que constituyen la evolución histórica europea, con sus propios procesos críticos y de desa-

[46] Esta Batalla tuvo lugar el 10 de octubre del año 732, entre las fuerzas comandadas por el líder franco Carlos Martel y un ejército islámico a las órdenes del valí de Al-Ándalus Abderrahman ibn Abdullah Al Gafiki, en las cercanías de la francesa localidad de Tours. En el enfrentamiento, los cristianos derrotaron al ejército islámico resultando muerto el propio Al Gafiki. Esta batalla frenó la expansión islámica hacia el norte de Europa desde la Península Ibérica, siendo considerada por muchos historiadores como un acontecimiento de importancia *macrohistórica*, al haber impedido la invasión de Europa por parte de los musulmanes, a la vez que se presentaba el cristianismo como la fe dominante durante un periodo en el que el Islam estaba sometiendo a la mayor parte de lo que en su momento fueron los imperios romano y persa.

rrollo. Se divide generalmente la edad media en tres épocas: inicios de la Edad Media, Alta Edad Media, y Baja Edad Media.

Inicios de la Edad Media

Ningún evento concreto determina el fin de la Antigüedad y el inicio de la Edad Media: ni el saqueo de Roma por los godos dirigidos por Alarico I en el 410, ni el derrocamiento de Rómulo Augústulo fueron sucesos que sus contemporáneos consideraran iniciadores de una nueva época.

La culminación a finales del siglo V de una serie de procesos de larga duración, entre ellos la grave dislocación económica y las invasiones y asentamiento de los pueblos germanos en el Imperio Romano, hizo cambiar la faz de Europa. Durante los siguientes 300 años la Europa occidental mantendría una cultura primitiva, aunque instalada sobre la compleja y elaborada cultura del Imperio Romano, que nunca llegó a perderse u olvidarse por completo.

Durante este periodo no existió realmente una maquinaria de gobierno unitaria en las distintas entidades políticas, aunque la prácticamente inexistente confederación de tribus permitió la formación de reinos. El desarrollo político y económico era fundamentalmente local y el comercio regular desapareció casi por completo, aunque la economía monetaria nunca dejó de existir de forma absoluta. En la culminación de un proceso iniciado durante el Imperio romano, los campesinos comenzaron a ligarse a la tierra y a depender de los grandes propietarios para obtener su protección, lo que vino a generar más tarde en la consecución del señorío, ya fuese regio, eclesiástico o laico, y una rudimentaria administración de justicia, en lo que constituyó, como decimos, el germen del régimen señorial.

Los principales vínculos entre la aristocracia guerrera fueron los lazos de parentesco aunque también empezaron a surgir las relaciones feudales. Se ha considerado que estos vínculos (que relacionaron la tierra con prestaciones militares y otros servicios) tienen su origen en la antigua relación romana entre patrón y cliente o en la institución germánica denominada *comitatus* (grupo de compañeros guerreros). Todos estos sistemas de relación impidieron que se produjera una consolidación política efectiva.

En el alto medievo, la única institución europea con carácter universal fue la Iglesia, pero incluso en ella se había producido una fragmentación de la autoridad. Todo el poder en el seno de la jerarquía eclesiástica estaba en las manos de los obispos de cada región. El papa tenía una cierta preeminencia basada en el hecho de ser sucesor de San Pedro, primer obispo de Roma, a quien Cristo le había otorgado la condición de máxima autoridad eclesiástica en la Tierra. No obstante, la elaborada maquinaria del gobierno eclesiástico y la idea de una Iglesia encabezada por el papa no se desarrollarían hasta pasados 500 años. La Iglesia se veía a sí misma como una comunidad espiritual de creyentes cristianos, exiliados del reino de Dios, que aguardaba en un mundo hostil el día de la salvación. Es por ello que los miembros más destacados de esta comunidad se hallaban en los monasterios, diseminados por toda Europa y alejados de la jerarquía eclesiástica.

En el seno de la Iglesia hubo tendencias que aspiraban a unificar los rituales, el calendario y las reglas monásticas, opuestas a la desintegración y al desarrollo local. Al lado de estas medidas administrativas se conservaba la tradición cultural del Imperio romano. A inicios del siglo IX, la llegada al poder de la dinastía Carolingia supuso el origen de una nueva unidad europea basada en el legado romano, puesto que el poder político del emperador Carlomagno dependió de reformas administrativas en las que utilizó materiales, métodos y objetivos del extinto mundo romano.

Hacia mediados del siglo XI Europa se encontraba en un periodo de evolución desconocido hasta ese momento. La época de las grandes invasiones había llegado a su fin y el continente europeo experimentaba el crecimiento dinámico de una población ya asentada. Renacieron la vida urbana y el comercio regular a gran escala y se desarrolló una sociedad y cultura que fueron complejas, dinámicas e innovadoras. Este periodo se ha convertido en centro de atención de la moderna investigación y se le ha dado en llamar el renacimiento del siglo XII.

Durante la Alta Edad Media la Iglesia católica, organizada en torno a una estructurada jerarquía con el papa como indiscutida cúspide, constituyó la más sofisticada institución de gobierno en Europa occidental. El Papado no sólo ejerció un control directo sobre el dominio de las tierras del centro y norte de Italia sino que además lo tuvo sobre toda Europa gracias a la diplomacia y a la administración de justicia (en este caso mediante el extenso sistema de tribunales eclesiásticos). Además las órdenes monásticas crecieron y prosperaron participando de lleno en la vida secular. Los antiguos monasterios benedictinos se imbricaron en la red de alianzas feudales. Los miembros de las nuevas órdenes monásticas, como los cistercienses, desecaron zonas pantanosas y limpiaron bosques; otras, como los franciscanos, entregados voluntariamente a la pobreza, pronto empezaron a participar en la renacida vida urbana.

La Iglesia ya no se vería más como una ciudad espiritual en el exilio terrenal, sino como el centro de la existencia. La espiritualidad altomedieval adoptó un carácter individual, centrada ritualmente en el sacramento de la eucaristía y en la identificación subjetiva y emocional del creyente con el sufrimiento humano de Cristo. La creciente importancia del culto a la Virgen María, actitud desconocida en la Iglesia hasta este momento, tenia el mismo carácter emotivo.

Dentro del ámbito cultural, hubo un resurgimiento intelectual al prosperar nuevas instituciones educativas como las escuelas catedralicias y monásticas. Se fundaron las primeras universidades, se ofertaron graduaciones superiores en medicina, derecho y teología, ámbitos en los que fue intensa la investigación: se recuperaron y tradujeron escritos médicos de la antigüedad, muchos de los cuales habían sobrevivido gracias a los eruditos árabes y se sistematizó, comentó e investigó la evolución tanto del Derecho canónico como del civil, especialmente en la famosa Universidad de Bolonia. Esta labor tuvo gran influencia en el desarrollo de nuevas metodologías que fructificarían en todos los campos de estudio. El escolasticismo se popularizó, se estudiaron los escritos de la Iglesia, se analizaron las doctrinas teológicas y las prácticas religiosas y se discutieron las cuestiones problemáticas de la tradición cristiana. El siglo XII, por tanto, dio paso a una época dorada de la filosofía en Occidente.

Durante el siglo XIII vinieron a sintetizarse los logros conseguidos en el siglo anterior. La Iglesia se convirtió en la gran institución europea, las relaciones comerciales integraron a Europa gracias especialmente a las actividades de los banqueros y comerciantes italianos, que extendieron sus actividades por Francia, Inglaterra, Países Bajos y el norte de África, así como por las tierras imperiales germanas. Los viajes, bien por razones de estudio o por motivo de una peregrinación fueron más habituales y cómodos. También fue el siglo de las Cruzadas; estas guerras, iniciadas a finales del siglo XI, fueron predicadas por el Papado para liberar los Santos Lugares cristianos en el Oriente Próximo que estaban en manos de los musulmanes. Concebidas según el Derecho canónico como *peregrinaciones militares*, los llamamientos no establecían distinciones sociales ni profesionales. Estas expediciones internacionales fueron un ejemplo más de la unidad europea centrada en la Iglesia, aunque también influyó el interés de dominar las rutas comerciales de Oriente. La Alta Edad Media culminó con los grandes logros de la arquitectura gótica, los escritos filosóficos de santo Tomás de Aquino y la visión imaginativa de la totalidad de la vida humana, recogida en la *Divina comedia* de Dante Alighieri.

Además, si la Alta Edad Media estuvo caracterizada por la consecución de la unidad institucional y una síntesis intelectual, la Baja Edad Media estuvo marcada por los conflictos y la disolución de dicha unidad. Fue entonces cuando empezó a surgir el Estado moderno –aún cuando éste en ocasiones no era más que un incipiente sentimiento nacional– y la lucha por la hegemonía entre la Iglesia y el Estado se convirtió en un rasgo permanente de la historia de Europa durante algunos siglos posteriores. Pueblos y ciudades continuaron creciendo en tamaño y prosperidad y comenzaron la lucha por la autonomía política. Este conflicto urbano se convirtió además en una lucha interna en la que los diversos grupos sociales quisieron imponer sus respectivos intereses.

Una de las consecuencias de esta pugna, particularmente en las corporaciones señoriales de las ciudades italianas, fue la intensificación del pensamiento político y social que se centró en el Estado secular como tal, independiente de la Iglesia.

La independencia del análisis político es sólo uno de los aspectos de una gran corriente del pensamiento bajomedieval y surgió como consecuencia del fracaso del gran proyecto de la filosofía altomedieval que pretendía alcanzar una síntesis de todo el conocimiento y experiencia tanto humano como divino.

Introducción al derecho medieval

Con respecto al derecho medieval, deberíamos dividir su análisis en aquellas dos épocas en las que tradicionalmente dividimos el mundo medieval, la altomedieval y la bajomedieval.

De esta forma, con respecto a la primera de ellas, indicar que en este período de tiempo predominará una gran diversidad en la vida social, política y jurídica, derivado todo ello de la fragmentación y atomización extrema de la pretérita unidad nacional. En este sentido, cada grupo social o político, que más tarde se constituyese en reino o principado, siguió una trayectoria propia e independiente en la estructuración de la vida jurídica.

Juntamente a la vigencia del Liber visigodo, más o menos efectiva como antes, según los territorios, se desarrollará un *usus térrea popular*, consuetudinario, en que parte pudo presentar un reflorecimiento del anterior derecho vivido durante la época visigoda, pero en parte también respondiendo a las nuevas circunstancias y medio de vida ocasionados por la reconquista y colonización de las tierras arrebatadas a los musulmanes. Este nuevo derecho ofrece una laboriosa gestación de origen popular, esencialmente en el seno de los círculos locales, mediante la superposición de varios elementos: usus térrea, privilegios reales o señoriales, decisiones de los jueces locales –las *fazañas*–, etc., todo ello cristalizará desde el siglo X en unas redacciones escritas: fueros municipales, cartas de población o franquicia, etc., en donde se recoge el derecho de la localidad en sus aspectos más concretos.

Aunque desde el siglo XI los reyes, en sus consejos o curias, comenzarán a legislar para sus reinos con carácter territorial, encontrándonos ya desde fines del siglo XII, y en el siglo XIII una fijación mucho más amplia de aquel derecho a través de los llamados *Fueros Extensos* (en León, Castilla y Aragón), o colecciones de *Costums* (Cataluña), en los que a un mayor contenido material se unirá una mayor perfección técnica.

Ya en el mundo bajomedieval, observamos un horizonte jurídico distinto al de épocas pretéritas. Así, el robustecimiento del poder regio, los progresos de la reconquista, el desarrollo de la vida mercantil y la recepción del derecho común serán reflejados directamente en la formación y vigencia del derecho. Además, los monarcas, asistidos por las Cortes, ejercen una más intensa actividad legislativa, pasando sus disposiciones a adicionarse a los textos fundamentales del derecho de cara territorio formando un cuerpo básico del derecho aplicable en cada uno de sus respectivos reinos. Este derecho irá ganando terreno frente al consuetudinario que se replegará, no sin lucha y resistencia, a un segundo plano hacia finales de la Baja Edad Media.

En este sentido, en León y Castila esta unificación del derecho y administración de justicia recibirá un fuerte impulso en épocas de Fernando III y Alfonso X, los cuales iniciarán sus reformas por la vía local a base de extender un fuero municipal tipo a diversas localidades de una región, en la idea clara de intentar luego la aplicación de un derecho general para todo el reino –el *Código de las Siete Partidas*–.

En todo caso, la tónica fundamental de este período histórico vendrá dominada por la recepción del *Ius Commune*. Su influencia se dejaría sentir de manera precoz y más intensamente en tierras de Cataluña, más tarde en Castilla y demás reinos de la Península[47].

En definitiva, nos encontraremos a fines del mundo medieval con un derecho más unificado, científico, de fuente oficial, influenciado fuertemente por aquel derecho común, que se va imponiendo sobre el viejo derecho popular, local, primario y ciertamente arcaico anterior.

[47] Nueva Enciclopedia Larousse, t. 6.

LA RECONQUISTA

Introducción

Tradicionalmente podemos establecer cuatro etapas distintas en la reconquista, que serían las siguientes:

a) Fijación de la frontera del reino asturiano en el río Arlanzón y el curso medio y bajo del Duero. Se logra a principios del siglo X.

b) León y Castilla rebasan la Cordillera Central y ocupan la cuenca del Tajo. Toledo se reconquista en 1085. Reconquista de Zaragoza en 1118.

c) Dominio Castellano-Leonés del valle del Guadiana y de los pasos de Sierra Morena, en donde tendrá una especial singularidad la mitificada Batalla de las Navas de Tolosa, sucedida en el año 1212.

d) Ocupación del valle del Guadalquivir por el castellano Fernando III el Santo, en el año 1252; mientras que en la Corona de Aragón, el rey Jaime I tomará Valencia y las Baleares. En este momento, únicamente queda en manos musulmanas el reino taifa que Granada, hasta su conquista por los Reyes Católicos en enero de 1492.

Con todo, fruto de esta actividad reconquistadora, entre los años 718 y 1230 se formarán los reinos cristianos de la Corona de Castilla, Portugal, la Corona de Aragón y Navarra. Sin olvidar que ya en el siglo XIII comienza a consolidarse la expansión catalana por el mar Mediterráneo y, a partir de la figura de Fernando III el Santo, la definitiva unión de Castilla con León.

El devenir de la Reconquista

En el entorno del año 720, un destacamento musulmán es vencido por un grupo de cristianos refugiados en los bosques de Covadonga[48], en Asturias.

[48] Esta más que mitificada por la tradición batalla de Covadonga tuvo lugar en el año 722, en donde se enfrentaron las tropas del caudillo Pelayo, y tropas musulmanas que resultaron a la postre derrotadas. Puede abiertamente decirse que esta acción bélica se ha tenido siempre como el arranque de la más tarde denominada Reconquista. En aquel momento histórico gobernaba

Don Pelayo, probablemente noble godo, es nombrado rey de aquellos cristianos que resistían al Islam, estableciendo su primera corte se establecerá en la actual Cangas de Onís. España ha sido prácticamente ocupada, pero en la cordillera cántabra quedarán unas comarcas al Este de Asturias y en Santander que, de hecho, permanecen fuera del control musulmán. Tras el fallecimiento de Pelayo, en el 737, dos años después su yerno, el rey Alfonso I, aprovechando las luchas entre árabes y beréberes, da nuevo impulso a la reconquista llegando hasta las tierras de La Rioja y el Duero. Pero no tiene posibilidad de repoblar, por lo que queda un amplio desierto estratégico, tierra de nadie en la meseta norte.

Bajo Alfonso II (791-842) la corte quedaría fijada en Oviedo, configurándose un reino astur que buscará recuperar la tradición del desaparecido Estado hispano-godo. Podemos hablar así de la existencia de dos Estados en España, uno, el más importante de ellos, un Al-Andalus musulmán cuya sede se encontrará en la populosa Córdoba, y, por otro lado, de un reino cristiano cuya capital se había fijado en Oviedo. Años más tarde, con el devenir de la Reconquista, la capital sería trasladada a León.

En la comarca oriental del reino asturleonés se encontraba un condado que con el tiempo comenzará a ser llamado Castilla, llegando en el siglo IX a orillas del Duero, y que años más tarde acabará convirtiéndose en reino independiente. Tras varias alternativas de unión y separación de los territorios de León y Castilla, desde el reinado de Fernando III *el Santo* dichos territorios no volverían a separarse, teniendo por tanto un monarca común,

---

el norte peninsular desde León un bereber llamado Munuza, cuya autoridad fue desafiada por los dirigentes astures que, reunidos en Cangas de Onís, en 718, bajo el liderazgo de Pelayo, tomaron la decisión de rebelarse negándose a pagar impuestos exigidos, el jaray y el yizia. Tras algunas acciones de castigo a cargo de tropas árabes locales, Munuza solicitó la intervención de Córdoba. Aunque se restó importancia a lo que estaba sucediendo en el extremo ibérico, el emir Ambasa envió al mando de Al Qama un cuerpo expedicionario sarraceno que en ningún caso alcanzaría ni remotamente la fabulosa cifra de 180.000 hombres dada por algunas crónicas cristianas. Por lo que a las fuerzas de Pelayo, la historiografía reciente no las cuantifica en más de 300 combatientes. Con ellas se aprestó a esperar a los musulmanes en un lugar militarmente estratégico, como lo es el angosto valle de Cangas, cuyo fondo tapona el monte Covadonga, donde un atacante ordenado no dispone de espacio para maniobrar y pierde la eficacia que el número y la organización podrían otorgarle. El resultado fue la primera victoria de un grupo armado rebelde cristiano contra la dominación musulmana en la Península Ibérica, y que daría paso al establecimiento de una insurrección organizada que no tardaría en fundar el reino independiente de Asturias.

convirtiéndose a la postre en uno de los más significados personajes de la Reconquista.

La antigua capital del reino visigodo, Toledo, sería nuevamente cristiana tras su toma por el castellano rey Alfonso VI en el año 1085, provocando automáticamente un ambiente de júbilo en toda la cristiandad. La definitiva consolidación del reino castellano-leonés tendrá lugar algunos años más tarde, después de la batalla de las Navas de Tolosa, consagrándose la superioridad cristiana sobre los musulmanes.

Con respecto a Cataluña, indicar que en los Pirineos orientales vino a conformarse una zona militar, que siglos más tarde vino a denominarse como la *Marca Hispánica*, territorios dependientes del Imperio Franco[49]. Dicha dependencia catalana con el poder carolingio fue cada vez más débil, y ello tanto por la debilidad de los sucesores de Carlomagno, como a la organización en los territorios catalanes de un régimen feudal que vendría a facilitar una cada vez mayor autonomía de sus condes, uno de los cuales, Vifredo *el Velloso*, supo imponerse a los restantes, y, por ende, asegurar la independencia y el predominio posterior del conde de Barcelona sobre el resto de condes catalanes.

Mientras tanto, en la zona alta de los ríos Aragón, Gállego y Cinca vino a formarse un condado, convertido en reino en el año 1035. Este reino, Aragón, cuyos soberanos en ocasiones fueron los mismos para el territorio navarro, descenderán en cierto momento a la llanura, ocupando en el siglo XII el valle del Ebro. En 1137 se producirá la unión con Cataluña en virtud del matrimonio entre el conde de Barcelona Ramón Berenguer IV y Petronila, hija del rey de Aragón. Dichos territorios sentarán las bases de la Corona de Aragón, a los cuales se unirán los reinos de Valencia y Mallorca.

[49] La *Marca Hispánica* era el territorio comprendido entre la frontera político-militar del Imperio carolingio con al-Ándalus y los Pirineos, desde finales del siglo VIII hasta su independencia efectiva en diversos reinos y condados. A diferencia de otras marcas carolingias, la Hispánica no tenía una estructura administrativa unificada propia. En cuanto a su origen, indicar que éstos los encontramos en esos momentos históricos posteriores a la conquista musulmana de la Península Ibérica, momento en el cual los carolingios intervinieron en el noreste peninsular, a fines del siglo VIII, con el apoyo de la población autóctona de las montañas. La dominación franca se hizo efectiva entonces más al sur tras la conquista de Gerona, en 785, y Barcelona, en 801. Además, la llamada «*Marca Hispánica*» quedaba integrada por condados dependientes de los monarcas carolingios a principios del siglo IX, a cuyo frente, y para su gobierno, los reyes francos designaron condes, unos de origen franco y otros autóctonos, según criterios de eficacia militar en la defensa de las fronteras y de lealtad y fidelidad a la corona.

Esta estructura política, basada en la diferenciación jurídica y autonomía de los territorios que la componían, servirían de ejemplo para otras entidades políticas que más tarde se uniesen a esta Corona, singularmente en territorios italianos.

Por lo que a Navarra respecta, Pamplona era en el siglo IX cabeza de un reino que más tarde habría de expansionarse hasta las actuales tierras riojanas y de la ribera del Ebro. En los primeros años del siglo XI, y bajo la dirección de Sancho III *el Mayor*, que por cierto se vino a intitular Rey de España, el reino de Navarra ocupará los territorios del Este, llegando a comprometer políticamente al conde de Barcelona; domina el ducado de Gascuña al otro lado de los Pirineos; se extiende hacia occidente por Vascongadas y logra el gobierno de Castilla. Con todo, dichos imperio navarro se extinguirá tras la muerte del monarca, y el posterior reparto de los territorios entre sus distintos herederos. Los siglos posteriores contemplarán a un reino de Navarra marcado por sus relaciones con Francia y por complejas luchas dinásticas.

La Repoblación y sus clases

Por lo que a la repoblación respecta, indicar que la Reconquista se realizará mediante la repoblación de los territorios arrebatados al Islam, siendo en sus orígenes una consecuencia directa de la actividad expansiva de los núcleos de resistencia y, más adelante, de las conquistas a gran escala de los reinos cristianos. En este proceso la monarquía asturiana iniciaría aquella tarea, siendo, más tarde, imitada dicha actividad por el resto de entidades políticas cristianas.

La Repoblación primitiva

Con respecto a la repoblación primitiva del norte de la Meseta, aquella amplia franja del norte había quedado devastada por las numerosas campañas militares e incursiones de uno y otro bando. En dichas tierras creció el reino asturleonés, repoblándose por el occidente la baja Galicia y el norte de Portugal, y por la zona oriental las comarcas de La Rioja y Burgos, en donde nacería Castilla.

En este momento nos encontramos dos posibles tipos de repoblación: Oficial y Privada. Con respecto a la primera de ellas, esta sería dirigida por el propio monarca o por los condes que estaban al frente de las distintas demarcaciones territoriales. En todo caso se efectuará por orden del rey, mediante cierta planificación de la tarea repobladora y el acompañamiento de determinadas solemnidades y ceremonias

Conjuntamente a dicha repoblación oficial, vino a surgir otra de naturaleza espontánea y popular. Ya fuese movido por ambiciones económicas, espirituales, o simplemente por el hecho de superar la situación mantenida en las localidades de origen y asegurar nuevos horizontes, nutridos grupos de gentes comenzaron a abandonar sus antiguos solares, estableciéndose en nuevos lugares. Carente de tutela oficial, aquella repoblación privada fue básicamente de naturaleza familiar e inorgánica, o bien se hizo posible gracias al amparo de monasterios y pequeñas iglesias fundados en aquellas tierras que ahora se incorporaban nuevamente a reinos cristianos. En el primero de estos supuestos, una o varias familias se instalaban en el yermo, ocupaban y roturaban la tierra, construyendo luego las casas hasta formar una aldea cuyo nombre recordará los orígenes de aquellos repobladores.

Con respecto a la actuación desarrollada por instituciones eclesiásticas, vino esta a cobrar una muy significada importancia. Alrededor de iglesias y monasterios, numerosas personas habrían ocupado tierras, constituyendo núcleos de población bajo el patrocinio espiritual de aquella iglesia que les había acogido. De esta forma, clérigos y monjes vinieron a erigirse en dirigentes e impulsores de una actividad repobladora de signo fundamentalmente religioso[50].

La Repoblación realizada a partir de mediados del siglo XI

Esta situación se vería modificada a partir de mediados del siglo XI, cuando la acción repobladora alcance la zona meridional de Castilla, el valle del río Guadalquivir, la nueva Cataluña –zona de Tarragona y cuenca del

[50] Escudero López, J.A., *Curso de Historia del Derecho*, Madrid, 1995, pp. 307-311.

Segre–, el valle del Ebro, Levante y el sur de Portugal. Ahora la repoblación, conforme acompañaban los éxitos militares, se plantea con arreglo a nuevas circunstancias y necesidades. Ya no estaremos hablando de yermos o páramos sino que en muchas ocasiones se trata de integrar zonas pobladas y asegurar un dominio efectivo sobre las ciudades que pasan a manos de los cristianos. Por medio de minorías cristianas deberá mantenerse el control de importantes localidades, cuestión que tendrá en muchas ocasiones lugar en zonas prósperas. Ante la falta de personas de origen peninsular, con asiduidad los monarcas deberán acudir a lo que podría ser denominado como importación de gentes, todos ellos venidos más allá de los Pirineos, y a los cuales se referirán las crónicas como Francos.

Con respecto al papel desarrollado por ciudades y villas, éstas fueron agentes decisivos en la colonización de los territorios circundantes. Así, los concejos de localidades situadas entre los ríos Duero y Tajo vinieron a organizar importantes asentamientos en sus alfoces, partiendo la tierra entre los vecinos ya existentes y los nuevos pobladores. Para mejorar el derecho preexistente, de unas primitivas cartas pueblas surgirán fueros mucho más amplios, cuyo otorgamiento será la piedra angular del reclamo para quienes allí deseen instalarse[51].

Por otro lado, las órdenes militares se encargarían del cuidado de la defensa del territorio existente entre el río Tajo y el Guadiana, convirtiéndose, por ello, en factores a tener muy presentes en el proceso colonizador. Sus grandes posesiones o maestrazgos serían repoblados con colonos vinculados a dicho territorio en un régimen de naturaleza señorial.

En el siglo XIII, cuando ya prácticamente había finalizado la Reconquista a falta del reino taifa de Granada, que además era tributaria del rey de Castilla, amplias zonas de Andalucía, Murcia, Mallorca y Valencia, observaron como se arbitraba un sistema de reparto de tierras y casas entre los que habían participado en dichas empresas militares. De este modo, el conjunto de operaciones de partición de heredades, fincas, casas urbanas o rurales, etc., fueron recogidas en los llamados Libros del Repartimiento. No se trata de una concesión puntual o circunstancial, sino que estamos ante una concesión regia que vendrá a facilitar el asentamiento permanente de personas, generando derechos también permanentes, mediante la concesión de títulos de propiedad individualizados.

---

[51] Ibidem.

LA CORONA DE CASTILLA EN EL MUNDO MEDIEVAL

LA CORONA DE CASTILLA EN EL MUNDO MEDIEVAL

I. EL DERECHO DE LA CORONA DE CASTILLA

El Derecho primitivo

Suele presentarse, como la primera manifestación de un Derecho Castellano-Leonés de ámbito territorial, a las llamadas Leyes de León, promulgadas por el rey Alfonso V en cierta *Curia Plena* celebrada el año 1017, o quizá en el 1020, e incorporadas a las disposiciones locales del Fuero de León. Aquellas normas afectaban a cuestiones de gobierno, deberes militares, responsabilidad penal, organización judicial, condición de las personas y tenencia de tierras.

A esa Curia le seguirían otras asambleas políticas en las que nuevamente serían dictadas disposiciones, también de carácter territorial, para el Reino de León, como las del *Concilio de Coyanza* de 1055, celebrado con la asistencia del rey, obispos, nobles abades y otros clérigos, y en el que, según nos indica el maestro García-Gallo, se establecieron XIII Cánones: nueve estrictamente canónicos y cuatro mixtos con asuntos seculares o civiles, que restauraban en su pureza la disciplina y tradiciones de la Iglesia Española.

Con todo, la reunión más importante por la significación de las leyes o decretos emanados de ella fue sin lugar a dudas la Curia celebrada en León, en el año 1188, y cuyas disposiciones serían con cierta dosis de justicia consideradas por algunos autores como la *Carta Magna Leonesa*, ya que en dicho texto se garantizaría los derechos de los súbditos, ordenando la justicia del rey, etc., siendo considerado como la primera manifestación del Derecho Público medieval de los territorios hispánicos.

Suele asimismo entenderse que la extensión del *Liber Iudiciorum* como Fuero tipo de carácter municipal, y la formación de los textos territoriales de Castilla, como son el caso del *Libro de los Fueros* y *Fuero Viejo*, resultan ejemplos prácticos de la plasmación de aquella voluntad de superación del localismo jurídico, que se plantean con notoria nitidez en el reinado de

Fernando III, tras la unión de los reinos de Castilla y León, en al año 1230, y la conquista de Andalucía e incorporación de Murcia, sirviéndose primero del Fuero de Cuenca para las poblaciones del alto Jaén y, ya después, de los Fueros de Toledo y del Fuero Juzgo para ofrecer a las ciudades del sur un modelo jurídico unitario, proceso de unificación jurídica que se plasmará claramente en la obra legislativa de su hijo, el futuro rey Alfonso X.

La consolidación del Derecho Castellano

Podríamos indicar que hasta mediados del siglo XIII no existe lo que podríamos denominar un sistema jurídico castellano de tintes de territorialidad general, por cuanto coexisten a la vez diversos ordenamientos jurídicos de naturaleza heterogénea, tales como cartas puebla, fueros breves, fueros extensos, fuero juzgo, etc., tal problema de política legislativa será el que venga a heredar Alfonso X en el momento de suceder a su padre.

En este sentido, ya en épocas del rey Sabio, que de manera tradicional viene simbolizando la más brillante aportación hispánica a la historia universal de la legislación, sería proclamado como rey de León y Castilla cuando contaba la edad de treinta años, y gobernando aquellas tierras de la Corona de Castilla entre los años 1252 a 1284. Con respecto a la política que desarrollase aquel monarca, indicar que vendrá caracterizada por sus pretensiones y fracaso en la pugna por conseguir la corona del Sacro Imperio Romano-Germánico, tarea a la que dedicó mucho esfuerzo y dinero, aunque no es menos cierto que vino a convertirse en un importante impulsor de la Reconquista, amplió los territorios de la Corona de Castilla con la toma a los musulmanes de varias plazas de importancia, entre ellas Murcia, Alicante y Cádiz, aunque tuviese que renunciar al Algarbe y a sus aspiraciones sobre Navarra.

Casado desde 1246 con la aragonesa Violante de Aragón, hija de Jaime I *el Conquistador,* tuvo diez hijos legítimos, pero el primogénito y heredero al trono, don Fernando de la Cerda, murió en 1275. El rey trató de defender los derechos sucesorios de su nieto, el primogénito de don Fernando, pero don Sancho *el Bravo*, hijo segundo del rey y hermano de don Fernando, reclamó la sucesión para él recibiendo muchas adhesiones a su causa. El rey conservó sólo la fidelidad de Murcia y Sevilla, ciudad donde vivió los últimos meses de su vida bastante aislado y secundado sólo por un reducido número de sus antiguos colaboradores.

Pero también este monarca castellano sería el iniciador de la época de las traducciones arábigo-castellanas, que volvieron a hacerse por medio de dos personas: un alfaquí musulmán o un rabino judío y un clérigo cristiano. De este modo se vendrían a traducir las obras Calima y Dimna, Tratado de la azalea del célebre astrólogo andalusí Azarquiel, etc. Así, las escuelas alfonsíes de traductores se instalarían en Toledo, Sevilla, Murcia, etc. Pero la cosa no quedó ahí, ya que por encargo de Alfonso X se traduciría al castellano el Libro de la Escala o ascensión de Mahoma al paraíso, tema de la literatura árabe que más tarde sería traducido al latín y al francés.

La tarea legislativa de Alfonso X *el Sabio*

Ya en el ámbito jurídico, vienen a ser atribuidas a Alfonso X una serie de obras de notable calidad y trascendencia jurídica, y cuyas más significadas referencias las obtenemos de la obra del profesor, amigo y maestro Gonzalo Martínez Diez. En este sentido, nos indica Martínez Diez que Alfonso X, por un lado, se encargaría de concluir el llamado Setenario, tratado doctrinal que posiblemente fuese iniciado por su padre. Por otro lado, el Espéculo, texto del que se conservan cinco libros, y el Fuero Real, que consta de cuatro. Finalmente, el Código de las Siete Partidas, código trascendental en la historia del derecho español, en particular, y de la historia jurídica, en general.

Haciendo referencia al contenido de sus distintas obras jurídicas, podemos indicar lo siguiente:

Fuero Real. Consta de cuatro libros, dedicados a cuestiones de naturaleza religiosa y política, procedimiento judicial, derecho privado y derecho penal. Sus leyes proceden del Fuero Juzgo y de otros fueros castellanos. Fue aplicado en el tribunal del rey e influyó en la formación de otros varios cuerpos jurídicos. Su promulgación respondió, fundamentalmente, a la idea de remediar la carencia de fueros y textos escritos, evitando el juicio de albedrío que tanta inseguridad jurídica podía provocar.

El Espéculo. Está compuesto por cinco libros, en los que se alude a leyes que curiosamente deberían encontrarse en otros posteriores, y de los que no han llegado a nosotros por haber desaparecido o, simplemente, no haberse concluido aquella obra legislativa. Según el padre Gonzalo Martínez, el Espéculo fue proyectado como obra de carácter oficial y vigencia general. No fue concluido ni remitido a las villas del reino para su aplicación en las mismas.

El Código de las Siete Partidas. Con esta obra se alzaría la más alta distinción de cuantas obras jurídicas fuesen realizadas, no ya sólo en épocas de Alfonso X, sino a lo largo de todo el mundo medieval, representando el apogeo de la recepción en Castilla del derecho común. Su ambición temática, científica, técnica, etc., convierten a la misma en un verdadero modelo de obra jurídica.

El Código consta de siete partidas o libros, acogiendo la primera partida las fuentes del derecho y del ordenamiento eclesiástico. La segunda derecho público, tales como los asuntos relativos a la familia real, sucesión al trono, oficios palatinos, etc. La tercera se ocupa de la organización judicial y del proceso, incluyendo un sumario de fórmulas notariales. Las partidas cuarta a sexta vendrá a ocuparse del derecho privado, tales como las cuestiones matrimoniales, contratos y derecho sucesorio. Finalmente, la séptima se encarga de regular el derecho penal, haciendo referencia al estatuto jurídico de musulmanes y judíos, además de los delitos de carácter religioso. Con respecto a las fuentes empleadas en su confección, en las Partidas se vierte el saber medieval mediante el aprovechamiento de la filosofía greco-latina de los textos bíblicos, de la patrística y escolástica, y, como no, de las obras jurídicas. Entre estas últimas citar en un lugar privilegiado las fuentes romano-canónicas del derecho común: el *Corpus Iuris*, las *Decretales* y la obra de glosadores y comentaristas, así como las feudales de los *Libri Feudorum*.

El Ordenamiento de Alcalá de Henares de 1348, y el sistema de Prelación de Fuentes del Derecho Castellano

Tras la subida al poder del rey Sancho IV, el Código de las Siete partidas vendría a tener un carácter sumamente residual. Lejos quedaban las pretensiones de que fuese convertido en el derecho de los territorios de la Corona de Castilla y, mucho menos todavía, el propio del Imperio.

La consolidación de dicho código debería esperar casi un siglo, en concreto hasta que en el año 1348 unas Cortes se reuniesen en la entonces villa de Alcalá de Henares. Se trata de un conjunto de 131 leyes, divididas en 32 títulos, promulgadas con ocasión de las Cortes reunidas por Alfonso XI en Alcalá de Henares, en 1348. Son consideradas parte importante del corpus legislativo principal de la Corona de Castilla de la Baja Edad Media, desde entonces hasta 1505 cuando fueron promulgadas las Leyes de Toro. El último título, compuesto de 58 leyes, se conoce con el nombre de *Pseudo-Ordenamiento de Nájera*.

Además, el título 28 del Ordenamiento de Alcalá venía establecer en su ley primera el orden general de prelación de fuentes en Castilla. La idea que desprende dicho precepto no es otra que en primer lugar deberíamos aplicar el propio texto del Ordenamiento, y en su defecto los fueros municipales en cuanto no fueren contra Dios, la razón y las leyes; y hecha además la salvedad de que el monarca no los mejore o enmiende. En tercer lugar, si leyes y fueros carecen de norma adecuada para dar solución jurídica a la situación planteada, deberá hacerse uso del texto de Partidas, cuestión que en la práctica venía a suponer la erección del código del rey Alfonso X al rango de norma superior, además de su puesta en vigor a todos los efectos, en el sentido de que tanto el Ordenamiento de Alcalá como cualquier otro fuero municipal resultaría textos raquíticos en comparación con Partidas.

Desde la promulgación del Ordenamiento de Alcalá de Henares de 1348, la recepción del derecho romano-canónico en tierras castellanas había quedado asegurada, además de esta citada por otras dos más. Por un lado a través de cierta pragmática de Juan II de 1427, en donde se facilitaba la alegación en juicio de los antiguos glosadores y comentaristas. Por otro lado, por la literatura jurídica, a través de glosas y comentarios a los textos legales.

II. HISTORIA DEL SEÑORÍO DE VIZCAYA

«... nunca se perdió una patria gallega, catalana o vasca, sino un imperio –el español– del que habían sido fieles soportes los gallegos, catalanes, asturianos, aragoneses, castellanos, andaluces, extremeños y, no faltaba más, los vascos»[52].

Introducción

Atendiendo a lo descrito en cualquier atlas, éste vendría a indicarnos que en la actualidad el término Vizcaya hace referencia a una entidad geográfica precisa. En este sentido limita al Norte con el mar Cantábrico, al Este con Guipúzcoa y Álava, al Sur con Álava y Burgos, y al Oeste con Santander. Con todo Vizcaya viene a comprender lo que sería el gran Bilbao, Butrón, Guernica, Marquina, el Duranguesado, Arratia y las Encartaciones, con una extensión de 2.217 kilómetros cuadrados. Fuera de esta unidad geográfica, aparece Orduña, territorio vizcaíno separado del resto del Señorío por el valle de Ayala, que pertenece a Álava.

Ya históricamente hablando, la geografía del territorio de Vizcaya podría ser definida, al menos, como de evolución compleja, viniéndose a integrar en una misma entidad político-administrativa varias entidades de distinto carácter y nivel de organización. Así, cuando nace el término Vizcaya, éste venía a designar a la llamada Vizcaya nuclear, aquellas tierras situadas entre el río Nervión y el río Deva, excluyéndose de ello al Duranguesado y al valle de Orozco. La integración de los territorios que acabaron comprendiendo el Señorío se iniciaría en la Baja Edad Media, concluyendo en 1785 cuando vino a incorporarse de manera definitiva el Valle de Orozco.

En relación a la estructura señorial, genéricamente hablando, cuenta el profesor Escudero en su manual de historia del derecho, que «*la formación del régimen señorial no fue sincrónica ni de similar intensidad en todos los territorios*»[53], ni tampoco vinieron a formarse de manera instantánea, sino que muchos de ellos fueron el resultado de la integración de varios

[52] Juaristi, J., *El bucle melancólico*, Madrid, 1997, p. 33.

[53] Escudero, J.A., *Curso de Historia del Derecho. Fuentes e Instituciones Político-administrativas*, Madrid, 1995, p. 314.

territorios a lo largo de períodos más o menos prolongados de tiempo. En relación al Señorío de Vizcaya, y con la idea de dejar por sentado ya desde un primer momento la sumisión que todo señor tiene con respecto al rey, por muy significado e importante que sea su señorío, indica don Luis Suárez, lo siguiente: «*Vizcaya era un señorío jurisdiccional* –lo que significa dotado de subrogación de autoridad por parte de la corona-…»[54]. Ello significará, siempre, que tanto el señor de Vizcaya como el señorío donde ejerce sus prerrogativas –el vizcaíno–, tendrán su superior: el rey, ya sea el de Navarra, en aquellos momentos de adscripción a dicha monarquía, como el de Castilla en la mayor parte de su devenir histórico. Además, y en referencia al papel desarrollado por el que más tarde fuese conocido como Juan I –monarca en el que vendrían a coincidir las dignidades de rey y señor del territorio de Vizcaya, y así ya en lo venidero–, durante nueve años, entre los doce y los veintiuno, este personaje maduraría políticamente ejerciendo funciones como señor de Vizcaya[55].

Junto a él aparecerán los tres personajes clave en su reinado, y que curiosamente procedían de zonas aledañas y tenían intereses muy directos en el desarrollo económico de dicho territorio: Diego López Stúñiga, que administraba los bienes del infante en calidad de camarero mayor, y que procedía de Navarra; Pedro González de Mendoza, natural de Guadalajara pero que portaba en su apellido los signos de la vasconeidad, ya que Mendoza no es sino Mendioz, que en euskérico significa Montefrío[56].

Por otro lado la categoría jurídica de estas tierras del Norte de España también experimentaron una significativa evolución. Así, en épocas pretéritas el Señorío de Vizcaya gozó de prebendas jurídicas que irían más allá de las actuales administrativas. En este sentido, en la Edad Moderna era una entidad de compleja organización, cuya estructura se había venido concretando de manera progresiva desde la Baja Edad Media. Ya en el siglo XVII es una entidad política consolidada, en la que se integran y ordenan

[54] Suárez Fernández, L., *Juan I de Trastámara. 1379-1390*, Palencia, 1994, p. 11.

[55] Fue tal el amor que tuvo el futuro Juan I sobre el Señorío de Vizcaya, que en cierto momento de su vida, cuando se plantea renunciar a la Corona de Castilla, al someter este deseo al Consejo de Castilla, esta suprema institución le indica «que no hay en todo el reino gente más fiel a la Corona que los vizcaínos», suplicándole que continúe al mando de sus territorios de la Corona de Castilla.

[56] Ibidem, pp. 11-12.

poderes de diversa procedencia, siendo sus componentes más significados la Tierra Llana, las Villas, las Encartaciones y el Duranguesado.

El proceso de integración de estos territorios tuvo en el último tercio del siglo XV uno de sus momentos más significativos, formando desde ese momento histórico cierta unidad. La Concordia de 1630 vino a suponer la definitiva adecuación de aquellos poderes en una misma organización política[57].

La estructura institucional del Señorío de Vizcaya traduce dicha evolución. No se trata de una ordenación que responda a un orden racional de aquellos elementos que vinieron a constituir aquel territorio, sino que será el resultado de la relación de fuerzas que existió en los momentos más significados del proceso, y, por tanto, presenta desequilibrios geográficos, consecuencia directa de una desigual integración de las diversas zonas y entidades[58].

Las Villas y Tierra Llana

La creación de villas no vino a resultar ser un fenómeno típico vizcaíno. Más bien responde este fenómeno a una realidad conocida en toda Europa mucho tiempo antes, ya desde el siglo XI, como resultado más inmediato de la recuperación económica y demográfica.

Adentrándonos en la materia, se podría afirmar que en la historia de las villas del Señorío de Vizcaya aparecerán varias fases que vienen a sucederse unas a otras, y en donde tenemos una primera etapa de ausencia de villas, en donde todo el territorio sería la tierra llana, y dentro de ésta había varios señoríos.

Una segunda época de aforamiento municipal, que comprende el ciclo cronológico que va de los siglos XII al XIV, al que seguiría una tercera en donde se producirá la redacción del Fuero de los Hijosdalgo, creándose una Sala de Vizcaya, en la Chancillería de Valladolid[59].

---

[57] García de Cortázar, F.; Montero, M., *Historia de Vizcaya*, San Sebastián, 1980, p. 8.

[58] Ibídem, p. 9.

[59] Con respecto a la llamada «*Sala de Vizcaya*», indicar que únicamente existió una en la Audiencia y Chancillería de Valladolid. Su jurisdicción sólo abarca los casos vizcaínos tanto

En cuarto lugar la ruptura Villas/Señorío en 1487, hasta la unión y concordia en 1630.

Y, finalmente y en quinto lugar, una etapa de unión de Villas y Tierra Llana en las Juntas de Guernica, hasta la nueva ruptura de 1870, y la posterior extinción del Régimen Foral en 1876[60].

También resulta interesante indicar en este momento que el proceso de aforamiento municipal del Señorío de Vizcaya supuso el tránsito de la Tierra Llana señorial al Señorío dual de Tierra Llana (articulada entre Merindades y anteiglesias) y Villas. En este sentido, fueron dos los sistemas municipales los que aparecen insertos en el Señorío: por un lado el de las Villas, regulados a través de sus respectivas ordenanzas; y, por otro, el de las anteiglesias, que se organizarían jurídicamente en usos y costumbres.

Según Cazorla Prieto, el proceso de aforamiento de las villas del Señorío puede ser presentado como un proceso de desfeudalización señorial y en donde, curiosamente, fue el propio Señor de Vizcaya y no el Rey de la Corona de Castilla, a petición de sus habitantes, el que vino a protagonizar aquella liberalización feudal, posiblemente movido por el interés de aquella nueva organización administrativa en que las villas y los núcleos urbanos podrían proporcionarle mejores rentas que las derivadas de la agricultura, esto es, de la zona rural o tierra llana[61]. Otra cosa es que, una vez erigidas dichas villas sobre la base de un fuero señorial, el monarca castellano tuviese a bien respetar, someterse e incluso aumentar lo descrito en aquellos documentos fundacionales.

---

civiles, criminales y de hidalguía, los cuales se resolvían según el Fuero por el Juez Mayor de Vizcaya. La apelación de sus sentencias se ven en las Salas de lo Civil.

[60] En plena Restauración nos encontramos con la ley de 21 de julio de 1876. Dicha norma abundaba en la extinción de la foralidad a pesar de que entre sus logros reconocidos, y ello con el carácter paradójico que supone, se encontraba la creación del concierto económico. El primer concierto económico se realizó en 1878 para un período de ocho años, el segundo en 1887, el tercero en 1894, el cuarto en 1906 y el quinto en 1925, con una duración de veinticinco años. El sistema de concierto se suprimió para Guipúzcoa y Vizcaya en plena guerra civil, mediante el Decreto ley de 23 de julio de 1937 y en el preámbulo de esta norma se justificaba tal supresión como castigo a que tales provincias se alzaron en armas contra el Movimiento Nacional. Posteriormente un Decreto ley de 6 de junio de 1968 y otro de 30 de octubre de 1976 derogarían tal disposición. Sobre ello vid. Martínez Diez, G., *Fueros si, pero para todos. Los conciertos económicos*, Madrid, 1976.

[61] Cazorla Prieto, J.Mª, *La Historia de Vizcaya.*

Con las villas vendría a organizarse un nuevo tipo de propiedad y de vida colectiva. Surgía un nuevo modelo de comunidad social, regida por un derecho propio que evolucionó con el tiempo hacia el derecho común o general castellano.

La villa suponía una jurisdicción especial: el término municipal, y disponía de organismos administrativos apropiados, como era el concejo o ayuntamiento[62]. La base jurídica esencial, obviamente, tenía su origen en el texto fundacional de la localidad y que la que derivarían las ordenanzas de la localidad.

Con respecto a las zonas rurales, y como ya hemos indicado, se organizaron sobre la base de lo que se ha venido a conocer como las anteiglesias, y que contenían una serie de caseríos dispersos con un régimen de propiedad de carácter familiar, en el que no podían dividirse ni la tierra ni los aperos de labranza; concepto troncal, familiar e indivisible de la propiedad rural, amparado por el Fuero[63].

Otro derecho nuevo, originado por las principales villas dedicadas al comercio, fue el derecho mercantil, manifestado de modo principal en Bilbao, en los usos y costumbres del trato y del tráfico; usos y costumbres codificados después en los códigos u ordenanzas de las Universidades de Mercaderes y Consulados, como el de Bilbao.

La villa entrañaba una nueva forma de poblar aquellas tierras; suponía el amparo y la protección de los labradores frente a los tradicionales excesos de los hijosdalgo.

En otros casos, era una manera de defender los límites del Señorío frente a la acometida, por ejemplo, de los guipuzcoanos en la zona oriental de Vizcaya, y donde nacen varias villas con este propósito expreso en sus cartas-puebla[64].

A partir de este momento se produjo el dualismo jurídico en las tierras del Señorío de Vizcaya, protagonizado por el derecho de las Villas, reguladas jurídicamente por las fórmulas contenidas en sus respectivas cartas-pueblas; mientras que, por otro lado, las anteiglesias que aparecen organizadas sobre la base de sus usos y costumbres de la tierra llana, que

[62] Ibidem.
[63] Ibidem.
[64] Ibidem.

empezarían a codificarse y escribirse para constituir el Fuero de Vizcaya o del Señorío[65].

Así las cosas, el propio Señorío de Vizcaya vino a contraer obligaciones con sus Señores, así como gastos que debía cubrir para las necesidades propias de las estructuras que establecían para atender sus necesidades comunes. De este modo, en una junta General se estableció los porcentajes que deberían asumir cada segmento del territorio señorial, y que eran tanto económicas, como de ayuda y servicio al reino en casos de servicios militares en las guerras. Así, aparecen repetidas veces en las actas de sus Juntas y Regimientos, y en donde Villas y Ciudad fueron los que tendrían que asumir un mayor sacrificio, frente a la Merindad de Durango que sería la menos gravada[66].

El Duranguesado

El Duranguesado es una comarca española que se extiende por la porción oriental de la depresión media vizcaína, estando históricamente constituido por la Merindad de Durango en su totalidad y las villas de Ermua, Elorrio, Ochandiano y Durango, que fueron fundadas por los propios señores de Vizcaya.

Siguiendo a Iturriza, al territorio anteriormente citado se le añaden once anteiglesias: Abadiano, Berriz, Mallavia, Mañaria, Yurreta, Garay, Zaldua Arrázola, Axpe, Apatamonasterio (estas tres, hoy, valle de Achondo) e Izurza. El año 1630 la anteiglesia de San Agustín de Echevarría fue agregada a la villa de Elorrio, por lo que el número de éstas se redujo a once. Una aldea, Marzana, y las cuatro villas que hemos mencionado[67].

Nos indica Monreal que San Agustín de Echevarria, que formaba parte de la Merindad, vino a separarse de dicho territorio en 1630 para agregarse al vecindario y juzgado de Elorrio. Para ello la anteiglesia tendría que

---

[65] Ibidem.

[66] Ibidem.

[67] Iturriza y Zabala, J.R., *Historia General de Vizcaya y Epítome de las Encartaciones*, con prólogo, notas e índices de Ángel Rodríguez Herrero, Bilbao, 1967.

abonar 3.160 ducados de plata, cantidad económica que fue aportada por sus vecinos[68]

Las once anteiglesias componían en lo político-administrativo la entidad Merindad, de la que estaban separadas las villas, que tenían su fuero propio. Las villas y la merindad se relacionaban, para solventar sus problemas comunes, por medio de la denominada Junta de los Doce Pueblos.

Es decir, el gobierno de la merindad de Durango reproduce el esquema gubernativo propio de Vizcaya: por un lado el Teniente de Corregidor, Teniente de Prestamero y Merino, y por otro, la Junta de Merindad representativa de la comunidad[69]. Hay dos tipos de juntas, una ordinaria en Astolazubiaur de Abadiano, y otra extraordinaria, bajo el árbol de Guerediaga. La primera es de reunión frecuente; viene a sustituir en el siglo XVI a la de Krutziaga y posee sala de reuniones, auditorio para impartir justicia, cárcel y residencia para el Teniente de Corregidor. La segunda suele celebrarse por Pascua de Resurrección, Espíritu Santo o Navidades en la campa de Guerediaga de Abadiano, al lado de la ermita juradera de San Salvador y San Clemente[70].

Competía a la Junta de Astola atender a las relaciones de la merindad con el Señorío, velar por el mantenimiento de la integridad de la zona merindad contra las pretensiones del villazgo, tesorería y todo lo referente a orden público. En las de Guerediaga las necesidades atendidas eran menos perentorias y más solemnes: creación de cargos, rendición de cuentas, juramento del Corregidor, etc. Respecto a los oficiales del Señor, el Corregidor nombraba al Teniente de Corregidor, que debía se de allende el Ebro, (como hemos dicho anteriormente, los otros dos se nombraban en Avellaneda y Guernica), el Prestamero mayor del Señorío designaba al Teniente Prestamero, y el Teniente de Merino era nombrado por el Merino Mayor, que patrimonialmente era el conde de Aramayona[71].

---

[68] Monreal, G., *Las Instituciones públicas del Señorío de Vizcaya (hasta el siglo XVIII)*, Bilbao, 1974, p. 269.

[69] Según el profesor Monreal, la organización interna de la Merindad no vino a ser conocida hasta el siglo XVI, momento en el cual las instituciones de dicho territorio presentaban los rasgos fundamentales que habían de conservar hasta el fin de la etapa foral. Monreal, G., *Las Instituciones públicas del Señorío de Vizcaya (hasta el siglo XVIII)*, Bilbao, 1974, p. 266.

[70] Ibidem.

[71] Ibidem.

El Duranguesado vino a participar en los llamados Regimientos del Señorío, Villas y Ciudad, Encartación y Merindad de Durango, convocados por el Corregidor, invitados por el Síndico, siempre y cuando existiesen problemas pendientes de interés común[72]. En este sentido Monreal destaca la existencia de un total paralelismo entre las reivindicaciones planteadas por la Encartación y el Duranguesado. Resulta curioso, con todo, indicar que si la unión definitiva de esta merindad al Señorío de Vizcaya había tenido lugar en el siglo XII, este territorio no dependía económicamente del Señorío ni acudía a las Juntas de Guernica hasta la escritura de 1628. Este año se adjudicaron a la merindad dos votos, que en 1740 fueron aumentados en tres más, quedando, por tanto, la cifra establecida en cinco votos.

Funcionaba esta merindad como las Encartaciones, la jurisdicción ordinaria en lo civil y en lo criminal correspondía al Teniente Corregidor. Las apelaciones podían se hechas al Corregidor o al Juez Mayor de Vizcaya. Y no fue hasta los años 1628 y 1630 cuando la merindad participó, pues, en el gobierno del Señorío mediante escritura pública en la que se estipularon derechos y obligaciones[73].

Los Banderizos y su incidencia en las Instituciones Vizcaínas

Los enfrentamientos armados entre bandos, vino a resultar un fenómeno bastante frecuente en amplios espacios geográficos de aquella España de la Baja Edad Media, existiendo numerosas obras científicas que se han encargado de descifrar muchas de las claves que provocaron estos fenómenos. Con respecto al Señorío de Vizcaya, estos enfrentamientos vinieron a coadyuvar en el agrandamiento de aquella brecha que en el campo jurídico e institucional separaba a las villas de la Tierra Llana. Con todo, la excepcional intensidad y duración de estos enfrentamientos, prolongados por más de dos siglos, obedece a un hecho singular: los bandos se apoyaron en este territorio en el engranaje de las estructuras gentilicias que subsistían en una parte de los territorios vascos[74].

---

[72] Ibidem.

[73] Ibidem.

[74] Existen destacadas obras que analizan estas luchas de bandos en los territorios vascos, entre ellas podríamos citar las siguientes: García de Salazar, J., *Las bienandanzas e fortunas*, Bilbao, 1967, 4 vols.; Guerra, J.C., *Oñacinos y bamboínos. Rol de Banderizos Vascos, con*

Aunque no vino a producir resultados inmediatos, quizá debido al enquistamiento que tenían los enfrentamientos en el Señorío, cuenta el profesor Monreal que si que tuvo un reforzamiento de la dualidad jurídica entre la Tierra Llana y las Villas, al menos desde un punto de vista político-administrativo[75]. Con respecto a las Juntas Generales, dichas Ordenanzas de Chinchilla dejaban abierta, desde un punto de vista formal, una triple posibilidad: las Juntas de la Tierra Llana, Villas, o Encartación y Merindad de Durango para la resolución de los negocios universales de interés general, como podían ser la recepción del Corregidor y los asuntos de Fuero común[76].

El Gobierno Foral del Señorío de Vizcaya

La palabra «*Fuero*» es uno de los términos más usados en el lenguaje jurídico altomedieval, salvo en Cataluña, donde nunca se empleó. Dejando al margen otras de sus acepciones, «*Fuero*» significó norma jurídica singular, pero también el conjunto de normas, el ordenamiento jurídico vigente en un lugar determinado, esto es, su derecho.

En el Señorío de Vizcaya existieron dos formas de fuero; es decir, los fueros que vinieron a identificarse con los usos y costumbres, por un lado, y, por otro, los fueron vinieron a identificarse con aquella donación que, desde arriba, realizase el Señor de estas tierras. Entre los primeros, tenemos lo que propiamente se conoce como Fuero de Vizcaya, y que son los usos y costumbres del Señorío, que en los siglos XV y XVI pasarían a recogerse por escrito, pasando a ser aquella norma que se use hasta el siglo XIX. Frente a éstos, los fueros de las villas surgen de una concesión realizada por el señor hacia una población determinada, con carácter de privilegio[77].

---

mención de las familias pobladores de Bilbao en los siglos XIV y XV, San Sebastián, 1930; Caro Baroja, J., *Linajes y bandos, en Vasconiana*, Madrid, 1957; Arocena, I., *Oñacinos y gamboinos. Introducción al estudio de las guerras de bandos*, Pamplona, 1959; García de Cortázar, J.A., *Vizcaya en el siglo XV. Aspectos económicos y sociales*, Bilbao, 1966; etc.

[75] Monreal, G., «El Señorío de Vizcaya», en *AHDE*, Madrid, 1973, pp. 111-206.

[76] Monreal, G., «El Señorío de Vizcaya», en *AHDE*, Madrid, 1973, pp. 111-206.

[77] García de Cortázar, F., Montero, M., *Historia de Vizcaya*, San Sebastián, 1980, p. 69.

Escritos y publicados en el año 1342, fueron confirmados por el rey don Juan, Señor de Vizcaya, en Olmedo, el 22 de junio de 1376. Martín Rodríguez[78] indica que resulta necesario tener muy presente la necesidad de negar todo valor histórico-crítico a la documentación que nos hablen de algo real anterior al siglo XIV, «*momento en que empieza la historia foral fehaciente y, por tanto, no hubo documentos legales anteriores escritos*»[79].

En este sentido, la Asamblea de Vizcaínos celebrada el 2 de junio de 1452 en la iglesia de la Antigua, reconoce la conveniencia de plasmar por escrito las leyes del territorio. Hasta ese momento, Vizcaya venía rigiéndose por normas de carácter consuetudinario, siendo su mayor expresión la existencia de asambleas generales.

Indica Martín Rodríguez, a este respecto y con la finalidad de jurar dichos Fueros, que llegaron a Vizcaya Alfonso XI en 1334, Pedro I en 1356, Enrique III en 1392[80]. Doña Catalina, regente en la minoridad del rey Juan, los juraba en Segovia en 1407[81]. En 1455 Enrique IV los jurará, también, en Segovia, haciendo promesa expresa de trasladarse al Señorío para repetir dicho juramento en aquellas tierras, promesa que cumpliría dos años más tarde, cuando el 10 de marzo de 1457 prestaba el juramento en la iglesia de Santa María de Guernica.

Años más tarde la futura reina Isabel prestaba su juramento de respeto a los Fueros de Vizcaya, cuando indicaba que:

> «*Jura los Fueros, Usos y Costumbres, Franquezas y Libertades con juramento solemne, obligándose a no dar ni enajenar cosa, ni parte alguna del Señorío de Vizcaya; sino conservarlo para su servicio y la Corona Real, defenderle y ampararle…*».

---

78 Martín Rodríguez, J., *El honor y la injuria en el Fuero de Vizcaya*, Bilbao, 1973.

79 Ibidem, p. 45.

80 García de Salazar, *Bienandanzas e fortunas*, Bilbao, 1955, p. 183: En el año 1392 los vizcaínos se negarían a pagar los pedidos del rey hasta que éste jurase respetar los Fueros y Libertades en Guernica y Bermeo, tal y como hicieron otros pretéritos reyes.

81 Cf. *Hechos verídicos y razones legales del Fuero de Vizcaya* (s.a. y s.l.), pp. 103-104: «*… en la Cruz e Santos Evangelios, tañendo materialmente con sus manos, de guardar a Vizcaya, Villas e Tierra-llana, e a los Fijosdalgo, e a todos los Vecinos, e moradores de ella sus Fueros, e buenos Usos, e buenas Costumbres, e Privilegios, e Cuadernos, Ordenanzas, Franquezas, Libertades, Gracias, e Mercedes, e Tierras… E ella en nombre del dicho Rey…*».

Poco tiempo después, el 20 de septiembre de 1475, los Reyes Católicos en agradecimiento por la lealtad y los servicios prestados en sus enfrentamientos con Portugal y Francia, concedían al Señorío de Vizcaya el título de «*Muy Noble y Muy Leal Condado de Vizcaya*». Citar que el rey Fernando, a pesar de que en principio había sido llamado para regir la Corona de Aragón, y sin perjuicio del tan recordado y efectivo «tanto monta, monta tanto», también juraba el respeto a los fueros de este territorio en Santa María la Antigua de Guernica. En septiembre de 1483 Isabel I, en persona, repetirá dicho juramento en las localidades de Portugalete, Larrabezúa, Durango y en Guernica, «*so el Árbol*»[82].

Idéntica actitud mostraría la reina Juana, que los jura en Burgos el 3 de abril de 1512, todavía en vida del rey Fernando; Carlos I, también en dicha localidad castellana, el 17 de febrero de 1521, además de en Valladolid, el 7 de junio de 1527, indicando que daba licencia para que éstos fueran imprimidos. Felipe II los juraba en Madrid el 20 de febrero de 1575, indicando que:

> «*Después de la Sagrada Escritura, doctrina de los Santos Padres y de la Iglesia, serán guardados en sus Reinos los Fueros y Usos de Vizcaya, diciendo que la razón es porque siempre sirvieron fiel y noblemente a sus Señores y en premio, siempre piden la guarda de sus Fueros…*»[83].

Felipe III juraba respetar dichos Fueros en la localidad de Valencia de Don Juan, el 4 de febrero de 1602; Felipe IV los juraba en Madrid el mismo año de su ascenso al poder, el 16 de agosto de 1621; mientras que Carlos II, el último de los Habsburgos Españoles, lo hacía en Madrid, el 7 de noviembre de 1667[84].

La nueva dinastía que se asentó en España, los Borbones, continuaría premiando la fidelidad de estas tierras vizcaínas hacia su causa con el respeto a sus Fueros, cuestión bien diferente a la acaecida con algunos territorios de la Corona de Aragón, en donde a través de los Decretos de Nueva Planta vieron como desaparecían o se reducían sus pretéritos sistemas jurídicos,

[82] Martín Rodríguez, J., *El honor y la injuria en el Fuero de Vizcaya*, Bilbao, 1973, p. 48.
[83] Vid. *Discurso de Moraza sobre los Fueros Vascos*, Bilbao, 1977, p. 23.
[84] Ibidem.

y eran reemplazados por el modelo castellano[85]. En este sentido, Felipe V juraba respetar los Fueros de Vizcaya el 2 de marzo de 1702; Fernando VI, en el Buen Retiro, el 390 de mayo de 1751; Carlos III en dicho Real Sitio, el 17 de marzo de 1760; Carlos IV, el 7 de octubre de 1789, en San Lorenzo de El Escorial; Fernando VII, ya regresado de su exilio forzoso, el 29 de julio de 1814; e Isabel II el 25 de octubre de 1839[86].

En relación con el Fuero de Vizcaya, vemos que el Fuero de la Tierra Llana no se aplicaba en las villas. Las Villas fueron dotadas de un Fuero que, junto con la Carta Puebla, constituyeron su corpus corporativo y quedaron sustraídas del régimen de administración foral que regía en el territorio de Vizcaya. Las Villas y Ciudad celebraban sus Juntas separadamente del Señorío.

Las Encartaciones tenían territorio separado, jurisdicción privativa y gobierno aparte. Los diez concejos ó valles mayores enviaban a sus procuradores a la Junta de Avellaneda, los cuales se dividían en tercios.

Tanto las Villas y Ciudad como la Encartación sólo concurrían a las Juntas Generales de Guernica para cosas comunes.

Los pleitos que tuviesen los moradores de Vizcaya podían ser apelados ante el Corregidor del Señorío, y ante el Juez Mayor de Vizcaya que residía en la Real Cancillería de Valladolid[87].

---

[85] Vid. Ugalde, M. de, *Síntesis de la historia del País Vasco*, Bilbao, 1977, p. 94. A este respecto, el autor indica lo siguiente: «*El Tratado de Pazo de España con Inglaterra del 27 de marzo de 1713, firmado en Madrid, en su artículo 15, donde se ocupa de Cataluña y sus fueros, especifica: Sin embargo, de las fuertes y reiteradas instancias que milord Lexington –el Embajador de S.M. Británica– ha hecho, a fin de que les conservase –a los catalanes– también sus Fueros, no ha podido Su Majestad Católica condescender a esta petición…*» Ahí se terminan los Fueros de Cataluña. En cambio el artículo 20 dice así: «*Su Majestad Británica promete que mantendrá a los guipuzcoanos y los demás súbditos de Su Majestad Católica en todos sus derechos de cualquier naturaleza que sean…*».

[86] Vid. *Discurso de Moraza sobre los Fueros Vascos*, Bilbao, 1977, pp. 24 y ss.

[87] La Sala de Vizcaya únicamente existió en la Audiencia y Chancillería de Valladolid. Su jurisdicción sólo abarca los casos vizcaínos tanto civiles, criminales y de hidalguía, los cuales se resolvían según el Fuero por el Juez Mayor de Vizcaya. La apelación de sus sentencias se ven en las Salas de lo Civil. Sobre las fuentes documentales almacenadas en este archivo vallisoletano existe numerosa bibliografía al respecto. Entre ellas podríamos citar la obra de Martínez Guerra, Mª. I., *Reales cartas ejecutorias del Archivo de la Real Chancillería de Valladolid. Fuentes para la historia*, Valladolid, 2001.

Como podemos ver, esa estructura sociopolítica peculiar de los vizcaínos que conformaba un territorio histórico concreto con intereses comunes y relacionados entre sí, pudo conservar su unidad a lo largo del tiempo gracias a los métodos de gobierno propio que establecieron.

III. EL DERECHO INDIANO

Introducción

Se cree que alrededor del año 1000, un grupo de vikingos establecidos en Groenlandia navegaron hacia la costa oriental de América del Norte dirigidos por Leif Eriksson, arribando a un lugar que al parecer llamaron Vinland. En este sentido, en el territorio canadiense de Terranova se han encontrado importantes vestigios de lo que pudo ser una colonia vikinga, en *L'Anse aux Meadows*[88]. Algunos autores, incluso, aventuran una supuesta visita de estos europeos en tierras de la actual Nueva Escocia y Nueva Inglaterra, en donde, sin embargo, no lograron fundar colonias permanentes perdiéndose así el contacto con las tierras de América.

Con todo, será cinco siglos más tarde, a finales del siglo XV cuando la necesidad de incrementar el comercio, un error de navegación, y como no el espíritu aventurero de las gentes de finales de ese ya histórico momento para la historia de España y de la Humanidad, cuando vino a propiciarse un nuevo encuentro con el continente americano. En este sentido, en aquella época en que observamos el matrimonio de Fernando e Isabel, había en Europa una gran demanda de especias, sedas y tintes de Asia. Colón creyó erróneamente que podría llegar al extremo Oriente navegando 6.400 kilómetros hacia el oeste partiendo desde Europa, y para lograr aquel proyecto, persuadió a los Reyes Católicos para que le financiaran el viaje.

---

[88] Vid. Nydal, Reidar (1989). "A critical review of radiocarbon dating of a Norse settlement at L'Anse aux Meadows, Newfoundland, Canada". *L'Anse aux Meadows* –La ensenada de las medusas–, es un paraje situado en la punta septentrional de la isla de Terranova, en la canadiense provincia de Terranova y Labrador, en donde el investigador noruego Helge Ingstad halló en 1960 unas elevaciones cubiertas de hierba, las cuales resultaron ser los restos de lo que fue una aldea vikinga. Se encontraba formada por al menos ocho edificios, teniendo el mayor de ellos unas dimensiones de 28,8 metros de largo y 15,6 de ancho, y estaba dividido en varias habitaciones. Además, igualmente fueron documentados un centenar de objetos de manufactura típicamente vikinga, entre los cuales se hallaron varios utensilios de costura, que indicaban la presencia de mujeres en el asentamiento. Estos indicios, unidos a la datación del yacimiento –sobre el siglo XI–, hacen bastante asumible la idea de haber localizado Leifsbúðir, en L'Anse aux Meadows, el asentamiento erigido por los vikingos en *Vinland*, descrito en las sagas nórdicas. Se trataría por tanto del único asentamiento vikingo confirmado en Norteamérica, con la excepción de los hallados en la isla de Groenlandia, siendo declarado Patrimonio de la Humanidad en 1978.

Colón navegó hacia occidente pero no llegó a Asia, sino a una de las islas Bahamas en el Caribe, el 12 de octubre de 1492, llegando a través de sus viajes a explorar la mayor parte del área caribeña, aunque jamás alcanzó el Extremo Oriente. En cambio regresó a Europa con oro, y en el lapso de 40 años los aventureros españoles habían conquistado un enorme imperio en Centro y Sudamérica, sin quedar ahí la cosa, ya que los españoles también fundaron algunas de las primeras colonias norteamericanas: San Agustín en Florida, en 1565; Santa Fe en Nuevo México, en 1609; y San Diego en California, en 1769.

Con este precedente, podemos afirmar que independientemente de aquellas supuestas incursiones marítimas realizadas por los vikingos en el norte del continente americano, resulta un hecho harto conocido por todos que el protagonismo del descubrimiento de las primeras islas americanas corresponde al almirante Colón, acaecido el 12 de octubre de 1492, y ampliado con posterioridad al resto de las islas del Caribe, además de la tierra continental. Este hito histórico supondría para la Monarquía Hispánica una nueva perspectiva en múltiples aspectos, desde aquel instante del descubrimiento, a la incorporación, perdurando aquel enlace entre los que el artículo primero de la Constitución Española de 1812 calificase como *Españoles de ambos hemisferios*, hasta la independencia de aquellos territorios. Fruto de aquella relación histórica vino a configurarse un Derecho Indiano, que tuvo como elemento básico el derecho castellano, juntamente con otros elementos jurídicos como fueron las costumbres indígenas y criollas, además del propio conjunto de leyes específicas para las Indias.

Fundamentación de aquellas relaciones entre la Corona y Colón serían las llamadas *Capitulaciones de Santa Fe* firmadas el 17 de Abril de 1492, en virtud de las cuales se concedía al genovés los títulos de Almirante y Virrey de todas aquellas tierras que descubriera., el derecho de terna, consistente en la presentación de tres nombres en los nombramientos de regidores, el décimo o 10% de todas las mercancías que se negociaran en las Indias, derecho de exclusividad en los pleitos que surgieran por las mercadurías indianas, y de contribuir con un ocheno u octava parte de los gastos de armar naves comerciales, obteniendo entonces el mismo porcentaje de los beneficios.

A todo ello respondieron los Reyes aceptando todo lo solicitado, excepto el derecho de exclusividad en los pleitos, que dejaron pendiente de verificación, y entregaron a Colón una serie de documentos para su comisión, tales como una carta de presentación, escrita en latín, para aquellos príncipes cristianos que pudiera encontrar, otra, que también estaba escrita en latín, dirigida al Gran Khan que supuestamente reinaba en China, los privilegios pedidos por Colón (nombramientos de Almirante y Virrey). También recibió una merced del título de don, y cinco provisiones para la puesta en marcha de la expedición. Entre ellas figuraba un seguro para que pudieran enrolarse en la expedición quienes tuvieran delitos pendientes, así como una orden a los vecinos de Palos de la Frontera para que pusieran a disposición de Colón dos carabelas.

La incorporación del territorio americano a la Corona de Castilla

La incorporación de las Indias a la Corona de Castilla encontró su fundamento en la concesión otorgada por el Papa Alejandro VI, nacido en tierras de Valencia, en favor de los Reyes Católicos, por la cual les atribuía el dominio de las tierras descubiertas por Colón, delimitando la zona de demarcación entre los reinos de Castilla y Portugal sobre los futuros descubrimientos de territorios.

Con anterioridad a las expediciones colombinas, ambos reinos habían firmado en 1479 el *Tratado de las Alcaçobas*, en donde se reconocía la exclusividad de la navegación por el camino oriental de las Indias en beneficio de Portugal, pero los descubrimientos de Colón hicieron que los Reyes Católicos viniesen a solicitar a Roma una Bula de concesión, fundándose en los títulos reconocidos por el Código de las Siete Partidas, en donde se disponía que la concesión de un territorio por el Papa o el Emperador era título justificativo de dominio.

Así las cosas, bajo la intitulación de *Inter Caetera*, *Inter cœtera* o *Inter cœtera*, se conoce a la más importante de las Bulas Alejandrinas. En este sentido, la Bula *Inter Caetera* fue un laudo emitido por Alejandro VI, el 4 de mayo de 1493, con la intención de fijar los límites entre Portugal y Castilla, especialmente en las regiones llamadas del *Nuevo Mundo*.

Dicho documento establecía que el meridiano ubicado a 100 leguas al oeste de las entonces islas portuguesas de Cabo Verde constituyera el límite entre los reinos de Portugal y Corona de Castilla.

La bula *Inter Caetera* de 1493, derogaba las precedentes, en concreto las bulas *Romanus Pontifex* de 1455, y la *Inter Caetera* de 1455. Además, el Tratado de Alcaçovas cedería la hegemonía atlántica a Portugal, y limitado la presencia española, por el sur, hasta las Islas Canarias. Sin embargo el descubrimiento de América en por parte de la Monarquía Hispánica obligaría a replantear el contenido de las anteriores bulas y tratados.

En este sentido, la bula *Dudum Siquidem*, de 30 de septiembre de 1493 ya revisaba a las precedentes, pero todavía resultaba difusa en parte de sus términos, aunque expresaba la «*Extensión de la garantía apostólica y la Dominación de las Indias*». En todo caso Portugal lograba extender su presencia hacia América a cambio de aceptar que España hiciera lo mismo al sur de las Islas Canarias. Por contrapartida a la línea fijada por la Inter Caetera de 1493, por el Tratado de Zaragoza de 1529 se establecía una línea antípodal que separaba los dominios españoles de los portugueses en tierras de Asia.

La intervención papal en la cuestión fue justificada por dos motivos fundamentales:

a) Hasta esas épocas era común que los estados católicos aceptaran como arbitro al papado, teniendo los dictámenes papales valor en el derecho internacional.

b) También se utilizó el argumento de la llamada Donación de Constantino (de la cual luego se supo que, curiosamente, no era auténtica); tal documento apócrifo incluía, por parte del emperador Constantino I, la donación a la iglesia romana, entre otras cosas (de allí el nombre de la bula), de las islas de la parte occidental del Imperio Romano.

Con todo, los portugueses desdeñaron la bula argumentando la parcialidad en el asunto por parte del Papa Alejandro VI. Así, debido al caso omiso que hicieron los lusitanos, todo lo dictaminado en esta bula fue luego superado por el Tratado de Tordesillas, celebrado el 4 de junio de 1494, que trasladó la línea divisoria a un meridiano mucho más occidental: 370 leguas al oeste de Cabo Verde.

Aunque el alcance y valor de tales acuerdos pontificios fue muy discutido por la doctrina, las Bulas fueron consideradas como los «*justos títulos*» que permitían la incorporación de aquellas tierras a la Monarquía Hispánica, cuestión que vino a crear no pocas polémicas. Es por ello, que sobre dicha situación vinieron a realizarse numerosas reuniones, opiniones, o sesiones desde las cátedras universitarias, las más de ellas con de teólogos y juristas como protagonistas. En ellas destaca la figura del padre Francisco de Vitoria, quién formuló su tesis principal, según la cual el Pontífice no tenía potestad temporal sobre los no bautizados, pero alegó otros títulos justificativos, como la sumisión voluntaria y el derecho de conquista en casos determinados, pero sobre todo, según ahora se reconoce, la libertad de comercio y de mercancías.

Las posiciones científicas de Vitoria, pero también de Suárez y de otros escolásticos del siglo XVI, harían posible la formación de un Ius Gentium, que fue desarrollado sobre aquellos pilares por Hugo Grocio a principios del siglo XVII.

Con todo, las Indias fueron incorporadas a la Corona de Castilla, decisión favorecida por el rey Fernando de Aragón, para quien el ordenamiento jurídico de aquella Corona permitía un ejercicio mucho más discrecional de la potestad real, al contrario a como ocurría en la Corona de Aragón. Esta incorporación de las Indias a la Corona de Castilla fue objeto de reiteradas declaraciones legislativas, que ya en épocas de Carlos II pasarán a formar parte de aquella *Recopilación de las Leyes de Indias* de 1680.

El Derecho Indiano

La Reina Isabel había manifestado una especial preocupación en su testamento y Codicilo de 1504 por la condición de los indios y su evangelización. Aquella preocupación por la condición humana de los indígenas se plasmaba fundamentalmente en la disposición que los Reyes Católicos emitieron en 1500, ordenando la puesta en libertad de los indígenas vendidos en Andalucía, originándose la constitución de un régimen de libertad generalizado que se plasmaría en las llamadas *Leyes de Burgos* y legislación complementaria.

El origen de estas Leyes lo encontramos sin duda alguna en los dos sermones pronunciados por el dominico Antonio de Montesinos, que tuvieron lugar el 21 y 28 de diciembre de 1511. En este sentido, el domingo 21, cuarto domingo de Adviento, cuando se leía el pasaje del Evangelio de San Juan, donde dice: «*Yo soy una voz que clama en el desierto*» (Jn 1, 23), fray

Antonio Montesino subía al púlpito, como portavoz de la primera comunidad de dominicos en el Nuevo Mundo, en Santo Domingo, para pronunciar el sermón preparado previamente y firmado por todos los frailes. Sermón conocido como el «*Sermón de Adviento*», en donde tras indicar *Ego vox clamantis in deserto*, continuaba diciendo:

> «*Para os los dar a cognoscer me he sobido aquí, yo que soy voz de Cristo en el desierto desta isla; y, por tanto, conviene que con atención, no cualquiera sino con todo vuestro corazón y con todos vuestros sentidos, la oigáis; la cual será la más nueva que nunca oísteis, la más áspera y dura y más espantable y peligrosa que jamás no pensasteis oír*». «*Esta voz* [os dice] *que todos estáis en pecado mortal y en él vivís y morís, por la crueldad y tiranía que usáis con estas inocentes gentes. Decid ¿con qué derecho y con qué justicia tenéis en tan cruel y horrible servidumbre aquestos indios? ¿Con qué auctoridad habéis hecho tan detestables guerras a estas gentes que estaban en sus tierras mansas y pacíficas, donde tan infinitas dellas, con muerte y estragos nunca oídos habéis consumido? ¿Cómo los tenéis tan opresos y fatigados, sin dalles de comer ni curallos en sus enfermedades* [en] *que, de los excesivos trabajos que les dais, incurren y se os mueren y, por mejor decir, los matáis por sacar y adquirir oro cada día? ¿Y qué cuidado tenéis de quien los doctrine y cognozcan a su Dios y criador, sean baptizados, oigan misa, guarden las fiestas y domingos? Estos, ¿no son hombres? ¿No tienen ánimas racionales? ¿No sois obligados a amallos como a vosotros mismos? ¿Esto no entendéis? ¿Esto no sentís? ¿Cómo estáis en tanta profundidad de sueño tan letárgico dormidos? Tened por cierto, que en el estado [en] que estáis no os podéis más salvar que los moros o turcos que carecen y no quieren la fe de Jesucristo*».

Como no podía ser de otra manera, este «*Sermón de Adviento*» se convirtió en el primer grito de justicia que se escuchó en el Nuevo Mundo. Fray Antón Montesino lanzó la primera denuncia y protesta contra los explotadores de los indígenas, sin tener en cuenta que, como recién llegados, necesitaban del apoyo y la amistad de los conquistadores y las autoridades de la Isla La Española, les enrostró su conducta anticristiana, les puso de presente la dignidad humana de los nativos y les reclamó su responsabilidad de cristianos.

Pronto habría de llegar el segundo discurso, en esta ocasión una semana más tarde, el 28 de diciembre de 1511, en donde ante una iglesia abarrotada de gente, Montesinos subía nuevamente al púlpito para pronunciar sus palabras, en donde los presentes esperaban la retractación pública que le habían exigido las autoridades de La Española. Comenzó sus palabras diciendo "*Tornaré a referir desde el principio mi sciencia y verdad, que el domingo pasado os prediqué y aquellas mismas palabras, que así os amargaron, mostraré ser verdaderas*». A través de Bartolomé de Las Casas, uno de los enfurecidos encomenderos presentes, conocemos con detalle sus palabras:

> «*Oido este tema, ya vieron luego los más avisados adonde iba a parar, y fue arto sufrimiento dejalle de allí pasar. Comenzó a fundar su sermón y a referir todo lo que en el sermón pasado había predicado y a corroborar con razones y auctoridades lo que afirmó de tener injusta y tiránicamente aquellas gentes opresas y fatigadas, tornando a repetir sus sciencia; que tuviesen por cierto no poderse salvar en aquel estado; por eso, que con tiempo se remediasen, haciéndoles saber que a hombre dellos no confesarían, más que a los que andaban salteando, y aquello publicasen y escribiesen a quien quisiesen a Castilla*».

Los sermones de Montesinos habrían de tener un gran impacto en la conciencia del citado Bartolomé de Las Casas, que lo escuchó de primera mano y lo llevó a la posterior conversión, convirtiéndose en uno de los más profundos defensores de los derechos de los pueblos indígenas de América.

Es por ello que las leyes de Burgos fueron las primeras leyes que la Monarquía Hispánica aplicó en América. Se trata de una serie de ordenanzas para el gobierno con mayor justicia de los naturales, indios o indígenas. El origen de su promulgación lo encontramos en el problema jurídico que se había planteado por la conquista e incorporación a la Corona de las Indias, en donde el derecho común castellano no podía aplicarse. Son el resultado directo de la primera Junta de teólogos y juristas, reunida en Burgos en 1512, tras el eco que había producido el apocalíptico sermón de Antonio de Montesinos, del año anterior. En ella se discutieron los problemas del indio y la justicia de los títulos sobre América. Concluyó que el Rey poseía justos títulos de dominio sobre el Nuevo Mundo, pero sin derecho a explotar al indio; el cual era un hombre libre y podía tener propiedades, pero como súbdito debía trabajar a favor de la Corona. Podría indicarse que se continuaba con la tradición medieval, en el sentido de que lo primero es la evangelización del aborigen americano, y ese bien superior justifica otros posibles males.

En este sentido, las Leyes de Burgos o *Reales Ordenanzas dadas para el buen Regimiento y Tratamiento de los Indios* fueron sancionadas por el Rey Fernando el Católico el 27 de Diciembre de 1512, poseyendo un valor extraordinario al configurarse como el primer cuerpo legislativo de carácter general que se dio para los pobladores del continente americano. Además, ateniéndonos al contenido de las mismas, éstas sancionaban la libertad de los aborígenes americanos, y en la última disposición de las Ordenanzas de Valladolid de 1513 se contemplará que los indios puedan vivir sin tutela, justificada esta en la exigencia de evangelización que corresponde a los Reyes Católicos y que se contiene en las Bulas Pontificias. Precisamente diversas leyes dictadas en Burgos tienen un contenido exclusiva o preferentemente religioso: bautizo, confesión y sepultura en lugares religiosos; lectura y escritura del Catecismo, etc.

Las Leyes de Burgos de 1512 mantendrán la organización de los poblamientos, repartimientos y encomiendas suavizando las condiciones más duras, y protegiéndose en las complementarias Leyes de Valladolid de 1513 el trabajo de las mujeres y de los niños, constituyendo una normativa reconocida por su valor ético, aunque no resolvieron en la práctica los grandes conflictos que volverían a reproducirse y darían lugar a nuevos desarrollos legislativos.

En efecto, para resolver todos aquellos problemas que afectan a la condición de los indios y a su libertad, se dieron las *Leyes Nuevas* de 1542-43. En este sentido, tras la consulta previa a la Junta de teólogos y juristas celebrada en Valladolid en 1542 y continuada en Barcelona, integrada por obispos, caballeros y religiosos, y representantes del Consejo de Indias, aquellas Leyes Nuevas eran promulgadas por el rey Carlos I el 20 de Noviembre de 1542, siendo completadas más tarde el 4 de Junio de 1543.

Pero esta innovación tan radical del régimen de las encomiendas hizo muy difícil su aplicación, promoviéndose diversos conflictos aconsejando a Antonio de Mendoza, el virrey de la Nueva España, la utilización del principio de acatarlas y no cumplirlas, mientras que en Perú llevaron a la muerte a Blasco Núñez de Vela por su intento de aplicarlas frente a la revuelta popular. Tras nuevos debates, el rey Carlos I modificaba varios de sus preceptos el 20 de Octubre de 1545, volviéndose a admitir las encomiendas por sucesión de dos vidas.

Con todo, el derecho indiano presenta tiene como características propias las siguientes particularidades:

a) Es un derecho evangelizador, ya que ha sido el Papa el protagonista de haber entregado aquellas tierras a los Reyes Católicos, con la condición de que debían evangelizar estos territorios.

b) Es un derecho asistemático, ya que la legislación indiana carece de unidad, al tratarse de normas dispersas sin una sistemática. Este escollo se trató de resolver con la «*Recopilación de leyes de Indias*», publicadas en el año 1680, cuando reinaba Carlos II.

c) Es un derecho casuístico, ya que las normas que emanaban desde la metrópoli no incidían de forma automática en el Nuevo Mundo, puesto que estas normas eran revisadas por las autoridades americanas, y si a juicio de estas aquellas resultaban injustas, se le solicitaba al Rey que las revisara.

d) Es un derecho en que tiende a predominar el derecho público sobre el derecho privado, refiriéndose fundamentalmente a normas administrativas, tales como la organización de los Virreinatos, Gobernaciones o Reales Audiencias.

Es un derecho que tendía a la protección del aborigen, en el ánimo de protegerle de los posibles abusos que pudieran cometer los conquistadores.

e) Es un derecho fundamentado en el Principio de Personalidad del Derecho, en donde a cada individuo se le aplica el derecho indiano de acuerdo a sus circunstancias personales, a fin de dar a cada cual lo que le corresponde se distingue entre razas, estatus nobiliario, profesión u oficio, etc.

f) Es un derecho que daba gran importancia a la moral, predominando el derecho natural sobre el derecho positivo.

Las fuentes del Derecho Indiano

Elementos constitutivos de este Derecho fueron:

a) El derecho municipal, creado en las propias Indias y con el ánimo de ser aplicado exclusivamente en dichas tierras. Estaba compuesto por las ordenanzas de los virreyes, los autos acordados de los cabildos y reales audiencias, la costumbre en materias de derecho privado como de derecho público, la jurisprudencia de los tribunales, fundamentalmente aquellas procedentes del Consejo de Indias.

b) El derecho indígena, aceptado por el rey siempre y cuando no fuera contrario a la religión católica ni afectase a los derechos del rey.

c) El derecho castellano, que sería aplicado en aquello relativo a materias de derecho privado.

El estatuto jurídico de los territorios de la América española

El estatuto jurídico de aquellas tierras vendrán a representar una integración en el seno de la Corona de Castilla, por tanto y jurídicamente hablando, las Indias nunca fueron colonias de España. De hecho, la expresión «*Colonia*» no apareció hasta fines del siglo XVIII y por influencia francesa. Se hablaba de los «*Reinos de Ultramar*», de «*las Indias*», de «*aquellos y estos Reinos*», etc., otorgándose a estas tierras americanas una jerarquía, cultura y personalidad análoga a la de cualquier otra de la Corona de Castilla.

La importancia de la determinación de este estatuto jurídico estriba en la argumentación jurídica utilizada en el proceso de emancipación americana, o lo que es lo mismo, al ser apresado por Napoleón Bonaparte el joven rey Fernando VII, que lo era de la Corona Castellana y de las Indias, desaparece el factor de unión entre la Península y las Indias. Y aquí se produce la disputa: los americanos argumentan que tienen legítimo derecho a autogobernarse mientras dure la ausencia de Fernando. En cambio, los castellanos argumentan que las Indias dependen a todos los efectos de Castilla y, por lo tanto, las autoridades castellanas que interinamente se han erigido, tendrán la responsabilidad última de designar a las autoridades en las Indias en reemplazo del Rey cautivo.

Estatuto jurídico de los diversos grupos sociales en América

Estatuto jurídico de los españoles

Con ello se hace referencia a tanto los españoles venidos de la metrópoli, como aquellos nacidos en América. Dentro de este importante grupo social encontramos a personas con los siguientes derechos y obligaciones:

a) Derecho al buen gobierno, todo ello garantizado por la supresión de la ley injusta.

b) Derecho a alzarse frente a la autoridad tiránica.

c) Derecho de petición, tanto con carácter individual como colectiva.

d) Derecho de preferencia en los cargos públicos, frente a aquellos que no fueren criollos.

e) Obligación de fidelidad a la corona.

f) Obligación de consejo, que implicaba otorgar toda la información de interés para la Monarquía de que estuviésemos en poder, en el ánimo de que la Corona tome las determinaciones más adecuadas, obligación que rige tanto para las autoridades como para los súbditos.

g) Obligación de auxilio, consistente tanto en un auxilio económico (pago de impuestos), como auxilio militar. Curiosamente, en América los colonizadores no pagan impuestos directos, quedando este apartado en la obligación que recaía en los indígenas vasallos (los caciques, príncipes, etc. están exentos). Eventualmente se establecieron impuestos para los mestizos y los negros libertos. Los españoles pagaban impuestos indirectos.

Estatuto jurídico de los indígenas americanos

Desde el descubrimiento de América, se va construyendo un estatuto jurídico propio para los indígenas americanos. Ya desde el primer momento de la incorporación a Castilla de estas tierras se hará presente que se trata de personas de condición libre, quedando reducidos a esclavitud únicamente en casos excepcionales.

En este sentido, Colón, a la vuelva de su primer viaje, llevaría ciertos nativos a presencia de los Reyes Católicos, a lo que éstos ordenaron que una junta de teólogos deliberase sobre su posible esclavización o no. Después de siete años de estudio y de arduo debate, aquella junta determinó que eran libres. Además, en el testamento de la reina Isabel la Católica, entre muchas otras cosas, le encarga encarecidamente a su marido Fernando y a su hija Juana I, que los indios americanos fuesen protegidos.

Esta protección vino a aplicarse a los indígenas comunes, ya que los caciques serían asimilados a la nobleza. Para este fin se aplicaría aplicando por analogía el estatuto de los «rústicos y miserables», o lo que es lo mismo se les trataría de idéntico modo que a los campesinos castellanos, tal y como aparece recogido en el código de las Siete Partidas.

En suma, los indígenas de Indias eran a su vez considerados, por un lado, *«vasallos libres de la Corona»* y, a su vez, *«rústicos y miserables»*, considerando que la mayor de las veces aquellos aborígenes no comprendían el funcionamiento de las normas jurídicas de la Monarquía. Por ello, el derecho indiano determinaría que la condición jurídica de estos indígenas sería análoga a la de un incapaz relativo, teniendo que actuar mediante un representante para poder actuar en la vida del derecho. Dicho representante podría ser un cacique, una comisión o por regla general un protector de naturales.

Prerrogativas de que gozaban los indígenas

Con respecto a las prerrogativas de que gozaban estos indios americanos, indicar que en materia procesal civil disponían de las siguientes:

a) Gozaban de la llamada *restitutio in integrum*, consistente en la facultad de poder invalidar aquellos actos jurídicos celebrados por miedo o fraude.

b) Los pleitos de indios se efectuarían mediante juicios breves y sumarios (sea en lo civil, penal y eclesiástico). En cuanto a los pleitos entre caciques.

c) Disponían de facultad para retractarse de sus declaraciones (sea como confesión o testimonio) y de los documentos que hubieren presentado. En caso de que no fueren cristianos, pueden jurar conforme sus ritos.

e) En los llamados asuntos de indios, y como garantía de imparcialidad, el conocimiento de los mismos quedaba en la Real Audiencia.

f) No les corren los plazos para presentar cargos a las ex autoridades en los juicios de residencia.

g) Los indios estaban exentos de deducir la décima parte al tribunal por juicios ejecutivos.

Ya con respecto a la materia de índole procesal penal, indicar lo siguiente:

a) Los indios están exentos de la «*fianza de calumnia*». Ello equivalía a que tradicionalmente cuando alguien se querellaba contra otro por calumnia, el querellante debía reunir fianza, a fin de que no se considere su querella como temeraria, si el tribunal así lo determina, el querellante debe además pagar una multa.

b) Por otro lado, la Inquisición Española no los alcanzaba, pues se los consideraba «*neófitos en la fe*».

Ya en materia civil, indicar que:

a) Están liberados de ciertas cargas civiles, como tutores o curadores, de aceptar voluntariamente estor cargos, estaban liberados de responsabilidad en el momento de la facción de inventario.

b) La venta de bienes raíces de los indios es solemne, debían hacerse pregones de que se venden tales y cuales cosas, y los interesados recurrían a tal persona ofreciendo una «*puja*». Se debían hacer 30 pregones, es decir, 30 días para avisar la venta de bienes. Incluso disponían del derecho a retractarse de la venta. Para los bienes muebles la obligación de pregonar es de 9 días.

c) Se reconocía estatuto de Nobleza a determinados indígenas (caciques, príncipes indígenas, etc.)

Haciendo referencia a la materia Penal, indicar que:

a) Los delitos contra los indios debían ser castigados más severamente que de los propios españoles. Para hacer cumplir esta máxima, todos los delitos contra aquellos serían de acción pública.

b) Se reconoce, con excepciones, el derecho indígena en todo aquello que no contravenga el derecho indiano.

Estatuto jurídico de los mestizos

Los mestizos en del derecho castellano fueron asimilados a los españoles en cuanto a su estatuto jurídico. Con todo, el derecho indiano vino a establecerles una serie de restricciones:

a) No serían admitidos al ejercicio del sacerdocio. Aquella prohibición se fundaba en su tratamiento como hijos ilegítimos, aunque tal disposición en la práctica apenas si fue seguida.

b) Prohibición para ser nombrados escribanos.

c) No pueden participar en los Cabildos como regidores.

d) Tampoco podían ser designados como Protectores de Indios.

e) Tenían prohibido entrar a los pueblos de indios.

f) Deben participar en el ejército.

g) No pueden tener acceso a las encomiendas.

Estatuto jurídico de los negros

La población negra, tenían un estatuto jurídico sumamente singular, ya que por una parte era considerado persona y por otra como cosa.

En cuanto a objeto de derecho (cosa), el negro no manumitido era susceptible de compraventa.

En cuanto a persona, indicar que se encontraba sometido a su dueño, como el hijo a su padre, el cual puede castigarlo de forma moderada. Si se castiga excesivamente al esclavo, y este acude a la justicia, se le coloca en depósito y luego se vende en pública subasta, con lo que el precio se le da a su antiguo amo.

Este estatuto jurídico le otorgaba ciertas prerrogativas al esclavo y, correlativamente, determinadas obligaciones al amo, entre las cuales podremos citar:

a) Derecho a un peculio de su oficio propio, pudiendo con dicho dinero poder comprar su libertad.

b) Derecho a unidad conyugal entre esclavos.

c) Obligación del amo de tener que alimentar tanto al esclavo como a su familia.

d) Prohibición de dar la libertad a esclavos mayores de 60 años, a menos de que el amo le otorgare una pensión alimenticia para el resto de sus días.

e) El amo que quisiese casarse con esclava, quedaba obligado a pagarle una suma de dinero, ya que con este dinero compraba su libertad.

La organización administrativa en las Indias

En aquellas tierras, administrativamente, deberemos distinguir entre las siguientes fórmulas:

I. Autoridades de la Metrópoli, entre los cuales nos encontramos con:

a) El Rey

b) La Casa de la Contratación de Indias

c) El Real y Supremo Consejo de Indias

II. Autoridades americanas: entre las cuales están:

a) El Virrey

b) El Gobernador

c) El Cabildo

Las Recopilaciones de Leyes de Indias

La multiplicidad de disposiciones sobre de Derecho Indiano ocasionaron graves dificultades para su aplicación que intentaron ser superadas a través del correspondiente proceso de ordenación y de recopilación, uno de cuya primeras iniciativas fue las del licenciado Maldonado, quién en el año 1556 iniciaba un Repertorio de las disposiciones reales que, sin embargo, no llegó a concluir.

Con todo, entre las compilaciones de Ordenanzas y Leyes destacará la iniciativa realizada en 1548 por Antonio de Mendoza, Virrey de México, quien reúne las *Ordenanzas y Capitulación de Leyes de la Audiencia de México*, luego reproducida en 1552.

El fiscal del Consejo de Indias, Fernández de Llerena, ordena que en todas las Audiencias se recojan las cédulas reales[89] en un volumen, llamado por ese motivo *Cedulario*, labor que se realiza en México, donde Vasco de Puga imprime en 1563 una Compilación que contiene las disposiciones dictadas entre 1525 y 1562.

Asimismo, el Virrey del Perú, Francisco de Toledo, proyectó en 1570 realizar una compilación de las disposiciones vigentes en aquel Virreinato, que no se llegó a concluir. Otros proyectos a destacar serían los desarrollados por Alonso de Zorita, Alonso Fernández de Bonilla, además de la obra de Alonso Maldonado de Torres, titulada *Libro general de cédulas y provisiones*, en donde recogía la legislación real hasta 1609.

Pero la primera de las grandes obras de carácter recopilador fue el llamado *Código de Ovando*, realizada por Juan de Ovando, visitador del

[89] Una Real Cédula fue una orden expedida por el rey entre los siglos XV y XIX, en donde a través de la cual se pretendía resolver algún conflicto de naturaleza jurídica. Por ello en la misma se venía a establecer alguna pauta relativa a una conducta legal, se creaba alguna institución, se nombraba algún cargo real, o se venía a otorgar un derecho personal o colectivo u ordenaba alguna acción concreta. En cuanto a sus variantes, existían fundamentalmente dos, por un lado las llamadas reales cédulas de oficio que se derivan de la propia función administrativa, que inician con el nombre –si es personalizada– o con los cargos o títulos de las personas a las que se dirige. Las otras reales cédulas son otorgadas, igualmente por el Rey, pero a petición de parte y comienzan mencionando el asunto de la solicitud y al solicitante. Vino a ser utilizada fundamentalmente en los dominios ultramarinos, en donde se plasmaba singularmente el asesoramiento del Consejo de Indias.

consejo de Castilla –famoso por ciertas reformas que en su día realizara a las Constituciones de la Universidad de Alcalá de Henares– y, más tarde, Consejero y Presidente del Consejo de Indias. Para desarrollar aquella magna obra, este personaje recibió las instrucciones pertinentes de mano de Felipe II, a través de una Real Cédula dada el año 1570. En ella se le encomendaba la misión de realizar una Recopilación de leyes de Indias, que a la postre sería proyectada con tintes de un verdadero Código inspirado por el de las Siete. Puesto en marcha, entre 1569 y 1571 fueron redactados los dos primeros libros, que hacían referencia a materias eclesiásticas. Sin embargo, y a pesar de que el encargo había procedido del propio rey, su obra no obtuvo sanción por parte del monarca, aunque logró que alguno de los títulos se publicasen como Ordenanzas, como fueron los casos de aquella que hacía referencia al Regio Patronato, en 1564; la del Consejo de Indias, en 1571; o la del Descubrimiento y nuevas poblaciones (1573).

También bajo la dirección de Juan de Ovando, esta vez contando con la asistencia de López de Velasco, se realizó una *Copulata de Leyes de Indias*, tratándose básicamente de un inventario sistemático de las disposiciones dirigidas a aquellas tierras, y que aparece organizada en siete libros y 99 títulos, finalizada con adiciones en 1570.

Pero aquellas iniciativas recopiladoras no quedaron ahí, ya que a finales del siglo XVI nuevamente se contemplaron otras iniciativas de ordenar las leyes indianas, como fue el caso de la de Alonso de Zorita, quien proyectó una Recopilación sistemática, en ocho libros, inspirada en el Cedulario de Vasco de Puga, en las Ordenanzas de Montalvo y en la Nueva Recopilación de Castilla.

Después de la muerte del citado Ovando, el Consejo de Indias encargaba, en 1582, a Diego de Encinas, la realización de una copia de Las Provisiones, Cédulas, Capítulos de Ordenanza, Instrucciones y Cartas libradas y despachadas por los Reyes Católicos y sus sucesores, con acuerdo del Consejo, tocantes al gobierno de las Indias. Esta obra, llamada comúnmente el *Cedulario de Encinas*, se publicaría con carácter privado en 1596 en cuatro volúmenes, y en donde el libro primero haría referencia a las Ordenanzas del Consejo, Inquisición, Universidades, etc.; el segundo a la Administración de Justicia; el tercero de aquellos libros trataba la Justicia Ordinaria; y, finalmente, el libro IV conocía la Organización del Ejército, mientras dedicaba un último capítulo a analizar la esclavitud de los negros.

Finalmente, en 1603, el Consejo de Indias encargaría al abogado Diego de Zorrilla la realización de una Recopilación de las Leyes a partir de los libros del Consejo. Esta labor no fue aprobada, asumiendo la responsabilidad de realizar aquella tarea, por encargo del Presidente del Consejo de Indias, los licenciados Hernando Villagómez y Rodrigo de Aguiar y Acuña, a cuyas órdenes comenzaría a trabajar Antonio de León Pinelo, entonces profesor de la universidad de Lima.

En 1626 el citado Rodrigo de Aguiar publicaba unos Sumarios de la Recopilación, completando a su vez un texto completo de Recopilación formado, por diez mil leyes procedentes de 30.000 cédulas y más de 200.000 ordenanzas reales. Con todo, aquel trabajo no sería impreso. Además sucesivamente fueron fallecieron Solórzano y Pinelo, siendo finalmente revisada la Recopilación por Francisco Jiménez Paniagua, quien elevó el nuevo texto al Consejo de Indias y al monarca, debiéndose esperar a las épocas del reinado de Carlos II para ver aprobada y promulgada aquella obra, en concreto el 18 de Mayo de 1680, con el título de *Recopilación de las Leyes de los Reynos de Indias*. Ésta Recopilación de las Leyes de Indias no se limitaba a reproducir literalmente las disposiciones sino que en diversas ocasiones realiza un nuevo texto, ya de síntesis ya de creación originaria, y deroga todas las normativas no recopiladas.

Con respecto a su composición, la Recopilación aparece dividida en nueve libros, subdivididos éstos en 218 títulos, y en 6337 leyes, en las que se indica la fuente de procedencia. Mirando el contenido de cada uno de los libros, el primero de ellos contiene Derecho Público Eclesiástico y Universidades; el segundo se refiere al Gobierno de las Indias; el tercero a la Gobernación; el cuarto trata los Descubrimientos, poblamiento, Derecho Municipal, Industria y Comercio; el quinto de los libros analiza la División Administrativa; el sexto la Normativa sobre los indios; el séptimo el Derecho y establecimientos penales; el octavo la Hacienda Real; finalmente, en el noveno de los libros se regula la Real Audiencia y Casa de Contratación.

Pocas décadas después, el Derecho de Indias se verá afectado en gran medida por la legislación reformadora de los Borbones, sobre todo en las materias correspondientes a las instituciones de gobierno y en las nuevas modificaciones comerciales y mercantiles, de cuya trascendencia daremos cuenta cuando tratemos los *Decretos de Nueva Planta*.

Ya en el siglo XIX, tras la Guerra de la Independencia y la Constitución de 1812, que se promulgó con vigencia para toda la América española, y a instancias de Juan Miguel Represa, Fernando VII creó en 1817 una nueva Junta o Sala de legislación con la misión de continuar la formación del Nuevo Código, pero aquellos trabajos quedaron definitivamente arrumbados por lo complicado del proyecto, además de la supresión en 1820 del Consejo de Indias.

IV. LA MONARQUÍA HISPÁNICA EN TIERRAS DEL PACÍFICO: LAS ISLAS FILIPINAS

Desde los siglos XI y XII fueron abordadas las costas de las islas Filipinas por barcos mercantes musulmanes, japoneses y chinos, poblando las islas de comerciantes y artesanos, incluso se observa como en el siglo XV las islas del sur fueron islamizadas tras la llegada de numerosos musulmanes de origen malayo, quienes establecieron ciertos sultanatos. Con todo, la llegada de Fernando de Magallanes a aquellas tierras iniciaba un largo periodo de presencia hispánica en las Islas. En este sentido, la colonización española no sería latente hasta el año 1565, momento en el cual Miguel López de Legazpi, enviado por el Virrey de Nueva España, construye el primer asentamiento español en Cebú. La ciudad de Manila, capital del archipiélago, se funda por el propio Legazpi en 1571. Los igorrotes de la región norteña de Cordillera, la población islámica del sur (especialmente los llamados *moros* de Mindanao), entre otros pueblos, siempre ofrecieron resistencias a la colonización; la mayoría de la población rural mantuvo sus cultivos de subsistencia y, gracias a la intervención y protección de los frailes españoles, nunca pagó tributos a los europeos. Algunos levantamientos de estas comunidades, incluyendo la china, fueron sabiamente pacificados por los religiosos españoles.

Con todo, la historia de la colonización española en Filipinas es similar a la de los países latinoamericanos. Sin embargo, destacan tres características específicas: el proteccionismo hacia los nativos por parte de las órdenes religiosas, la ubicación de las islas en las rutas oceánicas mercantiles, como lugar de recepción de mercaderías provenientes del conjunto del sudeste asiático destinadas a la metrópoli, y su dependencia directa del Virreinato de Nueva España; por otra parte el gobierno español de Manila administraba las islas Marianas, Palaos, Carolinas, el territorio de Sabah, efímeramente algunos fuertes en las costas de Formosa e incluso, ocasionalmente las islas Ralic Ratac y Volcanes y Bonín.

La llegada de los españoles a Filipinas supuso también la unificación política de unas islas anteriormente habitadas por etnias *pigmeas* (*negritos* y austronésicos, protomalayos y malayos) en comunidades independientes y en constantes guerras. La colonización también trajo elementos de la civilización europea como la rueda y el arado (que ayudó a crear núcleos urbanos) y una red de infraestructuras como puertos, puentes y caminos que contribuyeron al florecimiento del comercio insular e internacional.

Por otra parte, se puede catalogar como de encomiable la labor desarrollada por los misioneros españoles, los cuales se responsabilizarían de introducir la fe católica en las Filipinas, religión mayoritaria de su población, y contribuyeron decisivamente a la educación en las islas, fundando numerosos colegios y universidades. En este sentido, los frailes dominicos fundaron la Universidad de Santo Tomás, en 1611, mientras que los seguidores de San Ignacio de Loyola fundaron la Universidad de San Carlos en 1595, disputándose ambas la consideración de universidad más antigua de Asia

Narran los textos históricos, haciendo referencia al archipiélago filipino, lo siguiente:

> *"El capitán Hernando de Magallanes descubrió estas Islas en el de 1520, emprendiendo viaje y hazaña tan notable no por buscar tierra ni riquezas, sino por cumplir la orden y deseo del señor emperador don Carlos, de gloriosa memoria. Matáronle los naturales de la de Cibu (sic), por valiente y confiado en 27 de Abril de 1521, y en el de 1522 tomó posesión de ellas por la Corona de Castilla Álvaro de Saavedra, que fue a hacerlo por orden del gran conquistador don Fernando Cortés, marqués del Valle, que a la sazón gobernaba la Nueva España, también hizo jornada a ellas el año de 1526 el comendador García Cofre de Loaisa, por mandado del señor emperador fue a parar al Mauco.*
>
> *Acabolas de descubrir el adelantado don Miguel López de Legazpi, vecino de la ciudad de México, natural de la provincia de Guipúzcoa, en el año de 1564 con la armada en que salió del puerto de la Navidad de la Nueva España, por orden del Virrey don Luis de Velasco, y la Audiencia de México que era de cuatro navíos, un patache y 500 infantes.*
>
> *Llevó en su compañía para lo espiritual y divino dos religiosos de la orden del Gran Padre y Doctor de la Iglesia San Agustín, fray Andrés de Urdaneta y Fray Andrés de Aguirre, que fueron los primeros que pasaron a estas islas, y en el antecedente de 1543 habían estado en algunas de ellas con Ruy López de Villalobos, cuando las reconoció y dio nombre de Filipinas en memoria de la gloriosa recordación del señor Rey don Felipe Segundo, que entonces era príncipe.*
>
> *En el año de 1565 fue a surgir el adelantado de las Islas Deleite, con estos dos religiosos y otros tres que se le llegaron de su orden. Desde allí pasó a*

> *Cibi, donde halló una hechura del niño Jesús de bulto, en poder de un indio que la guardaba, y cuando les faltaba agua a los naturales le llevaban con reverencia y le bautizaban en la mar, y luego llovía, y en sus necesidades les hacía efectos milagrosos. Estaba allí desde el tiempo en que fue a aquellas islas el capitán Hernando de Magallanes. Al presente le tienen con la debida veneración en el sagrario del monasterio de San Agustín, y la ciudad que allí fundó el adelantado Legazpi la intituló por esto: Ción del Santísimo nombre de Jesús, y al presente reside en ella el obispo.*
>
> *Salió de esta ciudad y con poca dificultad se hizo señor de la Manila, cabeza de estas islas en 18 de mayo de 1572, en que nuestra santa Madre Iglesia celebraba a Santa Potenciana, y en memoria de ello se le hace fiesta cada año, con particular demostración, y el del glorioso San Andrés sus patrones a 30 de noviembre en esta ciudad por ser este último día en el que sus vecinos vencieron y echaron de ella al corsario chino Limaón, que en el año de 1575 vino sobre ella con 60 navíos y 620 hombres y la entró y se apoderó de ella, y no teniendo más de 80 soldados en un fuerte se le defendieron tres días y con el socorro de 150 que les llegó le hicieron embarcar con muerte de algunos.*
>
> *Estas islas son muchas, las más principales 40, y hay quien escribe que grandes y pequeñas pasan de 720, de estas las más pobladas e importantes son las de Luzón, cuya cabeza es Manila…*"[90].

También se habla en reiteradas ocasiones de la importante riqueza natural que alberga aquel conjunto de islas asiáticas:

> "*Riqueza, frutos y abundancia de estas islas.*
>
> *Son muy fértiles de mantenimientos, especialmente de arroz en cáscara y limpio, algodón, vino de palmas, aceite de palmas, gallinas, compotes, manteles, mantas de yloco, medisnaques que son fuertes de telas de algodón, de que también se hacen medias y en estos géneros pagan los indios sus tributos…*
>
> *En lo que más se ve la riqueza de la tierra es en el oro que gastan sus naturales, pues apenas hay indio de mediano caudal, que no se adorne con una cadena de que usan más las mujeres. Hay mucho azúcar, jengibre, canela, clavo, pimienta…*"[91].

Políticamente hablando, las islas Filipinas pasarían a formar parte del Virreinato de Nueva España, en donde el Virrey ejercía su jurisdicción

---

90 B.N., mss., 3.026, p. 279.

91 B.N., mss., 3.026, p. 303v.

sobre un territorio extensísimo, que en el momento de mayor esplendor llegaría a incluir desde lo que en la actualidad serían los estados de Arizona, California, Colorado, Dakota del Norte, Dakota del Sur, Montana, Nevada, Nuevo México, Texas, Oklahoma, Wyoming y Utah en los Estados Unidos de América, hasta Guatemala en tierras de Centroamérica. Bajo su dominio se encontraba, además, la Capitanía General de Cuba, la Capitanía General de Guatemala, la Capitanía General de Filipinas y los Territorios de Florida, Louisiana y Nootka, teniendo su capital en la Ciudad de México. Nueva España no sólo administraba las tierras comprendidas entre estos límites sino también el archipiélago de las Filipinas en Asia y varias islas menores en el Pacífico como Guam. Desde Manila, sede de la Capitanía General de Filipinas, se ejercía jurisdicción sobre un amplio territorio insular que venía a incluir no sólo el archipiélago filipino sino que en el momento de su de mayor extensión abarcó los territorios de Palau[92], Guam[93], las Islas Marianas[94], las Islas Carolinas[95], además de otra serie de islas de la llamada Micronesia.

Por lo que respecta a la división eclesiástica de aquellas tierras, y que tanto tendría que ver con la inmunidad de que gozó don Fernando de Valenzuela, indicar que el papa León X a petición del emperador Carlos V y por solicitud de Diego Velázquez, erigió el 24 de enero de 1519 la llamada "*Diócesis Carolense*". No le fue asignado un territorio definido en la Nueva España y el 13 de octubre de 1525 fue mudada hacia el centro de México. Más tarde, en virtud de una Real Cédula del 19 de septiembre de 1526, Carlos V fijó los límites de la diócesis que tomó el nombre de "*Obispado de*

[92] En la actualidad conocido con el nombre oficial de República de Palau. Se trata de un país isleño ubicado en el Océano Pacífico localizado a unos a 500 Km. al Este de las islas Filipinas, e independiente de los Estados Unidos desde 1994.

[93] El territorio de la Isla de Guam, llamado asimismo Guaján en español, es una isla situada en el Pacífico occidental, perteneciente actualmente a los Estados Unidos de América como territorio *no incorporado*. Se trata de la más grande y meridional de las Islas Marianas.

[94] Las Islas Marianas conforman un grupo de islas formadas a partir de las cumbres de 15 montañas volcánicas en el Océano Pacífico. En este sentido, son la parte meridional de una cordillera sumergida que extiende a lo largo de 2.519 Km. desde la isla de Guam hasta cerca de Japón. Las Marianas son las islas más septentrionales de la llamada Micronesia.

[95] Las Islas Carolinas son un archipiélago de la Micronesia situado al oeste del Océano Pacífico. Bautizadas con el nombre de *Islas de las Hermanas*, *Hombres Pintados* y *Los Jardines* eran conocidas en sus primeros tiempos. Tras dejar de tener noticias de ellas durante un tiempo, nuevamente llegaría a ellas el español Francisco de Lezcano, quien en 1686 desembarcaría en Yap, denominándolas Carolinas en honor al Rey Carlos II.

Yucatán y Santa María de los Remedios", con la Provincia de Tlaxcalteche inclusive y San Juan de Ulúa, que confina con aguas vertientes hasta llegar a Matlatla y la Villa Rica de la Veracruz y la de Medellín, con todo lo de Tabasco y desde el Río Grijalva hasta llegar a Chiapas. En 1530 se creó el Obispado de México, que pasó a arzobispado el 11 de febrero de 1546 al crearse la provincia eclesiástica de México.

El *Galeón de Filipinas*

Y el navío que transportaría a don Fernando a aquellas islas asiáticas sería el llamado *Galeón de Filipinas*. A todos los efectos el conocido como *Galeón de Manila* fue la prolongación en el océano Pacífico de la flota de la Nueva España, con la que estaba en todo caso profundamente interrelacionado. Es más, legalmente estaba prohibido que esas islas mantuvieran cualquier tipo de comercio con otras zonas de la Monarquía que no fuese en exclusiva con el territorio de Nueva España[96].

De este modo, la conquista y colonización de Filipinas, además del posterior descubrimiento de la ruta marítima que conectaba dicho archipiélago con América, permitieron, curiosamente, hacer realidad aquel sueño del almirante Cristóbal Colón de conectar la Monarquía Hispánica con el mundo asiático.

El *Galeón de Manila* fue simplemente lo que su propio nombre nos da a entender: un galeón –a veces dos-[97] de unas 500 a 1.500 toneladas, que hacía la ruta Manila-Acapulco transportando una mercancía muy costosa,

[96] RLI, L. XLV, De la navegación y comercio de las Islas Filipinas, China, Nueva España y Perú, ley 1ª, "*De que ninguna parte de las Indias se pueda tratar en Filipinas, si no fuere de Nueva España*"; ley 5ª, "*Que no haya contratación del Perú, Tierra firme, Guatemala, y otras partes con la China y Filipinas*"; etc.

[97] La idea básica que se mantuvo a lo largo de muchos años fue la de un doble viaje anual, tal y como así lo dan a entender los documentos analizados: B.N., mss., 3.026, p. 299, "*Oficios de las dos naos que de ordinario salen cada año del Puerto de Cavite, de Manila, para el de Acapulco, en la Nueva España. General o cabo de ellas... Almirante...y a uno de los capitanes que van en ellas; veedor...; contador...; capitanes, cuatro...; maestres...; soldados...150; piloto examinado; ayudante de piloto...*".

valorada entre 300.000 y 2.500.000 pesos, realizándose su primer viaje en el año 1565, mientras que el último de ellos se haría en 1821[98].

La embarcación se construía usualmente en Filipinas (Bagatao) o en México (Autlán, Jalisco). Iba mandada por el comandante o general y llevaba, generalmente, para su seguridad una dotación de soldados. Solían viajar también numerosos pasajeros que podían ayudar en la defensa. En total iban unas 250 personas a bordo.

También la documentación nos indica, aparte de esa idea básica de que fuesen dos los trayectos anuales de islas a continente americano, la existencia de un importante tráfico de cabotaje entre las propias islas Filipinas y otros puntos asiáticos, viajes que serían realizados sobre la base de una serie de navíos dispuestos para tales fines:

> "*Cinco galeones, un patache, y tres galeras, los dos galeones son los que vienen de ordinario cada año desde el puerto de Cavite, de Filipinas al de Acapulco de Nueva España, aunque algunas veces viene sólo uno por varios accidentes de falta de sedas, y otras causas de la China, o de llegar a tiempo en que se entiende prevendrá hasta un millón.*
>
> *Otro hay en Bolinao, otro en Jondo, y otro en Cagayán, el patache de Otón, las dos galeras de Terrenote para el servicio de aquellas fuerzas, otra en que se lleva desde Cavite el socorro a ellas, y va al reino de Cazacar por pertrechos y municiones para provisión de los reales almacenes y defensa de aquellas islas*"[99].

La ruta era larga y compleja. Desde la americana Acapulco ponía rumbo al sur y navegaba entre los paralelos 10 y 11, subía luego hacia el oeste y seguía entre los 13 y 14 hasta las Marianas, de aquí a Cavite, ya en las islas Filipinas. En total dicho trayecto cubría 2.200 leguas a lo largo de unos 50 ó 60 días. El tornaviaje se hacía rumbo al Japón, para coger la corriente del Kuro Shivo pero, al apoderarse en el año 1596 los japoneses de dicho galeón, se aconsejó un cambio de itinerario. A partir de ese momento se partiría rumbo sureste hasta los 11 grados, subiendo luego a los 22 y de allí

[98] R.L.I., L. XLV, De la navegación y comercio de las Islas Filipinas, China, Nueva España y Perú, Ley 6ª, "*Que en las dos Naos se pueda traer a Nueva España doscientos cincuenta mil pesos en mercaderías, y se vuelvan quinientos mil en plata*".

[99] B.N., mss., 3.026, p. 301v.

a los 17. Arribaba a América a la altura del cabo Mendocino, desde donde bajaba costeando hasta Acapulco.

Los riesgos de la travesía aconsejaban salir del puerto de Manila sobre el mes de julio, si bien podía demorarse hasta agosto. Después resultaba prácticamente imposible realizar la travesía, que debería postergarse durante un año. Así las cosas, el tornaviaje se demoraría cinco o seis meses, y por ello el arribo a Acapulco se efectuaba en diciembre o enero. Incluso ello será objeto de atención por parte del monarca, pasando luego más tarde a la Recopilación de Leyes de Indias[100].

El éxito del *Galeón de Manila* resultaba ser la plata obtenida en las ricas minas mexicanas que tenía un precio muy alto en tierras de Asia, ya que el coeficiente bimetálico existente venía a favorecerla en relación con el oro, al ser en aquellas tierras mucho más escasa que en Europa, permitiéndose con ello adquirir artículos suntuosos fabricados en Asia, a un precio muy barato y venderlos luego en América y en Europa con un inmenso margen de ganancia.

Pero no todo resultaba ser positivo, ya que esa mercancía introducida en América por el *Galeón de Manila* acabaría con la producción mexicana de seda, estando a punto de acabar con el circuito comercial del Pacífico. La refinadísima sociedad peruana demandó pronto las sedas, perfumes y porcelanas chinas, ofreciendo comprarlas con plata potosina y los comerciantes limeños decidieron librar una batalla para hacerse con el negocio. En este sentido, a partir del año 1581 enviaron directamente buques hacia Filipinas, lo que vendría a alarmar a los comerciantes sevillanos, que temieron una fuga de plata peruana al Oriente. Para acabar con ello, en el año 1587 la Corona prohibió esta relación comercial directa con Asia. Quedó entonces el recurso de hacerla a través de Acapulco, pero también esto se frustró, pues los negociantes sevillanos lograron en 1591 que la Corona prohibiera el comercio entre ambos virreinatos.

Naturalmente los circuitos comerciales no se destruyen a base de prohibiciones y el negocio siguió, pero por vía ilícita. A fines del siglo XVI México y Perú intercambiaban casi tres millones de pesos anuales y a prin-

[100] RLI, L. IX, T. XLV, ley 31ª, "*Que las Naos de Nueva España a Filipinas salgan a tiempo que puedan volver por diciembre o Enero*"; ley 32ª, "*Que las Naos de Filipinas salgan al tiempo señalado*".

cipios de la centuria siguiente el Cabildo de la capital mexicana calculaba que salían de Acapulco para Filipinas casi cinco millones de pesos, parte de los cuales venía del Perú. Esto volvió a poner en guardia a los defensores del monopolio sevillano, que lograron imponer restricciones al comercio con Filipinas.

A partir de entonces se estipuló que las importaciones chinas no excediesen los 250.000 pesos anuales y los pagos en plata efectuados en Manila fuesen inferiores a medio millón de pesos por año. Todo esto fueron incentivos para el contrabando, que siguió aumentando. En 1631 y 1634 la monarquía reiteró la prohibición de 1591 de traficar entre México y Perú, cosa que por lo visto habían olvidado todos. Hubo entonces que recurrir a utilizar los puertos intermedios del litoral pacífico, como los centroamericanos de Acajutia y Realejo, desde donde se surtía cacao de Soconusco a Acapulco, de brea al Perú y de mulas (de la Cholulteca hondureña), zarzaparrilla, añil, vainilla y tintes a Panamá, lo que encubría en realidad el tráfico ilegal entre los dos virreinatos.

V. CEUTA, MELILLA Y LAS PLAZAS MENORES

Ceuta, su historia y su incorporación a la Corona de Castilla

A comienzos del siglo XV, el rey Juan I de Portugal comenzó a desarrollar una expansión de su reino más allá de los mares, poniendo rápidamente sus ojos en Ceuta en aquella época era una ciudad rica y próspera; principal puerto del Estrecho durante siglos y relativamente cercana a las costas portuguesas.

La conquista de Ceuta fue una empresa meditada, largamente preparada y llevada a cabo con extremo sigilo, consumándose el 21 de Agosto de 1415 la conquista. El ejército encabezado por el rey D. Juan I de Portugal y del que formaban parte los infantes Enrique, Duarte y Pedro, el Conde de Barcelos y el mítico condestable Nuño Álvares Pereira (consejero real desde la batalla de Aljubarrota contra los castellanos en 1385) tomaron aquel territorio en una única jornada bélica.

Así las cosas, cuando el 2 de septiembre de 1415 partió la flota hacia Lisboa, únicamente permanecerían en el recién conquistado territorio un puñado de hombres, germen de su guarnición y población futura. Pero lejos de haberse pacificado el lugar, la vida en Ceuta no resultó fácil, sucediéndose una tras otra numerosas escaramuzas y asedios. Además, la producción local de productos de primera necesidad resultaba insuficiente, por lo que la ciudad dependerá del abastecimiento procedente de la Península, complementado con las razzias, la imposición de tributos a los vecinos y las actividades corsarias.

Por lo que respecta a los ceutíes, su estructura se formó jerárquicamente hablando por el Gobernador, cargo ligado a la familia de los Meneses y más tarde a la de los Noronha, sus herederos, existiendo una Cámara con carácter de consejo consultivo. La mayor parte de la población estaba compuesta por la guarnición militar. Junto a ella existía un grupo de artesanos, religiosos y mercaderes para atender las necesidades de la ciudad. También existía un grupo de confinados y desterrados, cuyas condenas se permitían redimir en el servicio de las armas.

El gobierno de Pedro de Meneses se prolongó hasta su fallecimiento en 1437 y durante tan prolongado mando se estructuró la ciudad medieval cristiana. En ese mismo año se inicia una expedición contra Tánger en la que viajan los infantes don Enrique y don Fernando. El fracaso de la misma obligó a dejar a éste último como rehén en un cautiverio perpetuo que lo llevaría a la muerte años después. Después de tan amarga experiencia, los nuevos impulsos expansionistas lusitanos se harán esperar hasta la mayoría de edad de Alfonso V, nieto de Duarte I, quien conquistaría Alcazar Seguer en 1458, Arcila y Tánger en 1471.

En 1472 se reorganizaron las fuerzas militares con la creación de Regimientos para las cuatro plazas africanas. En este sentido, don Manuel I promulgará un decreto dirigido a la fortificación de Ceuta, mandando reducir la población al espacio comprendido entre el Foso Real y la Almina.

El 4 de agosto de 1578, el rey don Sebastián I muere en la batalla de Alcazarquivir, juntamente con el monarca marroquí y el pretendiente al trono del mismo. El anciano cardenal don Enrique se hace cargo del reino hasta su muerte dos años después. En este momento histórico, al trono de Portugal optan Felipe II de España y don Antonio Prio de Crato; produciéndose una campaña de ocupación por parte del primero de éstos, con escasa resistencia y la incorporación del territorio portugués a la Monarquía Hispánica. Así las cosas, tras hacerse con la corona portuguesa, el ya rey Felipe I de Portugal ordena al duque de Medinasidonia para tomar juramento de fidelidad a los habitantes de Ceuta.

En 1640, momento en el cual se iniciaría la guerra de separación del territorio lusitano de la Monarquía Hispánica, los portugueses proclamarían rey al duque de Braganza. A pesar de la indecisión del gobernador de Ceuta, don Francisco de Almeida, los ceutíes decidieron mantenerse fieles al rey Felipe IV de España.

La incorporación de Ceuta a la Corona Castellana será muy bien acogida desde Madrid, recibiendo los títulos de Siempre Noble y Leal. La ciudad elevó manifiestos y peticiones a las Cortes, que vieron su fruto en 1656, con la concesión del título de Fidelísima, cerrándose así el reconocimiento de todos los fueros, privilegios, usos y costumbres de instituciones y habitantes. En 1668, el Tratado de Paz y Amistad entre España y Portugal zanjaría definitivamente su pertenencia a la Corona Hispánica. Con todo se produjo la salida hacia Portugal de algunas de las familias, sobre todo nobles partidarios de Juan IV, y se sustituyeron los gobernadores por títulos del reino de Castilla, la misma procedencia que tendrían los obispos. Del mismo modo, los trinitarios andaluces sustituyeron a los portugueses y, poco a poco, ocurrió lo mismo con la moneda, lengua, etc.

En 1694, el Muley Ismail cercó la plaza, provocando el aumento de la guarnición y la remodelación de las fortificaciones del Frente de Tierra. El asedio fue levantado únicamente tras su muerte. Curiosamente, durante dicho cerco tiene lugar en España la Guerra de Sucesión, acontecimiento que redujo la atención sobre Ceuta. La pérdida de Gibraltar hizo que la población se quedara sin su más cercano puesto de socorro, produciéndose una refundación de Algeciras, con lo cual no sólo se lograba dar solución al problema surgido tras la expulsión de los habitantes del Peñón, sino también promocionar un nuevo punto de apoyo a la guarnición del otro lado del Estrecho.

Terminado el gran cerco, se transforma la ciudad. Primero por necesidades de índole militar; luego por la epidemia de peste que la asoló en 1743-44 y que tuvo efectos urbanísticos demoledores, a causa de la creencia de que el fuego purificaba los edificios en que habían sido albergadas las víctimas. Las estructuras locales durante la Ilustración borbónica se van a mover siempre entre dos constantes: Asedios (1694-1721, 1732, 1757 y 1790-91) y epidemias (1720-21 y 1743-44). Se produjo un largo período de paz intermedio, correspondiente al reinado del Muley Mohamed, quien estableció unas excelentes relaciones con la Corte de Madrid firmando un tratado de paz y amistad en 1767.

A comienzos del siglo XIX la Armada Británica bloquea la circulación por el Estrecho, llegando a ocupar la isla del perejil en 1808. En esos momentos, España se batía contra las tropas napoleónicas. La Guerra de Independencia fue dura y en 1810 llegó a las puertas de Cádiz. Muchos personajes de la nobleza, clero y ejército se refugiaron en Cauta, que sirvió de base de apoyo a los operativos del Campo de Gibraltar. Incluso desde el Peñón se desplazó un regimiento irlandés para reforzar la guarnición ceutí, y las Cortes llegaron a pensar en cruzar el Estrecho e instalarse en Ceuta, si Cádiz hubiese sido rendida.

En época del reinado de Fernando VII, durante el Trienio Liberal (1821-23) algunos de los confinados americanos en Ceuta se incorporan colaborando en el proyecto de futuro para la ciudad.

Se instaura el protectorado de España en Marruecos en 1912 con la ocupación de Tetuán de forma pacífica, convirtiéndose esta ciudad en capital del mismo. La población de Ceuta crece de los 13.000 habitantes de 1910, a los 35.000 de 1920 y más de 50.000 de 1920. Las razones de este incremento demográfico son el aumento de la guarnición y la necesidad de mano de obra en la construcción del puerto; la línea férrea entre Ceuta y Tetuán, la construcción de viviendas y el mantenimiento de las canteras. Tras el desastre de Annual de 1921, el cual tuvo en Ceuta una repercusión enorme por la proximidad al escenario de los hechos, se produce el golpe de estado del General Primo de Rivera. La primera repercusión es la supresión del Ayuntamiento y la creación de una Junta Municipal, para cuya elección se quiso contar con militares de alta graduación. Sorprendentemente, las personas designadas rechazaron el nombramiento, lo que dio lugar a una situación difícil entre la población y los gobiernos de Madrid, Cádiz y Tetuán. El general Primo de Rivera, que en un principio se manifiesta a favor del canje de Ceuta por Gibraltar, pasó a proyectos belicistas que terminaron en 1925 con la ayuda de Francia en el desembarco de Alhucemas. La caída de Abdelkrim y su exilio pondrán fin a la Guerra de Marruecos, inaugurando la acción pacífica el viaje de los reyes a Ceuta el 6 de Octubre de 1927. El 14 de Abril de 1931, cuando se proclama la II República Española, este territorio español recuperará la figura del Ayuntamiento y suprime la del Comandante General, lo que potenciará tanto al Alcalde como al Delegado del Gobierno.

Melilla, su historia y su incorporación a la Corona de Castilla

Por lo que a Melilla respecta, indicar que fue denominada Rusaddir, fue a lo largo del siglo VI a. C. una de las principales factorías cartaginenses y fenicias, pasando más tarde, tras la hecatombe de Cartago, a manos de Roma. Tras la pacificación de estas tierras por el emperador Claudio, pasaría a depender de la Mauritania Tinguitania, siendo denominada por los romanos como Flavia. Vespasiano le concedió el estatus de colonia romana en el año 70, apareciendo perfectamente situada en el Itinerario del Emperador Antonino como cabecera de la región Oriental de la Mauritania Tingitana, delimitada por el Muluia Flumen que la separaba de la Cesariense. En el año 430 desembarcaron los vándalos en Ceuta, procedentes de la Península huyendo de otro pueblo invasor, los visigodos, arrasarían las tierras , pasando a sangre y fuego a las provincias mauritanas, siendo también Melilla víctima de tan terrible invasión, a consecuencia de la cual fue destruida, y reedificada más tarde por visigodos y bizantinos. Es de nuevo Rusadir y su región, durante el siglo VII, escenario de luchas entre sus pobladores y los invasores árabes. Después de una fuerte resistencia opuesta por los naturales del país, capitaneados por una mujer llamada Cahína (*La Hechicera*), hubieron de someterse a sus invasores (año 696), aunque muchos optaron por refugiarse en las ásperas montañas del Rif y del Atlas, donde continuaron durante algún tiempo la resistencia.

Es por esta época cuando pierde Rusadir su viejo nombre, siendo sustituido por el de Melilla, que le dieron los invasores.

Suponen algunos que esta palabra se deriva de Mílila, para otros, del sustantivo Melil, es decir, fiebre, que unido a la desinencia *ia* para indicar el femenino, formó la palabra Melilia, la febril, no faltando quien afirma que la ciudad tomó el nombre de un prestigioso bereber llamado Melil y que debió existir en la realidad puesto que en la cabila de Ulad Setut existe una tribu denominada los Ulad Melil, lo que en árabe significa los hijos de Melil.

Sea cual fuere el origen de la terminología de Melilla, este nombre es el que vemos empleado a partir de la gran invasión de los árabes, quienes la reedificaron y restauraron, teniendo en cuenta su excelente situación geográfica.

De esta época tenemos pocos datos fidedignos del desarrolla de la antigua Melilla. Debió alcanzar un floreciente comercio, que la dotó de gran prosperidad, pero sufrió serio quebranto el año 859, en que entraron los vikingos en el Mediterráneo, saqueando numerosas poblaciones del Norte de África y, entre ellas, Melilla, que fue incendiada.

Respuesta pronto del ataque de los piratas normandos, fue ocupada el año 926, según los historiadores árabes, por las tropas del califa Abderrahman III, quien reforzó sus fortificaciones, tras las cuales vino a ampararse pocos años después el destronado Sultán de Fez, Hasan Ben Mohamed Ben Casen El Tayan (*El Desangrado*), huyendo del furor de sus enemigos.

En el año 1067, el célebre polígrafo andaluz Abbu Obeid el Bekri, visitó Melilla, a la que cita en su Descripción del África Septentrional como cabecera de una extensa comarca en la que continuaba reinando Almosta Alí. Era por esta época Melilla una ciudad bien edificada, que encerraba una ciudadela muy fuerte, donde existían mezquitas, baños y bazares.

El florecimiento que alcanzó Melilla en los siglos XIV y XV excita la ambición de los Reyes de Tlemencen, que intentan incorporarla a sus dominios originándose una serie de guerras, entre aquellos Sultanes y los de Fez, que contribuyeron no poco a la decadencia de la Ciudad, que fue abandonada por sus moradores, huyendo de los horrores de la guerra.

Prueban los documentos históricos que «*Melilla se incorporó definitivamente a España en 1497, 18 años antes de que lo hiciera el Reino de Navarra, 162 años antes de que el Rosellón fuera francés, 279 años antes de que existieran los Estados Unidos de América*».

En octubre del año 1493 el Rey Boabdil, en unión de sus familiares y cortesanos, desembarcaba en Cazaza, a 18 kilómetros de Melilla, una vez rendido su Reino de Granada ante los ejércitos victoriosos de los Reyes Católicos.

Entre 1509 y 1511, África e Italia se alternan y se complementan en los objetivos políticos de Fernando el Católicos, cuya regencia alcanza su mejor momento, con el triunfo de sus proyectos y la clara mejora de posiciones en el panorama europeo, dentro de todos los campos de interés. El italiano pasa a un segundo término por algún tiempo, pues Fernando no es actor principal, aunque sí parte, de la Liga de Cambrai, formada en 1508 entre el papa Julio II, Luis XII, Maximiliano de Austria y él mismo, con el declarado objeto de privar a Venecia de las posesiones que había adquirido en la tierra firme italiana mediante una audaz política expansiva, en los decenios anteriores.

En ese momento lo más importante eran las empresas africanas, en las que se pasó de la prevención de la piratería y los asaltos en el litoral musulmán en el mar de Alborán y zona del estrecho de Gibraltar al desarrollo de un amplio proyecto de dominio de la costa, cada vez más hacia el Este, mediante la conquista de puertos y enclaves, ya que no se contaba con medios para efectuar conquistas territoriales más amplias. Pedro Navarro, conde de Olivito y antiguo colaborador del Gran Capitán, será el artífice de una serie de victorias, que se iniciaron con la toma del peñón de Vélez de la Gomera[101], en julio de 1508, en la zona del reino de Fez que correspondía a los portugueses, aunque su dominio afectaba de manera inmediata a la seguridad de las costas andaluzas. Por este mismo motivo se provee y auxilia en ocasiones a guarniciones lusitanas en Arcila, en octubre de 1508, y Tánger, en octubre de 1511.

Con respecto a Melilla, y en esa idea de conseguir el control sobre una serie de plazas que garantizara la invulnerabilidad de esta parte del Mediterráneo, el Comendador Martín Galindo, quien después de reconocer la ciudad de Melilla y ante el gran número de habitantes que vivían en sus proximidades, informó al Rey que la conquista era harto difícil de realizar y aún en el caso de que se tomase Melilla, antes se llamaría carnicería de cristianos que población de ellos y ante tales informaciones se desanimaron los católicos monarcas, acordando el aplazamiento *sine die* de la conquista de la plaza.

Al recibir la noticia el Gobernador de Andalucía, don Juan Alonso de Guzmán, III Duque de Medina Sidonia, de que los Reyes abandonaban el propósito de conquistar Melilla, decidió tomar la empresa a su cargo, a cuyo efecto y obtenida la competente autorización Real, comisionó a su comendador don Pedro de Estopiñán Virúes, para que pasara a explorar la península de Tres Forcas, cosa que realizó disfrazado de mercader en unión del famoso artillero Francisco Ramírez de Madrid, muerto años más tarde, durante la sublevación de los moriscos, en el desastre de Sierra Bermeja.

[101] Prescindiendo de posibles antecedentes remotos como enclave y puerto de refugio desde la época fenicio-púnica, este peñón viene a vincularse a la historia de España y de sus ejércitos a comienzos del siglo XVI. Su incorporación a España habría que entenderla conforme a tres factores básicos: la fidelidad al mandato de la reina Isabel, por parte del rey Fernando y del cardenal Cisneros; la dinámica de tensión entre españoles y portugueses, derivada de los Tratados de Tordesillas de 1494 y 1495; y, finalmente, los ataques continuos de los berberiscos al territorio peninsular hispánico desde sus fortalezas y guaridas en las costas africanas. Con todo, once años después de la toma de Melilla una flota al mando de Pedro de Navarro, persiguiendo a varias embarcaciones de corsarios que pretendían refugiarse en el islote, las destruye, y enardecidos los hombres desembarcan y conquistan el Peñón el 23 de julio de 1508. Dicha conquista produjo un gran regocijo entre los cristianos y gran alarma entre los musulmanes, pero quién más lamentó su incorporación a Castilla fue, por razones políticas, el rey de Portugal, lo que dio lugar a fuertes tensiones diplomáticas entre ambos reinos.

Según el cronista de la casa ducal de Medina Sidonia, Barrantes, la conquista del territorio se efectuó a través de la participación de:

> *«cinco mil ombres de apié e alguna gente a cavallo, e mandó aparejar los navíos en que fuesen, e hizolos cargar de mucha harina, vino, tocino, carne, aceyte e todos los otros mantenimientos necesarios; e de artilleria lanças, espingardas e toda monición».*

Continúa indicando el cronista que:

> *«E asimismo llevaron en aquel viaje gran cantidad de cal e madera para reedificar la ciudad. E con toda esta Armada e gente, partió Pedro de Estopiñán, Contador del Duque, por su mandato del puerto de San Lucar en el mes de septiembre del año 1497 e hízolos buen tiempo, e se detuvieron en el mar para no llegar de día, e allegando la noche, la primera cosa que hicieron fue sacar a tierra un enmaderamiento de vigas que se encaxavan e tablazón que llevavan hecho de Hespaña. E trabaxaron toda la noche de lo hacer e poner a la redonda de la muralla derribada a la parte de fuera, donde andaban los alárabes... que cuando el otro día amaneció, los moros alábares que andaban por los campos que avian visto el día antes Melilla asolada e la vieron amanecer con muros e torres, e sonar a tambores e tirar artillería, no tuvieron pensamiento que estuvieran en ella cristianos sino diablos, e huyeron de aquella comarca a contar por los pueblos cercanos lo que avían visto».*

Más adelante, nos dice que:

> *«E dióse tanta prisa e diligencia en hacer los adarves que en pocos días se puso la obra a tan altor, que cuando los moros se juntaron e vinieron a dar sobre ello, se pudieron muy bien defender en la Ciudad... E ansí peleando e trabaxando en las obras, acabaron de reparar los adarves e torres. E costó al Duque de Medina, Don Juan de Guzmán, doze cuentos de maravedís solamente reedificar a Melilla de muralla, cava e barrera e quedando por Alcaide el Capitán Gómez Suárez, criado del Duque de Medina e Alcaide de la su villa de Chiclana esforzado cavallero e diestro en la guerra, se tornó Pedro de Estopiñán a dar cuenta al Duque, su Señor de lo que quedaba hecho...».*

El 17 de septiembre de 1497 el territorio de Melilla se incorporaba definitivamente a la Corona de Castilla. Celebraron tanto los Reyes el éxito de la Empresa de Estopiñan, que en carta que enviaron al Duque con fecha 18 de octubre del citado año le decían:

> «...*que el placer que hobimos con la buena nueva que nos enviasteis, nos ha aprovechado, para templar en algo el dolor que tenemos, porque esperamos en Dios, que desto será mucho servido*...».

Tras la conquista, los Reyes Católicos otorgaron al duque de Medina Sidonia la provisión de todos sus cargos, salvo el de veedor, y el título de capital general de Melilla, dignidad que heredarían sus descendientes[102]. Mandaba la plaza el alcalde o gobernador, le secundaban en el plano civil el veedor, contador, pagador, alcalde mayor y escribano público, y en el militar el capitán de caballos y el capitán de infantería[103].

Los gobernadores podían acumular también el título de justicia mayor y alcalde mayor. Tenían jurisdicción civil y miliar completa, incluso con la potestad de poder condenar a muerte. Era tal el poder de los alcaldes que para evitar sus excesos se enviaron a la plaza norteafricana visitadores. Mientras se prolongaba la inspección era costumbre que quedaran al mando, marchando los gobernadores a la Península. Dictaban instrucciones de obligado cumplimiento para éstos y el resto de los oficiales del presidio, salvo derogación por orden en contrario del rey o de un visitador posterior.

Además de la citada figura del visitador, otra encargada del control permanente al gobernador era el veedor, que ocupaba el segundo lugar tras aquél en la administración civil, ocupándose de la recepción y distribución de los soldados, navíos, bastimentos y víveres, del control de las finanzas de la plaza, la inspección de las cuentas del hospital, otorgando documentos a soldados y desterrados, etc. La importancia de este funcionario real se demuestra en el envío de las resoluciones reales por duplicado al gobernador y al veedor, y si se remitían sólo al primero se ordenaba que se anotase en los libros de veeduría. Esta labor de control provocó continuos roces con el alcalde, a tal punto que los veedores consiguieron una orden real por la que se prohibía prenderlos sin dar cuenta inmediata del motivo al rey, remitiendo el proceso por vía de urgencia para su resolución a la Corte.

---

[102] Morales, G., *Datos para la historia de Melilla (1497-1909)*, Melilla, 1992, p. 22.

[103] Para hacerse una mejor idea de la dotación de la plaza en el siglo XVI, vid. Salafranca Ortega, J.F., *Bosquejo histórico de la población y guarnición de Melilla (1497-1874)*, Melilla, 1987, pp. 13-40.

Un análisis comparativo individualizado de cada figura de la administración de Melilla nos proporciona varios datos. El primero de ellos es que no había diferencias notables. En materia judicial, los órganos jurisdiccionales se encontraban bajo la tutela del alcalde, que detentaba un poder absoluto. Por último, la población de aquellas fronteras estaba representada a través de los ayuntamientos, en los que regidores y jurados actuaban en defensa del bien común, si bien tanto sus competencias, como su peso específico eran muy endebles.

Las relaciones de Ceuta y Melilla con la Administración Central

La relación de Ceuta y Melilla con la administración central era análoga a la de cualquier otro presidio castellano en África, en donde las competencias del Consejo de Guerra, con respecto al gobierno de dichos territorios, eran muy amplias. Intervenían en la designación de los oficiales de la administración, votando los candidatos idóneos que presentaban para su elección al rey. Incluso proponían los aspirantes al cargo más importante, el de capitán gobernador.

Por otro lado, ejercía atributos fiscales, decidiendo los gastos necesarios para la dotación de las plazas, aunque el dinero necesario lo libraba el Consejo de Hacienda, distorsión administrativa que provocó serios problemas de coordinación, y el desabastecimiento y descontento de los militares y civiles de los puestos fronterizos.

Una función de gran importancia era la jurisdiccional, ya que el Consejo de Guerra actuaba como tribunal de última instancia en las apelaciones procedentes de las plazas africanas.

Otras instituciones tenían competencias sobre todos los enclaves españoles. El Consejo de Hacienda intervenía en el aprovisionamiento de los mismos, que se abastecían por el sistema de los asientos. Este mecanismo originó muchos problemas, porque los asentistas no cumplían con sus obligaciones, por sus dificultades financieras. La principal causa de éstas estaba motivada por el incumplimiento a su vez de la administración, que no libraba las partidas suficientes a los asentistas, colocándolos frecuentemente al borde de la bancarrota. Los que pagaban las consecuencias de este sistema de abastecimiento eran las guarniciones y población civil de las plazas de África, abrumada por la falta de alimentos y vestidos.

A pesar de los apremios que constantemente hacían los gobernadores de las posesiones españolas, el Consejo de Hacienda no era especialmente ágil en efectuar los libramientos, por lo que los socorros llegaban siempre mal y tarde. Un papel especial lo jugaba el presidente de Hacienda, en quien se personalizaban las quejas y requerimientos, tanto del rey como fundamentalmente del Consejo de Guerra y de los gobernadores, que reclamaban los fondos necesarios para el sostenimiento de las poblaciones africanas.

Junto con el Consejo de Hacienda se ocupaba también del abastecimiento la Junta de Presidios, que no hay que olvidar estaba presidida por aquel Consejo. Además eran frecuentes sus intervenciones en lo referente a las fortificaciones, que precisaban de constantes reparaciones, cuestión de vital importancia para la defensa ante la constante presión militar que ejercían los belicosos musulmanes, que cercaron en multitud de ocasiones los reductos españoles, ocasionando graves daños en las murallas de los mismos.

Con todo viene a destacar la figura del capitán general y regidor, que representa el poder regio en el territorio de Ceuta y Melilla, por no decir que el absoluto, al ejercer el mando gubernativo y el militar. Por otro lado deberemos tener presente los órganos fiscales, contaduría, almojarifazgo y alfándega, que tenían como nota característica estar bajo el control de la hacienda regia.

Un nuevo grupo lo constituían los organismos del municipio, que si nominalmente representaban a la población del territorio, en realidad eran el instrumento de dominio de la nobleza. Finalmente deberemos mencionar a las instancias jurisdiccionales, actuando el juez en primera instancia y el oidor en las apelaciones, y a favor de los desprotegidos un juez de huérfanos.

El territorio de Melilla durante la dinastía de los Austrias

El Capitán Gómez Suárez, primer Alcaide de Melilla, dedicó todos sus esfuerzos a perfeccionar su sistema defensivo, robusteciendo sus murallas y dotándolas por parte de tierra de un gran foso conocido más tarde por Foso de Santiago, para asegurar la plaza de los ataques del enemigo, labor ésta de fortificación, que puede decirse que continuaron sin excepción cuantos Alcaides le sucedieron a través de los años y de los siglos.

Muy destacada también, en los años que siguieron a la conquista, fue la actuación del Alcaide Gonzalo Mariño de Rivera, al que algunos cronistas denominan Andino. Hombre valeroso, «*muy diestro e plático en la guerra con los moros*», bajo cuyo mandato, fuerzas salidas de Melilla ocuparon la ciudad de Cazaza, situada en la costa occidental de la Península de Tres Forcas, en el año 1506, conquista que valió al Duque de Medina Sidonia el título de Marqués de Cazaza, aunque desgraciadamente fue efímera nuestra dominación, que terminó, según Fernández de Castro, a fines del año 1533 al ser asaltada la Ciudad y degollada su guarnición.

En 1556, y a consecuencia de los cuantiosos gastos que les ocasionaba la «*guarda e proveimiento de Melilla*», renunciaron los Duques la plaza a favor de la Corona, designando Felipe II como Alcaide al Muy magnífico señor don Alonso de Urrea, bajo cuyo mando estuvo a punto de perderse la villa por la inconcebible traición de algunos de sus oficiales.

A Urrea vino a sucederle Pedro Venegas de Córdoba, el cual intervino, como Embajador del Rey Prudente, en las negociaciones para conseguir la devolución del cadáver del infortunado Rey don Sebastián, muerto en la batalla de Mehacén o Alcazarquivir.

Bajo el gobierno de Venegas, atacaron los fronterizos la plaza, siguiendo las instigaciones del morabito Mohamed Ben Al-lal, el cual había convencido a sus correligionarios de contar con fuerzas suficientes para vencer a los cristianos que defendían la plaza. Conocedor Venegas de estos propósitos, ordenó dejar abierta la puerta inmediata a Torrequemada (baluarte de San Fernando), previniendo a la guarnición para que estuviera toda sobre las armas y preparada para hacer fuego al primer aviso. Llegados los fronterizos el lunes 26 de abril de 1564, pasaron la puerta del campo que a propósito se había dejado abierta, siendo de improviso atacados por la guarnición, que les ocasionó grandes bajas, quedando cautivos los supervivientes.

Durante el gobierno de don Francisco Sánchez de Córdoba, se construyeron debajo de la plaza principal unos grandes algibes, que fueron cerrados en 1571. En estos años –dice Gabriel de Morales– hasta bien entrado el siglo XVII debió transcurrir la época más tranquila de la plaza, pues apenas se encuentran referencias de sucesos, sin duda por el prestigio alcanzado por nuestras armas que imponían respeto a los belicosos vecinos; pero al iniciarse la decadencia de nuestro imperio con los últimos Reyes de la Casa de Austria, vivió Melilla una época de continuas zozobras, motivadas de una parte por los tenaces ataques enemigos y, de otra, porque el desastroso estado de la Hacienda Nacional condenaba frecuentemente a Melilla y a sus sufridas guarniciones a las mayores estrecheces. Son frecuentísimas las exposiciones de los Alcaides al Rey, comunicándole la situación angustiosa de la plaza y el peligro en que se encuentra de perderse por falta de bastimentos.

Coincide esta época de miseria, con la mayor agresividad de las cabilas fronterizas: el 18 de julio de 1646 el valiente Gobernador don Carlos Ramírez de Arellano, Caballero del Hábito de Santiago, fue derrotado y muerto en una salida. Igual suerte corrió el 6 de mayo de 1649 el Maestre de Campo don Luis de Sotomayor.

Melilla en el siglo XVIII. Los primeros Borbones y los sitios de la ciudad

En 1672 sube al Trono de Marruecos el famoso Sultán Muley Ismail Ben Cherif, hombre enérgico e inteligente bajo cuyo mando se recrudecieron, en todo el Imperio, las tradicionales hostilidades contra las plazas del litoral ocupadas por los europeos.

Melilla fue también duramente atacada, y aunque resistió esforzadamente los ataques enemigos, hubo que lamentar el año 1679 la pérdida de los fuertes exteriores de Santiago y San Francisco, quedando la ciudad estrechamente bloqueada.

En refuerzo de su agotada guarnición, legó a Melilla en 1687 el Tercio Viejo de la Armada Real del Mar Océano, al Mando de su Maestre don Antonio Domínguez Durán, en momentos en que era crítica la situación de los fuertes de La Albarrada y Santo Tomás de la Cantera, en cuyo socorro se dispuso una salida el 5 de octubre en la que encontró gloriosa muerte el Gobernador y Alcaide de la ciudad don Francisco López Moreno[104].

[104] Además de comandar las tropas, el gobernador era investido con la jurisdicción completa sobre la plaza, añadiendo prerrogativas del cargo de justicia mayor. Nada ilustra mejor el poder

Puede decirse que durante todo el largo Reinado de Muley Ismail, fallecido en 1727, no se interrumpieron ni un solo momento los ataques enemigos a la ciudad, siendo especialmente encarnizados los que tuvieron lugar en los años 1694-95 y 1715, en que –según el Brigadier Conde des Allois, militar de origen francés al servicio de España, que se encontraba casualmente en Melilla al ser atacada– las fuerzas enemigas estaban mandadas personalmente por uno de los hijos del Sultán, y el peso de los ataques corrió a cargo de la famosa Guardia Negra creada por Muley Ismail, que en la noche del 17 de agosto del citado año de 1715 se apoderaron de los cuatro Fuertes: Santiago, Santo Tomás, San Lorenzo y San Francisco, pasando a cuchillo a sus defensores, con lo que quedó la plaza privada de sus defensas avanzadas y estrechamente bloqueada, hasta el 11 de febrero de 1716 en que, desesperando las fuerzas del sultán de conseguir su propósito, levantaron el sitio.

Es por estos años (1721) cuando empezaron los fronterizos a usar artillería en sus ataques a la plaza, lo que añadió una nueva penalidad a las muchas que venían padeciendo sus defensores. Y para evitarlo, la guarnición, en una vigorosa salida, bajo el mando del Gobernador don Antonio de Villalba y Angulo, se apoderó del Cubo o Cerro de la Horca, pues de ambas formas era llamado el sitio, desde donde los moros dominaban la plaza con su artillería, construyéndose en el indicado lugar el Fuerte de Victoria Grande, que se terminó el año 1736, y que en unión del de Rosario, Victoria Chica, San Carlos y San Miguel, enlazados entre si por la correspondiente muralla, cerraban por completo el recinto defensivo sobre la Torre de Santa Bárbara, que estuvo situada en las inmediaciones del actual Banco de España. Y de esta forma, disfrutó la guarnición de mayor libertad de movimiento, al propio tiempo que con la construcción de los referidos Fuertes quedó asegurada la defensa de la ciudad por su frente de tierra contra los mayores ataques, como se demostró con ocasión del famoso sitio en 1774-75 puso a Melilla el ejército del Sultán Muley Mohamed Ben Abdalá, mandado en persona por el referido Sultán.

El 9 de diciembre de 1774 el sultán de Marruecos, Muley Mohamed Ben Abdal-Lah, con cuarenta mil hombres, comenzó el asedio a la ciudad en su intento de conquistar esta plaza, y durante cien días sus habitantes

---

que detentaban los gobernadores de las plazas de África que la frase popular «*rey en Castilla y alcalde en la Berbería*».

repelieron el duro ataque. A consecuencia del asedio murieron noventa personas, la mayoría soldados pero también una mujer y un niño, todos ellos enterrados en diferentes enclaves de la ciudadela, y las autoridades españolas decretaron que cada 19 de marzo se rememorase el levantamiento.

El 30 de mayo de 1780 se firmaba el tratado de Paz con el Imperio de Marruecos, que fue ratificado por el Sultán el 25 de diciembre del mismo año. A la firma de la Paz, siguió un periodo de tranquilidad sólo interrumpido por las tradicionales agresiones de los fronterizos.

Melilla en el siglo XIX

Con ocasión de la invasión napoleónica, Melilla se negó a reconocer a José I como legítimo rey, constituyendo a tal fin una Junta de Guerra con el ánimo de sostener la plaza en nombre del rey Borbón legítimo.

Después de la batalla de Bailén, llegaron a Melilla numerosos prisioneros del Ejército invasor, que contribuyeron a agravar la difícil situación alimenticia en que se encontraba la ciudad.

La reacción absolutista, que tuvo lugar a la vuelta de Fernando VII, destinó a este presidio en calidad de confinados, a numerosos prohombres, distinguidos en las Cortes de Cádiz o significados por sus ideas liberales, entre los que citaremos a Calatrava, Sánchez Barbero y Pérez Sobrino, el segundo de los cuales murió en el destierro.

En 1838, y ardiendo España en el incendio de su primera guerra civil, tuvo lugar el alzamiento de los prisioneros carlistas de Melilla quienes, apoderándose de las autoridades, constituyeron la Real Junta Gubernativa por don Carlos V, que presidida por el eclesiástico desterrado don Gregorio Álvarez y Pérez gobernó la ciudad durante tres meses. Sin embargo, esta Real Junta, ante la presión rifeña, la restituiría al gobierno isabelino.

Desde mediados del siglo XIX, el territorio melillense se encontraría en reiteradas ocasiones en el centro de la política española. Así, en 1859, la campaña del general O'Donnell conseguiría una ampliación de los términos jurisdiccionales del territorio, ratificados por la paz de Wad-Ras, de marzo de 1860. En virtud de dicho tratado, el Sultán de Marruecos cedía en propiedad a España el territorio inmediato a Melilla, tomando como base el alcance de un cañón de 24 mm, conocido como *El Caminante*, con una inclinación de 21º, y estableciéndose una zona neutral entre la plaza y el campo, además de obligarse el Sultán a mantener una guardia en las proximidades de Melilla, como medio eficaz de evitar las agresiones de las cabilas que, por cierto, se opusieron tan tenazmente al cumplimiento de los Tratados, que no pudieron tener efectividad hasta el 14 de junio de 1862, en que a presencia de los comisionados españoles y marroquíes, fueron colocados los hitos que delimitaron el campo exterior de Melilla, basándose –según lo acordado– en el alcance de una bala de cañón disparado desde el Fuerte de Victoria Chica. Con este disparo se consiguió una distancia de 2.900 metros, que serviría de radio para trazarlos nuevos límites y la demarcación fronteriza con Marruecos, tomando como centro la actual plaza de España: el territorio de Melilla quedaría fijado desde entonces en 12,33 kilómetros cuadrados.

Consecuencia de nuestras guerras civiles fue la pérdida de prestigio en el exterior, y con ello, el recrudecimiento de los ataques de fronterizos contra las plazas de Soberanía en África y los frecuentes asaltos de los cárabos armados procedentes de la ensenada de Betoya, que hicieron víctimas de sus piraterías a las embarcaciones que, procedentes de la Península, intentaban llegar al puerto de Melilla.

En medio de esta serie de contratiempos, cabe apuntar un hecho ventajoso: el día 6 de enero de 1848, una escuadra salida de Málaga, al mando del Capitán General don Francisco Serrano, tomada posesión de las islas Chafarinas en nombre de la Reina Isabel II, dejándolas guarnecidas bajo el mando de un Gobernador que dependía del de Melilla.

No obstante el perfecto derecho que asistía a España para construir en su territorio los fuertes que considerase conveniente para su defensa, las cabilas se opusieron tenazmente a la construcción del de Sidi Guariach, atacando a los que trabajaban en las citadas obras, y dando lugar con ello a la campaña de 1893, denominada también Guerra de Margallo, en memoria de este infortunado General Gobernador de Melilla muerto el 28 de octubre de dicho año, en el Fuerte de Cabrerizas Altas.

Las campañas de pacificación en la zona vecina de Marruecos

A inicios del siglo XX los incidentes armados contra el reino de Marruecos resultarían notorios. En este sentido cabría destacar, en primer lugar, la llamada Guerra del Rif. Se trata de un conjunto de combates que tuvieron como protagonistas a las tropas españolas y las cabilas rifeñas de la comarca de Melilla.

El 9 de julio de 1909, muerto Roghí por los jefes de las cabilas, que le acusaban de estar vendido a los españoles, los rifeños atacaron a los obreros que construían el ferrocarril Melilla-Beni Bou Ifrour. El general Marina, gobernador militar de Melilla, organizó inmediatamente acciones de represalia, al tiempo que solicitaba refuerzos, ya que sólo contaba con 7.000 hombres. El gobierno Maura no quiso enviar las unidades que estaban al completo, sino que ordenó la movilización de la reserva activa, lo que provocó una gran campaña en contra del conflicto, ajeno a los intereses de la mayoría de la población. Tras una serie de escaramuzas, el 23 de julio tras tropas españolas evacuaron las posiciones de Sidi Musa y Ait Aixa, ante la escasa combatividad de las bisoñas tropas recién llegadas de la Península. El 27 de julio, el general Pintos, al frente de los batallones de las Navas y Arapiles, realizó una temeraria incursión en la falda del Gurugú; las tropas españolas, sorprendidas por los rifeños en el barranco del Lobo, fueron sangrientamente diezmadas. Ante estas derrotas, el general Marina decidió no realizar más operaciones hasta contar con refuerzos abundantes. A principios de agosto, contenido el avance rifeño, las divisiones mandadas por los generales Aguilera, Orozco y Álvarez de Sotomayor, con más de 30.000 hombres en su conjunto, iniciaron la contraofensiva española.

Toda la región de Melilla hasta el río Kert y la Mar Chica, así como toda la península de Tres Forcas, sería dominada y se obligó a levantar el cerco de Alhucemas. En noviembre, las tropas españolas superaban los 44.000 hombres, y las cabilas se vieron obligadas a pactar. La guerra había durado cinco meses y costado más de 1.800 bajas españolas. Por tratarse de un conflicto entre España y unas tribus rebeldes, no el reino de Marruecos, no sería rubricada una paz oficial. Por el tratado de Madrid de 16 de noviembre de 1910, tropas jerifianas ocuparon algunas posiciones españolas, a cambio de lo cual España tenía influencia administrativa en la región, en la que podía intervenir militarmente.

En el año 1921, en Annual, los rifeños infringieron una sangrienta derrota a nuestras fuerzas, pereciendo el Comandante General don Manuel Fernández Silvestre, con todo su Estado Mayor. Todo el territorio pacificado a costa de grandes esfuerzos se unió a la rebeldía, con la sola excepción de la cabila de Beni-Sicar, mandada por el Caid Abdelkader, que siempre permaneció leal. La situación de Melilla llegó a hacerse angustiosa. Pero rápidamente llegaron refuerzos que restablecieron la situación, reconquistando el territorio perdido. Finalmente, el día 8 de septiembre de 1925, las tropas españolas, en una arriesgada y decisiva operación, desembarcaban en Alhucemas, corazón de la rebeldía, derrotando completamente al cabecilla Abdelkrim, quien viéndose perdido se entregó prisionero a los franceses.

Dos años después, toda la Zona de Protectorado español quedaba completamente pacificada, sin que nunca más se volviera a turbar la Paz tan difícilmente conseguida.

Desde la pacificación a la independencia de Marruecos

En el mes de Octubre de 1927, los Reyes de España Alfonso XIII y su esposa Victoria Eugenia, después de un recorrido, por el recién pacificado Marruecos, llegaron a Melilla, donde fueron acogidos triunfalmente. Pocos años antes, el 11 de marzo de 1913, este mismo rey había establecido través de un Real Decreto el escudo de la ciudad:

> «*Queriendo dar una prueba de mi real aprecio a la Plaza de Melilla, y en atención a los próceres de la Casa Ducal de Medina Sidonia, que fueron los que organizaron la expedición que dio por resultado la conquista de la misma, de la que se titularon Capitanes Generales, y de acuerdo con mi Consejo de Ministros, vengo a conceder a la Plaza de Melilla, el uso del Escudo Oficial de la Casa Ducal de Medina Sidonia*».

La ciudad prosperaba bajo la rectoría del primer Alcalde Civil, Don Cándido Lobera Girela, que realizó numerosas mejoras urbanas. Pero en la noche del 26 de septiembre de 1928, una gran tragedia se abatió sobre Melilla. El Polvorín de Cabrerizas Bajas, situado junto al barrio del mismo nombre hizo explosión, destruyendo el Barrio, con el triste balance de 46 muertos y 505 heridos, algunos de los cuales, fallecieron después. La Ciudad entera se movilizó en socorro de las víctimas y de los supervivientes, a quienes procuró resarcir de cuanto habían perdido. Poco tiempo después, el Gobierno concedería a Melilla el Título de «Muy caritativa».

El 14 de abril de 1931 se proclamó en España la República. Y al día siguiente, un Comité Republicano-Socialista se hacía cargo del Ayuntamiento. Mendizábal Echevarría el primero de la República. Pero bien pronto, el paro, las luchas políticas y los conflictos sociales, enfriaron el entusiasmo con que fue recibido el nuevo régimen. Los acontecimientos de la Península tuvieron exacto reflejo en la Ciudad. Y por primera vez en su Historia, Melilla tuvo sus huelgas generales, sus atentados y sus víctimas.

En 1956 tuvo lugar el fin de los Protectorados Español y Francés, sobre Marruecos, y la Independencia del país protegido. A partir de ese momento histórico España contemplaría el fin de la dictadura de Franco, iniciándose una andadura caracterizada por la democracia y la vuelva a las libertades. Con todo el reino de Marruecos, desde 1982 reivindica las ciudades españolas de Ceuta y Melilla como parte integrante de su «Gran Marruecos». El Gobierno de España nunca ha mantenido, al menos que se conozca, ningún tipo de negociación al respecto.

La Constitución Española, en su disposición transitoria quinta, establece que:

> *«Las ciudades de Ceuta y Melilla podrán constituirse en Comunidades Autónomas si así lo deciden sus respectivos Ayuntamientos».*

Las denominadas «Plazas Menores»

Con el equívoco nombre de «*Presidios*», fueron conocidas a partir de su sucesiva incorporación a la Corona Hispánica, diversas ciudades y fortalezas, tanto en Europa como fuera de ella. Dicha denominación equivalía a fortaleza tanto en su sentido etimológico, derivado del latín del Bajo Imperio, como en el uso común en la lengua española, sin perjuicio de que dentro de las variadas funciones de las fortalezas, especialmente el de las fronterizas, estuviese el de servir de lugar de confinamiento.

Ya con respecto a los territorios españoles del norte de África, será a partir de la Conferencia de Algeciras de 1906, cuando estos enclaves españoles pasaron a denominarse «*Plazas*», término que, a su vez, y cuando se refería a puestos de riesgo bélico, había venido implicando una organización militar de la vida de estos lugares. En estas fechas también, se comenzaron a distinguir dos Plazas Mayores: Ceuta y Melilla, calificándose el resto de las posesiones españolas costeras como «Menores».[105]

Con respecto a las Plazas Menores se incluían el Peñón de Vélez de la Gomera, la isla de Alhucemas y las islas Chafarinas, así como también la isla del Perejil, la de Limacos o Caracoles, esta última sobre las actuales costas de Argelia, pero por haber sido ambas abandonadas por España a lo largo de los siglos XVIII y XIX nunca llegarían a figurar en Tratados ni Acuerdos a pesar de su españolidad. Con todo, hoy en día es frecuente, en las escasas reseñas que se hacen de nuestras Plazas Menores, presentarlas a la opinión pública como un vestigio de sueños imperiales perdidos, sin ninguna importancia política ni económica. Sin embargo, y como señala Troncoso de Castro, «*nada más lejos de la realidad: las Plazas Menores constituyen posesiones militares de indudable importancia para la defensa de Ceuta y Melilla, para la seguridad de la libre navegación por el Estrecho y una indiscutible garantía y pantalla protectora para el Sur de España*»[106], añadiendo este autor que el abandono de las Plazas Menores desencadenaría fatalmente la pérdida de las Mayores.

Estos enclaves son de una importancia básica si se los considera en función de su carácter protector de Melilla. Desde la perspectiva opuesta, su supervivencia hubiera sido imposible sin la española Melilla, tal y como nos trasladan Gil Ruiz y Gómez Bernardí, al incidir que:

> «*de ella han dependido en muchos sentidos, y a ella recurrieron y recurren, cuando su aislamiento perpetuo arrojaba tintes cercanos al dramatismo*»[107].

Con respecto a la españolidad y a la soberanía española sobre estos territorios, argumentar sobre ello es un ejercicio tan sencillo como superfluo. Las antiguas y actuales leyes españolas, los Tratados internacionales, los

---

[105] Díaz de Villegas, J., *Plazas y provincias españolas*, Madrid, 1962, p. 28.

[106] Troncoso de Castro, A., *Ceuta y Melilla. Veinte siglos de España*, Madrid, 1979, p. 141.

[107] Gil Ruiz, S., Gómez Bernardí, M., «Melilla. Apuntes de su historia militar», *V Centenario de Melilla*, 1996, p. 71.

Acuerdos con el reino de Marruecos y el propio peso de los hechos y de la historia han declarado de modo solemne el carácter de territorio español de las Plazas Menores.

VI. LAS ISLAS CANARIAS

Introducción

El actual archipiélago de las islas Canarias, situado en el Atlántico norte, y formado por siete islas principales como son Gran Canaria, Tenerife, Fuerteventura, Gomera, Hierro, Lanzarote y La Palma, además de una serie de islotes, se encontraban ya habitadas antes de la conquista europea por los llamados *guanches*. El término guanche era el gentilicio de los habitantes de la isla de Tenerife, pero después su uso se ha extendido para denominar a los antiguos habitantes de todo el archipiélago. Curiosamente estos antiguos habitantes de las islas Canarias eran un pueblo entroncado con los antiguos bereberes, pueblo del norte del continente africano. Fueron llamadas por Plinio el Viejo *Fortunatae Insulae*.

Ya en el siglo XIV se produce el redescubrimiento de las islas por parte de las monarquías y los estados feudales europeos, produciéndose en este sentido numerosas expediciones patrocinadas por mallorquines, portugueses y genoveses. En este sentido, el navegante genovés Lancelloto Malocello se instalaría en la isla de Lanzarote, en el año 1312. Según el cronista de la Corona de Aragón, Jerónimo Zurita, fueron adjudicadas en el siglo XIV por el Papa al conde de Claramunt, que contaba con el apoyo de Pedro IV de Aragón. En ese mismo siglo, los mallorquines establecieron una misión en las islas con un obispado, que permaneció desde 1350 hasta 1400. Durante los siguientes 50 años, con el permiso papal y el apoyo de la corona castellana, se organizan varias expediciones en busca de esclavos, pieles y tintes.

A principios del siglo XV, en 1402, se inicia la definitiva conquista de estas islas, mediante la expedición a Lanzarote de los normandos Jean de Bethencourt y Gadifer de la Salle, que se encontraban sujetos al vasallaje de la corona de Castilla, contando además con el apoyo de la Santa Sede. Curiosamente, debido a la orografía de este territorio, con la consiguiente falta de interés comercial y la resistencia que opusieron los nativos, la conquista no finalizó hasta casi finalizado ese siglo XV, en concreto hasta 1496, momento en el cual los últimos nativos de la isla de Tenerife vinieron a rendirse. Resulta interesante comprobar como dentro de su política de expansión y descubrimiento, los Reyes Católicos habían pactado en 1477 con Diego García de Herrera y su esposa la renuncia a los derechos que éstos tenían a las islas grandes en favor de la Corona de Castilla.

El ordenamiento jurídico de las Islas Canarias

Con respecto al ordenamiento jurídico aplicable a cada una de las islas de este territorio canario, indicar que se conciben importantes diferencias por recibir cada una de las grandes islas, islas de la corona o realengas, distintos textos jurídicos. En este sentido, la isla de Gran Canaria recibió el Fuero de Baza, uno de los fueros de la Andalucía Baja; mientras que el territorio de Tenerife desarrollaba un Derecho local, formado básicamente por un conjunto diverso de privilegios.

Ya haciendo referencia a las islas de señorío, como eran las de Lanzarote, Fuerteventura, Gomera y Hierro, indicar que en ellas perviviría un sistema jurídico diverso, configurado por las disposiciones forales recibidas de sus señores territoriales.

A partir de ese momento histórico de conquista de las islas Canarias, quedaban incorporadas a la Corona de Castilla. Más tarde se comprobó que todo ello fue, sin lugar a dudas, el precedente de la conquista del Nuevo Mundo, del continente americano.

Así las cosas, las Canarias se convierten en punto de escala de las rutas comerciales con América, África y la India, llegando el puerto de Santa Cruz de la Palma en uno de los más importantes de la Monarquía Hispánica, lo que trae una gran prosperidad a determinados sectores sociales de las islas, pero las crisis de los monocultivos en el siglo XVIII y, posteriormente, la independencia de las colonias americanas en el siglo XIX, provocaron profundas recesiones.

Durante el siglo XIX y la primera mitad del siglo XX, a raíz de las crisis económicas que sufre el archipiélago, tienen lugar una serie de movimientos migratorios cuyo destino es, principalmente, las tierras de América.

VII. EL DERECHO DE LOS ESPAÑOLES DE RELIGIÓN JUDÍA

La presencia del pueblo judío España

La conocida *Diáspora*[108] del pueblo judío que viniese a acontecer en el año 70 d. de C., al desaparecer Israel como nación, hizo que sus habitantes se dispersasen por todo el Imperio Romano. Estos israelitas en su exilio llevarían junto a sus enseres materiales, otras de naturaleza inmaterial como serían sus tradiciones, lengua y, por supuesto, su religión, su cultura, y su forma de vida.

Así las cosas, pronto se observarán las primeras evidencias de presencia judía en tierras de aquella Hispania Romana, aun sin conocer con exactitud la fecha. Con todo, en una aproximación a ello, ya en la Epístola a los romanos, Pablo de Tarso manifestaba sus pretensiones de viajar a Hispania a predicar el evangelio, lo cual podría ser una evidente manifestación de la presencia hebraica en la península Ibérica.

Años después, ya encontraremos cierto documento, incontestable, que prueba la existencia de comunidades judías en tierras de Hispania: los cánones del concilio de Elvira. Este documento hace referencia a cierto concilio celebrado por los cristianos del solar ibérico en Elvira, a comienzos del siglo IV. En aquellos cánones se demuestra no sólo que ya existían comunidades judías en estas tierras, sino que se trataba de comunidades prósperas y que practicaban un activo proselitismo. De este modo, la religión judaica se presenta como una seria competidora del cristianismo, que no es todavía la religión oficial del Imperio, y el concilio se propone combatir activamente sus avances. Así las cosas, encontramos cuatro de los ochenta y un cánones haciendo referencia a los judíos, y en concreto los números 16, 49, 50 y 78.

---

108 En efecto, con la citada *Diáspora*, del griego διασπορά –diáspora, dispersión–, hacemos referencia a la dispersión de grupos étnicos o religiosos que han abandonado su lugar de procedencia originario y que se encuentran repartidos por el mundo viviendo entre gente que no son de su condición. Ya con referencia al pueblo judío, tradicionalmente se ha empleado el término para referirse a su exilio fuera de la Tierra de Israel, y su posterior dispersión de a lo largo de toda la Tierra.

En canon 16 se prohíbe a los cristianos contraer matrimonio con mujeres judías bajo pena de excomunión de cinco años, ya en canon 49 se amenaza con la excomunión perpetua a los cristianos que hagan bendecir sus tierras por judíos; el que hace el número 50 prohibía que miembros de las dos religiones se sentaran en una misma mesa. Finalmente, el canon 78 sanciona con cinco años de excomunión al cristiano que cometa adulterio con una mujer judía.

Nuevamente encontramos referencias sobre el pueblo judío en épocas visigodas. En este sentido, estos visigodos que profesaba el cristianismo predicado por Arrio, no mostraron inicialmente ningún interés por perseguir a los judíos. Pero ello no sería eterno. Así el primer documento de la España visigoda en que se les menciona será el ya por nosotros conocido Breviario de Alarico II, y en donde se imponía a los judíos las mismas restricciones que las leyes romanas de los siglos IV y V. En este sentido se prohibían los matrimonios mixtos –entre godos y judíos–, la edificación de nuevas sinagogas o la posesión de esclavos cristianos, entre otras muchas cosas. En el mismo orden de cosas, también se imponían duras penas a aquel que siendo cristiano se convirtiese al judaísmo.

Con todo, aquellas normas tan duras en principio, a la hora de ser aplicadas solían ser dulcificadas, permitiéndose en la práctica la restauración de aquellas sinagogas ya existentes, y mantener sus propios tribunales para resolver asuntos religiosos, e incluso civiles.

Sin embargo, cuando en el III Concilio de Toledo el rey Recaredo abrazaba el catolicismo la situación se endurecería. En este sentido durante todo el siglo VII la monarquía visigoda, en estrecha colaboración con la Iglesia católica, adoptó una actitud beligerante contra las comunidades judías. Todavía se endurecería más la situación en el reinado de Sisebuto, produciéndose como resultado una conversión forzosa de muchos judíos, además de provocar un exilio de parte de ellos, que vinieron a fijar su residencia en el norte de África.

Y así seguiría la situación en los años siguientes. Ahora la sombra de sospecha recaería sobre aquellos que en tiempos de Sisebuto se habían convertido. Para acabar con ello, en el año 638 reinando Chíntila, los judíos quedaron obligados a prestar un juramento especial, denominado *placitum*, rechazando públicamente su antigua religión. Pero ello no supuso en absoluto que la represión continuara con aquellos que todavía permanecían fieles al judaísmo. En este sentido el rey Égica, invocando una supuesta conspiración, establecía en el XVII Concilio de Toledo la esclavitud de judíos y conversos, y persiguiendo duramente a aquellas hasta el mismo instante de su muerte, en el año 702.

Aquellas disposiciones visigodas no fueron sino el comienzo de una legislación antijudía que se desarrolla en los XII y XIII Concilios de Toledo, que establecerán la castración para quien circuncide o se deje circuncidar, y sobre todo en el ya citado XVII Concilio de Toledo, en donde se les prohíbe ejercer cargos públicos, además de permitir separar a los hijos de sus padres para educarlos en la religión católica.

Por lo que a la etapa medieval, los españoles de religión judía vinieron a constituir en aquella España una de las comunidades más prósperas de su historia, tanto en tierras dominadas por el Islam como, años más tarde, en los reinos cristianos, antes de que aquel fatídico año de 1492, cuando fueron expulsados por los Reyes Católicos, en una sociedad fuertemente impregnada de un espíritu de unidad en cuanto se refiere a la religión, sin perjuicio de permitirles abrazar el cristianismo. Indicar que en la actualidad tan sólo unos pocos miles de judíos viven en España, pero los descendientes de aquellos judíos españoles expulsados en 1492, los llamados sefarditas, algunos acercan las cifras a un quinto de la población judía mundial. Así las cosas, actualmente los sefardíes son los descendientes de los judíos que vivieron en la Península Ibérica, tanto en España como en Portugal hasta 1492, encontrándose ligados a la cultura hispánica mediante la lengua y la tradición. Se calcula que en la actualidad, la comunidad sefardí alcanza el millón y medio de integrantes, la mayor parte de ellos residentes en el Estado de Israel, los Estados Unidos de América y Turquía.

Aquel decreto de expulsión tuvo por fecha el 31 de Marzo de 1492 y se dio en Granada, saliendo de España entre ciento cincuenta y doscientos mil judíos que partieron a Francia, Italia y África del Norte, y desde allí a los Balcanes y Oriente próximo, mientras que los que pasaron a Portugal, fueron poco después expulsados dirigiéndose en buena parte a los Países Bajos.

Los judíos y el Derecho

La vinculación entre el pueblo judío y sus textos sagrados aparece en las fuentes jurídicas de cada uno de los reinos existentes en aquella España medieval. Así en Castilla el ya por nosotros conocido Código de las Siete Partidas indica que:

> «*Judío es dicho aquel que cree et tiene la Ley de Moisem según que suena la letra, et que se circuncida et façe las otras cosas que manda esa su Ley*».

Pero además en aquella España musulmana observará como los judíos adquirirán enorme relieve como muestra el gran paso del Talmud de la Academia de Oriente de Sura a Occidente en la Escuela de Córdoba. En la capital del Emirato y el Califato aparecerán figuras sobresalientes como Maimónides, Ian Gabirol, Ben Ezra, y Yehudá ha-Leví.

Sin embargo ello no será más que un espejismo, pues tanto almorávides como los almohades fueron durísimos con las comunidades judías, clausurando los centros judaicos de Sevilla y Lucena, y obligados los hebreos a huir a otras zonas, fundamentalmente a Toledo.

Algo mejor tratados serían los judíos por parte de los reyes cristianos, los cuales utilizaban los servicios de estas gentes en tareas de recaudación de las contribuciones, motivo por el cual se les vino a acusar de todos los males que padecían los más necesitados, esencialmente en épocas de carestía. La población judía de la España cristiana se incrementó considerablemente a partir de los siglos XI y XII, principalmente en León y Castilla, donde la condición jurídica del judío había quedado equiparada, el menos formalmente, con del cristiano tal como se observa en el Fuero de Castrojeriz del 974 y el de León de 1017 ó 1020. Sin embargo no es menos cierto que a tenor de lo dispuesto en el Concilio de Coyanza de 1050 a 1055, la situación no era plácida en lo más mínimo, ya se que les prohibió vivir en las mismas casas que los cristianos. Por otro lado, en muchos fueros venía a disponerse la imposibilidad de que los españoles de religión judía pudieran testificar contra los cristianos.

Tradicionalmente los judíos se establecieron en las ciudades, agrupados en aljamas[109], desarrollando prósperas comunidades en la mayor parte de las ciudades españolas, con la excepción de las tierras vascas –fuera de los casos conocidos de las juderías de Valmaseda o de Vitoria–, en donde su presencia fue de escasa importancia. Destacan las comunidades de las ciudades de Toledo, Sevilla, Córdoba, Ávila, Granada, León, Segovia, Soria y Calahorra. Por lo que al territorio de la Corona de Aragón respecta, destacarían las comunidades de Zaragoza, Gerona, Barcelona, Tarragona, Valencia y Palma de Mallorca. Algunas localidades como Lucena, Ribadavia, Ocaña y Guadalajara se encontraban habitadas principalmente, por judíos. Ya en tierras de Portugal, de donde muchas ilustres familias Sefardíes son originarias, se desarrollaron comunidades activas en las ciudades de Lisboa, Évora, Beja y en la región de Trás-os-Montes. En ellas se gozaba de autonomía en régimen de gobierno y se vivía según las normas religioso-jurídicas de la Toráh, que viene a significar enseñanza, atribuida a los cinco primeros libros del Antiguo Testamento, de la Mischná, o interpretación de la Santa Escritura, y del Talmud, o compilación de las doctrinas y preceptos de la Torah y de la Mischná.

Al frente de aquellas aljamas se encontraba el rabbí, que tanto en hebreo como en arameo viene a significar mi señor, también maestro y legista. Desde el siglo XIII nos encontramos con el Rabí Mayor, que era el Juez superior de todas las almajas, y sobre todas las aljamas de su territorio el rey designaba un Rabí o Rabino Mayor.

La formación del derecho judío

El Derecho Judío es un Derecho confesional dotado de de tintes de universalidad, y que se desarrollará tomando como base los textos de la llamada *Revelación Divina*. Pero además, aquellas normas religiosas y jurídicas se entremezclan en el sistema de vida judío, encontrándose su fundamento directo en la llamada en la *Toráh* o *Ley de Dios*, primera fuente de la le-

[109] El término aljama hace referencia a la junta tanto de judíos como de musulmanes, en la España medieval. Pero no es menos cierto que también podía ser referida como morería, judería, o incluso como la misma sinagoga judía. Indicar que dicho término «*aljama*» proviene del vocablo árabe al-ŷamāmi, que significa la congregación.

gislación hebraica, y que según la tradición fuese dictada directamente por Dios al profeta Moisés y a su pueblo en el Monte Sinaí.

Estos textos Mosaicos se recogen en los cinco primeros libros de la Biblia que forman el Pentateuco, que con el Génesis, Éxodo, Levítico, Números y Deuteronomio. Esta Ley escrita será completada con otras revelaciones de Dios haría posteriormente a los profetas. Completará todo este orden legal la Tradición, que no es otra cosa que la doctrina que ha sido transmitida oralmente de generación en generación.

La Tradición, Mischná o «*repetición*», ya fue fijada por escrito hacia el año 219, elaborándose una recopilación de leyes y decisiones de los rabinos que pronto formarían la primera codificación de leyes hebreas, considerándose así a la Mischná como si de un verdadero *Corpus Iuris* se tratara, componiéndose por 613 preceptos. Esta obra, la Mischná, aparece formada en seis libros, en donde el primero de ellos hará referencia a los bienes; el segundo a los días festivos; el tercero al Derecho Matrimonial; el cuarto trata el Derecho Penal, Procesal y Civil; el quinto contiene disposiciones religiosas y rituales; y, finalmente, el sexto trata sobre las cosas puras.

Esta Mischná sería objeto de doctrina y enseñanza entre los miembros del pueblo judío, realizándose colecciones de anotaciones, las llamadas Guemará. Todo ello vino a constituir el corazón doctrinal del judaísmo: el Talmud, en donde se recogerá de manera codificada toda la legislación, leyendas, controversias teológicas y usos y costumbres sociales de los hebreos.

El sistema jurídico de los españoles de religión judía en España

En la medieval, tanto en el espacio geográfico controlado por el Cristianismo como por el Islam, el *Talmud* y los comentarios realizados él mismo constituyeron la fuente básica del Derecho Judío siguieron rigiendo la comunidad.

Existieron importantes escuelas en donde se estudiaba el Talmud, además de destacados estudiosos, en donde destacaría la figura del rabino Moshén Ben Hanoch, muerto en el año 965, y su hijo Hanoch, que muriese en el año 1014, procedentes de la Escuela de Sura. Estos personajes serían los encargados de fundar la primera Escuela de Traductores, en la ciudad de Córdoba, y que sería sin lugar a dudas el germen de otras posteriores como fueron las de Granada, Toledo, Sevilla o Zaragoza. A estos personajes seguiría Samuel Leví Aben-Nagrela ha-Naguid, que vivió entre los años 993-1055, y que fue autor de un Comentario al Talmud llamado Hilcheta Gabriatá.

Es importante también destacar la existencia de unos Compendios del Talmud, resultando sin lugar a dudas el más significativo aquel realizado por Isahac Aben Yacob ha-Fasí, autor de un *Compendio del Talmud* que alcanzó gran difusión, así como la obra de otro destacado judío como fue Leví Bar Barselí de Barcelona, quien en el siglo XII, escribirá un «*Catecismo*» o Hinuq.

Con la expulsión de los españoles de religión judía, aquel Derecho talmúdico, conteniendo las teorías de los principales rabinos españoles, sería recogido por otro rabino, José Caro de Toledo (1481-1575), que publicaría una obra titulada *Sulham Aruh* (*Mesa Preparada*), que se encuentra dividida en cuatro partes, indicando las fuentes, los preceptos del Talmud y las opiniones de los rabinos españoles.

La Sentencia de Estatuto. Origen de los Estatutos de Limpieza de Sangre

Con probabilidad, el primer Estatuto de Limpieza de sangre tendría lugar en la ciudad de Toledo, en el año 1449. A primeros de ese año, el favorito del rey Juan II, don Álvaro de Luna, Condestable de Castilla, se encontraba en dicha ciudad. La Corona castellana, que se encontraba en guerra contra la de Aragón, tuvo que hacer frente a nuevas necesidades económicas, motivo por el cual el Condestable exigió a la ciudad del Tajo un préstamo de un millón de maravedíes para ayudar a la defensa del país. Este hecho tropezó con la resistencia de las gentes toledanas.

La indignación del populacho fue en aumento cuando se supo que Alonso Cota, comerciante converso de la ciudad, había sido el instigador de dicho impuesto[110]. Pese a las protestas populares, el impuesto comenzaba a ser cobrado.

[110] Pérez de Guzmán, F., *Crónica de Juan II*, BAE, t. LXVIII, Madrid, 1877, pp. 661 b-662 a.: «*... ovieron sospecha que un mercader muy rido é honrado vecino de la cibdad de Toledo, que se llamaba Alonso Cota, había seydo movedor deste emprestido*».

Al toque de las campanas de la iglesia de Santa María, se reunió una multitud de cristianos viejos en la plaza. Una airada turba irrumpió en la casa de Alonso Cota, sus bienes fueron saqueados, su casa incendiada, y también el barrio de la Magdalena, donde vivían los conversos ricos de Toledo. El alcalde mayor de la ciudad y copero del rey, Pedro Sarmiento, tomó el mando de los rebeldes, en contra de las disposiciones de Álvaro de Luna. Cuando Álvaro de Luna se retiró de Toledo con el ejército real, Sarmiento derrotó a los conversos que intentaron resistir, y finalmente los colgó en la plaza pública. Se atrincheró en la ciudad e hizo aprestos para resistir la autoridad del Condestable.

Ante una asamblea del pueblo, Sarmiento proclamó la llamada «*Sentencia Estatuto*» el 5 de junio de 1449[111], que permitía expulsar a todos los conversos de origen judío de los puestos importantes de Toledo, como ser: concejales, jueces, alcaldes y especialmente las escribanías y los actos públicos de dar fe.

Los argumentos esgrimidos por esta Sentencia de Estatuto, contra los cristianos nuevos eran los mismos, o muy similares, a los usados contra los propios judíos: que los conversos decían que los cristianos adoraban a un hombre de su propia raza, a quién se había ahorcado; que los Jueves Santos, en lugar de ayunos, comían cordero; que eran enemigos de Toledo porque ayudaban al rey en una guerra inútil contra otros cristianos, que los judíos vendieron a Toledo a los musulmanes, cuando el ataque de los moros en el año 711, indicándose que a raíz de dicha traición trescientos seis cristianos fueron decapitados, y otros ciento seis, arrancados de la Iglesia de Santa Leocadia, fueron llevados como cautivos.

Continua dicha Sentencia de Estatuto indicando que los conversos, descendientes de los judíos, no hacen más que continuar con sus intrigas contra los cristianos viejos. Bajo el pretexto de prestar servicios públicos, despojan las rentas del rey, se elevan a puestos eminentes y tratan de destruir

[111] Esta *Sentencia Estatuto* que se adoptaba en Toledo, no nació en las mismas circunstancias ni de las mismas consideraciones que los estatutos de limpieza que más tarde adoptasen otras órdenes religiosas o el resto de las Instituciones. Así nos viene a la memoria el adoptado por la orden de San Jerónimo entre los años 1486-1495. En virtud de ello, cada uno de esos dos estatutos, aunque encerrado en el marco general del movimiento contra los judeocristianos, viene a revelar un matiz totalmente particular. Además, ninguno de esos estatutos corresponderá con exactitud al espíritu de los estatutos de épocas subsiguientes, como, el de la Catedral de Toledo o el de la Compañía de Jesús. Por no mencionar los propios de instituciones universitarias.

la fe católica y a sus creyentes. ¿No se han visto hace poco sus esfuerzos por aniquilar a todos los cristianos viejos de Toledo, incluso Pedro Sarmiento, el primero y mayor de ellos? También se conocían sus planes para entregar Toledo a sus enemigos. Así, vistos el derecho canónico y civil, los privilegios concedidos por el rey Alfonso a Toledo, vistas sus herejías, sus crímenes y sus rebeliones contra los cristianos viejos de la ciudad, juzgaron que los conversos eran indignos de ocupar cargos, privados o públicos, en la ciudad de Toledo y en todo el territorio de su jurisdicción[112].

En lugar de utilizar la práctica de la represión sobre los rebeldes, tanto el rey como don Álvaro de Luna, comenzaron una disputa teológica y legal sobre dicho asunto. Auspiciaron un debate a cargo de Alonso Díaz de Montalvo, quien decía que los estatutos destruyen la unidad de la fe cristiana y tienden a hacer infieles a los cristianos fieles, cuando los excluyen de las funciones públicas y de los puestos de honor de la iglesia. Apuntaba Montalvo los siguientes hechos, que señalaban a la unidad de judíos y gentiles: los dos pueblos eran igualmente culpables de la pasión de Cristo, los judíos por haberlo acusado injustamente, y los gentiles por haberlo condenado. Que es una herejía sembrar discordia entre los fieles. Que todo aquel que se ha bautizado en Cristo, se ha revestido en Cristo y ya no hay más judío ni gentil. Incluso se menciona el caso del Papa Evaristo, griego de nacimiento, hijo de un judío llamado Judas, de Belén, que debido a sus los servicios prestados a la Iglesia y a su martirio fue enterrado junto a San Pedro.

---

[112] La *Sentencia de Estatuto* haría también mención especial de que en el caso de violación de la misma por parte de aquellos a la que iba destinada, se exponían a la pena de muerte y a la confiscación de todos sus bienes: «... *y especialmente por quanto a nosotros es notorio e por tal lo pronunciamos, ser habidos e tenidos por conversos del linaje de los judíos los que se siguen, conviene a saber: López Fernández Cota; Gonzalo Rodríguez de San Pedro, su sobrino; Juan Nuñez, bachiller; Pedro Nuñez y Diego Nuñez, sus hermanos; Juan Nuñez, promotor; Juan López del Arroyo; Juan Gonzáles de Illescas; Pero Ortiz; Diego Rodríguez el Albo; Diego Martínez de Herrera; Juan Fernández Cota; Diego Gonzáles Jarada, alcalde; Pero González, su hijo, e cada uno de ellos, por ende los declaramos ser privados e los privamos de qualquier escribanías, e otros oficios que tengan e hayan tenido en esta cibdad y en su término y jurisdicción y mandamos a los dichos conversos que viven e moran en ella y en la dicha su tierra, término y jurisdicción y propios que de aquí en adelante no den fe ni usen de los dichos oficios pública ni escondidamente, directe ni indirecte, especialmente de las dichas escribanías públicas y de la exención y exenciones de ellas, so pena de muerte e de confiscación de todos sus bienes para los muros de la dicha cibdad y república de ella*». Sobre ello, vid. Cartagena, A. de, *Defensorium Unitatis Christianae*, Madrid, ed. P. Manuel Alonso, S.J., 1943, Apéndice III, p. 363.

Don Alonso de Cartagena, hijo de Pablo de Santa María y su sucesor en el obispado de Burgos, además de descendiente de judíos, también hace una defensa de los conversos en la ya citada obra «*Defensorium Unitatis Christianae*», que aparece en 1450. Acusa de herejes a los amotinados de Toledo y reclama la intervención del Papa para resolver las cuestiones planteadas en la Sentencia Estatuto. Nicolás V responde a la petición con una bula dada el 24 de septiembre de 1449, declarando que todos los cristianos, sean descendientes de gentiles o judíos, que viven como verdaderos cristianos, tienen derecho a todos los ministerios y dignidades, a dar testimonio y ejercer todos los cargos con los mismos derechos que los cristianos viejos.

En este sentido indica el pontífice que los judeocristianos no tienen por que soportar ninguna medida de excepción, bajo el pretexto de que acaban de convertirse, y, por tanto, deben ser protegidos de todo trato injurioso. Así, a los obispos correspondía el hecho de adoptar medidas severas contra quien osara actuar en perjuicio de los nuevos cristianos.

Quedó entonces, con la bula de Nicolás V, aparentemente resuelto el contencioso de Toledo con la condena de los Estatutos y una victoria de los conversos. Todo ello sería una mera ilusión, ya que ni las censuras pontificias ni las otras autoridades eclesiásticas lograrían impedir la difusión de estos Estatutos de Limpieza de Sangre[113].

---

[113] En este sentido, el propio Nicolás V censuraba nuevamente la *Sentencia de Estatuto* en el año 1451.

LA CORONA DE ARAGÓN

I. LA CORONA DE ARAGÓN

La Corona de Aragón venía a articularse sobre el una serie de territorios históricos, que aun manteniendo su personalidad jurídica propia, se encontraban sometidos a la jurisdicción del rey de Aragón, entre los años 1134 hasta 1714. Aquella intitulación, Corona de Aragón, se aplica históricamente a partir de la unión dinástica entre el Reino de Aragón y el Condado de Barcelona, además de una serie de territorios que más tarde serían a ella asociados. En este sentido y, por un lado, a través conquistas de nuevos territorios y, por otro, vía matrimonial, esta organización político-jurídica ampliaría su dominación al incorporarse los reinos de Mallorca, Valencia, Sicilia, Córcega, Cerdeña, Nápoles, así como, durante breve tiempo, los ducados de Atenas y Neopatria.

Ya en las Cortes de Monzón de 1289, lugar que ordinariamente solía ser el lugar elegido para celebrar Cortes de la Corona, el conjunto de los territorios era designado con nombres como «*Corona Real*», «*Patrimonio Real*» o «*Corona de Aragón y de Cataluña*». Pero a partir del siglo XIV todo ello sería simplificado al de «*Corona de Aragón*», «*Reinos de Aragón*» o simplemente «*Aragón*».

Petronila tomó el título de «*Reina de Aragón*» y el catalán Ramón Berenguer IV el nombre de príncipe y dominador de Aragón, al hacerse el matrimonio bajo la forma de Matrimonio en Casa (esto supone que, al no haber heredero varón, el esposo cumple la función de gobierno, pero no la de cabeza de la casa, que solo se otorgará al heredero).

Curiosamente, la numeración asignada a cada uno de los monarcas variará en función del territorio al que se hace referencia. De ahí que habitualmente se suela hacer uso de los distintos alias para hacer referencia a ellos, como es el ejemplo de Pedro el Católico (Pedro II de Aragón), Pedro el Ceremonioso (Pedro IV), Alfonso el Magnánimo (Alfonso V).

La formación de la Corona de Aragón

La formación de la Corona tiene su origen en la unión dinástica entre el reino de Aragón y el condado de Barcelona. En este sentido, la muerte sin descendencia del rey aragonés Alfonso *el Batallador*, acaecida durante el sitio de la ciudad de Fraga, en el año 1134, ofrecería una inesperada herencia, ya que en su testamento cedía sus reinos a las órdenes militares del Santo Sepulcro, del Hospital de Jerusalén y del Temple. Ante este hecho insólito, los habitantes de Navarra, que en aquel momento formaba parte de las posesiones del rey de Aragón, proclamaron rey a García V Ramírez y se separaron definitivamente de Aragón. En este contexto, los nobles aragoneses tampoco aceptarían aquel testamento, nombrando como nuevo rey del territorio a Ramiro II *el Monje*, que en ese momento era obispo de Roda-Barbastro.

Ante esta situación creada, el rey Alfonso VII de Castilla aprovechó para reclamar sus derechos sucesorios sobre el trono de Aragón, a la vez que García V manifestaba sus aspiraciones, y el Papa exigía el cumplimiento del testamento del fallecido rey Alfonso.

Las pretensiones castellanas creaban un problema para el conde de Barcelona, Ramón Berenguer IV, pues coincidían con la rivalidad entre el condado y el reino de Aragón por la conquista de las tierras musulmanas del reino taifa de Lérida. El rey de Castilla dejó claras sus intenciones de ocupar Aragón cuando en diciembre de 1134 iniciaba una expedición en tierras de Zaragoza, lo que obligaría a Ramiro a huir. Con todo, aquellos hechos no acabaron siendo favorables a las aspiraciones del rey castellano, quien finalmente habría de renunciar a sus pretensiones sobre el reino aragonés.

Por su parte, Ramiro II, a pesar de su condición de eclesiástico, obtuvo una dispensa y se casó con Inés de Poitiers, matrimonio del que nació en 1136 una hija, Petronila. Pronto se entregaría en matrimonio, debiéndose optar entre la dinastía que reinaba en castilla o en tierras de Barcelona. En aquella época, el condado de Barcelona estaba regido por Ramón Berenguer IV, habiéndose consolidado su supremacía sobre otros condados catalanes en épocas pretéritas, como era el caso de Pallars, Cerdaña, Besalú, Peralada, etc. Al mismo tiempo, se había puesto de manifiesto la potencialidad de la flota catalana, con hechos como la conquista momentánea de Mallorca, en 1114, o las expediciones llevadas a cabo por los condes barceloneses en tierras gobernadas por musulmanes, como era el caso de Valencia. Al mismo tiempo, se iniciaba una política de alianzas más allá de los Pirineos, que en su momento culminaron con la unión de Barcelona y Provenza, a raíz de la boda de Ramón Berenguer III con Dulce de Provenza.

Así las cosas, Alfonso VII presentó la candidatura de su hijo Sancho, el futuro Sancho III de Castilla, pero la nobleza aragonesa acabaría decantándose por la opción de Barcelona, con la que se negociaron detalladamente los términos del acuerdo, por los cuales Ramón Berenguer IV recibiría el título de «*príncipe*» y «*dominador*» de Aragón. Además se especificaba que si muriese la reina Petronila antes que Berenguer, el reino no quedaría en manos del conde hasta después de la muerte de Ramiro. Finalmente, el Reino sí iría a manos de Berenguer si Petronila moría sin descendencia, o tenía sólo hijas, o hijos varones pero estos morían sin descendencia.

En 1162, el hijo nacido de este matrimonio de Ramón Berenguer con Petronila, Alfonso II de Aragón, vino a convertirse el primer rey de la Corona y tanto él, como sus sucesores, heredarían los títulos de «*rey de Aragón*» y de «*conde de Barcelona*». En este sentido, Ramiro expresó por escrito que los títulos debían estar en ese orden.

La entidad resultante fue una mera unión dinástica, ya que ambos territorios mantuvieron sin modificaciones sus propias instituciones políticas y jurídicas, algo que sucedería igualmente con aquellos territorios que fuesen más tarde anexionados por la política expansionista de la Corona, ya que éstos crearían y mantendrían separadas sus propias instituciones. Sin embargo, con el paso del tiempo sería cada vez conocido como «Corona de Aragón», aunque no olvidemos que a pesar de la incorporación de nuevos reinos, el título de «*rey de Aragón*» siempre ocuparía el primer lugar.

Los territorios de la Corona

En sus orígenes, los territorios que pasaron a formar parte de la Corona de Aragón que nacía fueron los siguientes:

Por parte del Reino de Aragón:

Jaca

Roda de Isábena

Huesca

Barbastro

Tarazona

Zaragoza

Calatayud

Por lo que respecta a los condados catalanes se incluían los siguientes territorios:

El Condado de Barcelona, que incluía a Cornellá, Besalú, Berga, Vic, Gerona, Manresa, Barcelona y Tarragona.

La herencia provenzal de la casa de Barcelona, de soberanía directa: Provenza, que incluía las localidades de Arles, Niza, Aix-en-Provence, y Marsella; Carladès (Carlat), Gavaldá (Mende) y Millau (Millau).

Los territorios feudatarios y vasallos de la casa de Barcelona, como eran Verán (Pau), Bigorra (Tarbes), Cominges (Saint Bertrand), Pallars Sobirá (Sort), Pallars Jussá (Tremp), Urgel (Castelciutat, Balaguer), Carcasona (Carcasona), Rasés, Rosellón (Castellrosselló) y Condado de Ampurias (Castelló de Ampurias).

Las conquistas de Ramón Berenguer IV, como eran Daroca, Monreal, Montalbán, Caspe, Fraga, Lérida y Tortosa.

Más tarde, la política expansiva de la Corona de Aragón fructificaría con la incorporación de otros importantes territorios. En este sentido, durante el gobierno directo de Ramón Berenguer IV y la aragonesa Petronila, serían conquistadas las ciudades de Tortosa, Lérida, Fraga y Mequinenza, además de la sierra de Prades, Siurana, Miravet...

Años después, ya bajo el reinado de Alfonso II de Aragón, con los tratados de Tudellén, en 1151, y Cazorla, en 1179, la Corona fijaba su línea de expansión peninsular sobre los reinos musulmanes de Valencia y Denia.

Durante el reinado de Jaime I *el Conquistador*, tuvo lugar la conquista del que sería Reino de Mallorca y del de Valencia, a lo largo de la primera mitad del siglo XIV. Culminada la conquista del antiguo reino de Denia hasta Biar, límite acordado en el ya citado tratado de Cazorla, las tierras levantinas no fueron incorporadas a Cataluña o Aragón, sino que constituyeron un nuevo reino, el de Valencia, el cual vendría a adquirir instituciones y derecho propio, como fueron los Fueros de Valencia, o sus propias Cortes. El testamento del rey Jaime I daría lugar al reino de Mallorca, que caía en manos de su hijo Jaime, y que incluía las islas Baleares, los condados de

Rosellón y Cerdaña y el señorío de Montpellier. Este reino de Mallorca resultaría políticamente muy inestable y seria finalmente anexionado nueva y definitivamente a la Corona por en tiempos de Pedro *el Ceremonioso*.

Desde finales del siglo XIII asistiremos a la expansión mediterránea de Corona de Aragón. En este sentido, Jaime II retuvo el dominio conseguido por Pedro III de Aragón del reino de Sicilia, aunque hasta el siglo XV se mantendría bajo el dominio de una rama secundaria de la dinastía. También Jaime II recibió el reino de Cerdeña, que conquistaría en el año 1324 y supondría un duro esfuerzo de dominio a lo largo de los años siguientes. Asimismo, prolongó hacia el sur los límites del reino de Valencia, que mediante la *Sentencia Arbitral de Torrellas* –junto a la ciudad de Tarazona– en 1304, alcanzando los límites definitivos. En 1380 se conquistarían territorios como los ducados de Atenas y Neopatria, que quedarían bajo la soberanía de Pedro el Ceremonioso durante cierto tiempo.

Del cambio de dinastía a la unión dinástica con Castilla

Tras la muerte del rey Martín I *el Humano* sin descendencia directa y sin haber designado sucesor, la Corona de Aragón se vio abocada a un periodo de interregno. En ese contexto aparecieron cuatro candidatos al trono: el infante Federico, Luís de Anjou, Jaime de Urgel y Fernando de Antequera. La dificultad de las instancias dirigentes de Aragón, Cataluña y Valencia para ponerse de acuerdo evidenció una grave división en el seno de la Corona, que evolucionaría de manera favorable a Fernando de Antequera, representante de la dinastía castellana de los Trastámara. Coadyuvaron a ello la riqueza del candidato, su habilidad política y, más importante todavía, la actuación desarrollada por el entonces pontífice Benedicto XIII, que en pleno Cisma de Occidente optaría por apoyar al candidato castellano, con objeto de asegurarse el apoyo de la Corona de Aragón y de Castilla a sus intereses.

Ante esta situación planteada, y mediante el Compromiso de Caspe de 1412, Fernando de Antequera sería designado monarca de la Corona de Aragón. La nueva dinastía persistiría en la política expansionista, de manera que su sucesor, Alfonso V, conquistaría el reino de Nápoles en 1443.

No muchos años después, la boda celebrada entre dos primos carnales, Fernando de Aragón e Isabel de Castilla, celebrada en Valladolid en 1469, y la alianza consiguiente permitió que los castellanos apoyasen la política expansionista de Aragón por el Mediterráneo, al tener una política exterior común. El duque de Alba anexó el reino de Navarra a la corona de Aragón en 1512, aunque tres años después, en 1515, fuese cedida a Castilla.

A pesar de lo que pudiera temerse de este matrimonio en lo que se refiere a una posible fusión jurídica o institucional de ambas coronas, los territorios de Aragón y Castilla conservaron sus instituciones políticas y se mantuvieron las cortes, las leyes, las administraciones públicas y la moneda, aunque unificaron la política exterior, la hacienda real y el ejército. Reservaron para la Corona los temas políticos, y actuaron conjuntamente en política interior. La unión efectiva de los reinos de Castilla, Aragón y Navarra tuvo lugar bajo el reinado de Carlos de Gante, convertido por los avatares del destino en Carlos I. Él sería el primero en adoptar, junto a su madre Juana I, el título abreviado de *Rey de las Españas y de las Indias*.

Los territorios de la Corona de Aragón en la Edad Moderna

La integración de los territorios de la Corona en la nueva monarquía estuvo marcada por el poder hegemónico de Castilla en el interior de la Corona. Su articulación tuvo lugar fundamentalmente a través de dos instituciones: el Consejo de Aragón y el virrey. El primero de ellos, Consejo Supremo de Aragón, era un órgano consultivo de la corona que fue creado en 1494, a raíz de una reforma en la cancillería real realizada por Fernando el Católico, que desde 1522 estaría integrada por un vicecanciller y seis regentes, dos para el reino de Aragón, dos para el reino de Valencia y dos para el Principado de Cataluña, Mallorca y Cerdeña. Por su otra parte, los virreyes asumieron funciones militares, administrativas, judiciales y financieras.

La extinción de la Corona de Aragón: la Guerra de Sucesión

A pesar de la gravedad de determinados conflictos que vinieron sucediéndose a lo largo de los siglos XVI y XVII, como fueron los conflictos de los Segadores, las situaciones acaecidas en Cataluña, Nápoles y Sicilia derivadas de la crisis de 1640, etc., Cataluña y el resto de territorios de la Corona preservaron sus fueros, instituciones propias, y autonomía política. Sin embargo, los sucesos posteriores a la proclamación de Felipe V como heredero de Carlos II marcarían el final del modelo institucional que los había caracterizado desde el siglo XII.

En este sentido, cuando Carlos II murió y dejó finalmente como heredero a Felipe de Anjou, Felipe V, se formó en Europa la llamada Gran Alianza de la Haya, entre Inglaterra, las Provincias Unidas y Austria, que no aceptaba la instauración de la monarquía borbónica en España, apoyando por ello las aspiraciones de otro aspirante al trono español: el archiduque Carlos de Austria. Jurado inicialmente Felipe V como rey por las cortes catalanas (1701-1702) y poco después por las aragonesas, en 1705, la fuerza de los partidarios del archiduque y los conflictos con el virrey supusieron un nuevo alzamiento en armas de los catalanes, que apoyados por una flota inglesa, permitieron la entrada triunfal de aquel en Valencia y Barcelona. El año siguiente, el 1706, Carlos era proclamado rey en Zaragoza y en el reino de Mallorca. Sin embargo, los aliados no se vieron apoyados en sus avances sobre Castilla, lo que les obligó a retirarse al reino de Valencia.

La reacción bélica de Felipe V en el año siguiente supuso la conquista del reino de Valencia, tras la ya mítica batalla de Almansa[114], celebrada el 24 de abril de 1707. Algo similar sucedió con Zaragoza, en particular, y con el reino de Aragón, en general, que fueron tomadas rápidamente. Tras ello, Felipe V firmaba los Decretos de Nueva Planta, en virtud de los cuales sería suprimido los fueros, el derecho civil y las fronteras arancelarias de dichos reinos. Pero la guerra no había concluido todavía, ya que una nueva penetración de los aliados en tierras de Castilla tendría lugar en 1710, pero, a pesar de su entrada en Zaragoza y Madrid, no le sirvió tampoco para consolidar sus posiciones y les obligó a abandonar Aragón.

[114] La Batalla de Almansa tuvo lugar en plena Guerra de Sucesión Española, en concreto el día 25 de abril de 1707, en la localidad que le daría su nombre, en la actual provincia española de Albacete. En aquel enfrentamiento, las tropas de Felipe de Anjou mandadas por el duque de Berwick, derrotaron a las del archiduque Carlos de Austria, en este caso mandadas por Henri de Massue y el Marqués de Minas. Como consecuencia de esta batalla, el Reino de Valencia fue ocupado por las tropas borbónicas y perdió, por derecho de conquista, los fueros de que disfrutaba hasta entonces, tras la publicación de los Decretos de Nueva Planta.

En septiembre el archiduque Carlos se trasladaba a Barcelona y, poco después, mediante el Tratado de Utrecht, las tropas aliadas abandonarían progresivamente Cataluña. De este modo, el 11 de septiembre de 1714 fue tomada Barcelona, mientras que en 1715 lo era la isla de Mallorca.

II. EL DERECHO DEL REINO DE ARAGÓN

El origen del reino de Aragón

Aragón, en su origen era el territorio que comprendía las dos ramas del río que daría nombre a aquellas tierras –el río Aragón–, que transcurren entre los Valles de Canfranc y de Hecho, no apareciendo sin embargo el nombre hasta la Reconquista. En este sentido, nada se sabe en concreto sobre sus gentes en el siglo VIII, que alrededor del año 800 fueron alentadas en sus deseos de obtener la independencia por la política seguida por Carlomagno en la frontera de las tierras de España.

Así las cosas, el Condado de Aragón acentuaría su independencia frente a la monarquía carolingia y acabó dando origen a una dinastía condal autónoma. En el 809 aparece el conde Aznar Galindo, que parece ser contaba con el apoyo de Carlomagno. Expulsado del Condado por su yerno, García el Malo, a consecuencia de una reyerta familiar, el hijo de aquél, Galindo I, volvería a ocupar las tierras patrimoniales del con el título de conde, aunque ahora bajo la protección de los monarcas que regían las tierras navarras desde Pamplona. La incorporación al reino de Pamplona quedaría plasmada mediante el matrimonio de Aznar II, hijo de Galindo, con una hija de García Iñiguez, rey pamplonés, aunque el condado de Aragón conservase su personalidad independiente y con derecho a la sucesión dentro de la dinastía Aznar. En todo caso, el matrimonio de una de las hijas de García Iñiguez, llamada Andregoto, con el rey García Sánchez de Pamplona (925-970), el condado aragonés quedaría vinculado a la dinastía reinante en el reino pamplonés, hasta la muerte de Sancho *el Mayor*.

A la muerte de Sancho III *el Mayor* de Navarra, acaecida en el año 1035, aquel antiguo condado aragonés pasaba a su hijo primogénito Ramiro, convertido poco después en Ramiro I. Con todo, ese ideario independentista sería alcanzado en su más amplio espectro por su hijo y sucesor Sancho Ramírez. En este sentido, Ramiro comenzó a ensanchar el territorio incorporando algunos territorios a Este y a Oeste, a costa de sus hermanos García y Gonzalo. De esta manera en el año 1044 incorporaba a Aragón los territorios de Sobrarbe y Ribagorza, como también lo serian, ya años más tarde los de Graus, en 1083; Monzón, en 1089; Huesca, en 1096; o Barbastro, en el año 1100.

Las campañas de Alfonso el Batallador, que reinaría en estas tierras aragoneses entre los años 1104 a 1134, tuvieron como resultado más inmediato la ocupación en un breve espacio de tiempo importantes territorios a costa fundamentalmente de los musulmanes, incorporándose a Aragón las localidades de Zaragoza, en 1118; Tudela y Tarazona, en 1119; Calatayud, en 1120; y Daroca. Con ello vino a completarse el que en los textos es reconocido como *Regnum Cesaragustanum*, por más que poco después de fracasar en el sitio de la actual provincia oscense de Fraga, el 17 de julio de 1134, muriese. En este momento el reino de Aragón había conformado la base fundamental de su territorio, con la que ha pasado a la Época Moderna.

Después de los problemas dinásticos generados por el más que extraño testamento de Alfonso I el Batallador, en donde designaba como herederos del territorio aragonés a las órdenes militares de San Juan, el Temple y el Santo Sepulcro, de las cuales esperaba continuasen con la tarea reconquistadora. Evidentemente se trataba de una disposición sumamente difícil de concretar, ya que pugnaba con el derecho tradicional del reino. Así las cosas, el nuevo monarca sería el hermano del rey muerto, Ramiro II el Monje, quién ese mismo año 1134 sería coronado. Dos años después de su coronación contraería matrimonio con Inés de Poitiers, con la que tendría como descendiente a Petronila.

Pronto se concertará el matrimonio de la heredera aragonesa, en 1137, con el conde barcelonés, Ramón Berenguer IV, al cual transmitirá como dote los derechos de su padre al reino de Aragón. A Ramón Berenguer IV le sucedería en el trono su hijo Alfonso II, posteriormente Pedro II, Jaime I y Martín el Humano, que al no dejar descendencia motivó el Compromiso de Caspe, saliendo elegido Fernando I de la Casa de los Trastámara.

Con todo, sería a partir del matrimonio entre la aragonesa Petronila y el conde de Barcelona Ramón Berenguer IV cuando encontremos el fundamento de la Corona de Aragón, que encontraría su desarrollo pleno con las conquistas por Jaime I el Conquistador de los reinos de Valencia y de Mallorca, ya en el siglo XIII.

Ya en la segunda mitad del siglo XV, cuando en el año 1479 muere el rey Juan II, éste dejaría sus territorios de la Corona de Aragón a su hijo

Fernando, casado en ese momento con su prima la reina Isabel I de Castilla, produciéndose la unión personal de las Coronas de Aragón y Castilla, aunque la personalidad jurídica y política de aquellos históricos territorios, seguirían sus cursos diferenciados. Cuentan algunos autores que este matrimonio entre miembros de la dinastía de los Trastámara, venía a plasmar un ideario que ya había mantenido el rey Juan II de Aragón.

El Justicia Mayor de Aragón

Entre las Instituciones propias del territorio aragonés destacará, desde su más profunda y primitiva historia, la figura del Justicia Mayor de Aragón, cargo supremo de la administración judicial del reino de Aragón.

Nuevamente surgido en tierras aragonesas, como consecuencia directa de su Estatuto de Autonomía, el Justicia de Aragón se presenta ante todos como un defensor de los derechos y libertades de los ciudadanos frente a los posibles abusos de la Administración pública, siendo en opinión de muchos autores el precedente lejano de todos los Defensores del Pueblo europeos. A diferencia de su configuración medieval, en la actualidad no juzga ni dicta sentencias sobre los conflictos en los que interviene, sino que supervisa la actividad de la Administración, a través de sugerencias, recomendaciones e informes especiales sobre materias de su competencia, tal y como en más de una ocasión ha manifestado el actual Justicia de Aragón, don Fernando García Vicente, a este profesor.

Ya en lo referente a su figura histórica, indicar que a partir del siglo XIII el Justicia de Aragón vendría a adquirir un gran protagonismo en la política del territorio al encargarse desde ese momento en el intérprete de los fueros y juez de contrafueros. Después del Rey, era el Justiciazgo la institución más importante y prestigiosas de la organización política del Reino de Aragón. Con el paso del tiempo, el Justicia se convertiría en juez encargado de dirimir los conflictos entre la monarquía y los ciudadanos. Además, durante siglos sería el personaje encargado de presidir las Cortes de Aragón en ausencia del Rey, tomó juramento a todos los reyes de Aragón en la Catedral de La Seo de Zaragoza, desempeñó las funciones de un Magistrado y asumió la interpretación del Derecho Aragonés. Con todo, su función más importante y prestigiosa consistía en recordar a quien gobernaba que las leyes las debían de cumplir todos, empezando por el que las promulgaba. Y así, ya en el juramento de los Reyes de Aragón decía:

> «*Te hacemos Rey si cumples nuestros Fueros y los haces cumplir, si no, no*».

Aunque su ascenso comenzara fundamentalmente desde el reinado del rey Jaime I, cuando en las cortes celebradas en la localidad de Egea, en 1265, se determinó que dicho cargo fuera a elección del monarca, aunque reservándose aquella nómina de elegibles al colectivo de los Caballeros. Por otro lado, el Justicia de Aragón intervendría en los pleitos que tuviesen a nobles como protagonistas, así como los que se pudiesen suscitar entre ellos y el monarca aragonés. Este protagonismo se elevaría más aun en el siglo XIV, cuando fue designado como encargado de la defensa del Derecho de Aragón, a través de la interpretación de los fueros, a partir de las Cortes de Zaragoza de 1348. Para ello dispondría de dos instrumentos esenciales:

La *firma de derecho*, que venía a suponer la paralización de la acción judicial de cualquier tribunal, y el *proceso de manifestación*, que le facultaba, a instancia de un interesado, para amparar procesos o personas cuando se preveía alguna injusticia o contrafuero. Para ello disponía de una cárcel única en el reino, la de manifestados, en la cual daría amparo a los perseguidos. Uno de los más significados ejemplos de este proceso de manifestación vino a acontecer a raíz del asunto Antonio Pérez, antiguo secretario de estado de Felipe II, el cual había huido de tierras castellanas y se había refugiado en Aragón, cuando había sido apresado en el palacio de la Aljafería, sede en ese momento de la Inquisición en Aragón.

Antonio Pérez y la ejecución de Juan de Lanuza, el Mozo

El nacimiento de este personaje resulta ciertamente oscuro, sin embargo fue legitimado como hijo del Secretario de Estado Gonzalo Pérez, en el año 1542. Criado en las tierras de Ruy Gómez de Silva, príncipe de Éboli, su formación académica pasaría por las más prestigiosas Universidades de su tiempo como las de Alcalá de Henares, Salamanca, Lovaina, Venecia y Padua. Pronto sería iniciado por su padre en los asuntos de Estado, sucediéndole en 1566, cuando ya había fallecido su progenitor, como secretario de Estado. Las competencias de Antonio fueron recortadas respecto a las de su padre, haciéndose cargo solamente de los asuntos atlánticos (Países Bajos, Francia, Inglaterra y Alemania), ya que los asuntos del Mediterráneo quedaron bajo cargo de Diego de Vargas, tras cuya muerte, Antonio intentó por todos los medios conseguir también esa secretaría, aunque finalmente el rey optara por conceder el conocimiento de aquellos asuntos a Gabriel de Zayas

Durante sus primeros diez años de secretario, Antonio Pérez ejerció una gran influencia sobre Felipe II, el cual normalmente seguía sus consejos reconociendo su inteligencia, conocimiento en los asuntos del Estado e instinto infalible. Esta confianza real le sirvió para conseguir más poder y, como la mayoría de sus contemporáneos, enriquecerse en su cargo. En el ejercicio de su cargo, Antonio Pérez reveló a la princesa de Éboli secretos de Estado y, juntos, traficaron con información gubernamental.

Durante el gobierno de Juan de Austria –hermanastro de Felipe II y héroe de Lepanto– en los Países Bajos, Antonio Pérez y sus aliados aconsejaban al rey por una paz negociada con los rebeldes y una invasión de Inglaterra, consejo que el rey ignoró por el momento, pues no se consideraba preparado para dicha invasión. Por razones desconocidas, Antonio Pérez jugó con las ya tensas relaciones entre Felipe II y su hermanastro e hizo aparecer a los ojos del rey como subversivas las pretensiones de éste acerca de Inglaterra. Pero Felipe II ya desconfiaba de su secretario, motivo por el cual en 1578, Juan de Escobedo (secretario de don Juan de Austria) llegaba a la Corte para explicar al monarca la posición que mantenía el príncipe español, lo cual podía dejar al descubierto las tramas de Antonio Pérez. Por ello, Antonio culpó a Escobedo por las ambiciones de don Juan y aconsejó al rey eliminarlo, a lo que parece que el rey dio su plácet.

Y aunque Pérez primero trató un intento fallido de envenenamiento, más tarde contrataría a un grupo de asesinos que acabaron con la vida de Escobedo en las calles de Madrid, un 31 de marzo de 1578, comenzando rápidamente a circular un rumor que implicaba al Secretario de Estado en el asesinato de Escobedo. Así las cosas, y aunque el rey intentó en un principio proteger a Antonio Pérez, cuando su hermanastro don Juan murió y sus documentos llegaron a Madrid, descubrió la trama y mentiras de Antonio Pérez, dándose cuenta de que don Juan siempre había sido leal. Sintiéndose traicionado, el rey pronto ordenaría la detención de Antonio Pérez y de la princesa de Éboli.

En este sentido, en la noche del 28 de julio de 1579, Antonio Pérez era detenido tras salir de su despacho. A su vez, la princesa de Éboli fue puesta bajo custodia, primero en la Torre de Pinto, y más tarde en el castillo de Santorcaz, pasando finalmente a ser recluida en su propio palacio de Pastrana donde pasaría el resto de su vida.

Antonio Pérez tenía libertad para moverse por Madrid, siendo vigilado por la Corona, pues el rey necesitaba sus documentos (los cuales podían implicarle a él también en el asesinato de Escobedo). Más tarde, los partidarios de Escobedo y sus aliados tras presionar en la Corte, consiguieron que Antonio Pérez fuera detenido por segunda vez en 1585, bajo los cargos de tráfico de secretos y corrupción (sin mencionar el asesinato), en donde sería hallado encontrado culpable y condenado a dos años de prisión, además de a una muy significada multa. Pero la cosa todavía iría a más, ya que en abril de 1590, ayudado por su esposa, Antonio Pérez escapó de su prisión en Madrid y huyó a tierras de Aragón, en concreto a Zaragoza, dónde consiguió la protección de los fueros. Allí encontró el apoyo del duque de Villahermosa, el conde Aranda, y principalmente de un tal Diego de Heredia, noble perteneciente a la baja nobleza.

Mientras tanto y en su ausencia, en Madrid fue condenado a muerte. Felipe II hizo un alegato ante el Justicia de Aragón contra Antonio Pérez, por los cargos de asesinato de Escobedo, tráfico de secretos de estado y huida de prisión. Felipe II, desesperado por la lentitud de la justicia aragonesa y porque no esperaba una condena favorable, retiró los cargos y usó un tribunal contra el que los fueros aragoneses y la Justicia aragonesa no podían oponerse: la Inquisición.

Pero la cosa no resultaría fácil, ya que Antonio Pérez no era un hereje, aunque pronto se pudo construir un caso contra él, ya que durante su prisión en Madrid, al ser torturado, había jurado por la oreja de Cristo. En mayo de 1591, Antonio Pérez fue trasladado de la prisión del Justicia a la de la Inquisición, por lo que sus defensores organizaron una revuelta en Zaragoza, que fuese conocida como Turbaciones de Aragón. Devuelto nuevamente a la prisión de la Justicia aragonesa, desde allí desarrollaría una campaña contra la Corona. Más tarde, ya en septiembre, era de nuevo trasladado a la prisión de la Inquisición, de donde Heredia y sus seguidores lo volverían a sacar, dejándole libre en esta ocasión, y generándose una significativa crisis en el reino de Aragón por la defensa de los fueros.

Pero aquel conflicto surgido entre el reino de Aragón y el todopoderoso monarca Felipe II, derivado del asunto Antonio Pérez, provocó un duro enfrentamiento entre el Justicia, como defensor de la legalidad del reino de Aragón, y los intereses de la Monarquía. Vencida la resistencia por la intervención de las tropas del rey, y la decapitación de Juan de Lanuza, el Mozo, y tras celebrarse cortes en la ciudad de Tarazona, en 1592, la figura del Justicia de Aragón dependería del monarca, aunque fueron respetadas otras instituciones aragonesas como las Cortes, o el Derecho del Reino.

Esta Institución perdería importancia a partir del siglo XVII, desapareciendo definitivamente a comienzos del siglo XVIII tras los Decretos de Nueva Planta que promulgase en nuevo monarca hispano, Felipe V, tras enfrentarse a los territorios de la Corona de Aragón, los cuales habían abrazado, con algunas singulares excepciones, la causa del pretendiente austriaco, en su intención de hacerse con la Monarquía Hispánica en contra del testamento del fallecido Carlos II.

Los fueros locales de Aragón

El Fuero de Jaca

Como antes vimos, el reino de Pamplona y Aragón cuentan con una historia común hasta el periodo de Ramiro I, motivo por el cual el derecho de ambos territorios podría ser estudiado, de manera análoga, sin perjuicio de los particularismos que bien podrían existir en los numerosos valles de aquellas tierras. Además, parece persistir la tradición jurídica visigoda y se debe considerar ante todo la formación de un Derecho que tiene como base las costumbres y los «*iuditia*».

Con todo, la más significativa de aquellas primeras manifestaciones jurídicas del reino de Aragón será el Fuero de Jaca, que fuese concedido en el 1063 por el rey Sancho Ramírez. Este documento jurídico se caracterizará por tratarse de un fuero de francos, en donde vendrían a garantizarse las libertades de los pobladores de aquellas tierras, frente a los llamados malos fueros, hasta entonces en uso. En este sentido el Fuero de Jaca regula algunos aspectos singulares de los habitantes del territorio como eral cerramiento de los solares para edificar, la prescripción adquisitiva de año y día, y la fianza que liberaba al preso de permanecer encerrado.

Este fuero privilegiado vendría a facilitar y promocionar la llegada de pobladores a este territorio jacetano, convirtiéndose en un importante modelo jurídico que siguieron otros territorios a la hora de adoptar su norma jurídica local, expandiéndose de este modo por tierras navarras. En este sentido, y con la finalidad descrita, sería concedido a Sangüesa y a otros territorios.

En el año 1187, ya bajo el reinado de Alfonso II, se otorgaron nuevos preceptos a este texto jurídico, y entre ellos la libre disposición de bienes propios, la declaración de herederos y la exención de prendas. Pronto se otorgaría este fuero a otros territorios del reino, como fueron el caso de Huesca, Barbastro y Zaragoza y a las villas navarras como Estella y Pamplona.

Ya en el siglo XIV este ordenamiento jurídico aragonés será objeto de una redacción extensa.

El Fuero de Zaragoza

Otro texto importante del histórico derecho del territorio de Aragón aparece representado por el Fuero de Zaragoza, cuya villa había recibido en 1119 los fueros de los infanzones de Aragón, y con posterioridad otros privilegios como el llamado *Privilegio Tortum per Tortum*, privilegio que otorgaba la posibilidad de tomarse la justicia por su mano, además procurarse el resarcimiento correspondiente sin actuación judicial previa, asegurándose la solidaridad de toda la población a través del juramento de veinte vecinos, que eran elegidos por ellos.

El Fuero de Alquezar fue concedido por Sancho Ramírez en 1069 y sus preceptos están dirigidos a los pobladores francos libres. En 1114, el rey Alfonso I concedía a Alquezar el Fuero de Jaca, junto con otros privilegios.

Otros fueros locales de Aragón son otorgados en 1089 por Pedro I a Huesca, y a Barbastro, en 1110. En 1131 el rey Alfonso I concedía a Calatayud su fuero. El rey Ramón Berenguer otorgaba a Daroca su privilegio jurídico en 1177, en donde se contienen importantes privilegios para atraer a los pobladores exenciones de impuestos y servicios. Además se preveía la consolidación en medio año de la propiedad inmueble por el mero hecho de ocuparla; derecho de asilo; y condonación de deudas y responsabilidades.

Es una opinión bastante común entre los autores de la historiografía contemporánea, la de mantener como hecho posible el que los fueros de la Extremadura aragonesa tuvieron un fondo común: el Fuero de Soria probablemente. Éste serviría de modelo a los que se fueron otorgando en esta comarca. Finalmente indicar que el Fuero de Teruel fue otorgado en 1177 a esta localidad por el rey Alfonso II, alcanzando una gran difusión territorial.

El derecho territorial del territorio aragonés

Como hemos analizado previamente, a comienzos del siglo XIII existen ya en el territorio aragonés diferentes ordenamientos jurídicos locales, algunos incluso ya ampliamente desarrollados en distintos territorios. Como no podía ser de otra forma este proceso de difusión facilitará la formación de un derecho territorial de carácter general.

Bajo este fenómeno serán realizadas ciertas compilaciones privadas de derecho territorial aragonés, destacando una compilación de normas jurídicas formada por 155 capítulos, y que reúne elementos procedentes del Fuero de Jaca y fazañas, recogiéndose en aquel documento el derecho de las comarcas del Ebro.

La labor jurídica del obispo de Huesca, Vidal de Canellas

Vidal de Cañellas había nacido en torno al año 1190 en Canellas, Barcelona, y pasará a la historia por ser el artífice de la tarea compiladora de los distintos Fueros de Aragón, en una obra jurídica que es conocida como Vidal Mayor, publicada en el año 1247, convertida en la primera codificación general de leyes que regirán en el reino aragonés, efectuada en el reinado de Jaime I *el Conquistador*.

En la segunda década del siglo XIII había cursado los estudios de Derecho romano y canónico en la prestigiosa universidad de Bolonia, lugar en donde conoció a Raimundo de Peñafort. Ya en 1234 lo vemos convertido en canónigo de Barcelona. Poco después, en 1237, ya es nombrado obispo de Huesca y Jaca y al año siguiente de Vic y de Lérida.

En aquellos años se confeccionará la más significada obra del derecho medieval del reino de Aragón , el llamado Código de Huesca de 1247, que bien pudiera ser obra del obispo oscense Vidal de Canellas, que fue fijado ante una Asamblea o curia con representantes del estado llano. Esta obra consta de ocho títulos y un prólogo, al estilo del Código de Justiniano. En este sentido, los libros primero y segundo tratan de cuestiones eclesiásticas y procedimiento, responsabilidades, competencia judicial y fe pública; los tercero, cuarto y quintos analizan el Derecho Privado; el sexto el Derecho Nobiliario; el libro séptimo otros derechos del rey; mientras que, finalmente, finalmente, el libro octavo analiza tratará el Derecho Penal, además del procedimiento.

Esta obra recibió el nombre de Derechos o Fueros de Aragón, añadiéndose años más tarde otros cuatro libros, en donde venían a contenerse de manera sucesiva las leyes de Jaime I, de Jaime II, de Pedro IV, de Juan I y Martín I *el Humano*. Sus fuentes son el Digesto, para la formación de su estructura; el Derecho Aragonés consuetudinario, las recopilaciones privadas y el Fuero de Jaca; las Pragmáticas de Jaime I, sentencias judiciales y algunas concordancias con el Derecho Navarro, recogiéndose con posterioridad principios de Derecho Romano, Canónico, Visigótico y Franco.

La promulgación de los Fueros de Aragón no vino en ningún caso a suprimir la pretérita vigencia de los fueros locales, los cuales prevalecerán sobre el común en sus territorios, como sería el caso de Fueros de Jaca, Teruel, o Albarracín.

En torno al año 1245 le será encargado a Canellas por el rey Jaime I, la tarea de reunir en un único código legal los fueros de las villas aragonesas partiendo del Fuero extenso de Jaca, que era el más amplio y desarrollado hasta la fecha.

Vidal de Canellas recibió el encargo en 1247 tras las deliberaciones consensuadas en las Cortes que se celebraron en la localidad de Huesca, de redactar en este Fuero General. Su primera versión en latín, es conocida como *Compilatio minor*. Una reelaboración ampliada posterior, conocida por su epígrafe *In excelsis Dei Thesauris* supondría la culminación de la obra jurídica que fija definitivamente el fuero para el reino de Aragón y divulgada con el nombre de Vidal Mayor.

Esta obra jurídica viene a superar sin duda a lo que pudiera ser una mera colección de fueros, puesto que alberga precisiones técnicas dirigidas a los foristas, que eran los profesionales del Derecho que se encargaban de redactar fueros, y a letrados expertos en la administración de justicia. Así las cosas, parece ser que la finalidad de esta obra consistía en ser el instrumento básico para la interpretación de los preceptos jurídicos contenidos en el Fuero de Aragón.

No se ha dilucidado si el Vidal Mayor fue sancionado y promulgado por el rey Jaime I. Al parecer fue voluntad del rey promulgarlo, pero contó con la oposición de la nobleza del territorio aragonés, apegada al ya tradicional fuero de Jaca. Por todo ello, ya entrado el siglo XIV, sólo la *Compilatio minor* es considerada la ley aragonesa, y el Vidal Mayor, como su más prestigioso comentario.

Las Observancias

Otra importante fuente del Derecho Aragonés será, sin lugar a dudas, las llamadas Observancias, que no son otra cosa que la interpretación dada por los juristas más relevantes del derecho del reino de Aragón, fundamentalmente a través de aquella Institución que albergaba al Justicia Mayor de Aragón, y la luz del Derecho Común. De este modo las Observancias aparecen consideradas como un derecho de juristas. Según el padre Gonzalo Martínez, estamos ante una romanización del derecho de Aragón.

Las Colecciones y Observancias aparecen a partir del s. XIII, siendo sus autores los Justicias de Aragón y sus lugartenientes. Las más conocidas fueron las *Observantiae Regni Aragonum*, obra del Justicia Jacobo de Hospital, obra en la que se resume en cada título lo dispuesto por los fueros, se exponen las observancias, que son decisiones de los Justicias o costumbres, y se plantean sobre ello las cuestiones jurídicas que se resuelven teniendo en cuenta el Derecho Común y el Derecho del Reino.

Años más tarde, en las Cortes celebradas en 1428 en la ciudad de Teruel, se ordenaba al Justicia Mayor de Aragón, Martín Díez de Aux, que realizase una colección de usos, observancias y actos de Corte, tomando como base para su trabajo las pretéritamente existentes Observancias de Jacobo de Hospital. Este trabajo se concluirá en el año 1437, tomando el nombre de *Observantiae Consuetudinisque Regni Aragoniae*. Se trata de una compilación articulada en nueve libros, divididos en parágrafos y estos, a su vez, en rúbricas.

Las recopilaciones del derecho del reino de Aragón

Fruto de aquella ingente actividad jurídica, en el año 1476 o 1477, vería la luz la primera obra que contenía recopilaciones del derecho aragonés. En este sentido, y con el título de *Fueros y Observancias del Reino de Aragón*, llamado más adelante «Volumen Viejo», se agrupaban en una obra recopiladora el Código de Huesca, las ordenanzas posteriores y, finalmente, las *Observancias* del Justicia Mayor de Aragón Díez de Aux.

Ya en el siglo XVI, en 1513, Miguel de Molino realizaba un repertorio jurídico recopilador conocido como *Repertorium Fororum et Observantiarum Regni Aragonum*, que será utilizado frecuentemente en sustitución del propio texto legal.

Otros Repertorios fueron realizados más tarde por Jaime Soler, Jerónimo Portolés y Diego Franco de Villalba, y entre los comentarios más significados figura el de Juan Ibando de Bardaxí, autor de una *Suma de los Fueros y Observancias de Aragón*, que era editada en el año 589.

La compilación de 1476/1477 sería reeditada con la adición de los fueros posteriores en los años 1496, 1517 y 1542. Sin embargo esta Recopilación cronológica sería reemplazada por otra Recopilación que aplicaba criterios sistemáticos, y que fue confeccionada siguiendo las directrices acordadas en Cortes de Monzón de 1547. En ella el entonces príncipe Felipe –más tarde rey Felipe II–, designaba una comisión compuesta por veintiún miembros, entre ellos regentes del Consejo de Aragón, prelados, nobles, juristas y prácticos, y que serían los encargados de confeccionar esta obra.

Concluidas las tareas, esta obra que sería publicada oficialmente en 1542, llevando el título de Fueros y Observancias del Reino de Aragón. Consta de nueve libros, divididos en títulos, a imitación expresa del Código de Justiniano. El primero de aquellos libros tratará sobre Derecho Eclesiástico, Monarquía, Cortes, Justicia, y reproducción del Privilegio General; el segundo el Proceso Civil; el tercero analizará el Proceso, Organización Judicial y Notarial; el cuarto de ellos el Proceso y materia administrativa. En el libro quinto se trata el derecho de Familia; el sexto el Hurto y las Sucesiones; el séptimo la Milicia, el Proceso, la condena en costas y la cosa juzgada; el libro octavo analiza la Prenda, Fianza, Pago y Donación. Finalmente, el libro noveno está dedicado al Derecho Penal.

Indicar que estos Fueros y Observancias del Reino de Aragón fueron objeto de sucesivas ediciones, a la que se fue añadiendo cronológicamente los fueros, nuevos, incluidos a modo de Apéndice. En ese mismo orden de cosa, a finales del siglo XVI se recopilaron las sentencias de la Audiencia de Aragón, obra de Monter Cueva, mientras que nuevamente en el siglo XVII ocurriría algo similar, en este caso obra de Sessé y Vargas Machuca.

III. EL PRINCIPADO DE CATALUÑA

La formación histórica del Principado de Cataluña

En el año 718, los ejércitos musulmanes llegaban al noreste de la península, pasando a la Septimania, proceso que tuvo lugar sin graves conflictos bélicos, si exceptuamos algunos casos concretos como el de Tarragona. La posterior reacción carolingia ante la presión islámica supuso la ocupación por su parte en el último cuarto del siglo VIII de las actuales comarcas pirenaicas, de Gerona y, en el 801, de Barcelona, tras la cual se formó una zona fronteriza que seguía los ríos Llobregat, Cardener y el curso medio del Segre, que será conocido, tal y como ya hemos advertido en páginas anteriores, como *Marca Hispánica*. Este territorio se organizaba políticamente en diferentes condados dependientes del rey franco.

Con todo será a finales del siglo IX, cuando el monarca carolingio Carlos *el Calvo* designe a Vifredo *el Velloso*, noble que descendía de una familia del Conflent, como conde de Cerdaña y Urgel. Estamos en el año 870. Ocho años más tarde sería, finalmente, promocionado a la dignidad de conde de Barcelona y Gerona. Ello venía a suponer la reunión bajo su mando de buena parte del territorio catalán, aunque a su muerte los condados se repartieron entre sus hijos, Barcelona, Gerona y Solsona fueron ya en adelante, excepto durante un breve periodo, un único condado.

Durante el siglo X, los condados catalanes se convirtieron en verdaderos condados independientes del poder carolingio, un hecho que el conde Borrell II oficializó en el 987 al no prestar juramento al primer monarca de la dinastía de los Capeto. En estos años de formación de los condados catalanes, se desarrollaron los primeros pasos de repoblación del territorio tras la invasión musulmana. Así, durante los siglos IX y X se creó una sociedad donde predominaban pequeños propietarios libres, llamados *aloers*, enmarcados en una sociedad agraria donde cada núcleo familiar producía lo que consumía, generando muy pocos excedentes.

La Cataluña feudal medieval

A partir del siglo XI observamos en tierras catalanas el desarrollo de la una sociedad de carácter feudal, como consecuencia de las presiones señoriales para desarrollar lazos de vasallaje con los campesinos libres. Además, los años centrales del siglo se caracterizaron por una guerra social muy violenta, en donde aquella violencia señorial arrollaría a los campesinos.

De este modo a finales de siglo, la mayoría de los campesinos propietarios se habían convertido en siervos sometidos al señor. Este proceso coincidió con un debilitamiento del poder de los condes y la división del territorio en numerosos señoríos, que con el tiempo daría paso a la articulación de un Estado feudal basado en complejas fidelidades y dependencias, en cuya cúspide se encontraría el conde de Barcelona, tras el triunfo sobre el resto de señores catalanes de Ramón Berenguer I. Con el tiempo, estos condes barceloneses irían vinculando todos los demás condados catalanes a éste condado de Barcelona.

Hasta mediados del siglo XII, los sucesivos conde de Barcelona irían ampliando sus territorios en múltiples direcciones, lo que les reportó la incorporación del condado de Besalú, en el año 1111, de parte del condado de Ampurias, el de Cerdaña y, en 1112 y de manera efímera, el de Provenza. Por su parte, en 1118 la Iglesia catalana se independizó de la sede de Carbona, siendo restaurada la sede de Tarragona.

Años más tarde, y como ya hemos expuesto en páginas anteriores, bajo el gobierno del conde Ramón Berenguer IV, se produjeron unos hechos fundamentales para la historia de este territorio de Cataluña. El primero, su boda con la princesa Petronila de Aragón, lo que supuso la unión del condado de Barcelona con el reino aragonés, por lo que con el tiempo el territorio común sería conocido como Corona de Aragón. Desde este momento, el conde Ramón Berenguer materializa las nuevas conquistas que vaya realizando de manera políticamente diferenciadas, en la clara intención de no tener que cederlas a la recién creada Corona de Aragón, haciéndolo por tanto a título personal de marquesados, y la mayoría de ellas a fuero de Zaragoza. Bajo esta premisa conquistaría las localidades de Lérida y Tortosa, formando un territorio al sur de la vieja frontera de la Marca Hispánica como entidad política diferenciada que pasó a denominarse Cataluña, siendo en 1194, en el testamento de Alfonso II, la primera constancia escrita que se tiene del uso de esta palabra y fue refiriéndose a estos territorios.

A finales del siglo XII, diferentes pactos con Castilla vinieron a delimitar las futuras zonas de influencia de cada una de estas entidades políticas, sin embargo en el año 1213 se producía la derrota de Pedro II *el Católico* en la batalla de Muret, acabando con ello el ya largo proyecto de consolidar el poder aragonés sobre tierras de Occitania. Con todo, en el año 1214, nacía el Principado de Cataluña, en base de las Cortes de Cataluña, como división administrativa de la Corona de Aragón.

Tras ello esta Corona de Aragón viviría un periodo de agitación que concluiría en torno al año 1227, cuando el Rey Jaime I el Conquistador asumía plenamente el poder como heredero al trono de la Corona de Aragón, iniciándose la expansión territorial sobre nuevos territorios en manos del Islam. En este sentido, a lo largo del segundo cuarto del siglo XIII se incorporan a la Corona de Aragón los territorios de las Baleares y Valencia. Éste último territorio, el Reino de Valencia, pasó a convertirse en un tercer reino de la Corona de Aragón, con Cortes propias y un derecho propio, los *Furs de Valencia*. Sin embargo, con respecto a las Baleares, juntamente con los condados de Rosellón y Cerdaña, la ciudad de Montpellier y los señoríos de Omeladés y Carladés, sería entregado por el Rey Jaime I en herencia su segundo hijo, el también llamado Jaime, y formarían el Reino de Mallorca, iniciándose así un periodo de tensión interna que concluiría con su anexión a la Corona de Aragón en 1343, por parte del rey Pedro IV *el Ceremonioso*.

Entre las décadas finales del siglo XIII y las primeras del XIV, Cataluña vivió épocas de gran plenitud, en las que experimentó un fuerte crecimiento demográfico y una expansión marítima por el Mediterráneo. Esta época coincide con los reinados de Pedro III el Grande, que ocupaba en 1282 Sicilia y tuvo que defenderse de una cruzada francesa contra Cataluña; de Alfonso III *el Liberal*, que se apoderó de la isla de Menorca, y de Jaime II, que invadió Cerdeña y con quién el poderío catalán alcanzó su máxima expansión económica en la Edad Media.

Sin embargo, desde el segundo cuarto del siglo XIV se inició un cambio de signo para Cataluña, marcado por la sucesión de catástrofes naturales y crisis demográficas, el estancamiento y recesión de la economía catalana y el surgimiento de tensiones sociales. En este sentido, el reinado de Pedro IV *el Ceremonioso* se caracterizaría por la existencia de importantes enfrentamientos bélicos, entre las que se encontrarían sus acciones militares con el objeto de anexionarse el territorio balear, el sofocamiento de una rebelión sarda, de la rebelión de los unionistas aragoneses y valencianos y, ya de manera fundamental, la guerra con Castilla. En el plano institucional, no conviene dejar de lado recordar que en su reinado vio la luz la Diputación General de Cataluña o Generalidad de Cataluña, creada en el año 1365.

Mediado el siglo XV observamos en tierras de Cataluña una importante crisis social, que afectaría tanto al ámbito urbano como al rural, y cuyo desenlace más inmediato sería, en 1462, la *rebelión de los remensas*, protagonizada por los campesinos frente a las presiones señoriales y la guerra civil catalana, que se extendería por un periodo de diez años, tras los cuales la región quedó exhausta, los conflictos remensas no quedaron resueltos y Francia retuvo hasta 1493 los condados de Rosellón y Cerdaña, que fueron ocupados durante el conflicto. Tuvo que ser Fernando II de Aragón, más conocido como Fernando el Católico, quien, a través de la sentencia arbitral de Guadalupe resolvió el conflicto remensa en 1486 –aboliendo los llamados *Seis Malos Usos Catalanes*, origen fundamental de aquel conflicto que enfrentó a señores y payeses–, reformó en profundidad las instituciones catalanas, recuperó pacíficamente los condados catalanes del norte y amplió la actuación de la corona sobre Italia. Su matrimonio con Isabel I de Castilla –más conocida como Isabel la Católica–, condujo a la Corona de Aragón a una unión dinástica con Castilla, efectiva a la muerte del rey Fernando, acaecida en 1516, aunque no es menos cierto que ambas Coronas conservaron sus instituciones políticas, mantuvieron sus cortes, las leyes, las administraciones públicas y la moneda propias.

Los Seis Malos Usos Catalanes

En tierras de Cataluña la repoblación estuvo fuertemente controlada por la nobleza feudal, estableciéndose generalmente un número concreto de prestaciones que con el devenir del tiempo serían consideradas malos usos. En este sentido, en los Usatges de Barcelona únicamente son recogidas tres de estas obligaciones, pero en la mayoría de las encomiendas, especialmente de Payeses de remensa, los malos usos son seis.

En este sentido son los siguientes:

Intestia. Si un payés moría sin testar, el señor tenía derecho a quedarse con una buena parte de su patrimonio.

Exorquia. Es similar a la mañería, es decir, si el campesino moría sin descendencia, el señor podía apropiarse de parte de sus posesiones.

Cugucia. Si la esposa de un siervo de remensa cometía adulterio, el campesino debía pagar una multa a su señor.

Arsia. Hace al campesino responsable de su predio o terrazgo, de modo que, si se produce un incendio o una catástrofe en él, debía compensar al señor feudal.

Firma de spolii. Es el pago por los derechos de boda que paga el padre de la novia.

Remensa. Es el pago que debe hacer un siervo por recuperar su libertad de movimientos y dejar de estar adscrito a la tierra que trabaja.

Esta serie de Malos Usos fue una de las causas, si bien no la única, de la importante rebelión de los Payeses de Remensa contra sus señores, y que tuvo lugar entre los años 1440 y 1486, año en el que Fernando el Católico derogaba aquellas obligaciones del payés, a través de la Sentencia arbitral de Guadalupe.

En relación a lo anteriormente citado, algunos autores introducen, adicionalmente, un nuevo mal uso, el llamado el *Ius Primæ Noctis* o *Derecho de pernada*. Se trata de un supuesto en el cual se permitía al señor a abusar sexualmente de las doncellas de su feudo el día de su boda, aunque no es menos cierto que los estudiosos del fenómeno apenas si han encontrado prueba documental alguna en relación a su verdadera naturaleza, motivo por el cual se discute si realmente existió en la Edad Media. En este momento, los autores llegan al consenso de que aquel *Ius primæ noctis*, tal como se entiende hoy día, es el resultado de la interpretación tendenciosa que hicieron los Ilustrados a fines del siglo XVIII, en el ánimo de desprestigiar a los nobles, al mismo tiempo en el cual reclamaban la desaparición de sus ancestrales privilegios.

En este sentido, todo parece apuntar a que este mito surgiría del modo siguiente: al necesitar el siervo el permiso de su señor para casarse (o, en su caso, para casar a sus hijas), debía, cuando menos, pagar un tributo, llamado como hemos visto la Firma del Spolii de los Remensas catalanes. Este impuesto, a menudo, iba acompañado de una ceremonia quizás como la que se describe en la Sentencia arbitral de Guadalupe: «*La noche de bodas, que la mujer será echada en la cama y* [el señor] *pasará por encima de aquella la dicha mujer*».

La primera legislación catalana

En este momento, una vez introducidos en el devenir histórico del territorio catalán, nos interesa analizar su evolución jurídica. En este sentido, Cataluña adquiere unos perfiles diferenciadores como consecuencia de la dominación franca sobre la parte norteoriental de su territorio. En este sentido, al formar parte integrante de dicho Imperio Carolingio, los *hispani* o hispanogodos que habían tenido como derecho fundamental la *Lex Gótica*, recibirán de los emperadores carolingios diversas normas jurídicas, llamadas Capitulares, nombre que se daba a las leyes o constituciones promulgadas por los reyes francos. Estas Capitulares vienen a contener el ámbito del Derecho Público, encargado de regular las relaciones entre Imperio Carolingio y sus súbditos catalanes, quedando un amplio margen para la aplicación del Derecho propio, constituido en este momento por la Ley Visigoda, y más concretamente por la redacción Vulgata del Líber Iudiciorum. En este sentido, el uso del Derecho Visigodo había quedado autorizado en cierta citada Capitular de Carlos *el Calvo*, del año 844.

Con el devenir de los años, y concretamente a partir del siglo X, la dependencia de estos territorios catalanes con respecto de la monarquía franca será cada vez más teórica, consecuencia inmediata de la propia desintegración de la Monarquía Carolingia, surgiendo pronto las primeras manifestaciones del Derecho Catalán.

El derecho local y comarcal

Las primeras manifestaciones del derecho local catalán serán las Cartas de población y franquicia, destinadas a estimular la repoblación de un determinado lugar, o bien el acrecentamiento de su grupo morador mediante la fijación de normas básicas reguladoras de su establecimiento.

Los más simples documentos de esta naturaleza serán las cartas constitutivas de establecimientos agrarios colectivos, y que simplemente son cartas agrarias sumamente breves, otorgadas por el señor de un determinado lugar, y en donde señalará a los colonos las condiciones de tenencia, disfrute y transmisión del suelo cultivable.

Otras, las llamadas *cartas de franquicias o de exenciones*, se redactan para facilitar el asentamiento, y en donde se fija la dependencia entre las autoridades y los pobladores y vecinos. Una tercera posibilidad, en este supuesto usando un documento de población mucho más amplio, hará referencia a una repoblación que ya cuenta con un estatuto jurídico para la localidad, otorgándose un número diverso de preceptos, con disposiciones civiles, penales y procesales, asemejándose a los fueros breves castellanos.

A partir de la segunda mitad del siglo XII, se van dejando atrás aquellos documentos simples para ser otorgados con motivo de las primeras repoblaciones, formándose unas redacciones más amplias de derecho local que se fijarán por escrito en los siglos XIII y XIV, y que reciben el nombre general de *Consuetudines* o *Costums*, originariamente redactadas en latín y traducidas en ocasiones al catalán.

En este sentido, las Costumbres o Derecho Local de Barcelona serán incorporadas en un privilegio otorgado por el rey Pedro III, conocido generalmente con el nombre de *Recognoverum Proceres*. Este documento viene a constituir un cuerpo legal de Derecho de carácter consuetudinario con influencia visigoda y romana, integrado por 116 capítulos sobre materias civil, mercantil, procesal y de Administración de la ciudad.

Igualmente, otro texto de Derecho Local barcelonés, redactado por Sanctacilia a mediados del siglo XIV, reunirá 70 disposiciones de Derecho consuetudinario y las prácticas judiciales relativas, las servidumbres y relaciones entre fincas, conocido por el nombre de *Ordenacions de Sanctacilia*. Esta obra se extendió a toda Cataluña y fue incluida más tarde en las Recopilaciones del derecho catalán.

Ya a finales del siglo XIV y a lo largo del siglo XV, verían la luz las conocidas *Consuetudines de Gerona*, en donde se contienen aquellas recopilaciones anteriores, el *Recognoverum Proceres* y otras fuentes de Derecho territorial, realizadas con una finalidad práctica para el uso en los Tribunales, y basadas en un fondo consuetudinario, así como glosas y referencias al Derecho Justinianeo.

Es interesante observar como Tomás de Mieres, Juez de la Corte de Gerona, utilizando manuscritos anteriores de 1430 y 1439, realizó una redacción sistemática, dividida en 61 rúbricas y capítulos, denominada *Consuetudines Diócesis Gerundensis*. Su contenido hace referencia al régimen feudal y señorial, contenido en las prácticas y usos feudales de las tierras del Norte de Cataluña.

Pero también en aquellas tierras catalanas vería la luz un Derecho especial propio de los valles pirenaicos, al poseer una configuración institucional y derecho consuetudinario propios, y que serían fijados por escrito en el siglo XIV. En este sentido, en el valle de Arán se formaron las costumbres y ordenanzas, redactadas en 1298 y 1310 por Julián Gasanyola y Pedro Castell. Otro texto es el llamado *Privilegio de la Querimonia*, que fuese otorgado por el rey Jaime II, en 1313, y que reúne 22 capítulos relativos al Derecho familiar, libertad bajo fianza y autonomía judicial. En otro de aquellos valles, en el de Aneu, se redactaron igualmente sus privilegios u ordenaciones aprobadas por Hugo, conde de Pallars, en 1398, dividido en 48 capítulos, conteniendo Derecho Privado, sucesiones y preceptos de carácter penal y procesal.

Una muy importante obra jurídica de Cataluña, las *Consuetudines Ilerdensis*, serían redactadas en el año 1228 por Guillermo Botet, jurista y cónsul de Lérida. Con un carácter privado en lo que a su redacción se refiere, su finalidad preferente era la de ser utilizada en práctica en los Tribunales, apareciendo dividida en tres libros que en vierto modo reproducen la Carta de Población de 1149 y los privilegios reales y condales, y en donde ser observa una notable influencia del Derecho Romano-Canónico, además de considerar vigentes los Usatges, el derecho real y consuetudinario y las fuentes visigodas. Indicar que estas Costumbres de Lérida vinieron a tener una gran influencia territorial en la zona del Bajo Ebro y Castellón.

Otra magna obra de Derecho Local catalán lo constituirá el Derecho de Tortosa, viniendo a constituir el texto más extenso y perfecto de aquellas colecciones de Derecho Local de Cataluña, siendo su formación es el resultado de un conflicto entre los señores de la ciudad, la orden de los Templarios, que pretendían la aplicación preferente de los Usatges, y la población que alegaba el uso inmemorial de sus propias prácticas y costumbres. Ante esta situación planteada, se encargaría a los notarios Tamarit y Gil la redacción de las Costumbres de Tortosa, tarea que finalizaron en 1272, y para cuya redacción utilizaron probablemente otras redacciones previas.

La vigencia de este Derecho Local quedaba establecida por el rey Jaime I en 1251, obligando a juzgar las causas según los Usatges de Barcelona –Derecho territorial– y las costumbres del lugar, acudiendo luego al sentido natural y prohibiéndose la publicación de las leyes godas, romanas o canónicas.

Finalmente, indicarse que el *Capitol de Cort* del Rey Martín I *el Humano*, de 1409, establece como fuentes aplicables en los Tribunales regios a los Usatges de Barcelona y Constituciones de Corte, después a los usos, costumbres y privilegios de las ciudades, villas y lugares; y finalmente al Derecho Común, la equidad y la buena razón.

El Derecho General del Principado

Tras la independencia de los territorios y condados catalanes, se conformaría progresivamente un Derecho de carácter general, y cuya primera expresión serían los Usatges de Barcelona[115].

---

[115] Los *Usatges*, que podría traducirse al lenguaje castellano como *usos* o, mejor, *usanzas*, son los usos y costumbres que forman la base del derecho constitucional catalán. Históricamente, el derecho común en la Cataluña vieja se basaba en estos Usatges de Barcelona que tuvieron una influencia decisiva en el Derecho catalán.

Los Usatges de Barcelona comenzaron a ser recopilados, a partir del partir del siglo XII, recopilándose textos de diversa procedencia normativa: resoluciones de la corte condal, fragmentos del derecho romano, visigodo, cánones religiosos y, fundamentalmente, aquella compilación realizada en el siglo XI por el Conde de Barcelona Ramón Berenguer I.

El núcleo inicial de los Usatges viene a recogerse en setenta disposiciones promulgándose hasta 1058, siendo objeto de refundición y de reelaboración por un jurista o juez de la curia condal en las últimas décadas del siglo XI.

Unos años más tarde de la promulgación de aquella primitiva redacción, en torno al año 1060, se estatuyeron nuevas usanzas que serían añadidas a la obra primitiva, así como los decretos de una Constitución de paz y tregua de 1064, integrando un conjunto aproximado de 130 capítulos.

Tras la muerte del conde Ramón Berenguer I aquella obra jurídica seguirán ampliándose con glosas y adiciones que habían sido extraídas del Liber Iudiciorum, del Breviario de Alarico, de las Etimologías de San Isidoro de Sevilla, de Colecciones Canónicas, etc., así como de las Exceptiones Petri, llegando a formarse a mediados del siglo XIII un conjunto de 174 capítulos, constituidos en la primera colección jurídica con un carácter oficial, obra que sería utilizada posteriormente en la primera redacción oficial el Derecho Catalán. En este sentido, aquel texto jurídico tendría aplicación real en los tribunales catalanes por decisión expresa contenida en una Constitución de Cortes de Jaime I en Barcelona, en 1251. La finalidad de esta obra fue la de resolver la incertidumbre en la aplicación del Derecho vigente en aquel territorio; la regulación de la organización feudal y, como no, suplir las lagunas que ocasionaba un Liber Iudiciorum que ya no daba solución a algunos problemas jurídicos que se iban planteando. Aunque su ámbito de aplicación original eran los condados de Barcelona, Ausona y Gerona, con el paso de los años pasaría a convertirse en territorial.

En este momento, el sistema de prelación de fuentes en Cataluña sería el siguiente: en primer lugar los Usatges, luego el contenido del Liber Iudiciorum, en tercer lugar el arbitrio del príncipe, finalmente en caso de que todavía no se hubiese podido encontrar solución al litigio existente se aplicarían las decisiones del príncipe y de su Corte.

Desde 1283, la legislación emanada de las Cortes tomó el nombre de *Constitucions*, distinguiéndose de estas disposiciones los llamados *Capitols de Cort*, que hacían referencia a peticiones formuladas por los estamentos de las Cortes, y que obtenían su sanción tras el correspondiente beneplácito real. Por otro lado los monarcas, haciendo uso de sus prerrogativas a la hora de crear determinadas normas, promulgaban las Pragmáticas y los privilegios o disposiciones particulares.

Pero no es menos cierto que ya desde mediados de ese siglo XIII el Derecho Romano-Canónico pasaría a convertirse en fuente supletoria de la legislación catalana, por más que en 1251 el rey Jaime I prohibiese su utilización en los Tribunales.

El Derecho del Principado en la Edad Moderna. Las Recopilaciones del Derecho Catalán

La diversidad de las fuentes existente en el territorio de Cataluña, además de un número cada vez más voluminoso de disposiciones vinieron a provocar la necesidad de emprender la tarea de recopilar el Derecho General de Cataluña, cuestión que fue presentada al rey Fernando I en las Cortes de Barcelona de 1412-1413. En ésta asamblea sugirieron también al rey la traducción al catalán de los originales latinos. Una vez aprobada aquella idea de recopilar el derecho, fue encomendada la tarea a una comisión de juristas formada por Jaume Callís, Boronato de Pera, Narcís de Sant Dionis y Francisco Becet. Éstos, siguiendo la estructura Código de Justiniano, terminarían en 1422 aquella redacción, que aparece agrupada en 10 libros, subdivididos en títulos y leyes. Curiosamente aquel trabajo permaneció en el Archivo Real hasta que, bajo el reinado de Fernando el Católico, en 1495 se ordenó la promulgación de la obra con la adición de las disposiciones de Cortes posteriores hasta 1493, siendo considerada la legislación oficial de las leyes del Principado de Cataluña.

La emisión de nuevas Constituciones, Capítulos y Actos de Cortes, determinó que las cortes catalanas de 1553 y 1564 tomasen el acuerdo de realizar una Nueva Recopilación del ordenamiento catalán, aunque convirtiéndose en un intento frustrado. Nuevamente aquel propósito sería reiterado por las Cortes de Monzón de 1585, encargándose la realización de esta segunda Recopilación a una comisión formada por seis personas ilustres, los cuales concluirían en el año 1587 su trabajo, que sería impreso entre los años 1588-1589, y que sería titulada *Constitucions y altres drets de Catalunya*, formada por tres volúmenes.

Poco más de un siglo más tarde sería realizada una revisión de la segunda Recopilación, encargo realizado por las cortes congregadas por un recién coronado Felipe V, en 1702. Aquella sería encargada a una comisión compuesta por tres personas, los jurisconsultos Solá y Massamés y el abad del Monasterio de San Cugat, siendo publicada en 1704, introduciendo la nueva legislación en la ley correspondiente, y manteniendo por tanto la misma estructura que la anterior, y cuya vigencia sería efímera, como consecuencia directa de la Guerra de Sucesión Española y la promulgación por parte de Felipe V de los Decretos de Nueva Planta.

El Rosellón y la Cerdaña

Con la muerte de Luis *el Tartamudo*, acaecida en el año 879, se iniciaba la descomposición del Imperio Carolingio. En este sentido, ya durante el último cuarto del siglo IX, los reyes francos fueron perdieron el poder y en todas las regiones del reino los nobles locales convirtieron sus cargos en hereditarios. De esta forma, en todo aquel antaño poderoso Imperio Carolingio, los condes dejaron de ser funcionarios nombrados y destituidos por el rey, para convertirse en pequeños soberanos en aquellas tierras sobre las que ejercían su jurisdicción. Así las cosas, a la muerte de Miró *el Viejo*, acaecida en el año 895, el condado del Rosellón pasaría a su primo hermano Suñer II de Ampurias, sin que en ello interviniera para nada el poder real.

Ya en el siglo X, indicar que aquel condado pirenaico estuvo unido a otro, el de Ampurias, aunque parece ser que a finales del siglo IX una parte del antiguo condado del Rosellón, lo que vendría a ser el llamado Alto Rosellón, además de Conflent y una gran parte de Vallespir ya había pasado al dominio del conde Miró II de Cerdaña, hijo de Vifredo *el Velloso*, quedando reducido a la parte costera del Rosellón y del Vallespir. Dentro del conjunto formado por Ampurias y el Rosellón, el núcleo político perteneció siempre a la parte ampurdana, residiendo los condes de Ampurias y Rosellón en la localidad de Ampurias hasta que, a causa de la presión de los piratas normandos y árabes, el conde Gausfredo I establecía la residencia condal en Castellón de Ampurias.

Tras la muerte de Gausfredo I, sus dos hijos, contraviniendo el testamento paterno que establecía un gobierno común e indivisible sobre todos sus dominios, se repartieron los condados. En este sentido Hugo I (991-1040) fue conde de Ampurias, mientras que Guislaberto I (991-1014) lo fue del Rosellón. Del co-gobierno dispuesto por el fallecido Gausfredo únicamente quedarían unas determinadas cláusulas pactadas entre ambos herederos:

- el derecho a asistir a los juicios y pleitos celebrados en cualquiera de los dos condados, repartiéndose los derechos percibidos de justicia;
- permitir que el conde del Rosellón permaneciera en Ampurias, la antigua capital, cobrándole todos los censos y usos del lugar, o que Hugo y Guislaberto pudiesen poseer dominios en el territorio del otro.

En 1014, Hugo I de Ampurias, aprovechando la muerte de su hermano Guislaberto, que había dejado a un hijo suyo como heredero, pero el cual todavía era un niño, invadió el Rosellón aunque aquella empresa fracasaría gracias a la ayuda que el conde de Besalú, Bernardo Tallaferro y de su hermano el abad Oliva, prestaron a ese niño que gobernaría bajo el seudónimo de Gausfredo II, y que a la postre fuese reconocido como conde del Rosellón en el pacto de 1019, auspiciado por el abad Oliva. La división en 991 fue irreversible y los condados de Ampurias y Rosellón no volvieron a ser un condado común.

Así las cosas, el conde Guislaberto del Rosellón trasladó su residencia desde Castellrosellón hasta una villa llamada Perpiñán, la cual iniciaría un ascenso continuado hasta acabar convertida en la capital del Rosellón, en detrimento de Elna, la tradicional sede episcopal del Rosellón.

A Guasfredo II le sucedería su hijo Guislaberto II, el cual pactaría con el conde de Ampurias sobre los derechos respectivos acerca de las posesiones militares y eclesiásticas. A su vez, Gerardo I, hijo y sucesor de Guislaberto II, había marchado a Tierra Santa como cruzado llegando a participar en las conquistas de Antioquia, en el año 1098, y Jerusalén un año más tarde. Cuatro años más tarde, este personaje volvía a tierras del Rosellón, pero, una vez más en 1109, iría de nuevo a Tierra Santa, lugar en donde moriría asesinado en 1112, pasando el condado a manos de su hijo Gausfredo III.

En épocas de este conde Gausfredo III (1113-1164), viviría el Rosellón períodos muy turbulentos, derivados fundamentalmente, por un lado, por los ataques perpetrados por los piratas sarracenos; y, por otro, por las malas relaciones mantenidas con el conde Hugo I de Ampurias, todo ello derivado de sus ambiciones territoriales sobre el Rosellón. Quizá por ello, en aquel conflicto que mantenía Ampurias contra Barcelona, en el año 1128, el conde de Gausfredo II del Rosellón se pusiera de parte de Ramón Berenguer III.

Aquella crisis política se acentuaría con la sublevación de Gerardo contra su padre, Gausfredo III. Éste pudo conservar el condado gracias a la ayuda de Hugo III de Ampurias (1154-1175), favorable, en contra de la opinión de Hugo I, al entendimiento con la dinastía del Rosellón. En 1162, Gausfredo III se reconcilió con su hijo y Gerardo obtuvo el señorío de Perpiñán siendo reconocido, nuevamente, como heredero del condado.

La anexión del condado al dominio real de Aragón

Pero el conde Gerardo II de Rosellón (1164-1172), resultaría ser un hombre continuamente enfermo, incapaz de engrandar sin hijos. Este hecho motivaría que al final de sus días designase como heredero de aquel condado al rey Alfonso II de Aragón. Así las cosas, y contando con el apoyo de la aristocracia local en 1173, después de muerto Gerardo II, Alfonso II de Aragón convocaba una asamblea de nobles roselloneses en Perpiñán, en la que estableció unos estatutos de paz y tregua válidos para todo el condado del Rosellón y la diócesis de Elna.

Pero pronto se produciría un hecho sumamente interesante a la hora de analizar el devenir histórico del territorio del Rosellón. En este sentido, y seguramente como reacción a la amenaza que significaba la cruzada anticátara del Languedoc, dirigida por nobles franceses hacia el año 1109, el rey Pedro I de Aragón concedió en herencia a su tío Sancho, que era además conde de Cerdaña desde 1181, el condado del Rosellón, incluyendo el Conflent y aquellos territorios del Alto Rosellón y del Vallespir, que habían formado parte del Condado de Besalú. En este momento el condado del Rosellón volvía a coincidir con la diócesis de Elna. Sancho I de Rosellón-Cerdaña, fue sucedido por su hijo Nuño Sancho de Rosellón-Cerdaña, a la muerte del cual (1242), sus condados revirtieron a la corona.

En su testamento de 1261, Jaime I de Aragón dispuso que los condados del Rosellón y la Cerdaña habían de pasar a formar parte del reino de Mallorca, que correspondería a su hijo Jaime, el futuro Jaime II, quedando separados de Aragón, Cataluña y Valencia que serían para Pedro II de Aragón; a partir de entonces, el infante Jaime administra como veguer su futuro reino. En este sentido, tras la muerte de Jaime I, acaecida en el año 1276, aquella decisión de repartir sus territorios entre sus hijos se puso en práctica, pasando los condados del Rosellón y de Cerdaña a dominio de Jaime II de Mallorca (1276-1311), que convirtió a Perpiñán en la segunda capital del reino.

Jurisdiccionalmente hablando, el territorio de los condados del Rosellón y Cerdaña, se vinieron a dividir en veguerías, encontrándose así la veguería del Rosellón, con capital en Perpiñán, se unió a la de Vallespir con el territorio de Illa que, hasta 1309 había formado parte de la del Conflent. La veguería de Conflent, con la capital en Vilafranca de Conflent, correspondía, aproximadamente, al actual Conflent con la veguería del Capcir; la veguería de Cerdaña tenía su capital en Puigcerdà con la veguería del Baridà y el territorio del Valle de Ribes disponía de su propia administración.

Pero allá por el año 1344, el rey de Aragón Pedro el Ceremonioso, se anexionó el reino de Mallorca, constituyendo los condados del Rosellón y Cerdaña. Además vendrían a gobernarse ambos –independientes de la gobernación del Principado de Cataluña– con capital en Perpiñán, de modo que esta ciudad se convirtió en la segunda capital de Cataluña.

Ya en el siglo XV, las tensiones políticas de Cataluña condujeron al estallido de la llamada *Guerra de los Remensas* (1462-1472), cuando Cataluña se rebeló contra el rey Juan II. En ese momento, y con la intención de conseguir la ayuda de Luis XI de Francia contra los rebeldes, Juan II firmó en 1462 el conocido como Tratado de Bayona en virtud del cual se empeñaban al rey de Francia los condados de Rosellón y Cerdaña a cambio de recibir armas y dinero. Así las cosas, un año más tarde el rey galo ocupaba los condados donde, a partir de 1472, cuando ya la guerra había terminado en el resto de Cataluña, comenzó a extenderse la revuelta contra los franceses. Así las cosa, el 12 de febrero de 1473, el rey Juan II entraba, con un ejército en Perpiñán y se atrincheró en ella, a la vez que la guarnición francesa se retiraba al castillo real y un nuevo ejército de Luis XI volvía a sitiar Perpiñán.

Tras una tregua que se acordaba el 14 de junio, se llegó al Tratado de Perpiñán, pactando que los combates se llevaran a cabo en un territorio neutral. Sin embargo, Luis XI, contraviniendo el contenido del tratado ocupaba en 1474 Elna, ordenando ejecutar de paso al gobernador, Bernardo de Oms, en el castillo de Perpiñán. Así las cosas, el 10 de mayo de 1475, tras ocho meses de asedio, los perpiñaneses aceptaron la orden de Juan II de rendirse a los franceses, durando aquella dominación gala hasta la firma del Tratado de Barcelona, en 1493, momento en el cual Carlos VIII de Francia aceptaba restituir los condados a Fernando el Católico.

Nuevamente a lo largo del siglo XVI, los condados del Rosellón y la Cerdaña fueron escenario de las continuas guerras entre la Monarquía Hispánica y Francia. Así, en 1520, un ejército francés se apoderó de la Torre de Querol y llegó a Puigcerdà; nuevamente en 1542, Perpiñán tenía que ser defendida por el duque de Alba contra el batallón dirigido por Enrique, príncipe de Francia. A finales del siglo XVI, los franceses efectuaron un nuevo intento de anexión.

La anexión a Francia

Dentro del contexto de la Guerra de los Treinta Años, desarrollada entre los años 1618 a 1648, en 1635 Felipe IV declara la guerra a Luis XIII de Francia. En 1639 los franceses tomaron Salses; poco después, en 1640, Cataluña se subleva contra Felipe IV y así se inicia la Guerra de los Segadores; en 1641, donde el francés Luis XIII sería proclamado conde de Barcelona, dividiéndose Cataluña entre partidarios de Francia y partidarios de seguir perteneciendo a la Monarquía Hispánica. En esta situación bélica tendría lugar el Tratado de los Pirineos, firmado en la Isla de los Faisanes en 1659, en donde una agotada España claudicaba ante las pretensiones francesas de anexionarse los condados del Rosellón y la Alta Cerdaña, excepto el valle de Ribes, una parte de esta comarca que quedó bajo administración española, y la villa de Llívia, a la cual curiosamente se dejaron por citar en el Tratado de los Pirineos, motivo por el cual sigue perteneciendo en la actualidad a España[116].

---

[116] En efecto, Llivia es una localidad española situada en la parte nororiental de la comarca de la Baja Cerdaña, en la provincia de Gerona, a 153 kilómetros de su capital provincial, y rodeada en su totalidad por territorio francés como resultado del Tratado de los Pirineos de 1659, constituyendo por tanto un enclave de España en Francia.

IV. El REINO DE MALLORCA

Hacia los orígenes del Reino de Mallorca

Pese haber sufrido el primer desembarco de tropas musulmanas en el año 707 no sería hasta el siglo X cuando la isla de Mallorca fue conquistada por parte de Isam al-Hawalani. Tras la conquista, Madîna Mayûrqa sufrió un crecimiento notable y propició que las Islas Baleares se convirtieran en un refugio para los piratas sarracenos y punto de apoyo para los berberiscos que atacaban a los barcos cristianos del Mediterráneo occidental, dificultando los intercambios comerciales entre los distintos centros de comercio de la zona. Tras diversas alternativas, como las que emprendiera en 1115 Ramón Berenguer III, la definitiva incorporación de estas islas al mundo de la Corona de Aragón sería obra del rey Jaime I, el cual tenía en mente la conquista de Valencia y de las Baleares, aunque ambas empresas no respondiesen a motivos análogos.

Según narra el propio Jaime I en el *Llibre dels feyts* la conquista fue presentada al monarca por los mercaderes durante una cena dada por Pere Martell en Tarragona.

En las Cortes celebradas el 23 de diciembre de 1228 en Barcelona, en las que tomaron parte los tres estamentos, se discutió sobre la conveniencia de realizar un ataque contra las Baleares o contra Valencia. A aquella reunión le siguieron otras. Finalmente el rey se decantó por la opción mallorquina. El ataque a Mallorca estaba fomentado por los comerciantes y hombres de negocios por lo que quedaba pendiente el apoyo de los nobles, imprescindibles en la conquista. Según el mismo Jaime I fue Pedro Martell, navegante, quien le animó a embarcarse en aquella empresa durante una cena dada por el catalán. Es muy probable que se diera una cena a la que asistieran aquellos personajes y que se hablara de Mallorca, pero seguramente el ataque a la principal isla de las Baleares ya estaba decidido.

En aquella reunión los nobles catalanes aceptaron apoyar el ataque, ofrecer apoyo económico y militar mediante el aporte de un número determinado de caballeros y uno indeterminado de peones, el cobro del *bovaje*[117] en sus dominios para sufragar los gastos, y firmar un tratado de Tregua y Paz en toda Cataluña. A cambio recibirían una parte de las tierras conquistadas que sería proporcional al apoyo prestado para la conquista. Los hombres designados para esta tarea fueron finalmente el maestre de la Orden del Temple, el obispo de Barcelona Berenguer Palou, el obispo de Gerona, el conde Nuño Sánchez del Rosellón, el conde Hugo de Ampurias, los caballeros catalanes Ramón Alamán y Ramón Berenguer de Áger y los *ricoshombres* de Aragón Jimeno de Urrea y Pedro Cornel.

Aunque no cabe duda de que la conquista de estas tierras insulares fuera preferentemente obra de catalanes todas las poblaciones colaboraron en alguna medida, participando además ciudades de la Provenza como Montpellier, Marsella y Narbona o italianas como Génova. Pese que los aragoneses renunciaron a participar en la conquista, en cierta reunión celebrada en Lérida, tan sólo unos pocos días después de las citadas Cortes de Barcelona, el rey Jaime I consiguió que un significado número de nobles aragoneses tomaran parte en la conquista por su vínculo de vasallaje con el rey, y que los leridanos acabaran apoyando la empresa pese a que en un principio parecía que no iban a participar. Sin embargo, los aragoneses estaban más interesados en Valencia y esto lo aprovecharía el rey Jaime para preparar la futura conquista de esas tierras levantinas. Finalmente unos 200 caballeros de los que embarcaron provenían de Aragón, los cuales participaron en acciones militares destacadas, significándose los 150 caballeros de Pedro Cornel y los 30 de Pedro de Linaza.

Finalmente, el día 5 de septiembre de 1229 partían de los puertos de Salou, Cambrils y Tarragona la flota cristiana rumbo a Mallorca, formada por más de 150 naves, en donde las fuentes hablan de que en ellas iban unos 800 caballeros y miles de soldados.

Pronto aquella flota desembarcaba en la isla, conquistando el 31 de diciembre su capital Medina Mayurka *–ciudad de Mallorca–* , y ocupó finalmente toda la isla en 1232. El reparto de las tierras y bienes de la isla tuvo dimensiones cuasi absolutas, realizándose según lo pactado con anterioridad en las Cortes y según lo que se dispuso en el *Llibre del Repartiment*.

---

[117] Se trataba de un tributo que usualmente cobraban los reyes de la corona de Aragón al comienzo de su reinado. Era percibido tanto en dinero como también en labores y prestaciones en forma de trabajos o servicios personales, aunque en sus inicios venía a consistir en marcar las parejas de bueyes, de donde procede su nombre.

En este sentido, el rey Jaime I dividió la isla en 8 partes, la mitad pasó a formar la *medietas regis* y la otra mitad la *medietas magnates*, o lo que es lo mismo: la mitad de la isla pasó a manos del rey y la otra mitad a los nobles porcioneros o árbitros del reparto.

Tras haberse tomado aquella isla, con su consiguiente anexión a la Corona de Aragón, Jaime I desestimó un ataque a Menorca debido a las bajas sufridas durante la conquista de Mallorca, y a que las tropas eran necesarias para la conquista de Valencia. Así las cosas, la isla Menorca seguiría en manos de los musulmanes, aunque siendo tributaria del rey de Mallorca, tras la firma del correspondiente tratado de vasallaje y el pago de tributos el 17 de junio de 1231, aunque finalmente aquella isla fuese tomada en el año 1298 por el rey Alfonso III.

La isla de Ibiza

Con respecto a la conquista de la isla de Ibiza, indicar que aquella empresa fue asignada por Jaime I al arzobispo de Tarragona Guillermo de Montgrí, su hermano Bernat de Santa Eugenia, el conde del Rosellón Nuño Sánchez y el conde de Urgel Pedro I, siendo tomada aquella isla el 8 de agosto de 1235 e incorporada al Reino de Mallorca. Curiosamente, la repoblación fue llevada a cabo por gentes procedentes del Ampurdán.

En un principio se usaría como ordenamiento jurídico del territorio de Mallorca, los Usatges de Cataluña. En este sentido, vino a establecerse para la Ciudad de Mallorca el régimen llamado *Universitat de la Ciutat i Regne de Mallorca*, a la vez que aquella Madina Mayurqa islámica pasaba a llamarse Ciutat de Mallorca o de Mallorques, ya que el rey Jaime I dotó a la ciudad de una municipalidad que abarcaba a toda la isla.

El reino de Mallorca a la muerte del rey Jaime I

Tras la muerte de Jaime I, el reino junto con otras posesiones del sur de Francia fue heredado por su hijo Jaime, quién pasó a ser el rey privativo de Mallorca, independiente de la Corona de Aragón hasta la posterior reintegración a la Corona de Aragón. En este sentido el legítimo heredero, Pedro

III, recibía los grandes reinos de Aragón, Valencia y el Principado de Cataluña, y quedando en poder de su hermano Jaime II de Mallorca la herencia materna de Montpellier, los territorios incorporados de Rosellón, Cerdaña, Conflent y Vallespir y el recién creado reino de Mallorca, que entre 1276 y 1343 será regido por tres monarcas privativos: Jaime II, Sancho y Jaime III, para volver a incorporarse al conjunto de la Corona de Aragón con Pedro IV, tras la trágica muerte de Jaime III en la batalla de Llucmajor.

Este monarca aragonés, a través del Capítulo de 22 de Junio de 1365, anexionaba plenamente Mallorca a su Corona, pero las Constituciones de Cataluña no reconocerán a los mallorquines como naturales del Principado, y éstos además recuperaran su autonomía con el llamado *Privilegio de Gaeta*, de 17 de Junio de 1439, que admitió la solicitud de los mallorquines de que no pudieran ser convocados por los Tribunales fuera de las islas[118].

Las fuentes del Derecho del Reino

La primera etapa de formación de este Derecho mallorquín corresponderá al período cronológico que abarca desde los años 1230 a 1239, iniciándose con el gran instrumento de compensación para los autores de la conquista, el ya citado Libro del Repartimiento, y fundamentalmente con la Carta de Población concedida a Mallorca en 1230, en la que como consecuencia de la conquista de aquellas tierras serán aplicados los Usatges de Barcelona, aunque de manera exclusiva para el orden penal.

En todo caso, este primer período de desarrollo jurídico terminará en 1299, cuando el rey Jaime II confirma aquella Carta de Privilegio originaria, a la cual vino a incorporar algunas mejoras. El resultado será el *Llibre de Costums*, y que establece que se deba juzgar de acuerdo con el Derecho propio de los naturales de Mallorca, y a falta del mismo según los Usatges

[118] A través del llamado Privilegio de Gaeta de 1349 Alfonso V consolidaba la autonomía de Mallorca, disponiendo que de ninguna manera Mallorca estuviera sometida al Principado de Cataluña, y ordenando que el reino de Mallorca no estuviera obligado al cumplimiento de las *Constitucions* ni de los *Usatges* de Cataluña. De este modo se volvió a la situación establecida en 1299 a la vez que se fortalecía la vigencia supletoria del derecho común, ya que desde 1439 pudo aplicarse inmediatamente después del Derecho insular, al ser expresamente prohibida en Mallorca la vigencia de los Usatges.

de Barcelona en los casos establecidos, y en su defecto según el Derecho Común.

Un segundo período comenzaría en el año 1299 y terminaría en 1365, etapa llamada de afirmación nacionalista, recordemos la división territorial de la Corona de Aragón conforme a lo establecido por el testamento del rey Jaime I. Este período supuso el fortalecimiento de la costumbre y el tiempo de expansión del *ius commune* y de la legislación real, sentándose de paso las bases de lo que fue *Gran i General Conseill*, convertido en cierto modo en la Asamblea representativa balear, ya que este territorio no dispuso nunca de Cortes propias.

Con todo, este período histórico del reino de Mallorca terminará con el Privilegio de Sant Feliú de Guixols, de 22 de Junio de 1365, en virtud del cual se incorporarán al Principado de Cataluña. Curiosamente este Privilegio era concedido a petición de los propios mallorquines, más deseosos de ampliar sus privilegios que de regirse por el Derecho Catalán y perder su personalidad propia.

Entre las fuentes de ese Derecho catalán encontramos se encontrarían los *Capitols de Cort*, que eran peticiones formuladas por algunos de los estamentos representados en las Cortes de Cataluña y que afectaban a los moradores del reino de Mallorca. A esta época corresponde el Códice llamado *Llibre de Franqueses a Regibus Majoricarum concesse* o *Liber Regum*, que fuera realizado por Romeu des Poal, por encargo de los Jurados entre 1234 y 1239. Esta obra recoge 120 disposiciones de los reyes de Mallorca, y también de los monarcas catalanoaragoneses, incluyendo además los Usatges de Barcelona.

El tercer período histórico del reino de Mallorca corresponde a la época de la integración del Reino en el seno del Principado de Cataluña, cuestión que dará inicio en 1365 con la disposición llamada de San Feliú de Guixols que suponía la incorporación de iure del territorio mallorquín al Principado, dependencia que terminará con el ya conocido *Privilegio de Gaeta*.

La última fase del Derecho de Mallorca corresponde al período que transcurre desde ese Privilegio de Gaeta prolongándose hasta el año 1715. En este periodo de tiempo vendrá a desarrollarse el particularismo jurídico, a la par que continua vigente en plenitud el Derecho Romano.

Las recopilaciones del derecho del territorio balear

El derecho mallorquín no será objeto de recopilación hasta el siglo XVII, aunque allá por el año 1499 Fernando de Aragón solicitó la aclaración de las franquezas que venían a corresponder a aquel Reino. Nuevamente en el año 1565 se haría necesario clarificar el Derecho vigente, en este caso como reacción al abuso de las autoridades virreinales.

Sin embargo esta necesidad seguía estando plenamente vigente. De este modo en 1602, sería designada una comisión de tres doctores para que se encargasen de realizar una Recopilación del Reino de Mallorca. Las personas elegidas serían Pere Moll, Jordi Fortesa y Onofre Salvá, sustituidos por Juan Canet y Antoni Mesquida, los cuales finalizaron aquella tarea en 1622, presentándola ante los Jurados. Sin embargo, y a pesar de su brillante trabajo, la obra no lograría la pertinente aprobación oficial.

Con todo, la Recopilación oficial del derecho mallorquín sería obra de Antonio Moll, habiendo sido encargada, una vez más, por Jurados del Reino. El resultado tomaría el nombre de *Ordinacions y summari dels privilegis, consuetuts y bon usos del regne de Mallorca*, y en donde, además de los textos medievales, se contenía las Ordenaciones del siglo XVI dirigidas a la Audiencia de Mallorca. Finalmente, y tras haberse observado otras iniciativas de origen particular, en el año 1718, José Basa publicaba otra Recopilación mallorquina que recogía la legislación posterior a la anterior recopilación de Moll.

Las fuentes del Derecho en las islas de Ibiza, Formentera y Menorca

Ya en la introducción a este capítulo anunciábamos que cada una de las islas que conforman el Reino de Mallorca mantuvo su propio Derecho histórico.

En este sentido, el Derecho de Ibiza y Formentera encontró su texto jurídico originario aquella Carta de Población otorgada el 9 de Enero de 1236, aunque en el fondo no deje de ser documento abreviado de la Carta de Población de Mallorca de 1230. Por otro lado, en un papel de derecho supletorio se recogen los Usatges de Barcelona en materia penal, y, a partir de 1299, se reconoce la vigencia del Derecho Común, tal y como ocurre con la isla de Mallorca.

Con respecto a la isla de Menorca, indicar que aquel territorio mantendría su particularismo jurídico, habiendo recibido su Carta de Población por el rey Jaime II, el 30 de Agosto de 1301, siguiéndose una vez más el modelo de la Carta de Mallorca, aunque en este caso contaba un número de disposiciones más amplio que aquella dirigida a Ibiza y Formentera. Igualmente, el papel del Derecho Común será el de ser su derecho supletorio. Con todo, en el año 1382 el rey Pedro el Ceremonioso establecía que los habitantes de la isla de Menorca gozaran de todos los privilegios concedidos al Reino de Mallorca.

Curiosamente, en la isla de Menorca no se aplicó el Decreto de Nueva Planta de 1715 hasta el año 1781, ya durante el reinado de Carlos III. No olvidemos que tras aplicarse los contenidos del Tratado de Utrecht, esta isla pasaba a quedar en manos de los ingleses, tal y como tendremos oportunidad de analizar en páginas siguientes.

V. EL REINO DE VALENCIA

Los orígenes del Reino de Valencia

Tras la muerte del caudillo musulmán Almanzor, acaecida en el año 1030, el califato de Córdoba se descompuso, dividiéndose en una treintena de territorios independientes, los llamados reinos de taifas, surgiendo en estas tierras valencianas los de Denia, Valencia y Alpuente.

Ya en el año 1065, el rey Fernando I de Castilla atacó la ciudad de Valencia, retirándose sin haberla conseguido conquistar. Más tarde, aquella taifa sería incorporada por la de Toledo, hasta que con ayuda castellana recuperó la independencia en 1076. Nueve años más tarde, en 1085 y tras la conquista de Toledo por los castellanos, juntamente con la muerte del rey de la taifa de Valencia, fue elevado al trono de este territorio mediterráneo al-Qadir, el antiguo rey de Toledo, quién contó con la ayuda militar de Alfonso VI de Castilla.

En esta situación nada común aparece en escena el castellano Rodrigo Díaz de Vivar, que, tras una revuelta pro-almorávide en Valencia, en donde al-Qadir resultara asesinado, conquistaba la ciudad en junio de 1094. Tras la muerte del Campeador en 1099, los ejércitos almorávides tomaron el control de aquel territorio en el año 1102. A mediados del siglo XII, estos almorávides fueron a su vez desplazados por los almohades.

Tras haber mordido el polvo las tropas musulmanas en la ya mitificada batalla de Las Navas de Tolosa, en el año 1212, se produjo el definitivo derrumbamiento almohade, dividiéndose su territorio en los llamados «*segundos reinos de taifas*», y en concreto en tierras valencianas surgieron las taifas de Balansiya, Denia, y Murcia.

Así las cosas, en el año 1232 el rey Jaime I inició la conquista del territorio valenciano, al que a la postre acabaría estructurándolo como un reino autónomo dentro de la Corona de Aragón, en contra del deseo de los nobles aragoneses que le habían apoyado, que querían verlo integrado dentro del reino de Aragón.

En 1238 tomaba Valencia, firmando en el año 1244 firmó el tratado de Almizra –*tratado del Campo de la Mirra*– con el castellano Fernando III, en donde se delimitarían los espacios meridionales del Reino de Valencia, a través de la línea Biar-Jijona. Por su parte, el todavía infante Alfonso, futuro Alfonso X, en 1248 conquistaba Alicante para la Corona castellana[119].

En 1296 Jaime II de Aragón, aprovechando las luchas dinásticas existentes en ese momento en la Corona de Castilla, conquistaba el Reino de Murcia, anexionándose al Reino de Valencia los dos tercios sur de la provincia de Alicante tras la Sentencia Arbitral de Torrellas, de 1304; y el tratado de Elche, firmado en 1305[120]. Igual destino llevaría el valle de Ayora, el cual pasaría también de la Corona de Castilla a la de Aragón a principios del siglo XIV.

Los orígenes del derecho del Reino

Conforme las tierras de Valencia eran conquistadas por los ejércitos cristianos, formados básicamente por aragoneses y catalanes, éstos iban concediendo a la mayor parte de aquellos lugares incorporados sus propios fueros, como fue el caso del Fuero de Zaragoza, concedido a las localidades de Morella, Peñíscola, Benicarló, Vinaroz, Burriana, etc.; mientras que las Costumbres de Lérida fueron concedidas a localidades como Cervera. Igualmente ocurriría con el caso del Fuero de Sepúlveda y de la Extremadura

[119] El Tratado de Almizra era firmado el 26 de marzo de 1244, encargándose de determinar los límites del Reino de Valencia. Fue acordado entre Jaime I de Aragón y quien más tarde sería su yerno, el infante Alfonso de Castilla (más tarde Alfonso X el Sabio), estipulándose que las tierras que quedaban al sur de la línea Biar-Busot-Villajoyosa quedarían reservadas a Castilla. El origen de este Tratado se encuentra en el constante incumplimiento por ambas partes de los anteriores acuerdos suscritos, tales como el Tratado de Tudilén, de 1151, y el Tratado de Cazorla, de 1179.

[120] El Tratado de Torrellas es un acuerdo firmado en esta localidad zaragozana, junto a la ciudad de Tarazona, tras la conquista del Reino de Murcia, que ese momento de encontraba en manos castellanas, por parte del aragonés Jaime II. En este sentido, entre los años 1296 y 1300, el rey de Aragón realizó operaciones militares de conquista en el territorio de Murcia con la intención de apoderarse de la zona comprendida entre Elda por el norte y Huércal-Overa por el sur. Finalmente, este acuerdo político sería suscrito el año 1304 entre Jaime II y Fernando IV de Castilla, delimitándose en el mismo las nuevas fronteras entre ambas Coronas. El acuerdo significaba básicamente la paz entre ambos reyes, y la devolución a Castilla de la mayor parte del Reino de Murcia, conquistado anteriormente. Las ciudades de Orihuela, Elche, Caudete, Elda y Alicante, pasaron del Reino de Murcia al de Valencia. Este tratado fue modificado el año siguiente por el Tratado de Elche, en donde la principal modificación con respecto al tratado anterior sería la devolución de Cartagena a Castilla.

a Morella. También fueron realizadas numerosas Cartas de Capitulación a fuero de sus habitantes, o lo que es lo mismo, los habitantes de las ciudades incorporadas a la Corona se mantendrían conforme a lo dispuesto por su derecho islámico.

Los Furs de Valencia

Con todo, el ordenamiento jurídico por excelencia del Reino de Valencia serán los Fueros o Costum de Valencia, promulgados oficialmente en 1240, y cuyo nombre generalizado sería desde el año 1261 el de *Furs de Valencia*.

Los antecedentes más directos los encontramos en los fueros que se originan en *els costums*, que básicamente son una serie de normas de la vida común y de ordenación de la ciudad de Valencia y diversas villas, que se crearon tras la conquista por Jaime I, adaptando las normas aragonesas y las Costums catalanas. La norma valenciana se aplicaba en parte del territorio conquistado, mientras que otra parte seguían vigentes los Fueros de Aragón. El primer costum fue promulgado por el rey Jaime I el 21 de marzo de 1238, en la localidad de Játiva, confiriendo jueces civiles y criminales, así como la Cámara de los jurados de Valencia a la ciudad. Esta creación de leyes propias para Valencia suponía una oposición al poder de la nobleza aragonesa que deseaba extender los fueros de Aragón a este nuevo territorio de la Corona.

Será en el año 1251 cuando se comience a utilizar a los costums valencianos como fueros, después de la orden real de recoger todas las normas que habían sido promulgadas en los primeros años de la Valencia cristiana. En aquel año Jaime I ordenó que los jueces se atuviesen a los fueros.

Durante un tiempo las aspiraciones de las «*costums*» dependían de la voluntad del rey que las había promulgado, y por lo tanto podían ser revocadas por éste. En el ánimo de acabar con aquella discrecionalidad, la ciudad de Valencia juntamente con algunas villas trataron de obtener la irrevocabilidad del derecho valenciano, motivo por el cual vinieron a solicitar al monarca que jurase aquellos fueros, cuestión que finalmente se producía el 7 de abril de 1261, cuando el Jaime I juraba en Valencia, ante las Cortes aquel derecho. Cuatro días más tarde promulgó un privilegio al nuevo reino, según el cual, todos los sucesores del monarca también tenían que jurarlos en Valencia antes de cumplido el mes de su reinado. Esta supeditación del rey a los Fueros supuso la constitución del Reino de Valencia como estado soberano.

Con todo, no conviene olvidar que aquellos fueros, inicialmente, no fueron vinieron a constituir el derecho de todo el reino de Valencia. En este sentido, todavía en el año 1263 los fueros aragoneses regían en las localidades de Cirat, Morella, Vallibona, Vinaroz, Boixar y Fredes, Vilanova, etc. Algo similar ocurría en ese mismo año de 1263 con respecto a las costums de Lérida, las cuales regían en Càlig, Cervera, Rossell y San Mateu, Vilafamés, etc. Finalmente, los de Barcelona regían en Castell de Xivert, Montcada y Beniacaldim de Almenara.

Muestra del especial del rey Jaime I en los fueros, volvía a ordenar en el año 1270 a los jueces que no se atuviesen a los decretos sino a los fueros, algo que volvía a estar en su agenda política un año más tarde, cuando volvía a confirmar los fueros.

Ya a partir de 1283, en virtud del *Privilegium Magnum*, el rey no podía imponer nuevos impuestos sin la aprobación de las cortes. Además, en Valencia le fue otorgada la potestad de nombrar cónsules, potestad que hasta aquel momento sólo tenía Barcelona. Esto sería el nacimiento del Consulado del Mar de Valencia.

Con el tiempo, a pesar de la oposición de parte de la nobleza a los fueros de Valencia y ante el riesgo de que el resto del territorio se pudiesen aplicar los fueros de Aragón, la corona y las Cortes Valencianas fueron consolidando poco a poco los fueros de Valencia, como normas para todo el territorio del Reino de Valencia. La solución a este enfrentamiento se pretendió zanjar en las Cortes de 1329, en las cuales el monarca Alfonso IV ofreció algunas ventajas a quienes renunciando al Derecho Aragonés se sometieran al Derecho de Valencia, acogiéndose por tanto a los Furs, por el cual optaron muchos lugares, dándose un gran paso hacia la unificación del Derecho de Valencia.

Características propias de los Fueros de Valencia

Las circunstancias propias del reino de Valencia obligaron a ciertas características especiales de los fueros. El ajuste étnico (cristianos, musulmanes y judíos) daría lugar a no pocos problemas de estructuración jurídica, sumándose a ello los intereses del rey Jaime de recortar en la medida de lo posible el poder a la nobleza, hizo que la nueva legislación valenciana estableciese unas fórmulas que en cierto modo podríamos calificar de predemocráticas, con una juridicidad romanista dentro de un poder real prevalente. Estas medidas, ciertamente, venían a contrastar con las viejas estructuras feudales de los otros reinos y condados de la corona. En este sentido, al contrario que ocurría en otros reinos de la Corona de Aragón y del resto de la península los habitantes del reino de Valencia estaban libres de la arbitrariedad de los señores, en donde el llamado *ius soli*[121] se impuso sobre el *ius sanguinis*[122] por primera vez en los reinos de la península.

Con respecto al contenido y articulación de los Furs de Valencia, indicar que aparecen divididos en rúbricas y leyes, distribuyéndose a lo largo de nueve libros con un orden de materias semejantes al que se emplease para el Código de Justiniano. Además del Fuero, el Derecho Valenciano incorporará ciertos privilegios regios, y que comprenden los privilegios concedidos por el rey Jaime I a la ciudad y Reino de Valencia, y que fueron reunidos a fines del siglo XIII en el llamado *Libro de los Privilegios de Valencia.*

Aunque son varios los Códices que actualmente pueden ser analizados, la sistematización del mismo es la siguiente: el libro primero tratará sobre la organización de los Tribunales y de la potestad legislativa del príncipe, los libros segundo, tercero y cuarto del proceso y del procedimiento; el quinto del régimen familiar y tutela; el sexto tratará sobre la sucesión testada y prescripción; el libro séptimo nos hablará sobre la sentencia de apelación; el libro octavo analiza la prenda, fianza, pago de deudas y afiliación; final-

[121] El *ius soli* significa el derecho del lugar, y que en derecho internacional se usa para designar el título que resulta del lugar de nacimiento, y que se toma en consideración para atribuir a una persona la nacionalidad de un estado, como ejemplo valga el hecho de ser español todo individuo nacido en España de padres desconocidos.

[122] El *ius sanguinis* significa el derecho de la sangre, y que en derecho internacional indicará el título que resulta de los lazos de sangre, y que se toma en consideración para atribuir a un determinado individuo la nacionalidad de un estado.

mente, el libro noveno analizará el Derecho Penal y Mercantil. Sus disposiciones jurídicas insertas en los Furs proceden en una importante medida del Derecho Común, así como de algunos privilegios anteriores.

Los Furs de Valencia establecieron también los límites del reino, hasta 1304 delimitado por el ya citado tratado de Almizra, a la línea Biar-Busot y a partir de esa fecha, en virtud del tratado de Torrellas incorporaría Orihuela, Guardamar, Elche, Santa Pola y Novelda.

Con respecto a la prelación de las fuentes del Derecho Valenciano, vino a establecerse que en primer lugar se aplicaría el Derecho vigente, que no era otro que el de los Furs, al haberse establecido por el rey Jaime I, en virtud de cierto privilegio dado el 11 de Abril de 1261, su vigencia en todo el reino. En segundo lugar serían aplicados los fueros dados por las diferentes Cortes y los Actos de Corte. Ya en tercer lugar serían aplicados los privilegios generales y particulares, además de la legislación real y de los virreyes. Finalmente, en cuarto lugar, y a falta de normas específicas, se aplicaría el texto jurídico del rey Jaime I, en donde se permitía acudir a la razón natural y a la equidad.

Curiosamente, y contrariamente a lo que pudiera parecer por lo inserto en el texto de los fueros de Valencia, el hecho de recurrir al Derecho Romano había sido limitado por el rey Jaime I en 1251, prohibiendo la intervención en los pleitos y la tramitación de los procedimientos judiciales con las leyes romanas, cuestión que sería nuevamente reiterada en 1264, indicándose, además, en ese momento la prohibición expresa de aplicar el Derecho Canónico y Civil. Nuevamente observaríamos esta observación en las Cortes de Valencia de 1283, en donde se prohibiría la posibilidad de alegar leyes, decretos y decretales y tan sólo usar en los tribunales el contenido de los fueros.

Obviamente, y como resulta evidente, aquel Derecho Común continuaría utilizándose por jueces y abogados. Es por ello que finalmente acabaría acordándose en las Cortes de Valencia de 1358 la interpretación literal de los Fueros de Valencia, permitiendo sin embargo la aplicación en sus Tribunales del Ius Commune como supletorio, y como instrumento de interpretación.

Las recopilaciones del derecho del Reino

Ya desde el siglo XIV, varios juristas intentarían concentrar el contenido de los Furs y las disposiciones de Cortes. Así operarían autores como Gabriel Luis de Arinyo y Gabriel Riucech, quienes imprimieron en 1482 una obra privada con el título *Furs e ordinations fetes per los gloriosos reys de Aragó als regnicols del regne de València*, y en donde se inserta el contenido de los fueros de Jaime I y de sus sucesores por orden cronológico, ordenados como los nueve libros del Código de Justiniano y otros materiales hasta 1446. No mucho tiempo después, en 1515, Lluis Alanya editó los Privilegios de la ciudad y del Reino en una obra titulada *Aureum Opus Regalium Privilegiorum Civitatis et Regni Valentie.*

Con todo, la Recopilación oficial de leyes del Reino de Valencia sería realizada entre los años 1547-1548 por Francesc Joan Pastor, titulada *Fori Regni Valentiae*, que contiene en dos volúmenes los Furs y Actes de Cort promulgados desde el año 1240 al 1542. Años más tarde vinieron a publicarse los Actes de Cort de las sucesivas Cortes celebradas hasta el año 1626, quedando sin publicar tan sólo los de las últimas Cortes de 1645. Nuevamente las Cortes solicitaron una nueva Recopilación de los Fueros en 1604 y en 1626, que no se llevó a efecto.

VI. LOS TERRITORIOS DE NÁPOLES, SICILIA Y CERDEÑA EN LA MONARQUÍA HISPÁNICA

Introducción

Resulta sumamente común por parte de los historiadores, en general, y de los historiadores del derecho, en particular, estudiar de manera cuasi exclusiva la historia de lo que actualmente hoy conforma el Estado Español, incorporándose como si de un añadido más se tratara, ciertas referencias a aquellos territorios americanos que en un momento dado formaron parte de la Monarquía Hispánica. De este modo, en los contemporáneos manuales que podamos usar, aparecen algunas lecciones destinadas a la historia de aquellos territorios de América, ignorándose o simplemente dejándose de lado el hecho de, al menos mínimamente, también podrían darse una serie de pinceladas sobre otros territorios que históricamente formaron, también, parte de aquella Monarquía *en donde no se ponía el Sol.*

En este sentido, en aquellos momentos históricos de su pertenencia a esta Monarquía, un napolitano se sentía tan súbdito del rey como un madrileño, o un barcelonés. O lo que es lo mismo: tan rey era Felipe II de ese napolitano, como lo era del madrileño, como del barcelonés, como de un señor que vivía en Lima, como de uno que se encontraba en Manila. Y todos, sensu contrario, lo veían igualmente como su rey y señor natural, independientemente de que luego, en el seno de aquel territorio en donde viviesen, tuviesen ordenamientos jurídicos particulares. Valga como ejemplo el hecho de que importantes zonas de Italia, como son las de Nápoles, Sicilia o Cerdeña, han tenido más tiempo como rey a un señor que por cuestiones que ahora no vienen al caso tuviera su residencia en la península Ibérica, que al que hoy día ostenta la presidencia de aquella República Italiana.

Con ello no pretendemos hacer otra cosa que no sea la de indicar que la historia de aquellos territorios, unos pertenecientes al actual Estado Español, otros pertenecientes a un Estado distinto, fueron comunes, el menos en lo que a determinadas políticas se refiere además de a un mismo monarca, durante un periodo de tiempo dilatado, resultando por tanto injusto no dedicarles al menos unas mínimas referencias.

Nápoles

El histórico Reino de Nápoles fue un reino que ocupó los territorios de la Italia meridional, incluyendo en su seno durante algunos períodos también la isla de Sicilia. Sería en el año 1442 cuando el rey de la Corona de Aragón Alfonso V, conquistó Nápoles, que desde el año 1266 había sido un dominio de la dinastía Angevina. Así las cosas, desde ese momento histórico de su incorporación a la Corona de Aragón, este territorio estuvo en poder de la Monarquía Hispánica, Francia –durante un breve periodo de tiempo–, y Austria –tras el Tratado de Utrecht–. También fue independiente desde al año 1734 a 1860, momento en el cual se incorporaba a ese proyecto político de unificación italiana.

Historia

Como hemos indicado, el Rey Alfonso V de Aragón conquistaba estas tierras en el año 1443. A este monarca vendría a sucederle su hijo Fernando I, quién sería tan sólo rey de Sicilia. Este reino continuaría en manos de los distintos monarcas aragoneses hasta el año 1504, momento en el cual Fernando el Católico integrase el reino de Nápoles y al de Sicilia a aquella recién nacida Monarquía Hispánica. De este modo, y desde 1504 hasta 1713, el reino de Nápoles estuvo efectivamente unido a los destinos de la Monarquía Hispánica, siendo gobernadas de manera directa a través de virreyes designados por el monarca español.

A la muerte del rey Carlos II, último de los monarcas de la dinastía de los Habsburgos españoles sin descendencia, su testamento designaba como sucesor de sus Corona al nieto de francés Luis XIV, excluyendo al candidato Carlos, que contaba con el apoyo de Inglaterra, Austria y, más tarde, de gran parte de los territorios de la Corona de Aragón, cuestión que provocaría un importante enfrentamiento armado tanto en tierras de España como en otras de Europa, y que conocemos como Guerra de Sucesión española (1700-1713).

Finalmente al término de la esta Guerra, el nuevo monarca Borbón, Felipe V, y en virtud de lo pactado en Utrecht, tuvo que ceder los Reinos de

Nápoles y Sicilia a los Habsburgos de Austria, dejando atrás varios siglos de pertenencia a la Monarquía española, y comenzando una nueva andadura política.

Sicilia

El territorio siciliano fue conquistado hacia el año 1071 por el Gran Conde Roger, constituyéndose a partir de este momento un condado. El conde Roger formaba parte de unos mercenarios normandos que habían estado pagados por bizantinos, deseosos éstos de expulsar a los musulmanes de tierras de Italia. Pues bien, a partir de ese momento histórico encontraremos a la dinastía Hauteville en Sicilia.

Pero deberemos esperar todavía para poder contemplar la creación del Reino de Sicilia, ubicando históricamente su origen en torno al año 1130, momento histórico en el cual el llamado antipapa Anacleto II creaba un reino a favor de Roger II, y que venía a incluir los territorios de la isla de Sicilia, pero también Calabria, Pulla y Campania, en donde se ubicaba la ciudad de Nápoles. Al convertirlo en su feudo, comenzarán los problemas políticos cuando los Hohenstaufen tomen el poder en aquellas tierras sicilianas, ya que los descendientes de Roger II –Guillermo I y Guillermo II, reinaron en Sicilia hasta el año 1189. Pero, al morir el segundo de los Guillermos sin descendencia masculina, vino a plantarse un grave conflicto.

En este sentido, su heredera era Constanza, que se casaría con Enrique VI, y ello permitía la implantación en esas tierras italianas de una nueva dinastía, los Hohenstaufen. Pronto veríamos al Papa Clemente III rechazando la celebración de este matrimonio, temeroso de que aquellos bienes eclesiásticos en Sicilia pudieran verse afectados. Como forma de resolver el conflicto, el papa insta a Enrique VI a rendirle juramento de vasallaje, pero esta idea es prontamente rechazada por Enrique. Ante esta negativa, el pontífice decide apoyar a Tancredo de Sicilia, hijo bastardo del difundo Roger II, pero éste morirá en 1194.

Ese mismo año, el 25 de diciembre, Enrique VI se proclama rey de Sicilia en la ciudad de Palermo, junto a su mujer Constanza I de Sicilia. Pero poco durará su felicidad puesto que apenas poco más de dos años después moría. Así las cosas, desde 1197 a 1220 el papa intentaría fretar el poder de los Hohenstaufen en el reino de Sicilia. Además, al carecer de poder central, como en las demás monarquías, tanto barones como obispos usurparían continuamente las prerrogativas regias, y las ciudades grandes no aconsejan seguir adelante con sus instituciones comunales.

En el año 1120 el hijo de Enrique VI, Federico II se proclamaría emperador. Pronto lo veremos derogando, en Capua, la ley normanda y cancelando las concesiones que se realizaron en el año 1189, pare terminar con aquellos que se habían aprovechado del vacío de poder de épocas pretéritas. Ya en el año 1230, las llamadas constituciones de Melfi, que se inspiraban en las leyes romanas, dan leyes reales al reino.

Al subir al trono Manfredo I, nuevamente aparecerá en escena el Papa, en este caso Clemente IV, quién excomulgaría al nuevo monarca al tratarse de un ser hijo ilegítimo, motivo por el cual nuevamente volvía el reino de Sicilia a ser propiedad del Papa. En el año 1262 Constanza II de Sicilia, hija del anterior, contraía matrimonio con Pedro el Grande, Conde de Barcelona y Rey de Aragón. Esta situación de acoso entre la dinastía Hohenstaufen y la Casa de Barcelona, siendo Constanza la heredera de Manfredo, provoca la antipatía del francés Clemente IV que busca ayuda en Carlos I de Anjou, hermano pequeño de su aliado Carlos IX de Francia.

En virtud de este pacto suscrito, las tropas de Carlos de Anjou entran en Sicilia, luchando contra Manfredo I en la batalla de Benevento, a la vez que Carlos era coronado en Roma, en 1266, como rey de Sicilia.

Bajo Carlos de Anjou, y más tarde su hijo Carlos II, el norte del reino se verá favorecida en perjuicio de las tierras del sur. De este modo, se observa como la capital era se favorece en detrimento del sur, así la capital se trasladada desde Palermo a Nápoles. Esta situación de dominación angevina concluirá con las llamadas *Vísperas Sicilianas*, que conducen pronto a la división de aquel reino de Sicilia, en 1282. De este modo veremos como en la zona peninsular nace el reino de Nápoles, bajo dominio angevino; mientras que en el sur subsistirá la parte restante de aquel reino de Sicilia, ahora insular, bajo dominio aragonés.

Como hemos indicado, con el matrimonio de la heredera legal de Manfredo I, Constanza II de Sicilia, con Pedro *el Grande* de Aragón, el reino de Sicilia se convierte en uno de los principales intereses de este monarca. Aquellas Vísperas sicilianas representaron una doble ruptura: primero contra los angevinos, con los cuales los impuestos eran muy altos; y después contra la herencia de Federico I, una herencia siempre en disputa (entre Hohenstaufen y angevinos) y que no estabilizaba el reino. Así mismo fue una petición de autonomía. Para poder hacer frente a los angevinos, los sicilianos invitan a Pedro el Grande a reivindicar los derechos de su esposa, cosa que comporta la separación en dos reinos.

Con todo, los conflictos entre los reinos de Sicilia y Nápoles fueron constantes hasta la elección como Papa de Benedicto XII, sucedida en 1334, el cual tenía relaciones de amistad con Federico II de Sicilia, prometiéndole respeto en la Santa Sede en Trinacria.

Aquellos dos surgidos tras aquellas Vísperas sicilianas, estarán separados en cuanto a su titularidad se refiere hasta el año 1442, cuando Alfonso el Magnánimo de Aragón conquiste e incorpore a su monarquía el reino de Nápoles.

Cerdeña

Con la conquista de los Giudicati de Cagliari y de Gallura, el papa Bonifacio VIII creaba a todos los efectos el Reino de Cerdeña y de Córcega, algo que dicho pontífice había venido considerado desde el 4 de abril de 1297, con el fin de pacificar los conflictos de Sicilia, en donde se enfrentaban la Corona de Aragón y los Anjou, y en donde adquiriría una especial importancia la Paz de Caltabellotta, firmada el 19 de agosto de 1302.

Más tarde, y nuevamente con el apoyo del papa, las fuerzas aragonesas comenzaron las operaciones militares contra los pisanos de Cagliari y de Gallura, el 18 de abril de 1323 en la campaña de Santa Catalina, entre Villanovaforru y Sanluri. Un año más tarde, el 20 de julio de 1324, y tras haberse hecho con el castillo de Cagliari, se instauraba definitivamente el Reino de Cerdeña y Córcega.

Pero en ese momento Sassari, segunda ciudad en importancia de la isla, se rebelaba contra el nuevo poder de ocupación, un 21 de julio de 1325, logrando subsistir como territorio independiente a lo largo de un año. Nuevamente, el 26 de septiembre de 1326, estallaba otra insurrección en el territorio, reprimido violentamente en esta ocasión.

Con todo, en el año 1354, la importante ciudad de Alguer se convertía en una posición aragonesa, reuniéndose entre febrero y abril del año siguiente la primera Corte, lo que condujo en julio a la paz de Sanluri entre Aragón y Arborea.

La derrota de los otros Giudicati, y la retirada parcial del rey de Aragón permitió al todavía autónomo Giudicato de Arborea conocer una importante expansión que logró reunir a casi toda Cerdeña, sin embargo, en 1383 los sardos asesinaron al tiránico Hugo III de Arborea.

En 1388 un nuevo tratado de paz, la llamada Paz Sarda, sería firmado entre aragoneses y arborenses, tras la muerte acaecida un año antes del aragonés Pedro IV. Sin embargo, esta paz fue corta ya que, nuevamente, el 30 de junio de 1409 el Giudicato de Arborea fue derrotado en Sanluri por las tropas de Martín I de Aragón, lo que venía a significar la capitulación de Guillermo III de Arborea, y la consiguiente unificación total de Cerdeña bajo el estandarte del monarca aragonés.

Con todo, la isla de Cerdeña tuvo un estatus especial dentro del reino aragonés, pues dependía directamente del rey, lo que le confirió cierta autonomía. En este sentido, aquella isla se organizó políticamente bajo la forma de un parlamento, las Cortes, donde tenían representación los poderes eclesiástico, militar y real. Este último poder correspondía a los representantes de las ciudades.

Indicar que la larga presencia aragonesa influyó fuertemente en las costumbres sardas. En este sentido, el catalán fue la lengua oficial de la isla, dejando en la actualidad su impronta en el idioma sardo. En la actualidad el catalán se mantiene como lengua hablada en la ciudad de Alguer, en el noroeste de la isla.

EL REINO DE NAVARRA

Introducción

Cuentan las crónicas que el rey de los visigodos, Rodrigo, se encontraba combatiendo en tierras vasconas de Pamplona cuando recibió la noticia del desembarco musulmán en Algeciras. De este modo, durante el invierno del año 713 los ejércitos califales alcanzaron el valle medio del Ebro, en torno a la zona de Tarazona y Tudela, entonces gobernada por el comex Casius, el cual no dudaría en pactar su sometimiento al califa Omeya, además de convertirse al Islam a cambio de mantener su poder en la región, dando origen a la estirpe de los Banu Qasi, los cuales gobernarían la cuenca del Ebro en el seno del Califato de Córdoba. Tenían su centro geográfico en Calahorra y pertenecían a una estirpe de señores locales romanizados, probablemente de ascendencia vascona, emparentados con los Íñigos de Pamplona hasta el punto que Iñigo Arista era hijastro de Musa ibn Fortún. Hasta el año 1.000 su poder se extendió hasta Zaragoza y Huesca, siendo los fundadores de Tudela.

La capital del reino, Pamplona, fue ocupada tras superar una fuerte resistencia, en torno al 718 y obligada a pagar tributo a los gobernadores musulmanes que establecieron un protectorado, pero conservaron heredades, sus tradiciones jurídicas, culturales y religiosas e incluso con el mantenimiento de sus propias autoridades locales.

El Ducado de Vasconia y la Marca Hispánica

La derrota musulmana en la batalla de Poitiers frente a los francos de Carlos Martel debilitaron la posición musulmana, sin embargo el valí Uqba recondujo la situación instalando una guarnición militar en la ciudad de Pamplona entre el 734 y el 741. El territorio de los vascones al norte de los Pirineos se incorporó al Ducado de Vasconia bajo el Imperio Carolingio, mientras que el sur de la cordillera se reorganizaba en torno a la ciudad de Pamplona y a la estirpe Íñiga.

De este modo, en el territorio ganado a los musulmanes al sur de los Pirineos vino a configurarse la Marca Hispánica, como frontera político-militar del Imperio Carolingio mediante guarniciones militares establecidas en lugares como Barcelona o Gerona y se extendía de Pamplona a Barcelona.

Pronto los condados occidentales alcanzan gran independencia y mantienen relaciones equidistantes con el Imperio y el Califato. Los Banu Qasi, calagurritanos, vascones romanizados e islamizados, casan en 784 a Musa ibn Fortún con Onneca, casada anteriormente con el vascón Iñigo Jiménez y madre de Iñigo Iñiguez, que más tarde sería el primer rey de Pamplona conocido como Iñigo Arista.

Carlomagno aprovechó la rebelión del valí de Zaragoza para intervenir en la Península y apoyar a Sulaymán al-Arabi, que pretendía alzarse como emir de Córdoba con el apoyo de los francos, a cambio de entregar la plaza de Zaragoza. Atravesó con un ejército franco el territorio vascón llegó a Pamplona que le recibió en capitulación.

Carlomagno y su descalabro militar en Roncesvalles

Carlomagno llegaba en el año 778 a las puertas de Zaragoza, pero por un cambio de alianzas entre los musulmanes se negó la entrada al ejército Carolingio en la ciudad, poniéndole cerco. Debido a la complejidad que supondría un largo asedio a una plaza tan fortificada, con un ejército tan alejado de su centro logístico y dado que llegaron noticias de la sublevación de los sajones, desistió. En la retirada, al pasar por Pamplona destruyó sus murallas y la ciudad. El 15 de agosto de 778, camino de vuelta a su reino tuvo una derrota de su retaguardia en la batalla de Roncesvalles, entre el collado de Ibañeta y la hondonada de Valcarlos, Carlomagno sufrió una emboscada por partidas de vascones que atacaron con lanzamientos de rocas y dardos. La acción provocó un descalabro general a la retaguardia del ejército, mandada por Roldán, sobrino del Emperador, que murió en la batalla. La independencia de los condados occidentales respecto del Emperador Carlomagno se decidió en el fracaso de la toma de Saraqusta.

El Reino de Pamplona

De la colaboración entre los vascones frente a los francos y musulmanes, resultaría la formación del Reino de Pamplona con la proclamación de Iñigo Arista, como primer soberano. Los Íñigos de Pamplona consolidaban su poder en una ciudad sin control extranjero estable y con el apoyo indirecto de los Banu Qasi, ya que al ser los encargados de la frontera norte del Califato nunca emprendieron una conquista sistemática de Navarra. La posterior derrota Carolingia en la citada batalla de Roncesvalles por la alianza vascona de Ínigos y Banu Qasi acabó con la amenaza del Imperio sobre el naciente reino. Hacia el año 900 desaparece el poder Banu Qasi y también el de los Íñigos de Pamplona. A partir de ese momento comienzan las campañas de castigo por parte del Califato de Córdoba.

Cabe indicar que el Condado de Aragón formaba parte del Reino de Pamplona desde sus inicios. El rey de Navarra Sancho V incorpora Sobrarbe y Ribagorza y se titula como rey de Aragón. Mientras tanto los Condes de Barcelona aspiraban a controlar Aragón como parte de la expansión natural de sus territorios. La oportunidad se presentó a la muerte de Alfonso I de Pamplona y Aragón. El rey "*Batallador*" había extendido ampliamente las fronteras del reino y testó a favor de Dios, dejando sus reinos a las órdenes militares de Templarios, Hospitalarios y Santo Sepulcro. Las fuertes presiones del conde de Barcelona consiguen que una facción de la nobleza aragonesa elija en Jaca a Ramiro II (hermano de Alfonso I) como rey de Aragón frente a García Ramírez, rey de Pamplona. Sin embargo son muchos los nobles aragoneses que mantienen lealtad al rey de Pamplona y se desata una violenta represión contra ellos, muchos de los cuales son asesinados en la famosa Campana de Huesca. Finalmente Ramiro II casa con un año a su hija Petronila con Ramón Berenguer IV de Barcelona, ejerciendo este el poder real e incorporando definitivamente el Reino de Aragón.

A inicios de su reinado, Sancho VI, debió enfrentarse a dificultades que lo impulsaron a realizar reformas jurídicas y administrativas destinadas a mejorar la hacienda real. El territorio de La Rioja estaba en disputa entre los reinos de Navarra y Castilla desde el siglo X. En 1176 Sancho VI y Alfonso VIII de Castilla tras firmar una tregua admitieron al rey de Inglaterra como árbitro, emitiendo éste el Laudo arbitral del Rey Enrique II de Inglaterra en marzo de 1177, por el cual Navarra perdía casi todo lo que actualmente es La Rioja, cediéndoselo a Castilla. Sancho VI es considerado el fundador de la ciudad de San Sebastián, a la que concedió fuero de villa en 1180.

Su hijo, Sancho VII *el Fuerte*, rey de Navarra entre 1194 y 1234, sufrió la pérdida del territorio occidental del reino de Navarra (Duranguesado, Álava y Guipúzcoa) a manos de la corona de Castilla, que estaba aliada con la corona de Aragón y habían firmado numerosos tratados de repartirse el reino de Navarra entre ambos. La ciudad de Vitoria tuvo que soportar un duro asedio de varios meses. Posteriormente Sancho VII participó en la Batalla de Las Navas de Tolosa, teniendo como objetivo que con esta colaboración consiguiera el suficiente prestigio entre los reinos cristianos y poder negociar la devolución de sus territorios perdidos.

Leonor de Foix, por casarse en 1441 con Gastón IV de Foix, pasa a ser instrumento del rey aragonés en contra del resto de sus hijos. Al desheredar Juan II a su hijo Carlos, Príncipe de Viana y caer en desgracia la otra hija, Blanca, hizo proclamar herederos del reino a Leonor y a Gastón, e instituyó como gobernadora general del reino a Leonor, que se estableció en Sangüesa. Leonor en su testamento dispuso que fuera heredero Francisco I de Foix, su nieto, recomendándole que adoptara la protección del rey de Francia. Durante su breve reinado ejerció la regencia su madre Magdalena de Francia, hermana del rey Luis XI de Francia. Al principio de su regencia (1479) consiguió que Agramonteses y Beaumonteses firmasen la paz en Aoiz, la regente creyó haber conseguido la paz definitiva, sin embargo resultó efímera. Este es el origen del escudo de Aoiz, las dos banderías, simbolizadas por espadas que quedan debajo de la corona real.

La prematura muerte de Francisco, acaecida en 1483, convirtió a Catalina de Foix, su hermana, en reina de Navarra. Doña Magdalena continuó en la regencia los primeros años. En estos momentos vino a producirse unas fuertes presiones por parte de Fernando el católico para acordar la boda de Catalina con Juan príncipe de Asturias recién nacido. El matrimonio de Catalina se convirtió en cuestión de delicada diplomacia en una coyuntura de ambiciones territoriales sobre Navarra, tanto de Francia, como de la unión Castellano-Aragonesa. Finalmente la opción fue Juan III de Albret (1484), que contaba con el beneplácito del rey de Francia.

La incorporación de Navarra a la Monarquía de Fernando el Católico

Así las cosas, Fernando el Católico aumentó aun más su acoso sobre el reino de Navarra y sus monarcas. La guerra civil de Navarra estaba en su fase más cruenta. Ya nadie recordaba como había empezado, ya no existía un enfrentamiento dinástico entre el Rey Juan y su hijo Carlos, el Príncipe que la originó. Ahora los Beaumonteses, liderados por Luis de Beaumont, Conde de Lerin, Condestable de Navarra, eran utilizados por Castilla para sus fines y los Agramonteses que rodeaban a los reyes de Navarra, ocupando los más importantes cargos del reino como Juan de Jaso, Señor de Javier, presidente del Real Consejo o el Mariscal Pedro de Navarra, con claro apoyo del rey de Francia.

Fernando el Católico, aprovechando el apoyo que le ofrecían los Beaumonteses, invadió el Reino el 21 de julio de 1512. Un ejército castellano con guías Beaumonteses entró en Navarra desde Álava, al mando de Fadrique Álvarez de Toledo, segundo duque de Alba.

Para esta acción, se argumentó en que los reyes de Navarra habían firmado el tratado de Blois con el rey de Francia, por el que se afirmaba «*ser enemigos de mis enemigos*», habiéndose convertido por tanto Navarra en un estado beligerante y no neutral en la guerra de Castilla e Inglaterra contra Francia. Fernando el Católico consiguió que el papa Julio II excomulgara a los reyes de Navarra, en las bulas *Exigit Contumacium* y *Pastor Ille Caelestis*, y por tanto quedaban desposeídos del reino, por las connivencias de la casa real Navarra con el protestantismo que se estaba extendiendo por el sur de Francia y su alianza con el monarca francés, declarado cismático en el V Concilio de Letrán. A ello se sumaron a las negociaciones para casar a su primogénito Enrique, Príncipe de Viana, con una hija de Luis XII de Francia.

El hecho de que Pamplona, la capital, dominada por el bando Beaumontés, se rindiera en tres días (cayó el 25 de julio), determinó el control total sobre el reino. En otros lugares, la resistencia fue mayor: Lumbier hasta el 10 de agosto, Estella hasta agosto, Roncal hasta el 9 de septiembre, al igual que Tudela, que fue el mayor bastión agramontés, donde para tomarlo tuvieron que venir fuerzas de Aragón. Los reyes navarros Juan y Catalina se refugiaron en sus dominios del Bearne.

Finalmente, en 1513, las Cortes de Navarra, que habían sido convocadas en Pamplona por el virrey castellano y sólo con la asistencia de beamonteses, nombraron a Fernando el Católico rey de Navarra. El 7 de julio de 1515 las Cortes de Castilla reunidas en Burgos, sin ningún navarro presente, anexionan el Reino de Navarra al de Castilla. El nuevo rey se comprometió a respetar los fueros del reino. En este sentido, el gobierno del territorio será desde entonces ejercido por un Virrey, a la par de que se mantiene a todos los efectos la condición de reino, en unión principal, esto es, siendo reino distinto con el mismo rey que Castilla. La nueva situación fue inestable hasta 1525, sobre todo por la reacción militar navarra de reconquista en 1520.

Navarra en el seno de la Monarquía Hispánica

La política seguida por el Carlos I en relación a conceder indulto a los partidarios de los reyes legítimos apaciguó los ánimos. Un primer perdón, en 1523, excluía a unos setenta nombres y un segundo perdón, tras la caída de Fuenterrabía, fue general y sin excepciones.

Es conocido que el rey Carlos manifestó ciertos escrúpulos morales sobre la posesión de Navarra, si bien defendía la actuación de su abuelo en la conquista, no tenía tan claro la retención y posesión del reino. Así en el testamento oficial sugiere a su sucesor, Felipe, que contraiga matrimonio con la heredera Juana de Albret, para solucionar la cuestión dinástica

En un codicilo aparte del testamento manifiesta expresamente sus dudas sobre el mantenimiento de reino y pide a su sucesor: "*para la mayor tranquilidad de nuestra conciencia, haga examinar y acreditar, lo más pronto posible y con sinceridad, si en razón y justicia está obligado a restituir el mencionado reino, o si debe dar por él una compensación a quien corresponda. Lo que fuere hallado y declarado justo, se efectuará, a fin de que mi alma y conciencia queden tranquilas sobre este particular*".

Con todo, después de 1529 la situación se estabiliza y eso significa en Navarra el fin de casi 100 años de guerra civil. La asimilación por Castilla, que en ese momento era potencia mundial emergente, tuvo grandes ventajas para las clases dominantes navarras, esas mismas clases que habían desangrado a Navarra durante la guerra civil. La aristocracia tenía nuevas posibilidades en una nueva corte, no tan estrecha como la de Pamplona: Los matrimonios convenidos con la aristocracia castellana, la colonización americana, las guerras de España en Europa, fueron factores que permitieron a muchos navarros encumbrarse socialmente.

El esquema social vigente en Castilla en ese momento, donde la superioridad social la daba la acreditación de limpieza de sangre o hidalguía, no era problema para ningún navarro, ya que la nobleza colectiva, de villas o valles, era práctica común desde hacía siglos en Navarra. La sola acreditación de ser natural del Baztán, por ejemplo, bastaba para que cualquier tribunal castellano reconociera hidalguía.

Este periodo del Reino de Navarra, entre 1513 y 1839 se caracteriza por una institucionalización y dirección burocrática de altos funcionarios. Se desarrollaron instituciones como las Cortes de Navarra, la Diputación del Reino, la *Cámara de Comptos*, formadas exclusivamente por navarros y el Consejo Real máximo órgano judicial y administrativo, de constitución mixta: navarra y castellana. Tras la conquista castellana el estado navarro pierde su soberanía en la política internacional y en la capacidad de declaración de guerra.

Algunas instituciones como la Inquisición vinieron a establecerse en tierras navarras tras la conquista, por ello fue trasladando su sede: Pamplona, Estella y Tudela para finalmente establecerse en Logroño en 1570, al no considerar seguro el territorio navarro durante las acciones de los legítimos reyes durante la Guerra de Navarra.

El reino permaneció leal a la corona castellana cuando hacia 1640 el sistema territorial de la monarquía de los Austrias entra en crisis con la separación de Portugal y la sublevación de Cataluña. Pese a todo, y de manera paulatina, conforme la rivalidad franco-española se traslada a otros ámbitos, Navarra se convertirá en un reino olvidado y cada vez más marginado de los focos de poder político y económico.

En la Guerra de Sucesión Española, Navarra, una vez más, permanecería fiel a la dinastía de los Borbones españoles, al contrario a lo que hiciesen los territorios de la Corona de Aragón.

Es de destacar la labor de las Cortes del Reino, institución representativa del *Reyno* en el ancestral pacto foral del reino con el rey. Era el órgano legislativo, con absoluta capacidad legislativa. Realizó una gran actividad: Entre 1512 y 1646 hubo 55 convocatorias, aproximadamente cada dos años y medio, entre 1646 y 1828 hubo 20, cada nueve años.

Mientras los Austrias habían sido absolutamente escrupulosos en el respeto a la soberanía del reino de Navarra, la nueva dinastía de Borbones se mostraba mucho más beligerante y las relaciones institucionales fueron tensas en algunos periodos. En la primera mitad del siglo XVIII los virreyes repararon el 90% de los contrafueros que el reino declaró, pasando al 56% en la segunda mitad del siglo.

El siglo XIX. La abolición del Reino

Con la aprobación de la nueva Constitución española de 1837, la derrota del Carlismo y la Ley de Confirmación de Fueros de 1939, Navarra es ciertamente tratada como vencida por el gobierno central que exige una adaptación de los fueros a la "*unidad constitucional*".

Cualquier adaptación o modificación de las leyes privativas de Navarra era, según su constitución, competencia de las legítimas instituciones del Reino: las Cortes y la Diputación del Reino, tal como mantuvo en sus informes Sagaseta de Ilurdoz, último síndico de las Cortes.

Sin embargo, desde Madrid, se convocaron elecciones a la Diputación Provincial, de la misma manera que en el resto de provincias de la monarquía, pasando por encima de las leyes y fueros del Reino. La nueva Diputación Provincial, así constituida, inspirada por Yanguas y Miranda con el cargo secretario, inicia conversaciones con el gobierno central para la "*adaptación de los fueros*".

De esta manera en 1841 y mediante la *Ley de Modificación de Fueros*, el Reino dejaba de existir como tal, pasando a convertirse en una provincia de la monarquía. Retenía de su soberanía originaria una autonomía en los campos fiscal y tributario, civil, administrativo y de gestión municipal.

El carácter de pacto que se ha querido dar a la *Ley de Modificación de Fueros* está condicionado por varios factores: Los representantes de la parte navarra no eran los representantes legítimos, ya que lo eran por ley foránea, en claro contrafuero, por otra parte las bases del acuerdo son la Constitución de 1837 y la ley de Confirmación de Fueros de 1839, ambas leyes impuestas y nunca aprobadas por las Cortes de Navarra, agravando el contrafuero.

A lo largo del siglo XIX se proyectarán las tensiones entre Navarra y el centralismo, para concretar aspectos de la *Ley de Modificación de Fueros* sujetos a interpretación, así como asentar y consolidar todos elementos de autogobierno que sobrevivieron a la abolición del Reino.

El periodo Moderado

A partir de 1841 la nueva institución navarra, la Diputación Provincial, se centra en consolidar el nuevo régimen con Yanguas y Miranda con el cargo de secretario y como principal inspirador. En la nueva situación accedió al poder una oligarquía de nuevos burgueses que controlaban los resortes del poder, se beneficiaron de procesos públicos como la desamortización, para convertirse en terratenientes y se repartían entre ellos los negocios, concesiones y obras públicas de la provincia.

En junio de 1876 se promulgaba una nueva constitución inspirada por Cánovas del Castillo, que será la más duradera de las habidas en la historia de España, institucionalizando el régimen de La Restauración. En julio es aprobada en las Cortes de la ley de abolición foral de los territorios Vascongados. Cánovas del Castillo consideró que la "*unidad constitucional*" pasaba por la equiparación fiscal y ordenó a la Diputación de Navarra revisar el importe de contribución al estado establecido en 1841, e introducir en la provincia el resto de impuestos aprobados en los prepuestos del estado.

Cuando finalizaba el siglo XIX, en 1898, se creaba a propuesta de los carlistas, queriendo rememorar las antiguas Cortes de Navarra, el Consejo Administrativo de Navarra, luego denominado Consejo Foral, como órgano consultivo de la Diputación en materia de presupuestos, cuentas y cuestiones forales. Esta institución permaneció vigente hasta 1981 aunque sus funciones siempre fueron marginales y poco decisivas.

Años más tarde vendría a suscitarse cierto movimiento político por la Reintegración foral. La reivindicación era la recuperación total de los derechos forales de Navarra y para ello pedía la derogación de la Ley de Confirmación de Fueros de 1839 y la reintegración de la situación anterior a 1841. Este movimiento estaba apoyado por los nacionalistas vascos y los jaimistas, y rechazado por liberales, conservadores y tradicionalistas, conocidos como "*cuarentaiunistas*", aunque en ambos bandos existían matices. El momento decisivo del debate fue la asamblea convocada por la corporación foral para "*Tratar de si debe pedir la Diputación a los Poderes*

Públicos la derogación de la ley de 25 de octubre de 1839" el 30 de Diciembre de 1918, en dicha asamblea participaron, entre otros, Sanz y Escatín, senador, Uranga, conservador, Aranzadi, nacionalista, Beunza, carlista, Arraiza, alcalde de Pamplona, carlista, Cunchillos, concejal, nacionalista, Víctor Pradera, carlista. La propuesta se aprobó por aclamación y se creó una comisión para desarrollarla que nunca se concretó.

El general Primo de Rivera dio un golpe de estado en 1923 con un ideario regeneracionista, pretendiendo crear una nueva organización del estado. El conflicto con Navarra se produjo por el intento de imponer legislación sobre ayuntamientos en contradicción con la exclusividad de la competencia de Navarra establecida en la Ley de 1841, tras prolongadas negociaciones en Madrid se pactó el "*Convenio de régimen local*" respetuoso con las competencias navarras.

En este periodo se firmó el Convenio Económico de 1927 que aumentaba la contribución de Navarra a estado, se multiplicaba por tres, a cambio de:

> "*amplias facultades para mantener y establecer el régimen tributario que estime procedente*".

El *Pase Foral*

El pase foral era la denominación de una facultad inscrita en el ámbito del Derecho foral del Reino de Navarra para no cumplir las órdenes emanadas de la Monarquía, declarándolas nulas si atentaban contra su legislación propia, los Fueros, también denominada inicialmente "*derecho de sobrecarta*", utilizándose la tradicional fórmula de "*Sea Acatado, pero no cumplido*".

Navarra en la Constitución Española de 1978, y la cuestión foral en el Código Civil Español

En la actual Constitución Española, al respecto del territorio foral navarro, se indica en su Disposición Transitoria Cuarta lo siguiente:

"1. En el caso de Navarra, y a efectos de su incorporación al Consejo General Vasco o al régimen autonómico vasco que le sustituya, en lugar de lo que establece el artículo 143 de la Constitución, la iniciativa corresponde al Órgano Foral competente, el cual adoptará su decisión por mayoría de los miembros que lo componen. Para la validez de dicha iniciativa será preciso, además, que la decisión del Órgano Foral competente sea ratificada en referéndum expresamente convocado al efecto, y aprobado por mayoría de los votos validos emitidos.

2. Si la iniciativa no prosperase, solamente se podrá reproducir la misma en distinto período del mandato del Órgano Foral competente, y en todo caso, cuando haya transcurrido el plazo mínimo que establece el artículo 143".

Igualmente, en el seno del ordenamiento jurídico español, en su parte privada, nos encontramos ciertas reminiscencias de épocas pretéritas, que venimos a denominar Derecho foral, regional o especial, las cuales coexisten con el Código Civil de España. No se trata de un derecho único sino de derechos diversos en cada parte, por lo que hay que referirse a Derechos forales.

A partir de mediados del siglo XIX, la pervivencia del Derecho foral se considera un hecho indiscutible, y el único problema que se plantea es el de su codificación, en tiempos en que ocupaba el primer lugar entre las preocupaciones jurídicas el de la codificación civil.

El movimiento liberal que dominó la política de los primeros años del siglo XIX era decididamente centralizador, y en materia jurídica unificador de todo el Derecho nacional. Así, la Constitución de 1812 estableció en su artículo 258 que «*El Código Civil y criminal y el de comercio serán unos mismos para toda la Monarquía, sin perjuicio de las variaciones que por particulares circunstancias puedan hacer las Cortes*». Quizá el fracaso del proyecto del Código Civil de 1851 se deba, en gran parte, a su desconocimiento del fenómeno foral.

Compilación de Derecho Civil de Navarra o Fuero Nuevo

Con la promulgación de la Compilación de Derecho Civil Foral de Navarra por Ley de 1 de marzo de 1973, culmina la recopilación de los

Derechos Forales de España, laboriosamente realizada a lo largo de los últimos 25 años.

Sin embargo, el planteamiento de esta Compilación presentaba una singularidad respecto de las anteriormente aprobadas por otras regiones, derivada de la llamada Ley Paccionada de 16 de agosto de 1841, conforme a la cual se exigía el procedimiento de convenio para introducir reformas legislativas en Navarra y por virtud de lo cual se atribuyó a la Diputación Foral el nombramiento de la Comisión correspondiente, que había de presidir el Presidente de la Audiencia Territorial de Pamplona, la cual elevó un anteproyecto que, tras su estudio por la Comisión General de Codificación, integrada al efecto con representantes de aquella provincia designados para ello, se dictó directamente por el Jefe del Estado, sin discusión en las Cortes, en virtud de las prerrogativas que a la Jefatura del Estado otorgaba la Ley Orgánica del Estado.

La Compilación, también llamada Fuero Nuevo de Navarra, consta de quinientas noventa y seis "*leyes*", denominación que se da a sus preceptos por fidelidad a la tradición legislativa de Navarra, divididos en un Libro Preliminar, seguido de otros tres que llevan la denominación de Primero, Segundo y Tercero, para terminar con cinco Disposiciones Transitorias.

Se presenta la Compilación como un fiel reflejo del Derecho Civil realmente vigente en Navarra, por haberse prescindido de las instituciones caídas en desuso y haberse incorporado, en cambio, otras consuetudinarias y prácticas que ofrecen soluciones jurídicas de gran actualidad.

El Libro Preliminar se distribuye en cuatro Títulos que tratan, respectivamente, de las fuentes, de la condición foral de las personas físicas y jurídicas, del ejercicio de los derechos y de la prescripción de las acciones.

El Libro primero trata de las personas y de la familia, asociando así lo que es esencial para la tradicional concepción navarra, según la cual la estructura y la legitimidad familiar, así como la unidad de la casa, son el fundamento mismo de la personalidad y de todo el orden social. Distribuida la materia en quince títulos, recoge instituciones tan peculiares como la de los sujetos colectivos sin personalidad jurídica (la casa, Ley 48), el régimen matrimonial de bienes de carácter supletorio, llamado «*conquistas*», el acogimiento a la casa y la de los parientes mayores.

El Libro Segundo trata de las donaciones y sucesiones, asociación indiscutible para el Derecho navarro, el cual, a través de los veinte Títulos que integran el Libro, presenta una riquísima gama de formas y modalidades de liberalidad; destaca también la libertad de testar con sus limitaciones del usufructo de fidelidad, la legítima foral de los descendientes como fórmula de no preterición (los cinco sueldo fables...), etc., la sucesión «legal» y no «legítima o intestada» ya que no sólo puede quedar excluida por la forma testamentaria, sino también por otras modalidades de sucesión voluntaria y que tiene escasa importancia ante la prevalencia de estas fórmulas, los fiduciarios, herederos de confianza y albaceas, troncalidad, representación, etc.

El Libro Tercero comprende toda la materia de los derechos reales y las obligaciones, dividido en quince Títulos. Entre los primeros merece destacarse como peculiaridad al regular la propiedad y posesión, el régimen singular de adquisición de los frutos de las heredades desde que son manifiestos; asimismo, la limitación del concepto de servidumbre a las prediales, conforme a la más depurada doctrina, regulando como comunidades de bienes y derechos aquellas figuras como las corralizas, facerías, helechales, el dominio concellar y las vecindades foranas, que a veces se les había atribuido el carácter de servidumbres personales, impidiendo su redención; con gran actualidad se trata el derecho de superficie, presentando una regulación nueva en materia de sobreedificación y subedificación.

En materia de obligaciones, se ha prescindido de la categoría del cuasicontrato y en su lugar se trata de enriquecimiento sin causa en el Título General sobre las obligaciones y de la gestión de negocios como figura similar al mandato; también debe señalarse la eliminación de la superada figura del arrendamiento de servicios, que en la medida que no queda regulada como contrato de trabajo, se somete a las reglas del mandato, orillándose así una ya clásica y ociosa discusión de los autores.

Las Disposiciones Transitorias regulan las situaciones y relaciones causadas con anterioridad a la vigencia de la Compilación, y en las Disposiciones Finales se prevé el procedimiento para futuras modificaciones legales, conforme al sistema de la Ley Paccionada, y se da carácter estable a la Comisión Compiladora para regular información y eventual alteración del Derecho recopilado.

LAS INSTITUCIONES DE REPRESENTACIÓN: DE LA CURIA REGIA A LAS CORTES

La curia regia

En los reinos cristianos surgidos a raíz de la Reconquista el rey ostenta el poder absoluto, pero el mismo no será ejercido de manera solitaria. Así, a fin de prestarle el necesario auxilio para las tareas a él encomendadas, gentes procedentes de estamentos privilegiados se vendrán a integrar en una curia, nombre con el que se vino a denominar al antiguo *Palatium regis*, que aparece en Cataluña en el año 1079, y que desde el reinado de Fernando I (1037-1065), por influencia de Navarra, se llamaría en León y Castilla Curia regia. Sus componentes prestarán consejo al monarca y refrendarán en calidad de confirmantes, los documentos propios de las disposiciones reales.

La curia ordinaria

En sus orígenes, la Curia regia fue una asamblea típicamente palatina, de la que eran miembros natos, al menos en principio, aquellos personajes que vivían en la Corte o circunstancialmente se hallaban en ella. Esta Curia ordinaria, cercana siempre al monarca, estuvo compuesta por los miembros de la familia real, los funcionarios de palacio, y diversos magnates tanto eclesiásticos como laicos. Más tarde, fundamentalmente tras la recepción del derecho común, se integrarían en esta institución los jurisperitos o *sabidores* del derecho, con la clara finalidad de prestar asesoramiento jurídico, basándose en aquel derecho nuevo que procedía fundamentalmente de tierras italianas.

La convocatoria de esta Curia ordinaria venía a corresponder al monarca, ejerciendo fundamentalmente tareas de asesoramiento. Junto a ello, también asumiría funciones judiciales, bien en primera instancia respecto a aquellos asuntos reservados al monarca, como en funciones de tribunal de apelación sobre casos procedentes de jueces inferiores.

La curia extraordinaria o plena

La necesidad de tratar por parte del monarca de asuntos de especial trascendencia, cuyo planteamiento pudiese afectar a parte o todo el reino, hizo que aquella Curia ordinaria resultara insuficiente o, incluso, inapropiada. Para resolver tales problemas se hizo necesario convocar, juntamente con los tradicionales asesores regios, a otros muchos nobles y altos eclesiásticos de los diversos territorios. Este hecho tendría como resultado el nacimiento de una magna asamblea conocida como Curia extraordinaria o plena.

La convocatoria de la Curia plena tenía lugar mediante el pregón de los porteros regios en los distintos lugares del reino, lo que hizo que fuera también conocida como curia o corte pregonada, así como por cartas del monarca que venían a fijar el lugar y fecha de del reunión.

Esta curia extraordinaria estaba compuesta por aquellos nobles y eclesiásticos que tradicionalmente asistían a la ordinaria, además de los magnates de los distritos, y obispos y abades. Desde el siglo XII formaron, además, parte de la Curia plena los maestres de las órdenes militares de Calatrava, Uclés, y del Temple.

La convocatoria de la Curia plena correspondía al monarca, y su finalidad era prestar su asesoramiento y su buen saber y entender sobre aquellos asuntos más graves e importantes del reino: la jura del heredero al trono, la elección y matrimonio de reyes, la declaración de guerra y el pronunciamiento sobre los subsidios y ayudas de carácter económico. Además, colaboraría con el rey en el no siempre fácil ejercicio de la actividad legislativa. También hizo las veces de tribunal de justicia, sentenciando litigios de diversa naturaleza y entre ellos algunos pleitos surgidos entre los concejos.

Las cortes medievales. El origen de las reuniones estamentales

La transformación de las antiguas curias regias en cortes deberá ser tratada desde distintas perspectivas, y en donde necesariamente deberá ser considerado el hecho de cuales son los requisitos exigibles para que una curia venga a convertirse en parlamento en un momento histórico y, por otro lado, deberemos preguntarnos sobre las causas reales que originario aquella transformación en la Europa medieval.

Parece asumirse la idea, con respecto a la primera de las preguntas planteadas, de que puede ser considerada parlamento si concurren en las mismas las tres circunstancias siguientes:

a. Que el rey consulte a la asamblea de las clases dirigentes, y especialmente a los ciudadanos, de manera regular y sistemática. En consecuencia, la presencia ocasional de los burgueses en una reunión aislada no vendrá a suponer de por sí que nos encontremos ante reuniones de cortes.

b. Que las formas de representación en dichas asambleas adopten cierta fijeza con arreglo a determinados criterios.

c. Que los allí llamados no acudan únicamente para aclamar las decisiones regias, sino que asuman un cierto grado de responsabilidad y de poder.

Con respecto al segundo de los planteamientos citados, los motivos que llevaron a los ciudadanos a integrarse en aquellas asambleas, podrían destacarse varias causas y entre ellas sobresaldrían dos. Por un lado la importancia económica que habían adquirido los concejos, ahora dueños de abundantes recursos, y las necesidades de los reyes que les obligaban a solicitar de ellos la concesión de contribuciones extraordinarias para el sostenimiento del reino –el llamado *petitum* o *subsidium*–.

Por otra parte, los reyes hubieron de renunciar al ejercicio exclusivo del poder político, reconociendo a aquellas asambleas un cierto carácter representativo. Finalmente una razón de carácter político: la instauración de las asambleas parlamentarias tuvo incluso que ver con un proceso de «*opinión pública*», es decir, con el conocimiento en unos reinos de las conquistas democráticas logradas en otros, o a través de la misma experiencia de personajes políticos que ocasionalmente intentarían trasplantar las instituciones parlamentarias que antes habían conocido en otros territorios distintos.

Tradicionalmente se ha venido estableciendo las siguientes fechas a la hora de fijar el origen de estas asambleas:

- En el reino de León: 1188.
- En el reino de Castilla: finales del siglo XII.

- En Cataluña encontramos una asamblea de paz y tregua celebrada en la localidad de Villafranca del Penedés en 1218.
- En Aragón: 1247.
- En Valencia: 1283.
- En Navarra: a principios del siglo XV.

Competencias de las Cortes

Con respecto a las competencias propias de esta institución, indicar que las Cortes representan al reino. Esta aseveración significa que si varios reinos u otras entidades territoriales de naturaleza jurídica distinta (condado, ducado, etc.) se integran en las Coronas, cada uno de ellos conservará su propia asamblea política. Dicho principio fue el propio de la Corona de Aragón, donde Cataluña, Aragón, y Valencia tuvieron sus respectivos parlamentos, y los territorios italianos de Sicilia, Cerdeña y Nápoles sus específicos parlamentos.

La existencia en tierras hispánicas de estas reuniones estamentales vino a ocurrir, con notable anterioridad, mucho antes a como aconteciese en la mayoría de Europa. En este sentido, los textos más antiguos en los que aparece constatada la participación del Estado popular en aquellas juntas pertenecen a la segunda mitad del siglo XII, mientras que en resto de Europa dicha situación vino a retrasarse un siglo más.

Con todo, en la corona castellana existió hasta mediados del siglo XIV una política oscilante, reuniéndose a tal fin las Cortes leonesas y castellanas en una sola o en dos cámaras. Desde ese momento histórico existieron unas Cortes únicas, aunque bien es cierto que en los señoríos vascos existieron unas Juntas. Navarra, por otro lado, tuvo Cortes del reino durante la época medieval y las conservaría tras su incorporación a Castilla en 1512.

Las Cortes estaban encargadas de conocer de los asuntos de interés general, pero sus competencias concretas nunca serían reconocidas de modo explícito. En este sentido, al margen de atribuciones genéricas y difusas, como fueron las tradicionales de aconsejar al rey, defender la justicia y la paz, o reunirse con ocasión del juramento del rey o del heredero, su ámbito de actuación se proyectaría fundamentalmente en tres apartados:

a) Concesión del subsidio económico extraordinario o servicio

b) Reparación de agravios

c) Intervención en la actividad legislativa

Dicho otorgamiento de ayudas financieras que el rey viniese a solicitar, además del acuerdo de nuevos tributos, fueron cuestiones de exclusiva competencia de las Cortes. Ahora bien, si en Castilla resultó usual que se aprobase dicho servicio incluso antes de que el rey respondiese a las peticiones de los procuradores, o fuesen reparados los agravios, en el caso de Aragón, el procedimiento fue inverso, lo que debió significar que la concesión de subsidios quedaba condicionada a la previa reparación del desafuero regio.

Esta diferencia resultó en muchas ocasiones trascendental en el juego político de unas y otras asambleas. Sí, en las aragonesas se da en ocasiones una tan rotunda negativa a otorgar el subsidio, que el rey opta por marcharse sin responder a los agravios. La discusión presupuestaria es además extremadamente minuciosa, hasta logar el acuerdo de todos, acaparando así estos asuntos la mayor parte del tiempo de duración de las Cortes.

En las castellanas, en cambio, los reyes obtendrán aquellas ayudas económicas con relativa facilidad, y a menudo quedan luego las peticiones planteadas por los procuradores sin respuesta satisfactoria.

Con respecto a la actividad legislativa propia de las Cortes, indicar que el peso específico de ellas en tales tareas afectaría de manera distinta a Castilla y a Aragón, en donde resultarían mucho más latentes dichas facultades legislativas, tal y como ya venía a reconocer el Privilegio general de 1283.

Los estados o brazos en las Cortes

La representación de las clases nobiliarias se articuló generalmente en torno a un único estado o brazo, con la excepción del reino de Aragón en donde aparecerá dividido en dos, que fueron en este territorio el de los ricoshombres o magnates de la alta nobleza, y el de los caballeros.

Con respecto al estado eclesiástico, este aparece representado por las personalidades más significativas del territorio, tales como el caso de obispos, abades, priores de destacados monasterios, etc., acudirán a las reuniones de Cortes por sí mismos o enviarán en su nombre a un procurador. En ocasiones, dependiendo de los territorios, figurarán como representantes de dicho brazo los maestres de las Órdenes Militares y los procuradores de las Órdenes mendicantes. El protagonismo eclesiástico sería menos importante en las Cortes aragonesas, donde su participación se remitirá casi de manera exclusiva a los asuntos eclesiásticos o a la defensa de sus propios intereses.

Con el devenir de los tiempos, nobles y eclesiásticos dejarían progresivamente de acudir a las Cortes. La ausencia de ambos brazos fue ya notoria en la segunda mitad del siglo XV y absoluta a partir de 1538, momento en el cual únicamente acudirían los representantes de las ciudades.

El llamado tercer estado o brazo estuvo compuesto por los procuradores de ciudades y villas, aunque no todas, ni siquiera las más pobladas o significadas, sino únicamente aquellas convocadas por el monarca entre las de territorios de realengo. Recordemos que las de señorío participaban a través del estado nobiliario o eclesiástico.

La convocatoria a Cortes y su celebración

La convocatoria de las Cortes corresponde al rey, el cual mediante carta indicará la finalidad, lugar y fecha de celebración de dicha reunión. En situaciones de minoridad de edad del monarca, dicha convocatoria podrá ser efectuada por los regentes. La carta convocando a Cortes tienen carácter individual, dirigiéndose de manera independiente a cada uno de los llamados, ya sean nobles, eclesiásticos o ciudades.

Reunidos todos en el lugar y fecha previstos, tendrá lugar la apertura solemne presidida por el rey, el cual dirigirá a los presentes un discurso llamado proposición, en donde explicará con mayor detalle los motivos de la convocatoria, además de exponer aquellas cuestiones que deban ser sometidas a deliberación y acuerdo por los allí presentes. Resulta curioso observar como a partir del siglo XV dicha acción pueda ser asumida por algunos destacados personajes de la vida cortesana.

La proposición es contestada por separado por los representantes de los tres estamentos o brazos.

Tras estos actos preliminares, se iniciarán las sesiones centrándose en las demandas del monarca y en los agravios cuya reparación solicitan los procuradores allí presentes. Cada uno de los estados se reúne por separado. Para coordinarse entre ellos, cada uno de los brazos elegirá un promovedor, quién actúa como presidente, presenta las propuestas, dirige los debates y plantea los acuerdos a adoptar.

Las negociaciones de los distintos estamentos con el rey tienen lugar a través de unos tratadores, los cuales harán las funciones de portavoces de las distintas ofertas y contraofertas.

Por otra parte, los distintos brazos se relacionan entre sí mediante dos embajadores nombrados por cada uno de ellos.

Los acuerdos han de ser adoptados con el asentimiento de todos los brazos, aunque varíen según los reinos las exigencias para obtener dicho acuerdo.

Con respecto a la reparación de agravios, elemento fundamental en las reuniones de Cortes, en Castilla queda en manos del rey, el cual decidirá sobre las denuncias presentadas. En Aragón es, en cambio, el Justicia Mayor la autoridad que juzga y decide, lo cual vendrá, obviamente, a dar mayores garantías de cumplimiento de la legalidad del territorio. En Cataluña existieron a tal efecto unos reparadores o provisores de agravios designados por el rey y los brazos de las Cortes.

Con todo, una vez concluidas las deliberaciones y adoptados o no los acuerdos, se procederá a la disolución de las Cortes.

La Diputación

Para velar por el correcto cumplimiento de los acuerdos obtenidos en las reuniones de Cortes, aparece en **Castilla** un órgano, la *Diputación*, cuya gestión se proyecta desde el término de unas Cortes hasta el inicio de las siguientes.

Desde fines del siglo XIII, las **Cortes catalanas** designaron antes de su disolución a unos delegados o *diputats*, en el ánimo de que éstos se encargaran de la recaudación de subsidios.

Estas gentes vendrán a constituir desde mediados del siglo XIV una junta permanente, la *Diputació General*, que en el futuro aparecerá como representación permanente de la generalidad del país o Generalitat. A sus primitivas atribuciones fiscales, la *Diputació del General* agregaría el velar por el cumplimiento de las leyes, tomar juramento a los oficiales reales y vigilar la seguridad pública, reclutando, incluso, huestes militares que quedaron bajo su control.

En el reino de **Aragón** la *Diputación del Reino* pudo tener sus orígenes con el establecimiento del impuesto de generalidades, o lo que es lo mismo el tributo de aduanas a las mercancías al entrar o salir del territorio aragonés, cuya inspección fue pretendida por los brazos de las Cortes. Dicha diputación contemplará su consolidación a partir de las Cortes de Alcañiz de 1436. La Diputación se vendrá a configurar como un órgano político-administrativo autónomo, desvinculado incluso en ocasiones de las Cortes y en manos de la oligarquía del reino.

En **Valencia** existía ya al concluir el siglo XIV un delegado de las Cortes. Con la misma finalidad inicial de recaudar los subsidios, será creada en 1419 la *Diputació del Regne*.

EL DERECHO MERCANTIL

Introducción. La Revolución Comercial Bajomedieval

De la transición del mundo antiguo al medieval, más que los mercados continuos perduraron algunas ferias documentadas ya en los siglos VII y VIII, como, por ejemplo, la de Saint-Denis, en las cercanías de París. La ruralización de la sociedad y la vuelta a una economía de simple trueque propiciaron la desaparición de concentraciones comerciales su específica producción o por encontrarse en puntos de coincidencia de rutas tradicionales del comercio a larga distancia (nacional o internacional) subsistieron en parte y sin solución de continuidad.

El inicio de las ferias y los mercados

Sin embargo, a partir del siglo XI, y a lo largo de los inmediatamente posteriores del XII y XIII, cuando surgieron nuevos mercados públicos al aire libre en todo el Occidente que se multiplicaron en las ciudades, posiblemente a remolque del aumento de la producción campesina, y se consolidaron las grandes ferias internacionales que como las de Champaña rebasarían con creces los propósitos de una burguesía que todavía no era más que algo incipiente, pero ya a punto para su confirmación como clase dinámica y preindustrial[123]. A este respecto, la aparición de ciudades comerciales en torno al Camino de Santiago en la Península Ibérica, con sus barrios de «*francos*» (de franquicia), sus tiendas permanentes abiertas a la rúa, la calle, mayor y los negocios generados entre los foráneos procedentes del resto de los territorios de España y de Europa, crearon una primera conciencia burguesa asociada al fenómeno del despertar urbano en los reinos hispánicos cristianos que siempre mantuvieron, además, una relación económica estrecha con los musulmanes de Al-Andalus.

[123] En este sentido, Francia se benefició de su ubicación central entre Flandes e Italia, en donde los duques de Champaña promovieron unas ferias que pronto se convertirían en el eslabón central del comercio europeo, al permitir el encuentro de comerciantes flamencos e italianos. La guerra entre los güelfos y gibelinos que hacía estragos en Italia en el siglo XIII provocaron la huida de muchos mercaderes y financieros italianos, lo que beneficia a las ciudades europeas y, en particular, a las citadas ferias de Champaña.

Así las cosas, ciudades con fueros privilegiados como fueron los casos de Jaca, Pamplona, Estella, Logroño, León o Astorga acogieron una actividad propia de una economía diversificada, consecuencia de su aparición o potenciación como núcleos de concentración humana y de acogida de burgueses y mercaderes procedentes del resto de la Península o de más allá de los Pirineos; siendo los barrios de francos la novedad urbana respecto a pervivencias anteriores en el norte hispano-cristiano o cambios de dominación política en el sur andalusí, entregado poco a poco a los poderes de Castilla y de Aragón. Este fenómeno, generalizado en Europa durante los siglos del crecimiento y la expansión, alternó la celebración periódica de mercados y ferias con la aparición de mercados permanentes en los que la compraventa se efectuaba en recintos apropiados y dedicados específicamente a ello, con tiendas y galerías cubiertas donde se exponían las mercancías; antes de que lonjas y depósitos terminasen por concentrar la actividad propia de mercaderes y burgueses, hombres de empresa y financieros, ya en la Baja Edad Media y el alto Renacimiento, que fue pionero en ello tanto en Italia como en Flandes.

Las ferias de Champaña

El ejemplo más desarrollado y dinámico de estas reuniones internacionales de mercaderes fue, desde luego, el de las ferias de Champaña, en donde se repartían seis ferias en cuatro localidades y a lo largo de todo el año con breves intervalos de descanso. Las simples muestras de mercancías y la escasa presencia de dinero líquido, sustituido cada vez más por órdenes escritas de pago, con todas las garantías de envío y liquidación, permite hablar de un «*capitalismo mercantil*» precursor del que, ya en la Edad Moderna, caracterizó a la civilización europea en la perspectiva económica, si bien desde la transformación de dicho capitalismo en financiero. Y aunque el éxito de las ferias champañesas se debió, entre otros factores, a situarse en el cruce de dos grandes rutas que atravesaban en aspa el continente europeo (desde Italia a Flandes y desde tierras de España a las eslavas), el modelo de estas ferias repetido a menor escala no era entonces sino una prolongación de aquellas que se identificaron con una de las regiones más prósperas de Europa.

En efecto, las ferias de Champaña llegarían a lo que bien pudiera ser llamado su edad de oro en el siglo XIII. La justicia y el orden civil y comercial estuvieron garantizados en este caso por agentes oficiales designados por la autoridad competente, primero el conde y a partir de 1284 el rey de Francia; teniendo como misión el preservar el derecho ferial bajo la custodia de dos guardas que formaban el tribunal de las ferias, los cuales además contaban con escribanos que redactaban y registraban los contratos realizados en dichas ferias, así como también con una policía responsable del orden y la paz del mercado. Todo lo cual propició la cristalización, a lo largo del siglo XIII, de una nueva mentalidad jurídica que tuvo en el comercio un campo de aplicación directa y práctica, viéndose sustituidas poco a poco las viejas fórmulas probatorias de práctica feudal, mantenidas oralmente, por las cartas de obligaciones registradas documentalmente por escrito y con los sellos pendientes que autentificaban el negocio suscrito.

A pesar de que el modelo champañés no siempre es representativo de lo que a mucha menor escala se producía en las múltiples ferias y mercados que se repartieron por toda Europa, especialmente desde el siglo XIII, lo recogido por las disposiciones feriales para este caso espectacular da idea del desarrollo que la actividad mercantil había adquirido en dicha centuria y sirve de referencia pare lo que, con menor impacto, se reproducía en otros lugares. La protección del mercader a través de los salvoconductos evacuados por la autoridad de los condes de Champaña se extendía no sólo a la intervención en las ferias de los implicados sino también a las jornadas de desplazamiento en la ida y vuelta de los asistentes; de forma que, en muchas ocasiones, parte de la política exterior de los príncipes se destinaba precisamente a la protección de sus mercaderes en sus desplazamientos y negocios. Protección que se hacía extensible a las mercancías, en múltiples casos desde los diversos grados de la fabricación hasta la venta.

Asimismo se garantizaba la validez de las medidas y pesos pare evitar fraudes. Por ejemplo, en las ciudades de concentración textil cada paño tenía sus características debidamente registradas y comprobadas por funcionarios del Estado que garantizaban el origen y marca de los tejidos (Flandes, Bravante, etc.). Pero hablar de las ferias de Champaña significa referirse a una actividad continua que se iniciaba en Lagny a comienzos de año, proseguía en Bar por primavera pare concentrarse en Provins durante el verano y concluir el ciclo ininterrumpidamente en Troyes por el invierno. El hecho de que muchas ferias se tuviesen en torno a festividades señaladas del calendario cristiano, incide en la vinculación de la actividad mercantil con las labores agrícolas, cuando los campesinos habían vendido la cosecha o terminado sus faenas temporales y disponían de dinero y tiempo para acudir a la ciudad feriada a adquirir aquello que el campo no les proporcionaba: por san Juan, por san Miguel (en junio y septiembre, respectivamente) o en algunas fiestas de marcado carácter local.

La difusión de las ferias

Ahora bien, a pesar de la facilidad con la que se escribe sobre la revolución comercial de estos siglos, o el desarrollo financiero en las ferias y mercados de la época, el volumen del gran comercio era todavía limitado y las técnicas mercantiles y bancarias rudimentarias. Y, sin embargo, el papel dinamizador de la economía rural ejercido por ferias y mercados regionales, limitados en el tiempo y en el espacio y de reducida capacidad de maniobra, resulta incontrastable.

En este sentido el siglo XIII es el que conoce una espectacular difusión de ferias y mercados locales, de ámbito comarcal, creados por la autoridad real, principesca o señorial y que constituyen eslabones de una cadena dispar y heterogénea, distanciada de la limitación que el comercio y el intercambio en general había tenido antes del siglo XI. Pero en uno y otro caso, ya se tratase de grandes ferias o de pequeños mercados, el mercader era todavía un ejecutor en movimiento, obligado a desplazarse continuamente de un lugar a otro. La sedentarización vendría mucho más tarde, cuando en las grandes concentraciones urbanas y mercantiles se controlase la actividad intercambiadora desde lugares fijos y a través de intermediarios, manejados por quienes en su ciudad o burgo se habían situado al frente de las grandes operaciones.

En este mundo del comercio, cada vez más regulado y dinamizado, los conocimientos añadidos fueron asimismo potenciados en beneficio de la economía del intercambio. Así, por ejemplo, el cálculo numérico que empezó siendo sencillo y directo se fue complicando a medida que las operaciones se multiplicaban y requerían la especialización de contables y escribanos preparados para ello en algunas escuelas urbanas italianas o flamencas. Ello explica la aparición de manuales de aritmética destinados al aprendizaje para los negocios, los cuales estuvieron muy influidos por la ciencia árabe filtrada a Europa a través de España e Italia. Los manuales de comercio surgidos desde mediados del siglo XIII advierten de la necesidad de que el comerciante conociera debidamente los nombres de las mercancías, los pesos y las medidas, los lugares principales del comercio, las rutas, los medios y transportes, etc. Tal y como se recoge, por ejemplo, en uno de los tratados más famosos de comienzos del siglo XIV: el de la «*Pratica della Mercatura*», del florentino Francesco di Balduccio Pegolotti.

Las sociedades mercantiles

Como era de esperar, las asociaciones mercantiles hicieron furor a partir, sobre todo, del siglo XIII a través de las *societas maris* o *collegantia* (comanda) para las compañías navales y de las *societas terrae* o compañías para el comercio terrestre; repartiéndose responsabilidades y beneficios entre quien aportaba los fondos necesarios para montar una operación y quienes la llevaban personalmente a efecto. Pero la doctrina de la Iglesia al respecto seguía siendo un lastre a superar, debido a que la prohibición de la usura condenaba de hecho el préstamo con interés y otras formas de crédito, impuestas por la necesidad del transporte de mercancías a larga distancia, evitando el dinero en efectivo que podía ser presa de ladrones y bandoleros. De ahí la dificultad del comerciante por dignificar su condición después de que el Concilio de Tréveris insistiese, aún en 1227, sobre aquellas prohibiciones pretéritas sobre las prácticas financieras. A pesar de lo cual se intenta paliar la situación buscando una justificación de los hechos en aras del progreso y el bienestar, legitimando al mercader como necesario para la sociedad y considerando su quehacer de utilidad pública.

La sociedad urbana en la época de la revolución comercial

A lo largo de los siglos XI al XIII, la sociedad urbana comenzó siendo una agrupación simple, espontánea o dirigida, de campesinos, artesanos y, en algunos casos, caballeros, vinculados social y económicamente al medio rural, pare ir ofreciendo una evolución hacia formas complicadas y heterogéneas que fueron inclinando el poder inicialmente comunal en favor de minorías oligárquicas de componente señorial, burgués o principesco. Por ello no se puede hablar de una sociedad unívoca y separada del resto mayoritariamente campesino, porque aparecen sociedades urbanas distintas según las diferentes características de las ciudades medievales. El panorama es, por tanto, muy dispar, pues en las ciudades de mayor o menor rango encontramos desde gente modesta a grandes mercaderes y hombres de negocios, desde residentes dependientes del poder señorial en los burgos hasta auténticos burgueses de libre condición, desde familias humildes hasta patricios encumbrados que forman estirpes dominadoras del poder económico y social.

Pero la sociedad urbana es contradictoria y en su seno surgirán diferencias abismales que el mundo rural no había conocido, pues aquí las solidaridades serán más gremiales y corporativas que asistenciales, con el resultado del abandono, la miseria y la pobreza urbana, más dramática que la rural. Como recuerda G. Fourquin, desde el siglo XI el artesanado rural comienza a instalarse en la ciudad organizándose en oficios especializados, a la vez que se diversifica y llega a crear potentes sectores casi industriales (como sucede, a modo de ejemplo, con el textil). En la mayor parte de los casos, los artesanos instalados en la urbe rompen los lazos señoriales y se entremezclan con quienes procedían de un estado libre, pero unos y otros se promocionan, actualizan sus técnicas y hasta se enriquecen.

A partir de este momento histórico, y de manera paulatina, el número de corporaciones profesionales irá creciendo hasta el caso de París, que contaba en el siglo XIII con 130 profesiones artesanas; aunque lo normal era que las ciudades se distinguiesen por alguna de ellas: zapateros en Ruan, tejedores en Colonia o peleteros en Estrasburgo. Profesiones en las cuales la división entre maestros, oficiales y aprendices estableció una jerarquía laboral que mantuvo rígidos esquemas de comportamiento y acceso pluriforme, y en el caso de los primeros cierta influencia concejil y municipal. Algunas corporaciones incluso formaron sociedades monopolizadoras de fabricados que, en el caso de ciudades del norte de Italia, como Florencia, constituyeron hasta siete grandes oficios, entre los que se contaba el llamado *arte di calimala* (de la lana y la seda), y que integraron el *popolo grasso* que dominaba la *Signoria* junto con los cinco artes medios y los siete artes minores a finales del siglo XIII.

Pero la situación italiana era excepcional, porque en la mayoría de las ciudades europeas los artesanos verían dificultada su aspiración de acceso al gobierno municipal por los señores laicos o eclesiásticos, la autoridad regia y principesca o la burguesía del gran comercio y los negocios. En todo caso, lo que caracteriza a la sociedad urbana del siglo XIII, al final del proceso formativo, es su organización y estructuración en provecho de las minorías, ya fueran éstas oficiales, patricias o señoriales, mientras que las corporaciones artesanas proporcionaron fuerza militar y recursos en momentos de dificultades, así como una base social de defensa de sus intereses y cobertura de sus necesidades solidarias a través de cofradías y hermandades que compaginaban el carácter benéfico-asistencial con el gremial.

La proliferación de corporaciones es el resultado de la división del trabajo que caracteriza a la ciudad frente a la producción rural artesana menos profesionalizada, favoreciendo la aparición de una jerarquía profesional que incluye asimismo a las gentes de leyes, escolares y funcionarios. Pero existe en las ciudades otra jerarquía de carácter político, confundiéndose con la anterior con cierta frecuencia y rivalizando con ella por el dominio del poder municipal, que no se manifestaba exclusivamente en el gobierno de la ciudad, sino también en el control de la economía y las finanzas. De ahí que la burguesía sea la espina dorsal de la sociedad urbana, aunque convivan los grupos sociales burgueses con los jurídicos o los políticos. El burgués es, por tanto, el hombre completo en la ciudad desde el punto de vista jurídico. Goza de inmunidad, privilegios, participación en la organización urbana, en su enriquecimiento y hasta en su defensa; además forma parte del patriciado; patriciado entendido según los lugares de diferente manera.

Así, por ejemplo, en Alemania comprende tres sectores: los grandes mercaderes (*mercatores*) que comercian a larga distancia, los ministeriales y los propietarios libres de tierras; pero no se incluyen los artesanos como en Italia, y sólo los patricios dominan las asambleas políticas y los intereses municipales, junto con algunos señores según las circunstancias. Las fortunas de esta poderosa burguesía se funden o se hunden según los avatares propios o ajenos, pero dichas fortunas se invierten en mejorar las tácticas, ampliar los negocios o adquirir bienes fundiarios, convirtiendo a algunas familias burguesas en señores de campesinos dependientes. Los abusos cometidos por el gobierno de las distintas ciudades obligarán a intervenir al rey.

El testimonio de Philippe de Beaumanoir, al servicio del rey de Francia, sobre el particular bien podría usarse para otras muchas villas y poblaciones:

> «*Vemos cómo en muchas ciudades los medianos y los pobres no tienen participación alguna en la administración de las mismas, y son los ricos los que gobiernan por su naturaleza o su golpe de fortuna. Así un año es uno de ellos quien ocupa un cargo, al año siguiente es su hermano o pariente; y a menudo descargan la contribución al bien común en los humildes y necesitados, evitándose ellos su aportación*».

De cualquier forma, si el cimiento de las sociedades urbanas comenzó siendo el conjunto de la gente del común que actuaba a través de lazos de solidaridad, la ciudad acogía a otras gentes que gozaban de inmunidad y privilegios desconocidos incluso por el común, como, por ejemplo, los milites y ministeriales de las ciudades imperiales y episcopales. Y en ese conjunto se instalo una burguesía del gran o mediano comercio, de las grandes corporaciones artesanas y de las finanzas que en el siglo XIII tuvo que compartir espacio político y social no sin enfrentamientos, conflictos y antagonismos que, en muchos casos, perduraron hasta el final de la Edad Media. Así, pues, la diferenciación social produjo también marginalidad y alienación económica (pobres y desheredados), religiosa (judíos), profesional (aprendices) y doméstica (fámulos, servidores o dependientes).

Por ello, las nuevas órdenes religiosas propiciaron su instalación en las ciudades y alternaron otras dedicaciones con la atención de los necesitados, como ocurrió con los dominicos y franciscanos, introducidos también en las universidades que en algunas de las ciudades de Occidente comenzaron a surgir desde finales del XII y a lo largo del siglo XIII (Bolonia, París, Salamanca). La diversidad social en el medio urbano provocó a la larga la formación de una mentalidad antifeudal que, en ocasiones, sirvió a los poderes públicos para contrarrestar el enorme peso de la aristocracia y obtener frente a ella logros y triunfos sonados que reforzaron el poder monárquico. Como afirmaba recientemente Benevolo, la creación del sistema urbano europeo a expensas del auge demográfico-social y económico desde el siglo XI a la recesión del XIV, se contempló en su momento como una aventura abierta hacia el futuro desconocido.

En pocos siglos, la relación entre las ciudades europeas y las orientales se invirtió. Las grandes ciudades del pasado se resienten y declinan: Constantinopla tras la conquista de los cruzados en 1204, Bagdad después de la invasión mongola de 1258, Palermo tras la conquista de Carlos de Anjou en 1266. En cambio las ciudades europeas crecieron, se multiplicaron y diversificaron. Ni siquiera Marco Polo cuando visita China entre 1274 y 1291, con grandes ciudades que sobrepasan el espacio urbano europeo, se resiste a equiparar estas urbes extremo-orientales con Venecia. La urbanización de Europa que se desarrolla singularmente entre los años 1050 y 1350 fue un acontecimiento decisivo, pero lo fue porque originó un nuevo orden social que tuvo en la ciudad su ámbito de desarrollo. Ambos sistemas, el urbano (topográfico y urbanístico) y el humano han pervivido, en la mayoría de los casos, hasta nuestros días. Es una herencia que nos ha legado la misma noción de ciudad como un «*sujeto individual*» y animado que «*no se puede reducir, a las recientes formalidades de las instituciones nacionales y supranacionales*».

Muchos discursos teóricos sobre la ciudad (como estado de ánimo, conjunto de costumbres y tradiciones, actitudes y sentimientos organizados en el seno de estas costumbres y transmitidos mediante dicha tradición) se basan en el recuerdo idealizado de la época creativa medieval (siglos X al XIV). Pero nada impide, ampliando al autor mencionado, que desde una visión retrospectiva se pueda ver cómo fueron a la vez la ciudad y la sociedad que la animó y engrandeció, con solución o sin solución de continuidad respecto, del pasado antiguo y altomedieval. Porque la ciudad de la plena Edad Media transformó el entorno al importar del medio rural materias primas y alimentos, pero también porque atrajo del campo a sus pobladores, de forma que ya en estos siglos se produjeron despoblados como consecuencia de la instalación de sus miembros en las ciudades.

Volviendo a Pirenne, recordamos su afirmación de que a medida que se acentuó el renacimiento comercial, las colonias mercantiles de las ciudades o de los burgos crecieron ininterrumpidamente y su población aumentó según la vitalidad económica de cada caso.

Esta idea perfectamente podemos observarla en el siguiente texto, que ahora reproducimos:

«*Cada uno de los nudos del tránsito internacional participó naturalmente de la actividad de éste y la multiplicación de los comerciantes tuvo necesariamente como consecuencia el crecimiento de su número en todos los lugares donde se había asentado inicialmente, porque estos lugares eran precisamente los más favorables para la vida comercial. Si estos lugares atrajeron a los comerciantes antes que otros fue porque respondían a sus necesidades profesionales mejor que los demás. Así se puede explicar de la manera más satisfactoria, por que, por regla general, las ciudades comerciales más importantes de una región son también las más antiguas*».

El que los burgueses-comerciantes se instalasen en medio o al lado e incluso fuera de los recintos iniciales y de la población preexistente –según se tratase de ciudades, burgos (con su *vetus burgus* y su *novus burgus*) o *portus* (Países Bajos e Inglaterra) (recinto cerrado, y no marítimo necesariamente, para guardar las mercancías de paso)– no impide abundar en el hecho de la importancia que tuvo la instalación, en una población monolítica socialmente que guardaba todavía la organización y mentalidad campesina, de un conglomerado de mercaderes, artesanos especializados, caballeros, funcionarios y clérigos que iban a romper el estatismo social antagónico de señores y campesinos en favor de grupos más dinámicos y emprendedores.

LA EDAD MODERNA

LA EDAD MODERNA. CRONOLOGÍA

1517.

Llega a España Carlos I.

1518.

Cortes de Valladolid en donde Carlos I es reconocido como rey de Castilla. En dichas cortes los procuradores tratan de imponer una concepción pactista (el rey debe regir de acuerdo con sus súbditos).

«*Derecho de asiento*»: contratos bilaterales para el comercio de esclavos negros.

1519.

Carlos I es reconocido como rey de Aragón. Estalla la germanía, movimiento político antinobiliar de los menestrales del reino de Valencia.

1520.

En las cortes de Santiago de Compostela se deniega la concesión de un subsidio extraordinario para pagar los gastos del viaje del rey a Alemania para preparar su coronación imperial; trasladadas a La Coruña, se aprueba ese tributo.

Carlos embarca para Alemania y deja como gobernador a Adriano de Utrecht.

Las ciudades castellanas no aprueban la claudicación de sus representantes: el procurador Rodrigo Tordesillas es muerto por el pueblo de Segovia; Toledo se subleva, y le siguen Segovia, Salamanca, Ávila... Estalla la guerra de las Comunidades, nacida como movimiento municipal, burgués, pero degenerado en anarquizante, de características feudales.

1521.

La caballería realista derrota a los comuneros de la Junta Santa en Villalar. Son ajusticiados los cabecillas de los sublevados, Juan Bravo, Juan de Padilla y Pedro Maldonado.

En la Germanía de Valencia, el virrey y los nobles vencen en Orihuela y recobran el dominio en la capital valenciana.

1522.

María Pacheco, viuda de Juan de Padilla, depone la última resistencia de los comuneros en Toledo.

De regreso a España, Carlos V publica en Valladolid una amnistía general.

El virrey Diego Hurtado de Mendoza reduce la rebelión de la Germanía valenciana; él y Germana de Foie, sucesora como lugarteniente del reino, llevarán a cabo la represión.

Creación del Consejo de Estado como organismo de gobierno.

1523.

Al tomar Palma, las tropas reales quiebran la resistencia del levantamiento de los forenses o Germanía de Mallorca.

1526.

Carlos V contrae matrimonio con Isabel, hija de Manuel el Afortunado y hermana de Juan III de Portugal, quién le dará como hijo a Felipe.

Concordia en la que se estipula la conversión irreversible de los moriscos.

1527.

Nace el futuro Felipe II.

Las tropas imperiales derrotan a los defensores de Roma, produciéndose el saqueo de la misma.

1529.

Se vende a los portugueses el derecho a comerciar en las islas Molucas.

1538.

Las deudas de Carlos V superan las rentas anuales de Castilla.

En las cortes de Toledo son expulsados los brazos nobiliario y eclesiástico, por oponerse al impuesto de la sisa (sobre todas las clases sociales).

Liga Santa contra *el Turco*.

1543.

El príncipe Felipe contrae matrimonio con María Manuela de Portugal, su prima carnal por partida doble, por ser hija de Juan III de Portugal (hermano de la reina madre) y Catalina, hermana del rey.

1545.

Nace el príncipe Carlos, hijo de Felipe, causando la muerte de su madre María Manuela.

Nace Jerónimo, hijo de Carlos V y Bárbara de Blomberg, más tarde conocido como don Juan de Austria.

1547.

Fori Regni Valentiae: segunda recopilación de los textos legales del reino de Valencia.

1554.

El príncipe Felipe contrae matrimonio con María Tudor de Inglaterra.

1556.

Carlos V se retira, tras su abdicación, al monasterio cacereño de Yuste: Felipe II accede al trono.

1557.

Primera bancarrota estatal.

1558.

Muerte de Carlos V.

Felipe II enviuda, al fallecer también María Tudor.

Crisis ganadera y declive de la Mesta.

1559.

Autos de fe en Valladolid y Sevilla como medida para sofocar los brotes de protestantismo.

1560.

Matrimonio de Felipe II con Isabel de Valois, hija de Enrique II de Francia y Catalina de Médicis, quién será madre de Isabel Clara Eugenia y Catalina.

1561.

Madrid, capital de la Monarquía.

1567.

Un edicto regio prohíbe a los moriscos la lengua árabe, el vestido musulmán y vivir según sus costumbres peculiares.

Se publica la Nueva Recopilación de las Leyes de España.

1568.

Rebelión de los moriscos en Las Alpujarras de Granada.

Muere Isabel de Valois; Felipe II contrae cuartas nupcias con Ana de Austria, quién le dará como hijo a Felipe, en ese mismo año.

Muere el príncipe Carlos, en circunstancias que han alimentado la leyenda negra en torno a Felipe II.

1571.

Venta de bienes de «*manos muertas*» y comunales.

1575-1577.

Segunda bancarrota estatal.

1578.

Juan de Escobedo, secretario de Juan de Austria, es asesinado en Madrid por unos espadachines, al parecer con el conocimiento del rey.

1579.

Se ordena la detención de la princesa de Éboli y del secretario Antonio Pérez, acusados del asesinato de Escobedo y de intrigas y connivencias con los neerlandeses.

1588-1589.

Constitucions i altres drets de Catalunya: segunda recopilación de textos legales en el principado.

1590.

Antonio Pérez se fuga a Aragón, donde se acoge al régimen especial del reino; acusado de herejía, es confinado en las cárceles de la Inquisición, de donde el pueblo aragonés lo saca violentamente. Aprovechando un tumulto, Antonio Pérez huye a Francia y después a Inglaterra, en donde revelará secretos de estado. De resultas de este episodio es ejecutado el justicia Juan de Lanuza pero es mantenida apenas sin cambios la constitución aragonesa.

1597.

Tercera bancarrota estatal.

1598.

Muere en El Escorial Felipe II.

A los veinte años de edad, asciende al trono Felipe III, último hijo de Felipe II y Ana de Austria.

1601.

Traslado de la Corte a Valladolid.

1605.

Nace el futuro Felipe IV.

1606.

Retorno de la Corte a Madrid.

1609.

El Consejo de Estado decide, tanto por motivos religiosos como de seguridad interior, expulsar a los moriscos.

1618.

Creación de la Junta de Reformación, destinada a afrontar la acuciante situación económica y financiera.

Declina el poder de Lerma. En abril es nombrado cardenal; en octubre es apartado definitivamente de la corte. Le sucede en la privanza su hijo y adversario Cristóbal Sandoval y Rojas, duque de Uceda.

1619.

Es detenido y encarcelado el valido Rodrigo Calderón.

Visita de Felipe III a Portugal y juramento de heredero.

1621.

Muere Felipe III.

Asciende al trono Felipe IV, a los dieciséis años de edad. Casado, siendo príncipe de Asturias, con Isabel de Borbón, tuvo con ella a Baltasar Carlos, fallecido a los 17 años de edad, y seis hijas, de las cuales sólo llegaría a la mayoría de edad María Teresa, quién casó con Luis XIV, el *Rey Sol*.

Baltasar de Zúñiga asume la dirección del gobierno como pantalla de su sobrino político, Gaspar de Guzmán, conde de Olivares y duque de Sanlúcar la Mayor. Pronto será promovido a la condición de valido el que es conocido por conde-duque de Olivares, quién emprende la lucha contra la corrupción administrativa, al tiempo que inicia el proceso a los representantes del régimen anterior: el cardenal-duque de Lerma es forzado a devolver grandes sumas al Tesoro y desterrado en Tordesillas; los duques de Uceda y Osuna morirán en prisión; Pedro de Franqueza es condenado a cadena perpetua; Rodrigo Calderón, ajusticiado.

1624.

Gran Memorial del conde-duque, en el que se esboza la Unión de armas, aportación de todos los reinos a la defensa común. El proyecto, instaurado por decreto en 1626, nunca sería una total realidad.

1626.

Cortes de Barbastro (para Aragón), Monzón (para Valencia) y Barcelona (para el Principado). En ninguna de ellas se obtienen los servicios en la medida planeada.

1637.

Estalla un motín en Évora, que denuncia un estado latente de sublevación en Portugal.

1640.

Grupos campesinos se amotinan en Cataluña en resistencia a los alojamientos forzados de tropas. Estalla el «*Corpus de Sangre*» en Barcelona.

En diciembre, una conjura dirigida por Juan Pinto proclama rey de Portugal al duque de Braganza, con el nombre de Juan IV.

1641.

Se descubre la conspiración, desarrollada en Sevilla paralelamente a los sucesos de Portugal, de un grupo de nobles latifundistas andaluces, a cuya cabeza está el duque de Medinasidonia y el marqués de Ayamonte. El intento secesionista es abortado y juzgado como una aventura personal de Medinasidonia (que salva la vida por su parentesco con Olivares) y de Ayamonte (que es ajusticiado).

En Cataluña, Luis XIII es proclamado conde de Barcelona.

1643.

Cese del conde-duque de Olivares, quien es sustituido por su sobrino Luis de Haro.

1644.

Muere la reina Isabel.

Felipe IV consigue entrar en Lérida, en donde jura el derecho catalán.

1647.

Segundo matrimonio de Felipe IV con su sobrina Mariana de Austria, y de la cual nacería el futuro Carlos II.

1648.

Conspiración del duque de Híjar en Aragón.

1665.

Muere Felipe IV.

Derrota en Villaviciosa.

Se inicia la regencia de Mariana de Austria.

1665-1700.

Reinado de Carlos II.

1667.

Guerra de Devolución entre Francia y España.

1668.

Paz de Aquisgrán: Luis XIV firma la paz con España.

Independencia de Portugal

1669.

Caída del padre Nithart en su condición de Valido de la regente.

1669-1676

Fernando de Valenzuela, Valido de la Monarquía Hispánica.

1672-1678.

Intervención española en la guerra franco-holandesa.

1677-1679

Juan José de Austria, primer ministro de la Monarquía Hispánica.

1680.

Drástica deflacción.

1683

Guerra con Francia.

1684

Tregua de Ratisbona: fin de la guerra franco-española.

1687

Levantamiento rural en Cataluña.

1688

Luis XIV rompe la tregua de Ratisbona. Intervención española en la guerra de la Liga de Augsburgo.

1694.

Ataque francés a Cataluña.

1697.

El tratado de Ryswick establece el *statu quo*.

1700.

Muerte de Carlos II sin descendencia directa.

Felipe de Anjou, nieto de Luis XIV de Francia, es nombrado rey como Felipe V.

1701.

Felipe V jura los fueros de Castilla, Aragón y Cataluña.

Creación de un consejo superior de gobierno: la Secretaría de Estado y del Despacho Universal.

1702.

Inicio de la *Guerra de Sucesión*.

1705.

División de la Secretaría del Despacho.

Proclamación del archiduque austriaco Carlos como rey de España, con el nombre de Carlos III, en Valencia, Barcelona y Zaragoza (1706). La adhesión de estos territorios a la causa aliada dará lugar a que la guerra tenga dimensiones de conflicto social.

1707

Felipe V promulga los Decretos de Nueva Planta: abolición de los fueros de Aragón y Valencia. En Valencia, la suprema autoridad política y militar recae sobre el capitán general.

1711.

El acceso al trono imperial del archiduque Carlos provoca el abandono de las potencias aliadas; Barcelona permanece fiel al candidato austriaco hasta su caída en 1614.

Creación de una nueva figura administrativa: los intendentes, cuyas funciones se regulan en 1718. Macanaz es nombrado intendente general del reino. Concluye la reforma administrativa en Aragón, donde, al contrario a Valencia, se mantiene el derecho civil autóctono.

1713.

Tratado de Utrecht: Felipe V es reconocido como rey de España y de las Indias a cambio de la renuncia a sus derechos de sucesión a la corona de Francia. La monarquía española pierde sus posesiones europeas. Gibraltar y Menorca son cedidas a Gran Bretaña.

Fundación de la Real Academia Española. Felipe V instituye la Real Armada.

1713-1715.

Reformas de los consejos, que pierden gran parte de su pretérita importancia.

1714.

Tras la toma de Barcelona, el 11 de septiembre, el duque de Berwick inicia la abolición de las instituciones catalanas, la Diputación del General (Generalidad) y el Consell de Cent, creando una Junta Superior de Justicia y Gobierno provisional presidida por José Patiño. El decreto se promulga en 1716.

Creación de las secretarías de Estado, Guerra, Mariana e Indias y Justicia. Supresión de las aduanas interiores entre Castilla y los reinos de la Corona de Aragón.

1716.

Creación de la Real Audiencia en Cataluña, que asesora al gobernador general y capitán general del ejército y principado.

1717.

Cierre de las universidades catalanas y creación de la universidad de Cervera.

1721.

Se establecen cinco secretarías del Despacho: Estado, Guerra, Marina e Indias, Justicia y Hacienda.

1724.

Se convocan las cortes de Castilla.

Abdicación de Felipe V. Subida al trono de su hijo Luis, que muere en agosto del mismo año. Felipe V reasume la corona.

Grimaldo, secretario de Estado.

1725.

Ripperdá, secretario de Estado y del Despacho.

1734.

José Patiño, responsable de la Secretaría de Estado.

1741-1743

José Campillo, al frente de las secretarías de Hacienda, Guerra, Marina e Indias.

1743-1748.

Ensenada lleva a cabo reformas administrativas en la Marina.

1746.

Muere Felipe V.

Entronización de su hijo Fernando VI.

Carvajal, secretario de Estado.

1746-1752.

Idea de lo que parece preciso en el día para la dirección de lo que corresponde a Estado y se halla pendiente, primero de los informes presentados por el marqués de Ensenada al Rey, en los que estructura las reformas que deben llevarse a cabo para la modernización del país.

1749.

El sistema de arrendamiento de impuestos se sustituye por la administración directa y la implantación en la corona de Castilla de una única contribución.

1750.

Muere Fernando VI.

Inicio del reinado de Carlos III.

1752

Censo del marqués de Ensenada.

1760.

Creación de la Contaduría General de Propios y Arbitrios.

Convocatoria de las Cortes de Castilla.

1764-1765.

Importantes medidas reformadoras de los ministros Grimaldi y Esquilache.

1766.

Separación definitiva de las intendencias y corregimientos.

Nombramiento en todos los pueblos de un procurador síndico personero y de varios diputados del común.

Se agudiza la censura.

Motín de Esquilache en Madrid, que más tarde se extiende a muchas otras provincias.

1767.

Expulsión de los jesuitas.

Pablo de Olavide es nombrado superintendente de las nuevas poblaciones de Sierra Morena.

1768

Reglamentación de las funciones de los alcaldes de barrio.

Censo del Conde de Aranda.

1776

Floridablanca, secretario de Estado: auge del despotismo ilustrado en la política gubernamental.

Declaración de independencia de las Trece Colonias. Inicio de la guerra de los colonos norteamericanos contra Gran Bretaña.

1778

Decreto de «*comercio libre*» con respecto a los territorios americanos sujetos a la soberanía hispánica.

1781.

Creación de la Junta Suprema de Estado.

1782.

Creación del Banco Nacional de San Carlos.

Conquista de Menorca. Fracaso de las acciones emprendidas para recuperar Gibraltar.

Gran Bretaña reconoce la independencia de los Estados Unidos.

1783.

Tratado de Versalles. España recupera Menorca, Florida y posesiones en el Golfo de México.

1786.

Real cédula que establece la reforma de las universidades.

Abolición de privilegios y tasas de la Mesta. Exención de alcabalas y cientos a los implicados en la fabricación de géneros.

1787.

Censo del Conde de Floridablanca.

1788.

Muere Carlos III.

Asciende al trono, a los cuarenta años de edad, Carlos IV.

José Moñino, conde de Floridablanca, es confirmado en sus cargos.

1790.

Supresión de la Casa de la Contratación.

1791.

Censo de extranjeros.

1792

El conde de Aranda sustituye a Floridablanca.

Godoy, favorito de la Reina, es nombrado primer ministro.

1795.

Gaspar Melchor de Jovellanos, Informe en el expediente de ley agraria.

1808.

Las tropas francesas penetran en España por sorpresa y se apoderan de las fortalezas de Pamplona y Barcelona. En marzo, los motines de Aranjuez provocan la caída de Godoy y la abdicación de Carlos IV a favor de su hijo Fernando. Napoleón atrae a la familia real a Bayona, donde, tras lamentables incidencias, Fernando devuelve la corona a su padre, quién la cede a Napoleón. Éste encarga a su hermano José el reinado, a quién presenta a una asamblea de notables reunida en Bayona a ese efecto y para, en un simulacro de cortes, aprobar un proyecto de constitución. Carlos IV parte hacia el destierro junto con María Luisa y Godoy; residirá primero en Francia y luego en Italia, en donde fallecerá en 1819, si haber pisado de nuevo territorio español.

1812.

La Constitución de Cádiz proclama la soberanía nacional, el poder constituyente popular y las libertades individuales, junto a la monarquía legítima, constitucional y moderada, y la religión católica como única religión del Estado.

LA EDAD MODERNA

Introducción

El siglo XV conocerá la unificación de los distintos reinos peninsulares bajo el reinado de Isabel de Castilla y Fernando de Aragón. Terminada la Reconquista con la ocupación del reino de Granada, la principal preocupación de los monarcas será asentar el poder real frente a las aspiraciones de la nobleza y las ciudades, que han provocado continuos conflictos a lo largo del siglo y la cesión de grandes cuotas de poder al estamento nobiliario, el gran beneficiado de las luchas intestinas por el poder.

Con respecto a la economía castellana y la Hacienda real se han visto resentidas por las continuas guerras civiles, por lo que se hará necesario emprender grandes reformas estructurales en los campos productivo e impositivo con el objetivo de dotar a la monarquía de recursos suficientes para atender a sus intereses en política exterior, fundamentalmente la competencia con Portugal y Francia y el acercamiento al Papado.

La uniformización de los distintos reinos y territorios se convierte en la base sobre la que se asienta la monarquía, dando inicio a una era en la que el poder de los estados centralizados se impondrá sobre los localismos y las particularidades. La expulsión de judíos y musulmanes, la imposición de una tributación estatal, el control sobre la nobleza terrateniente, la homogeneización religiosa promovida por la Inquisición, etc. son rasgos que anticipan el surgimiento de los estados-nación. La pacificación interna y el desarrollo económico permiten a Castilla centrar sus intereses en la proyección exterior, donde el control sobre las rutas comerciales con Oriente se convertirá en el objetivo prioritario.

Tras la muerte de Isabel I de Castilla (1504) y Fernando el Católico (1516), las dos Coronas Hispánicas fueron heredadas por Carlos I, quién poco tiempo después recibía la de Alemania, siendo designado como emperador, iniciándose con ello el gobierno de los Habsburgos españoles, o Casa de Austria. Dicha dinastía se proyectará a través de los reinados de Carlos I (1516-1556) y Felipe II (1556-1598), en el siglo XVI; y en los de Felipe III (1598-1621), Felipe IV (1621-1665) y Carlos II (1665-1700) ya en el siglo XVII.

La muerte sin descendencia de Carlos II *el Hechizado* provocaría un cambio de dinastía en España, accediendo al poder la de los Borbones que en ese momento también gobernaba Francia. Felipe V (1700-1746), reinaría tras la guerra fraticida que tuvo como principal campo de batalla las tierras de la Corona de Aragón, y a la que hemos denominada tradicionalmente como Guerra de Sucesión. Entre ese conflicto bélico y la Guerra de la Independencia que tendría lugar a principios del siglo XIX, gobernarán en España tras Felipe V, y tras un reinado fugaz de Luis I, que tan sólo sería monarca a lo largo de siete meses, otros tres reyes: Fernando VI (1746-1759), Carlos III (1759-1788) y Carlos IV (1788-1808), concluyendo tras él el periodo histórico que venimos a conocer como Antiguo Régimen.

Dos elementos son fundamentales a la hora de estudiar esta época. Por un lado un proceso de integración territorial, en donde tienen un especial interés la toma de Granada, en 1492, último de los reinos taifas que todavía pervivían en la Península, aunque con importantes lazos de dependencia hacia la Corona de Castilla ya desde el siglo XIII; la incorporación de Navarra en 1512, realizada por conquista de Fernando el Católico, previa bula de Julio II que justificara tal acción; la incorporación de Canarias, resuelta definitivamente, tras un largo conflicto con Portugal, a través de la bula *Dudum cum ad nos*, del papa Eugenio IV, y su posterior asunción en el Tratado de Alcáçovas de 1479 por los portugueses.

Más importante aun sería la trascendencia, inimaginable por el descubridor Cristóbal Colón, del histórico hecho que para la Humanidad tendría la aparición de un nuevo continente al otro lado del océano Atlántico: América, y su posterior incorporación a la Monarquía Hispánica.

El otro elemento fundamental para esta época que estudiamos es, sin lugar a la menor duda, el hecho de analizar la unificación jurídica y religiosa.

El matrimonio entre Isabel y Fernando no supuso en ningún caso la eliminación del derecho de un territorio u otro. Dicho enlace supuso, básicamente, que el heredero de ambos monarcas sería el futuro rey de aquellas entidades políticas preexistentes, además de cuantos territorios fueron incorporando a lo largo de su reinado, no de sus organizaciones políticas o jurídicas. Para que nos entendamos, cada territorio conservaría intacta sus estructuras preexistentes, cuestión que en muchísimas ocasiones llegaría a ocasionar importantes inconvenientes a la hora de gobernar, máxime cuando el monarca en Castilla gobernaba con una mayor discrecionalidad, al contrario que en la Corona de Aragón.

Dicho respeto fue, con todo, mantenido prácticamente intacto hasta el final de la dinastía de los Austria, incluso a pesar de importantes insurrecciones desde la periferia contra el poder central (caso Antonio Pérez y Aragón, sublevación catalana...).

En la Edad Moderna, y por lo que al derecho concierne, viene a presentar una menor singularidad con respecto al mundo medieval, de la que no es menos cierto que en muchos aspectos venga a representar cierta continuidad. La unión de dinástica de los reinos peninsulares, iniciada en tiempos de los Reyes Católicos y concluida en reinados posteriores, abrió un período de profundas reformas de trascendencia político-administrativa, aunque menos sensibles, en cambio, en la esfera jurídico-privada, que sigue, generalmente, los derroteros trazados ya en la Baja Edad Media por la recepción del Derecho Común. En este sentido, los antiguos reinos medievales mantendrán su particular organización jurídico-política, su sistema de fuentes, y la abundante legislación de los monarcas, en unas partes legislando junto a las Cortes, en otras prescindiendo cada vez más de ellas.

Con todo, las corrientes políticas favorables al robustecimiento del poder regio –y de cuya importancia daría debida cuenta el Conde-Duque de Olivares en su Gran Memorial– vinieron a ser traducidos en una tendencia hacia la unificación jurídica de los reinos peninsulares, manifestada ya a lo largo de la dinastía de los Habsburgos Españoles, pero que finalmente se consumaría en aquellas medidas tomadas por Felipe V después de la Guerra de Sucesión con respecto, fundamentalmente, a los territorios de la antigua Corona de Aragón.

Con todo, llegaremos al siglo XIX con la subsistencia fundamental de los derechos propios de cada uno de aquellos reinos reunidos bajo la corona española en lo que hace referencia al derecho privado, penal, procesal y mercantil, dentro de la organización política unitaria de España, basada fundamentalmente en el modelo castellano de la edad media.

EL GOBIERNO DE LA MONARQUÍA HISPÁNICA EN LA EDAD MODERNA

Introducción

No deja de ser cierto que la monarquía hispánica, a lo largo de los tiempos, y de manera muy similar a como ocurriese en otros territorios europeos en mayor o menor medida, vino a acompañarse por personajes que, ya sea ocasionalmente ya sea con un carácter más prolongado, suplían a la realeza en el ejercicio de ciertas parcelas del poder atribuido por el Estado a éstos. Sin contar en la mayor de las ocasiones del amor del populacho[124], los validos se encomendaron preferentemente a aquellos asuntos más farragosos, principalmente asumiendo el más que farragoso mundo de la Administración[125].

Así, las críticas del populacho o de las clases análogas a Macaulay a Buckingham y Bute no son exclusivas en el lugar y en el tiempo. Muchas otras vinieron a salpicar a numerosos personajes a lo largo y ancho de Europa, por parte de sus adversarios políticos, los cuales criticaban abierta o veladamente lo injusto de dichos nombramientos, frente a las presumidas competencias que estos, sus adversarios, poseían. En este momento vienen a nuestra memoria aquellas que afectaron a sujetos como Piers Gaveston

[124] La mala fama del favorito se hace latente en todas las capas de la sociedad. En este sentido, sobre su persona, y nunca sobre la del monarca, recaerían las iras populares en casos de desastres, mal gobierno o descontentos en general. Sobre ello resulta interesante el artículo de Antonio Feros, «Imágenes de maldad, imágenes de reyes: visiones del favorito real y el primer ministro en la literatura política de la Europa Moderna, c. 1580-c. 1650», en Elliott, J. (Dir.), *El mundo de los validos*, Madrid, 2000, pp. 293 y ss. Otros autores también nos relatan la extensa literatura que transmitían dicha fobia al valido, sin olvidar que otros autores vinieron a alabar las virtudes del valido, en donde singularmente exponían la idea de «que es justo y lícito que haya valido, porque el rey tiene necesidad de amigos, y todavía más de un solo y verdadero amigo, con quien compartir secretos, alegrías, esperanzas y fracasos».

[125] En este sentido no deja de ser cuanto menos significativas las letras que en 1844 escribía Lord Macaulay sobre el conde de Bute, elegido primer ministro por un entonces joven Jorge III, en donde se mostraba sumamente desdeñoso: «*Era un favorito; y los favoritos siempre han sido odiosos en este país. Ningún simple favorito había dirigido el gobierno desde que el puñal de Felton llegara al corazón del duque de Buckingham*». Ensayo sobre «The Earl of Chatham», *Essays and Biographies*, en *The Compete Words of Lord Macaulay*, ed. Albany, 12 vols, Londres, 1898, x, p. 315.

en la Inglaterra de Eduardo II, o a Álvaro de Luna[126] en la Castilla del siglo XV. El dramatismo que acompañaría sus vidas políticas quedaría plasmado por el final de las mismas: la muerte.

En ese mismo orden de cosas nos encontramos en numerosas ocasiones la alegación por parte de sus enemigos políticos de que el monarca era víctima del ejercicio de artes mágicas, arma sumamente utilizada con objeto de criticar el gobierno del valido sin subvertir la majestad de la realeza. Así las cosas no resultaba asimilable a nobles y grandes del reino el hecho de aceptar que, por voluntad propia de éste, hubiese depositado toda su confianza en una sola persona, un ministro omnicompetente. Si además, como ocurría en la España de Olivares, dicho ministro siguiera dominando año tras año, pese a todos sus errores y fracasos, era natural el hecho de determinar que el valido había adquirido cierto poder oscuro e impropio sobre el monarca. Dicha conclusión haría, en todo caso, más asumible y explicable lo que de otra manera resultaría difícil de entender: una sostenida incapacidad para desplazar del regio favor a un ministro impopular[127].

La aparición del término *favori* hacía furor en aquella corte francesa de principios del siglo XVI, y puede quizá ilustrar algo del impacto que tuviese aquel espectacular ascenso y caída de Olivier Le Daim en la conciencia colectiva francesa[128]. En la corte hispana, la denominación equivalente sería la de valido o privado. «*A un favorito se le llama privado*», explicaba el historiador boloñés Virgilio Malvezzi, apologista de Olivares, «*porque será partícipe Privado de su voluntad, de todos sus afectos, de todas sus pasiones, y sólo transformado en servicio de Dios y su Señor*»[129].

[126] Sobre la vida del Condestable don Álvaro de Luna, vid. Calderón Ortega, J.M., *Álvaro de Luna: riqueza y poder en la Castilla del siglo XV*, Madrid, 1988. Resulta sumamente interesante recordar el origen de la amistad del que fuese condestable de Castilla con el futuro Juan II, el cual sería una de sus principales figura. Nacido en la década de 1380, hijo bastardo de una prominente familia, y sobrino de Benedicto XIII, llegaría a la corte de Castilla en 1408. en 1410 se convirtió en paje del rey niño. Cuando Juan II alcanzó la mayoría de edad a los catorce años, Álvaro de Luna era ya el favorito indiscutible. Durante los tres decenios siguientes, y aun después, don Álvaro de Luna de mantendría como privado del monarca. En agradecimiento a sus servicios fue nombrado condestable de Castilla y maestre de la Orden de Santiago. Dicho esplendor quedaría eclipsado por el espectacular horror de su final.

[127] Vid. Elliott, J., «Conservar el poder: El conde-duque de Olivares», en *El mundo de los validos*, op. cit., pp. 165 y ss.

[128] Arlette Jouanana, «Faveur et favoris: l'exemple des mignons de Henri III», en Robert Sauzet, ed., *Henri III et son tempos*, París, 1992, pp. 155 y ss.

[129] Malvezzi, V., *The Purtract of the Politicke Christian-Favourite*, Londres, 1647, p. 59.

Dirigentes de los destinos de la monarquía ante la inactividad creciente de los monarcas, y ante una cada vez más enmarañada organización administrativa, podría indicarse abiertamente como los siglos XVI y XVII fueron épocas en donde surgen nuevas y más complejas formas de organización burocráticas. Sin embargo, ellas dependían en gran medida de la capacidad de príncipes y ministros para manipular en beneficio de la corona un sistema de relaciones sociales, en donde la lealtad familiar y personal tendrá un enorme peso[130]. En este sentido, el funcionamiento de redes familiares y sistemas clientelistas, que se extendían desde la corte a todos los lugares de los territorios de la monarquía, era un hecho por todos constatado. Además de ello, el valido vino a actuar no sólo insertando a estos clientes en puestos clave de la organización administrativa, sino también desviando asuntos esenciales de los canales formales, institucionalizados, hacia juntas o comisiones informales y designadas a su libre albedrío.

En todo caso no deja de ser ilustrativa aquella carta privada, que enviase Felipe IV a la que durante años fuese su confidente, sor María de Agreda, en donde trataba de justificar las razones que le habían movido a designar otro valido, tras la caída del conde-duque de Olivares:

> «*Habréis entendido de la prudencia y satisfacción con que el rey don Felipe segundo, mi agüelo, gobernó esta Monarquía, el cual en todos tiempos tuvo criados o ministros de quién hizo más confianza, y de quién se valió más para todos los negocios... Este modo de gobierno ha corrido en todas cuantas Monarquías, así antiguas como modernas, ha habido en todos tiempos, pues en ninguna ha dejado de haber un ministro principal o criado confidente, de quién se valen más sus dueños, porque ellos no pueden por sí solos obrar todo lo necesario*»[131].

Ciertamente no andaba muy desencaminado el monarca, puesto que aparte de aquellas históricamente conocidas figuras castellanas como la del alférez real o, más adelante, la del condestable, muchas otras figuraron junto a la persona del monarca, desde la propia reina o amantes regias, a los propios de su séquito personal.

---

[130] Elliott, J., *El mundo de los validos*, Madrid, 2º ed., 2000, p. 15.

[131] Tomás y Valiente, F., *Los validos en la monarquía española del siglo XVII*, Madrid, 1963, p. 181.

En aquella misma misiva que citamos, Felipe IV explicaba algunas de las funciones que no deberían ser delegadas por un monarca:

> «*A éste* [al valido] *se suele encargar el oír a ministros y negociantes para informar a la cabeza de sus pretensiones; también el solicitar los negocios más graves, y que se ejecuten con puntualidad lo que se resuelve, cosa tan necesaria en todos tiempos, y particularmente en los presentes, en que tanto importa la brevedad de las ejecuciones de lo que está resuelto. Esto difícilmente puede correr por la mano del rey, pues no es lícito de su dignidad andar de casa en casa de ministros y secretarios a ver si ejecutan con puntualidad lo que les ordena; y por estas noticias que recibe por medio de los ministros o criados de mayor confianza, puede ordenar lo que debe hacer y saber lo que se hace*»[132].

En todo caso se observa, también, una dependencia del rey con respecto a la figura del valido, de aquella persona que directamente se enfrente a los retos de gobierno, mientras el monarca se encomendaba a tareas simplemente protocolarias o de ocio. Con todo, tras la admisión final del retiro que Olivares le había solicitado en varias ocasiones, en enero de 1643, anunció su intención de gobernar por sí mismo, explicando en una carta enviada al yerno del conde-duque que «*el peso del gobierno y la dirección de los negocios ha de ser más inmediatamente por mi persona, que faltándome el conde no me atrevo a fiar a nadie lo que de él*»[133]. A pesar de estas nobles y loables intenciones, y la firmeza con que sobre ello nos traslada el examen de aquella correspondencia que mantenía con la monja de Agreda, cuando le indicaba que «*no faltan personas que quieran ostentar algún valimiento* [pues es cosa muy natural en los hombres], *viven engañados; que yo procuro valerme de todos, cada uno en lo que le toca…*»[134]. El caso es que a lo largo de la segunda mitad de su reinado se esforzó en ese objetivo, aunque en la práctica es conocido por todos como don Luis de Haro vino a desempeñar, aunque con discreción, muchas de las funciones pretéritamente ejercidas por el Conde-Duque de Olivares.

---

[132] Tomás y Valiente, F., *Los validos en la monarquía española del siglo XVII* ..., op. cit., p.181, carta del 30 de enero de 1647.

[133] Elliott, J., *El Conde-Duque de Olivares*, Barcelona, 1990, p. 627.

[134] *Cartas de Sor María de Jesús de Agreda y Felipe IV*, ed. De Carlos Seco Serrano, *Biblioteca de Autores Españoles*, 108, Madrid, 1958, p. 7, carta del 16 de octubre de 1643.

En cierto modo, resulta interesante indicar como el propio don Luis de Haro no quería admitir que en la corte se le llamase el primer ministro o el valido del Rey. Dicha modestia y comedimiento vendría a extenderla a otras facetas personales, tales como la no utilización de ciertos títulos heredados de su tío, etc. Con todo, y a pesar de dicha intención de mantenerse en un escrupuloso anonimato, el propio rey Felipe acabaría llamándole primer ministro, incluso con mayor solemnidad si cabe a como lo había venido haciendo con pretéritos validos. Cuando en 1661 moría don Luis, Felipe IV debió sentirse desamparado. Quizá fuese porque a su alrededor no hubiese nadie juzgado como competente por el monarca, o más bien porque logró vencer su resistencia al trabajo, el caso es que en los cinco años que Felipe IV sobrevivió a Haro se hizo aconsejar por varios y servir por muchos, nunca por uno solo.

Tras la muerte de este privado, el rey afirmaría que:

> «*Yo ya tengo edad para abrir los ojos, y cualquier cosa que necesitare de remedio en mis servicios, avísenmela y adviértanmela* [los ministros y consejeros en general], *que yo oiré con todo cuidado a quien me advirtiese lo que conviniere, y sabré remediar lo que necesitase de remedio, que no ha de ser como hasta aquí*»[135].

Y, en efecto, el rey en este caso cumpliría con su palabra. En este sentido, dividiría entre varios lo que antes hiciese uno solo, el valido, manteniendo hasta el fin de sus días la dirección de la monarquía de manera personal, tal y como nos relata el profesor Tomás y Valiente[136].

Profundizando en la figura institucional del valido, y con todo lo anteriormente expuesto, dibujamos que aquella España objeto de nuestro estudio, vino a corresponder a tres reyes el hecho de dirigir los designios de los territorios hispánicos en el siglo XVII, estos son Felipe III (1598-1621), Felipe IV (1621-1665) y Carlos II (1665-1700). A diferencia de lo practicado hasta el último de los Austrias Mayores, éstos llamados Austrias Menores ejercerían el poder a través de diferentes validos[137], tales como

---

[135] Barrionuevo, J., *Avisos*, t. IV, p. 380.

[136] Tomás y Valiente, F., *Los validos en la monarquía española del siglo XVII...*, op. cit., p. 18.

[137] Muchos han sido los autores que, de manera genérica o particularizada, han indagado en la figura del valido a lo largo de los tiempos, y en donde tuvo un papel singular la obra del

los duques de Lerma o Uceda, el conde-duque de Olivares, don Luis de Haro, el padre Nithard, Fernando de Valenzuela o don Juan José de Austria, considerado por algunos como el último de los validos de la monarquía española y, para otros, la encarnación de lo que será con el paso del tiempo la figura del primer ministro, aunque los perfiles aparezcan en él borrosos y poco nítidos.

Tras la muerte de Juan José de Austria otras figuras vendrán a ocupar el gobierno de la Monarquía ante la ausencia tácita o expresa de interés por parte del rey de hacerse cargo de dicha actividad, pero es más que evidente que tras él, y sin ningún género de dudas, pronto surgirá una figura diferente que acabará por desembocar definitivamente, y de manera progresiva, en aquella pieza clave en la gestión de la administración, como fueron los ministros, convertidos en aquel elemento fundamental de los gobiernos hispánicos a partir del siglo XVIII[138].

Adentrándonos en la figura del valido español del siglo XVII, observamos como ya desde finales del reinado del *rey prudente* la monarquía española venía presentando unas progresivas señales de debilidad a la hora de asumir sus funciones con respecto a la administración. Es quizá por ello que, debido a la incapacidad de los soberanos para cumplir sus cometidos, comenzarían a ceder, a privatizar, competencias de naturaleza netamente estatal, preferentemente aquellas enmarcadas en los campos militares y navales. De este modo nos encontramos ante una cierta refeudalización, pero no como vuelta de dominio de una clase, si no de individuos dentro de una nueva situación creada y que, a la postre, todos entendían como irreversible.

Con respecto al valido o privado, indicar que la elección de éste dependía únicamente del rey, constituyendo la privanza una institución irregular, incluso si me apuran ilegal, suponiendo la unión de dos elementos de los que muchos monarcas no podían prescindir: amigo íntimo y trabajador eficaz. Es por ello que hasta aquella famosa cédula de 1612, que en más de una ocasión nos ha recordado el profesor José Antonio Escudero, no existe, al menos hasta la fecha, ningún tipo de documento anterior que dé respaldo

---

profesor Tomás y Valiente, *Los validos en la monarquía española del siglo XVII*, que publicara allá por 1982.

[138] Vid. Escudero, J.A., *Los secretarios de Estado y del Despacho (1474-1724)*, Madrid, 1969.

legal a esta más que controvertida figura[139], por más que por todos fuese asumido la vinculación directa de aquella actividad desarrollada por el favorito con la voluntad regia de que ello así fuese. Es, por tanto y como indica con certeza el profesor Thompson, que los validos operaron en muchísimas ocasiones fuera (o al lado) de los canales institucionales establecidos, sin tener en ocasiones ningún tipo de rango ministerial formal[140].

El valido se diferenciaba de un secretario privado o de cualquier otro tipo de consejero real en que interfería en los procesos normales del funcionamiento de los consejos, interrumpiendo la actuación ordinaria de los mismos, y desviando a través de su persona la información al monarca[141].

Evidentemente no todos los validos actuarían encajándose a unos esquemas idénticos, en cuanto a lo que vino a ser su actuación, linaje u origen, actividad desarrollada, etc. Baste citar los casos de Lerma o de Olivares, frente a los de Nithard, Valenzuela o el bastardo regio don Juan José de Austria.

A la búsqueda de su origen, este habría de ser analizado y hallado en la propia mecánica burocrática, además de la ineptitud de algunos monarcas para el ejercicio de las tareas propias del poder, como fue el caso de Felipe III. Es en su época cuando se inicia el auge un este personaje que podría hincar sus raíces, como vimos, en el propio medievo, con figuras tales como el Alférez Real, o el propio Condestable, y que ahora evolucionadas, surgen nuevamente y con mayor ímpetu.

El profesor Thompson nos viene a aportar una explicación más rígida con respecto al origen de esta figura, y no es otra que el hecho de encuadrar

---

[139] A.G.S., Estado, España, Leg. 4.126: «*Copia de lo que Su Magestad ordenó al Consejo de estado por Cédula de 1612 tocante al duque de Lerma*». Más abajo se añade: «*El original se embió por Su majestad en conformidad de lo que manda en la orden que está aquí*» continua dicho documento del modo siguiente, «*Desde que conozco al duque de Lerma le he visto servir al rey mi señor y padre, que aya gloria, y a mí con tanta satisfacción de entrambos que cada día me hallo más satisfecho de la buena quenta que me da de todo lo que le encomiendo y mejor servido dél; y por esto, y lo que me ayuda a llevar el peso de los negocios, os mando que cumpláis todo lo que el duque os dixere o ordenare, y que se haga lo mismo en ese Consejo, y podrásele también decir todo lo que quisiere saber dél, que aunque esto se ha entendido assi desde que yo subcedí en estos Reynos, os lo he querido encargar y mandar agora*».

[140] Thompson, I.A.A., «El contexto institucional de la aparición del ministro-favorito», en *El mundo de los validos*, op, cit., pp. 25 y ss.

[141] Escudero, J.A., *Los secretarios de Estado y del despacho (1474-1724)*, Madrid, 1969.

al valido como respuesta a una crisis de crecimiento del gobierno. La cada vez más amplia complejidad del Estado que, con la expansión de sus esferas de intervención, había desbordado a los pretéritos métodos personales de gobierno. Baste recordar la frenética actividad burocrática que en la monarquía hispana tuvo que desarrollar Felipe II a lo largo de su reinado, y que el profesor José Antonio Escudero nos transmite con brillantez en su obra *Felipe II. El rey en el despacho*[142]. Se había acumulado una carga demasiado gravosa para una sola persona, y especialmente para un príncipe educado para la corte, no para el despacho. Igualmente, aquel desbordante énfasis en la majestad de la monarquía haría que pareciera inapropiado para el monarca el hecho de verse implicado en las menudencias del detalle administrativo.

Cierto es que las instituciones de gobierno de la monarquía hispana tenían un carácter claramente diferente a las poseídas por Francia o Inglaterra. En parte por razones jurisdiccionales, las instituciones centrales eran más numerosas y estaban más formalizadas y diferenciadas unas de otras, no habiendo en España una institución madre con competencias semejantes al Consejo Privado inglés. Pero también no es menos cierto que dicha institucionalización y especialización conllevaban numerosos problemas, asociados a la rutina burocrática, rivalidad institucional y corporativismo.

La búsqueda de un mecanismo que resultase efectivo para resolver dichos problemas había constituido una constante preocupación al menos a partir de la década de 1540, agudizándose la misma a comienzos de la década de 1580 por la combinación de sobrecarga administrativa y debilidad del monarca. Así las cosas entre los años 1590-1600 aparecerá el valido como una solución a un prolongado problema de control.

El primer valido que encontramos en la historia de los Austrias será el duque de Lerma[143], en tiempos de Felipe III. En un primer momento, el rey autorizaba verbalmente a éste para que firmase en su nombre; años más tarde, Felipe III mandó a los presidentes de los Consejos aquella Real Cédula de 1612 ya citada, en la que confirmaba por escrito los poderes que tiempo atrás había dado a Lerma, y en la que ordena que cada Consejo y su Presidente cumplan todo lo dicho por Lerma. En base a ello, dicho personaje

[142] Escudero, J.A., *Felipe II. El rey en el despacho*, Madrid, 2003.

[143] Sobre la vida del duque de Lerma, vid., entre otras, Ferós, A., *El Duque de Lerma, Realeza y privanza en la España de Felipe III*, Madrid, 2002.

sería durante veinte años el punto central de la Monarquía Hispánica. Su caída, o lo que es lo mismo, la pérdida de aquella gracia regia, ocurría en 1618, siendo sustituido por su propio hijo, el duque de Uceda.

Con respecto a las funciones propias del valido, estas podrían resumidas en las siguientes: supervisa los Consejos, maneja los instrumentos escritos del gobierno y, finalmente, aconseja al rey.

Cuando la Corona delega competencias a estos, lo hace buscando un primer ministro, pero al mezclarse poder y patronazgo la Corona pierde independencia, o lo que es lo mismo: lo que empezó como delegación de poder acabará como abdicación del control y pérdida de dicho poder. Pero bajo el condicionante de que la pérdida de dicha confianza vendría a suponer que el mismo revierta nuevamente en el monarca, o en quién este decida.

Con todo, resulta evidente que el ascenso del valido tendría como contrapartida más inmediata la decadencia del secretario, pasando muchas de sus antiguas atribuciones, tanto en el gabinete privado del rey como en la secretaría de Estado, a manos del privado[144].

Muchos historiadores han venido a presentar sus opiniones con respecto a la aportación que estos validos han realizado en el gobierno de aquella más que amplia Administración hispánica del siglo XVII. En este sentido, Fernández Álvarez, aludiendo a la caída de Lerma, afirmaba que:

> *«caía Lerma pero no el sistema. El régimen de validos continuará a lo largo del siglo con la serie de reyes holgazanes, abúlicos o enfermizos que se suceden en el trono español durante los últimos Austrias»*[145].

Por el contrario, el profesor Domínguez Ortiz, con respecto a Felipe IV indica lo siguiente:

> *«...sostuvo a Olivares como Luis XIII a Richelieu: por que lo creyó el hombre más indicado para desarrollar su política, no por pereza o inca-*

[144] Bermúdez de Pedraza, F., *El Secretario del Rey* (1620), edición facsímil (Madrid, 1973), f. 12v: «VM no ha tenido Secretario privado porque los Grandes de España afectos de su servicio toman este cuidado, despachando con su Real persona a boca las consultas y los expedientes del Secretario, con que en la realidad y en la substancia el privado viene a ser el Secretario, pues el exercicio es el que le hace, y no el nombre».

[145] Fernández Álvarez, M., «Las instrucciones políticas de los Austrias Mayores: problemas e interpretaciones, en *Gesammelte Aufsätze zur Kulturgeschichte Spaniens*, 23, 1967.

pacidad mental»[146]*. Con respecto a este mismo personaje, Elliott asevera del modo siguiente: «Si existía en España un hombre preparado para luchar contra los enormes problemas del momento, ese era el Conde de Olivares»*[147].

En otro orden de cosas, y en aras a diferenciar Valido, Primer Ministro y Dictador, y para poder diferir más claramente en qué lugar vino a posicionarse Juan José de Austria, indicar que con respecto a este último se refiere, la definición del término dictador hace referencia a aquel sujeto que recibe o se arroga el derecho a asumir el conjunto de los poderes del Estado: «*Nuestro futuro dictador aprovechará con maravillosa astucia los enconos y las simpatías de los otros para mover... la rueda de su ambición*», indicaría al respecto Gregorio Marañón.

Los orígenes de este modo de hacer política se pierden en los más recónditos orígenes de los tiempos. Ya en la antigua Roma, el término dictador se empleaba para hacer referencia a aquel magistrado supremo y extraordinario nombrado en circunstancias difíciles, e investido de poderes excepcionales.

En aquella Roma la dictadura era ejercida –únicamente en el interior de la península Itálica– por un dictador, magistrado único elegido por los cónsules a petición del senado en circunstancias excepcionales. Una vez nombrado por los cónsules, el dictador era investido del poder dictatorial (*potestas*). Era dueño de la totalidad del poder ejecutivo, y, salvo en lo que concernía al tesoro público, no tenía que rendir cuentas a nadie, ni antes ni después del ejercicio de su función. No podía ser llevado a juicio más que después de un voto de censura por parte de los censores. El expirar su mandato, los magistrados, según la ley, volvían a encargarse de sus funciones.

Con el transcurso de los años, y con ese mismo concepto de concentración del poder en manos de una persona, nuevos tiranos vinieron a tomar las riendas del poder en los más variados territorios de la tierra y en las distintas culturas humanas, y en donde incluso los extremismos políticos tendrán mucho que ver en ello.

---

146 Domínguez Ortiz, A., *Crisis y decadencia de la España de los A*ustrias, Madrid, 1969.

147 Elliott, J.H., *Richelieu y Olivares*, Barcelona, 1984.

LA ORGANIZACIÓN POLISINODIAL DE LA MONARQUÍA HISPÁNICA

La institucionalización de la situación existente a partir del siglo XVI, en donde una serie de territorios históricos con realidades político-jurídicas distintas y en territorios distantes tienen como monarca, señor, conde... a un mismo personaje, se verá plasmada en el llamado *régimen polisinodial*, articulada en torno a una red de organismos colegiados, los Consejos, algunos preexistentes desde épocas medievales y otros, en cambio, respondiendo a esta nueva situación, han sido creados *ex novo*.

En sus aspectos fundamentales y organizativos, están compuestos por un presidente, varios consejeros, secretarios, escribanos, y otros personajes subalternos. Su función primordial consistirá en asesorar al monarca en los asuntos y finalidades encomendadas a su actuación.

A la ordenación de este sistema, que llegaría a contar en su momento de mayor esplendor con quince instituciones, se llegaría mediante las siguientes vías en épocas de los Habsburgos Españoles:

Por el mantenimiento de consejos preexistentes en épocas medievales, tales como el de Castilla, Aragón y Navarra.

Por la segregación de estas entidades medievales de algunas de sus salas, teniendo como resultado más inmediato de ello la creación de instituciones independientes, como fue el caso de los Consejos de Indias o Italia.

Por la creación de instituciones novedosas como consecuencia de la expansión territorial de la Monarquía Hispana, por el interés de tratar de forma autónoma determinadas actividades.

En general se suele dividir de manera tradicional dos clases de consejos si atendemos a sus competencias:

Material, haciéndose referencia a competencias en función de la materia asignada.

Territorial, con atribuciones, en ocasiones hasta globales, en relación a un determinado territorio.

El profesor José Antonio Escudero, a este respecto indica que:

> *«habida cuenta del doble carácter de esos Consejos de competencia material... y dada la peculiar naturaleza de los Consejos de Cámara o del territorial de Navarra, parece oportuno clasificar el conjunto de ellos en cinco categorías distintas: los competentes sobre toda la monarquía, los de gobierno de los distintos territorios, el de Navarra, los de Cámara, y los aplicados primariamente a la administración de la Corona de Castilla»*[148].

Indicar que todos los Consejos, con la excepción del de Navarra cuya sede continuaría estando en Pamplona, tuvieron su sede en la Corte. Con todo, la nómina de todos ellos sería la siguiente, sin olvidar la desigual duración de todos ellos: Estado, Guerra, Castilla, Cámara de Castilla, Indias, Cámara de Indias, Aragón, Navarra, Italia, Portugal, Flandes, Inquisición, Hacienda, Órdenes y Cruzada.

Siguiendo nuevamente la segregación realizada por el profesor Escudero, pasamos a analizar a estas instituciones del modo siguiente:

Consejos con competencias sobre toda la Monarquía Hispánica

Los Consejos de Estado, Guerra e Inquisición

El de Estado acabó convirtiéndose en el organismo central de aquella Monarquía, viniendo a representar la institucionalización de aquella novedosa forma política, además de constituir el supremo órgano de asesoramiento del monarca, el cual era su presidente.

El de Guerra, paralelo al de Estado, también tuvo como presidente al rey. Con respecto a sus funciones, indicar que le correspondería la propuesta de los mandos militares, construcción de fortificaciones militares, etc., además de los asuntos bélicos de la monarquía. Contó con dos secretarías, de Mar y Tierra.

El de la Inquisición, más conocido como la Suprema, era el organismo central de gobierno del Santo Oficio, representando la estatalización de la actividad inquisitorial.

---

[148] Escudero López, J.A., *Curso de Historia del Derecho*, Madrid, 1995, pp. 739-740.

Consejos de gobierno de los diversos territorios

Consejo de Castilla, Aragón, Indias, Italia, Portugal y Flandes

El de Castilla ha sido catalogado tradicionalmente como el Consejo Real por excelencia, viniendo a ocupar un lugar destacado en relación con los restantes. Disfrutó de importantes funciones administrativas, judiciales y legislativas dentro del territorio castellano.

El de Aragón, reorganizado en 1494, estaría compuesto por siete personas: un vicecanciller que haría las funciones de presidente, cinco consejeros llamados regentes, y otro en calidad de tesorero general de la Corona.

El de Indias surge en 1524 como segregación de la sala del de Castilla que originariamente vino a encomendarse de los asuntos indianos. Formarían parte de él consejeros togados y de «*capa y espada*».

Similar origen tendrá el consejo de Italia, constituyéndose en 1555 un consejo autónomo del de Aragón, con jurisdicción sobre los reinos de Nápoles y Sicilia, además del ducado de Milán. Compuesto por seis regentes, tres de ellos procedentes de la península Ibérica y otros tres de tierras italianas (un napolitano, un siciliano y un milanés). Contó en sus orígenes con una única secretaría, que sería dividida en 1595 en tres, una para cada territorio.

El Consejo de Portugal sería erigido en 1582, a raíz de las reclamaciones que las Cortes Portuguesas de Thomar presentasen al rey Felipe II.

El de Flandes sería establecido en 1588 para tratar los asuntos de dicho territorio de la Monarquía Hispánica.

El Consejo de Navarra

Como hemos indicado anteriormente, de todos los Consejos existentes en esta organización polisinodial de la Monarquía, únicamente el de Navarra tendría su sede fuera de la Corte, al ser respetada por Fernando el Católico dicha sede en el momento de la incorporación de dicho territorio a la Monarquía. Reorganizado en 1525, estuvo compuesto por un presidente, seis consejeros y otros oficiales de rango inferior. El virrey participó activamente en las actividades y dirección de dicho Consejo, aun a pesar de no ser en propiedad su presidente, cargo que recayó en el regente.

Dispuso de amplias atribuciones judiciales, gubernativas, incluso, con restricciones, legislativas.

Los Consejos de Cámara

El Consejo de Cámara de Castilla tuvo su origen en el Consejo de Castilla, producto del desgajo de una de sus salas. Fundado posiblemente en 1518, estuvo compuesto por un presidente y tres consejeros. Reorganizado en 1588, pasaría a disponer de tres secretarías que corresponderían a sus tres actividades fundamentales: gracia, patronato y justicia.

Paralelo en tierras americanas del anterior sería el de Cámara de Indias, fundado en 1600, suprimido ocho años después y restablecido en 1644.

Consejos de administración preferentemente castellana

El Consejo de Órdenes tuvo como misión fundamental la gobernación y justicia en los territorios de las tres órdenes militares castellanas: Alcántara, Calatrava y Santiago. Proponía al rey los oficios y beneficios, además de controlar la actividad de las autoridades. Al frente de este consejo figuró un lugarteniente general en representación del rey.

El Consejo de Cruzada, se ocuparía en tierras castellanas y aragonesas de todo lo relativo a la concesión papal de la bula de Cruzada, y a la recaudación y administración de sus ingresos.

El Consejo de Hacienda se encargó de controlar las rentas y subsidios, proponiendo para ello planes y arbitrios. Ejerció además funciones de naturaleza judicial, conociendo como instancia judicial superior en aquellos conflictos existentes en los cobros de rentas.

LAS RECOPILACIONES DEL DERECHO CASTELLANO

Tras la consolidación del Estado Moderno, en cuanto a su configuración jurídica, nos encontramos ante un proceso continuo de transformación de sus fuentes jurídicas. La pretérita figura de un rey-juez, encargado de crear y aplicar el ordenamiento jurídico, superándose también la idea de un poder político que reconoce a su vez el derecho producido por la sociedad y lo impone. Al acentuarse, como resultado de ello, la proliferación del derecho escrito, resultará sumamente complicado el hecho de saber en un momento dado cuál es la norma aplicable en un momento determinado. Surgirá como producto de todo ello la necesidad imperiosa de compilar el derecho escrito, eliminando los textos superfluos, completar los insuficientes y acordarlos todos ellos como parte que son del ordenamiento jurídico. Dicha actividad sería con mayor o menor intensidad desarrollada en todos los territorios españoles.

El Ordenamiento de Montalvo y el Libro de Bulas y Pragmáticas de Juan Ramírez

La tarea de recopilar con carácter privado las Leyes de Cortes, que hubiesen entrado en vigor en el ordenamiento jurídico castellano con posterioridad al Ordenamiento de Alcalá de Henares de 1348, no había remediado la situación existente de cuasi-anarquía. A las constantes peticiones de las Cortes de Castilla, vinieron a responder los Reyes Católicos ordenando en las Cortes reunidas en Toledo, en 1480, que fuesen compiladas las leyes, ordenanzas y pragmáticas. El encargado de asumir dicho reto sería un jurista llamado Alonso Díaz de Montalvo, el cual cuatro años más tarde presentaba las *Ordenanzas Reales de Castilla*, más conocidas como *Ordenamiento de Montalvo*. Dicha obra costa de ocho libros, conteniendo las leyes de cortes, pragmáticas y ordenanzas dictadas desde épocas de Alfonso XI, junto a algunas disposiciones del Fuero Real. Curiosamente, dicha obra no obtendría el refrendo regio, aunque su reconocimiento deriva de que los monarcas llegaron a ordenar a todas las villas y lugares de sus reinos que en los mismos existiera siempre un ejemplar de la obra de Alonso Díaz de Montalvo, y que mediante dicha obra se fallasen los pleitos.

Años más tarde, nuevamente los Reyes Católicos ordenaban al Consejo de Castilla que compilase y corrigiese todas las pragmáticas y otras disposiciones de sus antecesores. Dicha tarea sería encargada a un escribano llamado Juan Ramírez. Dicha obra será conocida como el Libro de las Bulas y Pragmáticas, al contener tanto las pragmáticas requeridas como una serie de bulas sobre algo tan singular como era la jurisdicción regia. A diferencia de la anterior obra, este Libro de las Bulas y Pragmáticas si tendría carácter oficial. Cabe señalar el carácter asistemático de la obra, ordenándose en unas ocasiones su contenido en función de las personas, y otras en razón de la materia.

La Nueva Recopilación

En 1505, habiendo incluso fallecido la reina Isabel *la Católica*, se publicarían las Leyes de Toro. Fueron redactadas por una comisión de juristas, entre los cuales destacaba Palacios Rubios. En dichas leyes, ochenta y tres, se ordena el derecho civil, además de reiterarse el sistema de prelación de fuentes del ordenamiento jurídico castellano, tal y como ya se había indicado en el Ordenamiento de Alcalá de Henares.

Con todo, y siguiendo las instrucciones dadas por la difunta reina Isabel, se pondría en marcha una comisión encargada de recopilar nuevamente las leyes y pragmáticas. El primero en dirigir los trabajos sería Lorenzo Galíndez de Carvajal, el cual incluso llegaría a formar una recopilación que no fue publicada.

Ya en el reinado de Carlos I se designará a un nuevo encargado de desarrollar dicha tarea, López de Alcocer, más tarde sustituido a su vez por Escudero, López de Arrieta y Bartolomé de Atienza. Dicho trabajo, que se prolongaría por espacio de varios años, sería ultimado por Atienza, ya en tiempos de Felipe II, dando lugar a la *Recopilación de las leyes destos Reynos*, o más conocida como la *Nueva Recopilación*, promulgada mediante pragmática de 14 de marzo de 1567, y publicada en 1569.

Tenía como base el Ordenamiento de Montalvo, corregido y aumentado con la incorporación de las disposiciones posteriores, en donde se incluían las Leyes de Toro. En definitiva constaba de casi cuatro mil leyes dispuestas en nueve libros. En las ediciones posteriores hechas desde el reinado de

Felipe II, la Nueva Recopilación vendrá a recoger las leyes que se fueron desde entonces promulgando, insertas según su contenido y temática en el libro y título correspondiente.

La Nueva Recopilación sería el gran cuerpo legal castellano de los siglos XVII y XVIII, aun a pesar de que conforme iban transcurriendo los años cada vez más se encontraba en necesidad de ser actualizada y mejorada.

No está de más recordar que tuvo vigencia en los territorios de derecho común de la Corona de Castilla, puesto que en el seno de los territorios forales, el reino de Navarra y la Corona de Aragón mantenían su propia legislación. Además, vinieron a producirse sucesivas ampliaciones de su ámbito territorial como consecuencia de la pérdida de su condición de los territorios forales, con la excepción de las Provincias Vascongadas y Navarra.

La Novísima Recopilación

Dicho anquilosamiento progresivo llevaría a que en épocas de Carlos IV se encomendase a un experto, Reguera de Valdelomar, la realización de un suplemento al texto de Felipe II. Emprendió para ello su trabajo aprovechando los trabajos que previamente habían sido realizados por Lardizábal y la Junta de Recopilación, concluyendo su actuación en 1802. Sin embargo, al presentar lo que no sería más que un nuevo suplemento a la Nueva Recopilación, Reguera de Valdelomar ofreció un proyecto distinto, un «*plan para una Novísima Recopilación de las Leyes de España*». Dicha idea recibiría el visto bueno, y en 1805 venía a promulgarse la Novísima Recopilación de las Leyes de España, disponiéndose además la edición de suplementos anuales encargados de recoger la legislación posterior, aunque de todo ello sólo llegaría a publicarse uno. Esta obra, la Novísima Recopilación, consta de doce libros, divididos en títulos y leyes.

Con todo, resulta curioso observar el hecho de que mientras en otros territorios de Europa se asistía a la reforma de sus ordenamientos jurídicos con la introducción de unos códigos ilustrados que venían a derribar las pretéritas estructuras jurídicas de aquellos Estados, y singularmente en Francia con la publicación del Código de Napoleón en el año 1804, en España continuábamos con la práctica de las ya viejas prácticas de recopilar el Derecho.

LA UNIFICACIÓN RELIGIOSA EN EL SENO DE LA MONARQUÍA HISPÁNICA

La existencia de una convivencia pacífica entre las tres religiones del libro a lo largo de la historia de España, por muy idílica y bucólica que pueda parecer dicha idea a ojos de una persona del siglo XXI, no pasó por ser más que un bello sueño. La realidad nos traslada un enfrentamiento cuasipermanente entre cristianos y musulmanes, y una persecución más o menos intensa hacia los judíos. Ejemplos de ello podrían ser citados por centenas, y fruto de ello encontraremos como punto álgido a la situación existente en el siglo XV.

La expulsión de los judíos

Tras el júbilo religioso posterior a la toma de Granada, en enero de 1492, poco tardarían los Reyes Católicos en firmar el *Edicto de Expulsión* (30 de marzo de ese mismo año) de los judíos. En dicho texto se les exigía o bien convertirse al cristianismo, o bien abandonar España en un plazo máximo de cuatro meses. Dicha iniciativa no era novedosa en estas tierras, sino que esta injusta acción ya había sido puesta en práctica en muchos otros territorios europeos.

Con ello, aproximadamente unas 150.000 personas abandonarían tierras españolas provocando su salida importantes problemas de naturaleza heterogénea. Muchos judíos para evitar la expulsión optaron por convertirse al cristianismo, con los lógicos conflictos derivados de una más que presunta conversión por simple conveniencia, agudizando un problema que no tardaría en estallar.

Con todo, las estimaciones de la cifra total de judíos que salieron de tierras de España resultan ser muy dispares, pero abarcan desde los 50.000 a los 200.000 individuos. En este sentido, en la Corona de Aragón los hebreos eran escasos, por lo que la pérdida demográfica supuso unos 10.000 o 20.000 habitantes. Por el contrario, en Castilla resultaban ser muy numerosos. La mayoría de los judíos desterrados fueron a parar a Portugal o a la cercana Navarra, de donde años más tarde también serían expulsados;

la minoría restante marchó a Flandes, norte de África, Italia y territorios mediterráneos del Imperio otomano.

La expulsión de los moriscos

El 9 de abril de 1609, apenas transcurrido un siglo de la expulsión de los hebreos, tendría lugar el segundo y definitivo fracaso de toda posibilidad de convivencia religiosa en el seno de los territorios hispánicos mediante la expulsión de los moriscos. En este sentido, Felipe III procedía a expulsar a los descendientes de la población española de religión musulmana convertida al cristianismo por la pragmática de los Reyes Católicos del 14 de febrero de 1502[149].

De esta forma, entre 1609 y 1614, salieron de nuestras tierras más de trescientas mil personas, cuyo destino principal serían África y, en alguna medida, Francia. Los resultados de dicha expulsión fueron catastróficos en algunas zonas de España, fundamentalmente en tierras levantinas donde prácticamente un tercio de la población era morisca.

La Inquisición Española

Aunque muchos todavía lo ignoran, la institución inquisitorial no tuvo un origen español, ya que fue erigida a través de la bula papal *Ad abolendam*, emitida a fines del siglo XII por el papa Lucio III, convirtiéndose en un instrumento con el que combatir la herejía albigense arraigada en el sur de Francia. Fruto de esta iniciativa pontificia, llegaron a erigirse tribunales de la Inquisición pontificia en varios reinos cristianos europeos, durante la Edad Media. Además, en la Corona de Aragón operó un tribunal de la Inquisición pontificia establecido por dictamen de los *estatutos Excommu-*

[149] La pragmática de conversión forzosa, resulta ser un término que bien podría ser aplicado a un conjunto de pragmáticas u otros textos legales emitidos a comienzos del siglo XVI, bajo el reinado de los Reyes Católicos y Carlos I, siendo con todo la denominación que la historiografía aplica especialmente a la Pragmática de 14 de febrero de 1502. En base a la misma, aparentemente se daba a elegir a los musulmanes sometidos de la corona de Castilla entre la opción del exilio o la de convertirse al cristianismo. La nueva categoría social así surgida, los cristianos nuevos, recibirá el nombre de moriscos

nicamus de Gregorio IX, en 1232, durante la época de la herejía albigense; siendo su principal representante el más tarde santo Raimundo de Peñafort. Siglos más tarde su importancia iría ciertamente diluyendo, resultando ser a mediados del siglo XV una institución prácticamente sin actividad alguna, aunque legalmente vigente. Además, en la Corona de Castilla no hubo nunca un tribunal de la Inquisición Pontificia, siendo los encargados de vigilar y castigar los delitos de fe los diferentes obispados, a través de la llamada Inquisición episcopal.

Con todo, aquellas disposiciones regias tomadas contra los hebreos en los años anteriores no vinieron a afectaban a los conversos, los cuales perfectamente pudieron mantener su poder económico y sus actividades anteriores. En ese ambiente, la exaltación de algunos eclesiásticos y la difusión de leyendas sobre actividades anticatólicas de conversos y judíos, tales como profanación de formas sagradas, crucifixión de niños, etc., sirvieron de caldo de cultivo para una próxima creación de lo que será una de las Instituciones españolas más significativas a lo largo de varios siglos: la Inquisición. Esta era autorizada, no sin recibir importantes presiones por parte de Fernando el Católico, por el papa Sixto IV, en 1478, y puesta en marcha después de las Cortes de Toledo de 1480.

El carácter secreto de los juicios así como los medios empleados para obtener las confesiones crearon un clima de terror que obligó a emigrar a numerosos conversos cuyas quejas llegaron hasta el Papa y éste, en 1482, rectificó su decisión y pretendió que los inquisidores, nombrados por el rey, actuaran de acuerdo con las normas de la Inquisición medieval; acusó a los inquisidores sevillanos de haber actuado contra inocentes y de haber confiscado los bienes de los condenados, lo que no entraba en sus atribuciones; ordenó que, en adelante, los procesos se desarrollaran de acuerdo con las normas canónicas y con el obispo de la diócesis, y prohibió el trasplante de la Inquisición a los reinos de la Corona de Aragón, en los que funcionaba la inquisición tradicional[150].

---

[150] En este sentido, Sixto IV a través de una nueva bula indicaría que "muchos verdaderos y fieles cristianos, por culpa del testimonio de enemigos, rivales, esclavos y otras personas bajas y aun menos apropiadas, sin pruebas de ninguna clase, han sido encerradas en prisiones seculares, torturadas y condenadas como herejes relapsos, privadas de sus bienes y propiedades, y entregadas al brazo secular para ser ejecutadas, con peligro de sus almas, dando un ejemplo pernicioso y causando escándalo a muchos". Con todo, las presiones del monarca hicieron que el Papa terminara suspendiendo la citada bula, y que incluso terminase promulgando otra,

El nombramiento de los inquisidores fue confiado al general de los dominicos; se ordenó absolver a quienes confesaran sus culpas y se prohibió mantener en secreto los nombres y las declaraciones de los testigos..., pero ni lo reyes hicieron el menor caso de las disposiciones pontificias ni el pontífice mantuvo su disposición: interesado en nombrar arzobispo de Sevilla a uno de sus protegidos, anuló la bula promulgada, y los procesos y confiscaciones en favor de los reyes continuaron, acrecentados por la necesidad de reunir fondos para la guerra granadina.

Hacia el año 1484 fue nombrado por los Reyes Católicos como Inquisidor General de Castilla fray Tomás de Torquemada, que ya lo era previamente de Aragón. Con él se unificaba la organización inquisitorial de la monarquía, convertida en un organismo más de centralización del poder monárquico, de unidad interior. Del mismo modo que se habían suprimido las hermandades para formar una *Hermandad General* enteramente sometida a los reyes, se suprimían las inquisiciones diocesanas para crear una sola Inquisición en todos los dominios de la monarquía.

Con todo, en el seno de la Corona de Aragón la resistencia fue mayor que en Castilla. En este sentido los aragoneses afirmaban que la confiscación de bienes y el mantenimiento del secreto iban contra los fueros del reino, pero nada pudieron hacer ante la firme decisión del rey. La religión fortalecía la política centralizadora y Fernando apoyó a los inquisidores, cuyas excomuniones podían servir, y de hecho así ocurrió, para destituir a diversas autoridades municipales; en Valencia se defendieron alegando la existencia de la inquisición tradicional y la extranjería de los inquisidores, y en Barcelona la resistencia se basó en los perjuicios económicos que la fuga de los conversos podía provocar y en la oposición a los fueros, usos y costumbres catalanes; los consellers pidieron que se perdonase a quienes abjurasen de sus errores, con lo que se salvaba la pureza de la religión, motivo indicado por los reyes para defender al nuevo organismo, pero el monarca se mostró intransigente.

Ya en el año 1490 la Inquisición está sólidamente asentada en todos los reinos, pero sólo puede actuar contra los cristianos, no contra los judíos o musulmanes, a los que al no ser cristianos no es posible acusar de herejía. En 1483 se procedió a la expulsión de los judíos de las diócesis de Sevilla,

el 17 de octubre de 1483, en donde designaba a Torquemada inquisidor general de Aragón, Valencia y Cataluña.

Córdoba y Cádiz; tres años más tarde fueron expulsados los de Zaragoza y Albarracín, acusados de connivencia con los conversos..., pero mientras duró la guerra granadina puede afirmarse que los reyes mantuvieron la tradicional protección dispensada por sus antecesores a los judíos, algunos de los cuales fueron tesoreros de la Hermandad y colectores de los subsidios para la guerra de Granada, lo que no hará sino aumentar el odio popular contra ellos.

Haciéndose eco del malestar de la población, el 31 de marzo de 1492 los reyes firmaron el decreto de expulsión de los judíos de todos sus reinos y les dieron un plazo de cuatro meses para abandonarlos. En principio se les permite llevar todos los bienes muebles, pero las leyes vigentes prohíben sacar del reino oro, plata, monedas, caballos y armas, por lo que deberán transformar sus bienes en letras de cambio. En muchos lugares se prohibió a los cristianos la compra de bienes judíos y en todos se explotó la necesidad apremiante de vender; los propios monarcas prohibieron la venta de los bienes comunales de las aljamas, y en septiembre de 1492 confiscaron todos los bienes, deudas o letras de cambio dejadas por los judíos. Aunque de hecho la expulsión de algunos grupos musulmanes no puede ser incluida en el capítulo de reformas religiosas emprendidas por Isabel y Fernando, conviene recordar que clérigos como el cardenal Jiménez de Cisneros propusieron la adopción de medidas similares a las tomadas contra los judíos; pero el problema era distinto aunque desde el punto de vista religioso fuera el mismo y sólo en 1502, después de la sublevación morisca de las Alpujarras, se tomaron medidas contra los musulmanes, a pesar de lo cual numerosos moriscos permanecieron en las Alpujarras granadinas, en toda Castilla y en la Corona de Aragón hasta el siglo XVII.

Expulsados los judíos, con graves daños para la economía de los reinos y para las haciendas locales y sin beneficios para la población –las deudas con los judíos fueron heredadas por la Corona–, alejados voluntaria o forzosamente de la Península los dirigentes musulmanes que podían organizar la resistencia, y creado un clima de terror por la Inquisición contra los conversos, los reyes han logrado afianzar la unidad de sus dominios pero estaban muy lejos de conseguir la reforma religiosa, única que habría podido justificar las medidas anteriores.

La Inquisición fue ante todas las cosas un tribunal, o mejor todavía, fueron una serie de tribunales dependientes de un organismo central, el Consejo de la Inquisición o Suprema. Con respecto a sus competencias, indicar que su tarea consistió en la vigilancia de la ortodoxia católica y la persecución de la herejía. Por tanto su finalidad no era la persecución de musulmanes o judíos, sino sus esfuerzos irían dirigidos contra los católicos deformadores de los fines de su Iglesia. Con todo tuvo tres grandes bloques de actividad. Por un lado los falsos conversos judíos, por otro los cristianos sospechosos de ser luteranos y, finalmente los falsos conversos musulmanes.

Instaurado en una primera fase en Castilla, más tarde sería instaurado en otros territorios de la Monarquía Hispánica, con mínimas excepciones. En la cúspide de su estructura organizativa se encontraría el inquisidor general, y en la base los distintos tribunales locales compuestos por numerosos oficiales, además de la nunca escasa colaboración de los llamados oficiales, que eran gentes de la calle provista de armas y a los cuales se les distinguiría con una serie de privilegios.

En este sentido, en el seno de la Monarquía se establecieron los siguientes tribunales permanentes de la Inquisición:

En 1482 en Sevilla y en Córdoba, en 1485 en Toledo y en Llerena, en 1488 en Valladolid y en Murcia, en 1489 en Cuenca, en 1505 en Las Palmas de Gran Canaria, en 1512 en Logroño, en 1526 en Granada, y en 1574 en Santiago de Compostela. Con respecto a la Corona de Aragón indicar que allí únicamente fueron erigidos cuatro tribunales: Zaragoza y Valencia, en 1482; Barcelona, en 1484; y Mallorca en 1488. Además, Fernando el Católico implantó esta Nueva Inquisición en Sicilia, en 1513, con sede en Palermo; y en la isla de Cerdeña. En tierras de la América Española, se creaban los tribunales de Lima y de México en 1569, mientras que en 1610 lo hacía el de Cartagena de Indias.

En sus primeros años de andanzas, estos tribunales iniciarían su actuación con la publicación del llamado *edicto de gracia*, que exhortaba a la autodenuncia de los herejes, los cuales serían reconciliados, y siendo condenados a mínimas penas.

Sin embargo, ya desde el siglo XVI, este *edicto de gracia* sería sustituido por el *edicto de fe*, el cual amenazaría con la excomunión a todo aquel que no denunciase a todo aquel sobre el cual recayese algún tipo de sospecha de herejía[151].

---

[151] La práctica habitual era que el inquisidor, una vez acabada la misa dominical, procediese a la lectura del *edicto de gracia*, a través del cual se explicaba a los allí presentes las posibles

El Proceso

El proceso inquisitorial se componía de una serie de audiencias, en las cuales declaraban tanto el o los denunciantes como el acusado, al cual se le asignaba un abogado defensor –miembro del tribunal–, cuya función era únicamente asesorarle y animarle a decir la verdad. La acusación era dirigida por el procurador fiscal. Los interrogatorios al acusado se realizaban en presencia del notario del secreto, el cual levantaba acta de todo cuanto expresase el demandado, el cual para su defensa podía utilizar dos posibilidades. Por un lado los llamados "abonos", que básicamente consistía en la presentación de testigos favorables; o mediante las "tachas", mediante las cuales intentaba demostrar al tribunal que los testigos de la acusación no eran fiables.

Para interrogar a los reos, la Inquisición hizo uso de la tortura al igual a como se hacía en el resto de los tribunales. Ésta fue aplicada fundamentalmente contra los sospechosos de judaísmo y protestantismo, a partir del siglo XVI, la cual era aplicada sin distinción de sexo ni edad, incluyendo por tanto a niños como a ancianos.

Una vez concluido el proceso, los inquisidores se reunían con un representante del Obispo y con los llamados "*consultores*", personas expertas en teología o en derecho canónico, en lo que se denominaba "*consulta de de*". Tras ello se votaba en relación al asunto, emitiéndose después la correspondiente sentencia por unanimidad, ya que en el supuesto caso de existir discrepancias era obligatorio remitir el informe a la Suprema.

Con todo, el resultado final del proceso inquisitorial podía resultar del siguiente modo:

- En escasas ocasiones el acusado podía ser absuelto.

herejías, animándoles a que acudieran a los tribunales de la Inquisición para así descargar sus conciencias, denominándose "*edicto de gracia*", porque a todos los autoinculpados que se presentasen dentro de ese período de gracia se les ofrecía la posibilidad de reconciliarse con la Iglesia sin tener que hacer frente a castigos severos. Con todo, la autoinculpación no resultaba ser suficiente, ya que era necesario, también, delatar a todos los que habían resultado ser cómplices, con lo cual la Inquisición contaba con una inagotable provisión de informantes. Pasado un tiempo, estos edictos fueron reemplazados por los denominados "*edictos de fe*", en donde las denuncias eran anónimas, y en donde el acusado no tenía ninguna posibilidad de conocer la identidad de sus acusadores. En la práctica, resultaron ser frecuentes las denuncias falsas, nacidas simplemente con el ánimo de satisfacer envidias o rencillas personales.

- El proceso podía ser "*suspendido*", con lo que en la práctica el acusado quedaba libra, aunque bajo sospecha, y con la amenaza de que el proceso se continuase en cualquier momento.
- igualmente el acusado podía ser objeto de penitencia, al ser considerado culpable, debía *abjurar* públicamente de sus delitos *–de levi* si era un delito menor, y de *vehementis* si el delito era grave–, además de condenado a un castigo. Estos condenados por la inquisición podían ser reconciliados. Además de la ceremonia pública en la que el condenado se reconciliaba con la Iglesia Católica, existían penas más severas, entre ellas largas condenas de cárcel o galeras, y la confiscación de todos sus bienes. También existían castigos físicos, como los azotes.
- Con todo, el castigo más grave fue la "*relajación*" al brazo secular, que implicaba la muerte en la hoguera. Recibían este castigo los herejes impenitentes y los reincidentes. La ejecución era pública, en donde en el caso de que el condenado previamente se arrepentía, se le estrangulaba mediante el garrote vil antes de entregar su cuerpo a las llamas, en caso contrario sería quemado vivo.

DE LOS AUSTRIAS A LOS BORBONES. LA CUESTIÓN SUCESORIA

A medida que iba transcurriendo el reinado de Carlos II, iba siendo cada día más evidente que el débil y enfermizo monarca difícilmente engendraría un heredero para la Monarquía Hispánica. De este modo, cuando se produjera la muerte del rey, la inmensa Monarquía de los Habsburgo españoles debería pasar a alguno de los soberanos o príncipes europeos vinculados familiarmente al rey español, singularmente a través de los matrimonios de las hijas y hermanas del difunto rey Felipe IV. Así las cosas, la sucesión podría recaer bien en un príncipe de la casa Habsburgo austriaca, o bien en un miembro de la casa francesa de Borbón. Pronto se postularían los candidatos.

En este sentido, el emperador Leopoldo I era hijo de Fernando III y de la infanta María, hermana de Felipe IV. Leopoldo era, por tanto, primo carnal de Carlos II, lo que le otorgaba nítidos derechos de cara a una sucesión indirecta, por vía femenina. Leopoldo se había casado, además, en 1666, con la única hermana de Carlos II, la infanta Margarita, que constituía la línea más cercana de cara a la sucesión. La temprana muerte de la emperatriz Margarita, dejando tan sólo una hija, la archiduquesa María Antonia, abría para el futuro una segunda posibilidad sucesoria en la línea Habsburgo, en el caso de que María Antonia tuviera herederos varones.

Con respecto a la otra línea de posibles candidatos, los Borbones, indicar que el entonces monarca reinante en Francia, Luis XIV, era también nieto de Felipe III. El parentesco con los Habsburgos españoles quedaba reforzado además en sus descendientes, en virtud de su matrimonio con la infanta María Teresa, hija mayor de Felipe IV y hermanastra de Carlos II. La diplomacia francesa pretendía que la renuncia de ésta a una posible sucesión española, que realizase allá por el año 1660, en ocasión de su boda, y ratificada en el testamento de Felipe IV, quedaba sin efecto, justificándose aquella actuación por no haberse satisfecho por parte de España la dote estipulada en sus capitulaciones matrimoniales.

Con todo, independientemente de la casa regia en la que recayese el trono español, la sucesión de Carlos II amenazaba con alterar gravemente el statu quo europeo, en particular, y mundial, en general, al tratarse de la más extensa monarquía de la época, poseedora de múltiples territorios en todos los Continentes. Tal peligro, junto a la ausencia de un único e indiscutible candidato, llevó a las principales potencias europeas a concluir varios acuerdos de reparto, para el caso de que Carlos II muriese sin descendencia.

El primer tratado secreto de reparto de la Monarquía Hispana tuvo lugar nada más iniciarse el reinado del *rey hechizado* (cuando apenas tenía siete años y se encontraba España inmersa en la larga y difícil regencia de Mariana de Austria, madre de Carlos II. Fue convenido entre Luis XIV y Leopoldo I en plena Guerra de Devolución, y firmado en Viena el 11 de enero de 1668. A tenor del estudio de aquel documento, se observa con nitidez como aquellos dos mandatarios se repartían la Monarquía de los Habsburgos Españoles.

Austria se había mantenido neutral en la *Guerra de Devolución* y puso a disposición de los contendientes la ciudad de Aquisgrán, en la que se concluyeron las paces, un mayo de 1668. Pocos años más tarde, sin embargo, Leopoldo I se uniría al bloque antifrancés con ocasión de la guerra de Holanda (1672-1678). El tratado franco-austriaco de reparto, firmado en 1668, pasaría a ser letra muerta ante las desavenencias provocadas por el expansionismo de Luis XIV.

A finales de la década de los ochenta, al constituirse la llamada Gran Alianza antifrancesa de mayo de 1689, el emperador buscó el apoyo secreto de las potencias marítimas (Inglaterra y Holanda) en sus reivindicaciones sobre la totalidad de la herencia española. Además, por aquellas fechas se había celebrado el segundo matrimonio de Carlos II con la alemana Mariana de Neoburgo, augurando un incremento de la influencia austriaca en la corte madrileña.

Con todo, hasta finales del siglo XVII los candidatos a la herencia española eran únicamente dos: la austriaca y la francesa. Sin embargo, el 28 de octubre de 1692 surgiría una nueva y más cercana candidatura, cuando la archiduquesa María Antonia, casada con el elector Maximiliano Manuel de Baviera desde 1685, dio a luz, en Vieja, a José Fernando Maximiliano de Baviera. Dos meses más tarde, el 24 de diciembre, moría la madre, víctima de fiebres puerperales. En sus capitulaciones matrimoniales y en su testamento la electora bávara había renunciado a sus derechos sucesorios al trono español; pero tal renuncia únicamente era válida para ella misma, y no para sus descendientes, pues contravenía el testamento de Felipe IV.

La candidatura del príncipe bávaro contó pronto con numerosas simpatías en España. Lo más importante, la de su abuela Mariana de Austria. El intento del embajador imperial de desacreditar la posible sucesión bávara publicando, en 1693, las capitulaciones matrimoniales de María Antonia, no hizo sino aumentar la popularidad de José Fernando en la misma medida en que disminuía la del emperador.

El 13 de septiembre de 1696, en el curso de una de las muchas enfermedades que padeció el rey Carlos II, y tras consultar al Consejo de Estado, otorgaba su primer testamento, en el que nombraba a José Fernando de Baviera, en perfecto acuerdo con las prioridades sucesorias establecidas por el testamento de Felipe IV, para el caso de que Carlos II muriera sin descendencia.

En aquel momento, las dos opciones que contaban con partidarios en el Consejo de Estado eran la bávara y la austriaca, defendidas respectivamente, sobre todo, por los partidarios de la fallecida reina madre y por los de Mariana de Neoburgo. La postura del cardenal Portocarrero fue clara a favor del príncipe bávaro, en pro del cual habrían de jugar también las recomendaciones de Mariana de Austria a su hijo, en los últimos días de su vida.

En 1696, tanto Baviera como Austria decidieron cambiar sus representantes diplomáticos en Madrid por personas con mayor experiencia, la idea era hacer valer hasta el extremo las candidaturas bávara o austriaca, respectivamente.

Los partidarios de la sucesión austriaca, encabezados por la reina, hacían todo lo posible para que Carlos II anulase el testamento de septiembre de 1696. En este sentido, en 1696 y 1697 Mariana de Neoburgo era la encarnación de la austrofilia. Por consejo de Aloisio y Fernando de Harrach, la reina, que tenía en el Consejo de Estado a su fiel partidario el almirante de Castilla, trató de constituir un núcleo de personajes cercanos a los intereses de la casa de Habsburgo, atrayéndose a los fieles de la fallecida reina madre.

Consecuencia de ello fue que en la corte madrileña comenzase a perfilarse distintos bandos, favorables a una u otra solución sucesoria. El más tradicional de todos ellos era el austriaco, integrado fundamentalmente por quienes habían sido siempre defensores de una más estrecha colaboración con el Imperio; varios de sus miembros fueron colaboradores de la reina Mariana de Austria. A mediados de 1698, muchos de los altos personajes de la corte debían de pertenecer, de forma más o menos clara, a dicho grupo, que era capitaneado por el ex gobernador de Milán, marqués de Leganés. Mientras, la opción francesa incrementaba su popularidad; aunque posiblemente hasta el último momento no tuvo unos partidarios definidos entre los altos cortesanos. Entre ellos el cardenal Portocarrero, al que Maura da por descontada, ya en 1698, su adhesión a la causa francesa, aunque todavía continuase colaborando en la política interior con el partido austriaco.

En el otoño de 1698 todo daría un giro imprevisto, como consecuencia de la firma de un segundo tratado de reparto de la monarquía hispánica, acordado por Luis XIV y las potencias marítimas (Inglaterra y Holanda), que venía gestándose desde meses antes. El tratado, suscrito en La Haya el 11 de octubre, adjudicaba la totalidad de España (con la excepción de Guipúzcoa) las Indias y los Países Bajos al príncipe de Baviera; Nápoles, Sicilia, los presidios de Toscaza y la provincia de Guipúzcoa al delfín; y el ducado de Milán, al archiduque Carlos. Un artículo secreto, complementario, fruto al parecer de la intercesión de Guillermo de Orange, nombraba a Maximiliano Manuel tutor de su hijo durante su minoría de edad, y heredero universal de todos sus reinos y coronas, en el caso de que José Fernando muriera antes que él, sin descendencia.

El conocimiento en la corte madrileña de dicho reparto produjo una gran indignación. Partidarios de una u otra candidatura tenían clara la conciencia de que la Monarquía debía transmitirse indivisa. En este sentido, si Leopoldo I, el gran perjudicado en el reparto, hubiese tenido la habilidad de defender para su hijo la totalidad de la herencia, oponiéndose radicalmente a cualquier reparto, la solución austriaca habría ganado en número de partidarios.

Con todo, la reacción desde Madrid fue rápida. El 11 de noviembre el rey firmaba un segundo testamento, renovación del de 1696, en el que nombraba heredero universal de todos sus reinos y dominios, no obstante cualquier renuncia, al príncipe José Fernando de Baviera; en caso de que éste hubiera muerto sin sucesión legítima, al emperador Leopoldo y sus descendientes; y, en tercer lugar, a la línea sucesoria de la infanta doña Catalina, hija de Felipe II y duquesa de Saboya.

Se había resuelto no hacer público el testamento mientras no lo fuera el tratado de La Haya, pero ello no evitó las protestas de Luis XIV, alegando los inviolables derechos del delfín. Se trataba en realidad de una amenaza calculada, porque el testamento el sí no preocupaba demasiado al rey de Francia, seguro de sus fuerzas y confiado en el respaldo de Holanda e Inglaterra. Su mayor temor era el emperador Leopoldo, aislado internacionalmente en estos momentos.

Todo parecía resuelto cuando el príncipe José Fernando de Baviera murió, en Bruselas, víctima de una varicela, a comienzos de febrero de 1699. Pese, como dijimos anteriormente, a que el testamento de noviembre de 1698 asignaba la herencia en segunda instancia al emperador y sus sucesores, la muerte del príncipe bávaro reabrió en la corte madrileña la pugna por la sucesión de Carlos II, centrada ahora tan sólo en los candidatos austriaco y francés, pues carecían de fundamento otras soluciones.

Con todo, Luis XIV y Guillermo III de Inglaterra actualizaron el tratado de La Haya en un nuevo acuerdo, que fue firmado el 11 de junio. El archiduque heredaría toda la Monarquía, salvo Guipúzcoa, Nápoles, Sicilia, las plazas de Toscaza y el Milanesado, que serían para el delfín, si bien este último ducado podría ser canjeado por la Lorena o algún otro territorio. El texto definitivo de lo que fue el tercer tratado de reparto se firmó el 25 de marzo de 1700, una vez aceptado por el parlamento inglés y los Estados Generales de Holanda.

En España, mientras tanto, la opción austriaca perdía partidarios. El detonante de la solución final fue el tratado de reparto de 1700. Ya en 1699 Carlos II había protestado enérgicamente ante los príncipes europeos por las negociaciones para la desmembración de su Monarquía. Tras consultar con algunos de sus consejeros, el rey pidió la opinión del Consejo de Estado, que, reunido a comienzos de junio de 1700, la expresó mayoritariamente a favor de un testamento en que se instituyera como heredero universal a un nieto de Luis XIV, preferentemente el hijo segundo o tercero del delfín, alejados por tanto de la posibilidad de heredar la corona francesa.

Con todo, desde finales de agosto, las noticias sobre la salud de Carlos II hacían prever un cercano desenlace. A finales de septiembre se le administró la extremaunción, y los ya escasos partidarios del bando austriaco continuaban en contacto con la reina, en la esperanza de conseguir una modificación del testamento del rey español.

De este modo, los últimos meses de vida del rey contemplaron un hervidero de cartas y noticias contradictorias sobre su salud y el otorgamiento o no de un testamento. Algunos cortesanos incluso llegaron a pensar que el rey no iba a decidir su sucesor, dejando tal competencia a las Cortes, posibilidad que ya se había contemplado en los años anteriores pero que no dejaba de plantear graves dificultades, dada la peculiar estructura de la Monarquía, compuesta de diferentes reinos y territorios, cada uno de los cuales disponía de sus propias Cortes y asambleas representativas. En su protesta contre el último reparto, Carlos II había hecho notar a los príncipes europeos que conocía suficientemente sus deberes como rey como para dejar las cosas perfectamente dispuestas. El primero de octubre los consejeros de Castilla elevaron al rey una consulta en la que se rogaban que tomara una decisión lo antes posible; en ella hacían votos por el restablecimiento de Carlos II, pero le representaban:

> «*el abismo de confusión con que quedarían estos reinos si V.M. faltase sin dejar dadas sobre la sucesión las más propias y eficaces providencias…*».

El domingo 3 de octubre el monarca español firmaba su tercer y definitivo testamento, inspirado formalmente en el de su padre Felipe IV.

La cláusula 13 del mismo decía:

> «*Y reconociendo, conforme a diversas consultas de Ministros de Estado y Justicia, que la razón en que se funda la renuncia de las Señoras Doña Ana y Doña María Teresa, reinas de Francis, mi tía y mi hermana, a la sucesión de estos Reinos, fue evitar el perjuicio de unirse a la Corona de Francia, y reconociendo que viniendo a cesar este motivo fundamental, subsiste el derecho de la sucesión en el pariente más inmediato, conforme a las leyes de estos Reinos, y que hoy se verifica este caso en el hijo segundo del Delfín de Francia, por tanto, arreglándome a dichas leyes, declaro ser mi sucesor (en el caso que Dios me lleve sin dejar hijos) al duque de Anjou, hijo segundo del Delfín; y como a tal, le llamo a la sucesión de todos mis Reinos y dominios, sin excepción de ninguna parte de ellos*».

El Tratado de Utrecht

El Tratado de Utrecht, también conocido como Paz de Utrecht o Tratados de Utrecht y Rastadt, resulta ser una serie de tratados multilaterales firmados por los países beligerantes en la Guerra de Sucesión Española entre los años 1712 y 1714 en esas ciudades de los Países Bajos. Se consideran el fin de la guerra, aunque simultánea y posteriormente a su firma todavía continuasen las hostilidades militares, como fue por ejemplo en caso del Principado de Cataluña.

Tras unas conversaciones preparatorias celebradas en la ciudad de Londres entre Francia y Gran Bretaña, el congreso se abriría ya en la zona continental de Europa, y en concreto en la holandesa localidad de Utrecht, en enero de 1712.

Tras arduas conversaciones entre los allí reunidos, los resultados podrían ser resumidos del modo siguiente:

a) Se produce un armisticio de Francia y España con Gran Bretaña, agosto 1712, seguido de los tratados de paz entre Gran Bretaña y Francia, abril de 1713, y entre Gran Bretaña y España, julio de 1713.

b) Por otro lado, se firmarán distintos tratados entre Francia y las Provincias Unidas, Brandemburgo, Portugal y el Ducado de Saboya, todo ello en julio de 1713.

c) Se firmarán tratados entre España y el ducado de Saboya, en julio de 1713; las Provincias Unidas, en julio de 1714; y, finalmente con Portugal, en febrero de 1715.

d) Finalmente aparecerá sobre el tapete la firma de determinados convenios comerciales entre Gran Bretaña y España, marzo y diciembre de 1714, diciembre de 1715 y mayo de 1716.

Como balance global, la serie de tratados que hemos citado en las líneas anteriores supuso los siguientes acuerdos:

a) Gran Bretaña conservaría Menorca y Gibraltar, que habían sido ocupadas por los ingleses en el transcurso de la Guerra de Sucesión, y que ahora eran cedidas por España, abriendo un conflicto histórico que todavía hoy permanece vigente en el caso del Peñón; Nueva Escocia

(Acadia), la bahía de Hudson y Terranova serían cedidas por Francia a Gran Bretaña; además de la isla de San Cristóbal en el Caribe, el asiento de negros (un monopolio de treinta años sobre el tráfico de esclavos negros con la América española) y el navío de permiso así como el derecho de asiento, que serían concedidos por España.

b) La Casa de Saboya obtendría la devolución de los territorios de Saboya y Niza, que habían sido ocupadas por Francia en el transcurso de la guerra. También, recibirá la isla de Sicilia que hasta ese momento histórico había pertenecido a la Monarquía Hispánica. Curiosamente, tras convertirse en poseedores de esta isla mediterránea, esta casa recibirá el título de rey que, con diversas denominaciones, tendría en adelante la casa de Saboya (primero reyes de Sicilia, luego reyes de Cerdeña y finalmente reyes de Italia).

c) Las Provincias Unidas reciben de manos de España la llamada barrera flamenca, que consistía básicamente en una serie de fortalezas ubicadas en el norte de los Países Bajos.

d) Brandemburgo recibe de España Güeldres del Norte, mientras que de Francia recibirá la llamada barrera de Neuchatel, además de su transformación en reino con el nombre de Prusia.

e) Portugal obtiene la devolución de la Colonia del Sacramento, en el estuario de la desembocadura del río de La Plata, y que había sido ocupada por España durante la guerra.

f) Austria obtiene de manos de España los Países Bajos españoles, el Milanesado, Nápoles, Flandes y Cerdeña. Como contraprestación, el Archiduque Carlos de Austria, convertido ahora emperador, abandona cualquier reclamación del trono español.

g) Francia reconoce la sucesión protestante en Inglaterra, comprometiéndose a no apoyar a los pretendientes Estuardo. Por otro lado también se compromete a demoler las fortificaciones de existentes en Dunquerque, a cegar su puerto, y obtiene definitivamente el principado de Orange.

Como contrapartida de todas estas cesiones que han realizado tanto España como Francia, el nieto de Luis XIV, ahora convertido en Felipe V, obtiene el reconocimiento como rey de España y de las Indias por parte de todos los países firmantes, en tanto que renuncia a cualquier derecho al trono francés. En este sentido, las tropas austriacas, en el ánimo de garantizar el cumplimiento de la parte que a ellos le incumbía, serían evacuadas del principado de Cataluña.

A pesar de todo ello, el enfrentamiento militar continuaría entre Francia y el Imperio, hasta marzo de 1713, momento en el cual sería firmado el Tratado de Rastadt. A partir de este momento, las fronteras entre ambos Estados volverán a situarse en el lugar en el cual se encontraban antes de la guerra, salvo por la ciudad de Landau, situada en el Palatinado Renano, que queda en manos francesas. Indicar que este tratado que acabamos de citar suele incluirse, también, dentro de la serie de tratados de Utrecht.

Con todo y sin lugar a duda alguna, la potencia beneficiada por este conjunto de tratados fue Gran Bretaña, obteniendo además de sus ganancias territoriales, cuantiosas ventajas económicas que le permitieron romper el monopolio comercial de España con sus colonias. Además, los británicos habían conseguido contener las ambiciones territoriales y dinásticas del rey Luis XIV, padeciendo con ello Francia unas importantes dificultades económicas, a causa de los elevadísimos costes de la contienda que ahora se cerraba con estos tratados. Finalmente indicar que el equilibrio de poder terrestre en Europa quedó asegurado, mientras que en el mar, Gran Bretaña empieza a amenazar el control español en el Mediterráneo con Menorca y Gibraltar que ahora estaban en sus manos.

Los Decretos de Nueva Planta

Con todo, lo que no pudo realizar el conde-duque de Olivares a través de su plan político de 1624, habría en cierto modo de lograrse en el siglo XVIII por la fuerza de las armas, a raíz del enfrentamiento entre parte de la Corona de Aragón y Felipe V. Al resultar vencedor del conflicto, y mediante la posibilidad que le otorgaba el derecho de conquista, el nuevo monarca español reemplazaría parte de su organización política, reemplazándola por la castellana, mucho más afín a sus pretensiones absolutistas, mediante una serie de disposiciones, llamados éstos *Decretos de Nueva Planta*.

En este sentido, por Decretos de Nueva Planta entenderemos a aquel conjunto de decretos por los cuales se cambió la organización territorial y se abolieron gran parte de los fueros de los territorios de la Corona de Aragón, que habían luchado contra Felipe V en la *Guerra de Sucesión Española*. Formalmente se trata de una serie de Reales Cédulas por las que se establecía una nueva planta de las Reales Audiencias de aquellos territorios sublevados. Todos ellos vienen precedidos de una abolición de las instituciones propias.

Aquellos Decretos vinieron a desarrollarse de en varias etapas y afectaron, en mayor o menor medida prácticamente a todos los territorios hispánicos ya que con las excepciones del Valle de Arán, Navarra y en las Provincias Vascongadas, terminaron con la tradición confederalista que habían tenido los monarcas de la Casa de Austria en España, siendo su finalidad más característica el intento de castigar a aquellos que se habían alineado en contra del contenido de la herencia de Carlos II. Los Decretos de Nueva Planta abolieron los antiguos fueros propios de los reinos y condados de la Corona de Aragón (excepto en el Valle de Arán) y extendieron la organización administrativa del Reino de Castilla y el uso del castellano a estos territorios, siguiendo el modelo centralista de los Borbones franceses.

En este sentido, como consecuencia de la batalla de Almansa se publicaron el 29 de junio de 1707 los primeros decretos, dirigidos en este caso a los reinos de Valencia y Aragón, teniendo como resultado la abolición de una parte del derecho civil y privado particulares de los reinos de Valencia y de Aragón. El 13 de abril de 1711 se dictó un segundo decreto por el que se restablecía parte del derecho aragonés otorgándose una nueva organización planta a la Audiencia de Zaragoza. En el caso de Aragón la asimilación castellana fue más fácil, puesto que el idioma propio ya había sido absorbido por aquel entonces por el castellano en la mayor parte del territorio y no se usaba en la administración desde la Baja Edad Media, cuando el latín fue sustituido por la lengua de Castilla.

El tercero, el dirigido al histórico reino de Mallorca se publicaba el 28 de noviembre de 1715, siendo mucho más benigno que los dos anteriores, resultando además fruto de una actitud más negociadora.

Un cuarto decreto, mucho más duro en sus términos que el anterior, que afectaba sólo a Cataluña, era dictado el 9 de octubre de 1715, siendo despachado por Real Cédula de 16 de enero de 1716. A tenor de su contenido, este decreto venía a dar por finiquitada la histórica Generalidad de

Cataluña, juntamente con las Cortes del territorio, y el Consejo de Ciento. Por otro lado se sustituía al virrey por un capitán general, al igual que en el resto de los reinos de la Corona de Aragón, y se dividía Cataluña en doce corregidurías, como Castilla y no en las tradicionales veguerías, no obstante los batlles se mantienen.

Por otro lado se estableció el catastro gravando propiedades urbanas y rurales y los beneficios del trabajo, el comercio y la industria. Pero más sangrante será, por las repercusiones que históricamente ha venido generando, la cuestión del idioma catalán. En este sentido aquel idioma dejaría de ser el oficial de la administración, siendo sustituido por el castellano, aplicándose desde entonces obligatoriamente en las escuelas y juzgados. Sin embargo, el decreto dejará vigente el derecho civil, penal y procesal, que serán restablecidos por el rey, al igual que el Consulado del Mar y la jurisdicción que éste ejercía.

Además el contenido del decreto de 1716, que como ya sabemos suprimía las instituciones políticas de Cataluña, no se extendió al régimen político-administrativo del Valle de Arán y, por eso, no fue éste incorporado a ninguno de los nuevos corregimientos en que se dividió el Principado de Cataluña.

A modo se conclusión, podría resumirse esta acción del rey Felipe V indicando que aquellos decretos significaron la abolición de un importante segmento del sistema jurídico existente hasta entonces en la Corona de Aragón, implantándose un absolutismo de corte francés. Las cortes no se volvieron a convocar y se concedió a algunas poblaciones el derecho de asistir a las cortes castellanas, convertidas en cortes del reino. Además vinieron a extinguirse la práctica totalidad de las instituciones regnícolas, incluso a nivel local. En este sentido, y haciendo referencia al municipio, fueron modificados los mecanismos de elección de los gobiernos municipales. Además, al frente de cada una de las localidades se encontraría un corregidor militar, quedando reservado para el monarca la designación de aquellos regidores y corregidores. Por otro lado, los regimientos fueron ocupados por la nobleza o las oligarquías. Además, se suprimirían aquellas normas que impedían incrementar la fiscalidad. Finalmente, indicar que con la abolición de los fueros el sistema fiscal pasó a ser el mismo que en la Corona de Castilla.

Similares documentos, también conocidos como Decretos de Nueva Planta, fueron publicados para la reordenación de las Reales Audiencias y Reales chancillerías, ya en la Corona de Castilla, ahora organizados en provincias e intendencias, y desapareciendo los reinos tradicionales para siempre. Así las cosas, el 10 de noviembre de 1713 se publica el decreto de nueva planta para la reforma de los consejos de Castilla, de Hacienda y de Indias, y otro similar en 1714 se aplicará al Consejo de Guerra. De este modo el Consejo de Estado sería privado de todas sus funciones que pasan al Consejo de Castilla, institución a la que también se había incorporado el antiguo Consejo de Aragón.

Por otro lado, de la mano de estos decretos de Nueva Planta dirigidos a instituciones castellanas, se realiza una reforma el Consejo de Castilla para convertirlo en órgano superior de la estructura monárquica, a modo de consejo de gobierno, mientras que el resto de los históricos consejos verán como sus tradicionales competencias serán sumamente menguadas.

Con respecto a los virreinatos americanos indicar que las reformas también les afectarían. En este sentido los tres primeros decretos (1717 y 1718) creaban el Virreinato de Nueva Granada, trasladan la Casa de la Contratación desde Sevilla a Cádiz, se abolía la encomienda y se organizaba cada virreinato en gobernaciones y capitanías generales. En otro decreto, éste de 1719, se reformaba el Consejo de Indias, que ve reducida su actuación a lo judicial, y supone, de hecho, la casi abolición de las leyes indianas, mediante la aplicación preferente del derecho común castellano, el efecto de la desaparición de los privilegios jurídicos de los indios en la sociedad virreinal es muy perjudicial para estas comunidades, ahora indefensas ante la presión de los criollos.

El contenido del Decreto de Nueva Planta dirigido a los reinos de Aragón y Valencia resulta del tenor siguiente:

> «*Buen Retiro, a 29 de junio de 1707.*
>
> *Considerando haber perdido los reinos de Aragón y Valencia y todos sus habitadores por la rebelión que cometieron faltando enteramente al juramento de fidelidad que me hicieron como a su legítimo Rey y Señor, todos los fueros, privilegios, exenciones y libertades que gozaban y que con tan liberal mano se les hablan concedido así por mi como por los señores reyes mis predecesores, particularizándoles en esto de los demás reinos de Aragón y Valencia, pues a la circunstancia de ser comprendidos en los*

demás que tan legítimamente poseo en esta monarquía se añade ahora la del derecho de la conquista que de ellos han hecho últimamente mis armas con el motivo de su rebelión; y considerando también que uno de los principales atributos de la soberanía la es la imposición y derogación de las leyes, las cuales, con la variedad de los tiempos y mudanza de costumbres, podría Yo alterar aun sin los grandes y fundados motivos y circunstancias que hoy concurren para ello en lo tocante a los de Aragón y Valencia; he juzgado por conveniente, así por esto como por mi deseo de reducir todos mis reinos de España a la uniformidad de unas mismas leyes, usos, costumbres y tribunales, gobernándose igualmente todos por las leyes de Castilla tan loables y plausibles en todo el Universo, abolir y derogar enteramente como desde luego doy por abolidos y derogados todos los referidos fueros y privilegios, prácticas y costumbres hasta aquí observadas en los referidos reinos de Aragón y Valencia siendo mi voluntad que éstos se reduzcan a las leyes de Castilla y al uso, práctica y forma de gobierno que se tiene y se ha tenido en ella yen sus tribunales, sin diferencia alguna en nada, pudiendo obtener por esta razón igualmente mis fidelísimos vasallos los castellanos, oficios y empleos en Aragón y Valencia de la misma manera que los aragoneses y valencianos han de poder en adelante gozarlos en Castilla sin ninguna distinción, facilitando Yo por este medio a los castellanos motivos para que acrediten de nuevo los afectos de mi gratitud, dispensando en ellos los mayores favores y gracias tan merecidas de su experimentada y acusada fidelidad y dando a los aragoneses y valencianos reciproca e igualmente mayores pruebas de mi benignidad, habilitándoles para lo que no lo estaban en medio de la gran libertad de los fueros de que gozaban antes y ahora quedan abolidos. En cuya consecuencia he resuelto que la audiencia de Ministros que se ha formado para Valencia y la que he mandado se forme para Aragón se gobierne y maneje en todo y por todo como en las dos Chancillerías de Valladolid y Granada, observando literalmente las mismas reglas, leyes, pactos, ordenanzas y costumbres que se guardan en éstas sin la menor distinción ni diferencia en nada, excepto en las controversias y puntos de jurisdicción eclesiástica y modo de tratarla que en esto ha de observarse la práctica y estilo que hubiese habido hasta aquí en consecuencia de las concordias ajustadas con la Santa Sede Apostólica en que no se debe variar; de cuya resolución he querido participar al Consejo para que lo tenga entendido».

LAS REFORMAS BORBÓNICAS

Introducción

Asentada definitivamente la dinastía borbónica en tierras de España, tras haber finalizado la Guerra de Sucesión, los nuevos monarcas aplicarán en estas tierras españolas los principios del llamado despotismo Ilustrado. En este sentido, el poder de la monarquía será legítimo en tanto en cuanto se utilice para modernizar las instituciones y la economía del país. De este modo, y bajo aquellos principios los Borbones vendrán a desarrollar numerosas reformas para obtener el «*progreso*» de la su monarquía, tanto en tierras de la metrópoli como en sus colonias.

La unificación del territorio español: la *castellanización* de la Monarquía Hispánica

En represalia por la situación planteada por los territorios de la Corona de Aragón, desdiciéndose del juramento de fidelidad que en su momento le hicieron, Felipe V abolió los fueros de Aragón y Valencia en el año 1707, supliéndolo con el de Castilla. En análoga situación se encontrarían en su momento Cataluña y Mallorca. Aunque no conviene olvidar los otros Decretos dictados por el monarca, en donde observamos que finalmente el territorio más perjudicado sería Valencia, ya que los restantes reinos recuperarían o mantendrían su derecho privado. Las Cortes de Aragón, Valencia y Cataluña dejaron sucesivamente de existir, y las cortes castellanas se convirtieron de hecho en las españolas. Curiosamente este monarca premiaba la lealtad de Navarra y tierras vascas a su causa, manteniendo sus fueros.

Apuntes sobre la política de los Borbones españoles en el siglo XVIII

Felipe V

Queda claro que el primero rey Borbón de España hubo de enfrentarse a numerosos problemas heredados de Carlos II, destacando sin duda alguna el calamitoso estado económico y financiero de su Corona, procedente, como decimos, en gran medida del agónico estado en el que se encontraba la hacienda ya en épocas de los dos últimos Austrias menores, a lo que habría que añadir la ruina devenida de tantos años de enfrentamiento militar. Para sanear las arcas hubo de luchar activamente contra la generalizada corrupción existente, además de establecer nuevos tributos –y no sólo para la habitual pechera Castilla, sino para los restantes territorios de su monarquía– en el ánimo de hacer más equitativa la carga fiscal. En este sentido, ordenó una más activa intervención del estado en la economía, favoreciendo el rendimiento agrícola y erigiendo las llamadas *manufacturas reales*. Este hecho tendría un notable éxito, ya que cuando finalizaba su reinado, los ingresos de la hacienda real se habían multiplicado y, además, la economía había mejorado sustancialmente.

Pero ahí no quedarían sus reformas, por muy importantes que éstas resultasen. Otros campos de su Monarquía también se verían reflejados en su agenda, como bien pudo ser la milicia. En este sentido, posiblemente como consecuencia de las necesidades de la *Guerra de Sucesión*, y siguiendo el modelo francés, el nuevo monarca ordenó una profunda remodelación, sustituyendo los antiguos tercios por un nuevo modelo militar basado en brigadas, regimientos, batallones, compañías y escuadrones. Además, se modificaron los uniformes, los fusiles y la bayoneta, y se perfeccionó la artillería. También durante su reinado se actuó sobre la armada española, construyéndose buques más modernos, erigiendo nuevos astilleros que se añadieron a los preexistentes, y organizando las distintas flotillas y armadas en la que ahora podríamos denominar *nueva Armada Española*.

Sobre este particular, el profesor Lynch indica que el poder marítimo de la Monarquía Hispánica en el año 1700 era escaso, encontrándose la construcción de navíos en decadencia. En este sentido, durante la Guerra de Sucesión, cuando los británicos contaban cien navíos de línea, España tenía veinte barcos de guerra, además de depender de la armada gala para la protección de ciertas de sus rutas marítimas, necesitando por tanto, en base a su configuración natural, de una armada muy superior. En este sentido España no era una gran potencia en el medio terrestre, pero necesitaba ser una que si lo fuese en el mar, puesto que de este factor dependía su seguridad nacional, su comercio y sus posesiones ultramarinas.[152]

[152] Lynch, J., *La España del siglo XVIII*, Barcelona, 2005.

Esta nueva política sería proseguida por sus hijos, logrando que cuando finalizaba el siglo XVIII el poder naval español volviese a ser uno de los más importantes del mundo. Desgraciadamente a principios del XIX del desastre de Trafalgar volvería a colocar a España en un maltrecho lugar.

Como indicábamos, a pesar de que con los Borbones asistimos a una nueva forma de hacer política en el seno de la Monarquía Hispánica –caracterizada sin lugar a dudas por el centralismo y las reformas institucionales–, no por ello habría de ser el rey el que directamente y de manera exclusiva desarrolle la actividad gobernativa. Como antes indicábamos, una nueva figura aparece en la escena española: la del secretario de estado y del despacho. De esta forma, y más allá de la figura cuasi sacra del monarca, desde épocas de Felipe V el verdadero poder lo ejercieron sus primeros ministros, algunos cortesanos como bien pudo ser el ejemplo de la princesa de los Ursinos y posteriormente su segunda esposa, Isabel de Farnesio, con la que se había casado en 1714, y la cual no tardó, nada más llegar a tierras de España, en conseguir que su marido embarcase a la Ursinos nuevamente para tierras francesas, posiblemente por cierta crítica que ésta había realizado sobre el vestuario de la nueva reina de España, cuando se encontró con ella en el castillo de Jadraque, en Guadalajara, apenas a un centenar de kilómetros de Madrid.

En efecto, cuando llegaba a España el nuevo monarca, vino acompañado por indicación de su abuelo Luis XIV por la princesa de los Ursinos, la cual informaba puntualmente al rey galo de cuanto acontecía en estas tierras. Es por ello que ya desde esos momentos Felipe V estuvo acompañado por personas encargadas de desarrollar la política de su monarquía, desde los primeros gobiernos franceses, seguidos más tarde por el prelado Julio Alberoni; que sustituía a un Jean Orry con fama de antipático y soberbio, y que había sido nombrado en 1702 consejero del rey español por su abuelo, y cuya actividad principal durante su mandato fue la tan necesitada reforma de la hacienda real.

El principal objetivo internacional del italiano Alberoni fue desde un principio el de devolver a España su maltrecho papel como potencia europea, perdido tras las concesiones económicas y territoriales impuestas en Utrecht. Para ello se embarcó en un ambicioso proyecto que pretendía recobrar las antiguas posesiones españolas en Italia, a la vez que limitaría el avance de los Habsburgos de Austria. Para ello, entre los años 1717 y 1718 desarrolló una política de atracción del apoyo del papado y Francia hacia su política de expansión por el Mediterráneo. Estos planes se materializaron con la reincorporación al seno de la Monarquía Hispánica de la isla de Cerdeña y de gran parte de la de Sicilia. En ese momento los británicos decidieron bombardear la armada española en el cabo Passaro, lo que motivó que con el fin de quitarse de en medio a éstos, Alberoni concibió un plan de invasión de Inglaterra, en 1719, que nunca llegó a materializarse entre otras cosas por culpa de una tormenta.

Curiosamente, Francia no apoyó a España esta ocasión, sino que en contra de lo que hubiese sido una alianza natural, se unió a los británicos, juntamente con Austria y Holanda en la llamada Cuádruple Alianza, algo que, en definitiva, ponía a España en contra de todo el continente europeo. La guerra formaba ya parte nuevamente de la hoja de ruta de España. Cuenta Voltés[153] que los franceses tomaron la capital donostiarra, San Sebastián, a mediados del mes de agosto de 1719, mientras que a finales del mes siguiente los ingleses desembarcaban en Vigo, en Galicia, saqueando todo cuanto pudieron. Y si ello no fuese suficiente, se haría llegar a los catalanes un mensaje en virtud del cual se les prometía la vuelta a su antiguo status jurídico, si se sublevaban contra el cardenal italiano. Además, y por si todo aquello no fuese suficiente, el emperador exigía al Papa la revocación de la dignidad eclesiástica que portaba Alberoni.

Mientras tanto en la villa de Madrid estaban indignados con Roma, llegando a despedir al nuncio. En Sicilia, los ejércitos españoles continuaban combatiendo, obteniendo la victoria de Francavilla, el 27 de junio. El éxito sería efímero, puesto que pronto los austriacos volverían a controlar casi toda la isla. No tardaría Alberoni en organizar sus planes de paz. En este sentido pretendió aprovechar ese triunfo en Francavilla para este fin, valiéndose para ello del ministro de Parma, Aníbal Scotti. La idea era intercambiar Sicilia y Cerdeña por la isla de Menorca y el peñón de Gibraltar. Sin embargo, y por presión británica, los que conformaban la Cuádruple Alianza insistieron que la destitución del cardenal era una premisa indispensable para iniciar cualquier tipo de negociación. Los días de Alberoni estaban llegando a su fin, hecho que se materializaría el 5 de diciembre de 1719, cuando el rey le ordenaba abandonar España.

Es curioso señalar cómo en el examen de los documentos firmados por el cardenal, se traslucen significadas muestras de humildad, como fuese, por

[153] Voltes, P., *Felipe V*, Madrid, 2005.

ejemplo, aquel que remitiese al marqués de Villena. En su misiva, Alberoni indica como siente el destierro de éste de la Corte:

> "*Señor mío. La carta de V.E. ha renovado en mí el sentimiento en que me constituyó el suceso ocurrido, y no dudo pondrá V.E. rescuentros de la parte sensible con que le acompañó en este lance, asegurándole que por ningún motivo puede contraer ofensa al tiempo de dar cumplimiento a las órdenes de los reyes y de la prudencia y conocimiento de V.E. debo persuadirme se hará cargo de que habiendo yo acompañado a la ejecución mis vivas y calurosas insinuaciones a V.E. tuve los motivos de cumplir el encargo con la sumisión que debo, y de eximirle con una pronta salida de mayor indignación que podía fácilmente temerse, y con mi más fuerte dolor por lo que estimo compasión a V.E., esperando he de deberle la justicia de creer que nadie me aventaja en el buen deseo de servirle y que a no ser tan reciente la herida empleará desde ahora mis reverentes súplicas a sus majestades, para restituir a V.E. en su casa, pero lo haré dando tiempo al tiempo, según he ofrecido al señor conde de San Esteban, y en conformidad de lo que ahora empeño mi palabra de honor con V.E. a quien guarde Dios muchos años. Desde Madrid y primero de noviembre de 1717*"[154].

Interesante indicar la reseña realizada por el marqués de San Felipe sobre la salida del poder de Alberoni:

> "*Armado de grandes papelones, que descubrían la vida y conducta de Alberoni, que le mandó dar el duque de Orleáns, pasó a Madrid el marqués Annibal Scotti con carácter de enviado del duque de Parma a aquella corte. También éste le dio las instrucciones necesarias, y escribió cartas confidenciales de su puño al rey Católico y a la reina.*
>
> *No costó poco trabajo a Scotti tener una larga y secreta audiencia con los reyes, porque Alberoni aplicaba el mayor cuidado de todos, y con especialidad de todas las potencias enemigas de España. Había visto declinar en parte la satisfacción que antes tenía el rey de su conducta, y leía en el semblante de la reina algún enfado de toda la autoridad que le había dado. Estaba en sí imaginando el retirarse voluntariamente; retirose, pero no tenía a donde, porque no era obispo de Málaga ni arzobispo de Sevilla.*
>
> *El Rey, que ya había hecho sobre el presente estado de las cosas seria y repetida reflexión..., había resuelto apartar de los negocios al cardenal Alberoni, y al mismo tiempo ordenarle salir de Madrid en término de ocho días, y de los reinos de España en tres semanas, con prohibición de no*

[154] A.H.N., *Frías*, C. 62, D. 81.

mezclarse más en cosa alguna del Gobierno, ni parecer en la corte ni en otro lugar en que el rey, la reina u otro príncipe de la casa real se pudiesen encontrar.

Esto hirió altamente la soberbia del cardenal, cuando menos esperado; creía sería más honrada su caída, en caso de apartarle de los negocios. No faltó quién le suministrase al rey que tenía motivos para prenderle, y construido el proceso informativo enviarle a Roma; pero no le pareció poner las manos en lo sagrado de la púrpura, fiando que lo haría Su Santidad cuando le tuviese más cerca.

El 11 de diciembre [de 1719] *salió el cardenal de la corte para Aragón; un oficial le alcanzó en Lérida, pidiéndole de orden del rey algunos papeles que no se hallaban, y para eso las llaves de sus cofres, que entregó puntualmente. Prosiguió su viaje, y antes de llegar a Gerona fue atacado de unos miqueletes, y a no llevar tan buena escolta, le hubieran cogido y hecho pedazos*".

Acabado el gobierno de cardenal, y tras la aventura del barón de Ripperdá, aparecerían al frente de las secretarías los primeros ministros nacidos en tierras de España. Entre ellos destacaría por su programa de gobierno interior y por su acción diplomática, un personaje singular: José Patiño.

Felipe V ratificó las medidas mercantilista, como la prohibición de importar manufacturas textiles o la de exportar grano; y se intentó reanimar el comercio colonial a través de la creación de compañías privilegiadas de comercio (al estilo de los Países Bajos o de Gran Bretaña) aunque desgraciadamente no tuvieron demasiado éxito. Las cláusulas del tratado de Utrecht, que daban a Inglaterra el derecho a un navío de permiso y el asiento de negros, hacían que fuera más sencillo para los comerciantes ingleses que para los españoles –sujetos a las reglamentaciones monopolísticas de la flota de Cádiz y la Casa de Contratación– esas iniciativas mercantiles que tanto lucro les generaban.

Por lo que a los primeros años de la política exterior del reinado de Felipe V (1714-1727), indicar que los rasgos más significativos de la misma aparecen caracterizados por la improvisación. En este sentido, habría que centrarse en la actividad que desarrollase la segunda esposa del rey, juntamente con la administración controlada por ministros de origen extranjero. Mientras todo eso ocurría, un hecho sumamente importante vendría a acontecer el 16 de enero de 1716: el nacimiento del primero de los hijos habidos en el segundo matrimonio de Felipe V, Carlos de Borbón y Farnesio, el que algunos años más tarda acabaría convirtiéndose en rey de Nápoles y, más tarde, en el rey Carlos III de España. Este hecho daría un importante vuelco en la política exterior de Felipe V, el renacimiento del interés de la Monarquía Española por Italia, máxime cuando este recién nacido, príncipe al fin y al cabo, en principio quedaba ajeno a cualquier posibilidad de heredar el trono español.

De este modo, no tardarían en llegar las instrucciones a los ministros, en el sentido de que España debería prepararse para la guerra. En este sentido, a partir de este momento gran parte de la política exterior de Felipe V se plasmaba en un expreso rechazo a muchas de las cláusulas pactadas en Utrecht, plasmándose formalmente todo ello en el año 1717, cuando las tropas españolas tomaron Cerdeña e invadieron Sicilia al año siguiente. Por ello, Gran Bretaña, Francia, Holanda y Austria firmaron la ya citada Cuádruple Alianza contra España. Pronto se materializaba ese pacto: una escuadra inglesa destruyó la armada española en Cabo Pesaro y los aliados solicitaron y pronto consiguieron la salida del poder de Alberoni, promotor de esta política, como condición para la paz.

En cuanto a los protagonistas de esta nueva política española necesariamente habría que citar a la reina Isabel de Farnesio, y al primer ministro Giulio Alberoni, agente de la corte de Parma que había negociado su enlace matrimonial y que funcionó como el hombre fuerte en la Corte. Mientras tanto, vino a acontecer el fallecimiento del rey *Sol*, con el consiguiente ascenso al papel de regente de Francia del duque de Orleans, enemigo personal de Felipe V, frustrándose en cierto modo muchas de las expectativas del rey español por intervenir en los hechos que vinieran a acontecer en Versalles, entre ellas aquellas que tenían como objetivo una posible vuelta a Francia para ocupar el trono.

Un rey efímero: Luis I de España

Quizá con el objetivo final, como hemos indicado, de volver a Francia, el 10 de enero de 1724 el rey Felipe V firmaba un decreto por el que abdicaba en la persona de su hijo Luis, el cual recibía los documentos el 15, siendo publicada la disposición al día siguiente. Casado con la francesa y extravagante princesa Luisa Isabel de Orleans, hija de Felipe de Orleans, desde dos años antes, cuando contaba con quince años, falleció de viruela en Madrid el 31 de agosto de 1724, cuando apenas si había cumplido los diecisiete años.

Este *reinado relámpago* resultaría ser, ciertamente, intrascendente por su brevedad y porque, todo caso y quizá por la falta de madurez en los asuntos de Estado del joven Luis, fueron Felipe e Isabel los que continuarían siendo los verdaderos protagonistas de la política española, que con mano firme ejercían desde su retiro de La Granja de San Ildefonso.

El segundo reinado de Felipe V

Como hemos advertido, el reinado del joven Luis I tal sólo se prolongaría por espacio de siete meses. A su muerte, Felipe V reasumió sus funciones de gobierno en contra de los derechos de su hijo Fernando, convertido ahora, eso si, en el nuevo príncipe de Asturias.

Comenzaba una segunda etapa en la política exterior española, que se prolongaría hasta el año 1746. En 1725 se firman tratados de paz y alianza con Carlos VI de Austria y al año siguiente comienza la guerra hispano-británica. Esta rivalidad, originada en las ventajas que había obtenido Inglaterra en Utrecht, habrían de afectar al resto del reinado con numerosos incidentes marítimos entre las armadas de ambas Coronas (desde 1739 la conocida con el nombre de Guerra de la Oreja de Jenkins). La organización de la Liga de Hannover entre las potencias europeas recelosas del tratado hispano-austriaco obligó a denunciarlo y a firmar el Convenio de El Pardo, de 1728, a través del cual se reconocería de manera definitiva la vigencia del Tratado de Utrecht.

Cuando llega Patiño a la dirección de los ministerios, se observó una significativa reorientación de la política exterior de la Monarquía Hispánica, buscando la alianza con Francia a través del primer *Pacto de Familia*[155],

[155] Los *Pactos de Familia* fueron tres alianzas acordadas en distintas fechas del siglo XVIII entre las monarquías de España y Francia. Deben su nombre a la relación de parentesco existente entre los reyes firmantes de los pactos, todos ellos pertenecientes a la Casa de Borbón. España se da cuenta de que es necesaria una política de amistad con Francia, por lo que se firma un acuerdo, por el que se ligaban militarmente, dos de ellos se firmaron en la época de Felipe V.

firmado en 1734, en el contexto de la Guerra de Sucesión Polaca. En virtud del mismo, se obligará a España en la citada Guerra, la cual finalizaría con la firma del tratado de Viena, en 1738. En este tratado, el entonces príncipe Carlos, obtiene Nápoles y Sicilia.

La ambivalente posición frente a los Tratados de Utrecht y la política europea de Francia, también tuvo como resultado más inmediato la recuperación de los territorios italianos, en donde ubicar al frente de los mismos a los hijos de la segunda esposa de Felipe V, además de convertirlos al menos en cierta manera en Estados satélites de España. Este cometido sería encomendado al infante Carlos, el que años más tarde acabase convirtiéndose en Carlos III de España, que empezó por Piacenza, Parma y Toscana, en 1732, para luego ocupar el trono de Nápoles en 1734. Curiosamente aquellos tres ducados habrían de ser nuevamente cedidos a Austria, para más tarde acabar recuperándolos con la excepción de la Toscana, por el infante Felipe. Quedaba claro que España había vuelto nuevamente a convertirse en una potencia naval, dominando en gran medida el Océano Atlántico; y a tener en cuenta en el Mediterráneo Occidental, por más que los británicos continuaran con tu bandera izada en el peñón de Gibraltar y en la isla de Menorca. El nuevo ministro de Felipe V, José del Campillo y Cossío, en el contexto de la Guerra de Sucesión Austríaca se encargó de promover la firma del *Segundo Pacto de Familia*, que se plasmaba formalmente en el año 1743. En virtud del mismo, España se vio obligada a participar en la citada Guerra de Sucesión. Cuando esta finalice, en el año 1748 habiendo ya fallecido Felipe V, en virtud de lo que había sido establecido en el tratado de Aquisgrán, el príncipe Felipe obtendría los ducados de Parma, Plasencia y Guastalla.

Con respecto a lo que se refiere a las relaciones con las distintas potencias europeas, indicar que por lo que hace referencia al Imperio, el tratado de Viena de 1725 fue firmado por el emperador Carlos VI y por Felipe V de España. Según los términos del acuerdo, Carlos VI renunciaba a sus aspiraciones al trono español mantenidas durante la Guerra de Sucesión Española, mientras que en correspondencia Felipe V renunciaba a los territorios del imperio en Italia y en los Países Bajos. En la firma del tratado comparecieron Eugenio de Saboya, Felipe Ludovico y Gundavaro Thomas en nombre de Carlos VI y Juan Guillermo Ripperdá en representación de Felipe V.

Con respecto a Dinamarca, el tratado de San Ildefonso de 1742, firmado entre Felipe V de España y Cristian VI, vino a consistir en un tratado de amistad, navegación y comercio por el que se establecían las condiciones por las que se regirían las relaciones comerciales entre ambos países. En la firma del tratado comparecieron José del Campillo y Cossío en nombre de Felipe V y Federico Luis, barón de Dehn, por parte de Cristián VI, ajustaron el acuerdo en el Palacio Real de La Granja de San Ildefonso, el 18 de julio de 1742. Sin embargo, no habría de durar mucho en el tiempo, puesto que en 1753 el acuerdo quedaría anulado.

Ya haciendo referencia a Francia, Nápoles y la República de Génova, el tratado de Aranjuez, de 1745, fue una alianza militar pactada entre los reinos de España, Francia y Nápoles con la República de Génova, para apoyar a ésta última frente a los ataques de Cerdeña y Austria, en el marco de la Guerra de Sucesión Austriaca. A la redacción y firma del tratado, concluido en Aranjuez, el 1 de mayo de 1745, asistieron Sebastián de la Cuadra, en nombre de Felipe V de España, Luis Guido Guerapin Baureal, en representación del rey Luis XV de Francia, Esteban Reggio y Gravina, enviado de Carlos VII de Nápoles, y Jerónimo Grimaldi en nombre de la república de Génova.

Finalmente, en 1746 fallecía el rey Felipe V, siendo sucedido por su hijo menor Fernando VI, hijo de su primera esposa, María Luisa de Saboya.

Felipe V y la América Española

El nuevo monarca, pero también los que vinieron a sucederle en el trono a lo largo del siglo XVIII, encontraría numerosos problemas a la hora de ejercer su reinado. Primero con Austria a causa de Italia y, más tarde, luego con Gran Bretaña por el dominio del océano Atlántico y el comercio de esclavos con el Nuevo Mundo.

Durante la Guerra de los Siete años, España, aliada en ese momento con Francia, proseguía su enfrentamiento con Gran Bretaña, no tardando en llegar las consecuencias, ya que en el Tratado de París[156], España cede

[156] La *Guerra de los Siete Años* terminó el 10 de febrero de 1763 mediante el *Tratado de París*, firmado por el duque Choiseul, el marqués de Grimaldi y el duque de Bedford. Los tratados de paz que pusieron fin a la guerra de los Siete Años, representan una victoria para Gran Bretaña y Prusia, y para Francia, la pérdida de la mayor parte de sus posesiones en América y Asia, y en donde los cambios territoriales acordados fueron los siguientes:

la Florida a Inglaterra, a cambio de la Luisiana, que pierde Francia; aunque más tarde el virrey de Nueva España, nuevamente era recuperada aquella península norteamericana para España. En épocas de Carlos III observamos una política de recuperación de aquellos territorios de España que habían sido cedidos a Gran Bretaña, como fueron Gibraltar y Menorca, y si bien la primera de estas plazas todavía siguen en contencioso, se recuperaría la isla de Menoría en el año 1782.

Pero también llegarían noticias los rusos habían cruzado el estrecho de Bering y, tras instalarse en tierras de Alaska bajaban por la costa de América hacia las posesiones españolas del Pacífico, por lo que se organizó una expedición con José Esteban Martínez y Gonzalo López de Haro, en el año 1789, con el ánimo de detener aquel avance ruso.

El segundo heredero de Felipe V en España: Fernando VI

Fernando VI de Borbón había nacido en Madrid, el 23 de septiembre de 1713, siendo el encargado de regir los destinos de España desde el fallecimiento de su padre, hasta el suyo propio, acaecido en el castillo de Villaviciosa de Odón, el 10 de agosto de 1759. Era el cuarto de los hijos de Felipe V y su primera esposa, María Luisa Gabriela de Saboya. Se casó en la Catedral de San Juan Bautista de Badajoz con Bárbara de Braganza, en 1729, que fue Reina de España hasta su muerte en 1758.

Por lo que se refiere a su política, pronto conoció que las guerras habían aportado muy poco a la Monarquía Hispánica, siendo por tanto la

---

Inglaterra otenedía el Senegal y las posesiones en la India con algunas excepciones. En América recibe todos los territorios franceses en el Canadá, los territorios al este del río Misisipi y al oeste de los Apalaches (excepto Nueva Orleans), además de los territorios de Dominica, Granada, San Vicente y Togabo. Los franceses también son obligados a evacuar la isla de Menorca, ocupada durante la contienda a los ingleses. De España recibían la Florida Occidental y Oriental, a cambio de que retire las tropas estacionadas en Filipinas y Cuba, consiguiendo también el derecho de libre navegación por el Río Misisipi. Con respecto a España, indicar que por el Tratado de Fointanebleau, de 1762, Francia le hacía entrega de la Luisiana, incluida su capital, Nueva Orleans. Por lo que hace referencia a Portugal, España evacua el norte del país y la Colonia del Sacramento que habían sido ocupados durante la guerra. Finalmente Francia, además de las 5 plazas indias mencionadas, se le permite conservar la isla de Gorée y San Pedro y Miguelón. Además Gran Bretaña le devolvía Guadalupe y Martinica, y reconoce sus derechos sobre la pesca en la isla de Terranova.

paz y la economía las únicas opciones posibles para hacer prosperar a sus reinos. En aquellos años España vio acceder al trono a un nuevo monarca, y conoció también un nuevo gobierno y una política novedosa, beneficios inesperados recibidos con alivio por una población más familiarizada con la guerra, con el reclutamiento obligatorio y con la adversidad, que con la paz y la prosperidad. A ello habría de añadirse algo también ciertamente reconfortante: finalmente, tenían un monarca nacional, nacido en España y rodeado de españoles, un gobernante que prefería el país a la dinastía, la neutralidad a la guerra.

Cuando llegaba al trono el nuevo rey, España se encontraba inmersa en la Guerra de Sucesión Austriaca, que terminó al poco tiempo (Paz de Aquisgrán, 1748) sin ningún beneficio para España. Comenzó su reinado eliminando la influencia de la reina viuda Isabel de Farnesio y de su grupo de cortesanos italianos. Establecida la paz, el rey impulsó una política de neutralidad y paz en el exterior para posibilitar un conjunto de reformas internas. Los nuevos protagonistas de estas reformas fueron el Marqués de la Ensenada[157], francófilo; y José de Carvajal y Lancaster, partidario de la alianza con Gran Bretaña. La pugna entre ambos terminó en 1754, al morir Carvajal y caer Ensenada, tal y como indica el documento que aparece reproducido al pié de página. Con todo, resulta interesante analizar el contenido del nombramiento de Carvajal como Ministro de Estado y Decano del Consejo:

[157] Un interesante curriculum de Ensenada lo encontramos en cierto documento existente en el Archivo Histórico Nacional (A.H.N., *Diversos-Colecciones*, 6, N. 461), que resulta ser del tenor siguiente:

"Don Cenón de Somodevilla, marqués de la Ensenada. Nació en Hervás, en La Rioja, el 25 de abril de 1702. Estudió en tan grande aplicación que, joven aún, obtuvo una plaza de profesor de matemáticas. Dedicose también al comercio y más tarde al servicio del Estado. En 1720 fue oficial del cuerpo del ministerio de Marina, después comisario de matrículas de Cantabria, comisario de Marina, y en 1733 pasó a Italia de comisario ordenador, y con tal acierto desempeñó su cargo que el infante don Carlos, después rey de España, le premió con el título de marqués. En 1738 fue elegido secretario del Almirantazgo y condecorado con la graduación de intendente de Marina. Entonces demostró su valor y la importancia de sus servicios y escribió obras muy estimables... Elevado a la secretaría de Estado y del Despacho de Guerra, Marina, Indias y Hacienda, y del cargo de superintendente general del Almirantazgo, sacó, puede decirse, la marina, facilitó las comunicaciones con el Nuevo Mundo, emprendió las otras del Canal de Castilla, abrió caminos en Guadarrama, fortificó plazas, aumento el ejército, fundó arsenales, aseguró las fortalezas, reformó las universidades; creó el colegio de Medicina de Cádiz. Benedicto XIV le ofreció el capelo, que rehusó sin tesón. Intrigas de embajadores extranjeros y envidias internas prodigaron su caída en 1754...".

> *"Siendo nuestro más íntimo cuidado, como de la primera obligación del reinar, el breve y oportuno despacho de los negocios que ocurren en los dilatados dominios que la divina bondad nos ha concedido, así en lo exterior con las coronas y potencias extranjeras, cuya alianza y amistad nos interesa con los más estrechos vínculos de nuestra fiel y puntual correspondencia, como en lo interior con nuestros amados vasallos en el alto gobierno, que pende de nuestras reales resoluciones. Y habiendo reconocido desde las primeras experiencias que no nos es posible facilitar la expedición del crecido número que se ofrece, con la prontitud que deseamos, mientras el manejo y tratado preparativo de cada incidente en los medios que le conducen al debido estado de determinación, haya de ocupar nuestra real atención, y el tiempo necesario a la resolución y última mano de los que estuvieren dispuestos y actuados para recibirla. Hallándonos con digna satisfacción del celo, prudencia y fidelidad de don Joseph de Carvajal y Lancaster, de nuestro Consejo y Gobernador en el Supremo de las Indias, hemos resuelto nombrarle, como por este decreto le nombramos nuestro Consejo y Ministro de Estado, constituyéndole decano de este Consejo... para que bajo nuestras reales órdenes y dirección, y dándonos cuenta de todo, oiga, trate y examine cualesquiera negocios o incidencias que ocurren con las coronas y dominios extranjeros, con nos confederados, indiferentes o adversos, y que con el referido don Joseph de Carvajal trataren y propusieren los embajadores, enviados o residentes de las dichas potencias que asisten en nuestra Corte, según los embargos de sus respectivos soberanos... Buen Retiro, a 4 días del mes de diciembre de 1746. A el marqués de la Ensenada*"[158].

A partir de ese momento pasaría Ricardo Wall a convertirse en el nuevo hombre fuerte de la Monarquía Española, habiéndose desintegrado entre los meses de abril y julio de 1754 la primera administración del Estado de Fernando VI. Resulta curioso que sus sucesores habían sido los autores del golpe. Huéscar no ocupó un ministerio permanente, pero fue, al menos en un principio, el cerebro del régimen en cuyo haber se podía mencionar la decisión para la acción y que tenía acceso al rey. Sin embargo, eso no duró, apartándose posteriormente de manera absoluta de la política. Curiosamente no actuarían de manera análoga sus colegas, ya que el español de origen irlandés, Ricardo Wall, acabaría convirtiéndose en secretario de Estado después de Carvajal y a la caída de Ensenada consiguió también un cierto control sobre los asuntos americanos.

---

[158] A.H.N., *Estado*, Leg. 3.416.

Este mismo embajador sería, también, el encargado de comunicar la feliz noticia de la restitución de Manila, en particular, y Filipinas, en general, a la Monarquía Hispánica, tras la ocupación de las mismas por los británicos:

> *"Señor. Contaba no tener hoy más que hacer, que remitir a V.E. las nuevas órdenes del rey británico, para la restitución expresa de Manila y las Filipinas, en consecuencia de cuanto sobre este mismo particular he tenido la honra de avisarle haber pasado con milord Egremont y Mr. Wood..."*[159].

Inevitablemente, hubo una cierta continuidad del personal entre las dos administraciones. El nuevo ministro de Guerra fue Sebastián de Eslava, antiguo virrey de Nueva Granada y caballero de la Orden de Santiago[160]. A su regreso a España no tardaría en convertirse en secretario de Estado y Despacho Universal de la Guerra, llevando al seno de ese Ministerio unas ideas obsoletas en relación a la defensa de la Monarquía Hispánica, las cuales no tardarían en chocar con el reformismo militar que perseguía el conde de Aranda. Sobre Eslava resulta interesante ese documento en el cual se recoge, en su condición de Secretario de Estado, una serie de conversaciones sobre las Indias españolas y extranjeras, y que había mantenido con Francisco Malhorty:

> *"Conversaciones que sobre asuntos concernientes a las Indias españolas y extranjeras ha tenido con el excmo. Sr. Dn. Sebastián de Eslava, secretario de Estado y Despacho Universal de la Guerra, con Dn. Francisco Malhorty, de nación francés.*
>
> *Argumento de la primera conversación.*
>
> *Manifiestanse los fraudes que se cometen en la América en el comercio permitido, y modo con que se fomenta y practica el ilícito. Propone un modo fácil, suave, justo y al parecer infalible, que desterrará estos excesos, producirá considerables ventajas al Real Erario, e intereses a la Nación Española, hará conocer las riquezas de sus individuos, cuya noticia puede servir de piedra filosofal en las urgencias de la Corona, como lo suele experimentas una potencia bien conocida.*
>
> *Conversación primera.*
>
> *Si el dilatado tiempo de más de 22 años que he hecho mi residencia en la América, navegando sus mares, transitando sus pueblos y tratando sus*

[159] A.G.I., *Estado*, 44, N. 26.

[160] A.H.N., *OM-Caballeros Santiago*, Exp. 2.741.

> *nacionales, me ha hecho conocer el origen del comercio clandestino, o contrabando que allí se ejercita, también el amor que se ha arraigado en mi corazón al servicio de S.M. de que en la relación de los míos tengo dado pruebas, no iguales a mis deseos aunque superiores a mi posibilidad, me ha hecho siempre desear ver establecido un método que desterrando semejantes abusos perjudiciales a S.M. y a la Nación Española, que (por particular inclinación me es amable, no obstante las persecuciones de algunos de sus individuos) la ponga a cubierto de los insultos con que sus mismos patricios la aniquilan haciendo servir sus riquezas a la ambición de los extraños. Y siendo así que todos los daños ocasionados al comercio de España, proceden del contrabando, como de única y esencial causa, confiado en la bondad de V.E. y en su práctico conocimiento de aquellos países, y de mi invariable sinceridad, me tomo la libertad de informar a V.E. por vía de conversación de todo lo que en él ocurre, a fin de que se conozca la necesidad de remedio, que pide este mal urgente, perjudicial y peligroso…*"[161].

En 1756-1757 se situó en el primer plano como líder activo del partido pro francés, perpetuando el ensenadismo[162]. El embajador inglés, decepcionado por Huéscar y Eslava, también tenía sus dudas respecto al nuevo ministro de Marina y de Indias, Julián de Arriaga, antiguo gobernador de Caracas y presidente del Consejo de Indias[163]. Arriaga era también protegido de Ensenada y amigo de Rávago[164].

Rávago estaba unido a Ensenada y ambos sustentaban las mismas opiniones políticas. Además, Rávago se había granjeado sus propios enemigos en la Iglesia y el Estado, dispuesto a explotar su aislamiento una vez se había desintegrado el equipo ensenadista. Acuciado por sus disidentes tuvo que abandonar la corte, en 1757, retirándose a Zamora, con gran alivio del gobierno.

---

[161] A.H.N., *Códices*, L. 83.

[162] *Private Correspondence of Sir Benjamin Keene*, pp. 238, 489-490 y 514.

[163] El Real y Supremo Consejo de Indias, conocido simplemente como Consejo de Indias, fue sin lugar a dudas el órgano más importante de la administración indiana, ya que su principal función fue la de asesorar al monarca en funciones ejecutiva, legislativa y judicial. Creado a inicios del siglo XVI, las reformas borbónicas de 1714, con la creación de las secretarías de Estado y del Despacho, paulatinamente le fueron restando parte de sus pretéritas atribuciones administrativas y legales. En 1717 Felipe V creaba una Secretaría de Marina e Indias, por lo que el Consejo continuaría decayendo hasta que fuese suprimido en 1812, para ser nuevamente puesto en funcionamiento en 1814, coincidiendo con el regreso de Fernando VII de su exilio y definitivamente abolido, como organismo asesor, en 1834.

[164] Lynch, J., *La España del siglo XVIII*, Barcelona, 2005, pp. 243 y ss.

Con respecto a la política exterior del segundo gobierno de Fernando VI, su mejor calificativo habría de ser el de incoherente, amenazando la neutralidad que tan diligentemente había cuidado el primero. Las relaciones anglo-españolas se deterioraron en medio de recriminaciones mutuas, mientras Francia intentaba capitalizar su posición presionando a España para que le prestara su apoyo. Wall no tardó en sentirse decepcionado con los ingleses y su actitud pasó a ser de afligida benevolencia: deseaba la amistad con los británicos, pero este país no se lo permitiría, y por tanto corría el riesgo de perder credibilidad en el interior, especialmente porque era extranjero de nacimiento[165]. En 1756-1757, tras el estallido de la guerra entre Inglaterra y Francia, Keene se dedicó con todas sus fuerzas a promocionar y conseguir la neutralidad de España. Sin embargo, incluso esa neutralidad tenía problemas, acerca de los buques neutrales y su violación por parte de los buques de guerra y los corsarios[166] ingleses. Estas disputas llevaron a España al borde de la guerra con Inglaterra.

No cabe duda alguna de que la labor política más importante del reinado de Fernando VI habría de ser la desarrollada por el marqués de la Ensenada, secretario de Hacienda, Marina e Indias. En este sentido, planteó la participación activa del Estado en su proyecto político de modernización del país. Para ello era necesario mantener una posición de fuerza en el exterior, para que Francia y Gran Bretaña considerasen a España como aliada, sin que ello supusiese una renuncia de Gibraltar.

Entre sus proyectos reformistas encontramos la modernización de la marina. Entendía Ensenada que una poderosa marina era fundamental para una potencia con un imperio en ultramar y con aspiraciones de ser respetada por Francia y Gran Bretaña. Para ello incrementó el presupuesto

---

[165] No olvidemos que Ricardo Wall y Devreux había nacido en la localidad francesa de Nantes, el 5 de noviembre de 1694, además de ser su familia de origen irlandés.

[166] Como muchos ya sabemos, corsario era el nombre que se concedía a los navegantes que, en virtud del permiso concedido por un gobierno en una *carta de marca* o *patente de corso*, capturaban y saqueaban el tráfico mercante de las naciones enemigas de ese gobierno. Dentro de los británicos, podríamos citar los célebres Barbanegra, Henri Morgan o Bartholomew Roberts. Con todo, no fueron menos célebres los españoles Mateo Mayneri, Cabeza de Perro o Diego Butrón Cortés.

y amplió la capacidad de los astilleros de Cádiz[167], Ferrol[168], Cartagena[169] y La Habana[170], lo que supuso el punto de partida del poder naval español en el siglo XVIII.

Por lo que a la política exterior del ministro Carvajal se refiere, indicar que la Monarquía Hispánica vendría a reforzar su poderío militar durante dos aportantes acontecimientos bélicos acontecidos en aquella época: la Guerra de Sucesión Austriaca y la de los Siete Años. Mientras tanto, el principal conflicto al que se enfrentó España sería aquel habido con Portugal, por el control de la colonia de Sacramento, desde la que se facilitaba el contrabando británico por el Río de la Plata. En esta ocasión el gran vencedor del conflicto sería José de Carvajal, el cual conseguía en 1750 que los lusitanos renunciasen tanto al Sacramento como a su pretensión de libre navegación por el Río de la Plata. A cambio, y a modo de contraprestación, España cedió a Portugal dos zonas en la frontera brasileña, una en la Amazonía y otra en el sur. En esta última se encontraban siete de las treinta reducciones guaraníes dirigidas por los jesuitas. De este modo, los españoles se vieron obligados a expulsar a los misioneros jesuitas, lo que tendría como consecuencia un enfrentamiento con los citados indígenas, el cual se prolongaría por espacio de once años. Pero éste conflicto no quedaría inserto en de manera exclusiva en aquellas tierras americanas, sino que como consecuencia del mismo se produjo una importante crisis política en la metrópoli. En este sentido, tanto Ensenada, que era partidario de la causa jesuítica, como el confesor del Rey, el padre Rávago, que era miembro de la Compañía de Jesús, fueron destituidos, bajo la acusación de entorpecer los acuerdos con Portugal.

Algunos años más tarde, en 1803 todavía continuaba el litigio candente. En este sentido, en 1803 Santiago de Liniers era designado por el entonces virrey rioplatense Joaquín del Pino, gobernador de la provincia de Misiones,

---

[167] En La Carraca de Cádiz fueron construidos tan solo 7 en el siglo XVIII, la mayor parte de ellos de 60 cañones, los cuales realizaron funciones de escolta de convoyes.

[168] En este lugar se construyeron 50 barcos entre 1720 y 1790.

[169] Allí se construyeron 19 barcos, principalmente para complementar y apoyar los navíos que navegaron entre Cádiz y Cartagena.

[170] Este fue el principal astillero, con 197 barcos construidos en el siglo XVIII, desde el "Santísima Trinidad" de 120 cañones hasta los 12 del "Nuestra Señora de Loreto". Habrían de ser los recursos naturales de Cuba y sus fuerzas defensivas los que propiciaron que aquel fuese un lugar ideal para la construcción de barcos.

en donde se encargaría de realizar un importante estudio político y científico de la zona. En ese entorno, el virrey también intentaría aprovechar la coyuntura para recuperar los *Siete Pueblos* de las Misiones Orientales, que habían sido invadidas por los portugueses del Brasil desde comienzos del año, tomando como excusa la guerra luso-hispana. Pero las operaciones estaban condenadas desde un inicio al fracaso, ya que el virrey del Pino no les facilitó los pertrechos necesarios, y la pérdida de las misiones del Guayrá resultó ser algo irremisible[171].

Para finalizar estas aportaciones históricas de la política desarrollada durante el reinado de Fernando VI, indica el profesor Lynch que vino a producirse a lo largo del mismo una sorprendente paradoja: hubo un gobierno dedicado a la promoción del poder nacional, que sería víctima de un escandaloso ejercicio de desestabilización que fue protagonizado por un interés extranjero[172].

Carlos III de Borbón

A Fernando VI vendría a sucederle el madrileño Carlos III de Borbón, llamado *El Político*, que había nacido el 20 de enero de 1716. Antes de convertirse en el sucesor de su hermanastro, fue duque de Parma con el nombre de Carlos I, entre 1731 y 1735, y más tarde rey de Nápoles y Sicilia con el nombre de Carlos VII, de 1734 a 1759.

Era el tercer hijo varón de Felipe V y el primero de los nacidos del segundo enlace del monarca español con Isabel de Farnesio. A lo largo de su vida, este príncipe había servido fielmente a la política familiar, singularmente a instancia de la reina Isabel, como una pieza clave en la ejecución de los planes españoles por recuperar su pretérita influencia en tierras de Italia. En este sentido, Carlos heredaría inicialmente de su madre los ducados de Parma, Piacenza y Toscana, en 1731; y, más tarde, cuando reconquistaba Felipe V el Reino de Nápoles y Sicilia en el curso de la Guerra de Sucesión de Polonia (1733–1735), pasaría convertirse en el nuevo monarca de aquellos territorios, en los cuales reinaría como hemos dicho con el nombre de Carlos VII. Poco después, en 1737, contraía matrimonio

---

[171] Vid. Ruiz Rodríguez, I., *La Junta de Montevideo (1808-1809)*, Madrid, 2010.

[172] Lynch, J., *La España del siglo XVIII*, Barcelona, 2005, pp. 243 y ss.

con su siempre amada María Amalia de Sajonia, hija de Federico Augusto II, duque de Sajonia y de Lituania y rey de Polonia.

Durante su estancia como rey de Nápoles y Sicilia, cuentan las crónicas que supo gobernar, reformar y modernizar el reino, al cual acabaría unificándolo. Ello le valió ganarse el amor de sus gentes. En cuanto a la política internacional, destacar que continuó la guerra contra Austria y participó junto con Francia y España en los ya citados *Pactos de Familia*.

Mientras tanto, en tierras de España, la muerte sin descendencia de Fernando VI hacía recaer en Carlos la dirección de la Monarquía Hispánica, la cual ocupaba en 1759, dejando con ciertas dosis de tristeza, tanto de los reyes como sus súbditos italianos, la corona del Reino de Nápoles y Sicilia a su tercer hijo, Fernando. En efecto, la historia había preparado para el hijo mayor de Isabel de Farnesio un destino lejos de tierras de Italia: España. En este sentido, tras los fallecimientos de Luis I y de Fernando VI sin descendencia, el trono de España pasó a Carlos III, tercer hijo de Felipe V y primero de su matrimonio con Isabel de Farnesio, con gran experiencia de gobierno como rey de Nápoles. Quizá por ello este monarca habría de destacar, como contraste, un prodigio entre los ineptos monarcas Borbones, una importante mejora con respecto al pasado y un modelo no tenido en cuenta para el futuro. Cuando accedía al trono de España tenía 53 años, estaba sano de cuerpo y de espíritu, tenía experiencia en las tareas de gobierno como duque de Parma y rey de Nápoles, y se sabía que era un gobernante reformista, con un criterio propio[173].

Comenzó su reinado conservando a todos los ministros de su hermanastro Fernando VI, con la única excepción del conde de Valparaíso en Hacienda, al que sustituyó el 9 de diciembre de 1759 por Leopoldo de Grigorio, marqués de Esquilache. Así pues, España entró en guerra en 1762 con un ministro de Estado y Guerra, Ricardo Wall, y un ministro de Indias y Marina, Julián de Arriaga, que durante mucho tiempo habían practicado una política de paz y que ahora tuvieron que soportar el oprobio de la derrota en la guerra. Conforme declinaba la influencia de Wall y de Arriaga,

[173] Sobre su vida, vid. Ferrer del Río, A., *Historia del reinado de Carlos III en España*, Madrid, 1855, 4 vols.; Danvila y Collado, M., *El reinado de Carlos III*, Madrid, 1890-1896, 6 vols.; Rousseau, F., *Régne de Carles III d'Espagne (1759-1788)*, París, 1907, 2 vols.; Hull, A.H., *Charles III and the revival of Spain*, Washington, DC, 1980.

aumentaba el poder de Esquilache y cuando Wall dimitió, en agosto de 1763, Esquilache se hizo cargo también el Ministerio de Guerra.

Resulta curioso observar cómo en ese mismo mes de agosto, en el que como hemos señalado dimitía Wall, continuaba preocupándose por recibir una detallada información de cuanto acontecía en las principales cortes, singularmente en la británica. Así lo vemos perfectamente reflejado en una carta remitida por Francisco Javier de Carrión, embajador de España en esas tierras, en donde comunicaba las noticias más significativas de Londres, así como su opinión al respecto de los diversos ministros ingleses y extranjeros que había en ella:

> "*Señor. En el primer día que vi a Milord Egremont me habló muy de paso de la guerra, como de una fatalidad que no debiera haber sucedido entre las dos naciones, pero en la segunda vez volvió a tocar la especie más despacio. Díjele que bien patente era que la España no quería. Añadió que convenía a las dos Coronas ser siempre amigas y aliadas, y yo le respondí que creía encontrarse siempre estos sentimientos en el ministerio del Rey. Me tocó el Pacto de Familia, y privilegios que se concedían a la Francia, y yo le dije, que es verdad que las dos Coronas de España y Francia habían querido mirar los respectivos vasallos como naturales, y que la Francia había abolido la Ley Obena a favor de los españoles... y que esto (díjeselo en un tono de risueña confianza) no era tratarse de tan amigos. Me preguntó, ¿en qué? Y le respondí: en la libertad de hacer el cabotaje. Afectó ignorar lo que era este término, y yo no me detuve en explicárselo, diciendo que en Francia podían los españoles llevar mercadurías de un puerto a otro de aquel reino, y que esto no les era permitido en Inglaterra. Me dijo que esto estaba prohibido por el acto de la navegación, y yo repuse: como quiere que vea V.E. como los ingleses no tratan a los españoles como estos a los ingleses, y añadí, pero yo hablo sólo como quien deseara que las dos naciones, para mejor conservar su amistad y el verdadero interés recíproco que de ella resultaría, se tratasen igualmente, pues de otro modo es dolorosa la espina de la desigualdad...*
>
> *Ofreciéndoseme una ocasión segura para informar a V.E. lo que he observado después de mi llegada, el rey es un príncipe muy amable y afabilísimo. Habla a todos al Lever y al Círculo. La reina también, y están muy queridos de todos los cortesanos, pero hay algunos que tachan la bondad del rey, porque quisieran usase de distinción con los sujetos.*
>
> *El conde de Egremont puede ser un gran ministro, pero tiene tanta dificultad en hablar, así para explicarse como para proferir, que no dudo haya tenido mucho trabajo los que han debido tratar con él.*

Milord Halifax, con quien no he tenido tanta ocasión de hablar, por no pertenecer nuestros negocios a su departamento, parece de todos modos más despierto.

Mr. Greenville es el que manifiesta tener más habilidad y trascendencia que los otros, y bien es menester ser así para haber logrado el usage y puesto que tiene...

El Lord Mayor de Londres prosigue inflexible, mas como su autoridad termina dentro del año, es regular pongan en su lugar otro más dócil, y entonces estará más seguro el partido en el Parlamento. Sin embargo son muchos los clamores de los de la oposición, y V.E. conoce la licencia que permiten las leyes y los usos de este país, en cuya consecuencia se dicen horrores los que toman la pluma en defensa de su opinión y partido contra el contrario...

Sobre todo, lo que más inquieta al público y a los particulares, es la odiosa contribución o impuesto sobre la cidra, y la ley que llaman de la excuse, que los más creen será revocada o a lo menos mitigada en el nuevo Parlamento. Los oficiales que en el país tienen el cargo de su ejecución y observancia, se ven continuamente expuestos a mil violencias, y parece imposible pueda subsistir.

Se habla mucho al oído de un tratado con la Rusia, en que la Inglaterra mira a mejorar y asegurar su comercio en aquellos dominios, y parece que la buena armonía se restablece cada día más con el rey de Prusia, con quien parecía haberse enfriado mucho el trato de este ministerio. El conde de Worontzon, ministro de la emperatriz Crarina goza de la más distinguida consideración en la corte, y señores de la Nación...

El conde de Viry tiene en la estimación de todos más lugar que ninguno. Sus luces y su experiencia, y sobre todo el haber sido el canal para la última negociación, le ha procurado una consideración general. Está muy achacoso. Ha pedido su retiro y cuenta restituirse a su palacio este otoño. El barón de la Periere, su hijo casado con una inglesa, desearía sucederle en este ministerio. Mr. D. Eon, ministro de Francia, los cultiva y en especial al primero con una frecuencia no ordinaria, sea por defecto de instrucción u orden para ello, o porque es consecuencia de la intimidad ganada por el ministro sardo con el duque de Nivernois durante la negociación.

Mr. Michel, ministro de Prusia está reconocido por hombre hábil, que conoce el fuerte y flaco de toda esta nación...

El conde de Haslang, ministro de Baviera, a título de honrado y de buen hombre, recibe generalmente las atenciones debidas a su carácter y a su nacimiento, pero fuera de esto no veo que se le cuente por nada.

El de Einsidel, que lo es de Sajonia, acaba de llegar, y aun no se puede decir lo que será, pero joven, instruido, de buena presencia, con alguna experiencia y aplicación a los negocios, y la ventaja de saber la lengua y haber estado en otros tiempos como viajero y criado en Inglaterra, se puede creer hará muy corto noviciado, y que será el que si se conduce bien y lo permiten los negocios de su corte, tendrá en esta más entrada que ninguno de los demás.

Mr. Alt, ministro de Hesse Cassel, es un alemán que sin duda sabe mucho, pero al querer examinarlo se hallan los embarazos de la materia, que es lo que él ofrece desde luego. No es así el de Brundwich, mr. Jeronce, que es despierto, vivo y muy instruido, pero también recién llegado.

El residente de Venecia... que a la vida retirada que tiene le ha precisado el poco caso que parece han hecho de él los otros ministros extranjeros, que llenos de vanidad desdeñan a éste, por no considerarlo en el mismo rango.

Igual inconveniente experimenta mr. D'Ageno, que solo es ministro de Génova, pero con un genio más abierto y más capaz hace su trato más apreciable y desembarazado.

De mr. de Sá, actual ministro de Portugal, sin carácter, pero no ha presentado letras de creencia. Goza la prerrogativa de una nación tan íntimamente aliada de la Inglaterra, sin lo cual se hallaría en el caso de cualquiera de los dos últimos.

El enviado de Dinamarca, conde de Botmer está casi en el caso del conde de Haslang. Reconocido por muy hombre de bien y muy estimado. Ha ido a sus tierras por verlas y para casarse, y debe volver a Londres este invierno.

Estos son los sujetos que componen actualmente el cuerpo diplomático en esta corte...

Dios guarde a V.E. muchos años, como se lo suplico y he menester. Londres, a 7 de agosto de 1763"[174].

Con todo, ahora el nuevo ministro de Estado era el marqués de Grimaldi, otro italiano que había servido en la administración de los dos antecesores de Carlos y que, como embajador en Versalles, fue el artífice del tercer *Pacto de Familia* entre España y Francia[175].

---

[174] A.G.I., *Estado*, 44, N. 26.

[175] Grimaldi por parte de España y el duque de Choiseul por Francia, firmaron el pacto en nombre de sus monarcas, el 15 de agosto de 1761 en París. Según los términos del acuerdo, los dos países harían causa común: quien ataca una Corona, ataca a la otra; cada una de las Coronas mirará como propios los intereses de la otra su aliada.

Los principales puntos del acuerdo fueron los siguientes:

En caso de que alguno de los países firmantes del pacto entrase en guerra con un tercero, podría requerir el apoyo militar del país aliado en las condiciones siguientes:

Antes de tres meses a contar desde el requerimiento de apoyo por uno de los dos países firmantes, el otro deberá haber enviado 12 navíos de línea y 6 fragatas, puestas a disposición

La experiencia, en especial la crisis de 1766, había sido modélica a la hora de enseñar al monarca español que debía sustituir a los ministros italianos por españoles, reforzar gradualmente su gobierno y conseguir que adquiriera una más clara identidad. Manuel de Roda, abogado, regalista y partidario del absolutismo, fue nombrado ministro de Gracia y Justicia, en enero de 1765. Éste fue en principio cordialmente recibido por Grimaldi, pero poco a poco se acabaría distanciando del italiano para aliarse con su compatriota, el conde de Aranda, para el cual resultaría ser una fructífera fuente de ideas. En cuanto a Aranda indicar que éste no se mezclaba con facilidad con otros políticos, además de exhibir una arrogancia aristocrática hacia sus colegas más humildes. Pero fueron ellos, y no Aranda, los que contribuyeron a diseñar la política española. El más distinguido de ellos hubo de ser Campomanes, intelectual, erudito y político. José Moñino, menos intelectual y más político, tras haber estudiado derecho en Salamanca, y por recomendación de Esquilache, fue nombrado fiscal del Consejo de Castilla, en 1766. Luego, tras haber desempeñado el puesto de embajador

---

del solicitante; si fuera España el país que recibiera el requerimiento, debería poner a disposición de Francia (además de la flota mencionada) 10.000 soldados de infantería y 2.000 de caballería, y si el país requerido fuera Francia, debería enviar 18.000 hombres de infantería y 6.000 de caballería (esta diferencia en el número de tropas se hizo de acuerdo al tamaño del ejército de cada país); estas tropas estarían a las órdenes del país demandante de ayuda, durante todo el tiempo que fuese necesario, a costa del país requerido; para hacer efectivo el envío de estas fuerzas no serían necesarias mayores explicaciones por parte del país demandante. Bastaría la solicitud de ayuda; las guerras en las que Francia pudiera verse involucrada como consecuencia de los acuerdos establecidos en la Paz de Westfalia o en otras alianzas estarían exceptuadas de los puntos anteriores, salvo en el caso de que Francia fuese atacada por tierra, en cuyo caso sí sería socorrida por España, los acuerdos de paz con enemigos comunes deberían tomarse de común acuerdo.

Tanto sobre las condiciones de paz, como sobre las operaciones de guerra, las dos monarquías de España y Francia, en toda la extensión de sus dominios, han de ser consideradas y han de obrar como si no formasen más que una sola y misma potencia.

Felipe I de Parma, dado su parentesco con ambas partes firmantes, quedaba incluso en el pacto por la parte española.

No podrían adherirse a este pacto terceros países cuyos monarcas no perteneciesen a la Casa de Borbón; los ciudadanos españoles en territorio francés quedarían exentos de la aplicación de la ley de extranjería francesa y de las cargas fiscales aplicables al comercio y a las herencias; también tendrían derecho al uso de sus banderas; el mismo trato recibirían los ciudadanos franceses en territorio español y los parmesanos en ambos países: el tratado seguiría en vigor mientras las coronas española y francesa siguieran ocupadas por monarcas de la familia de los Borbones.

en Roma, acabaría convirtiéndose en conde de Floridablanca, sustituyendo a Grimaldi como secretario de Estado en 1776.

Mientras tanto, los asuntos indianos quedaban en manos del ineficaz Arriaga hasta el momento de su muerte, en 1776, cuando Gálvez fuese nombrado ministro de Indias. Finalmente, la Administración de la Corona Española se completaba con Juan Muniaín, ministro de Guerra, y Miguel de Múzquiz, ministro de Hacienda. Una curiosidad: todos los ministros de Carlos III tenían una identidad característica similar, la de no proceder del estamento aristocrático, relegados éstos últimos a actividades ahora apartadas del gobierno de la Monarquía Hispánica, al menos en cuanto a los más altos cargos del Estado se refiere.

Con respecto a la política exterior del reinado de Carlos III, el primer asunto de significación sobre el cual tendría que dedicar sus esfuerzos sería la *Guerra de los Siete Años*, desarrollada entre 1756 a 1763. En este sentido el rey español se vio obligado a tomar parte en la guerra tras la ocupación británica de Honduras y la pérdida de la colonia francesa de Quebec, lo que requirió la intervención española en el conflicto para frenar el expansionismo británico por América, y de la cual profundizaremos más ampliamente en próximas páginas.

Los intereses británicos en Centroamérica los observamos ya en fechas pretéritas, pero ya desde el año 1754 se hacían cada vez más evidentes, tal y como relata el siguiente documento que reproducimos:

> "*Otro negocio más delicado de no menor importancia, y acaso más difícil de componer, es el del que ahora os explicaré. Con motivo de haber descubierto el Ministerio Inglés en el año 1754, las providencias tomada por el nuestro para expeler por fuerza de las Costas de Honduras a sus nacionales allí injustamente establecidos, se alarmó e hizo que su Embajador en esta Costa diese las más fuertes quejas por esta disposición, y las repitió en Londres a D°. Félix de Abreu ponderando la inconsecuencia de ellas, y de las expresiones, con que al mismo tiempo se procuraba por una y otra parte estrechar y consolidar la buena correspondencia de las Naciones, e insinuando la facilidad, con que amistosamente se podían ajustar estas diferencias sin el estrépito de las Armas que se usaba por nuestra parte.*
>
> *Estas representaciones, la buena disposición de amistad, que entonces se reconocía en el gobierno inglés y la contemplación de verle embarazado con los franceses en las disputas, que por fin ocasionaron la presente guerra, nos hicieron creer, que procedería de buena fe, y se reduciría por buenos*

términos, a evacuar aquellos injustos establecimientos, y a prohibir a sus compatriotas volver a ellos, si la providencia del Ministerio de España, dada anteriormente, hubiese logrado expelerlos.

Sobre esta consideración, y la de evitar un rompimiento, se respondió de nuestra parte a dichas quejas, negando que las operaciones en América procediesen de órdenes modernamente expedidas, pero añadiendo que si los gobernadores de aquellas Provincias, y los Comandantes de nuestras escuadras las hubiesen emprendido en cumplimiento de sus instrucciones generales, para defender y conservar los términos de sus distritos, y arrojar a los extranjeros que se introdujesen en ello, se les mandaría suspender todavía de hecho, y restituir los navíos y efectos que hubiesen aprendido"[176].

Como antes indicábamos, corría el año 1761 cuando vendría a firmarse el Tercer *Pacto de Familia* con sus parientes franceses. En virtud del mismo, España entraba nuevamente en guerra, un enfrentamiento que terminaría con la Paz de París de 1763. En virtud del mismo, España cedió a Gran Bretaña la península de la Florida y ciertos territorios en el golfo de México, a cambio de la vuelta a España de La Habana y Manila, que en ese momento se hallaban en manos inglesas. La capital de la isla de Cuba se hallaba en manos británicas desde el 30 de julio, víctima de un ejército compuesto por más de 50 navíos y 50.000 hombres. El ataque había comenzado el 7 de junio con el desembarco de los ingleses en un punto lejano al radio de acción de los cañones de La Habana, así que el asedio vino a realizarse a través de tierra. Únicamente el castillo del Morro, defendido por militares mandados por Luis de Velasco, ofreció resistencia. Con respecto a la capital de las Filipinas, ésta sería objeto de los ejércitos ingleses contando con el apoyo de la Compañía de Indias Orientales. Tras algunos días de escaramuzas, Manila caía en manos británicas, el 5 de octubre de 1762[177].

Además, en base a lo estipulado por esa citada Paz de París, la Luisiana francesa pasaba a manos de la Monarquía Hispánica, quizá más preparada y capacitada para su defensa. Mientras tanto, la corona de Portugal, aliada de los británicos, recuperó la colonia del Sacramento. Sobre ello podemos citar el contenido de cierto expediente conservado en el Archivo General de Indias, cuya lectura resulta de lo más sugerente:

---

[176] A.H.N., *Estado*, Leg., 3.456-1. Instrucción que se dio el 11 de septiembre de 1758 para la embajada de Inglaterra al conde de Fuentes.

[177] Sobre ello vid. Téllez Alarcia, D., "España y la Guerra de los Siete Años", en *La proyección de la Monarquía Hispánica en Europa*, Bilbao, 2009.

I. De Antonio de Ulloa al Marqués de Grimaldi, 64 cartas con anejos, sin índices. Con los siguientes estados y relaciones:

a. Précis du recensement général de Luisiana Mayo 1766.

b. Géneros necesarios para el trato con los salvajes. Géneros que se consumen entre los habitantes y vecinos de Nueva Orleáns. Precios de los vinos y comestibles. 1766.

c. Précis de l´état actuel de la partie de la Lousiane cédée à l´Espagne, 4 juillet 1766.

d. Estado de municiones y mercaderías que se han de pedir para Luisiana. (Francés y español). 10 marzo 1766.

e. Regalos para los salvajes Tchactas para 1761, 1762. (Francés y español). 10 marzo 1766.

f. Estado de remedios de botica necesarios en el Hospital Militar y en los otros puestos durante un año. 10 marzo 1766.

g. Lista de familias acadianas que han venido a establecerse en Luisiana. 9 febrero 1768. Hab. 13 noviembre 1765-Nueva Orleáns 22 junio 1768. (1-323).

II. De Alejandro O´Reilly al Marqués de Grimaldi, cartas sin índices n.º 3, 14, 16, 17, 23, 25, 27, 28, 35, 36, 38. Vienen relaciones que manifiestan precios del año 1767, valoración de los edificios franceses, relaciones de contaduría de cuentas atrasadas desde la llegada de Antonio de Ulloa y de la Administración francesa. Relación de personas que se han echado de la provincia por su espíritu inquieto. Nueva Orleáns 16 octubre 1769-1 marzo 1770. (324-471)

III. De Luis de Unzaga a Julián de Arriaga, cartas sin índices, dos sin n.º N.º 10, 31, 4, 5, 98, 105, 116, 117, 126, Nueva Orleáns. 15 enero 1771-7 septiembre 1774. (472-579)

IV. Del Marqués d´Ossun, Embajador francés en España, al Marqués de Grimaldi, ocho cartas sobre licencias de barcos y mercaderías enviadas a Luisiana amadores franceses. Madrid, 12 febrero 1766-Aranjuez, 6 junio 1768. (580-632)

V. Del Conde de Fuentes, Embajador español en Francia, al Marqués de Grimaldi, ocho cartas sobre licencias de barcos y asuntos de Luisiana París, 2 octubre 1766-30 septiembre 1768. (633-672)

VI. De Juan José Loyola al Marqués de Grimaldi. cartas. Nueva Orleáns. 1º 1766-28 noviembre 1768. (673-737)

VII. Sobre los religiosos Capuchinos y las monjas Ursulinas de Luisiana 1764-1770. (738-849)

VIII. Cuestiones acerca del situado de Luisiana 1765-1767. (850-956)

IX. Reglamento para el comercio de España con Luisiana 1767-1768. (957-991)

X. Sobre descuentos para el Montepío a la tropa y empleados de Luisiana. 1766-1770. (992-1.320)

XI. Expediente de Diego Noble para que se le conceda cargar un barco con géneros y frutos a Luisiana. 1767. (1.033-1.065)

XII. Expediente de Dª Camila Carbona, Vda. de Juan Rodulfo Brunner, para que se le conceda el goce de Montepío. (1.066-1.080)

XIII. Sendas cartas de Juan José Urriza (Burdeos, 9 julio 1776), Esteban Gayarre (Nueva Orleáns). 1.º mayo 1770), Felipe Ruiz Iriarte (Isla del León, 19 abril 1774). Proposición de ascensos en el batallón de Infantería de Luisiana Oficio de Alejandro O´Reilly remitiendo instancia de Miguel de Almonacid. Notas. (1.081-1.107)

XIV. MAPAS Y PLANOS: Luisiana y Florida N.º 72. Plano de la Isla Real Católica de S. Carlos. 1769. Con carta de Alejandro O´Reilly n.º 36. Luisiana y Florida n.º 67. Plano del fuerte de Placaminas[178].

En 1781, el gobernador de la Luisiana, Gálvez, recupera las dos Floridas para España, en un audaz golpe de mano contra los ingleses, y en 1782 España recupera la isla de Menorca.

En ese momento España continuaba con Francia como aliada. De este modo, cuando acontece la Guerra de independencia de los Estados Unidos (1776–1783), el rey Carlos intervendría en la misma junto a los galos contra Gran Bretaña en apoyo a la emancipación de las entonces trece colonias

[178] A.G.I., Santo Domingo, Leg. 2.585.

británicas. El Tratado de Versalles de 1783 puso fin al enfrentamiento armado. España recuperó Florida, los territorios del golfo de México, aunque no pudo hacer lo mismo con Gibraltar. España, de esta forma, contribuyó a la independencia de los Estados Unidos[179], hecho que creó un precedente para la emancipación de la América Hispana en el siglo XIX.

Además, en 1784 se ponía en marcha el mecanismo político necesario para conseguir fijar los límites de influencia territorial de la Monarquía Hispánica con los recién creados Estados Unidos, tal y como expone el siguiente documento que reproducimos:

> *"INSTRUCCIÓN sobre límites de las Floridas y la Luisiana, y sobre la navegación del Misisipi.*
>
> *Luego que el rey tuvo noticia de los términos en que los ingleses y Estados Unidos de América, habían ajustado los límites de sus respectivas posesiones, y convenido en la navegación común al río Misisipi, en los artículos 2º y 8º de las Preliminares, bajo que se acordaron la tregua de su enemistad; echó S.M. de ver lo vicioso de aquellos pactos, por cuanto unos y otros contratantes disponían de lo que no les pertenecía absolutamente, y de lo que disfrutaban como partícipes con S.M.*
>
> *Pero mirando a no poner estorbos a un ajuste de que había de resultar con la independencia de los Estados Unidos, la paz general, dejó S.M. correr aquellas estipulaciones, contentándose con cuidar de no hacer en sus tratados con Inglaterra, ninguna que les diese valor, o ligase a S.M. a lo que no le obligaban.*
>
> *Así es que en el Artículo 3º de los Preliminares del 20 de Enero y en el 9º del Tratado definitivo de 3 de Septiembre de 1783, se pactó sin expresión de límites, ni restricción alguna que S.M. conservaría la Florida Occidental y S.M. Británica le cedería la Oriental, y con la misma atención nada se dijo en punto a la navegación del Misisipi.*
>
> *Quedó pues libre el rey de toda condición sobre estos particulares, dueño de disponer de sus derechos como tuviese por más conveniente, cuando*

[179] La representación diplomática de España en los Estados Unidos de América se establece después de la Independencia de la colonia inglesa en el año 1776, siendo la referencia más temprana conservada una que data de 1781. Con todo, los primeros representantes de España actúan a través de una Legación y no como embajada. En 1785 se envía al primer Encargado de Negocios, Diego de Gardoqui, que fue también Secretario de estado y del Despacho de Hacienda, lo que demuestra los intereses económicos en el comienzo de ésta misión diplomática. La primera sede de la Legación española estuvo en la ciudad de Filadelfia y posteriormente, a principios del siglo XIX, se trasladó a Washington pasando a adquirir la categoría de Embajada.

llegase el caso de tratar de límites con sus nuevos vecinos, en calidad de Potencia independiente, los Estados Unidos de América"[180].

El último Borbón del siglo XVIII: Carlos IV

El heredero de Carlos III, Carlos IV de Borbón, había nacido en Portici, Nápoles, el 11 de noviembre de 1748, siendo rey de España desde el 14 de diciembre de 1788 hasta el 19 de marzo de 1808.

Cuando accedía al trono portaba ya una amplia experiencia en los asuntos de Estado, pero se vio superado por la repercusión de los sucesos acaecidos en Francia, en 1789, y por su falta de energía personal. Este hecho motivo que el gobierno estuviese en manos de su esposa María Luisa de Parma y de su valido, Manuel Godoy. Estos acontecimientos frustraron las expectativas con las que se había iniciado su reinado. A la muerte de Carlos III, el empeoramiento de la economía y el desbarajuste de la administración revelan los límites del reformismo, al tanto que la Revolución Francesa pronto pondría en el escenario político europeo una alternativa al Antiguo Régimen.

La España que heredó Carlos IV apenas daba síntomas de inestabilidad. El comercio americano era libre y estaba protegido, los ingresos eran elevados y las defensas seguras. A la par, en la península, las exportaciones agrícolas desde Andalucía, Cataluña e incluso Castilla producían beneficios para los agricultores e ingresos para España. Las obras públicas, la industria de la construcción y la existencia de manufacturas textiles eran signos materiales de progreso y prosperidad. Mientras los ministros, arquitectos y planificadores trabajaban para mejorar el aspecto de la España borbónica, los burócratas en Madrid, los armadores en Cádiz, los comerciantes en Barcelona, todos podían afrontar el futuro con confianza en su país y seguridad en sus recursos. Nada más lejos de la realidad, ya que los decenios transcurridos a partir de 1788 marcaron el reflujo de la historia española y el siglo XVIII no concluyó en medio de un ambiente de euforia por los logros alcanzados, sino en una atmósfera de ansiedad[181].

---

[180] A.H.N., *Estado*, Leg. 3.457. Instrucción que se dio el 29 de julio de 1784 al sr. Gardoqui, sobre límites de las Floridas y Luisiana, y navegación del Misisipi.

[181] Lynch, J., *La España del siglo XVIII*, Barcelona, 2005, pp. 479 y ss.

Es por ello que el nuevo monarca español no heredó únicamente poder, sino también problemas. El reinado de Carlos III había terminado sin conseguir los dos objetivos políticos que se había planteado: la modernización y el engrandecimiento de España, y ese lastre quizá fue muy superior a la capacidad de su hijo por superarlo. Además, en los años siguientes, la consecución de esos objetivos se hizo aún más difícil, el primero como consecuencia de la penetración de las ideas revolucionarias francesas y el segundo por la invasión de los ejércitos napoleónicos.

Las primeras decisiones de Carlos IV mostraron unos propósitos reformistas. Designó para el cargo de primer ministro al conde de Floridablanca, un ilustrado que inició su gestión con medidas como la condonación del retraso de las contribuciones, limitación del precio del pan, restricción de la acumulación de bienes de manos muertas, supresión de vínculos y mayorazgos y el impulso del desarrollo económico.

Y aunque la situación política de España había mejorado sustancialmente tanto en el ámbito interno como externo, dos importantes problemas aparecían en el día a día de la agenda política: el caso de la isla de Menorca, que pronto se volvería a incorporar de manera definitiva a su Corona, y el peñón de Gibraltar. Sobre éste último, y tras muchos intentos por lograr su recuperación, en enero de 1781 se optaba por incrementar la presión sobre la roca, tanto militar como de cualquier otra manera que se considerase oportuna, en este caso mediante el bloqueo:

> "*Dn. Martín Álvarez.*
> *En carta de 27 de diciembre contestando a varios puntos ya resueltos, se explica de esta suerte.*
> *Determinándose por S.M. insistir con las veras (que parece no puede dudarse conviene) en la toma de Gibraltar con operaciones bien combinadas por mar y tierra, dándome los medios y tropas que me faltan, no sólo se haría con brevedad la actual reparación de las obras, sino que con 6 batallones de aumento sobre los 20 de primera dotación, se podría continuar la paralela avanzada a 300 toesas de La Línea, sobre cuyo supuesto se ha procedido en tres planos que remití por mano del conde de Ricla, aun cuando sólo se hubiese llevado la idea de un bloqueo ofensivo como medio para otras operaciones. Si ahora fuese del agrado de S.M. podría yo extender nuevo proyecto y plano arreglado a la actual constitución, que no ha dejado de variar, habiendo descubierto la experiencia, algunas ventajas*

que pueden aplicarse ya a la situación de las obras, y ya también al método más económico de construirlas"[182].

Tras ello, se indica en el mismo documento que:

"*No halló S.M. reparo en que Álvarez extienda nuevo proyecto y plano arreglado a la actual constitución en lugar de los tres que remitió de la mano del conde de Ricla. Hecho en 4 de enero de 1781*".

A ese mismo año, el 3 de abril, corresponde un importante dictamen, remitido por el gobernador de Orán a Madrid, el brigadier Rafael Adorno, en relación al estado en el cual se hallaban las plazas norteafricanas de Orán y Mazalquivir[183], en donde:

"*... corrían los años de 1505 cuando Fernando el Católico... promovido por su cristiano celo, y no descubierta la América, quiso extender sus dominios en África, y mirando a Orán, como punto el más importante y frontera al reino de Granada, pensó acometerle apoderándose de su opulencia y comercio, que en aquellos tiempos corrían con fama exagerada, no menso que las ricas ferias celebradas en él por las mercantiles naciones de levante.*

Concluida la conquista de Mazarquivir en el mismo año, por don Diego Fernández de Córdoba, alcaide de los donceles, y en el de 1509, la de Orán por el cardenal Ximénez de Cisneros... se extendieron los dominios del rey de Castilla en el África, internándose quince o veinte leguas, a la parte del sur, y reconociéndole como tributarios los reinos de Mascara y Tremecén.

Poseyó tranquilamente la corona estos establecimientos por el tiempo de ciento y noventa y nueve años sin intermisión, hasta que por los de 1708 fueron situadas y tomadas las dos plazas por los moros, sacudiendo para siempre la obediencia, y haciéndose señores del país.

---

[182] A.G.S., *SGU*, Leg. 7.314, 3.

[183] Actualmente Mazalquivir es un puerto situado en al noroeste de Argelia, en el extremo occidental del Golfo de Orán. Arsenal naval del Imperio Almohade en el siglo XII, estuvo bajo la soberanía del Reino de Tlemecén en el siglo XV, hasta que fue tomada por los corsarios en 1492, los cuales la convirtieron en una base pirata. Conquistada por una expedición española en 1505, serviría de base para la conquista, cuatro años después, de la cercana Orán, a cuya suerte permanecería unida durante los siguientes siglos. En este sentido continuaría en manos españolas hasta 1708, cuando ambas ciudades cayeron en manos del bey otomano de Argel. Unos años más tarde, en 1732, Felipe V envía una expedición de 26.000 hombres al mando de José Carrillo de Albornoz, conde de Montemar, la cual recupera ambas ciudades. Finalmente, en 1792, el rey Carlos IV vendería Mazalquivir y Orán al bey turco de Argel.

Las revoluciones intestinas y la guerra sangrienta de Sucesión, suscitada en aquel mismo tiempo, fueron la causa, impidiendo estas las atenciones y socorros que aplicados a objetos de mayor importancia, produjeron más ventajosos efectos.

En poder de los berberiscos desde entonces, las plazas de Orán y Mazarquivir, y miradas con una especie de desaires, las armas del rey acostumbradas a vencer, era una necesidad que cuando sosegadas las turbulencias y asegurada la Corona (tan dignamente como lo fue) en la majestad del señor don Felipe el Quinto... volviese sus armas para vengar por su propia mano el insulto que habían sufrido, castigando sus enemigos, que aprovechándose de unos momentos tan críticos como desgraciados, no creyeron nunca triunfar por tan poco tiempo.

Resolvió el rey reconquistar las plazas, y entregando su fianza en manos del duque de Montemar, consiguió gloriosamente tomar posesión de ambas el día 1 de julio de 1732.

Obligados los moros a retirarse del seno del país, y olvidados de la seguridad y beneficios recibidos de manos de los españoles, por el tiempo cuasi de dos siglos, no sólo no quisieron entrar en su antiguo deber como tributarios, sino que a pesar de los más políticos esfuerzos del gobierno, han mantenido una constante enemistad, cometiendo frecuentes hostilidades, y reduciendo las guarniciones de ellas a ser inquietadas en su corto recinto por sus acostumbradas correrías.

Estas razones y otras de seguridad, obligaron sucesivamente a los generales que mandaron estas plazas desde entonces, a ir aumentando sus fortificaciones exteriores, a el mismo paso que encontraban la necesidad.

La irregularidad del terreno, la precisión de conservar el puerto, y la necesidad de asegurar un manantial de agua, bastante retirado, y que hace la subsistencia del país, han sido en todos los tiempos las causas legítimas de sostener y aumentar sus fortalezas, con indispensable necesidad de mantener una guarnición que se hace exorbitante.

En estos términos permaneció la plaza de Orán desde el día 1 de julio de 1732, en que fue reconquistada hasta el 9 de octubre de 1790, en que destruida absolutamente por un cruel terremoto, sucedido a la una de la noche, sepultó en sus ruinas un número considerable de sus habitadores, que fueron víctima de tan desgraciado suceso.

Los moros queriendo aprovecharse de la deplorable situación en que se hallaba la plaza de Orán y su guarnición, intentaron distintas veces atacarla, con un número de gente extraordinario, embistiéndola por todas partes a un tiempo. Pero sus valerosos defensores olvidados de la espantosa catástrofe que tenían a la vista, y de que aun no se habían enjuagado las lágrimas, atendiendo a no dejarse vencer de sus enemigos, aspiraron sólo a conservar entre las ruinas el honor de las armas del rey, consiguiendo en cada función una victoria.

Pusieron en gran cuidado estos sucesos al gobierno, y pareciéndole tiempo oportuno de decidir si convenía o no mantener estos establecimientos (cuyo punto se había controvertido sin suceso en distintas ocasiones), pidió entre otros mi dictamen, por hallarme a la sazón empleado en aquel ejército en calidad de brigadier de infantería..."[184].

Sin embargo un importante acontecimiento marcaría prácticamente su reinado: el estallido en 1789 de la Revolución Francesa. Conforme llegan las noticias de Francia, el nerviosismo de la corona crece y acaba por cerrar las Cortes que, controladas por Floridablanca, se habían reunido para reconocer al Príncipe de Asturias. El aislamiento parece ser la receta para evitar la propagación de las ideas revolucionarias a España, hecho que aparece constatado en miles de documentos emitidos en el conjunto de la Monarquía Hispánica, tanto en tierras de la metrópoli como de América o Filipinas. En este sentido, y a modo de ejemplo citar los siguientes documentos:

- Carta del Virrey del Perú, fr. Francisco Gil, al duque de la Alcudia, informando en relación a las medidas que había tomado para evitar la llegada a aquel Virreinato de las ideas de la Revolución francesa, especialmente con los franceses allí residentes[185].
- Papeles reservados del Conde de Fernán-Núñez. Relaciones y ensayos literarios realizados por dicho Conde, sobre la Revolución Francesa.
- Juan Vicente de Güemes Pacheco, II Conde de Revillagigedo. Virrey de Nueva España (1789-1794). Discurso dirigido a los habitantes de la Isla de Santo Domingo sobre las ventajas de la aplicación de las nuevas leyes surgidas de la Revolución Francesa, y sobre la necesidad de colaboración entre los gobiernos francés y español para mejorar las condiciones de vida en toda la isla.
- Papeles reservados del VI conde de Fernán-Núñez, Carlos José Gutiérrez de los Ríos. En ellos se contiene la correspondencia del Conde de Fernán-Núñez, siendo Embajador en Francia, relativa a la Revolución, así como el testamento de Luis XVI.

---

[184] A.H.N., Diversos-Colecciones, 1, N. 38.

[185] A.G.I., *Es*tado, 73, N. 73.

En ese momento histórico, Floridablanca, ante la gravedad de los hechos tomó una decisión que entendió como decisiva para acabar con el problema: decidió suspender los Pactos de Familia, estableciendo férreos controles en la frontera pirenaica con el ánimo de impedir la expansión revolucionaria en tierras de España. Además desarrolló una fuerte presión diplomática en apoyo del todavía rey de Francia, Luis XVI. Por otro lado, dio por terminado aquellos pretéritos proyectos reformistas del reinado anterior, siendo éstos sustituidos el conservadurismo y la represión.

Finalmente la fatalidad habría de llegar a los Borbones franceses y con ello a la actitud que se debería tomar en España al respecto: el derrocamiento de Luis XVI y el apresamiento de su familia, en agosto de 1792, junto con las victorias militares de los republicanos y su política de expansión revolucionaria, indujeron a España a cerrar filas una vez más y al monarca a intentar otro camino. De este modo, Floridablanca fue sustituido por el conde de Aranda, amigo de Voltaire y de otros revolucionarios franceses, a quien el rey encomienda la difícil papeleta de salvar la vida de su primo el rey Luis, en el momento en que éste había aceptado la primera Constitución Francesa. Sin embargo, la radicalización revolucionaria acontecida a partir del año 1792, y el destronamiento del rey de Francia habrían de precipitar la caída de Aranda y la llegada al poder de Manuel de Godoy, el 15 de noviembre de 1792.

Queda claro que esa Revolución Francesa condicionó su actuación en la política española tanto en la esfera interna como externa. Sus primeras medidas se encaminaron en salvar la vida de Luis XVI, procesado y condenado a muerte. Pese a los esfuerzos de todas las Cortes, el monarca francés fue guillotinado en enero de 1793, lo que generalizó una guerra de las potencias europeas contra la Francia revolucionaria, conocida como la *Guerra de la Convención*, en la que España participó y fue derrotada por la Francia republicana, fruto del desastroso abastecimiento, la pésima preparación del ejército y la escasa moral de la tropa frente a los enardecidos *sans culottes* franceses. De este modo, un ejército español compuesto por unos 25.000 hombres, dirigido por el general Ricardos entró en el Rosellón y logró algunos éxitos. Esta Guerra del Rosellón, también denominada *Guerra de los Pirineos* o como antes indicábamos *Guerra de la Convención*, enfrentó a España y a Francia dentro del conflicto que esta última mantenía con la Primera Coalición.

Francia atacó el 7 de marzo de 1793 la frontera catalana, si bien el general Ricardos ya estaba preparado para invadir esos territorios catalanes perdidos hacía más de un siglo en el Tratado de los Pirineos. Los triunfos españoles culminaron con la batalla de Truillás. Se dieron varias batallas, ataques y contraataques, si bien, en vista de que Francia era mucho más fuerte de lo que parecía, Godoy suscribió con Francia la *Paz de Basilea,* en 1795. La República francesa devolvió a España las plazas ocupadas, a cambio del territorio hispano de la isla de La Española –colonia de Santo Domingo–. Curiosamente, en agradecimiento por su actividad política, Godoy recibió el título de *Príncipe de la Paz.*

En 1796, una vez concluida la fase más radical de la Revolución en Francia, Godoy firmaba con las nuevas autoridades galas el Tratado de San Ildefonso, convirtiéndose de este modo España en aliada de Francia. Este cambio de postura buscaba sin lugar a dudas el enfrentamiento con Gran Bretaña, principal adversario de la Francia revolucionaria y tradicional enemiga de España, con la que disputaba la hegemonía marítima y, concretamente, el comercio con América. La escuadra española sufrió la derrota frente al cabo de San Vicente, en 1797, pero Cádiz y Santa Cruz de Tenerife resistieron a los ataques del almirante Nelson. En América los británicos ocuparon la isla de Trinidad, y sufrieron una derrota en Puerto Rico. Ello provocó la caída de Godoy en mayo de 1798. Poco antes, el 10 de noviembre de 1797, un antiguo estudiante de la universidad de Alcalá de Henares, Gaspar Melchor de Jovellanos había sido designado para el importante cargo de Secretario de Estado y del Despacho de Gracia y Justicia.

Tras ello, dos ilustrados, Francisco de Saavedra y Mariano Luis de Urquijo, se sucedieron al frente del gobierno entre 1798 y 1800. Sin embargo, con la llegada al poder de Napoleón Bonaparte, acontecida en 1799, y su proclamación como Emperador, en 1804, se verían modificadas en gran medida las relaciones internacionales, por más que España renovase su alianza con Francia. En este sentido, Napoleón necesitaba de la Corona Española en su lucha contra los británicos, sobre todo de su marina. Por ello, presionó a Carlos IV para que restituyera su confianza en Godoy, el cual nuevamente se hacía con el control del poder en 1800, no tardando en firmar el Convenio de Aranjuez de 1801, en virtud del cual ponía a disposición de Napoleón la escuadra española, lo que lógicamente implicaba de nuevo la guerra contra Gran Bretaña.

El siglo XIX se iniciaba con el flamante primer ministro Godoy declarando, en 1802, la guerra a Portugal, principal aliado británico en el continente, incluso adelantándose a la declaración de guerra que hiciese la propia Francia. Este conflicto, conocido como la *Guerra de las Naranjas*, significó la incorporación definitiva de la extremeña localidad de Olivenza a España, a la vez que los portugueses se comprometían a impedir el atraque de buques británicos en sus puertos.

Tres años más tarde, en 1805, la derrota de la escuadra franco-española en la batalla de Trafalgar a manos de la Armada británica se convertía en el principal elemento coadyuvante para modificar radicalmente esa situación. Frente a la hegemonía de Gran Bretaña en los mares, Napoleón recurrió al bloqueo continental, medida a la que se sumó España. En 1807 fue suscrito en Tratado de Fontainebleau que estableció el reparto de Portugal entre España, Francia y el propio Godoy, y el derecho de paso por España de las tropas francesas encargadas de su ocupación.

Pero también se le otorgarían otros honores a Godoy, entre ellos el de Almirante General. Fueron muchos los que le felicitaron por este otorgamiento, entre ellos el intendente interino del peruano departamento de Puno, Manuel Quimper, el cual en una misiva remida desde aquel lugar en donde ejercía su cargo, el 14 de febrero de 1808, transmitía su alegría al Príncipe de la Paz.

En este sentido, comenzaba su carta usando ya el nuevo tratamiento que había obtenido Godoy, "*Serenísimo señor Almirante General*". Añadiendo que el universal aplauso, júbilo, complacencia y entusiasmo de alegría con que se había recibido en América la noticia de su elevación a la alta dignidad de Almirante General. Ello, en su opinión, resultaba ser la inequívoca prueba de que se hallaban penetrados los corazones de sus habitantes:

> "*de todo aquel amor y conocimientos de que son capaces por las cimentadas noticias con que se hallan de la justificación, prudencia y demás virtudes que adornan al supremo jefe de la nación en saberla regir, felicitando los más fieles y leales vasallos del más benigno de los soberanos, pero si esta satisfacción que disfruto en advertir en estos remotos climas de que conocen todos, aun por solo noticias, la distinguida persona de V. A. serenísima en su sabio gobierno, no fuera tan pública, yo solo con mi gratitud sería el clarín de la fama que pregonara el grado de altura en que se hallaban las bellas circunstancias, y amables cualidades que adornan a V.A. Serenísima para*

que todo el orbe (si fuera posible) viera gracias al Dios de los ejércitos y de las misericordias, por el admirable acierto de S.M. que Dios guarde, en ensalzar y engrandecer a V.A.S. para felicidad de todo su reino"[186].

Con todo, pronto habían de producirse las invasiones napoleónicas, las abdicaciones de Bayona y el ya mitificado *Dos de Mayo*.

Las reformas económicas durante la dinastía borbónica

Las dificultades para que la estructura social fuera capaz de solventar las situaciones de crisis en las epidemias y hambrunas de la época, llevaron a los ilustrados españoles a defender un nuevo concepto económico: el mercado debe ser abierto y debe desreglarse de una parte de las normas del tráfico mercantil. Las primeras medidas fueron la eliminación de las trabas comerciales en el interior peninsular, la desaparición de los precios estables y controlados de muchos productos, fundamentalmente el trigo y la desvinculación, aunque solo parcial, de las propiedades a los mayorazgos improductivos.

Por otra parte se liberalizó parcialmente el comercio exterior, y totalmente con América en 1778, permitiendo la creación de compañías internacionales al modo de holandeses y franceses, que no tenían que pasar por la Casa de la Contratación, instalada en la ciudad de Cádiz desde 1717. Se abrieron puertos en la península y América para el comercio libre. La irrupción de un nuevo modo de comerciar fue el más significativo hecho económico de la época y permitió la incorporación de los productos españoles a Europa. Además, Valencia, Bilbao y Barcelona se convirtieron en grandes puertos comerciales. Además, se unió Madrid con la red de puertos, y se crearon fábricas reales que introdujeron la elaboración de manufacturas a gran escala en una Castilla que, desde sus orígenes, tenía problemas para acceder al mar.

Sin embargo, todo este esfuerzo desarrollado a lo largo del siglo XVIII con la modernización de España se empezó a quebrar con el reinado de Carlos IV. La aparición de la Revolución Francesa llenó España de dudas y temores. Las primeras medidas tras la revolución fueron el control de las

[186] A.G.I., *Estado*, Leg. 73, N. 121

publicaciones que entraban en España, la censura de prensa y el control de las actividades de las Sociedades Económicas de Amigos del País. Todo aquello que el despotismo ilustrado había creado se convirtió de la noche a la mañana en sospechoso de tramar contra la corona.

La revolución hizo a Carlos IV nombrar a Godoy como primer secretario. La unión entre Godoy y Carlos IV duraría de por vida. La ejecución de Luis XVI precipitó la guerra con Francia. Tras algunos éxitos en el Rosellón, el ejército francés atravesó los montes Pirineos, ocupando parte de Guipúzcoa y Cataluña. Receloso con la lealtad de estos últimos a la corona española, Godoy firmó la paz apresuradamente con Francia en el Tratado de Basilea a cambio de entregar la mitad de la isla de Santo Domingo a los franceses y recuperar los territorios ocupados de este lado de los Pirineos. Inglaterra se consideró traicionada por España por pactar la paz por separado con Francia y no dudó en atacar a los navíos españoles. La coalición entre Francia y España por el Tratado de San Ildefonso para rechazar al inglés duró hasta la firma de la paz en el Tratado de Amiéns, en 1802, que no impidió las inmediatas hostilidades de nuevo entre franceses e ingleses. España manifestó su voluntad de neutralidad, pero no tenía capacidad para enfrentarse con Napoleón que exigió compensaciones por dicha neutralidad. Los ingleses, preocupados por los vaivenes políticos de España, volvieron a atacar a los navíos españoles, declarándose la guerra contra Inglaterra.

Los efectos fueron desastrosos para España, con el comercio de América bloqueado por la flota inglesa, la flota propia no renovada desde la muerte de Carlos III y con graves problemas de suministros internos, unidos a epidemias y escasez.

La debilidad de la corona y sus ansias de poder permitieron una alianza con Napoleón para la conquista de Portugal en 1807, en la llamada *Guerra de las Naranjas*[187]. La entrada de las tropas francesas fue el fin del Antiguo Régimen en España.

---

[187] *La Guerra de las Naranjas* fue un breve conflicto militar que en el año 1801 enfrentó al reino de Portugal contra los entonces aliados Francia y España. En aquel año Napoleón Bonaparte emplazaba a los lusitanos a que rompiesen su alianza tradicional con Inglaterra, cerrando sus puertos a los navíos ingleses. En esta pretensión arrastró a España, mediante la firma del tercer *Tratado de San Ildefonso*, según el cual los españoles se comprometían a declarar la guerra a Portugal si ésta continuaba apoyando a los británicos. Ante la negativa portuguesa a someterse a las pretensiones franco-españolas, se desencadena la Guerra de las Naranjas. Aquella campaña militar apenas durará dieciocho días entre mayo y junio, en donde

LA INDEPENDENCIA DE LOS ESTADOS UNIDOS DE AMÉRICA Y LA REVOLUCIÓN FRANCESA

La independencia de los Estados Unidos de América

Los Estados Unidos de América surgieron a partir de la colonización inglesa de una amplia zona del norte de América, y que fuera protagonizada por oleadas de inmigrantes británicos que fundaron, a lo largo de los siglos XVII y XVIII trece colonias en la costa atlántica del continente, al Este de los montes Apalaches. Estas colonias daban la espalda a las posesiones francesas del Québec, al Norte, y la Luisiana[188].

Tras un importante desarrollo más bien pacífico de estos colonos, no tardarían en comenzar importantes guerras contra los franceses, al norte, que obligaron a crear destacados cuerpos de ejército coloniales, una de las primeras expresiones de identidad nacional. Sin embargo ello no fue más que el principio de los enfrentamientos ya que, más tarde y quizá fomentados por las ideas de los enciclopedistas franceses, vinieron las más significadas sublevaciones, como sería el caso del *Motín del Té* en el puerto de Boston, en 1773. Ante ello, las medidas represivas del gobierno inglés provocaron el inicio de la Guerra de Independencia de los Estados Unidos de América. Para ello, aquellos colonos norteamericanos formarían un ejército compuesto por milicianos, que se pusieron al mando de George Washington. La tarea no fue fácil ya que en aquellos primeros momentos tuvo importantes

---

un ejército español, comandado por el primer ministro Godoy, ocuparía sucesivamente una docena y media de poblaciones portuguesas, siendo en todo caso mínima la resistencia portuguesa, en la creencia de que España no tiene pretensiones territoriales. La paz se firma en la española ciudad de Badajoz el 6 de junio, devolviéndose todas las conquistas a Portugal, con la excepción de Olivenza y su territorio, que ya era un viejo contencioso fronterizo entre los dos países. La línea divisoria entre España y Portugal se fijará desde entonces en el río Guadiana en aquella zona. Aunque el acuerdo entre Francia y España preveía que Portugal cediera a España una o varias provincias portuguesas que representasen el veinticinco por ciento de la población metropolitana para poder usarlo como moneda de cambio y conseguir la devolución o cesión de Gibraltar, la isla de Trinidad y Malta, esta cláusula fue obviada por Carlos IV. Como curiosidad, indicar que el nombre utilizado para denominar esta guerra, proviene del ramo de naranjas que Godoy envió a la reina María Luisa cuando sitiaba la ciudad de Elvas.

[188] Aquellas trece colonias eran las siguientes: New Hampshire, Massachusetts, Rhode Island, Connecticut, Nueva York, Nueva Jersey, Pennsylvania Delaware, Maryland, Virginia, Carolina del Norte, Carolina del Sur, y Georgia.

problemas para equipar a aquellos milicianos de armas y municiones, además de no disponer de una flota suficiente con la que combatir a la británica. Ante esta situación planteada, Washington solicitaría ayuda a Francia, rival en ese momento de Inglaterra, la cual para desquitarse de la *Guerra de los Siete Años* accedió a ayudar a las colonias.

Con todo, aquella Guerra de la Independencia, también llamada *Revolución Americana*, acabaría con el nacimiento de los Estados Unidos de América. La principal causa de este conflicto fue el sentimiento de marginación por parte de los colonos, que aportaban riquezas e impuestos a la metrópoli, impuestos que se incrementaron a partir de 1765, año de imposición de la ley del timbre, para sufragar los elevados gastos que a Inglaterra le había supuesto la ya citada Guerra de los Siete Años. Ante este arancel, los colonos se mostraron contrarios al pago del mismo por entender que se trataba de una manifiesta injusticia, al pagar impuestos a la metrópoli sin tener representación política en el parlamento de Londres. Esta situación hizo que desde mediados del siglo XVIII comenzara a crecer la creencia de que no hacía falta la fuerte dependencia de Inglaterra.

Poco tiempo después, en 1773, tuvo lugar el ya citado *Motín del Té*. Este asunto que provocó el estallido de fuertes enfrentamientos armados entre ingleses, que llegaron a cerrar el puerto de la ciudad de Boston; y las colonias americanas cuyos representantes reunidos en Filadelfia, en 1774, respaldaron a Boston frente a las exigencias de reparación inglesas.

Con estos mimbres, un año después comenzaba oficialmente la guerra, cuyo desarrollo inicial se decantó claramente hacia los intereses ingleses. Sin embargo, pronto cambiarían las cosas, fundamentalmente tras la Batalla de Saratoga[189], primera gran victoria americana. Además Francia y,

[189] La batalla de Saratoga fue uno de los enfrentamientos más importantes librados durante el transcurso de la Guerra de Independencia, contribuyendo en gran medida su desenlace a decidir el resultado final de la contienda a favor del ejército de las colonias independentistas. La batalla tuvo lugar entre el 19 de septiembre y el 7 de octubre de 1777 en Saratoga, región ubicada entre Boston y la Zona de los Grandes Lagos. El general británico John Burgoyne pretendía aislar a Nueva Inglaterra del resto de las colonias del norte y causar la mayor cantidad de bajas posibles entre las filas del ejército rebelde. Su plan consistía en remontar el valle del río Hudson desde el norte, en torno a Montreal, donde se hallaban reunidas sus columnas, y largo de este camino fluvial con el apoyo de las tropas británicas asentadas en Nueva York. Estas últimas, acaudilladas por el general Howe, atacarían por el norte y se le unirían en Albany par crear un frente común y emprender una ofensiva conjunta. El objetivo final de esta maniobra era destruir el ejército colonial y eliminar o capturar a Washington. Si conseguían

posteriormente, España entrarían en aquella guerra apoyando a los independentistas norteamericanos.

Tras proseguir la Guerra durante algunos años más, en el año 1783, por la Paz de Versalles, Inglaterra se ve obligada a reconocer la independencia de aquellas 13 colonias americanas, tal y como éstas habían redactado en la famosa *Declaración de Independencia de los Estados Unidos de 1776.*

Una vez lograda la independencia, las cosas tampoco resultaron fáciles políticamente hablando, ya que fue sumamente difícil conseguir un acuerdo sobre el futuro de aquellas tierras, dibujándose dos escenarios distintos, ya que por un lado se planteaba seguir como Estados independientes, o, por otro, unirse formando una sola nación. Tras varios años de negociaciones, en 1787, 55 representantes de las antiguas colonias se reunieron en el Congreso de Filadelfia con el fin de redactar una Constitución. Se creaba así un único Gobierno Federal, con un Presidente de la República y dos Cámaras Legislativas (Congreso y Senado) como solución intermedia.

Redactó también la Constitución de 1787, convocándose elecciones de las que resultaría vencedor George Washington, ahora llamado a ser Presidente de los Estados Unidos. Esta constitución estaba inspirada en los principios de igualdad y libertad que defendían los ilustrados, configurándose como la primera carta magna que recogía los principios del liberalismo político, estableciendo un régimen republicano y democrático. Obviamente, aquella independencia y status democrático de los Estados Unidos causarían un importantísimo impacto en el resto del Mundo, en general, y en Europa, en particular.

En 1797, Washington fue sucedido por otro federalista, John Adams, quien se vio envuelto en una guerra naval no declarada contra Francia. En una atmósfera de histeria bélica, el Congreso, controlado por los federalistas, aprobó en 1798 las Leyes sobre Extranjeros y Sedición. Estas medidas permitieron la deportación o arresto de extranjeros «*peligrosos*», y prescribieron multas o prisión por publicar ataques «*falsos, escandalosos y maliciosos*» contra el gobierno. Diez editores republicanos fueron condenados

atraerlo a una batalla en la que reunieran a todos sus hombres y las armas de que dísponian los rebeldes, la victoria estaba prácticamente asegurada para los británicos, que lograrían el ansiado reestablecimiento del control imperial en América del Norte. Finalmente, los acontecimientos resultaron nefastos para los intereses ingleses que serían vencidos por las tropas del Continente.

conforme a la Ley de Sedición, la cual fue duramente denunciada por el abogado virginiano y principal autor de la *Declaración de Independencia*, Thomas Jefferson.

Pero este joven país continuaría ensanchando sus fronteras, en una primera fase sobre zonas ocupadas por potencias europeas. Así, en 1803 los Estados Unidos de América compraban el territorio de Luisiana a Francia, mientras poco tiempo después adquirían de manos de España el territorio de La Florida.

Entre 1812 y 1814 hubo una segunda guerra entre Inglaterra y los recientemente creados Estados Unidos de América. La armada británica era muy superior a la estadounidense, la intención de los Estados Unidos era apoderarse del territorio de Canadá, pero; para sorpresa de ellos, los británicos que aún teniendo un conflicto con Francia, tomaron la Ciudad de Washington, y fue hasta diciembre de 1814 que se retiraron con la firma del Tratado de Gante, el cual mantuvo el status quo de la frontera entre los Estados Unidos y la América Británica del Norte. Esta guerra cambió poco la situación política del nuevo país.

Después de esta segunda guerra, Estados Unidos disfrutaría de un período de fuerte desarrollo económico, fundamentalmente a partir de ponerse en marcha la colonización y expansión hacia tierras del Oeste. En este sentido, ya a finales del siglo XVIII se había iniciado un avance ingente de colonos que, bien sea desde los 13 estados que se habían independizado de Inglaterra; o procedentes directamente desde Europa, por lo general, emigrantes de origen anglosajón (irlandeses, escoceses, ingleses) y de otros países de la Europa Central y Occidental. Muchos de estos inmigrantes viajaban desde Nueva York y Filadelfia hacia la parte oriental del estado de Pensilvania, donde se construían en el hoy conocido como *Dutch Country*, las carretas de gran tamaño tiradas por mulas. Las inacabables caravanas de estas carretas fueron los verdaderos motores de la ocupación progresiva del continente hacia el oeste.

Con todo, no se trató de la ocupación de áreas desiertas o deshabitadas, ya que gran parte de aquel territorio estaba previamente ocupado por pueblos indígenas, además de colonos franceses procedentes del Canadá galo, así como todas las ciudades que tiempo atrás habían sido fundadas por los españoles en los territorios de Arizona, Texas, Colorado, Nuevo México,

Utah, Nevada y California, ciudades que ya habían crecido, incluso, antes de la expedición de los peregrinos en 1620 que dio origen a la formación de las colonias inglesas en el siglo XVII. Toda esta expansión hacia el Oeste se vio dinamizada por dos hechos fundamentales: por un lado el descubrimiento en 1848 de oro en tierras de California, y la culminación de la red ferrocarrilera con la línea transcontinental en 1860. Una red nacional de carreteras y canales, buques de vapor surcaban los ríos, y la Revolución Industrial había llegado a Estados Unidos: la región de Nueva Inglaterra contaba con fábricas de textiles y Pensilvania con fundiciones de hierro.

El tratado Adams-Onís y el reconocimiento por los Estados Unidos de un Estado Mexicano independiente

El proceso emancipador había impregnado también al territorio de Nueva España, no tardando en llegar los primeros reconocimientos internacionales a esta declarada independencia de México, los cuales procedieron de Chile, de la Gran Colombia y Perú. Pronto se sumarían otros, como fue, en 1825, de los Estados Unidos, el cual vino a sumarse a este hecho, reconociendo a este nuevo país dentro de los límites fronterizos que en 1820 habían fijado la Monarquía Hispánica y el gobierno estadounidense, en virtud del *Tratado de Adams-Onís*, establecidos en el paralelo 42º Norte, las Rocallosas, el río Nexpentle, el río Rojo y el río Sabina hasta desembocar en el Golfo de México.

Ese Tratado de Adams-Onís o *Tratado de Transcontinentalidad* de 1819-1821, fue el resultado más tangible de la negociación desarrollada entre España y los Estados Unidos, concerniente a la delimitación fronteriza entre ambos países. El representante de Fernando VII fue Luis de Onís, mientras que por los Estados Unidos lo haría el Secretario de Estado, John Quincy Adams. La negociación se inició en 1819 y aunque se firmó en ese mismo año, este no sería ratificado por ambas partes hasta el 22 de febrero de 1821. Como acabamos de indicar, la frontera entre ambas naciones se fijaba más allá del río Sabina y Arkansas, en concreto hasta el paralelo 42°, teniendo que ceder España toda pretensión territorial que fuese más allá de esa latitud, como fue el territorio de Oregón. Igualmente se perdió en virtud de este Tratado las Floridas, la Luisiana y la posibilidad de navegar el río

Misisipi. Con todo, la Monarquía Hispánica quedaba como única soberana de Texas, territorio que los Estados Unidos venían reclamando como parte de la Luisiana, siendo por ello un tratado que podría calificarse como de beneficioso para las dos partes.

Años más tarde, cuando México ya era un país independiente, en 1832, el Tratado fue ratificado por las autoridades de este y los Estados Unidos, quedando así fijada la frontera entre estos dos países, conforme a lo que en su momento se había previsto por la negociación de Onís y Quincy Adams. Sin embargo, tras la Guerra de Intervención Norteamericana, en 1848, nuevamente serían modificados los límites fronterizos, además en esta ocasión de manera sustancial, viéndose obligado el vecino del sur a ceder todo su territorio que se encontrara al norte del Río Bravo, también llamado Río Grande del Norte[190].

En efecto, sería entre las décadas de 1820 y 1830, después de la proclamación de la *Doctrina Monroe*, en donde se proponía la expansión territorial hacia el Pacífico, miles de colonos norteamericanos fueron estableciéndose en las comunidades anglosajonas de Texas, territorio mexicano todavía en este momento. En aquel momento el gobierno mexicano se encontraba en una mala situación económica al término de una guerra de independencia con España que duro más de una década, y dio la bienvenida a aquellos colonos, a la espera de que ello contribuyese a mejorar la economía del país. En este sentido, los mexicanos obtuvieron importantes recursos como consecuencia de la venta de tierras a estos colonos, que preferían trasladarse a territorio mexicano, en lugar de pagar los altos precios de Luisiana, o de otros estados norteamericanos. Además, aquellos colonos esperaban que Estados Unidos comprara Texas para proveer de más tierra a sus nuevos ciudadanos.

En 1820 un empresario llamado Moses Austin, había negociado con España que se le permitiera llevar 300 colonos a Texas. El hijo de ese tal Moses, llamado Stephen Austin, al que será pronto conocido como el padre de la República de Texas, siguió estos planes con el nuevo gobierno mexicano, escogiendo colonos que fueran buenos trabajadores y que pudieran ser leales al gobierno mexicano. El grado de aceptación de aquellas ideas

[190] Vid. Onís, L., "Negociación con los Estados Unidos de América", en *Memoria sobre las negociaciones entre España y los Estados Unidos de América*, pról. de Jack D.L. Holmes, Madrid, José Porrúa, 1969.

por parte del gobierno mexicano llegaría a tal extremo que llegaría a tolerar que los colonos trajeran sus esclavos para trabajar las tierras y venderlos a otros colonos, aun a pesar de haberse abolido previamente en México la esclavitud. El asunto se resolvería listando a estos siervos bajo el calificativo de «*sirvientes contratados*».

Sin embargo, no tardarían en surgir diferencias con el gobierno del nuevo presidente Antonio López de Santa Anna. Pronto los colonos se levantaran en armas y lucharan para obtener la independencia, jugando desde el principio con la ventaja numérica, ya que en aquellos momentos los colonos anglosajones eran más numerosos que los mexicanos. Después de la guerra, que acabaría en 1836, Texas se estableció como una república independiente, aunque casi de inmediato buscó y, obtuvo algunos años después, su anexión a los Estados Unidos.

Una década después, en 1846, incursiona en el norte de lo que era México y en 1847 Estados Unidos le declara la guerra a México venciéndole militarmente. La firma del Tratado de Guadalupe-Hidalgo, en 1848, permitirá a los Estados Unidos de América incorporar los territorios que actualmente conforman los estados de Arizona, California, Colorado, Nevada, Nuevo México y Utah.

La Revolución Francesa

La Revolución Francesa fue un proceso social y político que se desarrollaría en Francia entre los años 1789 y 1799, y cuyas principales consecuencias fueron la abolición de la monarquía absoluta y la proclamación de la República, eliminando las bases económicas y sociales del Antiguo Régimen. Para la gran mayoría de los autores, aquel levantamiento contra el absolutismo monárquico será considerado como parte de las revoluciones con connotación burguesa, además de la pionera e inspiradora de las que la sucederían durante el siglo XIX.

Si bien es cierto que la organización política de Francia osciló entre república, imperio y monarquía durante 75 años después de que la Primera Republica cayera, tras el golpe de Estado de Napoleón Bonaparte, no es menos cierto que la Revolución Francesa marcaría el definitivo fin del absolutismo, originando un nuevo régimen político donde la ciudadanía, y en algunas ocasiones las masas populares, se convirtieron en la fuerza política dominante en el país.

Causas de la Revolución

Muchos factores influyeron en la Revolución. Hasta cierto punto el régimen monárquico sucumbió a su propia rigidez en un mundo cambiante; también influyeron el surgimiento de una clase burguesa cada vez más poderosa e influyente, el descontento de las clases más bajas y, no menos importante, la expansión de las nuevas ideas liberales que surgieron en esta época y que se conocen como «La Ilustración».

No resulta fácil definir con exactitud el contenido de dicho fenómeno, de qué fue con exactitud la Ilustración. En este sentido, en el año 1784, Kant definirá la Ilustración como «*la emancipación de la conciencia humana del estado de ignorancia y error por medio del conocimiento*». El siglo XIX aporta inicialmente una visión menos positiva e, incluso, supone una reacción en su contra. Para los románticos no es más que una época de pensadores mecanicistas; para las mentes conservadoras, sus ideas resultan demasiado radicales; para los radicales, elitistas antes que revolucionarias. El siglo XX significa una visión renovada del período. Sucesivas investigaciones, multiplicadas a partir de los años sesenta, nos muestran a Las Luces como un movimiento fundamentalmente crítico, nacido en el campo del pensamiento y las ideas, que intentó repensar en un nuevo idioma valores y creencias de la civilización occidental.

Incidió sobre todo en los conceptos de Dios, razón, naturaleza, ciencia y hombre, aspirando a lograr la felicidad de éste por medio de la libertad que le daría. No por azar los nombres con que se denomina el movimiento en cada país aluden, de un modo u otro, a esa idea de luz: Ilustración (España), Lumières (Francia), Aufklärung (Alemania), Enlightment (Inglaterra), Illuminismo (Italia).

Según Peter Gay, la Ilustración fue el fruto del trabajo de un grupo de personas que se conocían, se admiraban y se leían unas a otras. Provenían de Francia, tales como Montesquieu, Voltaire, Diderot; Inglaterra, como sería el caso de Hume o Gibbon; Ginebra, en donde el inmortal Rousseau aportaría elementos muy relevantes a ese pensamiento ilustrado; Alemania, con autores enormemente significados como Holbach, Kant o Herder; Italia, en donde destacaría Vico; Estados Unidos de América, Franklin; etc. Pero no podemos despreciar a otros muchos personajes que aportarían elementos de peso a la otra de diseñar la transformación que se operaba desde este fenómeno. En este sentido nos encontramos con psicólogos, como La Mettrie o Helvètius; utilitaristas, como Bentham; penalistas, como fue el caso del marqués de Beccaria; economistas, como Adam Smith, etc. Tal diversidad geográfica y de intereses intelectuales es la que hace de Las Luces un movimiento complejo, de naturaleza difícil de sistematizar y carente de un código consistente. El lazo que une a todos sus componentes hemos de buscarlo en el ataque que realizan a las vías establecidas de la vida europea, en esa búsqueda de lo que ellos mismos definen como «la mayor felicidad para el mayor número» y en el asentimiento que muestran en torno a una serie de ideas, sobre todo las de tolerancia y razón. Más allá de esto, encontramos desacuerdos, puntos de vista diversos, a veces hasta conflictivos y opuestos, actitudes diferentes hacia los mismos temas.

Con todo, podemos circunscribir las raíces del pensamiento de la Ilustración allá por el siglo XVII, en torno a la influencia del cartesianismo, en los avances científicos y, sobre todo, en el pensamiento del empirismo inglés, preferentemente a través de la figura de Locke. Durante los años de tránsito de una centuria a otra, sus ideas empiezan a formularse y el camino queda listo para que aparezcan sus grandes definidores. No tardarán mucho. Su lugar de residencia por antonomasia será Francia, cuna también de gran parte de las principales figuras. Para algunos autores, la fecha de nacimiento de Las Luces se situarían en torno al año 1720; otros, la retrasan hasta la década siguiente haciéndola coincidir con la publicación de las obras de Voltaire, *Cartas filosóficas o cartas inglesas* (1734), Montesquieu, *Consideraciones sobre las causas de la grandeza de los romanos...* (1734), y Pope, *Ensayo sobre el hombre (1732-1734)*. Su cima se alcanza en los decenios centrales del siglo.

Será entonces cuando, en pleno monopolio ilustrado y francés del pensamiento, aparece *La Enciclopedia* (1751-1764) con el ánimo de recoger todos los saberes y convertirse en la *biblia del movimiento*. Aunque creían en los principios eternos y los buscaban, el pensamiento de los filósofos fluía constantemente, con gran rapidez y apenas habían establecido una línea coherente cuando nuevas evidencias venían a romperlas. En un terreno más, el del ritmo de los cambios, el siglo XVIII se aleja de lo anterior y preconiza la nueva era. *La ley natural* acabó convertida en un cliché; la doctrina del placer/dolor daría paso al utilitarismo; en pleno triunfo del racionalismo religioso, Wesley lanzaba el reto de su metodismo emocional; la Naturaleza, sinónimo de razón y prueba de la existencia de Dios, se convierte en algo para ser estudiado con objetividad científica simplemente o para ser gozado con una actitud romántica.

Por su parte, las guerras de los años sesenta hacen descender la atención hacia los problemas cotidianos y domésticos, de manera especial hacia los socio-económicos, siendo entonces cuando surge la figura del pobre en los escritos, lo que unido a la lectura de la obra de Rousseau permite alumbrar una nueva generación de escritores que primero, hacia 1770, intentan adaptar los argumentos de los filósofos, muertos o menos productivos, a las nuevas circunstancias; más tarde, los atacarán, cuestionarán su autoridad y exigirán cambios. Para los años finales de siglo una nueva sensibilidad está triunfando y el pensamiento occidental se encamina hacia nuevos derroteros que terminarán en Burke, Hegel, Darwin o Marx.

Volviendo ahora a la Revolución Francesa, indicar que podríamos incluir, con respecto a las causas que provocaron aquella revuelta, las siguientes:

- El auge de la burguesía, con un poder económico y una influencia cada vez mayor.
- El resentimiento contra el absolutismo monárquico, además del sistema feudal por parte de la emergente clase burguesa y de las clases populares.
- La aparición de nuevas ideas la Ilustración, singularmente aquellas que fueron expuestas por Voltaire, Rousseau o Montesquieu, como lo eran las de libertad, fraternidad y la igualdad.
- El rechazo a una sociedad dividida.
- La idea de la separación de poderes.

En aquellos momentos históricos, la crisis económica que soportaba Francia sería exacerbada por un sistema de desigualdad social y de altos impuestos, a los curiosamente los estamentos privilegiados no contribuían de manera directa. Esto agudizó más si cabe la tensión existente, tanto en el aspecto o social como político.

La influencia de la Independencia de los Estados Unidos de América en la Revolución Francesa

Queda claro que la Revolución Francesa fue producto de muchos factores internos, pero no es menos cierto que también contribuyó a la misma ciertos factores de naturaleza externa, los cuales tuvieron mucha importancia a la hora de narrar el desarrollo de aquellos acontecimientos que llevaron a la caída de la monarquía y la consiguiente proclamación de la república.

La actividad revolucionaria comenzó a gestarse cuando en el reinado de Luis XVI[191] se produjo una crisis en las finanzas reales, que en aquel entonces se equiparaban a las finanzas del Estado, debido al crecimiento de la deuda pública.

Si bien Francia era un país con una economía en expansión, tenía una estructura social conflictiva y un estado monárquico en crisis. De hecho, puede hablarse de una crisis del Antiguo Régimen en toda Europa Occidental, pero la forma en que esta crisis se dio en Francia, y la existencia dentro del tercer estado de una burguesía que había adquirido conciencia de su papel, explican que pudiera darse en este país una revolución con consecuencias mucho mayores a las que tuvieron otros levantamientos de corte liberal de la época.

Como ya hemos anunciado, en este país había una oposición generalizada contra reglas económicas y sociales que favorecían a los estamentos privilegiados –nobleza y clero–, además el país padecía una grave crisis económica,

---

[191] Este monarca subiría al trono francés en 1774, cuando contaba 20 años de edad como sucesor de su abuelo Luis XV, casándose en 1770 con María Antonieta de Austria. Destaca de su reinado el más que continuo intento de hacerse con la deteriorada situación política y económica interior, cosa que no consiguió a pesar de los cambios de gobierno que realizó, al final tuvo que reunir a los Estados Generales en 1789 y a partir de este momento se desencadena la Revolución Francesa al constituirse la Asamblea Nacional y crear una Constitución la cual juraría este soberano en 1790. Sus posteriores intrigas, intentos de huidas, etc., apoyados por su mujer, llevaron a su deposición y al nombramiento de la República en 1792. Tras el ascenso al poder de la rama radical de la revolución, los jacobinos, sería procesado por alta traición a la constitución y en contra de la opinión de los girondinos, guillotinado el 21 de Enero de 1793.

en parte debido al apoyo económico enviado por el gobierno a las 13 colonias inglesas en la Guerra de Independencia. Así las cosas, durante el reinado de Luis XV y Luis XVI, diferentes ministros, incluyendo Turgot y Necker, trataron sin éxito de modificar el sistema impositivo y convertirlo en un sistema más justo y uniforme. Tales iniciativas encontraron fuerte oposición en la nobleza, que se consideraba a sí misma garante en la lucha contra el despotismo. Tras la renuncia de estos ministros, se nombró en 1783 a Charles de Calonne a cargo de las Finanzas. Éste, tras un estudio detallado de la situación financiera, indicó que aquella situación resultaba insostenible, siendo precisa la realización de importantes reformas. En particular, prescribía un código tributario uniforme en lo concerniente a la tenencia de tierras, asegurando que de este modo se permitiría un saneamiento de las finanzas.

Con todo, y aunque este ministro convenció al rey de la necesidad de la reforma propuesta, la Asamblea de los Notables rechazó esas medidas, insistiendo en que únicamente podía aprobar dicha reforma un órgano representativo, como eran singularmente los Estados Generales. Así las cosas pronto se produciría la caída de Calonne, el cual sería reemplazado por Étienne de Loménie de Brienne, el arzobispo de Toulouse, quien había sido líder de la oposición en la Asamblea. Brienne intentó llevar a cabo las reformas propuestas por Calonne, encontrando éstas nuevamente una fuerte oposición, sobre todo por parte del Parlamento de París, y aunque Brienne trató de proseguir con la reforma tributaria a pesar de los parlamentos, la fuerte resistencia de los grupos pudientes terminaría con la retirada de los préstamos a corto plazo. Tales préstamos daban oxígeno y vida a la economía del estado francés en aquel momento, por lo que esto indujo, prácticamente, una situación de bancarrota nacional. Pronto se produciría la retirada de Brienne, el cual renunció a su cargo en agosto de 1788, volviendo Necker a tomar las riendas de las finanzas francesas.

Los antecedentes ideológicos de la Revolución Francesa

Los Estados Generales de 1789

Los Estados Generales estaban formados por los representantes de cada estamento, separados a la hora de deliberar, teniendo un sólo voto cada una de aquellas clases sociales allí representadas, o lo que es lo mismo: cada estamento únicamente tenía un voto. La convocatoria de aquellos Estados Generales fue en ese momento motivo de preocupación para la oposición, al existir la creencia de que no era otra cosa que un intento por parte del rey de manipular aquella asamblea. La cuestión que se planteaba no resultaba baladí, ya que se encontraba en juego la idea de Soberanía Nacional.

Cuando finalmente los Estados Generales se reunieron en Versalles, el 5 de mayo de 1789, se originaron grandes disputas respecto al tema de las votaciones. Por esta causa, el 28 de mayo los miembros del Tercer Estado debieron verificar sus propias credenciales. El proceso finalizó el 17 de junio, cuando los miembros del Tercer Estado se declararon como únicos integrantes de la Asamblea Nacional: ésta no representaría a las clases pudientes sino al pueblo en sí. La primera medida de la Asamblea fue votar la «*Declaración de los Derechos del Hombre y del Ciudadano*». Si bien invitaron a los miembros del Primer y Segundo Estado a participar en esta asamblea, dejaron en claro sus intenciones de proceder incluso sin esta participación.

En este sentido, el 26 de agosto de ese año de 1789 se proclamaba aquella Declaración de los Derechos del Hombre y del Ciudadano, que fue el prefacio a la Constitución de 1791. Se basaba en la teoría de la voluntad general de Rousseau y en la división de poderes de Montesquieu, así como en los derechos naturales que defendían los enciclopedistas. Su precedente más inmediato, además de modelo, lo encontramos en la Declaración de Derechos de Virginia, del 12 de junio de 1776. Con todo, resulta interesante analizar cada uno de aquellos artículos:

> «*Derechos del Hombre y del Ciudadano.*
>
> *Artículo 1: Los hombres nacen y permanecen libres e iguales en derechos. Las diferencias sociales no pueden tener otro fundamento que la utilidad común.*
>
> *Artículo 2: El fin de toda asociación política es el mantenimiento de los derechos naturales e imprescriptibles del hombre. Estos derechos son la libertad, la propiedad, la seguridad y la resistencia a la opresión.*
>
> *Artículo 3: El principio de toda soberanía reside esencialmente en la nación. Ningún organismo ni individuo puede ejercer una autoridad que no emane expresamente de ella.*
>
> *Artículo 4: La libertad consiste en poder hacer todo aquello que no perjudique a los demás. Así pues, el ejercicio de los derechos naturales de cada*

hombre no tiene otra limitación que aquella que garantice el ejercicio de iguales derechos al resto de los miembros de la sociedad. Solo la ley puede establecer estas limitaciones.

Artículo 5: La ley puede prohibir las acciones perjudiciales a la sociedad. Todo lo que no esté prohibido por la ley no puede ser impedido y nadie está obligado a hacer lo que la ley no ordena.

Artículo 6: La ley es la expresión de la voluntad general. Todos los ciudadanos tienen derecho a participar en su elaboración, personalmente o por medio de sus representantes. La ley debe ser igual para todos, tanto para proteger como para castigar. Puesto que todos los ciudadanos somos iguales ante la ley, cada cual puede aspirar a todas las dignidades, puertos y cargos públicos, según su capacidad y sin más distinción que la de sus virtudes y talentos.

Artículo 7: Nadie puede ser acusado, detenido ni encarcelado fuera de los casos determinados por la ley y de acuerdo con las formas por ellas prescritas. Serán castigados quienes soliciten, ejecuten o hagan ejecutar órdenes arbitrarias. Todo ciudadano convocado o requerido en virtud de la ley debe obedecer al instante; de no hacerlo, sería culpable de resistir a la ley.

Artículo 8: La ley no debe establecer más penas que las necesarias, y nadie puede ser castigado sino en virtud de una ley establecida y promulgada con anterioridad al delito, y aplicada legalmente.

Artículo 9: Todo hombre será considerado inocente hasta que haya sido declarado culpable. Si se juzga indispensable detenerlo, la ley reprimirá severamente todo rigor que no resultare necesario para asegurar su arresto.

Artículo 10: Nadie debe ser perseguido por sus opiniones, incluso religiosas, en la medida en que sus manifestaciones no alteren el orden público establecido por esta ley.

Artículo 11: La libre comunicación de pensamientos y opiniones es uno de los derechos más valiosos del hombre. Por consiguiente, todo ciudadano puede hablar, escribir e imprimir libremente, haciéndose responsable de los abusos de esa libertad en los casos previstos por la ley.

Artículo 12: Para garantizar los derechos del hombre y del ciudadano es la necesaria la fuerza pública. Por consiguiente, se ha instituido esta fuerza en beneficio de todos y no para la utilidad particular de aquellos a quienes se la confía.

Artículo 13: Para mantener esta fuerza publica y para los gastos de administración, es indispensable establecer una contribución común que debe distribuirse equitativamente entre los ciudadanos, de acuerdo con sus posibilidades.

Artículo 14: Los ciudadanos tienen derecho a verificar por si mismos o por medio de sus representantes la necesidad de la contribución publica, de consentirla libremente, de controlar su empleo y determinar las cuotas, la base tributaria, la recaudación y la duración de dicha contribución.

Artículo 15: La sociedad tiene derecho a exigir a todo agente público que le rinda cuenta de su administración.

Artículo 16: La sociedad en donde no estén garantizados los derechos ni este establecida la separación de los poderes carece de constitución.

Artículo 17: La propiedad es un derecho inviolable y sagrado del que nadie puede ser privado, excepto si la necesidad pública, legalmente establecida, lo exige claramente y con justa y previa indemnización».

Ante el cariz que iban tomando los hechos, el rey que se oponía a aquella Asamblea, ordenó el cierre las salas donde ésta se estaba reuniendo. Es por ello que los asambleístas se mudaron a un edificio cercano, donde la aristocracia acostumbraba a jugar el juego de la pelota, conocido como *Jeu de Paume*. Allí es donde procedieron con lo que se conoce como el «*Juramento del Juego de la Pelota*», el 20 de junio de 1789, prometiendo no separarse hasta tanto dieran a Francia una nueva Constitución. La mayoría de los representantes del clero se unieron a la Asamblea, al igual que 47 miembros de la nobleza. Ya el 27 de junio, los representantes de la monarquía se dieron por vencidos. También por esa fecha grandes contingentes de tropas militares comenzaron a llegar a París y Versalles. Los mensajes de apoyo a la Asamblea llovieron desde París y otras ciudades. Así las cosas, el 9 de julio aquella Asamblea pasaría a autodenominarse como «*Asamblea Nacional Constituyente*».

Pero las cosas no pararían ahí. En este sentido el 11 de julio de 1789 Luis XVI despedía al ministro Necker, ordenando la reconstrucción del ministerio de Finanzas. Gran parte del pueblo de París interpretó esta medida como un auto-golpe de la realeza, y se lanzó a la calle en abierta rebelión. El 14 de julio el populacho parisino respaldó en las calles a sus representantes y, ante el temor de que las tropas reales los detuvieran, asaltaron el castillo-prisión de la Bastilla, tradicional símbolo del absolutismo monárquico. Tras cuatro horas de combate, los insurgentes tomaron la prisión, matando a su gobernador, el Marqués Bernad de Launay. Si bien sólo cuatro presos fueron liberados, la Bastilla se convirtió en un potente símbolo de todo lo que resultaba despreciable en el antiguo régimen. Retornando al Ayuntamiento, la multitud acusó al Alcalde Jacques de Flessilles de traición, siendo ejecutado.

La Revolución se fue extendiendo por ciudades y pueblos, creándose nuevos ayuntamientos que no reconocían otra autoridad que la Asamblea Nacional. Los campesinos dejaron de pagar impuestos y destruyeron castillos y todo lo que simpatizase o simbolizara al feudalismo. La Asamblea Nacional, ante los nuevos acontecimientos, suprimió las servidumbres personales y los diezmos, además de abolir las justicias señoriales, instaurando la igualdad ante el impuesto, ante penas y en el acceso a cargos públicos. Ante ello el rey junto con sus partidarios, retrocedió al menos por el momento. Lafayette tomó el mando de la Guardia Nacional de París y Jean-Sylvain Bailly, presidente de la Asamblea Nacional, fue nombrado nuevo Alcalde de París. El rey visitó París el 27 de julio y aceptó la bandera tricolor. Sin embargo, después de esta violencia, los nobles, no muy seguros del rumbo que tomaría la reconciliación temporal entre el rey y el pueblo, comenzaron a marcharse de Francia, algunos con la intención de fomentar una guerra civil en Francia y de llevar a las naciones europeas a respaldar al rey. Éstos fueron conocidos como los «*émigrés*», los emigrados.

La abolición del feudalismo

El 4 de agosto de 1789, en la llamada «*Noche de la locura*», la Asamblea Nacional abolió el feudalismo, eliminando los derechos señoriales de los nobles, y las prebendas que recibía el clero. Como si de un «efecto dominó» se tratase, en cuestión de horas los nobles, el clero, las provincias, ciudades, pueblos y compañías perdieron sus privilegios.

La Revolución originó un masivo traspaso de poder de la Iglesia al Estado. En 1790 se eliminó la potestad de la Iglesia para imponer impuestos sobre las cosechas, se eliminaron también los privilegios del clero y se confiscaron los bienes de la Iglesia. Más tarde se promulgaron leyes que convertía al clero en empleados del Estado. Éstos fueron unos años de dura represión para el clero, siendo comunes la prisión y masacre de sacerdotes en toda Francia. Finalmente, a través del Concordato de 1801 entre la Asamblea y la Iglesia finalizó este proceso, estableciéndose normas de convivencia que se mantuvieron vigentes hasta el 11 de diciembre de

1905 cuando la Tercera República sentenció la separación definitiva entre la Iglesia y el Estado.

La aparición de las facciones

No tardarían en surgir facciones dentro de la Asamblea. En este sentido, el aristócrata Jacques Cazales y el abad Jean-Sifrein Maury encabezaron un grupo derechista opuesto a la Revolución. Otros, como Jean Mournier, el Conde de Lally-Tollendal, el Conde de Clemont-Tonnerre y el Conde de Virieu, formaron un grupo denominado «*Demócratas Realistas*», que perseguían establecer un régimen similar al británico. Por otra parte, Mirabeau, Lafayette, Jacques Leixirk y Bailly representaban el ala centro-izquierdista de la asamblea. No faltaban los radicales izquierdistas entre los que destacaba el abogado Maximiliano Robespierre.

Con todo, aquella Asamblea Nacional Constituyente no era únicamente un órgano legislativo, sino que sería la encargada de redactar una nueva Constitución. Algunos, como Necker, favorecían la creación de una asamblea bicameral, en donde el senado sería escogido por el monarca de entre los miembros propuestos por el pueblo. Los nobles, por su parte, favorecían un senado compuesto por miembros de la nobleza elegidos por los propios nobles. Prevaleció, sin embargo, la tesis liberal de que la Asamblea tendría una sola cámara, quedando el rey sólo con el poder de veto, pudiendo posponer la ejecución de una ley, pero no su total eliminación.

Los electores habían escogido a los miembros de los Estados Generales por un periodo de un año, pero de acuerdo al Juramento del *Jeu de Paume*, los miembros del *Tercer Estado* acordaron no abandonar la Asamblea en tanto no se hubiera elaborado una Constitución.

Durante 1790 se intensificó la lucha política e incluso se produjeron movimientos anti-revolucionarios, pero sin éxito. En este periodo se comenzaron a formar «*clubes*» políticos entre los que destacaban los Jacobinos, existiendo ya en agosto de 1790 unos 152 clubes jacobinos.

Mientras tanto, la Asamblea trabajaba para establecer una nueva Constitución. Una nueva organización judicial dio características temporales a todos los magistrados y total independencia de la Corona, quedando en manos del monarca únicamente el poder ejecutivo. La asamblea, por su parte, eliminó todas las barreras comerciales y suprimió las organizaciones empresariales y obreras; en adelante, los individuos que quisieran desarrollar prácticas comerciales necesitarían una licencia, y se abolió el derecho a la huelga.

A principios de 1791, la Asamblea consideró introducir una legislación contra los franceses que emigraron durante la Revolución, aquellos llamados *émigrés*. Se pretendía coartar la libertad de salir del país, oponiéndose Mirabeau a esta medida, aunque el fallecimiento de este personaje, acaecida el 2 de marzo de 1791 permitirá que la Asamblea adopte dicha medida.

Mientras tanto, y ante la crispación existente, el 20 de junio de 1791 huía de palacio el rey Luis XVI juntamente con su familia. Sin embargo, al día siguiente, fue visto en Varennes, siendo arrestado por un oficial del pueblo y devuelto a París escoltado por la guardia. A su regreso a París el pueblo se mantuvo en silencio, y tanto él como su esposa, María Antonieta, sus dos hijos (María Teresa y Luis-Carlos, futuro Luis XVII) y su hermana (Madame Isabel) permanecieron bajo custodia.

Los últimos días de la Asamblea Constituyente

Aun cuando existía una fuerte corriente política que favorecía la monarquía constitucional, al final venció la tesis de mantener al rey como una figura decorativa. Jacques Pierre Brissot introdujo una petición insistiendo en que, a los ojos del pueblo, Luis XVI había sido depuesto por el hecho de su huida. Una inmensa multitud se congregó en el Campo de Marte para firmar dicha petición. Georges Danton y Camilla Desmoulins pronunciaron discursos exaltados. La Asamblea pidió a las autoridades municipales guardar el orden, aunque pronto intervendría Lafayette, quién ordenó a la Guardia Nacional que se enfrentase a aquella multitud. Al principio, tras recibir una oleada de piedras, los soldados respondieron disparando al aire; pero dado que la multitud no cedía, Lafayette ordenó disparar a los manifestantes, ocasionando más de 50 muertos.

Mientras tanto, el rey había sido restituido y la Asamblea había redactado la Constitución, la cual fue aceptada por aquél. El rey pronunció un discurso ante la Asamblea, que fue acogido con un fuerte aplauso. La Asamblea Constituyente cesó en sus funciones el 29 de septiembre de 1791.

La caída de la monarquía francesa

Bajo la Constitución de 1791, Francia se había establecido como una monarquía constitucional, en donde el monarca se veía obligado a compartir su poder con la Asamblea, pero todavía mantenía el poder de veto y la potestad de elegir a sus ministros.

La Asamblea Legislativa se reunió por primera vez el 1 de octubre de 1791, degenerando en un caos un año después. La componían 165 monárquicos de la derecha, 330 girondinos (liberales republicanos) y jacobinos (radicales revolucionarios) y 250 diputados no alineados con ninguno de los grupos mencionados.

Este gran número de diputados dio lugar a los partidos políticos o «clubes», resultando el más célebre de entre éstos el partido de los jacobinos, dominado por Robespierre. A la izquierda de este partido se encontraban los *cordeliers –cordeleros–*, quienes defendían el sufragio universal masculino a partir de una determinada edad. Los cordeliers aspiraban a la eliminación de la monarquía e instauración de la república. Estaban dirigidos por Jean-Paul Marat y Georges Danton, representando siempre al pueblo más humilde. El grupo de ideas más moderadas era el de los girondinos, que defendían el sufragio censitario y propugnaban una monarquía constitucional. También se encontraban aquellos que formaban parte de «*el pantano*», o «*el llano*», como eran llamados aquellos que no tenían un voto propio, y que se iban por las proposiciones que más les convenían, así ya vinieran de los jacobinos, ya de los girondinos.

En los primeros meses de funcionamiento de la Asamblea, el rey había vetado una ley que amenazaba con la condena a muerte a los «*émigrés*», y otra que exigía al clero prestar juramento de lealtad al estado. Desacuerdos de este tipo fueron los que llevaron más adelante a la crisis constitucional.

Mientras tanto, dos potencias absolutistas europeas, Austria y Prusia, se dispusieron a invadir la Francia revolucionaria, lo que hizo que el pueblo francés se convirtiera en un ejército nacional, dispuesto a defender y a difundir el nuevo orden revolucionario por toda Europa. Durante la guerra, la libertad de expresión permitió que el pueblo manifestase su hostilidad hacia la reina María Antonieta, hija del emperador de Austria, y contra Luis XVI, por negarse en reiteradas ocasiones a refrendar las leyes propuestas por la Asamblea Legislativa.

Ante este difícil panorama, el 10 de agosto de 1792 el populacho asaltaba el palacio real, y la Asamblea Legislativa volvió a suspender las funciones constitucionales del rey. Aquella Asamblea acabó convocando elecciones con el objetivo de configurar un nuevo parlamento que recibiría el nombre de Convención. Aumentaba la tensión política y social en Francia, así como la amenaza militar de aquellas potencias europeas que pretendían acabar con la Revolución Francesa. El conflicto se planteaba así entre una monarquía constitucional francesa, en camino de convertirse en una democracia republicana, y las monarquías europeas absolutas. El nuevo parlamento elegido ese año abolió la monarquía.

El gobierno pasó a depender de la Comuna insurreccional. Cuando la Comuna envió grupos de sicarios a las prisiones, que asesinaron a 1.400 víctimas, y pidió a otras ciudades de Francia que hicieran lo mismo, la Asamblea no opuso resistencia. Esta situación persistió hasta el 20 de septiembre de 1792, en que se creó un nuevo cuerpo legislativo denominado Convención, y que de hecho se convirtió en el nuevo gobierno de Francia.

La Convención

El poder legislativo de la nueva República estuvo a cargo de la Convención, mientras que el poder ejecutivo recayó sobre el Comité de Salvación Pública (o Comité de Salvación Nacional). En el Manifiesto de Brunswick[192], los Ejércitos Imperiales y de Prusia amenazaron con invadir

---

[192] Decía así aquel Manifiesto: «*Sus majestades el emperador y el rey de Prusia, habiéndome confiado el mando de sus ejércitos combinados... quiero anunciar a los habitantes de este reino los motivos que han determinado las medidas de los dos soberanos y las intenciones que los guían...*

... Es poner fin a la anarquía en el interior de Francia, detener los ataques dirigidos contra el honor y el altar, restablecer el poder legal, devolver al rey la seguridad y libertad de la que ha sido privado y ponerlo en condiciones de ejercer la legítima autoridad que le corresponde.

Francia si la población se resistía al restablecimiento de la monarquía. Esto ocasionó que Luis XVI fuera visto como conspirador con los enemigos de Francia, y en contra del pueblo francés. Ante ello, el 17 de enero de 1793, la Convención condenaba al rey a muerte, acusándolo de «*conspiración contra la libertad pública y la seguridad general*», siendo ejecutado el 21 de enero. Este hecho encendió nuevamente la mecha de la guerra con otros países europeos. La reina María Antonieta, también fue ejecutada el 16 de octubre del mismo año, iniciándose así una revolución en Austria para sustituir a la reina. Esto provocó la ruptura de toda relación entre ambos países.

El reino del terror

El mismo día en el que se reunía la Convención, las tropas francesas formadas en su mayoría por tenderos, artesanos y campesinos, derrotaron por primera vez a un ejército prusiano en Valmy, constituyendo ello el inicio de las llamadas Guerras Revolucionarias Francesas. El poder fue entregado a un Directorio formado por cinco miembros, acabando aquí el proceso revolucionario.

Sin embargo, la situación económica seguía empeorando, originándose nuevas revueltas de orden social. Los llamados «*sans-culottes*» expresaban su descontento por el hecho de que la Revolución Francesa no sólo no había

---

Es con estos objetivos que yo, el abajo firmante, comandante en jefe de los dos ejércitos, declaro:

... 2º que (los ejércitos) no pretenden inmiscuirse en absoluto en los asuntos internos de Francia, sino que quiere únicamente liberar al rey, la reina y la familia real de su cautividad, y procurar a su muy cristiana majestad la seguridad necesaria para que pueda realizar sin peligro y sin obstáculos, las convocatorias que desee y trabajar para asegurar la felicidad de sus súbditos...

8º La ciudad de París y todos sus habitantes sin distinción serán obligados a someterse sin tardanza al Rey... las ya citadas majestades declaran bajo su palabra de honor como emperador y rey, que si el palacio de las Tullerías es forzado o atacado, que si la mínima violencia se realiza contra el rey, la reina y la familia real, y que si su seguridad y libertad no son inmediatamente aseguradas; inflingirán una venganza ejemplar que nunca se olvidará...

Por estas razones llamo y exhorto de forma apremiante a que todos los habitantes del reino no presenten oposición a los movimientos de las tropas bajo mi mando, sino que por el contrario les procuren un paso libre y les asistan, y ayuden con buena voluntad en lo que las circunstancias requieran. Dado en el cuartel general en Coblenza, 25 de julio de 1792. Duque de Brunswick».

satisfecho los intereses de las clases bajas, sino que incluso algunas medidas liberales causaban un enorme perjuicio a éstas. Al mismo tiempo se comenzaron a gestar luchas antirrevolucionarias en diversas regiones de Francia, y la guerra amenazaba con destruir la Revolución y la República. Esto dio origen a un golpe de estado por parte de los jacobinos, quienes buscaron el favor popular en contra de los girondinos. La alianza de los jacobinos con los «*sans-culottes*» se convirtió de hecho en el centro del gobierno.

Los jacobinos llevarían en su política algunas de las reivindicaciones de las clases más desfavorecidas, pero no todas sus reivindicaciones serían aceptadas, y jamás se cuestionó la propiedad privada. Los jacobinos no pusieron nunca en duda el orden liberal, pero sí llevaron a cabo una democratización del mismo, pese a la represión que desataron contra los opositores políticos, tanto conservadores como radicales.

En el año 1793 sería redactada una nueva Declaración de los derechos del hombre y del ciudadano, y una nueva constitución de tipo democrático que reconocía el sufragio universal. El Comité de Salud Pública cayó bajo el mando de Maximilien Robespierre y los jacobinos desataron lo que se denominó el *Reinado del Terror* (1793-1794), siendo pasados por la guillotina al menos 1.200 personas, acusadas de haber realizado actividades contrarrevolucionarias. En este sentido, ante la más leve sospecha de realizar aquellas actividades podía provocar la imputación de una acusación, que eventualmente la llevarían a la guillotina.

En 1794, Robespierre procedió a ejecutar a ultra-radicales y a jacobinos moderados. Su popularidad, sin embargo, comenzó a erosionarse. El 27 de julio de 1794, ocurrió otra revuelta popular contra Robespierre, apoyada por los moderados que veían peligroso el trayecto de la Revolución, cada vez más exaltada. El pueblo, por otro lado, se rebela contra la condición burguesa de Robespierre que revolucionario antes, ahora persigue a Verlet, Leclerc y Roux. Los miembros de la Convención lograron convencer al «*pantano*», y derrocar y ejecutar a Robespierre junto con otros líderes del Comité de Salud Pública. La Convención aprobó una nueva Constitución el 17 de agosto de 1795, ratificada el 26 de septiembre en un plebiscito.

La nueva legislación confería el poder ejecutivo a un Directorio, formado por cinco miembros llamados directores. El poder legislativo sería ejercido por una asamblea bicameral, compuesta por el Consejo de Ancianos (250 miembros) y el Consejo de los Quinientos.

La toma del poder por Napoleón Bonaparte

La nueva Constitución encontró la oposición de grupos monárquicos y jacobinos. Hubo diferentes revueltas que fueron reprimidas por el ejército, todo lo cual motivó que el general Napoleón Bonaparte, retornado de su campaña en Egipto, diera el 9 de noviembre de 1799 un golpe de estado, instalando el Consulado, que le otorgaba de forma efectiva poderes dictatoriales, cerrando con esto el capítulo histórico de la Revolución Francesa y dando paso al futuro Primer Imperio Francés. El nuevo gobierno instaurado, a pesar de ser una monarquía, mejoraba las condiciones de vida del tercer estamento, otorgándoles derechos y obligaciones morales y cívicas iguales a los otros dos estamentos (el clero y los nobles); por lo que Napoleón recibió un gran apoyo popular.

LA ESPAÑA CONTEMPORÁNEA

LA ESPAÑA CONTEMPORÁNEA. CRONOLOGÍA

1808

Estatuto de Bayona.

1812

Constitución de 1812. Para muchos el primer texto constitucional de la historia de España.

1813

Por el tratado de Valencia, Fernando VII es reconocido como rey de España y las Indias por Napoleón. Las Cortes y la Junta de Regencia no ratifican el tratado y supeditan dicho reconocimiento a que Fernando VII jure la Constitución de 1812.

1814

Fernando VII entra en España por tierras gerundenses (24 de marzo). Con el apoyo del general Elío y un grupo de políticos reaccionarios firma en Valencia un edicto que, publicado como decreto el 4 de marzo, deroga la Constitución, anula la labor legislativa llevada a cabo e impone el más puro absolutismo. El 13 de mayo, Fernando VII entra en Madrid. José Miguel de Carvajal y Vargas, duque de San Carlos, es nombrado ministro de Estado.

Comienza la persecución de los liberales en circunstancias de bancarrota; a la ruina de la Hacienda se añade la pérdida de las colonias americanas y la ineptitud de los ministros. La intromisión de la «*camarilla*», gobierno en la sombra, acrecienta el clima de descontento.

Son abortadas, en años sucesivos, diversas tentativas encaminadas a resucitar la Constitución: Espoz y Mina en Pamplona (1814), Díaz Porlier en La Coruña y El Ferrol (1815), Luis de Lacy y Francisco Milans del Bosch en Cataluña (1817), Vidal en Valencia (1819).

1820

La sublevación del general Rafael de Riego en Cabezas de San Juan desencadena un proceso revolucionario en diversas guarniciones militares, con soporte popular, lo que induce a Fernando VII a acceder al juramento y a marchar decididamente «por la senda constitucional». Se inicia el llamado «*trienio constitucional*».

Primera desamortización general limitada a los bienes del clero regular.

Medidas proteccionistas de la economía nacional.

Código de Comercio.

1822

Tras un frustrado levantamiento de la guardia Real, el gobierno se radicaliza.

Fernando VII apela a la ayuda de los soberanos de la Santa Alianza, quienes deciden en el congreso de Verona apoyarle en su lucha contra los liberales.

1823

Un ejército francés, llamado de los Cien mil hijos de San Luis, a las órdenes del duque de Angulema, invade el país, y, con ayuda de los Voluntarios Realistas (ejército de la fe), recupera para Fernando VII el poder absoluto.

Comienza la «*década ominosa*», en la que se agudiza la represión de los liberales. Riego, ajusticiado de forma ignominiosa, es una de las víctimas ilustres de dicha persecución; también el Empecinado es ejecutado (1825). Pese a ello, una serie de medidas, como la no restauración de la Inquisición, da lugar a que se manifiesten los sectores reaccionarios extremistas (rebelión de los «*malcontents*» o «*agraviados*» en Cataluña, en 1827), esbozándose la sucesión al trono del hermano del rey, Carlos María Isidro.

1826

Con motivo del auto de fe que condena a muerte al maestro de Ruzafa Cayetano Ripio, se suprime la oficiosa Junta de la fe.

1829

El Estado cancela las deudas del Banco de San Carlos y constituye el Banco de San Fernando.

1830

Se promulga el 31 de marzo la Pragmática Sanción (votada en 1789, en vida de Carlos IV), la cual, aboliendo la Ley Sálica, restablecía la posibilidad de que las mujeres heredasen el trono. Seis meses más tarde (10 de octubre) nace la futura Isabel II.

1831

La intentona de Torrijos y un grupo de militares emigrados que desembarcan procedentes de Gibraltar acaba con el fusilamiento del cabecilla sin juicio ni condena; también es ajusticiada María Pineda, a quien se culpa del bordado de una bandera morada con la inscripción «*Ley, Libertad, Igualdad*».

1832

Hallándose el rey en grave estado, los llamados «*apostólicos*», defensores del Antiguo Régimen y partidarios del infante Carlos, intentan en La Granja obtener la derogación de la Pragmática Sanción. Pese a que la anécdota se considera apócrifa, se atribuye a la infanta Luisa Carlota, hermana de la reina, la destrucción del documento firmado, en oposición al ministro Calomarde. El infante Carlos marcha al destierro en Portugal por no aceptar el nombramiento de Isabel como princesa de Asturias. María Cristina, en su gobierno interino, sustituye a Calomarde por Zea Bermúdez y se decide a reabrir las universidades y promulgar la amnistía. Restablecido de su enfermedad, Fernando VII confirma la anulación del decreto derogatorio de la Pragmática Sanción. El gobierno se aproxima a la burguesía liberal, que le ofrece un soporte para mantener en el trono a Isabel II.

1833

Fallece Fernando VII (29 de septiembre).

María Cristina inicia su período de regencia, tras ser proclamada su hija Isabel como reina (24 de octubre).

Mientras desde Portugal el pretendiente Carlos María Isidro alienta al ejército a unirse a su causa, se produce un alzamiento en Talavera de la Reina que significa el inicio de la primera guerra carlista. El movimiento se propaga con rapidez por las Provincias Vascongadas, Navarra, Castilla la Vieja, La Mancha, Valencia, Aragón y Cataluña.

En Navarra, el coronel Tomás de Zumalacárregui es nombrado general de las fuerzas carlistas, y como tal obtiene señalados triunfos en lo que son todavía escaramuzas.

1834

Como regente, María Cristina intenta gobernar el país mediante un Estatuto Real, especie de carta otorgada, obra de Francisco Martínez de la Rosa.

1835-1837.

Desamortización llamada de Mendizábal, restableciendo las medidas adoptaras en 1820, generalizándolas y extendiéndolas a las monjas y al clero secular.

1837

Las Cortes constituyentes adoptan la constitución de 1812 reformándola en una revisión casi total (Constitución de 1837).

1839

Se inician conversaciones entre Maroto y Espartero, que se concretan en el convenio o «*abrazo*» de Vergara (31 de agosto). Finaliza, así, la primera guerra carlista, pese a que Cabrera se mantendrá en armas en el Maestrazgo hasta el verano de 1840. Nuevamente, el pretendiente cruza la frontera camino del exilio.

1840

Ley de Ayuntamientos.

Primera asociación obrera en Cataluña.

1844

Narváez ocupa la presidencia del gobierno, inaugurando la década moderada.

Fundación de la Guardia Civil.

Creación del nuevo banco nacional de Isabel II.

1845.

Plan para la centralización de instrucción pública, de Gil y Zárate.

Reforma del sistema tributario de Alejandro Mon.

Constitución reformando con medidas conservadoras la de 1837.

1846

Boda de Isabel II con su primo Francisco Asís de Borbón.

1848

Primer ferrocarril Barcelona-Mataró.

1851

Acuerdo con la Santa Sede aceptando el hecho consumado de la desamortización, a cambio de una dotación para el clero y la devolución de los bienes invendidos.

Concordato con la Santa Sede.

Ferrocarril Madrid-Aranjuez.

Juan Donoso Cortés, Ensayo sobre el Catolicismo, el Liberalismo y el Socialismo.

1854

Conspiración militar, que desemboca en el pronunciamiento de Vicálvaro; tras la proclamación del Manifiesto del Manzanares, redactado por Canovas del Castillo, O'Donnell y Espartero entran triunfantes en Madrid. Se inicia el «*bienio progresista*».

1855.

Ley de desamortización general civil y eclesiástica, extendiéndola a los propios de los pueblos, puestos a subasta.

Primera huelga general en Barcelona.

1856

Creación del Banco de España.

1857

Ley general de instrucción pública, de Claudio Moyano, declarando obligatoria la enseñanza primaria.

1859

Declaración de guerra a Marruecos (28 de noviembre).

1860

Triunfos en África, en el valle de los Castillejos, donde se distingue el general Prim, en la toma de Tetuán y en la gran victoria del valle de Wad-Ras (22 de marzo), tras la cual se firma la paz de Tetuán (26 de abril).

Fracasado el pronunciamiento carlista de San Carlos de la Rápita, Carlos de Borbón, conde de Montemolín, firma su renuncia al trono, si bien se retractaría después.

1868

Fallecidos O'Donnell (1867) y Narváez (1868), Prim recibe el apoyo unionista y con él el del ejército. Estalla la llamada revolución de Septiembre, o Gloriosa: adherida a ella Topete, y con él la armada, Prim espera en Cádiz la llegada de los generales unionistas para suscribir el manifiesto con el lema Viva España con Honra, redactado por López de Ayala (19 de septiembre). Reducidas las topas reales en el puente de Alcolea (28 de septiembre), el general Serrano entra en Madrid. Isabel II abandona el país (30 de septiembre). El general Serrano es investido con el poder y encarga a Prim la formación de gobierno.

1869

El compromiso entre las nuevas fuerzas de la clase media y las tradicionales llevan a la promulgación de una nueva constitución, en un intento de establecer una democracia liberal monárquica.

1870

Las Cortes, por un margen de votos muy reducido, aceptan la candidatura de Amadeo de Saboya, hijo de Víctor Manuel II, rey de Italia, como monarca español.

Prim muere víctima de un atentado en la madrileña calle del Turco (27 de diciembre).

1870-1871.

Federación española de la Asociación Internacional de Trabajadores (AIT).

1872

Se inicia la tercera guerra carlista, que durará hasta 1876 (la segunda, desarrollada principalmente en Cataluña, tuvo lugar entre 1846 y 1849).

Insurrecciones republicanas en varias ciudades, los continuos desaires e incluso un atentado contra su persona, inclinan al rey a la abdicación, que presenta tras la disolución del cuerpo de artilleros a raíz de un grave conflicto con el general Hidalgo.

1873

Amadeo I abandona España (12 de febrero). Un día antes (11 de febrero) se había instaurado la Primera República Española.

Proyecto de constitución federal, no promulgada.

Cantonalismo.

1874

Exclusiva del Banco de España en la emisión de billetes.

Manifiesto de Andhurst precisando el contenido institucional de la monarquía.

Pronunciamiento del general Martínez Campos en Sagunto.

Antonio Canovas del Castillo forma el primer gobierno de la Restauración.

1875

Entrada de Alfonso XII en Madrid.

1876

Carlos de Borbón abandona España. Con ello finaliza la tercera guerra carlista.

Constitución de 1876.

1877

Ley Municipal.

1878

Boda de Alfonso XII con María Mercedes de Orleáns, quién fallece en el mismo año.

Ley Constitutiva del Ejército.

Ley electoral con sufragio restringido.

1879

Ley de Prensa.

1880

Fundación del partido fusionista de Sagasta.

1881

Ley de enjuiciamiento civil.

1882

Sublevaciones republicanas: Badajoz, Santo Domingo de la Calzada, Seo de Urgel.

Ley de relaciones comerciales con las colonias.

1883

Ley de Imprenta

Creación de la Comisión de Reformas Sociales.

1885

Ley de reclutamiento y reemplazo.

Muerte de Alfonso XII.

1886

Nacimiento de Alfonso XIII, hijo póstumo del rey.

Abolición definitiva de la esclavitud en Cuba.

Levantamientos republicanos en Cartagena y Madrid.

1887.

Proyecto de ley de reforma del ejército.

Sagasta restablece el derecho de asociación.

1888

Creación del Tribunal Contencioso administrativo.

1889.

Ley constitutiva del Ejército.

España entra en la Triple alianza.

1890

Establecimiento del sufragio universal masculino.

1895

Insurrección cubana: «*el grito de Baire*». El gabinete conservador presidido por Canovas designa a Martínez Campos capital general de Cuba.

Manifiesto de Montecristi, de Máximo Gómez y José Martí, que desembarcan en la isla antillana para encabezar el movimiento insurreccional.

1896

Valeriano Weyler, capital general de Cuba.

Muerte del cabecilla guerrillero Maceo.

El gobierno de Estados Unidos propone su mediación en el asunto cubano, que será rechazada por la diplomacia española.

Levantamiento en Filipinas. Camilo Polavieja es nombrado general y gobernador de las islas oceánicas.

Ejecución de José Rizal.

1897

El gobierno liberal de Sagasta concede la autonomía a Cuba, la amnistía a sus presos políticos y nombra al general Blanco gobernador de la isla.

Acuerdo de sumisión en Filipinas.

1898

Voladura del buque norteamericano Maine en La Habana. Inicio de la guerra con los Estados Unidos. Derrota naval española en Cavite. Rendición de Santiago de Cuba. Desembarco norteamericano en Puerto Rico.

Se firma la paz en París: pérdida de las posesiones españolas en las Antillas. España cede las islas Marianas, las Carolinas y Palaos a Alemania.

LA ESPAÑA CONTEMPORÁNEA

Introducción

Pocas etapas de la historia española pueden presentarse ante los ojos de los estudiosos como de tal intensidad como la presentada por la España contemporánea. En este sentido, el período comprendido entre aquella gran crisis política de marzo de 1808, originada sobre la base de un motín popular contra el favorito Godoy[193], sobre el cual venían a recaer los odios y visceralidades populares, y que tuvo como resultado más significado la abdicación de Carlos IV a favor de su hijo Fernando; a la conocida Crisis del 98, en donde los españoles observaban con un dolor intenso la liquidación de los restos de lo que había sido un Imperio *en donde no se ponía el Sol*. En estas nueve décadas, irán sucediéndose uno tras otro importantes acontecimientos de relevancia notoria, y que marcarán profundamente los derroteros de aquella España contemporánea.

En ese orden de cosas, nos encontramos con la Guerra de la Independencia (1808-1814), el reinado de Fernando VII el Deseado (1814-1833), las distintas regencias durante la minoría de edad de Isabel II (entre 1843 y 1868); al sexenio revolucionario (1868-1874), el reinado de Amadeo de Saboya (1870-1873), la Primera República (1873-1874), la restauración de la monarquía en la figura de Alfonso XII (1875-1885), y, finalmente, la regencia de María Cristina, que abrirá las puertas al siglo XX. A este respecto, el profesor Escudero indica que el siglo XIX, por lo que a España respecta, puede ser dividido en tres grandes bloques o períodos: uno en donde se abrirá un nuevo espíritu, terminando con las pretéritas estructuras del Antiguo Régimen; un segundo en donde se sentarán las bases del Estado Liberal; y, finalmente, un tercero propio de una sociedad industrial, en donde la burguesía conservadora vendrá a consolidad aquel Estado Liberal mediante el

---

[193] En el año 1784 llegaba a la Corte de Carlos III, el cual tuvo a bien admitirle en la *Guardia de Corps*, donde ya servía su hermano mayor Luis. Ocho años después, el 15 de noviembre de 1792 Godoy era ya elevado al cargo de primer secretario de Estado o del Despacho, por el nuevo soberano español, Carlos IV, quién desde su subida al trono en 1788 le había otorgado múltiples honores: cadete, ayudante general de la *Guardia de Corps*, brigadier, mariscal de campo y sargento mayor de la Guardia. Pero ahí no acabaría la cosa, ya que a lo largo de su primer ministerio iría sumando a esta nómina citada muchos otros, incluyendo el de *Príncipe de la Paz*.

juego más o menos democrático de unos incipientes movimientos políticos, ya cercanos a lo que hoy conocemos como partidos políticos.

La invasión napoleónica de la España peninsular

En el ámbito de la política española, resulta un hecho harto conocido por muchos que aquellos últimos años del reinado de Carlos IV estuvieron caracterizados por la tensa relación existente entre los partidarios del Príncipe de Asturias, el futuro Rey Fernando, y los cada vez más escasos seguidores del primer ministro Manuel Godoy. Todo ello tendrá como colofón un hecho virulento notablemente conocido: el *Motín de Aranjuez*. A partir de ese momento, Fernando se encargaría de ejercitar contra el gobernante muchas de las censuras que había venido guardando en su fuero interno durante años. Era la caída del valido de Carlos IV, una caída en cierto modo comparable con la sufrida por Fernando de Valenzuela en tiempos de Carlos II[194].

Pero hasta casi el mismo momento de su defenestración, el devenir político del primer ministro podría calificarse sin reparo alguno de meteórico. En este sentido, los éxitos de Godoy se habían visto reflejados el 15 de noviembre de 1792, ocho años después de su ingreso en la Guardia de Corps, cuando obtuvo de manos de Carlos IV el cargo de primer secretario de Estado o del Despacho, es decir, Primer Ministro o Ministro Universal.

El Rey, con toda probabilidad incitado por su esposa, María Luisa de Parma, no había cesado de llenarle de honores desde el mismo momento de su coronación. Así, los oficios desempeñados iban desde el de cadete, al de sargento mayor de la guardia, pasando por los de ayudante general de la Guardia de Corps, brigadier, o mariscal de campo. Pero ahí no quedarían sus honores, ya que cuando el 25 de mayo de 1793 firmaba con Francia una alianza contra Inglaterra, lo hacía ostentando los galardones de duque de Alcudia, Grande de España y de primera clase, regidor perpetuo de la ciudad de Santiago, caballero del Toisón de Oro, gran Cruz de la Orden de Carlos III, comendador de Valencia del Ventoso, consejero de Estado, primer secretario, secretario de la reina, superintendente general de Correos y Caminos, gentilhombre de cámara con ejercicio, capitán general de los

---

[194] Vid. Sobre ello Ruiz Rodríguez, I., *Fernando de Valenzuela. Orígenes, ascenso y caída de un Duende de la Corte del Rey hechizado*, Madrid, 2007.

Reales Ejércitos, inspector y sargento mayor del Real Cuerpo de Guardia de Corps.

A todos estos honores los reyes le añadirán el de *Príncipe de la Paz*, con motivo de firmarse la paz de Basilea el 22 de julio de 1796. Más tarde, Godoy fue nombrado además como señor de Soto de Roma y del Estado de Albalá; regidor perpetuo de la villa de Madrid y de las ciudades de Cádiz, Málaga y Écija; veinticuatro de la de Sevilla; caballero gran cruz de la Orden de Cristo y de la religión de San Juan; protector de la Real Academia de Nobles Artes y de los Reales Institutos de Historia Natural, Jardín Botánico, Laboratorio Químico y Observatorio.

Pero si todo ello todavía fuese poco, en 1801 fue nombrado *generalísimo*, título nunca usado antes en España. Finalmente, en 1807, cerca ya de su caída, Carlos IV le concedió los cargos de almirante, con tratamiento de alteza serenísima, y de presidente del Consejo de Estado.

A la hora de buscar los motivos que propiciaron su rápida ascensión, habría que profundizar en los rumores y la historiografía tradicional, quienes lo atribuían al favor de la reina María Luisa y a una presunta y nunca probada relación amorosa entre ambos. Su supuesta aventura con la reina contribuyó al desprestigio de la monarquía, como demuestran estas coplillas que circulaban en aquella época:

> "*Mi puesto de Almirante*
> *me lo dio Luisa Tonante,*
> *Ajipedobes la doy,*
> *considerad donde estoy.*
> *... Tengo con ella un enredo,*
> *soy yo más que Mazarredo.*
> *... Y siendo yo el que gobierna*
> *todo va por la entrepierna*".

Pero su actividad al frente del gobierno español no fue fácil ni mucho menos, ya que como si de una maldición bíblica se tratara, toda la actividad pública de Manuel Godoy estuvo marcada por los enfrentamientos militares, primero contra Francia y más tarde contra Inglaterra, con unos antecedentes que bien podrían centrarse en la ejecución en la guillotina del Rey de Francia, Luís XVI.

La *Guerra de la Convención*, que en un principio resultó favorable para España, no tardaría en volverse adversas. En este sentido, el general Antonio Ricardos llegó hasta Perpiñán, pero la organización de la defensa por parte francesa frenó aquel éxito. De este modo, en diciembre de 1794, españoles e ingleses, aliados, levantaron el asedio de Toulon, plaza que había sido recuperada por los republicanos. Más tarde, la contraofensiva francesa se encargaría de enfriar los ánimos de los españoles, lo que sería aprovechado por Godoy para acabar políticamente con el conde de Aranda, partidario del cese de la lucha, por lo que fue desterrado. La muerte del general Antonio Ricardos y la invasión de Cataluña, Navarra y País Vasco por parte republicana, así como la adecuada réplica española, estabilizaron los frentes.

Ante el cansancio de ambos contendientes, se llegó a la paz de Basilea, celebrado el 22 de julio de 1795, en la que España cedió a Francia su parte de la isla de Santo Domingo y ciertas ventajas económicas, a la par de que los galos abandonaban las tierras que habían ocupado en la península.

Ello supuso un éxito sin precedentes para Godoy, no tardando en obtener los laureles de aquella intervención política, de la cual ya hemos dado referencia: fue investido como Príncipe de la Paz, además de recibir cuatro grandezas de España, siete grandes cruces de Carlos III, diez banderas de María Luisa y otros muchos premios. Ahora los nuevos aliados eran los franceses. Esta nueva postura política sería plasmada formalmente en el primer Tratado de San Ildefonso el 18 de agosto de 1796. Además, la creciente animadversión hacia el primer ministro era cada vez más latente, quizá ello justificase también una alianza con el Directorio, lo que supuestamente podría acallar los últimos devaneos republicanistas surgidos en España.

Aunque la derrota de la escuadra española junto al cabo de San Vicente, el 14 de febrero de 1797, y la conquista inglesa de la isla Trinidad fue compensada por la defensa de Cádiz, Puerto Rico y Tenerife, las intrigas contra el favorito, atizadas por el propio Directorio, que abrió negociaciones de paz con Inglaterra sin contar con España, dieron su fruto, y Godoy tuvo que retirarse como primer secretario de Despacho el 28 de marzo de 1798.

En su caída intervinieron algunos ministros que él había incorporado a su Consejo para conferirle cierto tono liberal, así Saavedra y Jovellanos los cuales quedaron como hombres fuertes de los destinos del país, pero no tardaron en ser relevados por motivos de salud. Pero su retiro de la primera línea de la política no sería muy largo, ya que en 1801 apartaba a sus rivales de su camino, y aunque el cargo de primer secretario lo ocupó su primo político Pedro Cevallos, volvió a ser de nuevo la figura preeminente del gobierno.

Entretanto, Napoleón ofreció a la duquesa de Parma, hija Carlos IV, el nuevo reino de Etruria como propiedad de la familia real española, dentro de los términos del Tercer Tratado de San Ildefonso, firmado en octubre de 1800. A cambio, España prometía la Luisiana a Francia y debía unir el destino de su flota al de la francesa, así como abrir las hostilidades con Portugal para obligarle a renunciar a la alianza que éstos mantenían con los británicos. Esta breve guerra, denominada *Guerra de las Naranjas*, supuso la cima de la gloria del valido. Godoy logró de manera casi incruenta una paz favorable a España y Portugal, y contraria a los intereses de Bonaparte: el Tratado de Badajoz, por la cual Portugal cedió a España la plaza de Olivenza y se comprometió a cerrar sus puertos a los ingleses.

Si bien el resultado no satisfizo plenamente a Napoleón, al encontrarse éste necesitado de una tregua acabó por firmar la Paz de Amiens con Inglaterra, en 1802, por la que España recuperaba Menorca, perdida durante la contienda, a la vez que cedía definitivamente la isla Trinidad a los británicos. Por su parte, el *Príncipe de la Paz* ratificaba el tratado de San Ildefonso de 1800.

Mientras tanto, y utilizando el pretexto de que Godoy favorecía a los ingleses, Napoleón obligaba a España con amenazas a ejecutar sus designios. Así arrancó primero a Carlos IV un convenio de neutralidad y después una nueva alianza, en 1805, que trajo la derrota de la flota franco-española en Trafalgar, el 21 de octubre de 1805, a manos británicas. Este cruento hecho vino a suponer la aniquilación de la escuadra naval española, y con ello la imposibilidad de prestar cualquier tipo de apoyo marítimo a los puertos españoles, tanto a este lado del Atlántico como con respecto a la América Española. El fin de Godoy ya estaba cerca.

En este sentido, ante las presiones de Napoleón para que España le proporcionase hombres, dinero, víveres, etc., a Manuel Godoy no le quedaría más remedio que el de asumirlas, adhiriéndose la monarquía hispánica al bloqueo continental, el 19 de febrero de 1807, otorgándole al emperador Napoleón todo su apoyo militar. Pero como era preciso que Portugal se sumase a esta empresa y el regente del reino se oponía, el Emperador francés preparó con Izquierdo, agente secreto de Godoy, el tratado de Fontainebleau, que sería finalmente firmado el 27 de octubre de 1807[195]. En virtud del mismo, Portugal sería dividida en tres partes: la del norte, para compensar a los destronados reyes de Etruria, la del centro, para cambiarla por Gibraltar y demás colonias arrebatadas por los ingleses, y la del sur (Alentejo y el Algarbe), para Godoy, como *príncipe de los Algarves*. Carlos IV, a quien Napoleón garantizaba la posesión de sus estados de Europa, tomaría el título de Emperador de las Américas. Un ejército francés entraría en España camino de Portugal, al que seguiría otro español[196]. Cuando Godoy descubriera que en los cálculos napoleónicos, además de someter a Portugal, se hallaba también el de ocupar la propia España, la situación creada ya no tendría remedio.

Poco antes de la ratificación del tratado citado tratado de Fontainebleau, tropas francesas habían cruzado los Pirineos contando con la aquiescencia tanto del primer ministro español, que confiaba en lo pactado, como del príncipe Fernando, que aproximado a Napoleón para hacer caer al favorito, había intentado, sin conseguirlo, emparentarse con el Emperador, al enviudar la princesa María Antonia.

En este sentido, aunque para Napoleón Bonaparte el príncipe Fernando nunca fue objeto de sus pasiones, ni mucho menos, resulta curiosa la siguiente misiva, llena de elogios, que en estos momentos tan difíciles de El Escorial remitiera el príncipe de Asturias al Emperador, y en donde en una postura sumamente humillante para un heredero del trono de España,

---

[195] Firmado por Miguel Duroc, general de división y gran mariscal del palacio imperial como representante del gobierno francés, y por Eugenio Izquiero de Ribera y Lezama, consejero honorario de Estado y de Guerra del Rey de España. Este último personaje era hombre de suma confianza de Godoy, además de ser bien visto por Napoleón desde aquel momento en que acudió con importantes socorros numerarios, en 1806. Más tarde informaría al Carlos IV de los propósitos del Emperador, y cuando el monarca estuvo en Bayona sería el encargado de los negocios de España ante el gobierno galo.

[196] Art. 2. La provincia de Alentejo y el reino de los Algarbes, se darán en toda propiedad y soberanía al Príncipe de la Paz, para que las disfrute con el título de Príncipe de los Algarbes... Art. 12. S.M. el Emperador de los franceses se obliga a reconocer a S.M. el Rey de España como Emperador de las dos Américas, cuando todo esté preparado para que S.M. pueda tomar este título; lo que podrá ser, o bien a la paz general, o más tardar dentro de tres años... Convención secreta anexa: Art. 1. Un cuerpo de tropas imperiales francesas de veinticinco mil hombres de infantería y de tres mil hombres de caballería entrará en España y marchará en derechura a Lisboa...

demandaba vincularse con la familia imperial francesa a toda costa. Quién diría que poco tiempo después el francés habría de convertirse en el más odiado enemigo de la Monarquía Hispánica. El contenido de aquella misiva resultaba ser del tenor siguiente:

> *"Señor. El temor de incomodar a V.M.I. en medio de sus hazañas y grandes negocios que le ocupan sin cesar, me ha privado hasta ahora de satisfacer directamente mis deseos eficaces de manifestar a lo menos por escrito los sentimientos de respeto, estimación y afecto que tengo al héroe mayor de cuantos le han precedido, enviado por la Providencia para salvar la Europa del trastorno total que la amenazaba, para consolidar los tronos vacilantes, y para dar a las naciones la paz y la felicidad.*
>
> *Las virtudes de V.M.I., su ponderación, su bondad aun con sus más injustos e implacables enemigos, todo, en fin, me hacía esperar que la expresión de estos sentimientos seria recibida como efusión de su corazón lleno de admiración y de la amistad más sincera.*
>
> *El estado en que me hallo, de mucho tiempo a esta parte, incapaz de ocultarse a la gran penetración de V.M., ha sido hasta hoy segundo obstáculo que ha contenido mi pluma, preparada a manifestar mis deseos.*
>
> *Pero lleno de esperanzas de hallar en la magnanimidad de V.M.I. la protección más poderosa, me determino no solamente a testificar los sentimientos de mi corazón para con su augusta persona, sino a depositar los secretos más íntimos en el pecho de V.M., como en el de un tierno padre.*
>
> *Yo soy bien infeliz de hallarme precisado por circunstancias particulares, a ocultar, como si fuera un crimen, una acción tan justa y tan loable, pero tales suelen ser las consecuencias funestas de un exceso de bondad, aun en los mejores de los reyes.*
>
> *Lleno de respeto y de amor filial para con mi padre (cuyo corazón es el más recto y generoso), no me atrevería a decir a V.M. sino aquello que V.M. conoce mejor que yo, esto es, que estas mismas calidades suelen con frecuencia servir de instrumentos a las personas astutas y malignas para confundir la verdad a los ojos del soberano, por más propia que sea esta virtud de caracteres semejantes al de mi respetable padre.*
>
> *Si los hombre que le rodean aquí le dejasen conocer a fondo el carácter de V.M.I como yo le conozco, ¡con qué ansias procuraría mi padre estrechar los nudos que deben unir nuestras dos naciones! ¿Y habrá medio más proporcionado que rogar a V.M.I. el honor de que me concediera por esposa una princesa de su augusta familia? Este es el deseo unánime de todos los vasallos de mi padre, y no dudo que también el suyo mismo (a pesar de los esfuerzos de un corto número de malévolos), así que sepa las intenciones de V.M.I. Esto es cuanto mi corazón apetece, pero no sucediendo así a los*

> *egoístas pérfidos a mi padre, y que pueden sorprenderle por un momento, estoy lleno de temores en este punto.*
> *Sólo el respeto de V.M.I. pudiera desconcertar sus planes, abriendo los ojos a mis buenos y amados padres, y haciéndonos felices al mismo tiempo que a la nación española y a mí mismo. El mundo entero admirará cada día más la bondad de V.M.I. quién tendrá en mi persona el hijo más reconocido y afecto.*
> *Imploro, con la mayor confianza, la protección paternal de Vuestra majestad, a fin de que no solamente se digne concederme el honor de darme por esposa una princesa de su familia, sino allanar todas las dificultades y disipar todos los obstáculos que puedan oponerse en este único objeto de mis deseos.*
> *Este esfuerzo de bondad de parte de V.M.I. es tanto más necesario para mí, cuanto yo no puedo hacer ninguno de mi parte, mediante a que se interpretaría insulto a la autoridad paternal, estando, como estoy, reducido a sólo el arbitrio de resistir y lo haré con invencible constancia) mi casamiento con l, sea la que fuere, sin el consentimiento de V.M., de quien yo espero únicamente la elevación de esposa para mí.*
> *Esta es la felicidad que confío conseguir de V.M.I., rogando a Dios que guarde su preciosa vida muchos años. Escrito y firmado de mi propia mano y sellado con mi sello.*
> *En El Escorial, a 11 de octubre de 1807.*
> *De V.M.I. y R. su más afecto servidor y hermano, Fernando*".

Sin embargo, estas maquinaciones no tardarían en ser descubiertas por el primer ministro Godoy, así como los planes del partido fernandista para derrocar a Carlos IV. Resulta interesante ver como sería el propio monarca el encargado de informar de cuanto había acontecido en esos difíciles y complicados días:

> "*Dios, que vela sobre sus criaturas, no permite la ejecución de los hechos atroces cuando las víctimas son inocentes. Mi pueblo, mis vasallos todos reconocen mi cristiandad y mis costumbres arregladas; todos me aman, y de todos recibo pruebas de veneración, cual exige el respeto de un padre amante de sus hijos. Vivía yo persuadido de esta verdad cuando una mano desconocida me enseña y descubre el más enorme y temerario plan que se trazaba en mi mismo palacio contra mi persona. La vida mía, que tantas veces ha estado en riesgo, era ya una carga pesada para mi sucesor, que preocupado, obcecado y enajenado de los principios de cristiandad que le enseñó mi paternal cuidado y amor, había admitido un plan para destronarme. Entonces yo quise indagar por mí mismo la verdad del hecho, y sor-*

prendiéndole en su mismo cuarto, hallé en su poder la cifra de inteligencia y de instrucciones que recibía de los malvados. Convoqué al examen a mi Gobernador interino del Consejo, para que asociado con otros ministros practicasen las diligencias de indagación. Todo se hizo, y de ella resultan varios reos cuya prisión he decretado, así como el arresto de mi hijo en su habitación. Esta pena quedaba a las muchas que me afligen; pero así como es la más dolorosa, es también la más importante de purgar, e ínterin mando publicar el resultado, no quiero dejar de manifestar a mis vasallos mi disgusto, que será menor con las muestras de su lealtad. Tendréislo entendido para que circule en la forma conveniente. En San Lorenzo, a 30 de octubre de 1807. Al Gobernador interino del Consejo".

El proceso de El Escorial, que se desarrollaría entre octubre de 1807 y enero de 1808, concluiría con el perdón regio al príncipe Fernando y con el apartamiento de la corte de sus más inmediatos seguidores, lo cual no tardaría en ser interpretado como una victoria de éste frente a Godoy, lo cual contribuiría a aumentar su desprestigio[197].

Parece ser que todo el asunto había comenzado con el hallazgo por parte del Rey Carlos de cierta nota anónima en sus aposentos privados, en la cual se le exponía la gravedad de la situación en la que se hallaba España y la monarquía.

En un documento, no sin numerosas imperfecciones, se hacía una descripción de esos males, y que aparece bajo la intitulación de "*ocurrencias del/con el Serenísimo Señor Príncipe de Asturias*":

"*Casi a un mismo tiempo vino la corte al Escorial, en 22 de septiembre de 1807, y las legiones imperiales comenzaban a bajar el Pirineo por la parte de Vizcaya. Los que seguían la jornada, y particularmente los de la real servidumbre, parecían agitados, recelosos y tristes, y desde el principio se susurraba que tendrían lugar acontecimientos de mucho bulto, pero sin que nadie se fijase en cuáles ni en cuando... El primer síntoma de haber alguna novedad fue, que por mandado de la reina doña María Luisa, se pusieron tabiques y puertas en las comunicaciones que la celda prioral tiene con las salas capitulares, jardines, cantinas, noviciado y otros puntos*[198]*;*

[197] Sobre ello vid. Campos y Fernández de Sevilla, F.J., "El monasterio de San Lorenzo El Real en la época del Proceso del Escorial, 1807-1808", en *Cuadernos de Pensamiento*, 19, Madrid, 2007, pp. 269-313.

[198] Cuenta el profesor Campos Fernández de Sevilla, que "*el príncipe ocupaba la celda prioral baja (celda prioral de verano), situada en el cuadrado de la torre SE, por eso lla-*

pero a esta medida se dieron varias versiones, aunque se conocía ya que al príncipe se le observaba muy de cerca. Luego en 20 de octubre, nueve de los guardias de corps que acababan de salir de guardia del cuarto del príncipe, fueron presos en el cuartel, y conducidos en coches a Madrid, y con mucho misterio.

Esta novedad, algunas personas extrañas que habían venido al Sitio y vagaban por los claustros a todas horas, el movimiento misterioso que se observaba en el cuarto de la reina, y en el palacio de don Manuel Godoy, anunciaban algún acontecimiento notable. En efecto, el día 29 de octubre, después de haber pasado el príncipe don Fernando la mayor parte de la tarde en el coro cantando las vísperas y completas en compañía de los monjes, a cosa de las siete fue llamado al cuarto de la reina, la cual personalmente le registró con mucha escrupulosidad, y le encontró en el bolsillo del frac un papel escrito en cifra.

Al poco rato los criados de la reina condujeron a palacio las papeleras del príncipe, que fueron registradas en su presencia, y después de esta operación se le permitió volver a su alojamiento, en cuyas inmediaciones y puertas se habían multiplicado las centinelas. A las once de la noche fue llamado por segunda vez a palacio, y mientras estaba en él, se practicó en su habitación un detenido y escrupuloso registro, y se apoderaron de todos sus papeles.

La comunidad y la corte estaban completamente aturdidas a vista de aquella novedad, que ni comprendían ni se atrevían a preguntar, cuando poco antes de media noche vieron pasar por el coro al príncipe don Fernando, acompañado de su augusto padre, de los cuatro ministros de Estado, Marina, Hacienda, y Gracia y Justicia, con una escolta de doce guardias, y detrás un grupo de carpinteros y albañiles con herramientas propias de su oficio, que seguían silenciosas a los augustos personajes. Llegados a la celda prioral, Carlos IV mandó a los carpinteros y albañiles que clavasen o tabicasen todas las puertas... Tomadas estas disposiciones el Rey intimó a su hijo hallarse en aquella habitación preso, e incomunicado de su orden; mandó situar un fuerte grupo de guardia en el extremo del claustro principal...

A las seis de aquella misma tarde[199] *habían venido de Madrid por orden del Rey, el señor don Arias Mon y Velarde, gobernador interino del Consejo, el consejero don Domingo Fernández y Campomanes, y don Andrés Romero Valdés, que era alcalde de casa y corte, y éstos con los ministros y el Rey se hallaron aquella noche reunidos en el cuarto de la reina... En consecuencia se convino en publicar, como se hizo el día siguiente, el famoso decreto de*

---

mada del prior, al fondo de las Salas Capitulares, con escalera directa al claustro principal alto".

199 29 de octubre de 1807.

30 de octubre de 1807, que redactó el eclesiástico Estala, y con la cual se dio principio a aquella causa tan ruidosa del Escorial...

Apenas quedó arrestado el príncipe, cuando fueron presos todos los criados de su servidumbre: las personas de más categoría quedaron arrestadas en las mismas celdas que ocupaban durante la jornada; las demás fueron conducidas a la cárcel pública del Sitio. Al día siguiente comunicaron al prior una orden, mandándole tuviese desocupadas habitaciones cerca de alguna de las torres, y con la posible independencia de la comunidad, pues habían de servir de cárcel para los presos que se fuesen trayendo...

A pesar del terror que la prisión del príncipe había infundido en todos los ánimos, los monjes, que tanto le amaban, no dejaban de informarse por medio de las muchas relaciones que siempre han tenido en la corte, de lo que se hacía e intentaba, para esperar una ocasión de comunicárselo al preso; pero éste estaba tan vigilado que era de todo punto imposible hablarle...

No tardaron muchos días las celdas del noviciado en servir al objeto a que las destinaban. El canónigo del Infantado, el marqués de Ayerve, los condes de Bornos y Orgaz, el brigadier don pedro Giraldo, el comerciante don José Manrique y otros fueron llegando y se vieron reducidos a aquellos estrechos cuchitriles debajo de las pizarras... se les señaló mucho en la caridad e interés por la humanidad afligida el padre Vicente Flores, secretario del prior, que personalmente logró ver los presos, y los consoló y les dio camas, braseros, abrigos y otras cosas de urgente necesidad, e influyó mucho para que personas tan respetables fuesen trasladadas a habitaciones más cómodas. Lo consiguió por medio del prior y de algunos grandes de la corte, que interpusieron su poderoso influjo con los reyes, y fueron trasladados el duque del Infantado a la celda del rector del colegio, y los demás a otras celdas más cómodas y abrigadas que las habían tenido, y que dejaron los monjes, yéndose a vivir a la compañía...

Aunque el príncipe don Fernando fue puesto en libertad en la noche del 5 de noviembre, por la aparente mediación del príncipe de la Paz, no por eso cesaron los temores. La libertad del augusto preso no era más que de nombre. El gentil-hombre, don Manuel de Andrade y el ayuda de cámara Calatayud, que remplazaron a Merlo y Lobo, eran el primero padrino, y el segundo protegido de Godoy, y nadie podía hablar al príncipe sino en su presencia, nadie se le acercaba que no fuese severamente espiado y observado por estos dos sirvientes.

Sin embargo, los enemigos del príncipe pudieron el día siguiente desengañarse de lo inútil de sus tramas, y del entusiasmo que todos tenían por Fernando. En la tarde del 6, en que por primera vez salió a paseo después de su prisión, los caminos se llenaron de gente, y al volver por el de Guadarrama recibió una ovación, que debió serle muy satisfactoria. El numeroso gentío que esperaba en él dejó pasar el coche de los reyes, guardando un silencio mudo, pero lo mismo fue llegar su coche, que lo detuvieron, prorrumpiendo en tales vivas y demostraciones de júbilo, que tardó en poderse abrir paso y llegar a palacio. Los monjes, que habían observado esta franca manifestación de cariño, corrieron a situarse en el antecoro, junto a la sala de Batallas, y lo mismo fue salir de ella, que felicitándole, aclamándole y dándole mil pruebas de cariño, le acompañaron hasta la celta prioral...".

En este continuo temor y agitación se pasaron los meses de noviembre y diciembre, y en los últimos días de éste el Rey comunicó al prior una orden, avisándole que los señores que componían el tribunal y todos los presos continuarían en el monasterio hasta la total terminación de la causa, y desde luego se dio la orden para que la jornada marchase a Aranjuez, el día 30. Mucho sentía el príncipe salir del Escorial, por que estaba segurísimo de que allí en cada uno de los monjes tenía un amigo sincero, y un defensor que velaría por su existencia.

Los jueces, que habían quedado en El Escorial, continuaban la causa sin levantar la mano, y el 8 de enero de 1808 vino un decreto del Rey para que el 14 del mismo estuviesen reunidos en El Escorial todos los consejeros y camaristas, a fin de oír las defensas de los reos y fallar definitivamente la causa... Al día siguiente se dijo misa del Espíritu Santo en el oratorio de la celda prioral, donde se hallaron todos los señores del Consejo, y enseguida pasaron al salón grande, que con anticipación se había adornado y preparado para que sirviese de tribunal. A las diez de la mañana se comenzaron a oír las defensas, que continuaron en los días 18, 19 y 20. El 25 volvieron a reunirse los jueces, pero lo hicieron en la *celda de Juanelo*[200], por haberse puesto enfermo de alguna gravedad el consejero de Castilla don Eugenio Caballero. Al lado de su cama, y en aquella pequeña habitación se falló tan ruidosa y comprometida causa, y acordaron la sentencia definitiva, por la que se declaraba a los encausados enteramente libres".

Mientras todo eso acontecía, los ejércitos franco-españoles entraban en tierras portuguesas, controlando las más significativas de sus ciudades, a la vez de que las principales localidades españolas eran guarnecidas por tropas galas. Será en ese momento cuando Napoleón exigiera un camino

[200] Según Campos y Fernández de Sevilla se denominaba de esta manera porque sobre el dintel de entrada estuvo y está colocado un retrato de Juanelo Turriano, relojero, matemático y arquitecto del Emperador Carlos V. Se trata de una sala situada en la fachada principal en el claustro alto de la antigua hospedería, a pocos metros del salón principal de la Librería.

militar hasta Portugal o la línea del Ebro como frontera con Francia. Ante tal situación, los monarcas españoles que en ese momento se encontraban en Aranjuez, decidieron partir para América. Todo ello alarmaría a los españoles, y aunque se fijó una proclama en la que se declaraba falso el proyectado viaje, todos culparían a la política de Godoy como responsable de lo que acontecía.

Sin embargo, y a pesar de los acontecimientos daban a entender a todos que los franceses estaban incumpliendo el contenido de lo pactado con el Rey de España, éste seguía insistiendo en que todo se hallaba perfectamente controlado. En este sentido, baste la lectura de cierto documento en donde Carlos IV justificaba el comportamiento de las tropas francesas, así como se encargaba de desmentir cierto proyecto de huída de la familia real:

> "*Amados vasallos míos… Respirad tranquilos: sabed que el ejército de mi caro aliado el Emperador de los franceses atraviesa mi reino con ideas de paz y de amistad. Su objeto es trasladarse a los puntos que amenaza el riesgo de algún desembarco del enemigo y que la reunión de los cuerpos de mi guardia ni tiene el objeto de defender mi persona ni acompañarme en un viaje que la malicia os ha hecho suponer como preciso…*".

En ese enrarecido clima, llegaría la noche del 19 de marzo de 1808, en la cual el populacho asaltó el palacete de Manuel Godoy. No tardaría en llegar el fin de su mandato, siendo destituido de sus cargos y honores, además de ser encerrado en el castillo de Villaviciosa de Odón, en Madrid, por orden directa del príncipe Fernando y que a duras penas salvó la vida gracias a la intervención de Murat, quien lo condujo a Bayona, en donde se vio por primera vez directamente con Napoleón.

En ese sentido, tras haber sido obligado Carlos IV a renunciar al trono tras el motín de Aranjuez[201], el dimitido monarca exigirá la devolución de los derechos que ahora ostentaba su hijo Fernando VII. Así las cosas,

---

[201] Carta de Carlos IV a Napoleón explicando los sucesos de Aranjuez de Marzo de 1808: "*Señor mi hermano: VM. sabrá sin duda con pena los sucesos de Aranjuez y sus resultas y no verá con indiferencia a un Rey que, forzado a renunciar a la corona, acude a ponerse en los brazos de un grande monarca, aliado suyo, subordinándose totalmente a la disposición del único que puede darle su felicidad, la de toda su familia y la de sus fieles vasallos.*

Yo no he renunciado a favor de mi hijo sino por la fuerza de las circunstancias, cuando el estruendo de las armas y los clamores de una guardia sublevada me hacían conocer bastante la necesidad de escoger la vida o la muerte...

el depuesto Rey y su esposa se habían sometido a la protección ofrecida por el Emperador de los franceses, y fueron custodiados por las tropas de Murat. Al mismo tiempo, con la excusa de solucionar el enfrentamiento entre Carlos IV y Fernando VII, Napoleón convoca a ambos en la ciudad francesa de Bayona, a lo que Fernando accedió con la esperanza de que el Emperador le reconociese y respaldase como Rey de España.

El 20 de abril pasó la frontera escoltados por tropas francesas, llegaron a Bayona el 30 de abril, mientras, en Madrid, el pueblo se había levantado en armas contra los franceses.

Curiosamente cuando Godoy llegaba a aquella localidad francesa se encontraría con su antiguo protector y Rey, Carlos IV, y su enemigo más directo, Fernando. En ese momento ya ni padre ni hijo eran reyes de España, por haberse hecho previamente cesión de sus derechos a la corona española a la dinastía Bonaparte. Se habían producido las conocidas Abdicaciones de Bayona.

Los hechos del 2 de Mayo de 1808 marcan el comienzo de la Guerra de la Independencia Española, una guerra que a todos los efectos vino a ser una auténtica guerra nacional, pues ahí se vieron implicados en mayor o menor medica y por primera vez en la historia todos los pueblos de España. Madrileños, andaluces, extremeños, pero también indianos, catalanes, navarros, gallegos o navarros participaron directamente y con una misma voz contra los que habían ocupado España por la fuerza de las armas. Lucharon por la defensa de la legalidad, por muy injusta que fuese, por la religión de los españoles, por la Patria, por más que muchos no tuviesen claro en su fuero interno que concepto venía a identificarse con este término.

En Bayona, Carlos IV afirmaría que la renuncia al trono producida tras el motín de Aranjuez era nula y exigió la devolución de sus derechos. Napoleón le obligó a ceder sus derechos a cambio de asilo en Francia para él, su mujer y su favorito Godoy, así como una sustancial pensión de 30 millones de reales anuales[202].

Yo fui forzado a renunciar; pero he tomado la resolución de conformarme con todo lo que quiera disponer de nosotros y de mi suerte, la de la Reina y la del Príncipe de la Paz".

[202] Contenido de la abdicación de Bayona de Carlos IV: "*He tenido a bien dar a mis amados vasallos la última prueba de mi paternal amor. Su felicidad, la tranquilidad, prosperidad, conservación e integridad de los dominios que la divina providencia tenía puestos bajo mi Gobierno, han sido durante mi reinado los únicos objetos de mis constantes desvelos. Cuantas*

Cuando llegaron a Bayona las noticias del levantamiento de Madrid y de su represión, Napoleón ordenó a Fernando VII reconocer a su padre como Rey legítimo. A cambio de un castillo y de una pensión anual de cuatro millones de reales, aceptó, ignorando que su padre había renunciado en favor de Bonaparte. Era el 5 de mayo de 1808. La corona de España, pues, recayó en Napoleón, el cual se la cedió a su hermano, José Bonaparte, que reinaría en tierras de la Monarquía Hispánica hasta el año 1813 como José I.

De todas formas, si bien pudiera en algún momento justificarse algún tipo de ignorancia a favor de Fernando VII en relación a cuanto estaba aconteciendo en ese momento, lo que no tiene ninguna fue esa misiva enviada por éste a Napoleón felicitándole por el nombramiento de José I como Rey de España:

> *"Señor: He recibido con sumo gusto la carta de VM. I y R del 15 del corriente, y le doy las gracias por las expresiones afectuosas con que me honra y con las cuales yo he contado siempre. Las repito a VM. I y R., por su bondad a favor de la solicitud del duque de San Carlos y de D. Pedro Macanaz, que tuve el honor de recomendar. Doy muy sinceramente, en mi nombre y de mi hermano y tío, a VM. I y R. la enhorabuena por la satisfacción de ver instalado a su querido hermano el Rey José en el trono de*

---

providencias y medidas se han tomado desde mi exaltación al trono de mis augustos mayores, todas se han dirigido a tan justo fin, y no han podido dirigirse a otro. Hoy, en las extraordinarias circunstancias en que se me ha puesto y me veo, mi conciencia, mi honor y el buen nombre que debo dejar a la posteridad, exigen imperiosamente de mí que el último acto de mi Soberanía únicamente se encamine al expresado fin, a saber, a la tranquilidad, prosperidad, seguridad e integridad de la monarquía de cuyo trono me separo, a la mayor felicidad de mis vasallos de ambos hemisferios.

Así pues, por un tratado firmado y ratificado, he cedido a mi aliado y caro amigo el Emperador de los franceses todos mis derechos sobre España e Indias; habiendo pactado que la corona de las Españas e Indias ha de ser siempre independiente e íntegra, cual ha sido y estado bajo mi soberanía, y también que nuestra sagrada religión ha de ser no solamente la dominante en España, sino también la única que ha de observarse en todos los dominios de esta monarquía. Tendréislo entendido y así lo comunicaréis a los demás consejos, a los tribunales del reino, jefes de las provincias tanto militares como civiles y eclesiásticas, y a todas las justicias de mis pueblos, a fin de que este último acto de mi soberanía sea notorio a todos en mis dominios de España e Indias, y de que conmováis y concurran a que se lleven a debido efecto las disposiciones de mi caro amigo el Emperador Napoleón, dirigidas a conservar la paz, amistad y unión entre Francia y España, evitando desórdenes y movimientos populares, cuyos efectos son siempre el estrago, la desolación de las familias, y la ruina de todos.

Dado en Bayona en el palacio imperial llamado del Gobierno a 8 de mayo de 1808. Yo el Rey. Al Gobernador interino de mi consejo de Castilla".

> *España. Habiendo sido siempre objeto de todos nuestros deseos la felicidad de la generosa nación que habita en tan dilatado terreno, no podemos ver a la cabeza de ella un monarca más digno ni más propio por sus virtudes para asegurársela, ni dejar de participar al mismo tiempo el grande consuelo que nos da esta circunstancia. Deseamos el honor de profesar amistad con S.M., y este motivo ha dictado la carta adjunta que me atrevo a incluir, rogando a VM. I. y R. que después de leída, se digne presentarla a S.M. Una mediación tan respetable nos asegura que será recibida con la cordialidad que deseamos. Señor, perdonad una libertad que nos tomamos por la confianza sin límites que VM I. y R. nos ha inspirado, y asegurado nuestro afecto y respeto, permitid que yo renueve los más sinceros e invariables sentimientos, con los cuales tengo el honor de ser; Señor, de VM. I. y R. su más humilde y muy atento servidor. Valençay, 22 de junio de 1808. Fernando".*

Pero a diferencia de la actitud injustificable y babosa, que adoptó la familia real española con respecto al Emperador de los franceses, los españoles reaccionaron airosamente contra lo que consideraban un auténtico ultraje a la Nación, y no estaban dispuestos en ningún modo a consentirlo. En este sentido, la debilidad de los Borbones nada tuvo que ver con el heroísmo de los españoles, y así se lo haría saber rápidamente José I a su hermano nada más tomar posesión del trono español. Para solucionar este asunto, no tardaría en acercarse Napoleón a los españoles, en un intento claro de atraerse a éstos con proclamas de mejoras y felicidad, y que La Gazeta de Madrid del viernes 20 de mayo de 1808 se encargó de difundir a los cuatro vientos:

> "*...Españoles: después de una larga agonía vuestra nación iba a perecer. He visto vuestros males y voy a remediarlos... Vuestros príncipes me han cedido todos sus derechos a la corona de las Españas; yo no quiero reinar en vuestras provincias... y os haré gozar de los beneficios de una reforma sin que experimentéis quebrantos, desordenes y convulsiones. Españoles: he hecho convocar una asamblea general de las diputaciones, de las provincias y de las ciudades. Yo mismo quiero saber vuestros deseos y vuestras necesidades...asegurándoos al mismo tiempo una Constitución que concilie la santa y saludable autoridad del Soberano con las libertades y privilegios del pueblo. Españoles: acordaos de lo que han sido vuestros padres, y mirad a lo que habéis llegado. No es vuestra la culpa, sino del mal gobierno que os regía. Yo quiero que mi memoria llegue hasta vuestros últimos nietos y que exclamen: es el regenerador de nuestra patria. Bayona, 25 de mayo de 1808*".

La cronología de cuanto vino a acontecer en Bayona ha sido analizada de modo jurídico-legal por el profesor Martínez Llorente a través de los datos reflejados en la *Gazeta de Madrid*:

- El 19 de marzo se produce la abdicación de Carlos IV en la persona de su hijo Fernando VII, apareciendo los primeros decretos de Fernando VII (Gazeta de Madrid de 24 de marzo de 1808, páginas 297-298).
- El 21 de marzo está fechada la protesta por la abdicación forzada de Carlos IV, y el 17 de abril la carta que enviase Carlos IV con tal motivo al Emperador de los franceses, y a su hermano el infante Antonio con la confirmación de la composición de la Junta de Gobierno (Gazeta de Madrid de 13 de mayo de 1808, páginas 453-455).
- El 4 de mayo la Junta de Gobierno admite a Murat como Presidente (Gazeta de Madrid de 10 de mayo de 1808, página 442).
- También, en relación a Murat, encontramos la designación de Carlos IV como Lugarteniente General del Reino, y Presidente de esa misma Junta Suprema de Gobierno (Gazeta de Madrid de 13 de mayo de 1808, páginas 457-458).
- El 5 de mayo, Carlos IV cedía sus derechos al trono de España a favor de Napoleón (Gazeta de Madrid de 14 de octubre de 1808, páginas 1293-1294).
- El 6 de mayo, Fernando IV abdicaba en su padre Carlos IV, encomendando a la Junta de Gobierno ponerse al servicio del reinstaurado monarca (Gaceta de Madrid de 13 de mayo de 1808, páginas 458-459).
- El 12 de mayo ceden a Napoleón sus derechos al trono de España el infante don Antonio, hermano del Rey, y sus hijos el príncipe de Asturias y el infante don Carlos (Gazeta de Madrid de 20 de mayo de 1808, páginas 483-484).

Resulta curioso observar como poco tiempo después, la primera imagen que la propaganda afrancesada difundió a través de la Gazeta de Madrid, no hacía alusión a la de un Rey José I bondadoso, filósofo, liberal etc., ni siquiera a las innumerables virtudes del todopoderoso Emperador, sino que se centró en la imagen de España como nación, lo cual no era sino otra forma de justificar la presencia de los Bonaparte en tierras españolas. La agónica situación en la que se hallaba España, se anotaba, requería una política regeneradora que lograra de alguna manera reflotarla, señalándose acto seguido que sin duda alguna era la dinastía de los Bonaparte la que se encontraba en disposición para conseguir tales objetivos.

Mientras tanto, y con el ánimo de contrarrestar la propaganda afrancesada, tras los acontecimientos del 2 de mayo y de la constitución de las primeras juntas antifrancesas, los seguidores de Fernando VII crearon un periódico oficial, a través del cual publicaron sus proclamas y órdenes pertinentes. La celeridad con la que respondió contra el supuesto control de los medios oficiales por parte del Rey José fue tal que, incluso antes de que éste hiciera su entrada en Madrid, la Junta Suprema de Gobierno dictó con fecha de 9 de junio la siguiente instrucción:

> "*Se detendrán y recogerán todas las órdenes, diarios y papeles sediciosos que se hayan remitido desde Madrid, de Francia, o de cualquiera otra parte, no obedeciendo aquellas, ni permitiendo coger ninguno de estos*".

Además, la creación de una sólida plataforma propagandística, que se encargase de coadyuvar a los idearios de una pronta restauración de Fernando VII, fue pareja al diseño de una estrategia de ataque y menosprecio contra las publicaciones afrancesadas. El ataque del que fueron objeto constante ambos hermanos Bonaparte –José I y Napoleón– fue tan relevante como la neutralización de la prensa afrancesada, táctica con la cual pretendían los patriotas españoles reducir su efectividad. Además, la dosis de xenofobia de la literatura popular antifrancesa era tan común como los comentarios despreciativos vertidos sobre los periódicos franceses, alegándose explícitamente que,

> "*estos periódicos están atestados de relaciones tan falsas por lo perteneciente a los sucesos de España, que excitan la risa y el desprecio*".

Finalmente, interesa indicar como el 11 de agosto de 1808 se formalizaba en Pleno una declaración del Consejo Real de Castilla, en virtud de la cual se declaraban nulas de pleno derecho las abdicaciones realizadas en Bayona. Los hechos de Bayona no supusieron únicamente un cambio dinástico. En este sentido, en una proclama dirigida el 26 de mayo por Napoleón a los españoles se indicaba que España se encontraba frente a un cambio de régimen, con los beneficios de una Constitución sin necesidad de una revolución previa.

Seguidamente a ello, el Emperador convocaría para que acudiesen a aquella ya citada localidad francesa a una asamblea de notables españoles, la Junta española de Bayona. Aunque la asamblea resultó ser en cierto modo fracaso para Napoleón, ya que únicamente acudieron a ella 75 de los 150 notables previstos, a lo largo de nueve sesiones debatieron un proyecto de Constitución que previamente había sido elaborado por el Emperador y que, con escasas rectificaciones, vinieron a aprobar en julio de 1808. Estamos ante lo que para muchos historiadores y constitucionalistas vino a suponer la primera constitución de la historia de España: el *Estatuto de Bayona*.

Los sucesos del Dos de Mayo, y su repercusión en España y en la América Hispana. Las Juntas de Gobierno

El *Dos de Mayo* de 1808 vendría a suponer un hecho trascendental en la identidad del pueblo español, que a partir de ese momento se unirá en la defensa de su patria contra el invasor francés. No se trató de una rebelión del aparato político o burocrático del Estado español contra los franceses, sino la del pueblo español contra los ejércitos ocupantes de España por gran cantidad de miembros de la Administración. Aunque la entrada en España de las tropas francesas se había hecho legalmente, al amparo del Tratado de Fontainebleau, no tardaría Napoleón en vulnerar el cupo militar autorizado, además de ocupar ciudades que no se encontraban en la ruta que conducía a Portugal, que a todas luces era su supuesto objetivo.

La represión utilizada por Murat resultaría sumamente dura. En este sentido, tras haber acabado con el levantamiento del populacho, se planteó tres objetivos:

- controlar la administración y el ejército español;
- aplicar un riguroso castigo a los rebeldes para escarmiento de todos los españoles; y
- afirmar que era él quien gobernaba España.

La tarde del 2 de mayo firmó un decreto, en virtud del cual se erigía una comisión militar que sería presidida por el general Grouchy. Su misión no era otra que la de sentenciar a muerte a todos cuantos hubiesen sido hallados con las armas en la mano. En estos términos, los patriotas españoles que habían salido a las calles para defender la causa del Rey español morirían víctimas de los arcabuces de las tropas francesas.

En este sentido, en el *Salón del Prado* y en los campos de *La Moncloa* se fusiló a centenares de patriotas. Quizá unos mil españoles perdieron la vida en el levantamiento y los fusilamientos subsiguientes. A su vez, no faltaron militares españoles colaboraron con Grouchy en la comisión militar. En estos primeros momentos, las clases pudientes parecieron preferir el triunfo de las armas de Murat antes que el de los patriotas, compuestos únicamente de las clases populares.

Mientras tanto, el Consejo de Castilla haría pública una proclama en virtud de la cual se declaraba ilícita cualquier reunión en sitios públicos, ordenándose la entrega de todas las armas, blancas o de fuego.

Al contrario de lo que hubiese podido imaginar Murat respecto a las consecuencias directas de estos hechos, la sangre que aquellos patriotas españoles derramaron no hizo sino inflamar los ánimos de los españoles, iniciándose una lucha sin cuartel a lo largo y ancho de toda España contra las tropas francesas invasoras.

El mismo 2 de Mayo de 1808 por la tarde, en la villa de Móstoles, ante las noticias horribles que traídas por los fugitivos de la represión que se vivía en Madrid, una destacada autoridad política como era Juan Pérez Villamil[203], promovió la firma por parte de los alcaldes de la localidad mostoleña[204] un bando en el que se llamaba a todos los españoles a empuñar las armas contra los franceses invasores, empezando por acudir al socorro de la capital. Había comenzado un levantamiento general en toda la Monarquía Hispánica.

Mientras tanto, resultarían de fundamental significación aquellas juntas creadas durante la ausencia de Fernando VII, las cuales vendrían a gobernar en su nombre. Tras la criticada por antipatriota y pro francesa Junta Supre-

---

[203] Juan Pérez Villamilera, Secretario del Almirantazgo y Fiscal del Supremo Consejo de Guerra.

[204] Se trataba de Andrés Torrejón y Simón Hernández.

ma de Gobierno, erigida por Fernando VII para que actuase en su nombre cuando marchaba a la reunión de Bayona, no tardarían en surgir otras que en cierto modo asumieran las tareas de dirigir España. En este sentido, la Junta Suprema Central, también llamada la Junta Suprema o Junta Central Suprema y, oficialmente, Junta Suprema Central y Gubernativa del Reino fue el órgano que acumuló dos de los tres poderes del Estado Español: ejecutivo y legislativo. Y así sería a lo largo de la ocupación napoleónica. Se constituyó el 25 de septiembre de 1808, tras la victoria en la batalla de Bailén y después de que el Consejo de Castilla declarase nulas las abdicaciones de Bayona. Estuvo vigente hasta el 30 de enero de 1810.

Fue formada inicialmente por los representantes de las Juntas Provinciales, tuvo su sede en Aranjuez y fue presidida por el ya anciano conde de Floridablanca, con 35 miembros en total. En pocas palabras, la misión de la Junta fue la de asumir el poder del Estado durante la ausencia del Rey, Fernando VII. Al disolverse la Junta, fue creado el Consejo de Regencia de España e Indias, a partir del cual, tras la recuperación casi completa del territorio peninsular durante la Guerra de Independencia española, se forman las Cortes de Cádiz, que acabaron redactando la Constitución española de 1812.

Será tras la victoria en la mitificada batalla de Bailén, cuando el sentimiento de patriotismo recorriese gran parte de España e Indias, haciendo caer en la trampa, no sólo al pueblo, sino a muchos generales, de que la guerra ya estaba ganada. En todo caso, fue entre junio y julio de 1808, cuando el ejército anglo-español, comandado por el general Castaños, luchaba, hasta la victoria, contra las tropas napoleónicas de Dupont en la batalla de Bailén. Resulta curioso ver que como consecuencia de todo lo que allí aconteció, los vencidos soldados franceses fueron trasladados a la balear isla de La Cabrera, en donde se había pactado que permanecerían hasta el final de la guerra. Sin embargo la negativa de la Junta de Mallorca a prestarles el aprovisionamiento de alimentos necesario haría que muchos de ellos perecieran de hambre, incluso viéndose aquel ejército a episodios puntuales de antropofagia. En memoria permanente de aquel horror hoy encontramos en aquel lugar un cementerio francés.

Ante la trascendencia de la derrota, la primera en campo abierto del ejército imperial francés, Napoleón decide mandar a su *Grande Armée*, a finales de ese año. Mientras tanto, el pueblo y el ejército celebraban la victoria, dejándose llevar por la euforia y confiando en sus posibilidades.

Durante los meses de mayo y junio del mismo año, fueron erigiéndose distintas juntas, las Juntas Locales y las Supremas, que encabezarían el clamor popular contrario a la invasión de los franceses. En ellas, numerosos intelectuales y, en especial, políticos de renombre, trataron de organizar la caótica situación ante los invasores, declarando, en primer lugar, la guerra a Napoleón.

Como no podía ser de otro modo, para el desarrollo de estas acciones militares y políticas, fueron precisas grandes sumas de dinero, circulante proporcionado en parte por colectas populares, tanto en tierras de la España europea como en la americana, tal y como tendremos ocasión de ver a lo largo de esta obra.

Con respecto a la formación oficial de la Junta Suprema Central, indicar que dos fueron los lugares en los que, a mediados de septiembre, contemplaron la reunión de los diputados tras debatir y acordar los propósitos reflejados en el manifiesto de la Junta de Valencia: Madrid, la capital del Reino, y Aranjuez. Los representantes de Aragón, Asturias, Cataluña y Valencia decidieron que la Junta Central tuviera la misma sede que las autoridades monárquicas, mientras que los diputados de Murcia, Extremadura y los reinos de la actual Andalucía no aceptaban compartir base con el Consejo de Castilla. Finalmente, tras intermediaciones entre el Príncipe Pío y el conde de Floridablanca, acabaron trasladándose a Aranjuez, erigiéndose el Real Sitio como el primer centro de la Junta.

A la búsqueda de la pertinente constitución oficial, el 25 de septiembre de 1808, en una ceremonia oficiada en la Capilla del Real Palacio de aquella localidad del Tajo; ante el representante por Sevilla, monseñor Juan de la Vera y Delgado, arzobispo de Laodicea, coadministrador del cardenal de Borbón en el de Sevilla y más tarde obispo de Cádiz; se constituyó la Junta Suprema Central y Gubernativa de España e Indias, quedando formada por los diputados procedentes de las Juntas Supremas de las capitales de los antiguos reinos, tal como quedó decidido en la reunión llevada a cabo el día anterior en la posada en la que curiosamente se hospedaba el conde de Floridablanca, a la postre, presidente de la Junta.

Los componentes de la Junta Suprema Central y Gubernativa de España e Indias

En el momento de su constitución en Aranjuez, los miembros que compusieron aquella Junta Suprema, así como por qué territorios ejercían representación, fueron los siguientes:

Por Aragón:

- Francisco Palafox y Melzi, gentilhombre de Cámara de Su Majestad con ejercicio con ejercicio, Brigadier del ejército, y Oficial de Reales Guardias de Corps.
- Lorenzo Calvo de Rozas, vecino de Madrid e Intendente del ejército y Reino de Aragón.

Por Asturias:

- Gaspar Melchor de Jovellanos, Caballero de la Orden de Alcántara, del Consejo de Estado de Su Majestad, y antes Ministro de Gracia y Justicia.
- Marqués de Campo Sagrado, Teniente general del ejército, e Inspector general de las tropas del Principado de Asturias.

Por las Islas Canarias:

- Marqués de Villanueva del Prado.

Por Castilla la Vieja:

- Lorenzo Bonifaz y Quintano, dignidad de Prior de la Santa Iglesia de Zamora.
- Francisco Javier Caro, Catedrático de Leyes de la Universidad de Salamanca.

Por Cataluña:

- Marqués de Villel, Conde de Darnius, grande de España y gentilhombre de Cámara de Su Majestad con ejercicio.
- El Barón de Sabasona.

Por Córdoba:

- El Marqués de la Puebla de los Infantes, grande de España.
- Juan de Dios Gutiérrez Rabé.

Por Extremadura:

- Martín de Garay, Intendente de Extremadura, y Ministro honorario del Consejo de Guerra. Fue el primer Secretario general, y despachó interinamente los negocios de Estado.
- Félix Ovalle, Tesorero de ejército de Extremadura.

Por Galicia:

- Conde de Gimonde.
- Antonio Aballe.

Por Granada:

- Rodrigo Riquelme, Regente de la Chancillería de Granada;
- Luis de Funes, Canónigo de la Santa Iglesia de Santiago.

Por Jaén:

- Francisco Castanedo, Canónigo de la Santa Iglesia de Jaén, Provisor y Vicario general de su Obispado.
- Sebastián de Jocano, del Consejo de Su Majestad en el Tribunal de Contaduría Mayor, y Contador de la provincia de Jaén.

Por León:

- Fray Don Antonio Valdés, Bailío Gran Cruz de la Orden de San Juan, Caballero del Toisón de oro, gentilhombre de Cámara con ejercicio, Capitán general de la Armada, Consejero de Estado, y antes Ministro de Marina e Interino de Indias.
- El Vizconde de Quintanilla.

Por Madrid:

- El Conde de Altamira, Marqués de Astorga, grande de España, Caballero del Toisón de oro, Gran Cruz de la Orden de Carlos III, Caballerizo mayor y gentilhombre de Cámara de Su Majestad con ejercicio.

- Pedro de Silva, Patriarca de las Indias, Gran Cruz de la Orden de Carlos III, y antes Mariscal de campo de los Reales Ejércitos. Falleció en Aranjuez, y no fue reemplazado.

Por Mallorca:

- Tomás de Veri, Caballero de la Orden de San Juan, Teniente Coronel del regimiento de voluntarios de Palma.
- El Conde de Ayamans, Teniente Coronel de las milicias de Palma.

Por Murcia:

- El Conde de Floridablanca, Caballero del Toisón de oro, Gran Cruz de la Orden de Carlos III, gentilhombre de Cámara de Su Majestad con ejercicio, y antes primer Secretario de Estado interino de Gracia y Justicia. Tras ser elegido como el primer Presidente de la Junta Central falleció en Sevilla, siendo subrogado por el Marqués de San Mamés, el cual no llegaría a tomar posesión del cargo.
- El Marqués del Villar.

Por Navarra:

- Miguel de Balanza.
- Carlos de Amatria.

Por Toledo:

- Pedro de Ribero, Canónigo de la Santa Iglesia de Toledo. Fue Secretario general.
- José García de la Torre, Abogado de los Reales Consejos.

Por Sevilla:

- Juan de la Vera y Delgado, Arzobispo de Laodicea, Coadministrador del señor Cardenal de Borbón en el de Sevilla, y después Obispo de Cádiz.
- El Conde de Tillí..

Por Valencia:

- El Conde de Contomina, grande de España, gentilhombre de Cámara de S. M. con ejercicio.

- El Príncipe Pío, Grande de España, Coronel de milicias. Falleció en Aranjuez, y fue subrogado por el Marqués de la Romana, Grande de España, Teniente General de los Reales Ejércitos, y General en Jefe del ejército de la izquierda.

Finalmente indicar que como Portero de la recién erigida Institución actuó Lorenzo Bonavia.

Los primeros pasos de la Junta Gubernativa Central

Ya desde sus comienzos, en la sesión que la Junta celebró el 7 de octubre de 1808, fue propuesta una convocatoria de Cortes que, según el decreto de 5 de mayo de Fernando VII, debía nombrar una regencia que albergara la soberanía del Rey durante su ausencia. Sin embargo, ésta proposición fue desestimada por un gran sector de ésta, pues no sólo suponía un largo estudio, con la consecuente pérdida de tiempo, sino que, teniendo a la susodicha Regencia, apenas podrían aprovecharse del poder concentrado de que presumían desde apenas hacía unos días. Es más, debido a los encontronazos pasados con el Consejo de Castilla, se auto-impuso el cumplimiento de dicho decreto, por el que ordenaba el trato de Majestad a organismos e individuos ajenos.

En los meses que siguieron a su fundación, la Junta se encargó de organizar al país y la guerra, entre cuyos actos destacan la fijación de los tributos de guerra, el establecimiento del *Ejército de la Mancha*, comandado por el general Aréizaga, y la firma del tratado de alianza con Gran Bretaña, que finalmente sería suscrito el 14 de enero de 1809.

Pero las cosas no se planteaban de manera fácil, ya que con la llegada a tierras de España del Emperador Napoleón, en noviembre de 1808, y la capitulación de Madrid, la Junta Central y Gubernativa de España e Indias se vería obligada a trasladarse hasta tierras de Extremadura, más tarde a Sevilla y, finalmente, a la Isla de León, actual San Fernando, el 23 de enero de 1810.

Aún en Sevilla, el 15 de abril de 1809, el diputado Lorenzo Calvo de Rozas elaboró una propuesta de *convocatoria de las Cortes y elaboración constitucional* que, al contrario que la primera, fue bastante bien acogida. Durante las siguientes semanas, la propuesta se convirtió en un Real Decreto, al que se le había adjuntado un pequeño manifiesto en el que se declaraban las intenciones que debían llevar los diputados de las ya mencionadas Cortes Constitucionales.

Este Real Decreto, con fecha de 22 de mayo de 1809, proponía oficialmente la celebración de esta asamblea constituyente para el año 1810, además de la creación de una *Comisión de Cortes*, presidida por Melchor Gaspar de Jovellanos, que prepararía las reformas necesarias para poder llevar a término las Cortes.

El Consejo de Regencia y las Cortes de Cádiz

En 1810, la Junta Central, en nombre del Rey Fernando VII, decidía poner fecha a la composición de las Cortes, en un principio, el 1 de marzo. El día 29 de enero se expidió el último decreto de la Suprema Junta, por el cual, ésta se disolvía y daba paso al Consejo de Regencia de España e Indias, que acabaría organizando las Cortes.

Este Consejo de Regencia de España e Indias fue, como su nombre lo indica, un órgano que, con igual autoridad que el propio Rey Fernando VII, tenía como principal misión la organización de las Cortes Constituyentes, que la propia Junta Central no había podido instaurar. La Suprema Regencia, como también se la conocía, tuvo que ser creada debido al descrédito a que se vieron sometidos los miembros de ésta última tras la derrota en Ocaña.

La regencia estuvo compuesta por cinco miembros, ninguno de ellos miembro de la Junta Central y uno, representante de las colonias americanas. Estos fueron el general Castaños, los consejeros de Estado don Antonio de Escaño y don Francisco Saavedra, el obispo de Orense, don Pedro de Quevedo y Quintano y, por parte de las Américas, don Esteban Fernández de León, quienes, oficialmente, instalarían el Consejo de Regencia el día 2 de febrero.

Sin embargo, el miembro americano, el mismo día de la constitución del consejo debió ser suplido por su compañero don Miguel de Lardizábal.

Por otro lado, la regencia no acabó por completarse hasta que el obispo de Orense hiciera acto de presencia, cuatro meses más tarde, si bien, al hallarse tres de los regentes, el mínimo requerido por la propia Junta, ésta podía desempeñar su labor.

Dicha labor, casi reducida a la convocatoria de Cortes, fue muchísimo más polémica por causa de los intereses de los liberales, que pretendían componer una única cámara, a pesar de la propuesta, defendida entre otros por Jovellanos, de una convocatoria estamental, como fue decidido por la Junta Central.

Sin embargo, se sospechó y se acabó por confirmar la manipulación liberal, pues, aunque se excusaron en la falta de tiempo por la convocatoria, se descubrió que una nota en la publicación de la convocatoria acerca de la participación de la Iglesia y la Nobleza no había sido mandada. Finalmente y a pesar de la disputa, puesto que nobles y religiosos formaron parte de las representaciones provinciales, decidió mantenerse el sistema unicameral.

Ya resueltos los principales problemas y llegados a la Isla de León todos los diputados de las Cortes, en una ceremonia celebrada en la Iglesia Mayor Parroquial ante monseñor Pedro de Quevedo, que también hizo las veces de presidente regente, el 24 de septiembre de 1810 quedaron al fin constituidas las Cortes Generales, que acabarían por redactar la que para muchos ha sido primera Constitución de la historia de España.

Sobre ella, cuentan los especialistas en la materia que la Constitución de 1812 no fue un acto revolucionario, ni una ruptura con el pasado, ya que desde la legalidad del momento, quienes venían a auto considerarse como los legítimos representantes de la Nación Española vinieron a acordarla.

Con respecto al itinerario que vino a concluir con su redacción, indicar que las sesiones comenzaron, como dijimos, 24 de septiembre de 1810, con procesión cívica, misa y la petición encarecida del Presidente de la Regencia, el Obispo de Orense a los reunidos que cumplieran fiel y eficientemente sus cometidos.

De dar por bueno lo que aporta Solís, en ese lugar andaluz, se reunieron los siguientes colectivos, procedentes todos ellos de los distintos lugares de la Monarquía:

90 eclesiásticos

56 juristas

30 militares

14 nobles

15 catedráticos

49 altos funcionarios

8 comerciantes

20 sin profesión definida.

Una vez concluida, la Constitución Española de 1812 vendría a promulgarse en el Oratorio de San Felipe Neri de la ciudad de Cádiz, el 19 de marzo, día de San José, motivo por el cual a este texto se le diera el sobrenombre de *La Pepa*. Además, aquella Constitución jugará un papel importante en cuanto símbolo del constitucionalismo decimonónico, al erigirse en la representación más brillante de la bandera del liberalismo español durante décadas frente a las posiciones absolutistas.

Sobre la representación americana en aquellas Cortes, indicar que el 8 de abril de 1811 el Cabildo de Montevideo,

> "*... habiéndose enterado de la Superior orden del Excmo. Señor virrey de estas provincias, don Francisco Javier Elío, datada en treinta de marzo de 1811 para que procediesen en ayuntamiento a nombrar con arreglo al Real Decreto de 14 de febrero un diputado a las Cortes General y Extraordinarias del Reino, para que representando a aquel a gusto Congreso los derechos de todos los leales vasallos de esta Provincias de la Banda Oriental del Uruguay y septentrional del Río de la Plata, mediante a no ser justo que la conducta de Buenos Aires y sus secuaces sea un motivo para despojar los pueblos fieles del sagrado derecho del sufragio en el cuerpo soberano de la Nación concurra con sus gloriosas tareas a la salvación de la Patria*".

Para tal fin fueron elegidos tres personas: el presbítero don Rafael Zufriategui, don Jose Antonio Fernández y el doctor Mateo Vidal. Tras haberse sorteado quién partiría para la metrópoli, el elegido sería Fernández. Comunidada por el virrey Elío la imposibilidad en que se encontraba éste de trasladarse, "*por la repentina y grave enfermedad que le acometió*", el

Cabildo, el 12 de abril de 1811, completó nuevamente la terna, resultando elegido finalmente Zufriategui[205].

El reinado de José I

El reinado del hermano de Napoleón, José Bonaparte, puede ser considerado como un periodo de expolio de los bienes nacionales al servicio exclusivo de los intereses de Francia. El Estado josefino tenía su base legal en la Constitución o Estatuto de Bayona. La Constitución establecía unas Cortes o Juntas Generales, integradas por un órgano consultivo, el Senado, formado por los miembros varones de la familia real y por 24 senadores designados por el rey entre los nobles y el alto clero, y una Asamblea Legislativa, de carácter estamental con representantes de la nobleza, el clero. La Constitución establecía un régimen autoritario que incluía algunos proyectos ilustrados, como la supresión de la tortura pero mantenía la Inquisición.

Durante su estancia en Vitoria había dado pasos importantes para organizar el Estado con instituciones, creó un Consejo de Estado de carácter consultivo. El rey designó un Gobierno, al frente de cuyos ministerios puso a personalidades del antiguo grupo ilustrado y adoptó un programa de reformas bastante avanzado para la realidad del país. La Inquisición fue suprimida, al igual que el Consejo de Castilla, acusado de política antifrancesa. Se decretó la desaparición de los derechos feudales, la reducción de las comunidades religiosas y la supresión de las aduanas interiores.

Se introdujeron medidas para liberalizar el comercio y la agricultura y se creó una Bolsa de valores en Madrid. El Consejo de Estado acometió la división del territorio en 38 provincias cada una con una audiencia, una universidad y una diócesis eclesiástica. La creación del Ministerio de Justicia y de las Juntas Contenciosas, vinieron a suponer un intento de modernizar y universalizar el sistema judicial. Los intentos de reformar la Hacienda se estrellaban contra la imposibilidad de recaudar impuestos regulares. Finalmente, las derrotas imperiales en la Península obligaron al rey a abandonar Madrid en dos ocasiones. En junio de 1813, José I abandonó definitivamente España, poniendo fin a la fracasada etapa de gobierno ilustrado. La

---

[205] Sobre ello vid. Abadie-Aicardi, A., "Montevideo y la Corona Española *(1806-1812), en Nuestra Historia*, nº. 16, Buenos Aires, 1975.

mayoría de los afrancesados, huyeron a Francia al terminar la guerra y sus bienes confiscados (constituyeron temprana emigración política).

Mientras tanto, en 1810, la Junta Central tuvo que trasladarse de Sevilla a Cádiz para escapar del avance francés. Sus miembros la disolvieron y traspasaron sus poderes a un Consejo de Regencia. Los cinco regentes convocaron la reunión de las Cortes en Cádiz. Se preveían unas Cortes con representación estamental, pero ni en la metrópoli, ni en las colonias americanas, podían funcionar los mecanismos electorales, por lo que la asamblea perdió su carácter estamental en beneficio de la representación territorial.

El retorno de Fernando VII, *el Deseado*

Tras la Guerra de la Independencia, en octubre de 1813 las Cortes se reunían en Madrid, reconociéndose poco después por Napoleón a Fernando VII como rey de España. Pronto llegaría a tierras de España, en concreto el 22 de marzo de 1814 se encontraba ya camino de Valencia. Allí recibirá de la mano de un grupo de diputados afectos al rey, el llamado *Manifiesto de los Persas*, en donde se le entregará una declaración en favor de la restauración absolutista.

Bajo esta idea, el 4 de mayo el retornado rey declaraba ilegales las Cortes de Cádiz, y su obra legislativa posterior, fundamentalmente la Constitución de 1812. Mientras tanto los militares liberales son arrestados en África y los disturbios en Madrid, de poca entidad, son acallados rápidamente por el ejército. Se restablece el Consejo de Castilla, se destituye a los alcaldes, se restablecen las capitanías generales, regresa la Compañía de Jesús, se reaviva la Inquisición y se persigue a los afrancesados.

El alzamiento militar de Riego, inicio del Trienio Liberal

En estos años vendrán a producirse algunos pronunciamientos, aunque sin apenas éxito alguno, destacando los llevados a cabo por Espoz y Mina, en 1814; Diaz Porlier, en 1815; y el general Lacy, en 1817. Sin embargo, el 1 de enero de 1820 se producirá el que con toda seguridad cambiará la vida política de aquella España de la década de los veinte: el llevado a cabo por el coronel Rafael de Riego, en Cabezas de San Juan. Allí Riego, contando con el apoyo de otros oficiales liberales proclama la Constitución de Cádiz. El movimiento se debilita y en marzo está al borde del fracaso, pero en Galicia se producen varios levantamientos que se unen proclamando también la vigencia de la Constitución gaditana. El efecto es seguido en diferentes puntos de España, resultando de todo ello el hecho de que el 7 de marzo, los sublevados y el pueblo ocupan los aledaños del Palacio Real de Madrid, donde el Rey se verá obligado a aceptar la Constitución de 1812.

Mientras aquel nuevo gobierno restauraba la Constitución de Cádiz, eran liberados numerosos liberales, civiles y militares que habían sido encarcelados por su crítica al gobierno de Fernando VII, a la vez que van a regresar de su destierro buena parte de los casi 4.000 denominados afrancesados. Pero el asunto no fue asumido en ningún momento por el rey, ya que no tardará en iniciar sus conspiraciones, apoyado por sus fieles, en el ánimo de dificultar la tarea de gobierno. Éstos se habían agrupado en un partido, llamado Partido Realista, que llega a formar la denominada Regencia de Urgel en Cataluña como bastión para la restauración absolutista.

Reformas jurídicas, económicas y sociales del Trienio Liberal

El enfrentamiento con los realistas era uno de los problemas con los que se enfrentaba el gobierno liberal, pero no el único ya que su ánimo fue siempre desarrollar España sacándola de su tradicional ostracismo. Con todo y no sin importantes esfuerzos, una significativa parte de los objetivos se vieron cumplidos.

En este sentido, en el orden jurídico vio la luz el primer Código Penal de la historia de España, además de realizarse un primer esbozo de división provincial de España y, también, se estableció el servicio militar obligatorio.

Ya en asuntos de naturaleza económica, durante el Trienio Liberal se abolieron las aduanas interiores, para facilitar el comercio; se eliminaron los ancestrales privilegios gremiales, favoreciendo libertad de industria; se desamortizaron gran parte de los bienes de la Iglesia Católica; y, además, se reformó la hacienda pública siguiendo algunos de los criterios que ya habían sido apuntados por los ilustrados.

Ya en torno a la cuestión social se volvió a limitar el papel de la Inquisición, que como ya hemos indicado había sido reactivada por Fernando VII. Además, en este mismo aspecto social, se puso en marcha la educación pública gratuita a todos sus niveles, incluido el universitario.

La caída de los liberales: los Cien Mil Hijos de San Luis

El gobierno liberal surgido tras el alzamiento de Riego, encontró dos resistencias a su política. La primera de ellas la formaban los realistas, contrarios ellos al espíritu liberal, se encontraban bien organizados y eran dirigidos por el propio monarca, y en donde se contaba entre sus adeptos a la Iglesia, exaltada como consecuencia del proceso de desamortización y clausura de las órdenes eclesiásticas militares. Incluso se llegó a establecer la llamada Regencia de Urgel, integrada por el marqués de Metaflorida, en calidad de presidente, y dos vocales, que eran Jaime Creix, arzobispo de Tarragona, y el barón de Eroles. Aquella Regencia argumentaba que el Rey no era libre para gobernar y que se encontraba preso de los liberales.

Por otro lado, y en segundo lugar, un amplio sector también denominado liberal, los llamados exaltados, mucho más radicales y contrarios al mantenimiento de la monarquía y que controlaban buena parte de los medios de prensa.

En este ambiente caldeado, y tras las elecciones que se celebraron a Cortes en 1822, en donde se proclamaría la victoria de Riego, y con una Europa sacudida por movimientos democratizadores que cuestionaban el orden interno de los Estados, el rey Fernando VII buscó y encontró apoyo a sus teorías de corte absolutista en el Congreso de Viena, uniéndose a la Santa Alianza, que previamente habían formado por Rusia, Prusia, Austria y Francia con la clara intención de reinstaurar el absolutismo en Europa. Así las cosas, en ese año citado de 1822 se decide intervenir en España, para reponer al rey Fernando en su política absolutista.

Así las cosas, el 7 de abril de 1823 las tropas francesas invadían España con un ejército al que vino a denominarse los Cien Mil Hijos de San Luis, y al que apenas se opondrá resistencia, entrando pronto en la corte madrileña. Mientras, el gobierno liberal huye a tierras de Andalucía, refugiándose en Cádiz, manteniendo mientras tanto a Fernando VII como rehén. Pronto serían sitiados por los invasores, teniendo aquel legítimo gobierno que negociar la rendición, obteniendo a cambio que el rey jurase respetar los derechos de los españoles, premisa a la que el monarca accedería.

Sin embargo, pronto el monarca dejaría sin ningún efecto el contenido de sus promesas, ya que el 1 de octubre de 1823, sintiéndose Fernando VII respaldado por las tropas galas, suspendía y dejaba sin ningún efecto la Constitución de Cádiz, declarando como ilegales y nulos y de ningún valor todos los actos del derrocado gobierno, además de todas aquellas normas que fueron dispuestas en el Trienio Liberal.

Pronto se verían las primeras represalias: Rafael de Diego, Juan Martín Díez «*El Empecinado*», Mariana Pineda y otros muchos liberales serán ejecutados. La mejor manera para salvar la vida será el exilio, no quedando lugar en España en donde no se vislumbre la represión.

La cuestión sucesoria

Hacia 1832, cuando apenas si le quedaba ya un año de vida a Fernando VII, la crisis económica y el problema sucesorio tendrán un protagonismo inusitado. En este sentido, los numerosos intentos por liberar la economía dentro de un régimen absolutista habían fracasado. Por otro lado, a ello debíamos añadir la cuestión sucesoria, ya que el rey había sido incapaz de engendrar a un hijo varón. En este sentido, aunque las mujeres no estaban excluidas de la línea sucesoria, gracias a la derogación de la *Ley Sálica*[206], en 1789 por Carlos IV, y Fernando VII contaba en ese momento con dos hijas, existía en España un fuerte movimiento político que perseguía la entronización del hermano del monarca, Carlos María Isidro de Borbón, en cuyas filas se encontraban los absolutistas más recalcitrantes.

Mientras tanto, la enfermedad del rey había convertido a María Cristina de Borbón en Regente. Ésta, operando con gran habilidad, se aliaría con los liberales a cambio de la promesa de que una vez su hija Isabel en el trono se optaría por un sistema constitucional moderado de corte liberal. Pero el enfrentamiento entre absolutistas y liberales no tardaría en llegar: la muerte

[206] Al subir al trono de España el rey Felipe V hizo promulgar la Ley Sálica a las cortes de Castilla, en el año 1713, según la cual las mujeres sólo podrían heredar el trono de no haber herederos varones en la línea principal (hijos) o lateral (hermanos y sobrinos).

de Fernando VII, con la consiguiente proclamación por parte de los absolutistas de Carlos María Isidro como nuevo monarca en sustitución de su fallecido hermano, y el mantenimiento de la princesa Isabel como legítima heredera, abrirá el periodo de las Guerras Carlistas.

LA ETAPA DE ISABEL II

Introducción

A la muerte de Fernando VII, acaecida el 29 de septiembre de 1833, su esposa María Cristina de Borbón-Dos Sicilias asumía la Regencia de España, contando únicamente con el apoyo de los liberales. Su gobierno se haría en nombre de su hija y futura reina, Isabel II. Esta cuestión tan significativa, abría un importante conflicto con el que era su cuñado, Carlos María Isidro de Borbón, el cual aspiraba al trono español en virtud de una pretendida vigencia de la Ley Sálica, que como sabemos ya había sido derogada tanto por Carlos IV, como por el propio Fernando VII. Nos encontramos a las puertas de la primera Guerra Carlista.

Al alcanzar la mayoría de edad por resolución de las Cortes Generales ante el fracaso de la Regencia de Espartero, en 1843, se sucedieron varios periodos caracterizados por un intento modernizador de España que se vio contenido, sin embargo, por las tensiones internas de los llamados liberales, la presión que siguieron ejerciendo los partidarios del absolutismo más o menos moderado, los gobiernos totalmente influidos por el estamento militar y el fracaso final ante las dificultades económicas y la decadencia de la Unión Liberal que llevaron a España a la experiencia del Sexenio Democrático.

Las Regencias de María Cristina y Espartero

La Regencia de María Cristina estuvo marcada por la Guerra Carlista y el enfrentamiento entre los generales cuyas voluntades y criterios dominaban, no sólo la vida del país sino también el incipiente desarrollo de los partidos políticos, Francisco Cea Bermúdez, muy próximo a las tesis absolutistas del difunto Fernando VII fue el primer Presidente del Consejo de Ministros. La ausencia de conquistas liberales forzó la salida de Cea y la llegada de Martínez de la Rosa quien convenció a la Regente María Cristina para que promulgase el Estatuto Real de 1834, una Carta Otorgada que sin lugar a dudas suponía un significativo retroceso frente a magna Constitución de Cádiz, tal y como tendremos oportunidad de observar páginas más adelante.

Mientras tanto, el fracaso de los conservadores llevaría a tomar el poder a los liberales, en el verano de 1835. En este periodo, la figura más destacada sería la de Juan Álvarez Mendizábal, el cual conseguiría detener las sublevaciones liberales en todo el Estado e iniciar reformas económicas y políticas, las más importantes de ellas en el seno del ejército español y en la hacienda pública, con el proceso de desamortización de los bienes de la Iglesia católica. Sin embargo, acosado por numerosos conflictos, se producía la dimisión de Mendizábal. Pronto llegaría de manos de José María Calatrava la Constitución de 1837, quizá con el intento por conjugar el espíritu de la Constitución de Cádiz al tiempo que contentaba a los partidarios del Antiguo Régimen.

Mientras tanto, la Guerra Carlista provocaba numerosos problemas económicos y políticos. En este sentido, la lucha contra las tropas carlistas comandadas por Zumalacárregui, alzado en armas desde 1833, obligaba a la Regente a depositar buena parte de su confianza en los militares cristinos que alcanzaron gran renombre entre la población. De ellos destacó el general Espartero, el cual sería el encargado de certificar la victoria final en el Convenio de Oñate.

Sin embargo, aquella inestable situación, en la que los militares venían a sustituir a unos muy débiles partidos políticos, provocó una crisis gubernamental permanente, imponiéndose de paso los intereses de los distintos mandos militares a unos sucesivos gobiernos carentes de autoridad.

En este ambiente, en 1840 la Regente, consciente de su debilidad, trató de llegar a un acuerdo con Espartero, pero éste siguió intrigando hasta que el 1 de septiembre estallaba la revolución liberal en Madrid, viéndose obligada la viuda de Fernando VII a abandonar la Regencia en manos de Espartero, a la vez que se marchaba a tierras galas.

Así, el 12 de octubre de 1840 y contando con un amplio apoyo popular, Espartero asumía la Regencia de España. Sin embargo, el general no supo rodearse del espíritu liberal que le había llevado al poder, y prefirió confiar los asuntos más importantes y trascendentales a compañeros de armas. De hecho, ejerció la Regencia en forma de dictadura militar. Mientras tanto, los conservadores aparecían representados por Leopoldo O'Donnell y Narváez, quienes no cesaron en sus pronunciamientos.

En 1843 el deterioro político y económico alcanzó proporciones colosales, y la impopularidad de Espartero había crecido de tal manera que hasta los liberales que le habían apoyado tres años antes, conspiraban contra él. El 11 de junio de 1843 la sublevación de los moderados fue también arropada por los hombres de la confianza de Espartero, como Joaquín María López y Salustiano Olózaga, lo que obligó al general a abandonar el poder y marchar al exilio en Londres.

La mayoría de edad de la Reina Isabel II

Con la caída de Espartero, el conjunto de la clase política y militar llegó al convencimiento de que no debía instarse una nueva Regencia, sino reconocer la mayoría de edad de la Reina, a pesar de que Isabel tan sólo contaba con trece años. Así, hasta 1868 se desarrolló un reinado complejo, no exento de altibajos, que marcaron el resto de la situación política del siglo XIX y parte del siglo XX en España.

Durante este tiempo se sucedieron distintos periodos identificables con cambios en la situación política, económica y social. De ellos destacan tres: La década moderada hasta 1854, el Bienio Progresista hasta 1856 y el proceso de los gobiernos de la Unión Liberal hasta 1868.

Isabel II juró la Constitución de 1837 el 10 de noviembre de 1843 ante las Cortes Generales. Inmediatamente, pidió al progresista Salustiano Olózaga, que había pactado con María Cristina el regreso de ésta del exilio, la formación de su primer gobierno. Sin embargo, la pérdida de la votación para la elección del Presidente del Congreso de los Diputados y las acusaciones contra su persona por parte del reaccionario Luis González Bravo que lo había acusado sin fundamento de intrigar contra la Reina y haber forzado a la misma a la firma del Decreto de disolución de las Cortes, que se consumó el 28 de noviembre, le obligaron a dimitir y a la consecuente ruptura del acuerdo de facto entre progresistas y moderados que había puesto fin a la Regencia de Espartero.

González Bravo, que era títere de las intrigas del general Ramón María Narváez, fue nombrado nuevo Presidente del Consejo de Ministros, el 1 de diciembre, e inmediatamente propuso discutir en la Cámara la acusación contra Olózaga. Durante las sesiones éste evidenció la falsedad de las acusaciones, pero la mayoría parlamentaria de la que disponía González Bravo tras las elecciones le permitió ganar la votación y Olózaga marchó a Inglaterra, no tanto por un destierro que no había sido dictado, sino por temor a su propia vida que estaba amenazada en Madrid.

La década moderada

Posteriormente, el liderazgo del Partido Moderado recayó en Narváez, que asumió la Presidencia del Gobierno dando con ello inicio a la que se ha denominado *Década Moderada*. Durante este periodo de relativa estabilidad, los denominados moderados trataron de dar un vuelco a los avances en las libertades de la Regencia de Espartero, dictándose una nueva constitución, la de 1845 que regresará al modelo de soberanía compartida entre el Rey y las Cortes y reforzó los poderes de la Corona.

La división del Partido Moderado fue evidente desde los primeros momentos y eso coadyuvó a la inestabilidad final que provocó más tarde el cese de Narváez el 11 de febrero de 1846, asociado al conflictivo negocio matrimonial que se pactaba para la Reina. En efecto, ésta se casará en dicho año con Francisco de Asís de Borbón, primo suyo, el 10 de octubre. Antes, la madre de la Reina, la ex Regente María Cristina había urdido un plan matrimonial para casar a su hija con el heredero de la Corona francesa. Tales propósitos levantaron las suspicacias de Inglaterra que a toda costa quería que se respetase el Tratado de Utrecht y evitar que las dos naciones estuvieran unidas bajo un solo rey. Tras los Acuerdos de Eu se limitó el número de candidatos para Isabel a poco más de seis, entre lo que finalmente se eligió a Francisco de Asís.

Sucesión de gobiernos

El gobierno de Francisco Javier de Istúriz consiguió mantenerse hasta el 28 de enero de 1847, cuando un pulso por el control de las Cortes con

Mendizábal y Olózaga, de retorno ya del destierro tras la personal autorización de la Reina, le obligó a dimitir. De enero a octubre de ese año se sucedieron tres gobiernos sin rumbo mientras los carlistas seguían creando problemas, al tiempo que algunos emigrados españoles volvían del exilio con la esperanza de ver un régimen liberal instaurado en España.

El 4 de octubre fue nombrado de nuevo Presidente Narváez, quien designó como mano derecha y ministro de Fomento al conservador Bravo Murillo. El nuevo gobierno fue en principio estable hasta que la revolución de 1848 que recorría toda Europa, protagonizada por el movimiento obrero y la burguesía más liberal, provocó insurrecciones en el interior de España, duramente reprimidas; además se produjo la ruptura de relaciones diplomáticas con Gran Bretaña al considerarla partícipe e instigadora de los movimientos carlistas en la denominada Guerra de los Matiners. Narváez actuó como un auténtico dictador enfrentándose a la Reina, al Rey consorte, a los liberales y a los absolutistas. La situación de enfrentamiento duró hasta el 10 de enero de 1851 en el que se vio obligado a dimitir para ser sustituido por Bravo Murillo.

En el gobierno conservador de Bravo Murillo vino a evidenciar un elevado grado de corrupción pública, fruto de un gran crecimiento económico desordenado y de intrigas internas por obtener ventajas en las concesiones públicas, situación en la que estaba implicada la propia familia real al completo. Bravo Murillo, al que muchos consideran un servidor público honrado, cesó en 1852, y le sucedieron tres gobiernos hasta julio de 1854. Mientras tanto, Leopoldo O'Donnell, antiguo colaborador de la ex Regente María Cristina, se unió a los moderados más liberales y trató de organizar una sublevación, contando con un buen número de oficiales y algunas de las figuras que, años más tarde, fueron destacados políticos como Antonio Cánovas del Castillo. El 28 de junio O'Donnell, que se había ocultado en Madrid, se unió a diversas fuerzas y se enfrentó con las tropas leales al gobierno en Vicálvaro, en lo que se conoce como La Vicalvarada, sin que resultara un vencedor claro. A lo largo de junio y julio se unieron al alzamiento otras tropas en Barcelona. El 17 de julio, en Madrid, civiles y militares salieron a la calle en una sucesión de actos violentos, poniendo en peligro la vida misma de la madre de la Reina, María Cristina, que debió buscar refugio. Las barricadas y el reparto de armas dieron la victoria a un pueblo cansado de la situación corrupta.

Las acciones más destacadas de la década moderada

Se trató de apaciguar el enfrentamiento con la Santa Sede como consecuencia de los procesos de desamortización llevados a cabo por Mendizábal en el periodo anterior mediante la firma de un Concordato en 1851 con el Papa Pío IX, el segundo de la historia de España que, en síntesis, venía a establecer una política de protección de los bienes de la Iglesia Católica ante posibles nuevos procesos de incautación de los mismos, especialmente los civiles; se frenó la venta de los que todavía estaban en poder del Estado y la Iglesia obtuvo compensaciones económicas. En su artículo primero el Concordato establecía que,

> *«La religión católica, apostólica, romana, que con exclusión de cualquier otro culto continúa siendo la única de la nación española, se conservará siempre en los dominios de S. M. Católica con todos los derechos y prerrogativas de que debe gozar según la ley de Dios y lo dispuesto por los sagrados cánones...»*.

En el plano legislativo, se aprobaron diversas leyes orgánicas que acentuaron la centralización de la administración pública mediante el control del poder político de los ayuntamientos y las universidades, en un claro intento de limitar las Juntas que se mantenían activas e independientes en todo el Estado, muy influidas por los liberales.

El Bienio Progresista

Tras algunos intentos desesperados de la Reina por nombrar un Presidente del Consejo que contuviera las algaradas, finalmente se rindió a la evidencia y, siguiendo el dictado de su madre, antes de ver al traidor O'Donnell en el poder, nombró a Espartero Presidente. Con él se inició el llamado Bienio Progresista.

El 28 de julio de 1854 entraron en Madrid Espartero y O'Donnell aclamados por la multitud como héroes. La Reina encargó formar gobierno a Espartero que se vio obligado a nombrar Ministro de la Guerra a O´Donnell debido a su popularidad y al control que ejercía sobre amplios sectores militares. Esta comunión perversa entre ambos, aparentemente fieles uno al otro, no estuvo exenta de problemas. Mientras que O´Donnell trataba de contrarrestar las prácticas liberales de Espartero en cuanto a su posición sobre la Iglesia y la desamortización, el antiguo regente buscaba un camino hacia el liberalismo en España muy influido por su propia personalidad y los cambios que se operaban en Europa.

O'Donnell fue pergeñando la Unión Liberal mientras convivía con Espartero en el Gobierno. Las propias elecciones a Cortes Constituyentes de 1854 dieron un mayor número de escaños a los partidarios del primero que del segundo. Así las cosas no son de extrañar que los intentos de convivencia naufragasen al tiempo de la desamortización de Madoz y la cuestión religiosa, al presentarse ante las Cortes un proyecto que declaraba que nadie podía ser molestado por sus creencias. La propuesta fue aprobada y se rompieron las relaciones con la Santa Sede, decayendo el Concordato de 1851. Pero O'Donnell no estaba dispuesto a que esta situación se perpetuase. Espartero, consciente de la situación, activó sus resortes en defensa del liberalismo movilizando a la Milicia Nacional y a la prensa en contra de los ministros moderados, pero la Reina prefirió conceder la jefatura del Gobierno a O'Donnell ante una situación tan inestable, a la que se sumaban las sublevaciones carlistas en Valencia y una grave situación económica. Ambos bandos se enfrentaron en acciones militares en las calles los días 14 y 15 de julio de 1856, donde Espartero prefirió retirarse.

Los gobiernos de la Unión liberal

Una vez O'Donnell fue nombrado Presidente del Consejo de Ministros, restauró la Constitución de 1845 con un Acta Adicional con la que trató de atraerse a sectores liberales. Las luchas entre las distintas facciones moderadas y liberales, y entre ellas mismas, continuaron a pesar de todo. Tras los sucesos de julio, la debilidad de O'Donnell llevó a la Reina a cambiar de nuevo de Gobierno con Narváez. La inestabilidad se mantuvo hasta 1857. Con el regreso de O'Donnell se inició la larga andadura de los gobiernos de la Unión Liberal.

El 30 de junio de 1858, O'Donnell formó gobierno, en el que se reservó el Ministerio de la Guerra. El gabinete duró cuatro años y medio, hasta el

17 de enero de 1863, y fue el gobierno más estable del periodo. Aunque con cambios puntuales, no contó con más de una docena de Ministros. Las personas claves del nuevo ejecutivo fueron el ministro de Hacienda, Pedro Salaverría, encargado de mantener la recuperación económica, y el de Gobernación, José de Posada Herrera, que controló desde el poder con maestría y habilidad las listas electorales y cualquier salida de tono de los miembros del nuevo partido: la Unión Liberal.

Se restableció nuevamente la Constitución de 1845, y las elecciones a Cortes celebradas el 20 de septiembre de 1858 otorgaron a la Unión Liberal un absoluto control del poder legislativo. En este momento histórico, las más destacadas actuaciones serían sin duda alguna las grandes inversiones en obras públicas, con la aprobación incluso de créditos extraordinarios, que permitieron el desarrollo en España del ferrocarril además de la mejora del ejército. Por otro lado, y en este mismo orden de actuaciones, se continuó con la política desamortizadora, si bien el Estado entregó a cambio de ello deuda pública a la Iglesia y repuso el Concordato de 1851; se aprobaron distintas leyes que serían claves posteriormente y cuya vigencia alcanzó el siglo XX: Ley Hipotecaria, reforma administrativa interna de la administración central y de los municipios y primer Plan de Carreteras.

Pero no todo fueron acciones que loaron la acción de este gobierno, ya que en su contra estos dirigentes no fueron capaces de acabar con la corrupción política y económica que alcanzaba a todos los estamentos del poder, no aprobó la anunciada ley de prensa y, a partir de 1861, vio decaer los apoyos parlamentarios.

Sublevaciones carlistas y campesinas

En 1860 se produjo un nuevo alzamiento carlista, en esta ocasión en la localidad de San Carlos de la Rápita, dirigido por el pretendiente al trono Carlos Luis de Borbón, en un claro intento por desembarcar desde Baleares cerca de Tarragona el equivalente a un regimiento de fieles para iniciar una nueva guerra carlista y que acabó en un estrepitoso fracaso. Igualmente se produjo la sublevación campesina de Loja, dirigida por Rafael Pérez del Álamo, y que fue el primer gran movimiento campesino en defensa de la tierra y el trabajo, reprimido y aplastado en poco tiempo con varias condenas a muerte.

Política exterior isabelina

España había sufrido, tras la independencia de sus colonias americanas y la derrota en Trafalgar, un fuerte deterioro en su pretérita condición de potencia colonial, al tiempo que su posición en Europa había menguado considerablemente. En este sentido, tanto Francia como Inglaterra habían ocupado la mayor parte del protagonismo en el viejo continente.

Así las cosas, la política exterior española trataría de limitarse a mantener, al menos, la condición de potencia de segundo orden, pero tal situación estuvo limitada por varios condicionantes:

El primero de ellos, sería la indefinición de la acción internacional española, incluso durante los gobiernos de la Unión Liberal.

En segundo lugar, por mantener en distintos puntos de la Tierra intereses económicos que, sin embargo, no podían ser atendidos por un ejército moderno y capaz de hacer frente a los retos que suponía desplazarse por todo el orbe.

En tercer lugar, por la propia ineficacia y desconocimiento de la política internacional de la Reina.

Finalmente, en cuarto lugar, por la fortaleza militar y económica de Francia y Gran Bretaña.

En este sentido, el panorama europeo había cambiado profundamente, ya que por un lado, Gran Bretaña y Francia, lejos de enfrentarse como en el pasado, se habían aliado, ayudando a Isabel II a mantenerse en el trono, mientras que otras potencias europeas como Prusia, Austria y Rusia eran partidarias de los carlistas, a quienes prestaron su apoyo más o menos veladamente.

En estas circunstancias, España se integraba en la Cuádruple Alianza, junto a Portugal bajo sencillas premisas: Francia y Gran Bretaña apoyaban a la monarquía isabelina siempre y cuando mantuviera un política exterior convenida con ambos, aunque cuando las dos grandes potencias sostuviesen posturas distintas, España podía defender su propia posición.

Deterioro y caída del gobierno de la Unión Liberal

En 1861 la política de acoso y derribo al gobierno liderado por O'Donnell se incrementaría por parte del Partido Moderado y del Progresista. Abandonaron la Unión Liberal por discrepancias con el gabinete personajes tan influyentes como Cánovas, Antonio de los Ríos Rosas, que había sido uno de sus fundadores, y el propio general Prim entre otros. La queja más común era la traición a las ideas que habían llevado al poder al prestigioso general. A ellos se unieron miembros del ejército y la burguesía catalana. Las discrepancias del gabinete no se solventaron con la salida de Posada Herrera en enero de 1863. Así, el 2 de marzo la Reina aceptó la renuncia de O'Donnell.

Decadencia y fin del reinado

La sustitución de O'Donnell no se presentaba como tarea fácil, ya que los partidos tradicionales contaban, también en ese momento, con numerosos problemas y enfrentamientos entre sus miembros. Las filas moderadas fueron las que, a través del general Fernando Fernández e Córdoba, ofrecieron la posibilidad de formar gabinete. Los progresistas, con Pascual Madoz al frente, consideraban conveniente la disolución de las Cortes. Finalmente la Reina confió el gobierno a Manuel Pando Fernández de Pineda, conde de Miraflores, que apenas contaba con apoyos y cuya presidencia no duró más que hasta enero de 1864. Tras su dimisión, otros siete gobiernos se sucederían unos a otros hasta la Revolución de 1868, destacando entre ellos el presidido por Alejandro Mon y Pidal que contó con Cánovas como ministro por vez primera en Gobernación y Salaverría en Hacienda. Por su parte, los Progresistas daban por superado a Espartero, y Olózaga junto a Prim fueron configurando una alternativa que no confiaba en la capacidad de Isabel II para salir de la crisis permanente.

Narváez formó gobierno el 16 de septiembre de 1864 con la intención de aglutinar fuerzas y recoger un espíritu unionista que permitiera la integración de los Progresistas en la política activa, temeroso de que el cuestionamiento del reinado fuera más allá. La negativa Progresista a participar en un sistema que consideraban corrupto y caduco llevó a Narváez al autoritarismo y a una cascada de dimisiones en el seno del gabinete.

La crisis llevó a formar un nuevo gobierno el 21 de junio con, nuevamente, presencia de O'Donnell, Cánovas y Manuel Alonso Martínez en el Ministerio de Hacienda, además de otras figuras destacadas. Entre otras medidas se aprobó una nueva ley que permitió incrementar el cuerpo electoral hasta los cuatrocientos mil votantes, casi el doble del número anterior y se convocaron elecciones a Cortes. Sin embargo, antes de celebrarse éstas, los progresistas anunciaron que mantenían su retraimiento. Así las cosas, el general Prim se sublevó en la madrileña localidad de Villarejo de Salvanés, en un claro giro político que apostaba por tomar el poder mediante las armas, pero la ejecución del golpe no contó con la adecuada planificación y fracasó. De nuevo, la actitud hostil de los progresistas enervó a O'Donnell que reforzó el contenido autoritario de su gobierno, lo que provocó la sublevación del Cuartel de San Gil, el 22 de junio, de nuevo organizada por Prim pero que, también de nuevo, fracasó y llenó de sangre las calles.

O'Donnell se retiró, agotado, de la vida política y en julio le sustituyó Narváez, que condonaría las penas no ejecutadas a los sublevados, aunque no es menos cierto que conservó el rigor autoritario en su política, además de reforzar la censura y el orden público. A su muerte sería sustituido, el 23 de abril de 1868, por el autoritario Luis González Bravo pero la revolución estaba fraguada y el fin de la monarquía se acercó el 19 de septiembre con La Gloriosa, mientras la reina Isabel II abandonaba España rumbo al exilio en tierras francesas, iniciándose el Sexenio Democrático.

DEL REINADO DE AMADEO DE SABOYA A LA PRIMERA REPÚBLICA ESPAÑOLA

Introducción

Tras la marcha de Isabel II al exilio, Amadeo I de España vendría a convertirse en el primer monarca de la historia de nuestro país elegido en un parlamento, proyectando su reinado desde el 2 de enero de 1871, cuando juraba la Constitución, hasta su renuncia presentada el 11 de febrero de 1873. En efecto, agotado el rey Amadeo I de las dificultades a las que tuvo que enfrentarse durante su corto reinado, entre las cuales podríamos citar la ya larga guerra en Cuba, que llegase a ser conocida como la «*guerra de los diez años*»; el estallido de la tercera Guerra Carlista; la oposición de los monárquicos alfonsinos, que aspiraban a la restauración borbónica en la figura de Alfonso de Borbón, hijo de Isabel II; los levantamientos republicanos, además de la división existente entre sus partidarios, renunció al trono de España el día 11 de febrero de 1873.

En ese momento, el Congreso, con inclusión del Senado, estaba reunido en sesión conjunta y permanente, y mientras esperaba alguna comunicación final del Rey se erigió en Asamblea Nacional. La mayoría más que absoluta de parlamentarios monárquicos que la integraban pertenecía a los dos partidos monárquicos y dinásticos que se habían turnado en el gobierno: el partido radical de Ruiz Zorrilla y el partido constitucional de Sagasta. Junto a esa abrumadora mayoría monárquica, se sentaba en la Asamblea Nacional una minoría republicana, muy dividida entre republicanos federales y unitarios. Uno de ellos, el federalista don Francisco Pi y Margall, presentó a la Asamblea la siguiente proposición:

> «*La Asamblea Nacional asume los poderes y declara como forma de gobierno la República, dejando a las Cortes Constituyentes la organización de esta forma de gobierno*».

Pi y Margall, en su defensa de la propuesta –de la que era firmante junto con personajes como Figueras o Salmerón, además de otros diputados–, aunque se reafirmaba como federalista, renunciaba en ese momento a imponer como forma de gobierno la República federal con la esperanza de que fueran las Cortes Constituyentes que debían convocarse quienes la declararan, y anunciaba su acatamiento a otra decisión distinta si así se adoptaba democráticamente. Emilio Castelar subió al estrado y pronunció este discurso:

> «*Señores, con Fernando VII murió la monarquía tradicional; con la fuga de Isabel II, la monarquía parlamentaria; con la renuncia de don Amadeo de Saboya, la monarquía democrática; nadie ha acabado con ella, ha muerto por sí misma; nadie trae la República, la traen todas las circunstancias, la trae una conjuración de la sociedad, de la naturaleza y de la Historia. Señores, saludémosla como el sol que se levanta por su propia fuerza en el cielo de nuestra patria*».

Tras aquel discurso de Cautelar fue proclamada la República Española, contando con 258 votos a favor y tan sólo 32 en contra.

La proclamación de Amadeo I como nuevo monarca español

Antes de esa proclamación formal de la Primera República Española, al frente del estado español se encontró un monarca de origen italiano, Amadeo I de Saboya. En este sentido, la revolución acaecida en 1868 en España, juntamente con la fuga de la reina Isabel II, dio lugar a un gobierno provisional presidido por el general Serrano, y del que estaban también formando parte los otros generales sublevados. El nuevo gobierno convocó Cortes Constituyentes, que con una amplia mayoría monárquica, proclamaron la Constitución de 1869, en donde se establecía como forma de gobierno una monarquía constitucional. Pronto surgía una importante dificultad inherente al cambio de régimen: había que encontrar un rey que aceptase el cargo, ya que España en esos tiempos era un país empobrecido y convulso, y se buscaba un candidato católico y demócrata.

Finalmente encontraron a su monarca en la persona del duque de Aosta, don Amadeo de Saboya, hijo del rey de Italia, que lo reunía todo para el cargo: procedente de una antigua dinastía (enlazada con la española) progresista, católico y, parece ser también, masón.

Resulta curioso indicar como Amadeo de Saboya fue el primer rey de España elegido en un Parlamento, lo que parecía, no sin razón histórica, crimen de lesa majestad para los monárquicos de siempre. El 16 de noviembre de 1870 votaron los diputados: 191 a favor de Amadeo de Saboya, 60 por la República federal, 27 a favor del duque de Montpensier, 8 por el general Espartero, 2 por la República unitaria, 2 por Alfonso de Borbón, 1 por una República indefinida y 1 por la duquesa de Montpensier, la infanta María Luisa Fernanda, hermana de Isabel II; hubo 19 papeletas en blanco. Así las cosas el presidente de las Cortes, don Manuel Ruiz Zorrilla declaraba: «*Queda elegido Rey de los españoles el señor duque de Aosta*».

Inmediatamente, una comisión parlamentaria se dirigió a Florencia para informar al duque; el 4 de diciembre acepta oficialmente esta elección, embarcando poco después rumbo a España. Mientras Amadeo I viajaba a Madrid para tomar posesión de su cargo, su principal valedor, el general Prim, moría asesinado en un atentado dirigido contra su persona el 27 de diciembre de 1870.

El nuevo rey desembarcó en Cartagena, el 30 de diciembre, llegando a Madrid el 2 de enero del año siguiente, en donde inmediatamente de dirigiría a la Basílica de Atocha para rezar ante el cadáver de Prim. Tras este amargo trago se trasladó a las Cortes, donde realizó el preceptivo juramento: «Acepto la Constitución y juro guardar y hacer guardar las Leyes del Reino», terminando el acto con la solemne declaración por parte del presidente de las Cortes:

> «*Las Cortes han presenciado y oído la aceptación y juramento que el Rey acaba de prestar a la Constitución de la Nación española y a las leyes. Queda proclamado Rey de España don Amadeo I*».

La llegada de Amadeo al poder lo único que consiguió fue unir a toda la oposición, desde republicanos a carlistas en contra de su persona. En ese mismo orden de cosas, el nuevo monarca tuvo desde el principio serias dificultades para desarrollar como él hubiese deseado su trabajo, debido ello a la inestabilidad política española. Hubo seis ministerios en dos años que duró su reinado, e intentaron asesinarle el 19 de julio de 1872. De este modo, cansado de su estancia en tierras españolas, más que abdicar, dimitió por propia iniciativa al mediodía del 11 de febrero de 1873. La causa de esta dimisión fue una conjunción detonante de motivos, problemas y pretextos, y su decisión final fue la de no aguantar más él solo al frente de un país ingobernable. En este sentido, decía en su discurso de renuncia lo siguiente:

> «*Dos años largos ha que ciño la corona de España, y la España vive en constante lucha, viendo cada día más lejana la era de paz y de ventura que tan ardientemente anhelo. Si fueran extranjeros los enemigos de su dicha, entonces, al frente de estos soldados tan valientes como sufridos, sería el primero en combatirlos; pero todos los que con la espada, con la pluma, con la palabra agravan y perpetúan los males de la nación son españoles; todos invocan el dulce nombre de la patria; todos pelean y se agitan por su bien, y entre el fragor del combate, entre el confuso, atronador y contradictorio clamor de los partidos, entre tantas y tan opuestas manifestaciones de la opinión pública, es imposible afirmar cuál es la verdadera, y más imposible todavía hallar remedio para tamaños males. Los he buscado ávidamente dentro de la ley y no lo he hallado. Fuera de la ley no ha de buscarlo quien ha prometido observarla*».

Ese mismo día se proclamaba la Primera República Española.

La Primera República Española

Con todo, en aquella misma sesión en la cual se proclamaba la opción republicana era nombrado Estalisnao Figureras como responsable del primer gobierno de la República, siendo elegido como «Presidente del Poder Ejecutivo», lo que venía a equivaler a jefe de Estado y Gobierno, y no como «Presidente de la República», pues nunca se llegó a aprobar la nueva Constitución que creaba ese cargo. En su discurso proclamaría que la llegada de la República:

> «*era como el iris de paz y de concordia de todos los españoles de buena voluntad*».

Este primer gobierno republicano estaba formado por los federales y por los progresistas, que ya habían sido ministros durante la monarquía. En este sentido, de aquel primer gobierno republicano figuraban cuatro ex ministros del dimitido rey Amadeo.

Pero no tardarían en llegar los problemas, ya que el 23 de febrero el recién elegido presidente de la Asamblea Nacional, el radical Cristino Martos, organiza un intento de golpe de estado, llegando la guardia civil a ocupar el Ministerio de Gobernación y la milicia nacional el Congreso, para instaurar una república unitaria. Este suceso provocó la primera remodelación del gobierno sustituyendo a los ministros progresistas por ministros republicanos federales.

Con respecto a la milicia, a los 12 días de proclamarse la República se firma solemnemente el cese del servicio militar obligatorio, y se crea el servicio voluntario. Cada soldado cobraría 1 peseta diaria y 1 chusco. Se crea asimismo una milicia de voluntarios de la República, cobrando 50 pesetas al alistarse y 2 pesetas y 1 chusco diarios.

El segundo gobierno de Figueras tuvo que enfrentarse al intento de proclamación del *Estat Català*, el 9 de marzo, dentro de la República Federal Española, que fue superado tras una serie de gestiones telegráficas con los dirigentes catalanes. Poco después, el 23 de abril de ese mismo año se produce un nuevo intento de golpe de estado preparado por alfonsinos, miembros de la Unión Liberal, progresistas de Sagasta y sectores monárquicos del Ejército, pero fracasaron cuando varias unidades comprometidas éste último se abstuvieron a última hora.

Se suele considerar a Pi y Margall como el alma de este gobierno que hubo de enfrentarse a una multitud de problemas ya endémicos para la Primera República (Tercera Guerra Carlista; sublevaciones separatistas, en este caso de Cataluña; indisciplina militar, conspiración monárquica, etc.); dicho gobierno disolvió la Asamblea, convocando Cortes Constituyentes para el 1 de mayo. El 23 de abril, Cristino Martos, esta vez amparado en el gobernador de Madrid, Estébanez, intentó un nuevo golpe de Estado, también abortado por Pi y Margall.

El gobierno de Figueras convocó elecciones a Cortes Constituyentes para el 10 de mayo, con una victoria amplia para los republicanos federalistas, que obtuvieron 343 escaños, frente a 31 escaños del resto de fuerzas políticas. Las elecciones se desarrollaron en condiciones muy poco ortodoxas, y su representatividad resultó ridícula incluso para la época, pues no se presentaron a las elecciones ni los monárquicos carlistas, que estaban en guerra desde 1872, ni los monárquicos alfonsinos de Cánovas del Castillo, ni los republicanos unitarios, ni tan siquiera las incipientes organizaciones obreras adscritas a la Internacional, que se pronunciaron por la abstención.

La República federal

El 1 de junio de 1873 se abrió la primera sesión de las Cortes Constituyentes y comenzó la presentación de propuestas. El 7 de junio se debatió la primera de ellas, suscrita por siete diputados, que decía:

> *«Artículo único. La forma de gobierno de la Nación española es la República democrática federal»*

El Presidente, haciendo cumplir lo que ordenaba el Reglamento de las Cortes para la aprobación definitiva de las propuestas de ley, dispuso celebrar una votación nominal al día siguiente. El 8 de junio se aprobó la propuesta con el voto favorable de 219 diputados y solamente 2 en contra, proclamándose ese día la República Federal. Al tiempo estallaba el movimiento cantonalista.

Tras la huida a Francia de Figueras, el día 11 de junio se elegía como sucesor suyo al también federalista Francisco Pi y Margall, que al presentar a su gobierno ante la Asamblea declaró que no tenía programa y que no sabía qué hacer. Con todo, el esfuerzo principal del nuevo gobierno, sería la elaboración de una nueva Constitución, así como la aprobación de una serie de leyes de carácter social, como la creación de jurados mixtos de empresarios y trabajadores, una legislación protectora de la infancia y el acceso de los jornaleros a la propiedad de las tierras desamortizadas.

El 16 de junio se eligió una comisión de 25 miembros que debía elaborar la nueva Constitución, presentándose el proyecto de Constitución Federal de la Primera República Española, cuya redacción se atribuye principalmente a Castelar, al día siguiente para su debate.

El 28 de junio, Pi y Margall renovó la composición de su gobierno. Debido a la lentitud y las constantes demoras durante los debates sobre la nueva Constitución, los acontecimientos se precipitaron con una celeridad asombrosa.

El Cantonalismo

En este sentido, el 30 de junio el ayuntamiento de Sevilla acordó transformarse en República Social, y al día siguiente los diputados federales intransigentes abandonaron las Cortes, haciendo lo mismo Alcoy una semana más tarde. Se trataba tan sólo del comienzo de lo que sería el Cantonalismo, ya que poco después comenzaba la sublevación cantonalista con huelgas generales en toda España, soldados asesinando a oficiales, alcaldes linchados, y un centenar de muertos.

Los focos federales del país no estallaron en forma de Estados autónomos, sino en una constelación de cantones independientes. Los levantamientos se suceden por diversas localidades del Levante y Andalucía fundamentalmente. Los hubo de ámbito provincial como Valencia y Málaga, otros más localizados, como Alcoy, Cartagena, Sevilla, Cádiz, Almansa, Torrevieja, Castellón, Granada, Salamanca, Bailén, Andujar, Tarifa y Algeciras, y los hubo incluso como tan pequeños como el pueblo manchego de Camuñas y el murciano de Jumilla.

En este lugar murciano vendría a proclamarse un manifiesto que se haría famoso en la historia contemporánea de España:

> «*La nación jumillana desea vivir en paz con todas las naciones vecinas y, sobre todo, con la nación murciana, su vecina; pero si la nación murciana, su vecina, se atreve a desconocer su autonomía y a traspasar sus fronteras, Jumilla se defenderá, como los héroes del Dos de Mayo, y triunfará en la demanda, resuelta completamente a llegar, en sus justísimos desquites, hasta Murcia, y a no dejar en Murcia piedra sobre piedra*».

Con todo, el más conocido y activo de todos los cantones fue sin lugar a dudas el de Cartagena, llamado Cantón Murciano con gran indignación de la ciudad de Murcia, que estalló el 12 de julio en aquella base militar y naval bajo la inspiración del diputado federal huertano Antonio Gálvez Arce. La primera acción de los cantonales cartageneros fue apoderarse del castillo de San Julián, lo que motivó un curioso telegrama del capitán general del Departamento al ministro de Marina: Castillo San Julián enarbola bandera turca. Esa bandera «*turca*» era en realidad la bandera roja de la República Federal, la primera bandera roja en la historia de España. Gálvez apasionó a la marinería con su inflamada oratoria y se apoderó de la escuadra situada en el puerto, que en ese momento se componía de lo mejor de la Armada. Con la flota en su poder sembró el terror en la costa mediterránea próxima, y fue declarado pirata y buena presa por decreto del gobierno de Madrid. Ya en tierra, dirigió una marcha sobre Madrid que fue desbaratada en Chinchilla. El Cantón de Cartagena acuñó moneda propia, el duro cantonal, y resistió seis meses de guerra e independencia.

Dos fragatas cantonales –la *Almansa* y la *Victoria*– zarparon de Cartagena hacia una potencia extranjera, es decir, a Almería, para recaudar fondos, y al negarse la ciudad a pagar, fue bombardeada, tomándola los cantonalistas y cobrándose tributo ellos mismos. El general Contreras, al mando de la flota, se hizo rendir honores, curiosamente al son de la Marcha Real, al desembarcar. A continuación repitieron hazaña en Alicante, y de vuelta a Cartagena fueron apresados como piratas por las fragatas acorazadas Swiftsure y Friedrich Karl, británica y alemana respectivamente.

Esta situación sería presentada por Emilio Cautelar del modo siguiente:

> «*Hubo días de aquel verano en que creíamos completamente disuelta nuestra España. La idea de la legalidad se había perdido en tales términos que un empleado cualquiera de Guerra asumía todos los poderes y lo notificaba a las Cortes, y los encargados de dar y cumplir las leyes desacatábanlas sublevándose o tañendo arrebato contra la legalidad. No se trataba allí, como en otras ocasiones, de sustituir un Ministerio existente ni una forma de Gobierno a la forma admitida; tratábase de dividir en mil porciones nuestra patria, semejantes a las que siguieron a la caída del califato de Córdoba. De provincias llegaban las ideas más extrañas y los principios más descabellados. Unos decían que iban a resucitar la antigua coronilla de Aragón, como si las fórmulas del Derecho moderno fueran conjuros de la Edad Media. Otros decían que iban a constituir una Galicia independiente bajo el protectorado de Inglaterra. Jaén se apercibía a una guerra con Granada. Salamanca temblaba por la clausura de su gloriosa universidad y el eclipse de su predominio científico en Castilla…*».

Mientras tanto, y por si aquello no fuera suficiente, continuaba la tercera Guerra Carlista, en donde los partidarios del pretendiente Carlos VII campaban con total libertad en tierras del País Vasco, Navarra y Cataluña, extendiendo su acción a toda la península a través de partidas, habiéndose fijado en un gobierno propio, que comenzaba incluso a acuñar moneda, mientras que la connivencia de los franceses les permitía recibir ayuda externa.

Sin tiempo para que la Constitución de la República Federal pudiera ser aprobada en las Cortes, Pi y Margall se vio en situación crítica. Se negaba a reprimir la rebelión de los cantones porque declaraba, con toda lógica, que los sublevados no hacían más que seguir la doctrina que él había proclamado. En vista de lo cual el 18 de julio se vio forzado a dimitir tras 37 días de mandato.

Pi y Margall, describió de esta forma las decepciones que le había dado la política:

> «*Han sido tantas mis amarguras en el poder, que no puedo codiciarlo. He perdido en el gobierno mi tranquilidad, mi reposo, mis ilusiones, mi confianza en los hombres, que constituía el fondo de mi carácter. Por cada hombre agradecido, cien ingratos; por cada hombre desinteresado y patriótico, cientos que no buscaban en la política sino la satisfacción de sus apetitos. He recibido mal por bien...*».

El Proyecto de Constitución Federal de 1873

El proyecto de Constitución Federal de la Primera República Española se desarrollaba a lo largo de 117 artículos, organizados éstos en 17 títulos.

En su primer artículo fijaba:

> «*Componen la Nación Española los Estados de Andalucía Alta, Andalucía Baja, Aragón, Asturias, Baleares, Canarias, Castilla la Nueva, Castilla la Vieja, Cataluña, Cuba, Extremadura, Galicia, Murcia, Navarra, Puerto Rico, Valencia, Regiones Vascongadas*»

Y estos estados tendrían:

> «*...completa autonomía económico-administrativa y toda la autonomía política compatible con la existencia de la Nación*»

Así como:

«...la facultad de darse una Constitución política...».

El proyecto de Constitución preveía en su Título IV, además de los clásicos Poder Legislativo, Ejecutivo, y Judicial, un cuarto Poder de Relación que sería ejercido por el Presidente de la República.

El Poder Legislativo estaría en manos de las Cortes Federales, que se compondrían de Congreso y Senado, siendo el Congreso una cámara de representación proporcional con un diputado «por cada 50.000 almas» que se renovaría cada dos años, y el Senado, una cámara de representación territorial siendo elegidos cuatro senadores por las Cortes de cada uno de los Estados.

El Poder Ejecutivo sería ejercido por el Consejo de Ministros, cuyo Presidente sería elegido por el Presidente de la República.

El artículo 40 del proyecto disponía:

> «*En la organización política de la Nación española todo lo individual es de la pura competencia del individuo; todo lo municipal es del Municipio; todo lo regional es del Estado, y todo lo nacional, de la Federación*».

El artículo siguiente declaraba que:

> «*Todos los poderes son electivos, amovibles y responsables*».

El artículo 42 establecía que:

> «*La soberanía reside en todos los ciudadanos, y se ejerce en representación suya por los organismos políticos de la República, constituida por medio del sufragio universal*».

El Poder Judicial residiría en el Tribunal Supremo Federal, que se compondría, conforme a lo establecido por el artículo 73, «... *de tres magistrado por cada Estado de la Federación*», que nunca serían elegidos por el Poder Ejecutivo ni el Poder Legislativo. Además establecía que todos los tribunales serían colegiados y la institución del Jurado para toda clase de delitos.

El Poder de relación sería ejercido por el Presidente de la República Federal cuyo mandato duraría, según lo establecía el artículo 81, «... *cuatro años, no siendo inmediatamente reelegible*».

Mientras tanto, tras aceptarse la dimisión de Pi y Margall, sería elegido Presidente del Poder Ejecutivo Nicolás Salmerón, con 119 votos a favor y 93 votos en contra.

El nuevo presidente, que era un republicano federal moderado, defendía la necesidad de llegar a un entendimiento con los grupos más moderados o conservadores y una lenta transición hacia la república federal. Su oratoria era demoledora. Francisco Silvela decía que Salmerón, en sus discursos, sólo usaba un arma: la artillería. Antonio Maura caracterizaba el tono profesoral de don Nicolás diciendo que siempre parece que esté dirigiéndose a los metafísicos de Albacete.

Ya durante su etapa como Ministro de Gracia y Justicia en el gobierno de Estanislao Figueras, promovió la abolición de la pena de muerte, así como la independencia del poder judicial frente al político.

Su nombramiento produjo una intensificación del movimiento cantonalista, para cuyo control tuvo que recurrir a generales abiertamente contrarios a la República Federal, mandando sendas expediciones militares a Andalucía y Valencia, al mando de los generales Pavía y Martínez Campos respectivamente, que uno tras otro fueron sometiendo a los distintos cantones, excepto el de Cartagena que resistiría hasta el 12 de enero de 1874.

Sus generales le solicitaron el «enterado» del gobierno y su firma para ejecutar varias sentencias de muerte a varios soldados desertores en el frente carlista, imprescindibles, según ellos, para la recuperación de la disciplina del ejército. Salmerón, hombre de principios liberales muy avanzados, se negó a conceder el «*enterado*», y, como figura inscrito en la piedra de su mausoleo: Abandonó el poder por no firmar una sentencia de muerte. De tal modo, dimitió el 6 de septiembre.

La presidencia de Emilio Castelar

Al día siguiente a la salida del gobierno de Salmerón, el 7 de septiembre, era designado para sucederle el unitario Emilio Castelar, por 133 votos a favor frente a los 67 obtenidos por Pi y Margall, para ocupar la Presidencia del Poder Ejecutivo.

Durante su anterior etapa, como Ministro de Estado en el gobierno de Estanislao Figueras, promovió y consiguió que se aprobase la abolición de la esclavitud en Puerto Rico, aunque no en Cuba por la situación de guerra que vivía. Con motivo de la difícil situación por la que pasaba la República, con el agravamiento de la guerra carlista, Emilio Castelar comenzó la reorganización del ejército, anunciando ante las Cortes que para sostener esta forma de gobierno necesito mucha infantería, mucha caballería, mucha artillería, mucha Guardia civil y muchos carabineros. A pesar de la oposición federalista, las Cortes le concedieron poderes extraordinarios para gobernar, tras lo cual se cerraron las Cortes el 20 de septiembre. Confirmó las sentencias de muerte que provocaron la dimisión de su predecesor, restableció el orden y dejó a punto de rendición a los cantonales de Cartagena.

Sin embargo, el caos provocado por la sublevación cantonal y el recrudecimiento de la guerra carlista le llevaron a reabrir las Cortes el 2 de enero de 1874, para someter a votación la gestión de su gobierno y recabar plenos poderes con los que salvar a la República (que sólo había sido reconocida por dos naciones igualmente federales, Suiza y los Estados Unidos, y dos países hispanoamericanos) del descrédito total.

Se abrió, en efecto, la sesión de Cortes el 2 de enero de 1874 pero los federales se lanzaron en tromba contra don Emilio Castelar, a quien respaldaba el capitán general de Madrid, don Manuel Pavía, antiguo partidario de Prim, con quien se había alzado en Villarejo de Salvanés. Dos fuerzas bien diferentes amenazaban con interrumpir las deliberaciones de las Cortes; los federales, deseosos de acabar con Castelar a mano airada, y las tropas del general Pavía, partidario de Castelar, que tenía decidido acudir en su socorro para evitar su derrota ante el federalismo.

Salían ya los regimientos comprometidos por la orden del capitán general cuando las Cortes conocieron la derrota de Castelar a manos de sus enemigos por 119 votos contra 101. Dimitió el último presidente de la República, y el de las Cortes, que era Nicolás Salmerón, ordenó proceder a nueva votación para elegir a un nuevo jefe del Poder Ejecutivo.

Pavía se situó en la plaza frontera al edificio, con su estado mayor, y ordenó a dos ayudantes que impusieran al presidente de las Cortes, Salmerón, la disolución de la sesión de Cortes y el desalojo del edificio en cinco minutos. La Guardia Civil que custodiaba el Congreso se puso a las órdenes del general y ocupó los pasillos del Congreso, aunque no llegaría a entrar en el hemiciclo. Eran las siete menos cinco de la mañana, cuando se estaba procediendo a la votación para elegir al candidato federal Eduardo Palanca, y Salmerón, al recibir la orden del capitán general, suspendió la votación y comunicó el gravísimo suceso a los diputados.

Pavía, que era republicano unitario, le ofreció a Emilio Castelar continuar en la presidencia, pero este rehusó al no querer mantenerse en el poder por medios antidemocráticos. Estos hechos supusieron el final oficioso de la Primera República, aunque oficialmente continuaría casi otro año más.

La República unitaria

En medio de aquellas convulsiones políticas, el 12 de enero entraba en Cartagena el general López Domínguez, sustituto de Martínez Campos, mientras Antonete Gálvez, con más de mil hombres, logra eludir el cerco a bordo de la «*Numancia*», y pone rumbo a Orán. El final de la experiencia cantonal fue pagado por Gálvez con el exilio, pero la Restauración le permitió, mediante amnistía, regresar a su Torreagüera natal.

Entretanto, tras la negativa de Emilio Castelar, se encargó al general Serrano, recién regresado de su exilio en Biarritz por su implicación en la intentona golpista del 23 de abril, la formación de un gobierno de concentración que agrupó a monárquicos, conservadores y republicanos unitarios, y del que se excluyó a los republicanos federales.

Francisco Serrano, duque de la Torre, que entre otras cosas tenía 63 años, aparte de haber sido uno de los antiguos amantes de la en ese momento exiliada reina Isabel II, ya había desempeñado por dos veces la jefatura del Estado. Proclamó la República Unitaria, haciéndose cargo de la Presidencia del Poder Ejecutivo, y gobernó prescindiendo de las Cortes en una dictadura republicana conservadora. Durante su mandato se sometió al último de los cantones insurrectos, el de Cartagena, y se concentraron los esfuerzos políticos y militares en la guerra carlista en el norte de España. El general intentó sin éxito consolidarse en el poder de forma dictatorial, según el ejemplo del régimen de duques y generales que se imponía en Francia a la caída de Napoleón III y tras la derrota de la Comuna de París.

A los pocos meses, el 13 de mayo cedió la presidencia del gobierno a Juan Zabala de Fuentes, en el ánimo de poder encargarse personalmente de las operaciones contra los carlistas en el norte. Más tarde, le encargó el gobierno a Práxedes Mateo Sagasta, el 3 de septiembre. El 10 de diciembre comenzó el sitio de Pamplona, pero el pronunciamiento de Sagunto lo interrumpió.

El 29 de diciembre de 1874, el general Martínez Campos se pronunciaba en Sagunto a favor de la restauración en el trono de la monarquía borbónica en la persona de Alfonso de Borbón, hijo de Isabel II. El gobierno de Sagasta no se opuso a este pronunciamiento, permitiendo la restauración de la monarquía. El triunfo de la restauración borbónica se logró gracias al trabajo previo de Antonio Cánovas del Castillo, que sin embargo era contrario al pronunciamiento militar.

LA RESTAURACIÓN

Introducción

Dentro de ese amplio periodo histórico que denominamos como España contemporánea, conocemos como Restauración borbónica, a aquel periodo histórico que abarcó desde el pronunciamiento del general Arsenio Martínez Campos, en 1874, y que acaba con la Primera República Española; hasta la proclamación de la Segunda República, el 14 de abril de 1931. Caracterizada por una cierta estabilidad institucional, la construcción de un modelo liberal del Estado y la incorporación al escenario español de los movimientos sociales y políticos que habían surgido al calor de la revolución industrial, hasta su progresiva decadencia con la dictadura de Primo de Rivera en 1923.

Los inicios

El proceso de la Restauración se iniciará con la entrada en contacto del rey Alfonso XII, que se encontraba en ese momento exiliado en Gran Bretaña, con Cánovas del Castillo. La idea del político español era restaurar nuevamente el orden monárquico en tierras de España. Para conseguir llevar adelante sus fines, Cánovas hace promesas a la clase política de que se tratará de la superación de la República, pero también de los modos y maneras del reinado de Isabel II, con la última de las guerras carlistas todavía sin finalizar. Convencido el futuro Rey, proclama el Manifiesto de Sandhurst el 1 de diciembre de 1874 en el que comunica que muchos son los que se han puesto en contacto con él para el establecimiento de una monarquía constitucional, considera huérfana a la nación y se considera legítimo heredero del trono por abdicación de su madre, Isabel II, poniéndose a disposición de los españoles.

Con todo, dicho manifiesto regio decía lo siguiente:

«He recibido de España un gran número de felicitaciones con motivo de mi cumpleaños, y algunas de compatriotas nuestros residentes en Francia. Deseo que con todos sea usted intérprete de mi gratitud y mis opiniones.

Cuantos me han escrito muestran igual convicción de que sólo el restablecimiento de la monarquía constitucional puede poner término a la opresión, a la incertidumbre y a las crueles perturbaciones que experimenta España. Díceme que así lo reconoce ya la mayoría de nuestros compatriotas, y que antes de mucho estarán conmigo los de buena fe, sean cuales fueren sus antecedentes políticos, comprendiendo que no pueda tener exclusiones ni de un monarca nuevo y desapasionado ni de un régimen que precisamente hoy se impone porque representa la unión y la paz.

No sé yo cuándo o cómo, ni siquiera si se ha de realizar esa esperanza. Sólo puedo decir que nada omitiré para hacerme digno del difícil encargo de restablecer en nuestra noble nación, al tiempo que la concordia, el orden legal y la libertad política, si Dios en sus altos designios me la confía.

Por virtud de la espontánea y solemne abdicación de mi augusta madre, tan generosa como infortunada, soy único representante yo del derecho monárquico en España. Arranca este de una legislación secular, confirmada por todos los precedentes históricos, y está indudablemente unida a todas las instituciones representativas, que nunca dejaron de funcionar legalmente durante los treinta y cinco años transcurridos desde que comenzó el reinado de mi madre hasta que, niño aún, pisé yo con todos los míos el suelo extranjero.

Huérfana la nación ahora de todo derecho público e indefinidamente privada de sus libertades, natural es que vuelva los ojos a su acostumbrado derecho constitucional y a aquellas libres instituciones que ni en 1812 le impidieron defender su independencia ni acabar en 1840 otra empeñada guerra civil. Debióles, además, muchos años de progreso constante, de prosperidad, de crédito y aun de alguna gloria; años que no es fácil borrar del recuerdo cuando tantos son todavía los que los han conocido.

Por todo esto, sin duda, lo único que inspira ya confianza en España es una monarquía hereditaria y representativa, mirándola como irremplazable garantía de sus derechos e intereses desde las clases obreras hasta las más elevadas.

En el entretanto, no sólo está hoy por tierra todo lo que en 1868 existía, sino cuanto se ha pretendido desde entonces crear. Si de hecho se halla abolida la Constitución de 1845, hállase también abolida la que en 1869 se formó sobre la base inexistente de la monarquía.

Si una Junta de senadores y diputados, sin ninguna forma legal constituida, decretó la república, bien pronto fueron disueltas las únicas Cortes convocadas con el deliberado intento de plantear aquel régimen por las bayonetas de la guarnición de Madrid. Todas las cuestiones políticas están así pendientes, y aun reservadas, por parte de los actuales gobernantes, a la libre decisión del porvenir.

Afortunadamente la monarquía hereditaria y constitucional posee en sus principios la necesaria flexibilidad y cuantas condiciones de acierto hacen falta para que todos los problemas que traiga su restablecimiento consigo sean resueltos de conformidad con los votos y la convivencia de la nación.

No hay que esperar que decida ya nada de plano y arbitrariamente, sin Cortes no resolvieron los negocios arduos de los príncipes españoles allá en los antiguos tiempos de la monarquía, y esta justísima regla de conducta no he de olvidarla yo en mi condición presente, y cuando todos los españoles estén ya habituados a los procedimientos parlamentarios. Llegado el caso, fácil será que se entiendan y concierten las cuestiones por resolver un príncipe leal y un pueblo libre.

Nada deseo tanto como que nuestra patria lo sea de verdad. A ello ha de contribuir poderosamente la dura lección de estos últimos tiempos que, si para nadie puede ser perdida, todavía lo será menos para las hornadas y laboriosas clases populares, víctimas de sofismas pérfidos o de absurdas ilusiones.

Cuanto se está viviendo enseña que las naciones más grandes y prósperas, y donde el orden, la libertad y la justicia se admiran mejor, son aquellas que respetan más su propia historia. No impiden esto, en verdad, que atentamente observen y sigan con seguros pasos la marcha progresiva de la civilización. Quiera, pues, la Providencia divina que algún día se inspire el pueblo español en tales ejemplos.

Por mi parte, debo al infortunio estar en contacto con los hombres y las cosas de la Europa moderna, y si en ella no alcanza España una posición digna de su historia, y de consuno independiente y simpática, culpa mía no será ni ahora ni nunca. Sea la que quiera mi propia suerte ni dejaré de ser buen español ni, como todos mis antepasados, buen católico, ni, como hombre del siglo, verdaderamente liberal.

Suyo, afmo., Alfonso de Borbón.

Nork-Town (Sandhurst), 1 de diciembre de 1874».

Ya sobre la arena, el sistema político que se estableció fue bipartidista entre el Partido Liberal-Conservador, liderado por Cánovas del Castillo, y el Partido Liberal-Fusionista que encabezó Mateo Sagasta aunque tuvo mucho que ver en su creación Cánovas del Castillo. Esto permitió superar el sistema de partido único que había abocado a una falta de legitimidad democrática a Isabel II y a su posterior derrocamiento. El nuevo panorama permitirá una mayor estabilidad, también se observará como el encorsetamiento del sistema a la larga, con una alternancia política ficticia, causará graves problemas que desembocarán en la corrupción política, cuya base estaba en el denominado caciquismo.

La legitimidad del nuevo régimen político español se establece con la Constitución de 1876, que conforma el nuevo modelo de Estado con un poder legislativo dividido en dos cámaras –Congreso de los Diputados y Senado–, elegidas la primera por sufragio censitario, mientras que la segunda de las cámaras sería nombrada por el Rey. Además, el monarca poseerá gran parte de las funciones propias de Jefe del Estado y del poder ejecutivo. Artífice en gran parte de esta nueva situación política de España será Cánovas del Castillo, el cual seguirá las líneas marcadas años antes en su exilio en Gran Bretaña.

La muerte de Alfonso XII, daría paso a la regencia de María Cristina, periodo que se inicia con el gobierno de Sagasti, caracterizado por la aprobación de la Ley de Asociaciones, la libertad de prensa, la extensión del sufragio universal masculino, en 1892; y la creación de la institución del jurado, entre otros avances. La nueva regulación permite la aparición de otro partido político en escena, el Partido Republicano de España, que tendrá gran influencia en el futuro. Comienza en este periodo la aparición del anarquismo y del Socialismo a través del PSOE, que sería fundado en 1879, juntamente con los primeros movimientos obreros que surgen de la revolución industrial en tierras de España.

La Restauración de la monarquía llevaría aparejada una profunda centralización administrativa y legal, ante lo cual los nacionalismos catalán y vasco no tardarán en reaccionar. El primero unido a su propia revolución burguesa y a la identidad cultural; el segundo, que había perdido los Fueros tras las guerras carlistas, buscaba definir su futuro. Ante este panorama surgirán pronto el Partido Nacionalista Vasco[207], la Liga de Cataluña y la Unión Catalanista[208].

---

[207] El PNV fue constituido oficialmente el 31 de julio de 1895, eligiéndose a su fundador Sabino Arana como presidente, cargo que ostentará ininterrumpidamente hasta su dimisión, por motivos de salud, en 1903, año en el que fallecería. El PNV recibe su principal impulso tras ocupar Ramón de la Sota el cargo de Fidel Sagarminaga en el partido de los «*Euskalerriakos*», movimiento de corte fuerista liberal.

Éstos «euskalerriacos», de ideología burguesa liberal-fuerista, fueron liderados, como hemos indicado, inicialmente por Fidel Sagarmina y a su muerte en 1884 por Ramón de la Sota, quién llegaría a ser nombrado en 1921 «Sir» por el Gobierno Británico, además de poseer una de las mayores fortunas de la época.

La pugna y la unión entre los aranistas «aberrianos» y los «euskalerriakos» marcaría la vida del Partido Nacionalista Vasco, por el giro nacionalista de los segundos y su mayor acercamiento que posibilitaría a partir de 1898, según algunos autores, una moderación de los postulados nacionalistas, un incremento económico del PNV y el acceso a cargos públicos y a la burguesía vasca, pues apoyaron la candidatura nacionalista en 1898, por la que Sabino Arana fue elegido Diputado Provincial, siendo el propio De la Sota elegido por el PNV diputado a Cortes por Balmaseda en 1918.

En 1898, Sabino Arana es elegido Diputado de Vizcaya por el distrito de Bilbao en 1899, en las elecciones municipales el PNV obtiene 5 concejales en Bilbao y su primer alcalde en la localidad de Mundaka. En 1904 el PNV tiene ya organización en 20 localidades vizcaínas y 5 guipuzcoanas. En 1908 se obtiene el primer diputado por Guipuzcoa; no obstante es en las elecciones a las diputaciones de 1917, donde el partido consigue la Diputación de Vizcaya y alcanza mayor implantación en Álava, Guipúzcoa y Navarra.

[208] El catalanismo es una corriente de pensamiento tanto cultural como política orientada a preservar y promover los valores propios y distintivos de la personalidad de Cataluña, y en donde se centra preferentemente en sus tradiciones, su cultura, la lengua catalana, así como la preservación de sus derechos históricos.

Ya en la esfera política, el catalanismo ha dado lugar a diversas variantes, en función de la concepción sobre cuál debe ser la relación de Cataluña con el resto de España. Las principales propuestas históricas del Catalanismo han sido el regionalismo, el autonomismo y el federalismo, fórmulas que otorgan diferentes niveles de autonomía a Cataluña dentro del estado español, y que permiten tanto preservar los rasgos propios de la cultura catalana como participar en el proyecto común de construcción del estado español. En la primera década del siglo XX, sin embargo, el catalanismo político dio lugar a una variante, el nacionalismo catalán, surgida a partir de la idea de que Cataluña es una nación, y que guió sus planteamientos políticos a partir de los parámetros del nacionalismo. Posteriormente, en los años 1930, el nacionalismo catalán dio lugar a una nueva variante, el independentismo catalán, que promovía la independencia de Cataluña respecto a España.

Históricamente, y hasta la consolidación del nacionalismo catalán como movimiento político, el catalanismo defendió los valores culturales de Cataluña y su autonomía respecto a España en el terreno político, pero sin definir a Cataluña como «*nación*», y sin guiarse por los parámetros del nacionalismo. El catalanismo era regionalista, federalista o autonomista, y aspiraba a preservar la autonomía de Cataluña y el restablecimiento de sus instituciones y, a la vez, contribuir a construir un nuevo modelo de estado español descentralizado.

El movimiento obrero se agrupa en torno al PSOE que propugna la lucha pacífica y la participación electoral, la UGT[209] y el anarquismo en la Federación de Trabajadores de la Región Española[210]. La monarquía cuestionará estos movimientos con una fuerte represión, con especial virulencia contra el anarquismo. En el centro de muchos de estos enfrentamientos será el territorio catalán, en donde en 1897 un anarquista asesinará a Canovas.

Mientras tanto la Iglesia evoluciona progresivamente desde una primera posición, caracterizada por la intransigencia, hacia posturas mucho más conciliadoras. En la aprobación de la Constitución de 1876, se plantea un duro conflicto en relación a la aplicación del artículo 11, que decía:

> «*La religión Católica, Apostólica, Romana, es la del Estado. La Nación se obliga a mantener el culto y sus ministros. Nadie será molestado en territorio español por sus opiniones religiosas, ni por el ejercicio de su respectivo culto, salvo el respeto debido a la moral cristiana. No se permitirán, sin embargo, otras ceremonias ni manifestaciones públicas que las de la religión del Estado*».

[209] En el año 1888, a las 10'30 horas del 12 de agosto, veintiséis hombres tomaban asiento en el salón del Círculo Socialista ubicado en la calle Tallers, 29, de Barcelona, para iniciar el Primer Congreso Nacional Obrero. Se trataba de Antonio García Quejido, Pablo Iglesias, Juan Serna, Basilio Martín Rodríguez, Pablo Roca, Pedro Botifoll, Ramón Cuñé, Constantino Amigó, Antonio Cortés, Juan Roca, Baldomero Carbonell, Rafael Orrioles, José Anguera, Toribio Reoyo, Salvador Ferrer, Cristóbal Uño, Antonio Torroella, José Sarcos, Ramón Perramón, Jaime Mora, Juan Matas, J. Castells, José Pons, Juan Boixader, Juan Palomero y Antonio Moliner. Estos 26 delegados, que representaban a 44 sociedades obreras, de las cuales 28 de ellas de Cataluña, mientras que 16 procedían de las provincias castellanas; y a un total de 4.668 afiliados, de los que 1.391 correspondían a la Federación Tipográfica Española, habían llegado animados por un empeño común: constituir la primera Organización nacional de sociedades obreras para defender sus intereses de asalariados frente a la patronal. Aquel congreso se prolongaría hasta el día 14, y en la segunda sesión un tipógrafo llamado Pablo Iglesias proponía que la nueva Organización obrera llevara por nombre «Unión General de Trabajadores de España». La sugerencia fue aprobada por el Congreso, que antes de cerrar sus sesiones eligió como presidente de la organización a un compañero de Pablo Iglesias, el también tipógrafo Antonio García Quejido, secretario a su vez de la Federación Socialista Madrileña.

[210] La Federación de Trabajadores de la Región Española se funda en el año 1881 en Barcelona, principalmente por iniciativa de Joseph Llunas i Pujals y Rafael Farga Pellicer, tras haberse disuelto la Federación Regional Española, sección española de la Asociación Internacional de los Trabajadores. Se trataba de una organización de carácter sindicalista y anarquista, en donde destacaría la figura de Anselmo Lorenzo.

También se extendió el conflicto Estado-Iglesia en la regulación del matrimonio civil, previsto inicialmente, pero sin desarrollo posterior debido a la oposición de la Iglesia. En noviembre de 1886, Alonso Martínez tomó la iniciativa de autorizar el matrimonio para los no católicos. Tras intensas negociaciones se alcanzó un acuerdo con la Santa Sede, por el que ésta reconocía al Estado la potestad de regular los efectos civiles del matrimonio.

Gobiernos desde la restauración hasta 1898

La novedad importante de los sucesivos gobiernos de la restauración fue, sin lugar a duras, la alternancia política pactada entre los dos partidos dinásticos. Ello sería realizado a través de un curioso sistema de, en primer lugar, realizar la transferencia de poder al partido contrario que procedía a la convocatoria de elecciones que legitimaran su gobierno, en una inversión del orden natural de dicho proceso. Para lograr esta alternancia, se usaban métodos como el encasillado o el *pucherazo*.

Las primeras elecciones de la Restauración tuvieron lugar el 20 de enero de 1876, obteniendo la mayoría en las urnas los liberal-conservadores de Cánovas, con 333 escaños. Estas elecciones vinieron a celebrarse, todavía, bajo el sistema que había sido establecido en la Constitución de 1869, mientras que los llamados constitucionalistas obtendrían 27 escaños.

El ascenso al poder de Martínez Campos condujo a una convocatoria de elecciones para el 20 de abril de 1879, en donde los liberal-conservadores obtendrían 293 escaños. Sin embargo, nuevamente Cánovas volvería al poder en diciembre de ese mismo año, como resultado de la división en las filas conservadoras debido a la ley de abolición de la esclavitud en las Antillas. Su tarea política centraría sus esfuerzos en lograr una alternancia estable con los constitucionalistas de Sagasta, que fundó el Partido Liberal Fusionista en marzo de 1880, identificado ya con el nuevo régimen. Sagasti accederá al poder el 10 de febrero de 1881, en un ensayo de la alternancia pacífica de los partidos. Disuelve las Cortes y convoca nuevas elecciones, en las que su formación obtiene 297 escaños.

Sagasta gobernó hasta el 13 de octubre de 1883, en que dejaría paso a un gobierno de Posada Herrera, de su misma formación, que finalmente tuvo que dimitir por la hostilidad de los propios sagastinos. Tras ello, se encargó el gobierno a Cánovas, que volvió a disolver las Cortes; y en los comicios que pronto se celebraron, en abril de 1884, su formación obtuvo 318 diputados.

La muerte prematura de Alfonso XII, acaecida el 24 de noviembre de 1885, llevó a Cánovas a otorgar el poder al Partido Liberal, en un acuerdo para la consolidación del régimen que pasaría a la historia como el *Pacto del Pardo*[211], pero que precipitaría la defección del canovismo de un grupo acaudillado por Romero Robledo. El nuevo gobierno de Sagasta, y primero de la Regencia, se nombró el 25 de noviembre de 1885, convocando elecciones para el 4 de abril del siguiente año. Se repitieron las irregularidades ya usuales, logrando los liberales 278 actas, entre ellas, por primera vez, Álvaro de Figueroa, conde de Romanotes, obtenía la suya por Guadalajara.

El 26 de junio de 1890, el gobierno liberal cambiaba la Ley Electoral, restituyendo el sufragio universal para los varones mayores de 25 años. Las Cortes liberales se disolvieron en diciembre de 1890, tomando el poder un gobierno Cánovas, que convocó elecciones para febrero de 1891. Aunque los métodos utilizados por su Ministro de Gobernación, Francisco Silvela, fueron algo menos escandalosos que los de su antecesor Romero Robledo, el Partido Conservador obtenía la mayoría, aunque algo menos holgada que de costumbre, con 253 asientos. Los partidarios de la república consiguieron algunos pequeños éxitos con 31 escaños.

La unidad de los conservadores se tambaleaba, ya había sufrido una disidencia con Romero Robledo, aunque había vuelto al redil. Esta vez fue

---

[211] El Pacto del Pardo fue un acuerdo llevado a cabo el 24 de noviembre del año 1885, en vísperas de la muerte del rey Alfonso XII, entre Cánovas del Castillo y Sagasta, líderes respectivos de los dos partidos más importantes de la Restauración, el Partido Conservador y el Partido Liberal, con el propósito de apoyar la regencia de doña María Cristina, que en ese momento se encontraba embarazada del futuro Alfonso XIII, y garantizar la continuidad de la monarquía ante la difícil situación creada por la prematura muerte del joven monarca, sobre todo, teniendo en cuenta las fuertes presiones por parte de los carlistas y de los republicanos.

La entrevista se realizó gracias a la mediación del general Martínez Campos, sancionándose a través de este Pacto el turno de gobierno entre ambas formaciones (aunque estaba ya implícito desde el año 1881, fecha en la que Sagasta asumió el poder por primera vez), por el que Cánovas se comprometió a ceder el poder a los liberales de Sagasta a cambio de que éstos acataran la Constitución de 1876. El 27 de noviembre, Sagasta formó un nuevo Gobierno, tal como se había acordado tres días antes. El turno instaurado en el Pacto del Pardo se llevó a cabo con bastante corrección entre ambas formaciones y en la práctica funcionó aceptablemente hasta el año 1909.

Silvela, bajo la bandera de la moralización. Su defección llevó a la dimisión de Cánovas en diciembre de 1892, y dejó paso al tercer turno liberal.

Formó gobierno Sagasta, que convocó elecciones el 5 de marzo de 1893, que otorgaron la consabida y habitual mayoría a los liberales con 281 puestos. La sorpresa la dieron los republicanos con 47 escaños, el segundo grupo superando incluso a los conservadores oficialistas afectados por las disidencias internas.

El conflicto de Marruecos y el último acto de la crisis colonial ultramarina llevaron a Sagasta a ceder el poder a Cánovas en marzo de 1895. El dirigente conservador gobernó un año con el apoyo de la mayoría liberal, hasta las elecciones del 12 de abril de 1896, que se celebraron con la abstención de la Unión Republicana, dividida tras la muerte de Ruiz Zorrilla, el paso de muchos republicanos a las filas liberales, y la posición de los federalistas de Pi y Margall de apoyo a la autonomía o independencia de Cuba. Como novedad se presentaron por primera vez candidaturas socialistas, aunque no consiguieron ningún acta. Como era previsible, la mayoría fue para los conservadores, aunque las magnitudes de las victorias de los partidos del turno iban decreciendo.

El asesinato de Cánovas, junto al momento más crítico de la guerra de Cuba, además de las querellas internas en las filas conservadoras, precipitó el retorno al poder de Sagasta. Tras la habitual disolución de las Cámaras, las nuevas elecciones proporcionaron una cómoda mayoría a los liberales, con 284 escaños, ante un Partido Conservador que continuaba escindido tras la desaparición de su líder indiscutible, en la oficialista Unión Conservadora de Silvela, y los disidentes robledistas, en pleno declive. La Unión Republicana renunció al abstencionismo, aunque sus disensiones internas le llevaron a un pobre resultado.

En 1898, dentro de un sistema político relativamente estable, sucederá el desastre del Noventa y Ocho, con la pérdida de las últimas posesiones del antaño magno imperio colonial español: Cuba, Puerto Rico y Filipinas, dejaban de pertenecer a España.

En este sentido, en tierras de Cuba la insurrección de 1895, con José Martí y Máximo Gómez a la cabeza, trató de ser aplastada en sus inicios por el general Martínez Campos. Sin embargo, el apoyo de la población, incluida la clase media criolla era palpable. El general Valeriano Weyler[212] sustituye a Martínez Campos, tratando de aislar los apoyos populares a la revolución. Mientras tanto, en las islas Filipinas, José Rizal encabezaba la sublevación en 1896 que prosiguió a pesar de la Paz de Biac-na-Bató[213], en 1897.

El estallido del buque norteamericano Maine el 15 de febrero de 1898 desató la guerra en la que la escuadra norteamericana del Atlántico atacó Cuba, y la del Pacífico, desde Hong Kong, hizo lo propio con Filipinas. En efecto, bajo la excusa de asegurar los intereses de los residentes estadounidenses en la isla de Cuba, el gobierno de los Estados Unidos habían decidido el envío a La Habana del acorazado Maine. El viaje era más bien una maniobra intimidatoria y de provocación hacia España, que se mantenía firme en el rechazo de la propuesta de compra realizada por los Estados Unidos sobre Cuba y Puerto Rico. De este modo, el 25 de enero de 1898, el navío hacía su entrada en la capital de Cuba, sin haber avisado previamente de su llegada, acto que en principio resultaba contrario a las prácticas diplomáticas. En correspondencia a este hecho, el gobierno español envió al crucero Vizcaya al puerto de Nueva York. A pesar de lo inoportuno de la visita, las autoridades locales españolas trataron con toda amabilidad a la tripulación

---

[212] Cursó sus estudios estudios militares en la Academia de Infantería de Toledo, en donde a los veinte años obtendría los galones de teniente. Diplomado en Estado Mayor, es ascendido a comandante con tan solo 24 años, pronto cruzaría el Atlántico para asumir, primero, un destino en Cuba y, más tarde, en Santo Domingo. En 1878, cuando contaba 40 años, es nombrado Teniente General por sus servicios a la corona durante la última de las Guerras Carlistas. Tras detentar las capitanías generales de Canarias, Cataluña, Vascongadas y Baleares, en 1883 obtendría el nombramiento de Capitán General de Filipinas, en donde permanecería hasta 1891. En febrero de 1896 era nombrado por Cánovas del Castillo capitán general de Cuba, en sustitución de Martínez Campos, con órdenes de zanjar los intentos independentistas por la fuerza de las armas. En el breve período de tiempo que ocupó esta capitanía general no consiguió frenar el avance de los independentistas, y por el contrario le granjeó a España la enemistad de la opinión pública de los Estados Unidos, ya que ordenó el encierro forzoso a la población rural del occidente cubano en los llamados campos de reconcentración, motivo por el cual fue retirado de la isla caribeña en octubre de 1897.

[213] Acuerdo concluido entre las autoridades de España y los insurrectos filipinos en 1897. tras duras represiones llevadas a cabo por los generales Polavieja y Fernando Primo de Rivera, los insurrectos filipinos habían quedado reducidos en una zona montañosa de Biac-na-bató, en la isla de Luzón. En esta situación, los dirigentes del levantamiento aceptarían la propuesta de Aguinaldo de someterse a los españoles, y delegaron a Alejandro Paterno para negociar con el capitán Fernando Primo de Rivera. Se llegaría a un acuerdo, según el cual los insurrectos acatarían la soberanía española y entregaban las armas, prisioneros y desertores que se hallaban en sus manos.

estadounidense. Sin embargo, a las 21:40 del 15 de febrero de 1898, una explosión ilumina el puerto de La Habana: el Maine había saltado por los aires. De los 355 tripulantes, murieron 254 hombres y 2 oficiales. El resto de la oficialidad disfrutaba, a esas horas, de un baile dado en su honor por las autoridades españolas.

Sin esperar siquiera el resultado de una investigación, la prensa sensacionalista norteamericana publicaba al día siguiente el siguiente titular:

> «*El barco de guerra Maine partido por la mitad por una artefacto infernal secreto del enemigo*».

Con el fin de poder determinar las causas del hundimiento se crearon dos comisiones de investigación, una española y otra estadounidense, ya que estos últimos se negaron a una comisión conjunta, pues para ellos el resultado de la investigación se había decidido mucho antes, ya que en una muestra típica de la arrogancia estadounidense de la época, todo apunta a que idearon la operación con el objetivo de tener un *casus belli* para declarar la guerra a una España arruinada y en decadencia que seguía poseyendo territorios inmensamente ricos. Los estadounidenses sostuvieron desde el primer momento que la explosión había sido provocada y externa, mientras que las conclusiones españolas indicaban que la explosión era debida a causas internas. Los españoles argumentaron que no podía ser una mina, como pretendían los estadounidenses, ya que no se vio ninguna columna de agua y, además, si la causa de la explosión hubiera sido una mina, no tendrían que haber estallado los pañoles de munición. En el mismo sentido, hicieron notar que tampoco había peces muertos en el puerto, lo que sería normal en una explosión externa. Y aunque todas estas cosas eran evidentes, el gobierno de Estados Unidos no las reconoció y se negó desde un primer momento y en redondo a un diálogo sobre la cuestión.

Sin embargo, los Estados Unidos acusaron a España del hundimiento y declaró un ultimátum a España en el que exigía la retirada de Cuba, condición absolutamente intolerable para cualquier país soberano, además de empezar a movilizar voluntarios antes de recibir ninguna respuesta, en una demostración de intenciones evidente. Por su parte, el gobierno español rechazó cualquier vinculación con el hundimiento del Maine y se negó a plegarse al ultimátum estadounidense, declarándole la guerra en caso de invasión de sus territorios. Comenzaba así la Guerra hispano-estadounidense.

Con anterioridad a los hechos del Maine, Estados Unidos había ordenado a su flota del Pacífico que se dirigiera a Hong Kong e hiciera allí ejercicios de tiro hasta que recibiera la orden de dirigirse a las Filipinas y a la Isla de Guam. Tres meses antes se había decretado bloqueo naval a la isla de Cuba sin que mediara declaración de guerra alguna, y cuando se declaró la guerra, esta se hizo con efectos retroactivos al comienzo del bloqueo.

Las tropas de Estados Unidos rápidamente arribaron a Cuba y cuando estaban siendo derrotadas en la batalla terrestre, la armada norteamericana destruyó dos flotas españolas, una en la bahía de Manila, en Filipinas, y otra en la batalla naval de Santiago de Cuba, lo que obligó pronto al gobierno español, en julio, a pedir la apertura de negociaciones de paz.

El 15 de julio de 1898 capituló Santiago de Cuba; el 25 de julio, Puerto Rico; el 14 de agosto capitula Manila, capital de Filipinas. La Paz de París se firma el 10 de diciembre por el que España cede todas sus posesiones a Estados Unidos, en concreto Estados Unidos adquirían Cuba, Filipinas, Puerto Rico y Guam. Las todavía restantes posesiones españolas en ultramar como era el caso de las Islas Marianas, Carolinas y Palaos, incapaces de ser defendidas debido a su lejanía y la destrucción de buena parte de la flota española, fueron vendidas a Alemania en 1899 por la irrisoria cantidad de 25 millones de pesetas.

Con todo, no podemos dejar de analizar el contenido de los más significados artículos del Tratado de París, en concreto el 1º, 2º, 3º, y 5º:

> *«Art. 1°. España renuncia a todo derecho de soberanía y propiedad sobre Cuba. En atención a que dicha isla, cuando sea evacuada por España, va a ser ocupada por los Estados Unidos, éstos, mientras dure su ocupación, tomarán sobre sí y cumplirán las obligaciones que, por el hecho de ocuparla, les impuso el derecho internacional (...)»; «Art 2°. España cede a los Estados Unidos la isla de Puerto Rico y las demás que están ahora bajo su soberanía en las Indias Occidentales, y la isla de Guam en el archipiélago de las Marianas o Ladrones»; «Art. 3°. España cede a los Estados Unidos el archipiélago conocido por las islas Filipinas (...)»; «Art 5°. Los Estados Unidos, (...) transportarán a España, a su costa, a los soldados españoles que hicieron prisioneros de guerra las fuerzas estadounidenses al ser capturada Manila».*

El regeneracionismo

Tras la pérdida de las últimas posesiones ultramarinas, en España se producen movimientos que tratan de superar una crisis que es también de identidad. Surge lo que se ha denominado regeneracionismo, consistente en un movimiento intelectual que entre los siglos XIX y XX meditará objetiva y científicamente sobre las causas de la decadencia de España como nación. Conviene, sin embargo, diferenciarlo de la Generación del 98, con la que se le suele confundir, ya que, si bien ambos movimientos expresan el mismo juicio pesimista sobre España, los regeneracionistas lo hacen de una forma objetiva, documentada y científica, mientras que la Generación de 1898 lo hace en forma más literaria, subjetiva y artística.

A principios del siglo XX, en 1902, accederá al trono Alfonso XIII, quién contará con don Antonio Maura como Jefe del Gobierno, procurando impulsar una política de apertura que evitara la temida revolución obrera. Para ello la receta será la eliminación o, cuando menos, atenuación del caciquismo electoral y descentralización administrativa. Sin embargo los problemas no acaban ahí, ya que, por un lado, en ese momento el gobierno de España mantiene ocupado al ejército en África, en Marruecos, donde comparte la colonización de aquellas tierras con Francia, mientras que, por otro, en 1908 asistimos a un recrudecimiento de los enfrentamientos con la población marroquí.

La *Semana Trágica de Barcelona* será la contestación popular al envío de tropas al norte de África. Maura pierde el poder y llegará el gobierno liberal de José Canalejas. Apenas si pudo adoptar algunas medidas de descentralización, hasta su asesinato en 1912 a manos de un anarquista. A su gobierno se suceden los del conde de Romanones y Eduardo Dato, aunque todo será más de lo mismo ya que los sucesivos gobiernos no consiguen apaciguar los ánimos. La Revolución Rusa influye en los sindicatos, sobre todo la CNT, que hasta 1921 mantendrán revueltas en toda España, desde Andalucía a Cataluña. Ese año es asesinado Eduardo Dato en otro atentado anarquista y hasta 1923 hubo trece gobiernos distintos en seis años. El Desastre de Annual en Marruecos terminará por llevar al gobierno de García Prieto en 1922 a un último intento de regeneracionismo que fracasa con las peticiones de la izquierda de responsabilidades políticas.

Finalmente, el 13 de septiembre de 1923 el capitán general de Cataluña, el general Primo de Rivera, dará un golpe de estado que triunfa de manera inmediata al ser reconocido por Alfonso XIII como contestación del ejército al desafío.

EL CACIQUISMO EN ESPAÑA

Introducción

Aunque el origen de este vocablo habría de ser buscado en la palabra taína cacique, nombre dado a los jefes de tribus en las islas del Caribe, en España la concreción electoral del cacicazgo era tan sólo una de las múltiples formas de manifestarse la influencia de estos líderes locales en una sociedad caracterizada por el clientelismo, aun cuando fue la principal característica.

Características propias del caciquismo español

En aquella sociedad española de finales del siglo XIX, en donde encontramos perfectamente identificada la estructura de clientelas en la sociedad, máxime cuando se había producido aquella venta de bienes desamortizados a la Iglesia, el clientelismo vendría a adquirir una dimensión nueva, al producirse en el seno de una economía de mercado. Desde aquel instante ser irían plasmando las formas de relación social que, con la implantación del Estado liberal canovista, confluyeron configurándose el modo normalizado de funcionamiento político.

Este sistema tuvo con toda seguridad su principal espacio en el mundo rural, aunque no es menos cierto que también actuara, aunque en menor medida, en el urbano. Dentro de una España predominantemente rural, las tierras de la Meseta central y de Andalucía resultaron ser el lugar paradigmático para el desarrollo del caciquismo, al que dirigieron ya desde finales del siglo XIX las críticas más violentas por parte de aquellos que en cierto modo pretendían la transformación política de España.

Esta forma de dependencia vino a consolidarse en España durante la Restauración borbónica (1874-1923), en donde ciertos personajes, llamados éstos caciques, serían los encargados de controlar el voto de todas las personas que poseyeran el *ius sufragii* en su localidad, lo cual era la base de la alternancia política que la Restauración demandaba. Al ser estos caciques personas con poder y/o influencia económico, contaban con un séquito de personas con capacidad de intimidación, generalmente se trataba de gentes armadas, pudiendo intimidar rápidamente a sus convecinos, bajo la amenaza o la coacción.

Así las cosas, podría decirse que el régimen liberal español estuvo, salvo contadas excepciones, en todo momento dominado por este caciquismo imperante, fundamentalmente en cuando al fraude electoral y a el abstencionismo se refiere, perdurando aquella situación hasta la Segunda República.

Curiosamente, y a pesar de lo que pudiera parecer, aquel sistema caciquil no fue estático ni cerrado desde el primer momento, sino que es posible concebirlo como un conglomerado dinámico, que poco a poco parece ir consolidándose en el tejido socio-político hasta hacer poco menos que imposible su desmembración a manos de los gobernantes que quisieron intentarla. En este sentido, la ruptura de aquellos mecanismos caciquiles procedería desde fuera de sus límites, al irrumpir en la escena estatal, provincial y local formas políticas nuevas.

Funcionamiento del caciquismo

Tradicionalmente, y como forma más esencial de este fenómeno, se ha enfocado el problema del caciquismo como una cuestión de carácter esencialmente político y predominantemente electoral. En este sentido, el cacique habría sido una pieza más en la estructura de aquella Administración centralizada, al ser considerado como el último responsable local de un determinado partido. En tales funciones, su misión consistiría en manipular el sistema electoral, consiguiendo unos resultados más o menos ficticios, muchas veces obtenidos por medios ilegales, favorables, obviamente, a su jefe de filas. La base de su poder no habría residido por tanto en su posición económica, sino en su control de los mecanismos administrativos; el cacique, tanto liberal como conservador, tendría a tales efectos, y en la localidad, una influencia que procede directamente de su control sobre los actos de la Administración. Obviamente aquel control se ejercerá en el sentido de imponer a la Administración actos antijurídicos.

Por otro lado la inmunidad del cacique respecto a los Gobiernos, deriva del hecho de que él es el jefe local de su partido, siendo los gobernantes también jefes nacionales de facciones del mismo o de otro partido o facción, necesitados todos de la lenidad gubernamental para perdurar como tales partidos o facciones.

Aquella posición dominante sobre los mecanismos administrativos habría permitido al cacique la creación y el mantenimiento de un patronazgo, posible gracias a la distribución discriminatoria de favores que beneficiaba a sus fieles.

Así las cosas, las sucesivas elecciones de aquella España caciquil estuvieron marcadas por el fraude, que por sí mismo tenía la suficiente importancia como para haberse constituido en la encarnación misma del sistema político. Unos mecanismos fraudulentos que empezaban por la manipulación del censo electoral, en el que aparecían como votantes activos personas enfermas que no habían ejercido realmente aquella acción, pero también difuntos e individuos desconocidos, cuyos votos eran aprovechados por quien demostraba mayor habilidad en la suplantación y la duplicación de sufragios.

Nos transmiten los textos, haciendo referencia a la práctica efectiva de esta acción de conseguir votos, el mecanismo: la acción inicial comenzaba con el «*encasillado*», que consistía en que desde el Ministerio de la Gobernación se rellenaba las «*casillas*» correspondientes a los distritos con los nombres de los candidatos que el Gobierno estaba dispuesto a proteger. Estos candidatos podían ser del partido en el poder (aquél que ha conseguido el decreto de disolución de las Cortes y organizaba las elecciones para fabricarse una mayoría) o de la oposición. Porque el encasillado no era simplemente una orden gubernamental, sino el resultado de arduas negociaciones entre las diferentes fuerzas políticas. Incluso era sumamente común que en el mismo partido que controlaba el Consejo de Ministros existiesen existir distintas corrientes de opinión, y que se encontraban representadas por los jefes de filas de diversas clientelas. Éstos exigían un número determinado de escaños parlamentarios, dependiendo de las fuerzas que creían tener.

Tras este tramo del encasillado, que se llevaba a cabo en Madrid, las negociaciones continuarían en un segundo nivel, en el municipio, tarea que era desarrollada a través del poder central en cada provincia, el gobernador civil. Éste buscaría el acuerdo con los caciques de su marco de competencia, para conseguir ajustar los resultados de éste a los deseos del Ministerio. De este modo, los caciques, que controlaban los diferentes cargos importantes, ya fuese en los ayuntamientos o en otras instituciones, actuaban de acuerdo a su influencia, imponiendo en multitud de ocasiones su voluntad al representante gubernamental. Lo normal era que los consistorios municipales y los jueces de la oposición dimitieran en favor de los oficialistas, pero la autoridad podía verse obligada a suspender en sus puestos a quienes no lo hicieran voluntariamente.

La crisis del caciquismo

Ya durante el reinado de Alfonso XIII el sistema político y social que el caciquismo había venido representando vino a constituir un escándalo a los ojos de muchos, aunque no es menos cierto que aquellas relaciones de poder propias del caciquismo perdurasen hasta los años cuarenta del siglo XX. Ante la desmovilización popular y una oposición que no conseguía articular auténticos movimientos de masas en el país, la red caciquil continuó funcionando sin que los intentos por acabar con ella tuvieran éxito alguno. En este sentido, la efectiva democratización no llegaría hasta 1931, cuando la Segunda República tuvo que hacer frente a la situación, enfrentándose con importantes obstáculos que impidieron la implantación duradera de un efectivo régimen representativo en España.

Hubo momentos en que parecía que la opinión pública iba en efecto a romper el círculo político oligárquico, como fue aquel momento histórico de implantación del sufragio universa, en 1890; en la crisis colonial, en 1898; o en la última etapa del período, cuando se descomponían los partidos del turno. Sin embargo, todas aquellas esperanzas de romper con el caciquismo quedarían frustradas. La impotencia que sentían los que deseaban un cambio político sustancial explicará parcialmente la aceptación por muchos del golpe de estado del general Primo de Rivera, en cuyo programa figuraban de forma preferente el fin de la pretérita política desarrollada en España, además de la regeneración del país. Aquellos objetivos del general golpista incluían la simple sustitución de la política de la etapa caciquil, que se había visto reducida al servicio de las clientelas, por la que denominaba «*auténtica*» política, una política que sacaría a España de su ya larga etapa de postración.

Pero aquellas medidas emprendidas apenas si tuvieron duración, ya que si bien se suspendieron ayuntamientos y diputaciones, y se sometió a estas instituciones a la fiscalización de las autoridades militares de cada provincia primero y de delegados gubernativos enviados al efecto después, aquellos nuevos delegados acabaron en muchos casos convirtiéndose en los sustitutos de los caciques, o vieron imposibilitada su labor regeneradora por la acción de los jueces, que tradicionalmente formaban parte activa de las redes caciquiles.

Finalmente, la proclamación de la Segunda República Española, y las transformaciones de orden democrático que introdujo en el Estado, quedarían reflejadas en aspectos como la participación plena de tendencias políticas, hasta entonces marginadas como los partidos republicanos y el socialismo, y el establecimiento de una legislación electoral más justa y participativa. Ello condujo en algunas zonas a la crisis definitiva del sistema caciquil, pero en otras este método de dominación secular conservó toda su fuerza al pervivir los fuertes lazos de influencia personal que eran su garantía. Por otro lado, las instancias tradicionales del poder en el ámbito agrario comenzaron a organizarse en defensa de sus intereses, a través de partidos políticos que fueran capaces de competir en la nueva situación. Fruto de ello surgieron nuevas fuerzas políticas de tendencia conservadora, como fue el caso de los partidos agrarios; otras sufrieron un significativo proceso de moderación, como sucedió con el radicalismo; y no es menos cierto que también se crearon importantes partidos políticos de masas, como la CEDA.

LA DICTADURA DE PRIMO DE RIVERA

Con el apoyo del ejército y de la burguesía, la dictadura de Primo de Rivera sólo fue contestada por los sindicatos obreros y los republicanos, cuyas protestas fueron inmediatamente acalladas con la censura y la represión. Se creó un Directorio Militar, formado por nueve generales y un almirante, cuya finalidad en sus propias palabras era «*poner España en orden*» para devolverla nuevamente más tarde a manos civiles. A tales fines se suspendió la Constitución, se disolvieron los ayuntamientos, se prohibieron los partidos políticos y se crearon los *somatén* como milicias urbanas[214].

Consciente de la importancia de mantener al ejército satisfecho, la campaña militar en Marruecos le dio el triunfo en la Guerra del Rif, con el desembarco de Alhucemas y la rendición de Abd el-Krim en 1927. Se reprimió el sindicalismo de la CNT y el Partido Comunista de España, recién creado, aunque no es menos cierto que Primo de Rivera permitió la continuidad de la UGT y del PSOE, en el ánimo de poder mantener cierto contacto con los dirigentes obreros. Por otro lado, las leyes sociales limitaron el trabajo de la mujer, construyó viviendas obreras e instituyó un modelo de formación profesional. Inició igualmente una política de amplias inversiones públicas para mejorar las comunicaciones (carreteras y ferrocarril), regadíos y energía hidráulica, obteniendo con todo estos éxitos una gran popularidad.

---

[214] El somatén era una institución de carácter parapolicial tradicional de tierras de Cataluña, siendo en sus inicios un cuerpo armado de autoprotección civil, separado del ejército, para propia defensa y la de la tierra en tiempo de conflicto bélico. Aunque sus orígenes podríamos encontrarlos ya en el siglo XI, en la época que ahora estudiamos –la Dictadura de Primo de Rivera–, y tras haber sufrido diversos devaneos a lo largo de su periplo histórico, se intentó extender la figura del somatén al resto de España. La llegada de la Segunda República, en 1931, conllevaría su disolución debido a sus tendencias conservadoras, aunque nuevamente sería rees*tablecido en 1936 al estallar la guerra. Acabada la guerra, se disuelve nuevamente el somatén, pero no por demasiado tiempo, puesto que en 1945 el régimen franquista lo reorganiza, bajo el nombre de* Somatén Armado, con la finalidad principal de colaborar con la Guardia Civil en combatir a los maquis. Los miembros del somatén, que tenían sus fusiles adjudicados en los puestos de la Guardia Civil y licencia de arma corta (que curiosamente era muy limitada en la España franquista), no podían actuar en solitario, pero podían quedar a cargo del cuartel de la Guardia Civil si era necesario que todos los guardias acudieran a una emergencia, salir de servicio formando pareja con un guardia civil, etc. Finalmente, esta institución sería definitivamente disuelta por el Senado español en 1978.

Por otro lado, creó la organización *Unión Patriótica*[215] como aglutinador de todas las aspiraciones políticas, así como la *Organización Corporativa Nacional* como sindicato vertical al modelo de la Italia fascista, sustituyendo en 1925 el Directorio Militar por uno civil.

Pronto, sin embargo, aquellos primeros apoyos con que había contado la dictadura se fueron disipando. En este sentido, la burguesía catalana vio frustrados sus intentos descentralizadores, con una política aun más centralista que, en materia económica, llegó a favorecer los oligopolios, mientras que, por otro lado, las condiciones de trabajo seguían siendo pésimas y la represión sobre los obreros fue distanciando a la UGT y el PSOE del proyecto del dictador. Finalmente, la economía se mostró incapaz de asumir la crisis mundial de 1929, provocando todo ello la dimisión, en enero de 1930, del general Primo de Rivera. Mientras tanto, la monarquía que durante todo el período de la dictadura había sido cómplice de gran parte de sus actuaciones, será el objeto en cuestión a partir de la unión de toda la oposición en agosto de 1930 en el llamado Pacto de San Sebastián. Finalmente, los gobiernos de Dámaso Berenguer llamado *la dictablanda*, y de Juan Bautista Aznar-Cabañas no harán otra cosa que alargar la decadencia, ya que tras las elecciones municipales de 1931, el 14 de abril se proclama la Segunda República, dando así fin a la Restauración borbónica.

[215] La Unión Patriótica descansaba sobre los mismos sectores sociales que habían mantenido el sistema político de la Restauración, aunque sus dirigentes estaban extraídos del maurismo y de la Asociación Católica Nacional de Propaganda. En todo caso, esta Unión Patriótica no cuajó ni como organización política ni como maquinaria del gobierno.

LA SEGUNDA REPÚBLICA ESPAÑOLA

Introducción

La Segunda República Española es el régimen político por el que se rigió España en el período que abarca desde el 14 de abril de 1931, fecha de proclamación de la misma y de la salida de España del Rey Alfonso XIII, y el 1 de abril de 1939, fecha de la victoria definitiva del bando nacional en la Guerra Civil Española.

Proclamación

Tras la dimisión voluntaria del general Miguel Primo de Rivera, Alfonso XIII intentó devolver el debilitado régimen monárquico a la senda constitucional y parlamentaria, a pesar de la debilidad de los partidos dinásticos. Para ello el gobierno de la Corona convocó una ronda de elecciones que debían inyectar legitimidad democrática en las instituciones monárquicas.

El 12 de abril de 1931 se celebraron las elecciones municipales. Aunque se saldaron con una contundente victoria monárquica en las urnas (40.275 concejales monárquicos frente 26.563 republicano-socialistas y 14.261 de los nunca más se supo), el impulso republicano quedó de manifiesto al triunfar en 41 capitales de provincia. Así lo entendieron Romanones y el propio Rey, que constataron la falta de apoyo popular en las ciudades. El Monarca renunció a mantenerse en el poder, y el 14 de abril de 1931 marchó hacia el exilio. El día 16 de abril se hizo público el siguiente manifiesto, redactado por el duque de Maura, hermano del líder republicano Miguel Maura, y que el día 17 publicaba el diario ABC en portada:

> *«Las elecciones celebradas el domingo me revelan claramente que no tengo hoy el amor de mi pueblo. Mi conciencia me dice que ese desvío no será definitivo, porque procuré siempre servir a España, puesto el único afán en el interés público hasta en las más críticas coyunturas. Un rey puede equivocarse, y sin duda erré yo alguna vez; pero sé bien que nuestra patria se mostró en todo tiempo generosa ante las culpas sin malicia. Soy el rey de todos los españoles, y también un español. Hallaría medios*

sobrados para mantener mis regias prerrogativas, en eficaz forcejeo con quienes las combaten. Pero, resueltamente, quiero apartarme de cuanto sea lanzar a un compatriota contra otro en fratricida guerra civil. No renuncio a ninguno de mis derechos, porque más que míos son depósito acumulado por la Historia, de cuya custodia ha de pedirme un día cuenta rigurosa. Espero a conocer la auténtica y adecuada expresión de la conciencia colectiva, y mientras habla la nación suspendo deliberadamente el ejercicio del Poder Real y me aparto de España, reconociéndola así como única señora de sus destinos.

También ahora creo cumplir el deber que me dicta mi amor a la Patria. Pido a Dios que tan hondo como yo lo sientan y lo cumplan los demás españoles».

Entretanto, la primera ciudad en la que se izó la bandera tricolor fue Éibar, un día antes de ese histórico 14 de abril de 1931, pero el día siguiente la imitaron las principales capitales españolas, incluyendo Barcelona y Madrid, en las que las candidaturas republicanas habían obtenido importantes mayorías en las urnas.

En este ambiente político, el rey Alfonso XIII abandonaba España sin haber abdicado, trasladándose a París, aunque poco después fijaría su residencia en Roma, en donde en enero de 1941 abdicaba en favor de su tercer hijo, Juan. Apenas un mes después, el 28 de febrero, fallecía.

La Constitución de la República Española de 1931

Tras la proclamación de la República tomó el poder un gobierno provisional presidido por Niceto Alcalá-Zamora, desde el 14 de abril hasta el 14 de octubre de 1931, fecha en que presentaba su dimisión por su oposición al laicismo del Estado, recogido en el artículo 26 de la nueva Constitución, siendo sustituido por Manuel Azaña. El 10 de diciembre de 1931 fue elegido Presidente de la II República Española Niceto Alcalá-Zamora, por 362 votos de los 410 diputados presentes (la Cámara estaba compuesta por 446 diputados).

En este cargo se mantuvo hasta el 7 de abril de 1936, cuando el nuevo gobierno del Frente Popular pide su dimisión por haber convocado dos veces elecciones generales (de las que los frentepopulistas salieron beneficiados), volviendo a sustituirle Manuel Azaña.

El 28 de junio de 1931 se celebraron elecciones a Cortes Constituyentes, que elaboraron y aprobaron una Constitución el día 9 de diciembre del mismo año.

La Constitución de la Segunda República supuso un avance notable en el reconocimiento y defensa de los derechos humanos por el ordenamiento jurídico español y en la organización democrática del Estado: dedicó casi un tercio de su articulado a recoger y proteger los derechos y libertades individuales y sociales, amplió el derecho de sufragio activo y pasivo a los ciudadanos de ambos sexos mayores de 23 años y residenció el poder de hacer las leyes en el mismo pueblo, que lo ejercía a través de un órgano unicameral que recibió la denominación de Cortes o Congreso de los Diputados y, sobre todo, estableció que el Jefe del Estado sería en adelante elegido por un colegio compuesto por Diputados y compromisarios, los que a su vez eran nombrados en elecciones generales.

Todos ellos son distintivos de la preocupación republicana por la soberanía popular y la democracia efectiva, por lo que es posible enunciar una serie de principios que la Constitución incorporó o reafirmó como elementos esenciales del ordenamiento jurídico español:

El principio de igualdad de los españoles ante la Ley, al proclamar a España como «*una república de trabajadores de toda clase*».

El principio de laicidad, por el que se iba más allá de la mera separación entre la Iglesia y el Estado para adentrarse en un ámbito de total eliminación de la religión de la vida política.

El principio de elección y amovibilidad de todos los cargos públicos, incluido el Jefe del Estado.

El principio monocameral, más acorde a la democracia, que suponía la eliminación de una segunda Cámara aristocrática o de estamentos privilegiados y por el cual el poder legislativo sería ejercido por una sola Cámara.

Se preveía la posibilidad de la realización de una expropiación forzosa de cualquier tipo de propiedad, a cambio de una indemnización, para utilización social así como la posibilidad de nacionalizar los servicios públicos.

Amplia declaración de derechos y libertades. Concedía el voto desde los 23 años con sufragio universal también femenino.

Separación de la Iglesia y el Estado, además del reconocimiento del matrimonio civil y el divorcio.

Los símbolos del nuevo Estado

Como nuevos símbolos del Estado, se adoptaron los símbolos republicanos adoptados popularmente durante el siglo XIX: la bandera de tres franjas horizontales: roja, gualda y morada. En sustitución del antiguo escudo borbónico, el republicano resultaba sumamente similar al anterior, aunque la corona se sustituiría por una de tipo mural.

De manera similar, se escogió como himno nacional el popularmente conocido durante gran parte del siglo XIX como el Himno de Riego, que venía a sustituir a la Marcha Real y, junto con la bandera tricolor y otros distintivos, al conjunto de símbolos monárquicos y tradicionalistas vigentes hasta el momento.

Etapas de la República

Una breve cronología de los distintos hechos ocurridos durante los tres gobiernos republicanos puede ser la siguiente:

El gobierno de centro-izquierda (1931-1933), también conocido como bienio reformista.

Elecciones a Cortes Constituyentes (28 de junio de 1931). Mayoría de las izquierdas en el Parlamento.

PSOE: 114 escaños (primera mayoría de la Cámara).

Partido Republicano Radical, de Alejandro Lerroux (centro-derecha republicana): 89 escaños.

Partido Republicano Radical Socialista, de Marcelino Domingo: 55 escaños.

Republicanos de centro: 50 escaños.

Coalición Ezquerra Republicana de Catalunya: 36 escaños.

Acción Republicana, de Manuel Azaña (republicanos de izquierda): 30 escaños.

Agrarios (derecha antirrepublicana): 24 escaños.

Nacionalistas de centro-derecha (PNV y Lliga Regionalista de Catalunya): 19 escaños en total.

ORGA (republicanos gallegos de izquierda): 19 escaños.

Aprobación por las Cortes de la Constitución de la República Española de 1931 (9 de diciembre de 1931).

Gobierno de coalición republicano-socialista, presidido por Azaña (16 de diciembre de 1931).

El clero se muestra dividido en el acatamiento al régimen republicano, ya que mientras el cardenal Segura, Cardenal primado de Toledo, lanza una violenta diatriba antilaicista en su pastoral del 1 de mayo de 1931 a los catorce días de proclamada la República, el periódico El Debate, fundado en 1911 por Ángel Herrera Oria, muestra la opinión de un catolicismo que manifiesta «*acatamiento*» al régimen instaurado y da una visión accidentalista de la República, en el sentido de que la Iglesia es eterna y las formas de gobierno temporales. Con todo, la posición de la jerarquía católica y de la mayor parte de los creyentes era bastante opuesta al régimen republicano, tras el asalto y generalizada quema de conventos, iglesias, colegios, bibliotecas y edificios religiosos de los días 10 y 11 de mayo, ante la cómplice pasividad oficial. Esta oposición aumenta cuando mediante el artículo 26 de la Constitución, entre otras medidas, se anulan las ayudas públicas hacia instituciones religiosas, se prohíbe a éstas ejercer la industria o la educación, se confiscan los bienes de determinadas órdenes religiosas, se ordena la disolución de la Compañía de Jesús y la sumisión a las leyes tributarias.

En aquellos momentos el Estado español observa la existencia de una crítica posición por parte del ejército, fundamentalmente a través de oficiales de tendencia monárquica, a la reforma que pretendía la racionalización del ejército, obra que había sido diseñada por ministro de la Guerra, entonces Manuel Azaña.

Ya en septiembre de 1931 el proyecto de Estatuto Vasco, apoyado por carlistas y nacionalistas vascos, es rechazado en las Cortes Constituyentes por sobrepasar los límites constitucionales.

No tardarían en volver los pronunciamientos militares. Así el golpe de estado del general Sanjurjo, que se intentase llevar a efecto el 10 de agosto de 1932, fracasaría. Sanjurjo es detenido en Huelva, cuando intentaba huir a Portugal. Juzgado y condenado a muerte, sin embargo, el Presidente de la República le conmuta la pena por cadena perpetua.

Otras tareas en el tintero por parte de la Segunda República sería la aprobación del Estatuto Catalán, de 9 de septiembre de 1932. La ley de Reforma Agraria, que no alcanzará sus objetivos propuestos, entre otras cosas, por falta de presupuesto y la fuerte oposición de los grandes terratenientes.

En este sentido, el fallo de las expectativas puestas en la Reforma Agraria provocó reacciones obreras, principalmente por parte de anarquistas, integrados en la Federación Anarquista Ibérica (FAI) y la Confederación Nacional del Trabajo (CNT), dando lugar a disturbios fuertemente reprimidos en Casas Viejas, Castilblanco y otros en las llamadas revoluciones de enero y diciembre de 1933.

Pronto se disolverían las Cortes y serían convocadas nuevas elecciones, en concreto el 9 de octubre de 1933, que serían ganadas por los conservadores de la CEDA, liderada por José María Gil Robles y los radicales de Alejandro Lerroux (19 de noviembre de 1933). Por esas fechas, era fundada por José Antonio Primo de Rivera la Falange Española (29 de octubre de 1933).

El gobierno de centro-derecha (1934-1935)

Conocido popularmente como bienio radical-cedista o bienio negro, las elecciones anteriormente citadas habían sido las primeras verdaderamente democráticas, en donde aparecería con fuerza el sufragio femenino. En el cómputo de escaños, la derecha obtendría una importante victoria, ya que a su lado se situarían 258 diputados de derecha, mientras que el centro obtendría 119 de centro, y 95 la izquierda. Esta última se presentó desunida, mientras que la derecha se agrupó en torno a la CEDA.

El gobierno recaería en manos de los conservadores de Lerroux, presionado por la derecha de Gil Robles. Además, aparecerán ciertas medidas reaccionarias del gobierno, tratando de neutralizar los logros sociales conseguidos en el anterior periodo.

En ese momento, serían amnistiados los participantes en el fallido golpe de estado de agosto de 1932, entre ellos su promotor el general Sanjurjo que se traslada a Portugal, donde moriría en 1936 en accidente de aviación cuando se disponía a volver a España para encabezar la sublevación que dio origen a la Guerra Civil Española.

Pronto llegaría el descontento campesino, al perder las tierras recibidas por la anterior reforma agraria. Pero ahí no quedaría todo, ya que en 1934 se producirá la llamada Revolución de 1934, movimiento político-social alentado desde amplios sectores e importantes dirigentes del PSOE y la UGT, como fue el caso de Largo Caballero o Indalecio Prieto, además –y de forma desigual– por la Confederación Nacional del Trabajo (CNT) y el Partido Comunista de España (PCE). En su lucha, estos revolucionarios llegarían a intentar asaltar Presidencia del Gobierno y después de dos horas de disparos las fuerzas leales al gobierno dominaron la situación y encarcelaron a los dirigentes socialistas que la apoyaban. Con todo, y aunque el efecto de esta Revolución se extendió por la práctica totalidad de España, sería en Cataluña y en Asturias donde mayor virulencia tendría.

Además, fruto de la mano dura emprendida por el gobierno, el Estatuto Catalán era suspendido y su presidente Lluis Companys es detenido y juzgado.

El Frente Popular (1936-1939)

No tardaría en producirse la disolución de las Cortes y convocatoria de elecciones generales, 7 de enero de 1936, en donde en esta ocasión el triunfo iría a manos de una agrupación de izquierdas que, en aquel día de 16 de febrero de 1936, se hacía con una amplia mayoría de los Diputados. En este sentido el Frente Popular (que en tierras de Cataluña y Valencia se llamarían Frente de Izquierdas o Front d'Esquerres), obtuvo 263 escaños.

Así las cosas, el 19 de febrero de 1936 Manuel Azaña era nombrado Presidente del Gobierno, del curiosamente no formaban parte los socialistas. Poco tiempo después, el 7 de abril, era destituido Niceto Alcalá-Zamora como Presidente de la República.

No tardaría en producirse la primera crisis de gobierno, ya que incapaz de controlas la situación Azaña dimitía, siendo nombrado Presidente de la República 10 de mayo de 1936.

El 12 de mayo de 1936 se formaba gobierno por parte de Santiago Casares Quiroga, el cual no tardará en conceder una amplia amnistía a los implicados en la Revolución de 1934. Aunque con ello únicamente nos encontramos con lo que bien pudiera ser llamada una política del parqueo, ya que pronto asistiremos al cenit del enfrentamiento violento entre las izquierdas y derechas. En este sentido, el día 16 de abril, en el entierro del alférez de los Reyes, de la Guardia Civil, que había fallecido dos días antes durante los incidentes que se produjeron en la celebración del quinto aniversario de proclamación de la República, la intervención del teniente Castillo, de la Guardia de Asalto e instructor de las milicias de las Juventudes Socialistas, dio como resultado un muerto a manos de uno de los hombres de la sección de Castillo y de un herido grave por disparo realizado por él mismo. El muerto era Andrés Sáenz de Heredia, primo de José Antonio Primo de Rivera, y el herido un joven carlista estudiante de medicina llamado José Llaguno Acha. El 12 de julio de 1936 es asesinado José Castillo. Al día siguiente guardias de asalto, compañeros de Castillo, asesinan a José Calvo Sotelo, antiguo ministro de Hacienda de la monarquía y jefe del Bloque Nacional, agrupación de monárquicos de Renovación Española y de carlistas tradicionalistas. Calvo Sotelo era en ese momento el líder de la oposición.

En aquel clima de crispación se producirá el Golpe de estado en la tarde del 17 de julio de 1936, protagonizado en este momento por parte del ejército del norte de Marruecos y diversas guarniciones peninsulares, al fracasar comienza la guerra civil.

Las autonomías regionales

Con respecto a una incipiente *España Autonómica*, en septiembre de 1931 un primer proyecto de Estatuto Vasco era rechazado en las Cortes

Constituyentes, por sobrepasar los límites constitucionales. Ese mismo año se propone un Estatuto de Autonomía de Baleares. Un año después del proyecto vasco, el 9 de septiembre de 1932 era aceptado, después de muchos debates, el Estatuto Catalán.

Una asamblea regional de Municipios gallegos aprueba en 1932 una propuesta de Estatuto de Autonomía que sería sometido a plebiscito cuatro años después, el 28 de junio de 1936, de acuerdo con las normas de un decreto de la presidencia del Estado de mayo de 1933. Aquel proyecto de Estatuto de Autonomía de Galicia se entregó en las Cortes el día 15 de julio de 1936, al igual que el proyecto de Aragón, del 7 de junio del mismo año, y trasladados al Congreso de Diputados para que fueran admitidos a trámite. Por las mismas fechas, algunos partidos de Cantabria proponen un Estatuto de Autonomía de Cantabria.

Queda fijada para el último domingo de septiembre de 1936 una Asamblea nacional destinada a debatir y modificar el Anteproyecto y aprobar el Proyecto de Estatuto de Autonomía de Andalucía. El día 6 de octubre de 1936, las Cortes aprueban por mayoría el Estatuto de Autonomía del País Vasco.

Curiosamente, en plena guerra civil, y con el gobierno republicado trasladado a Valencia, el 6 de noviembre de 1936, sería admitido a trámite en las Cortes el Estatuto de Autonomía de Galicia el 1 de febrero de 1938, siendo finalmente aprobado.

EL CONSTITUCIONALISMO EN LA HISTORIA DE ESPAÑA

Introducción

Las expresiones Constitución y Constitucionalismo remontan su origen al pensamiento político griego, y en especial al inmortal Aristóteles, quien utilizaría la palabra «*Constitución*» en muy diversos sentidos, y clasificó las formas de gobierno en buenas «*constituciones*» (monarquía y república) y malas (tiranía, oligarquía y democracia), en la medida en que procuraban el bien de todos o sólo el de una parte de aquella comunidad política.

Más recientemente, en cambio, el término Constitución se utilizará con una doble acepción: una amplia, como la totalidad de las normas que ordenan la vida de un país; y otra más restringida reducida a las disposiciones fundamentales, de rango superior a las leyes ordinarias, y en donde se articulan los principios que rigen el derecho en un Estado.

La aparición en el mundo contemporáneo de dichas constituciones tiene generalmente tres motivos o causas:

- Por el establecimiento de una comunidad política como Estado independiente.
- Por la agregación de comunidades vecinas de un Estado único, tal y como sucedió en los Estados Unidos, y finalmente.
- Porque una nación rompa en cierto modo con las formas de gobierno de su pasado, pasando a regirse políticamente por nuevos principios.

Ya en España, la guerra de la Independencia acarrearía una transformación profunda en el orden político y jurídico, transformación originada, más que como consecuencia inmediata de la convulsión, por el bagaje ideológico de la potencia que ocupaba nuestras tierras, y la difusión del mismo por militares y oficiales en contacto con el pueblo español. De esta forma, el nuevo estado organizado al recuperarse nuevamente el poder por los antifranceses buscará inspiración en la nueva ideología nutrida de las corrientes doctrinales del siglo XVIII, que habían resultado victoriosos con la Revolución Francesa. Estas, aunque conocidas ya con anterioridad en reducidos círculos de ilustrados, intentan imponerse ahora de modo general como reacción directa al absolutismo borbónico, no sin resistencias o contragolpes de los todavía partidarios del Antiguo Régimen y de la tradición secular jurídica y política.

El Estatuto de Bayona

Con todo, el proceso constitucional español comenzará en 1808 con el llamado Estatuto de Bayona que en realidad es una Carta Otorgada por Napoleón, aunque con el refrendo de un Consejo de Notables españoles designados y convocados por el propio emperador.

Su fracaso se explica en razón del carácter de «*intruso*» del nuevo monarca de España, encarnado en la persona de José I, y la situación bélica en que se origina. No obstante tiene el mérito de ser la primera vez en que se proclaman los derechos ciudadanos, lo que supone un gran paso adelante con respecto a la situación anterior de absolutismo.

Siguiendo al profesor Ignacio Fernández Sarasola[216], el Estatuto-Constitución de Bayona se estructuraba en torno a tres poderes:

Legislativo, en donde se establecía la iniciativa real, que promulga «*oídas las cortes*»; Legislativo, correspondiente al monarca y sus ministros; además del poder Judicial, el cual era conforme a la Constitución de 1808 independiente, sin perjuicio de que el rey nombraba a los jueces.

Pese a que se establecía en su seno un conjunto de instituciones, no puede hablarse en puridad de una división de poderes, ya que las atribuciones reservadas al monarca resultaban ser muy amplias. Además las Cortes se estructuraban en la representación estamental y las facultades del Senado y de las propias Cortes carecían de fuerza para obligar.

Con todo, dentro de su articulado encontramos numerosas novedades, en gran medida respondiendo a esa inquietud expresada en más de una ocasión por Napoleón Bonaparte por otorgar a los españoles "*los beneficios de la Revolución Francesa, sin el sufrimiento que habían padecido éstos*":

---

[216] Fernández Sarasola, Ignacio, *La Constitución de Bayona (1808)*, 2007.

El artículo 1º señalaba que "*La religión Católica, Apostólica y Romana, en España y en todas las posesiones españolas, será la religión del Rey y de la Nación y no se permitirá ninguna otra*".

Igualmente encontramos los principios básicos como la supresión de aduanas interiores o la inviolabilidad del domicilio.

Con respecto a la libertad personal, aparecen reseñados los derechos del detenido y preso, o la abolición del tormento.

Más adelante, en el artículo 2, se indica que "*La Corona de las Españas y de las Indias será hereditaria en nuestra descendencia directa, natural y legítima, de varón en varón, por orden de primogenitura y con exclusión perpetua de las hembras*". Así mismo se establecían los cauces que habría que tomar en caso de falta de un heredero que sucediese a José I.

Con respecto al Gobierno y la Administración de la Monarquía Hispánica, el Estatuto venía a desconocer la institución del Gobierno, contemplando un título que hacía referencia a los ministerios, estableciéndose un número (7-9) y su denominación. Estos ministros serían los responsables de la ejecución de las leyes y de las órdenes del rey. Igualmente se encargaba de regular la Administración de Hacienda, abogando por la supresión de las todavía existentes aduanas interiores. Además se establecía una separación del patrimonio público del propio del rey.

También se erigía un Consejo de Estado, como órgano que agruparía las funciones diseminadas del Antiguo Régimen, terminando con la hasta ese momento organización polisinodial de la Monarquía Hispánica. Este Consejo de Estado, además, tenía la facultad de examinar y extender los proyectos de leyes civiles y criminales y los reglamentos generales de la Administración.

Finalmente, y con respecto al Poder judicial, el Estatuto de Bayona preveía una importancia crucial. Para tal fin, se les organizaba como órganos de carácter independiente, reservándose el monarca la facultad de designar a los jueces. En cuanto a su funcionamiento, se articulaban las distintas instancias jurisdiccionales a la que los ahora llamados ciudadanos podían acudir, se establecía la publicidad del proceso criminal y se emplazaba a la creación de un solo código de leyes civiles y criminales y otro de comercio para España y las Indias, tal y como ya había comenzado a desarrollarse en Francia desde 1804, con la promulgación del Código Civil Francés, o Código de Napoleón.

La Constitución de Cádiz, de 1812

El carácter de «*carta otorgada*», y además por una potencia extranjera pronto considerada como la gran enemiga de la Monarquía Hispánica y de los Españoles, explica el que para la mayoría de los tratadistas sea la Constitución de 1812[217] la primera de que ha disfrutado nuestro país.

[217] **CONSTITUCIÓN DE CADIZ**, de 1812. Don Fernando Séptimo, por la gracia de Dios y la Constitución de la Monarquía española, Rey de las Españas, y en su ausencia y cautividad la Regencia del reino, nombrada por las Cortes generales y extraordinarias, a todos los que las presentes vieren y entendieren, sabed: Que las mismas Cortes han decretado y sancionado la siguiente CONSTITUCION POLITICA DE LA MONARQUIA ESPAÑOLA. En el nombre de Dios todopoderoso, Padre, Hijo y Espíritu Santo autor y supremo legislador de la sociedad.

Las Cortes generales y extraordinarias de la Nación española, bien convencidas, después del más detenido examen y madura deliberación, de que las antiguas leyes fundamentales de esta Monarquía, acompañadas de las oportunas providencias y precauciones, que aseguren de un modo estable y permanente su entero cumplimiento, podrán llenar debidamente el grande objeto de promover la gloria, la prosperidad y el bien de toda la Nacional, decretan la siguiente Constitución política para el buen gobierno y recta administración del Estado.

TITULO 1. DE LA NACIÓN ESPAÑOLA Y DE LOS ESPAÑOLES. CAPITULO I, de la Nación Española; CAPÍTULO II, de los españoles.

TITULO II. DEL TERRITORIO DE LAS ESPAÑAS, SU RELIGION Y GOBIERNO Y DE LOS CIUDADANOS ESPAÑOLES. CAPÍTULO 1, del territorio de las Españas; CAPÍTULO II, de la religión; CAPITULO III, del Gobierno; CAPITULO IV, de los ciudadanos españoles.

TITULO III. DE LAS CORTES. CAPITULO I, del modo de formarse las Cortes; CAPITULO II, del nombramiento de diputados de Cortes; CAPITULO III, de las juntas electorales de parroquia; CAPÍTULO IV, de las juntas de partido; CAPITULO V, de las juntas electorales de provincia; CAPITULO VI, de la celebración de las Cortes; CAPITULO VII, de las facultades de las Cortes: CAPITULO VIII, de la formación de las leyes, y de la sanción real; CAPITULO IX, de la promulgación de las leyes; CAPÍTULO X, de la Diputación Permanente de Cortes; CAPITULO XI, de las Cortes extraordinarias.

TITULO IV. DEL REY. CAPITULO 1, de la inviolabilidad del Rey, y de su autoridad; CAPITULO II, de la sucesión a la Corona; CAPITULO III, de la menor edad del Rey, y de la regencia; CAPITULO IV, de la Familia Real, y del reconocimiento del Príncipe de Asturias; CAPITULO V, de la dotación de la Familia Real; CAPÍTULO VI, de los Secretarios de Estado y del Despacho; CAPITULO VII, del Consejo de Estado.

TITULO V. DE LOS TRIBUNALES Y DE LA ADMINISTRACION DE JUSTICIA EN LO CIVIL Y CRIMINAL. CAPITULO I, de los tribunales; CAPÍTULO III, de la Administración de Justicia en lo Criminal.

También nació en situación de guerra, por lo que su aplicación no pasaría del plano teórico en su primer momento. Fue aprobada y redactada por los diputados liberales (Palacio Atard especifica incluso sus profesores, en su *Historia del siglo XIX, 1808-1898*) reunidos en Cádiz a partir de 1810. Sus elementos más importantes son el reconocimiento de la soberanía nacional y la división de poderes, de forma que el monarca únicamente ejercería el poder ejecutivo. Es una constitución muy amplia, 384 artículos, lo que se explica precisamente por la necesidad de regularlo todo (después de una larguísima historia caracterizada por el absolutismo).

Esta constitución, de legendario prestigio dentro y fuera de España, estuvo vigente en tres momentos de nuestra historia: entre 1812-1814, en 1820-1823 y en 1836. José María Jover la considera técnicamente perfecta para una convivencia de ciudadanos preparados económica, cultural y socialmente, pero no para la España de principios del siglo XIX, caracterizada por la incultura política general. Aquí arranca el problema tantas veces tratado del divorcio entre la minoría intelectual y el pueblo.

El Estatuto Real, de 1834

Tras la muerte de Fernando VII y en el marco de otra guerra (la primera de las carlistas) se promulga el Estatuto Real[218], en 1834, convirtiéndose de

---

TITULO VI. DEL GOBIERNO INTERIOR DE LAS PROVINCIAS Y DE LOS PUEBLOS. CAPITULO I, de los ayuntamientos; CAPITULO II, del gobierno político de las provincias y de las diputaciones provinciales.

TITULO VII. DE LAS CONTRIBUCIONES. CAPITULO ÚNICO.

TITULO VIII. DE LA FUERZA MILITAR NACIONAL. CAPITULO I, de las tropas de continuo servicio; CAPITULO II, de las milicias nacionales.

TITULO IX. DE LA INSTRUCCION PÚBLICA. CAPÍTULO ÚNICO.

TITULO X. DE LA OBSERVANCIA DE LA CONSTITUCION Y MODO DE PROCEDER PARA HACER VARIACIONES EN ELLA. CAPÍTULO ÚNICO.

[218] **ESTATUTO REAL**, de 10 de abril de 1834.

TITULO PRIMERO. DE LA CONVOCACIÓN DE LAS CORTES GENERALES DEL REINO

TITULO II. DEL ESTAMENTO DE PRÓCERES DEL REINO

TITULO III. DEL ESTAMENTO DE PROCURADORES DEL REINO

TITULO IV. DE LA REUNIÓN DEL ESTAMENTO DE PROCURADORES DEL REINO

TITULO V. DISPOSICIONES GENERALES

facto en una solución de compromiso entre el Antiguo Régimen y el Estado liberal. Ese carácter se manifiesta claramente en que se trata de otra «carta otorgada» y no una constitución propiamente dicha. Consta de 50 artículos únicamente distribuidos entre 5 títulos. Su ideólogo fue el político liberal moderado Martínez de la Rosa.

La Constitución española de 1837

A raíz de la revolución de 1836 (uno más de los pronunciamientos militares que caracterizan nuestro siglo XIX) y tras un breve período en que estuvo en vigor la constitución de 1812, se aprobaría una nueva, la de 1837[219], de carácter progresista.

Real Decreto. Deseando restablecer en su fuerza y vigor las leyes fundamentales de la Monarquía; con el fin de que se lleve a cumplido efecto lo que sabiamente previenen para el caso en que ascienda al Trono un Monarca menor de edad; y ansiosa de labrar sobre un cimiento sólido y permanente la prosperidad y gloria de esta Nación magnánima; he venido en mandar, en nombre de mi excelsa Hija Doña Isabel II, y después de haber oído el dictamen del Consejo de Gobierno y del de Ministros, que se guarde, cumpla y observe, promulgándose con la solemnidad debida el precedente Estatuto Real para la convocación de las Cortes generales del Reino. Tendréislo entendido, y dispondréis lo necesario a su cumplimiento. –Está rubricado de la Real mano. En Aranjuez, a 10 de abril de 1834.-A D. Francisco Martínez de la Rosa, Presidente del Consejo de Ministros.

[219] **CONSTITUCION DE LA MONARQUIA ESPAÑOLA**, de 18 de junio de 1837.

DOÑA ISABEL II, por la gracia de Dios y la Constitución de la Monarquía española, Reina de las Españas; y en su Real nombre, y durante su menor edad, la Reina viuda su madre doña María Cristina de Borbón, Gobernadora del Reino; a todos los que la presente vieren y entendieren, sabed: Que las Cortes generales han decretado y sancionado, y Nos de conformidad aceptado, lo siguiente:

Siendo la voluntad de la Nación revisar, en uso de su Soberanía, la Constitución política promulgada en Cádiz el 19 de marzo de 1812, las Cortes generales, congregadas a este fin, decretan y sancionan la siguiente CONSTITUCIÓN DE LA MONARQUÍA ESPAÑOLA.

TÍTULO PRIMERO. DE LOS ESPAÑOLES
TÍTULO II. DE LAS CORTES
TÍTULO III. DEL SENADO
TÍTULO IV. DEL CONGRESO DE LOS DIPUTADOS
TÍTULO V. DE LA CELEBRACIÓN Y FACULTADES DE LAS CORTES
TÍTULO VI. DEL REY
TÍTULO VII. DE LA SUCESIÓN DE LA CORONA
TÍTULO VIII. DE LA MENOR EDAD DEL REY Y DE LA REGENCIA
TÍTULO IX. DE LOS MINISTROS
TÍTULO X. DEL PODER JUDICIAL

Establece el sufragio censitario, el rey ejerce el poder ejecutivo, pero cuenta con derecho a veto de las leyes aprobadas por el legislativo. Una de las razones por las que se considera «progresista» es porque elude toda declaración sobre el espinoso tema de la religión (en cambio, la de Cádiz y el Estatuto Real de 1834 proclamaban la confesionalidad del Estado).

La Constitución Española de 1845

Tras un nuevo golpe de Estado llegan los moderados al poder, derogan la Constitución de 1837 y una comisión presidida por Donoso Cortés redacta un nuevo texto que se aprueba en 1845[220]. Las principales novedades son

---

TÍTULO XI. DE LAS DIPUTACIONES PROVINCIALES Y DE LOS AYUNTAMIENTOS

TÍTULO XII. DE LAS CONTRIBUCIONES

TÍTULO XIII. DE LA FUERZA MILITAR

ARTÍCULOS ADICIONALES

Art. 1.º Las leyes determinarán la época y el modo en que se ha de establecer el Juicio por Jurados para toda clase de delitos.

Art. 2.º Las provincias de Ultramar serán gobernadas por leyes especiales.

Conforme con lo dispuesto en esta Constitución, me adhiero a ella y la acepto en nombre de mi augusta hija la Reina Doña Isabel II.- María Cristina, Reina Gobernadora.

[220] **CONSTITUCION DE LA MONARQUIA ESPAÑOLA**, de 23 de mayo de 1845.

DOÑA ISABEL II, por la gracia de Dios y de la Constitución de la Monarquía española, Reina de las Españas; a todos los que la presente vieren y entendieren, sabed: Que siendo nuestra voluntad y la de las Cortes del Reino regularizar y poner en consonancia con las necesidades actuales del Estado los antiguos fueros y libertades de estos Reinos, y la intervención que sus Cortes han tenido en todos tiempos en los negocios graves de la Monarquía, modificando al efecto la Constitución promulgada en 18 de junio de 1837, hemos venido, en unión y de acuerdo con las Cortes actualmente reunidas, en decretar y sancionar la siguiente CONSTITUCION DE LA MONARQUIA ESPAÑOLA

TITULO PRIMERO. DE LOS ESPAÑOLES

TÍTULO II. DE LAS CORTES

TÍTULO III. DEL SENADO

TÍTULO IV. DEL CONGRESO DE LOS DIPUTADOS

TÍTULO V. DE LA CELEBRACIÓN Y FACULTADES DE LAS CORTES

TÍTULO VI. DEL REY

TÍTULO VII. DE LA SUCESIÓN A LA CORONA

TÍTULO VIII. DE LA MENOR EDAD DEL REY Y DE LA REGENCIA

TÍTULO IX. DE LOS MINISTROS

TITULO X. DE LA ADMINISTRACIÓN DE JUSTICIA

TÍTULO XI. DE LAS DIPUTACIONES PROVINCIALES Y DE LOS AYUNTAMIENTOS

la sustitución de la soberanía nacional por una compartida entre la Corona y las Cortes, se restringe aun más el derecho de sufragio y aumenta las competencias del rey. Por otro lado no se especifican los derechos de los ciudadanos, sino que, como dice Sánchez Agesta, «se regulan y sujetan a leyes posteriores». De nuevo se hace una declaración formal de confesionalidad, con exclusión de otros cultos distintos del católico.

Esta constitución sufrió una doble arremetida desde la derecha y desde la izquierda. En 1852 estuvo a punto se sufrir una reforma drástica a manos de Bravo Murillo y en 1854 fue suspendida por los progresistas a su paso por el poder.

El proyecto constitucional de 1856

El proyecto de 1856 siguió las líneas maestras de la Constitución de 1837, que recogía todos los dogmas del progresismo: soberanía nacional, libertad de prensa, tolerancia religiosa..., pero no llegó a implantarse.

La Constitución Democrática de 1869

La revolución de 1868 es el preludio de otra Constitución: la Constitución Democrática de 1869[221]. Según Sánchez Agesta, esta Constitución

TÍTULO XII. DE LAS CONTRIBUCIONES

TÍTULO XIII. DE LA FUERZA MILITAR

ARTÍCULO ADICIONAL

Art. 80. Las provincias de Ultramar serán gobernadas por leyes especiales.

Por tanto, mandamos a todos nuestros súbditos de cualquiera clase y condición que sean, que hayan y guarden la presente Constitución como ley fundamental de la Monarquía, y mandamos asimismo a todos los Tribunales, Justicias, Jefes, Gobernadores y demás autoridades, así civiles como militares y eclesiásticas de cualquiera clase y dignidad, que guarden y hagan guardar, cumplir y ejecutar la expresada Constitución en todas sus partes.

En Palacio, a 23 de mayo de 1845. Yo, LA REINA.

[221] **CONSTITUCIÓN DE LA MONARQUÍA ESPAÑOLA**, de 1de junio de 1869.

LA NACION ESPAÑOLA y en su nombre las Cortes Constituyentes, elegidas por sufragio universal, deseando afianzar la justicia, la libertad y la seguridad, y proveer al bien de cuantos vivan en España, decretan y sancionan la siguiente Constitución:

TITULO PRIMERO. DE LOS ESPAÑOLES Y SUS DERECHOS

TITULO II. DE LOS PODERES PÚBLICOS

representa el triunfo del liberalismo radical, frente al doctrinario. Sus puntos programáticos principales son: la implantación de una monarquía democrática, soberanía nacional sin concesiones a la Corona, sufragio universal masculino, proclamación de derechos individuales absolutos e ilegislables, supeditación del poder ejecutivo al legislativo y libertad de conciencia y cultos.

El proyecto *non nato* de Constitución Republicana, de 1873

Durante este agitado periodo del Sexenio Revolucionario hubo otro proyecto de Constitución «non nata» de 1873, de carácter republicano y federal, donde la soberanía es compartida por el Presidente y las Cortes y donde se atisba por primera vez la ruptura con el estado unitario. No llegó a entrar en vigor tal y como dimos cuenta en las páginas que dedicamos a la I República Española.

La Constitución Española de 1876

Pasado el periodo revolucionario, Canovas del Castillo, para quién la política era el arte de lo posible, inspiraría un nuevo texto de carácter con-

TITULO III. DEL PODER LEGISLATIVO. SECCIÓN PRIMERA, de la celebración y facultades de las Cortes; SECCIÓN SEGUNDA, del Senado; SECCIÓN TERCERA, del Congreso.

TITULO IV. DEL REY

TITULO V. DE LA SUCESIÓN DE LA CORONA Y DE LA REGENCIA DEL REINO.

TITULO VI. DE LOS MINISTROS

TITULO VII. DEL PODER JUDICIAL

TITULO VIII. DE LAS DIPUTACIONES PROVINCIALES Y DE LOS AYUNTAMIENTOS

TITULO IX. DE LAS CONTRIBUCIONES Y DE LA FUERZA PÚBLICA

TITULO X. DE LAS PROVINCIAS DE ULTRAMAR

TITULO XI. DE LA REFORMA DE LA CONSTITUCIÓN

DISPOSICIONES TRANSITORIAS

Art. 1. La ley que en virtud de esta Constitución se haga para elegir la persona del Rey y para resolver las cuestiones a que esta elección diere lugar formará parte de la Constitución.

Art. 2. Hasta que, promulgada la ley orgánica de Tribunales, tengan cumplido efecto los artículos 94, 95, 96 y 97 de la Constitución, el Poder ejecutivo podrá dictar las disposiciones conducentes a su aplicación en la parte que sea posible.

ciliador: la de 1876[222]. Según Jover esta constitución intentó recoger las tendencias políticas que se habían manifestado como las más importantes en todo el siglo XIX. Mantiene el sufragio universal masculino, aunque la soberanía es compartida y se da una tolerancia en materia religiosa. Es un texto breve pactado por liberales y conservadores. De esta forma se permite la alternancia en el poder de ambos partidos. Estuvo en vigor hasta el año 1923, siendo por tanto la de mayor duración, cuando un golpe de Estado protagonizado por el general Primo de Rivera la dejó en suspenso.

La Constitución Española de 1931

La caída de la monarquía en 1931 abrió un nuevo periodo constituyente que culmina con la aprobación de la Constitución Republicana de 1931[223], la más progresista de nuestra historia. Las Cortes son unicamerales, se

---

[222] **CONSTITUCIÓN DE LA MONARQUÍA ESPAÑOLA**, de 30 de junio de 1876.

Don Alfonso XII, por la gracia de Dios, Rey constitucional de España; a todos los que las presentes vieren y entendieren, sabed: Que en unión y de acuerdo con las Cortes del Reino actualmente, hemos venido en decretar y sancionar la siguiente

CONSTITUCIÓN DE LA MONARQUÍA ESPAÑOLA

TITULO PRIMERO. DE LOS ESPAÑOLES Y SUS DERECHOS

TITULO II. DE LAS CORTES

TITULO III. DEL SENADO

TITULO IV. DEL CONGRESO DE LOS DIPUTADOS

TITULO V. DE LA CELEBRACIÓN Y FACULTADES DE LAS CORTES

TITULO VI. DEL REY Y SUS MINISTROS

TITULO VII. DE LA SUCESIÓN A LA CORONA

TITULO VIII. DE LA MENOR EDAD DEL REY Y DE LA REGENCIA

TITULO IX. DE LA ADMINISTRACIÓN DE JUSTICIA

TITULO X. DE LAS DIPUTACIONES PROVINCIALES Y DE LOS AYUNTAMIENTOS

TITULO XI. DE LAS CONTRIBUCIONES

TITULO XII. DE LA FUERZA MILITAR

TITULO XIII. DEL GOBIERNO DE LAS PROVINCIAS DE ULTRAMAR

[223] **CONSTITUCIÓN DE LA REPÚBLICA ESPAÑOLA**, de 9 de diciembre de 1931.

Como Presidente de las Cortes Constituyentes, y en Su nombre, declaro solemnemente que éstas, en uso de la soberanía de que están investidas, han decretado y sancionado lo siguiente: ESPAÑA, EN USO DE SU SOBERANIA, Y REPRESENTADA POR LAS CORTES CONSTITUYENTES, DECRETA Y SANCIONA ESTA CONSTITUCIÓN

TITULO PRELIMINAR. DISPOSICIONES GENERALES

TITULO I. ORGANIZACIÓN NACIONAL

TITULO II. NACIONALIDAD

establece un amplio capítulo de derechos y libertades, prevé la posibilidad de aprobar estatutos de autonomía, la total separación de Iglesia y Estado y se reconoce por primera vez el derecho de sufragio universal también para las mujeres.

Las *Siete Leyes Fundamentales* del Régimen del General Franco

El resultado de la guerra civil de 1936-1939 dio al traste con esta constitución, que sería abolida por el Nuevo Régimen. En su lugar se implantó un conjunto de siete Leyes Fundamentales, que tienen rango constitucional, aunque por encima de ellas se sitúa el propio Jefe del Estado en virtud de las Leyes de prerrogativa de 1938-39.

Estas fueron las siguientes:

Fuero del Trabajo (1938), Ley Constitutiva de las Cortes (1942), Fuero de los Españoles (1945), Ley del Referéndum Nacional (1945), Ley de Sucesión en la Jefatura del Estado (1947), Ley de Principios el Movimiento Nacional (1958) y Ley Orgánica del Estado (1967).

TITULO III. DERECHOS Y DEBERES DE LOS ESPAÑOLES. CAPITULO PRIMERO; CAPITULO II, familia, economía y cultura.

TITULO IV. LAS CORTES

TITULO V. PRESIDENCIA DE LA REPÚBLICA

TITULO VI. GOBIERNO

TITULO VII. JUSTICIA

TITULO VIII. HACIENDA PÚBLICA

TITULO IX. GARANTÍAS Y REFORMAS DE LA CONSTITUCIÓN DISPOSICIONES TRANSITORIAS

1.ª Las actuales Cortes Constituyentes elegirán, en votación secreta, el primer Presidente de la República. Para su proclamación deberá obtener la mayoría absoluta de votos de los diputados en el ejercicio del cargo.

Si ninguno de los candidatos obtuviese la mayoría absoluta de votos se procederá a nueva votación y será proclamado el que reúna mayor número de sufragios.

2.ª La ley de 26 de agosto próximo pasado, en la que se determina la competencia de la Comisión de responsabilidades, tendrá carácter constitucional transitorio hasta que concluya la misión que le fue encomendada, y la de 21 de octubre conservará su vigencia asimismo constitucional mientras subsistan las actuales Cortes Constituyentes, si antes no la derogan éstas expresamente.

De la Ley para la Reforma Política a la actual Constitución Española de 1978

El proceso de reforma política española de 1977 consistirá básicamente en un conjunto de modificaciones de la legislación franquista vigente en España hasta ese momento, las Leyes Fundamentales del Reino, de carácter autoritario, para acabar con la entrada en vigor de una Constitución, que convirtieron al país en una Estado Social y Democrático de Derecho.

Objetivos de la Ley para la Reforma Política

La reforma tenía como objetivo reconocer y garantizar el ejercicio de los derechos fundamentales y las libertades públicas (fuertemente restringidos con la legislación vigente a la sazón), legalizar todos los partidos políticos (el único partido legal era la Falange) y permitir a los trabajadores su sindicación y sus derechos laborales (existía un único sindicato vertical, la Organización Sindical, y el derecho a huelga no estaba reconocido. Esta reforma implicaba la aprobación de una Ley Electoral para regular los comicios y la modificación del Código Penal para eliminar los delitos considerados políticos, además de conceder una amnistía a los presos por estos delitos.

La piedra angular del proceso es la Ley para la Reforma Política, aprobada el 18 de noviembre de 1976 por las Cortes Generales y sometida a la aprobación en Referéndum el 15 de diciembre de 1976, con una participación del 77 por ciento del censo y un 80 por ciento de votos a favor, y que tenía el carácter de Ley Fundamental. La nueva norma determinaba lo siguiente:

a) Establecía el concepto de soberanía popular como derecho político igual para todos los mayores de 21 años (que era en ese momento la mayoría de edad legal).

Procedía a crear un sistema bicameral: Congreso de los Diputados y Senado, con un mandato de cuatro años. Sus miembros serían elegidos por sufragio universal libre, directo y secreto, a excepción de una quinta parte de los senadores que eran designados directamente por el Rey.

b) Autorizaba expresamente al Gobierno o al Congreso de los Diputados así elegido a iniciar una reforma constitucional, si bien no indicaba textualmente que las Cortes Generales resultantes fueran a derogar el conjunto de Leyes Fundamentales que, como bloque constitucional, mantenían la estructura del régimen político proveniente de la dictadura. Esto era así con el fin de no provocar la oposición de los partidarios a ultranza del régimen franquista, el llamado búnker.

Sin embargo, entre enero y abril de 1977, se suceden los expedientes de legalización de los distintos partidos políticos, entre los que se destaca la creación de la Unión de Centro Democrático como fuerza de centro-derecha liderada por el entonces Presidente del gobierno, Adolfo Suárez, la legalización del Partido Socialista Obrero Español en febrero y del Partido Comunista de España en abril, y la creación de Alianza Popular. A pesar de todo ello, y de lo que suponía la reforma, la oposición propugnó la abstención al considerar que la reforma era insuficiente y que la ruptura democrática era la única forma de superar el régimen.

En mayo se disuelven las Cortes y se convocan elecciones generales bajo el sistema de la nueva legislación para el 15 de junio de 1977 que gano la UCD con un 34,72% de votos, seguida del PSOE con un 29,25%, PCE con un 9,4% AP con un 8%. Tras el proceso electoral, una vez constituido el Congreso y el Senado, se procedió a crear la Ponencia Constitucional a la que se le encargó la redacción de una nueva Constitución de corte democrático occidental.

En octubre de 1977 se aprobó la última amnistía general que liberaba a los últimos presos políticos. Este periodo coincide parcialmente con el denominado de transición democrática.

Este proceso de reformas políticas y jurídicas iniciado en 1976, cuando las Cortes aprobaron, y el pueblo refrendó, la citada Ley para la Reforma Política abría el paso a unas elecciones pluralistas, las cuales fueron finalmente celebradas éstas el 15 de junio de 1977. A partir de este momento, las nuevas Cortes resultantes se encargarían de redactar y aprobar un nuevo proyecto constitucional, que también sería sometido a referéndum: el de 1978.

Interpretación del proceso constitucional español

Una vez realizado este rápido y escueto recorrido por nuestra historia constitucional conviene hacer ahora, como resumen, una breve interpretación de la misma en función de dos de sus aspectos más relevantes: la Soberanía y el periodo de vigencia.

Según la amplitud numérica del sujeto que detenta la soberanía podemos hablar de constituciones progresistas cuando se proclama que la Soberanía reside en la Nación, tesis plasmada en la Constitución liberal de 1812, en la neoliberal de 1837, en el proyecto progresista de 1856, en la Constitución democrática radical de 1869, en la republicana de 1931 y finalmente en la actual de 1978.

Las constituciones conservadoras establecen una Soberanía compartida entre las Cortes y el Rey. Esta postura es la antítesis de la primera y la mejor muestra de una ideología propia del siglo XIX denominada «*liberalismo doctrinario*». Corresponden a esta tendencia el Estatuto Real de 1834, la constitución moderada de 1845 y la constitución canovista de 1876.

El enfrentamiento de ambas corrientes durante un siglo culminará con la Guerra Civil Española (1936-1939).

Hasta la Constitución de 1978 los textos anteriores respondieron más a las aspiraciones del grupo o clase en el poder que a las necesidades reales de los españoles. Esto redunda en el desprestigio de la Constitución como ley fundamental y en el desequilibrio político del país. Las alternativas han sido paralelas al desfile de partidos en el poder.

Conviene destacar que no es del todo cierto que la historia constitucional española sea una historia pendular entre opciones de derecha e izquierda. Si se repasa la vigencia de las constituciones de uno y otro signo podrá comprobarse que, frente a la constante vigencia de las constituciones conservadoras o simplemente reaccionarias, a las que viene grande el apelativo de «régimen constitucional», las de carácter progresista o democrático han tenido una existencia efímera. Entre 1812 y 1978, más de un siglo y medio, sólo alcanzan 23 años de vigencia.

La Constitución de 1978[224], a diferencia de las anteriores, se ha realizado con el consenso político, aunque con fuertes protestas minoritarias y un alto nivel de abstención.

---

[224] **CONSTITUCION ESPAÑOLA**, de 1978.

Don Juan Carlos I, rey de España. A todos los que la presente vieren y entendieren. Sabed: Que las Cortes han aprobado y el Pueblo Español ratificado la siguiente Constitución:

PREÁMBULO

La Nación española, deseando establecer la justicia, la libertad y la seguridad y promover el bien de cuantos la integran, en uso de su soberanía, proclama su voluntad de: Garantizar la convivencia democrática dentro de la Constitución y de las leyes conforme a un orden económico y social justo.

Consolidar un Estado de Derecho que asegure el imperio de la ley como expresión de la voluntad popular.

Proteger a todos los españoles y pueblos de España en el ejercicio de los derechos humanos, sus culturas y tradiciones, lenguas e instituciones.

Promover el progreso de la cultura y de la economía para asegurar a todos una digna calidad de vida.

Establecer una sociedad democrática avanzada, y Colaborar en el fortalecimiento de unas relaciones pacíficas y de eficaz cooperación entre todos los pueblos de la Tierra. En consecuencia, las Cortes aprueban y el pueblo español ratifica la siguiente

CONSTITUCION

TITULO PRELIMINAR

TITULO I. DE LOS DERECHOS Y DEBERES FUNDAMENTALES. CAPITULO I. CAPITULO II, derechos y libertades; CAPITULO III; CAPITULO IV, de las garantías de las libertades y derechos fundamentales; CAPITULO V, de la suspensión de los derechos y libertades

TITULO II. DE LA CORONA

TITULO III. DE LAS CORTES GENERALES. CAPITULO I. de las Cámaras; CAPITULO II, de la elaboración de las leyes; CAPITULO III, de los Tratados Internacionales

TITULO IV. DEL GOBIERNO Y DE LA ADMINISTRACION

TITULO V. DE LAS RELACIONES ENTRE EL GOBIERNO Y LAS CORTES GENERALES

TITULO VI. DEL PODER JUDICIAL

TITULO VII. ECONOMIA Y HACIENDA

TITULO VIII. DE LA ORGANIZACION TERRITORIAL DEL ESTADO. CAPITULO I, principios generales; CAPITULO II, de la Administración Local; CAPITULO III, de las Comunidades Autónomas

TITULO IX. DEL TRIBUNAL CONSTITUCIONAL

TITULO X. DE LA REFORMA CONSTITUCIONAL

DISPOSICIONES ADICIONALES

DISPOSICIONES TRANSITORIAS

DISPOSICIÓN DEROGATORIA

DISPOSICIÓN FINAL

LA CODIFICACIÓN DEL DERECHO

Introducción

Los siglos XVIII y XIX se destacaron por ser épocas de grandes cambios en todas y cada una de las facetas de las sociedades de aquellos tiempos, muchos de ellos promovidos por la creencia institucionalizada por la Ilustración, creencia consistente en la idea de que el hombre podía encontrar la perfección en el mundo natural. Así, mientras Newton proponía un nuevo modelo de universo basado en la gravitación universal, Lavoisier iniciaba la ciencia química, Bufón escribía una historia natural anunciando la evolución, Franklin estudiaba la electricidad, o Hutton fundaba la moderna geología. Mientras el poder de las ciencias se justificaba con la técnica, se iba a su vez consolidando una actitud optimista ante la vida y ante el progreso ilimitado del hombre, Naturaleza, Razón y Ciencia son los nuevos nombres del progreso y adelanto, y son también las nuevas armas contra la ignorancia, los perjuicios, la superstición, los fetichismos y los dogmas obsoletos.

Amparados en la seguridad de la razón y la ciencia, aquellos hombres criticarían y cuestionarían todos aquellos valores admitidos como inalterables. Se enfrentarán a la religión, a lo clásico, a lo establecido para derrocarlo. Así ocurriría, también, con el Derecho, con la promulgación de éste de manera absoluta por el monarca, con la dispersión normativa, con la inseguridad jurídica, con las penas infamantes y degradantes, y con la concepción de muchos métodos jurídicos, considerados hasta ese momento histórico como intangibles. Los siglos XVIII y XIX serán protagonizados por la Codificación del Derecho.

Con la redacción de los códigos se estaba enterrando aquellas anquilosadas estructuras jurídicas que habían imperado en los Estados, en un enfrentamiento con la articulación del propio Derecho, que había dominado en lo que con grandes rasgos de razón hemos venido a denominar Antiguo Régimen[225].

[225] Un excelente novelista, Marcel Proust, quien además tenía importantes nociones de historiador, escribió que «*se llama antiguo régimen aquello de lo que sólo se ha podido conocer el final*». En este sentido, hablamos de Antiguo Régimen cuando hacemos referencia a algo que todavía está reciente, pero ya transcurrido y superado, a un tipo o concepto de sociedad cuya extinción hemos presenciado. Ese sería el sentido con el que acuñaron dicha expresión

El nuevo Derecho, ahora se encontraría almacenado en unos códigos que se especializarían por materias. Conviene, sin embargo, y antes de entrar a profundizar en el tema, determinar el significado y el alcance de dicha acepción. Así, el término «*Código*» ha tenido remotos y no muy precisos significados a lo largo de la historia del derecho. Deriva de «*Codex*», término que aludía inicialmente a un volumen formado por un número variable de pliegos de pergaminos cosidos entre sí. Será desde finales del siglo III o comienzos del IV cuando dicho término se aplique a las compilaciones jurídicas, públicas o privadas, de las «leges» imperiales. En este sentido, *Códex* era no una ley, sino una compilación de leyes y eso fueron el Codex Gregoriano, el Hermogeniano, el Teodosiano o, en épocas más tardías, el de Justiniano.

Como aquellos materiales jurídicos que albergaba poseían cierta homogeneidad, si no en razón de su contenido, sí en cuanto a su procedencia; y como por otra parte tales materiales aparecían dentro del Codex, ordenados con arreglo a ciertos criterios, en las lenguas románicas medievales las palabras derivadas del latín «*codex*» o «*codicus*» se aplicaron normalmente a obras jurídicas que aparecían dotadas de una cierta unidad de elaboración y de una considerable ordenación formal. Así se ha hablado de Código de Eurico, del Código de las Siete Partidas, del Código de Huesca de 1247, o del Código de Tortosa, por citar algunos significados ejemplos.

Sería, sin embargo, a partir de aquella Europa ilustrada de la segunda mitad del siglo XVIII hasta nuestros días, cuando se generalizara un significado mucho más preciso del término «*Código*», definiéndose, dentro de aquel pensamiento jurídico y con arreglo al pensamiento liberal, un código como:

> «*una ley de contenido homogéneo por razón de la materia, que de forma sistemática y articulada, expresada en un lenguaje preciso, regula todos los problemas de la materia unitariamente acotada*».

---

aquellos liberales de primera hora, los cuales habían asistido a la práctica disolución de las estructuras propias del Antiguo Régimen y no como pasivos espectadores, sino como promotores de la misma. Y decimos práctica disolución puesto que ni en todos los Estados europeos el fin del Antiguo Régimen fue homogéneo, ni cuando este fin llegó resultó eliminado de facto. En este sentido, podemos hacer propias las palabras de Albert Soboul, el cual nos referenciaba su subsistencia de aquello que denominaba «*supervivencias feudales*».

En base a aquellas novedosas concepciones, perfectamente podemos definir que en la actualidad, un código es una ley, y no ya una recopilación de leyes, elaborada por un solo legislador, promulgada en un momento dado y en donde todos sus preceptos pertenecen a un mismo acto jurídico.

Además, un código es una ley de contenido homogéneo por razón de la materia, refiriéndose todo él a un mismo sector del ordenamiento jurídico, siendo aquella homogeneidad, incluso adoleciendo de una posible brevedad, una de las principales garantías de claridad y de coherencia. De este modo hablaremos de un código civil, mercantil, de procedimiento, o penal.

En todo caso, una de las grandes novedades del sistema jurídico contemporáneo, preferentemente en su orden técnico, fue aquella imposición del método, al cual hemos venido a denominar en sintonía con la generalidad de los historiadores Codificación, esto es, la sintetización del ordenamiento jurídico propio de un determinado Estado en un sistema de diferentes códigos materialmente ordenados, frente al pretérito modelo existente, en donde primaba la recopilación, ya fuese cronológica o sistemática, y la dispersión normativa.

Quizá de ello derive el motivo por el cual podríamos considerar a la codificación como ingente gestación jurídica tendente a la agrupación de leyes estatales relativas a una determinada rama jurídica, expuestas sistemáticamente por sectores y presidida en su formación por una uniformidad de criterio y de tiempo, o lo que es lo mismo: por Codificación entendemos perfectamente, y en un sentido amplio, aquel proceso histórico que conduce a la elaboración de diversos códigos; con referencia a cada una de las materias que se han codificado, hablaremos en particular de la codificación civil, de la penal, de la mercantil o de la procesal.

Evidentemente, a través de dicho proceso se aspira a la creación de un novedoso sistema jurídico de estructura lógica y validez permanente, en el cual cada rama del derecho será recogida en cuerpos legales específicos, los cuales seguirán una ordenación racional.

Este proceso que mencionamos tendrá un triple fundamento: filosófico, político y socio-económico.

El primero de aquellos fundamentos lo encontramos en la ideología racionalista, que concibe al Derecho en sí, y al código mismo, como un todo complejo, sin lagunas, según corresponde a una elaboración racional.

El segundo de ellos, considerará que el proceso codificador favorece la cristalización de un Estado liberal, centralista y uniforme, sobre la base de unas mismas instituciones y unos mismos códigos, vigentes en todo el ámbito de la nación.

Finalmente, el tercer fundamento nos indica que los primeros códigos europeos sientan las bases de la sociedad burguesa, que va a formarse según los principios de la Revolución Francesa, terminando con la sociedad estamental y dando inicio a la sociedad clasista contemporánea.

Los primeros códigos europeos

Los primeros códigos europeos vinieron a aparecer en Baviera, Prusia, Austria y en los territorios italianos de Toscana y Lombardía. En Baviera se promulgaba en 1751, por inspiración del príncipe Maximiliano José II, el Código Penal –*Iuris Bavaricus Criminalis*–, en 1753 el Civil –*Codex Iuris Bavaricus Civilis*–, y en 1756 el Procesal Civil –*Codex Iuris Bavarici Judicialis*–.

En Prusia se acometió la Codificación procesal en virtud de los auspicios de Federico el Grande, cuyo antecedente frustrado había sido el *Project des Corporis Juris Fridericiani*, publicándose sus dos primeras partes en el trienio 1749-1751, y que al fin llegó a término con el Código Procesal Civil de 1781.

Resulta obvio indicar que en el Viejo Continente había tenido una mayor importancia la codificación civil, a partir de un proyecto difundido en Europa, para que colaborasen en su realización los juristas filósofos, culminando con el «*Derecho territorial general de los Estados Reales Prusianos*», mediante la promulgación del *Allgemeines Landrecht für die Königlisch-Preussischen Staaten*, o Código Civil de 1794. En Austria, durante el reinado de la Emperatriz María Teresa, se promulgaba en 1768 la *Constitutio Criminalis Theresiana*, y bajo José II, el Código Procesal Civil de 1781, el Código Penal de 1787, y el de Procedimiento Criminal de 1788. Tras diversas alternativas, el Código Civil era promulgado en 1811.

En definitiva, serán los procesos codificadores, tanto en su aspecto promovedor como detractor, Francés y Alemán, aquellos que vengan a definir los momentos más decisivos de la codificación europea, así como por su importante tarea difusora.

En este sentido, en Francia la unificación del Derecho ya había sido planteada por los ministros Colbert y d'Aguesseau, pero la codificación, en su acepción más técnica, hubo de ser el resultado de aquella gran innovación legislativa aportada por la Revolución Burguesa que surge en 1789 y, más concretamente, la obra personal de Napoleón Bonaparte.

El *Code Civil des Français* sería promulgado en 1804, conteniendo 36 leyes, con un total de 2.281 artículos. Con posterioridad a dicho código sería promulgado el *Code de Procedure Civil* de 1806, el *Code de Commerce* de 1807 y, finalmente, el *Code Penal* de 1810, convirtiéndose Francia en el adalid de la Codificación burguesa contemporánea.

La Codificación alemana habría de esperar a la Constitución política del II Reich, en 1871, teniendo como precedente a los Códigos prusianos antes citados. En todo caso, la pieza maestra del Derecho privado alemán sería el *Bürgerliches Gesetzbuch*, conocido también por sus siglas BGB, que entraría en vigor el 1 de enero de 1900, posiblemente en el ánimo de inaugurar con brillantez jurídica el siglo XX. El BGB consta de 2.385 parágrafos divididos en cinco libros, tratándose sin lugar a dudas de una obra adaptada al siglo XX, con soluciones novedosas impregnadas de un individualismo liberal.

Ventajas que ofrece la codificación del Derecho

Las ventajas que ofrecían la promoción y plasmación de la Codificación, sobre otra formación legislativa pretérita resultaban en todo caso innegables. Así, el simple hecho de encontrarse cada una de las ramas jurídicas de un determinado Estado en un código especializado, formándose éste con unidad de legislador y de época, con orden lógico y enlace sistemático entre los diversos apartados que lo componen, y teniendo además relativamente poca extensión, se llegará antes y más fácilmente al completo conocimiento de la materia allí tratada, ya que se simplifica infinitamente su estudio.

Pero a ello añadiremos algo más importante: estaremos en situación de aplicar con mayores garantías las distintas reglas jurídicas.

Los inconvenientes

Resulta evidente que, junto a aquellas ventajas también encontramos destacados inconvenientes, derivados singularmente de una posible complejidad, debiéndose contemplar las distintas ramas jurídicas, enlazándolos entre sí orgánicamente. Si hiciésemos una reflexión inmediata, quizá pecando de precipitación, podríamos encontrar los siguientes inconvenientes, no excluyendo por ello la posibilidad de que existan otros adicionales:

a) La resistencia que halla su aceptación, al menos inmediatamente, en ciertos hábitos o costumbres inveteradas de la sociedad, y que dichos códigos tienden a desconocer,

b) La mayor formación jurídica que se requiere en el legislador para evitar errores y antinomias, que en el código es más fácil que se deslicen, y

c) La relativa dificultad que requiere una modificación de los preceptos allí establecidos, puesto que ahora no se trata de crear una norma aislada, sino que se trata de introducir aquella modificación en un conjunto de carácter homogéneo.

Además, la tendencia a cierta unidad legislativa en cada Estado hará que éste tenga las lógicas pretensiones de que aquel código rija en todo su territorio, y para todos aquellos que allí residan, especialmente en materia de naturaleza penal. Ello vendrá a originar serios conflictos en aquellas regiones en donde aun perviva un derecho foral o particular, el cual podrá contener preceptos que vengan a enfrentarse con lo estipulado por aquel código con aires de territorialidad general. Como producto de ello, no se obtendrán todas las ventajas que de la Codificación, por muy perfecta que sea la obra desarrollada por los agentes que en la misma hayan intervenido, puedan esperarse.

En fin, todos estos factores que hemos ido exponiendo acaban desembocando, a mediados del siglo XVIII, en un ideal, casi general en toda Europa, de realizar una sistematización del Derecho; todo ello de acuerdo con el racionalismo jurídico, que ejercerá una notable influencia en los primeros cuerpos legales, denominados códigos, que, justamente, han sido calificados por la generalidad de la doctrina como racionalistas.

Beccaria y el futuro orden penal en Europa

El milanés Cesare Bonesana, Marqués de Beccaria, estuvo desde joven ligado a los ambientes ilustrados milaneses, formando parte del círculo de los hermanos Pietro y Alessandro Verri, colaboró con la revista «El Café» y contribuyó a fundar la «Academia de los Puños» –Accademia dei Pugni–. Estimulado por Alessandro Verri, protector de los encarcelados, se interesó por la situación de la justicia. Tras haber elaborado ciertos ensayos de economía, publicó en 1764 la que viene a ser su obra más conocida De los delitos y las penas. Se trata de un pequeño opúsculo que tuvo una gran repercusión en toda Europa, singularmente en Francia en donde obtuvo el aprecio entusiasta de los filósofos enciclopedistas.

Partía de la teoría contractualista, la cual funda sustancialmente la sociedad sobre un contrato encaminado a salvaguardar los derechos de los individuos, garantizando el orden, definiendo a los delitos como violaciones de este contrato. Es por ello que la sociedad en conjunto goza por tanto del derecho a defenderse, el cual se debe ejercitar con medidas basadas en la proporcionalidad a la hora de aplicar la pena; en un segundo principio se establecería que ningún hombre puede disponer de la vida de otro.

Beccaria sostenía por lo tanto la abolición de la pena de muerte, la cual ni impide los crímenes ni tiene un eficaz efecto disuasorio; por ello se interesó en la prevención de los delitos, que según él se conseguía más por la certeza de la pena que por su severidad. Afirmaba igualmente que para cualquier criminal pasar la vida en la cárcel con privación de libertad era peor que una condena a muerte, mientras que la ejecución no sirve como disuasorio para el criminal, dado que las personas tienden a olvidar y borrar completamente los recuerdos de un acto traumático y lleno de sangre; además, en la memoria colectiva la ejecución no se encontraba ligada a un recuerdo concreto de culpabilidad.

Igualmente propugnaba la abolición de la pena de muerte exponiendo en su teoría que esta es una violación del principio de indisponibilidad de la vida humana, la cual únicamente corresponde a Dios y una contravención en sí misma del contrato social, que tiene como fin la protección del ciudadano y no su destrucción.

Al respecto del principio de proporcionalidad de las penas, Beccaria sostenía que éstas tienen un carácter preventivo, en sentido general y en sentido especial. La prevención especial es la que se dirige al delincuente que ha cometido la falta, mientras que la general se refiere al conjunto de la sociedad. Sostenía también que tanto los delitos como las penas deben ajustarse al principio de legalidad, anticipando la formalización definitiva de este principio por parte de Feuerbach. Si bien Beccaria, como hemos indicado anteriormente, es contrario a la pena de muerte, la justifica solo por dos motivos: que el delincuente, aún privado de su libertad, tenga poder que interese a la nación ejecutarlo. Se refiere a delitos de rebelión y traición a la patria.

LOS NACIONALISMOS

Introducción

Aunque para muchos el término *nacionalismo* hace referencia a los que tradicionalmente conocemos en España, singularmente el vasco[226] y el catalán[227], y en menor medida el gallego, indicar que este fenómeno ni nace en tierras de España ni es exclusivo de aquellos territorios españoles.

En este sentido, la culminación a lo largo del siglo XIX de los procesos de construcción de los Estados europeos; juntamente con otros factores como fueron la nacionalización de la política y su general socialización; el progresivo control de las maquinarias estatales sobre los distintos territorios y sociedades nacionales; la paulatina integración física y económica de regiones, comarcas y ciudades en cada nación; la extensión de sistemas de educación unitarios y comunes y de los medios de comunicación de masas; el creciente papel de las culturas nacionales como factor de homogeneización y cohesión social, etc., hizo que fueran cristalizando gradualmente en los distintos países europeos, unos sentimientos, una voluntad y una conciencia colectivos verdaderamente nacionales, esto es, sentimientos de orgullo y nacionalidad, teorías de lo nacional, ideales nacionales y concepciones emocionales de la propia identidad nacional. En otras palabras, el

[226] En este sentido, el nacionalismo vasco, en sus posturas más extremas, aparece en torno a aquella idea política que aboga por la unidad y defensa de la entidad política de los territorios que entiende que configuran la que ellos llaman *nación vasca*, y que actualmente se reparten entre dos estados como son España y Francia, y en donde su extensión territorial se correspondería con la llamada Euskal Herria, o lo que es lo mismo por un lado aparecería la llamada *Iparralde*, que bien podría ser traducido como «*la parte norte*», y que incluiría los territorios de Labort, Sola y Baja Navarra (Lapurdi, Zuberoa y Behe Nafarroa) en el departamento francés de los Pirineos Atlánticos. Mientras que por otro lado encontraríamos a *Hegoalde*, traducico como «*la parte sur*», y en donde se incluiría a la Comunidad Autónoma Vasca, la Comunidad Foral de Navarra, el condado burgalés de Treviño y, por si todo ello fuera poco, el enclave cántabro del Valle de Villaverde.

[227] Con respecto al nacionalismo catalán, indicar que nos encontramos básicamente ante una corriente de pensamiento político articulado en torno al principio de que Cataluña es una nación, tomándose como base de ello a unos presuntos históricos de Cataluña, a su historia, a su lengua, y al derecho civil catalán. Esta corriente de pensamiento se conformó ideológicamente en la primera década del siglo XX, como una variante del catalanismo, que había surgido como movimiento cultural en la década de los años treinta del siglo XIX, y articulado como movimiento político en las últimas décadas del siglo XIX.

nacionalismo se había ido convirtiendo de forma lenta pero evidente en el principal sentimiento de cohesión de países y sociedades europeas, y en el principio último de la legitimidad del orden político.

Pero el proceso cristalizó fundamentalmente en la segunda mitad del siglo XIX y conllevó cambios en la misma significación política del nacionalismo. En efecto, el nacionalismo de la primera mitad del siglo XIX –casos de Grecia, Polonia, Hungría, Italia y aun, Alemania– había estado asociado, en general, a las ideas del liberalismo y a las exigencias de libertades constitucionales y civiles e independencia política. Pero, a partir sobre todo de las revoluciones de 1848, el nacionalismo se había ido impregnando, de una parte, de valores tradicionales, históricos, dinásticos y, en algunos casos, militares, que fueron los valores que inspiraron los nacionalismos más o menos articulados de los Estados ya constituidos –y de algunos que se constituirían entonces, como Alemania y Hungría–, y que impulsaron, en los últimos años del siglo XIX, los imperialismos coloniales de los países europeos (con la excepción de Gran Bretaña, cuyo imperio no se basó en un verdadero nacionalismo político). Pero de otra parte, el nacionalismo había ido haciendo de elementos de diferenciación cultural –la lengua, la etnicidad, la religión– el fundamento de la identidad nacional. El resultado fue la generalización del hecho nacionalista, porque lo que se seguía de ello era que cualquier grupo o colectividad que, por razones culturales o étnicas, se considerase a sí mismo como una nación, pretendería tener derecho o a la autonomía, o a la autodeterminación, o a formar un Estado independiente para su territorio.

Esa concepción étnico-lingüística de la nacionalidad inspiró los movimientos de las nacionalidades o minorías del centro y este de Europa enclavadas en los Imperios Austro-Húngaro, Otomano y Ruso (en donde incluimos necesariamente a croatas, serbios, húngaros, rumanos, búlgaros, macedonios, checos, polacos, eslovacos, ucranianos, finlandeses, estonios, letonios, y lituanos), y de irlandeses, catalanes, vascos y flamencos en la Europa occidental. Más aún, desde finales del siglo XIX, el nacionalismo de Estado iría asumiendo, como enseguida se verá, formas agresivas e intolerantes, identificándose con ideas de grandeza nacional, expansionismo militar y superioridad racial, y con políticas autoritarias, populistas y antiliberales. Y al tiempo, el nacionalismo de las minorías mencionadas –y algunas otras, como armenios, georgianos, kurdos o judíos– provocó a partir de entonces y hasta el final de la I Guerra Mundial, la primera gran etapa de movilización étnicosecesionista de la historia europea.

El nacionalismo irrumpió, además, en Asia y África. El nacionalismo había transformado ya antes el mapa de Europa, como probaban los casos de la independencia de Grecia, en 1829; Hungría, en 1867 y dentro de la monarquía dual austro-húngara; de Rumanía, Serbia y Bulgaria, en 1878; y los casos de las unificaciones de Italia acaecida en 1870 y Alemania que vio la luz en 1871. Pero fue entre 1880 y 1914 cuando el nacionalismo cristalizó como principal factor de desestabilización de la política europea e internacional. Por lo menos, en tres sentidos: 1) como ideología y movimiento político de oposición radical al sistema liberal en nombre del Estado, de la nación o del pueblo, y en defensa de principios tradicionalistas y orgánicos (la comunidad, la raza, la religión); 2) como factor de inestabilidad y disgregación de Estados o Imperios unitarios; 3) como causa de tensiones y conflictos internacionales: los Balcanes fueron el polvorín de Europa entre 1910 y 1914, y el problema de los nacionalismos en esa región fue una de las más significativas causas de la I Guerra Mundial.

En Francia, la derrota ante Prusia en la guerra de 1870-71 provocó, además de la Comuna parisina y de la proclamación de la III República, la aparición de un nacionalismo de la revancha. En aquél país, en 1882, el poeta, político y combatiente en aquella guerra, Paul Déroulède (1896-1914), había creado una Liga de patriotas, que alcanzó rápidamente la cifra de 182.000 adheridos, y que, si en principio pareció limitarse a promover la educación patriótica dentro del régimen republicano, enseguida pasó a denunciar la prudencia de la III República en la cuestión de Alsacia y Lorena, que habían sido anexionadas por Alemania en aquella guerra que concluía al menos formalmente en 1871, como una política de debilidad y claudicación, y a ver en el sistema republicano y parlamentario un obstáculo a los intereses revanchistas del país galo.

Casi al mismo tiempo, en 1888, Edouard Drumont (1844-1917), escritor y periodista católico y monárquico, publicó un folleto escandaloso, La Francia judía, un ensayo sobre la historia contemporánea francesa que, enlazando con los argumentos antirrepublicanos de la Liga, introducía una tesis nueva que iba a tener, además, gran eco popular: la tesis de la culpabilidad del capital y la influencia judíos en el declinar nacional e internacional de Francia. El malestar del revanchismo nacionalista cristalizó, primeramente, en el efímero pero premonitorio episodio del boulangismo, movimiento populista y plebiscitario aglutinado en torno al general Boulanger (1837-1891) que, reivindicando una política de revancha contra Alemania, irrumpió en las elecciones francesas de 1888 con éxitos iniciales muy prometedores. Además creó un ambiente propicio a un golpe de Estado, ante el que el general vaciló, y se disolvió cuando Boulanger, ante la posibilidad de verse procesado, huyó a Bélgica.

El nacionalismo siguió encontrando munición contra la III República en sucesos como el escándalo Panamá (1892-93), que estalló cuando el periódico de Drumont, *La Libre Parole*, denunció que la compañía del Canal de Panamá había sobornado con sumas cuantiosas a conocidos parlamentarios y periodistas, para conseguir que se aprobara una ley que autorizase un empréstito a su favor. Pero se reafirmó sobre todo con motivo del affaire Dreyfus, aquella gran crisis nacional que conmocionó Francia a finales del siglo XIX cuando se descubrió que era erróneo y falso todo lo actuado judicialmente contra el capitán judío Alfred Dreyfus, acusado y condenado por espionaje a favor de Alemania. Sin embargo, lo que dio particular relieve a la nueva ofensiva nacionalista fue el papel prominente que en ella tuvieron destacados intelectuales. Maurice Barrès, que había sido diputado boulangista en 1889 (y luego, en 1914, sustituiría a Déroulède al frente de la Liga de Patriotas), asumió la defensa del ejército, muchos de cuyos mandos aparecían gravemente implicados en la fabricación de falsedades contra Dreyfus. Y en una serie de polémicos artículos y ensayos, recogidos en Escenas y doctrinas del nacionalismo, obra publicada en 1902, y en su nuevo ciclo novelístico dedicado a la apología de la patria, fue esbozando un nacionalismo exaltado, fuertemente impregnado de incitaciones estéticas, que reclamaba la recuperación de las esencias de la tradición e historia francesas, como fundamento de una reforma nacional que hiciese de Francia una nación armada, gloriosa y organizada.

Pero fue sobre todo Charles Maurras, quien haría del nacionalismo una doctrina autoritaria, antiparlamentaria y antidemocrática. Maurras, que se interesó en política a raíz del affaire y no antes, se incorporó en enero de 1899 a Acción Francesa, un movimiento de intelectuales nacionalistas antidreyfusards, y, al año siguiente, publicó su libro Encuesta sobre la Monarquía, la exposición más sistematizada y coherente de lo que el propio Maurras definiría como nacionalismo integral. La definición era apropiada, porque el nacionalismo de Maurras suponía una revisión total de todos los argumentos previos del nacionalismo francés, y echaba los fundamentos de lo que era una alternativa teórica y programática global a la Francia republicana y democrática. Maurras, en efecto, identificaba Francia con su pasado católico y monárquico; negaba por ello la asociación de Francia con su tradición republicana y con la revolución francesa y sus símbolos –la Marsellesa, el 14 de julio, la bandera tricolor–; y frente a los conceptos revolucionarios y democráticos de soberanía de derechos del hombre y del ciudadano, afirmaba los valores que él entendía como valores eternos de Francia: la familia, la religión católica, la monarquía.

Maurras, por tanto, abogaba por la restauración de la Monarquía tradicional hereditaria, tradicional, antiparlamentaria y descentralizada, como la definió en *la Encuesta*, como fundamento de un Estado fuerte que, primero, pusiese fin a los elementos de división antinacionales –el Parlamento, los partidos políticos–, eliminase, en segundo lugar, los que Maurras llamaba los cuatro estados federados que subvertían Francia –judíos, protestantes, masones y extranjeros o métèques–, que, en tercer lugar, integrase al servicio de la nación al capital y al trabajo, y que; finalmente, devolviese a Francia su orgullo nacional recuperando Alsacia y Lorena y liberándola del peligro de la amenaza alemana.

También en Italia, que se había unificado en el año 1870 bajo los ideales del nacionalismo liberal y democrático de Mazzini y Garibaldi, aquella evolución nacionalista resultaría sumamente similar. Con todo, ya en el siglo XX, los nacionalistas italianos hablaban de política expansionista y colonial; de violencia, acción, heroísmo y guerra; y de un Estado fuerte, autoritario y militar que devolviese al país su grandeza histórica y pusiese fin al empequeñecimiento internacional de Italia, y al atraso económico y desgobierno creados por el sistema liberal y parlamentario implantado desde 1870. El nuevo nacionalismo italiano era, como el nacionalismo de Maurras, un nacionalismo autoritario y antiliberal. Aparecía impregnado, además, de ideas sociales y sindicalistas, aspirando a promover una especie de salvación nacional mediante la destrucción de las instituciones liberales y la creación de un nuevo orden basado en el Estado y la nación. A corto plazo, electoralmente, los nacionalistas tuvieron poco éxito: antes de 1914, la A.N.I. no consiguió ni siquiera media docena de diputados. Pero los nacionalistas, como D'Annunzio y los futuristas, fueron creando un clima general de pesimismo e insatisfacción con la Italia liberal –a lo que contribuyó también el malestar de algunos intelectuales independientes como Prezzolini, Salvemini o Papini–, que erosionó sensiblemente su legitimidad política.

Muchas de las ideas que Mussolini y el fascismo harían suyas a partir de 1919 habían sido elaboradas y difundidas ya antes de 1914. En buena lógica, algunos de los líderes de la A.N.I. se incorporaron al fascismo; Federzoni y Rocco ocuparon altos cargos en aquel régimen.

Por otro lado, el nacionalismo alemán también poseería desde sus orígenes ciertas peculiaridades que le hicieron portar el estandarte de la singularidad. No hizo del principio de la soberanía nacional y de los derechos democráticos el fundamento de la nacionalidad y del Estado nacional (como habían hecho los jacobinos o Mazzini y Garibaldi o los primeros patriotas griegos, polacos y húngaros). En este caso, el nacionalismo se caracterizaba por una exagerada exaltación del Estado –y en muchos casos, del Estado prusiano–, en tanto que encarnación de la nación alemana; y por una concepción étnico-lingüística de la nacionalidad que asociaba ésta con la «*alemanidad*» y la lengua germana y que era, por definición, «*exclusivista*», pues excluía de la germanidad a quienes viviendo en el territorio o territorios nacionales no formaban parte de aquella comunidad étnico-lingüística; «*tradicionalista*», pues exaltaba la idea de comunidad orgánica de parentesco y etnicidad del pueblo alemán y de su pasado; e «*irracionalista*», pues ponía el énfasis de la nacionalidad alemana en la lengua y en la tradición germánicas en tanto que expresión del alma, del espíritu y del instinto del pueblo alemán revelados a través de los grandes mitos nacionales, como fueron el dios mitológico Odin, Sigfrido, o los nibelungos.

Por supuesto que ni el énfasis en la lengua y en las tradiciones populares ni la glorificación del Estado equivalían necesariamente a nacionalismo biológico y militarista. El mismo Johann Gottfried Herder (1744-1803), el hombre que había desarrollado la idea del espíritu del pueblo, era un ilustrado del XVIII, que nunca abogó ni por la unificación de los pueblos alemanes ni por la creación de un gran Estado alemán. Entendía la nacionalidad como un concepto meramente espiritual o cultural y, en cualquier caso, no político; y aun nacido en Prusia, aborrecía el militarismo prusiano y temía el espíritu guerrero de los pueblos germánicos. Los historiadores Ranke (1795-1886) y Treitschke (1834-1896), que contribuyeron decisivamente con sus obras a la magnificación del Estado prusiano, políticamente eran liberal-conservadores, no nacionalistas. Creían, efectivamente, en Prusia como instrumento de la unificación y del prestigio internacional alemanes, pero en una Prusia parlamentaria y con una política exterior mesurada, realista y no expansionista.

El mismo canciller alemán Bismarck era un monárquico conservador y autoritario, no un nacionalista alemán. Toda su política exterior se basaría en la tesis del «*equilibrio de poder*» entre las grandes potencias a través de bloques de alianzas, no en la teoría del imperialismo alemán; en una época de creciente antisemitismo, dejó la administración de sus intereses económicos al influyente y poderoso banquero judío, Gerson von Bleichröder. Incluso, liberalismo y nacionalismo estuvieron identificados hasta por lo menos la década de 1860, ya que hasta entonces, los liberales alemanes siguieron creyendo que la unificación nacional significaría el triunfo del liberalismo en Alemania. Pero el peso que la doble idea de estatismo y etnicidad tuvo, en general, en la génesis y desarrollo de la nacionalidad alemana hizo que la desviación del nacionalismo hacia tesis militaristas y raciales fuera allí casi natural e inevitable.

Más aún, la unificación alemana y la proclamación del II Reich en 1871, obra de Bismarck, conseguida, además, tras las grandes victorias militares de Prusia sobre Austria, acaecida en 1866; y la ya conocida sobre Francia en 1871, magnificaron el prestigio del Estado y del poder militar de Prusia. En otras palabras: los éxitos militares, la unificación y el formidable desarrollo económico, social y cultural que Alemania experimentó desde 1871 crearon un sentimiento colectivo de orgullo y autosatisfacción, que identificaba el progreso, el prestigio y el engrandecimiento del país con los valores, tradiciones y características del pueblo alemán. Esa reacción colectiva se apoyó, además, en el prestigio que por entonces tuvieron las teorías de la raza, tesis que hacían de ésta el fundamento de las diferencias entre los pueblos.

Aquellas teorías, reforzadas por la divulgación del darwinismo, encontraron particular eco en Alemania. La difusión que allí tuvieron libros y obras que hacían de la sangre el elemento esencial de la nacionalidad, y que glorificaban la raza germánica, aria o teutónica como la raza elegida, fue, desde las décadas de 1870 y 1880, inmensa. Lagarde defendía la existencia de un cristianismo nacional alemán, y que incluía a luteranos y católicos, como base de la auténtica alemanidad, y creía en la misión colonizadora de los alemanes en el este y centro de Europa. Langbehn exaltaba la fuerza de la raza germánica, que extendía a Inglaterra y Holanda, y de ahí, su entusiasmo por Rembrandt, y creía en un gran Estado racial germánico.

Chamberlain afirmaba la superioridad racial de la raza aria como única raza creadora, y veía en la mezcla de razas la razón de la decadencia de los pueblos. El nacionalismo alemán integraba, así, la gloria de Prusia y de su ejército con ideas de superioridad racial y con una especie de irracionalismo mesiánico y biológico que creía en un destino singular para Alemania y la raza germánica. El anti-semitismo –que tenía en Alemania y, en general, en todo el centro y este de Europa viejas raíces históricas y religiosas– era, en esa concepción, inevitable, porque los judíos aparecían como una minoría religiosa no nacional y como un grupo étnico no germánico, impuro e inferior. Folletos y novelas antisemitas de calidad ínfima habían circulado con profusión en Alemania a todo lo largo del siglo XIX. El ideal de la pureza racial alentaba ya en los escritos de los precursores del nacionalismo alemán –Arndt, Jahn–, y los judíos habían sido excluidos de algunas de las asociaciones estudiantiles nacionalistas que surgieron antes de 1848.

Sin embargo, ni en Alemania, ni en Francia, ni en Italia, hubo gobiernos nacionalistas antes de 1914. Pero en los tres países, el nacionalismo constituía ya, antes de esa fecha, un sentimiento emocional de masas que, de muchas formas, condicionaba decisivamente la vida política. En Francia, la reacción nacionalista mantuvo vivo el revanchismo antialemán, y erosionó la legitimidad de la III República; en Italia, abanderó el irredentismo contra Austria, debilitó el sistema liberal y preparó el clima para la entrada de Italia en la guerra mundial y para el fascismo de la posguerra.

En Alemania, el nacionalismo dio cobertura ideológica al giro que la política exterior alemana experimentó, desde 1897, hacia una *Weltpolitik* (política mundial), hacia la reivindicación de un papel hegemónico para Alemania en el ámbito internacional, glorificó el Estado y la fuerza militar y, por sus connotaciones etnicistas y antisemitas, derivó hacia formas extremas de psicopatología colectiva.

«*La coexistencia de varias naciones bajo el mismo Estado* –escribía en 1862 Lord Acton– *es una prueba y también la mejor garantía de su libertad. Su conclusión lógica era que los Estados más perfectos eran aquellos que incluían varias nacionalidades distintas sin oprimirlas*». Pero Acton no se engañaba. Añadía que la nacionalidad no aspiraba ni a la libertad ni a la prosperidad, sino que ambas las sacrificaba a la necesidad de construir el propio Estado nacional: «*su curso* –terminaba– *estará marcado por la ruina moral y material*». Lo que iba a ocurrir en los dos Estados más perfectos que él citaba –Gran Bretaña y Austria-Hungría, y también en el Imperio Otomano y Rusia– vino en gran parte a darle la razón. En todos ellos, la irrupción de los nacionalismos de ciertas minorías étnicas cambió la historia.

El problema irlandés fue el gran problema de la política interna británica entre 1885 y 1921, y una de las causas de lo que el historiador Dangerfield llamaría en 1935 la «*extraña muerte de la Inglaterra liberal*». En Austria-Hungría y en Turquía, las nacionalidades destruyeron los imperios. Más aun, las tensiones generadas por los nacionalismos balcánicos (y por el nacionalismo alemán) llevaron en 1914 al mundo a la guerra. El problema era ya antiguo. Las reivindicaciones del nacionalismo húngaro, que habían cristalizado en los levantamientos de 1848-49 parecieron encauzarse satisfactoriamente tras la formación de la Monarquía dual austro-húngara en 1867. Pero el nacionalismo irlandés, que también había parecido desvanecerse en los años 1848-68 como consecuencia de los devastadores efectos que sobre Irlanda tuvo la «*gran hambre*» que por entonces se abatió sobre el país, resurgió.

En 1858, se crearon en la estadounidense ciudad de Nueva York la Hermandad Feniana, y en Irlanda, la Hermandad Republicana Irlandesa. El intento insurreccional promovido por ésta en marzo de 1867 terminó desastrosamente con la muerte de 24 personas, el encarcelamiento de muchas otras y la ejecución posteriormente de otras tres. Pero el juicio de los prisioneros «*fenianos*» revivió la causa irlandesa. Isaac Butt (1813-1879), un abogado conservador, protestante y federalista, organizó en 1873 la Liga Autonomista Irlandesa: en las elecciones de 1874 logró 59 del total de 82 escaños que correspondían a Irlanda en el Parlamento británico.

En la Polonia rusa hubo levantamientos nacionalistas en 1830-31 y en 1863-64, expeditivamente reprimidos por los ejércitos zaristas; y en la Polonia prusiana en 1846. Que no los hubiera, por lo menos de la misma magnitud, en la Polonia austriaca (en Galitzia, región atrasada y rural que gozaba de relativa autonomía) no significó que el sentimiento nacional polaco fuera débil: al contrario, las universidades de Cracovia y Lemberg allí enclavadas se convirtieron en uno de los focos más activos del nacionalismo polaco (y Lemberg, además, del ucraniano).

En 1875-76, se produjeron rebeliones nacionalistas de serbios y búlgaros contra el poder otomano en Bosnia y Bulgaria respectivamente, duramente aplastados por los turcos, lo que dio lugar a que primero Serbia y Montenegro y luego, Rusia, en abril de 1877, declarasen la guerra a Turquía. Por el tratado de San Stefano (3 de marzo de 1878) y el Congreso de Berlín (13 de junio del mismo año), las grandes potencias confirmaron la plena independencia de Rumanía y de Serbia – aunque Bosnia-Herzegovina quedó bajo administración austriaca–, y forzaron la creación de una Bulgaria autónoma (aunque independiente de facto, al extremo que una nueva guerra interbalcánica entre Serbia y Bulgaria por el territorio de Rumelia estalló en noviembre de 1885). Antes, pues, de los años 1880-1914, la cuestión de las nacionalidades había generado ya considerables tensiones, tanto domésticas como internacionales.

Sin embargo el problema se extendió y radicalizó en aquellos años, cuando se produjo la primera gran etapa de movilización étnico-secesionista de la historia europea que afectó, aunque no con la misma intensidad a croatas, serbios, eslovenos, macedonios, checos, polacos, eslovacos, ucranianos, georgianos, bálticos, noruegos, finlandeses, irlandeses, albaneses, armenios, catalanes, vascos, gallegos, greco-chipriotas, flamencos y judíos. Ello se materializó en la aparición de movimientos que reivindicaban o la autonomía o la independencia para los pueblos mencionados. Como parece lógico, un movimiento tan amplio y dispar se debió a la confluencia de numerosas circunstancias y factores específicos, distintos, además, en cada caso.

Pero el nacionalismo tuvo elementos comunes. Primero, el nacionalismo fue un hecho de pueblos que habían tenido en el pasado –reciente o remoto– o existencia política independiente o algún tipo de organización administrativa propia (eso, aunque muchas de las interpretaciones históricas propuestas por los propios nacionalistas fueran distorsionadas por mitos y leyendas indemostrables, sino deliberadamente falsas); en los casos de los imperios ruso y otomano, y en parte, en el de Austria-Hungría, los poderes centrales –débiles e ineficientes, a pesar del frecuente recurso a formas despóticas y quasi-coloniales de gobierno– nunca lograron integrar verdaderamente a los pueblos dominados, que retuvieron de alguna forma su personalidad a lo largo de los siglos. Segundo, y por eso mismo, la gran mayoría de aquellos movimientos nacionales estuvieron asociados con el renacimiento de las respectivas lenguas nativas, hecho posible a lo largo del siglo XIX por la unificación de gramáticas y diccionarios lingüísticos, por la adaptación de los viejos vocabularios a las nuevas necesidades literarias y políticas y por la aparición de medios modernos de comunicación de masas (prensa y libros, preferentemente); en cualquier caso, lengua y etnicidad fueron los factores que vinieron a legitimar las reivindicaciones políticas nacionalistas. Tercero, el desarrollo de movimientos nacionales fue paralelo a la extensión de las oportunidades políticas (reconocimiento de algunos derechos y libertades, ampliaciones del sufragio), al aumento de los niveles de educación y alfabetización, y a la aparición de enclaves urbanos e industriales en las regiones y territorios nacionalistas: las profesiones liberales –abogados, profesores, maestros, médicos, el clero– nutrieron el liderazgo nacionalista, y las clases medias y medias-bajas urbanas y rurales constituyeron, por lo general, el principal apoyo social de los nacionalismos.

La movilización étnico-secesionista de finales del siglo XIX fue, por tanto, resultado de las contradicciones y tensiones creadas por la misma modernización económica, política y social que experimentó –con inmensas diferencias, como se vio– todo el continente europeo. Memoria histórica, singularidad étnico-lingüística (o religiosa), medios modernos de comunicación, maduración de los procesos de asimilación de la propia conciencia de identidad, mayor vertebración interna de las distintas comunidades nacionales, cambios graduales en las formas de producción y trabajo en el interior de las mismas: todo ello hizo que en aquellas pequeñas naciones europeas, en aquellos pueblos sin historia –como se les había llamado despectivamente– aparecieran, antes o después, movimientos nacionalistas y, lo que fue más importante, que éstos recibieran un creciente apoyo social y, cuando fue posible, electoral. Además, en muchos casos, los movimientos nacionalistas fueron, como enseguida se verá, nacionalismos de respuesta, esto es, surgieron como expresión de la crisis de identidad de unas culturas amenazadas bien por la misma modernización, bien por la voluntad asimilista de los poderes centrales, bien por la misma tensión interétnica entre las mismas nacionalidades oprimidas.

BREVE HISTORIA DE LA UNIÓN EUROPEA

Introducción

Tal y como indica la propia Unión Europea, nos encontramos ante una familia de países europeos democráticos que se han comprometido a trabajar juntos en aras de la paz y la prosperidad. No se trata de un Estado destinado a sustituir a los actuales Estados, ni de una mera organización de cooperación internacional. En realidad, la Unión Europea es única. Sus Estados miembros han creado instituciones comunes en las que delegan parte de su soberanía, con el fin de que se puedan tomar, democráticamente y a escala europea, decisiones sobre asuntos específicos de interés común.

Las raíces históricas de la Unión Europea se remontan a la Segunda Guerra Mundial. La idea surgió de la determinación de los europeos de evitar que volvieran a producirse matanzas y destrucciones. En sus primeros años, la formaban seis países y la cooperación entre ellos se ceñía fundamentalmente a temas comerciales y económicos.

Hoy en día, la Unión Europea comprende 27 países y unos 500 millones de personas y se ocupa de una amplia gama de cuestiones que afectan de manera directa a nuestra vida diaria.

Europa es un continente con muchas tradiciones y lenguas diferentes, pero también un continente que comparte valores como la democracia, la libertad y la justicia social. La Unión Europea defiende estos valores y fomenta la cooperación entre los pueblos de Europa, promoviendo la unidad dentro del respeto de su diversidad, y garantizando que las decisiones se tomen teniendo en cuenta al máximo a los ciudadanos.

En el mundo cada vez más interdependiente del siglo XXI, resulta más necesario que nunca que todos y cada uno de los ciudadanos europeos trabajen conjuntamente con personas de otros países con un espíritu de curiosidad, solidaridad y amplitud de miras.

El devenir histórico

La Unión Europea, heredera político-jurídica de aquellas Comunidades del Carbón y del Acero, Económica Europea y de la Energía Atómica –Tratados de París de 1951 y Roma de 1957–, se articula como una de las más importantes organizaciones supranacionales de la Tierra, compitiendo con los Estados Unidos, Rusia, China y Japón tanto en sus planos económicos como jurídicos, contando, además, con una proyección que en un futuro próximo integrará a más de una treintena de Estados. Los europeístas convencidos hablan de una futura integración de todos y cada uno de los Estados que integran el territorio que conocemos como Europa, incluida la propia Rusia. Una organización que dispone desde el año 2002 de una moneda propia, el Euro, en los bolsillos, además de vivir en un clima de libertades que supera con creces al existente en cualquier otro lugar del mundo: prohibición de la pena de muerte, libertad de circulación y residencia en cualquiera de los Estados de la Unión, libertad de empresa, etc.

Así, los distintos Tratados han ido creando un Derecho Originario que, más tarde, ha sido completado con una serie de compromisos adquiridos por los distintos Jefes de Estado o de Gobierno, o bien por los distintos ministros en los departamentos de su competencia, conocido como Derecho derivado. De esta forma comprobamos como se han articulado unas importantes Instituciones en el seno de la Unión Europea, que van desde un Parlamento elegido por sufragio universal, a una Corte de Justicia, pasando por una Comisión Europea o un Comité de las Regiones. Un Derecho Europeo directamente aplicable a todos y cada uno de los Estados miembros de la Unión Europea, incluso con prevalencia sobre sus derechos nacionales, los cuales tendrán que ser modificados para adaptarse a estas normas de carácter supranacional, tal y como ha quedado reflejado en numerosas sentencias del Tribunal de Justicia de las Comunidades Europeas.

Con estos antecedentes expuestos, viene a resultar sumamente difícil y complicado el hecho de introducir al alumno en la historia de la construcción europea en unas breves páginas, en todo caso intentaremos hacer un ejemplo de síntesis, aun en la certeza de que muchos de aquellos importantes acontecimientos acaecidos quedarán simplemente reseñados o, peor aun, simplemente eliminados del texto. Es por ello que, insisto, se trata de una breve reseña que los alumnos deberían interpretar como una breve introducción a un mundo tremendamente complejo, interesante, elocuente y digno de estudiar con una mayor profusión.

La historia de Europa ha sido tratada desde unas perspectivas muy variadas, y por numerosos personajes adscritos a unas culturas a veces distantes entre ellas. Europa, tierra de contrariedades, tierra de las ideas, tierra de intereses contrapuestos, tierra de conquistadores, pero también tierra conquistada. Es por ello que el ideal de una Europa unida, siempre presente generalmente bajo fórmulas imperiales, tuvo sus más importantes cortapisas en los numerosos nacionalismos existentes en estas tierras.

Nacionalismos, ruptura religiosa, intereses mercantiles, idiomas variados, culturas a priori incompatibles, etc., hacen que la unidad bajo el peso militar haya sido resultado desde siempre una fórmula imposible, por más empeño que muchos se empecinaron en mostrar, con ejemplos que van desde el propio Imperio Romano, Imperio Carolingio, Sacro Imperio Romano Germánico, etc.

Sin embargo, no sería hasta el siglo XX cuando se pusieran en marcha los más importantes movimientos políticos de signo integrador, esencialmente tras la segunda guerra mundial. Europa había quedado prácticamente arrasada tras la barbarie nazi u otros regímenes totalitarios. Una economía hundida, millones de muertos... Más importante sería aun más si cabe la profunda división en dos bloques de dependencia.

En efecto, mientras la *Guerra Fría*[228] dominaba el espacio planetario, Europa padecía las consecuencias de una desoladora guerra que había destrozado el sistema productivo. Una concepción realista de la defensa de los propios intereses de los Estados Unidos de América tomaba forma generosa y humanitaria, y como consecuencia de aquella cooperación económica se desarrollarían unas primeras instituciones europeas, que venían a tratar de articular un espacio económico y militar propio.

---

[228] Se denomina *Guerra Fría* al enfrentamiento político, ideológico, económico, tecnológico y militar que tuvo lugar durante el pasado siglo XX entre los bloques occidental-capitalista, liderado por Estados Unidos, y oriental-comunista, liderado por la Unión Soviética. Estos dos bloques los cuales se caracterizan por no enfrentarse nunca directamente, siempre uno directamente contra un aliado del otro o dos aliados de cada bloque entre sí. Los límites temporales del enfrentamiento se ubican entre el final de la Segunda Guerra Mundial y hasta 1985 con el inicio de la Perestroika y 1991 con la disolución de la Unión Soviética.

Sería en aquel ambiente de necesidad, y con el recuerdo de los horrores de la recién terminada guerra, cuando se diere un importante paso adelante con la creación del Consejo de Europa, que se constituye con cierta autonomía sobre los gobierno, e incide en la necesidad de salvaguardar los valores históricos de los sistemas democráticos constitutivos de su patrimonio político común: la libertad individual y política, además de la preeminencia del Derecho.

En este ambiente político se celebraría entre los días 7 y 10 de mayo de 1948, convocado por el Comité Internacional para la Europa Unida, el mítico Congreso de La Haya, cuya trascendencia haría que fuese denominado «*Congreso de Europa*», al que asistirían cerca de 800 personalidades pertenecientes a todos los países de la Europa Occidental: políticos, industriales, dirigentes sindicales, escritores, gentes de la universidad, 19 Estados, 200 parlamentarios, 12 ex presidentes del gobierno, 60 ministros...

En dicho Congreso se encontraban representadas las dos tendencias más destacadas de aquella Europa de la posguerra. Una general, representada por federalistas franceses, belgas, holandeses, italianos y sindicalistas –Leon Blum, Paul Reynaud, Paul-Henri Spaak– y federalistas puros como el conde Coudenhove-Kalergi y el doctor Brugmans. La tendencia unionista, principalmente dirigida por británicos y otras corrientes librecambistas y dirigistas. Curiosamente los objetivos a largo plazo satisfarían a los federalistas y a corto plazo a los unionistas.

El Congreso sería inaugurado por su presidente de honor, sir Winston Churchill[229], quien en su alocución realizaría un discurso que, con pequeñas

[229] Sir Winston Leonard Spencer Churchill fue hijo de Lord Randolph Churchill y la norteamericana Jennie Jorome. Durante la Primera Guerra Mundial fue Lord del Almirantazgo. En el período entre guerras se dedicó fundamentalmente a la redacción de diversos tratados. Sin embargo, la entrada del Reino Unido en la Segunda Guerra Mundial marcaría su hora decisiva. Volvió entonces a ser Primer Lord del Almirantazgo y en mayo de 1940 fue nombrado Primer Ministro, debido a la política antibelicista llevada a cabo sin éxito por su predecesor, el cual dimitiría tras el desastre de Noruega en ese mismo mes. El ejemplo de Churchill y su magnífica oratoria le permitieron mantener la cohesión espiritual del pueblo británico en las horas de prueba que significaron los bombardeos sistemáticos de la Alemania nazi sobre Londres y otras ciudades del Reino Unido. Finalmente, aunque los aliados habían ganado la guerra, el pueblo británico le dio la espalda y le otorgó el triunfo en las elecciones de 1945 a su oponente Atlee.

Churchill resurgió de las cenizas de la Segunda Guerra Mundial como un gigante político pero a pesar de ser popular no contaba con la aprobación política consensuada del pueblo inglés.

variaciones, incidía en aquellas conferencias que ya realizara en Fulton y Zurcí, en donde invitaba a los Estados europeos a unirse contra el peligro soviético, además de invitar a Francia a colaborar para la reintegración de Alemania dentro de la familia europea. Por si fuera poco, abandonaba su tono de cruzada por el de un acercamiento franco-alemán que tendría como consecuencia más inmediata la recuperación de la economía, además de proponer, una vez más, la creación de una Asamblea Europea.

El Congreso de La Haya se estructuró en diversas comisiones con cometidos propios. Así, la Comisión Política en sus conclusiones defendía la necesidad de poner en común una parte de los derechos soberanos de los Estados para facilitar el desarrollo de los recursos, integrar a Alemania en el marco de aquella Europa unida, y crear una Asamblea Europea formada por los representantes de los distintos parlamentos. Finalmente se proponía el establecimiento de una carta de los Derechos del Hombre, y la creación de una Corte Suprema de Justicia.

También se articuló una Comisión Económica y Social, la cual mostró los peligros de una reconstrucción realizada por cada país de manera individualizada, afirmando la necesidad de una Unión Económica Europea, con supresión de derechos de aduana, libre convertibilidad de las divisas, y coordinación de las políticas económicas para asegurar el pleno empleo y la movilidad de la mano de obra. Finalmente aparecerá una Comisión Cultural que demandará la creación de un Centro Europeo de la Cultura, que favoreciese el libre intercambio de ideas y de las publicaciones.

Con todo, no podríamos olvidarnos de citar el ya mítico «*Mensaje a los Europeos*», adoptado por aclamación en la sesión final del Congreso de La Haya: «Ninguno de nuestros países puede pretender una defensa seria de su independencia. Ninguno de nuestros países puede resolver solo los problemas que tiene la economía moderna. En defecto de unión, libremente consentida, nuestra anarquía presente nos conduciría a la unificación

Muchas de sus decisiones y actuaciones en ambos conflictos mundiales causaron controversia por la frialdad de la decisión y el resultado final de estas.

Fue el primero en acuñar el término «*cortina de hierro*» o «*telón de acero*» para ilustrar la separación entre la Europa comunista y la capitalista, en una conferencia que dio en una universidad estadounidense en 1946. La frase exacta fue: «Desde Stettin en el Báltico hasta Trieste en el Adriático, un telón de acero ha descendido sobre el continente europeo».

En 1951 Churchill volvió a ser Primer Ministro si bien, por motivos de salud, delegó cada vez más sus tareas en los ministros. En enero de 1955 dimitió por motivos de salud.

forzada, por la intervención de un imperio bajo la ocupación. Es necesario la formación de una Europa Unida a la libre circulación de hombres, de ideas y de bienes, la adopción de una Corte de Justicia y la creación de una Asamblea Europea, donde están representadas las fuerzas vivas de todas las naciones».

No deja de ser interesante analizar detenidamente la Resolución Política del Congreso de La Haya, que seguidamente reproducimos:

> *«Los estragos de seis años de guerra y de la ocupación; una producción alimenticia en regresión en el mundo entero; un enorme potencial industrial destruido; deudas acumuladas; gastos militares mantenidos fuera de toda proporción con los recursos de los pueblos; una poderosa economía en decadencia; los odios irritados heredados de la guerra; los efectos perniciosos acrecentados del nacionalismo; la ausencia, pese a todos los esfuerzos de la ONU, de una autoridad internacional bastante fuerte para mantener entre las naciones el orden y la ley, tales son los elementos que constituyen una amenaza sin precedente contra el bienestar y la seguridad de los pueblos de Europa, hoy al borde de la ruina.*
>
> *El Congreso, de acuerdo con los principios y fines expuestos en el informe político que le somete el Comité Internacional de Coordinación:*
>
> *1. Reconoce que es un deber urgente de las naciones de Europa, crear una unión económica y política para garantizar la seguridad y el progreso social.*
>
> *2. Toma nota con satisfacción de las primeras medidas que acaban de ser adoptadas por ciertos gobiernos europeos en vista de una cooperación política y económica, pero comprueba que los organismos recientemente creados no están en condiciones de resolver ellos solos, de forma duradera, los problemas graves y urgentes que se plantean hoy.*
>
> *3. Declara que ha llegado la hora para las naciones de Europa de transferir algunos de sus derechos soberanos para resolverlos en adelante en común, con vistas a coordinar ya desarrollar sus recursos.*
>
> *4. Pide que sea convocada con toda urgencia una Asamblea Europea que, elegida en su seno o fuera de él –por los Parlamentos de las naciones participantes–;*
>
> *a. contribuirá a crear y expresará la opinión pública europea; –recomendará las medidas inmediatas adecuadas para establecer progresivamente, tanto en el plano económico como en el plano político, la unidad necesaria de Europa;*
>
> *b. –examinará los problemas, jurídicos y constitucionales, planteados por la creación de una Unión o Federación así como sus consecuencias económicas y sociales;*

c. preparará planes con este fin.

5. Considera que tal Unión o Federación deberá permanecer abierta a todas las naciones de Europa que vivan bajo un régimen democrático, y que se comprometan a respetar una Carta de los Derechos del Hombre.

Encarga a una Comisión emprender inmediatamente la doble tarea de preparar esta Carta y de proponer una definición de los criterios a los cuales deben responder los regímenes políticos para merecer el nombre de democracias.

Proclama que en todo caso no pueden reivindicar esta cualidad, especialmente, los regímenes que de hecho o de derecho no garantizan las libertades de pensamiento, de reunión y de expresión, así como el libre ejercicio de una oposición política. Pide que esta comisión haga en el plazo de tres meses un informe sobre sus trabajos.

6. Proclama que para defender los derechos de la persona humana y los principios de libertad, la Asamblea deberá proponer la creación de un Tribunal de Justicia capaz de aplicar las sanciones necesarias para hacer respetar la Carta, que a este efecto le sea posible a cada ciudadano de los países asociados entablar ante el tribunal, en todo momento y en los plazos más rápidos, un recurso por violación de estos derechos tal y como sean fijados por la Carta.

7. Afirma que sólo la Unión o Federación Europea da una solución a los problemas alemanes tanto en el plano industrial como en el plano político.

8. Considera que la Unión o la Federación, cuyo fin será garantizar la seguridad de los pueblos que la integren, deberá ser independiente con respecto a cualquier potencia y no constituir una amenaza contra ninguna nación.

9. Asigna desde ahora por misión a la Europa Unida, la realización progresiva de la democracia social cuyo objeto es liberar al hombre de toda esclavitud y de toda inseguridad económica, como la democracia política tiende a protegerlo contra la arbitrariedad del poder.

10. Declara que la Unión o la Federación deberá contribuir a asegurar el progreso económico, político, social y cultural de las poblaciones en los territorios que están asociados con ella en Ultramar, sin perjuicio de los lazos particulares que unen hoya estos países a las naciones europeas.

11. Proclama que la creación de la Europa Unida constituye un elemento esencial para la creación de un mundo unido»[230].

---

[230] *La Documentation française, Notes et études documentaires*, nº 1081,26 de febrero de 1949, p. 9.

A partir de este Congreso de la Haya vinieron a multiplicarse las gestiones para hacer fructificar aquellas intenciones declaradas, y en la vía de crear una Asambleas Europea. Dicha actividad obtendría sus resultados con la firma de los Estatutos del Consejo de Europa en Londres, el 5 de mayo de 1949, y que entraría en vigor el 3 de agosto de ese mismo año.

El Consejo de Europa realizará actividades de carácter político, de coordinación de los organismos europeos y de tribuna política para los grandes debates de la política exterior, siendo uno de sus más importantes éxitos la realización de la «*Convención Europea de los Derechos del Hombre*», firmada en Roma el 4 de Noviembre de 1950, que entraba en vigor el 3 de septiembre de 1953, y que entre sus más preciados objetivos figura la protección de los derechos fundamentales de la persona: la vida, la integridad personal, la libertad, etc.

El 9 de mayo de 1950, Robert Schuman[231] pronunciaba una de las más hermosas y trascendentes declaraciones de la historia de la construcción europea, y de cuya estela nacería la concienciación necesaria para la articu-

[231] Robert Schuman había nacido en Clausen, localidad de Luxemburgo, desarrollando la mayor parte de su formación escolar en aquel territorio, máxime cuando su madre era luxemburguesa. Habiendo elegido estudiar derecho civil en universidades alemanas, en 1904 finaliza sus estudios de secundaria en el Liceo Imperial de Metz, pasando a estudiar la carrera jurídica en las universidades Munich, Bonn y Estrasburgo, graduándose en la Universidad de Humboldt, en Berlín.

Tras finalizar la Segunda Guerra Mundial, Schuman se convertirá en uno de los líderes principales de la Cuarta República Francesa, siendo ministro de finanzas entre 1946 y 1947 en un momento crucial donde la inflación y el mercado negro habían tomado una importante fuerza.

En noviembre de 1947 asume el cargo de Presidente del Consejo «jefe de gobierno».

En julio de 1948 es nombrado ministro de asuntos exteriores, cargo que ocupa hasta 1952. Su bilingüismo le es útil en las relaciones que implementa con Alemania, donde pronuncia conferencias en el idioma local.

La opinión francesa vacila entre varias posibilidades con respecto al futuro inmediato de la Alemania derrotada. La mayoría prefiere ejercer un control aliado en una Alemania descentralizada, un híbrido entre la Confederación Germánica (1815-1866) y la Confederación Alemana del Norte (1867-1871). Es esta la posición de De Gaulle y sus sucesores hasta 1947. Otros políticos entre los que se cuanta Schuman prefieren desmantelar las fuentes institucionales y culturales del militarismo alemán, fortalecer las relaciones intraeuropeas.

En marzo 1948 se crea la Unión (diplomática y militar) europea occidental (Francia, Bélgica y Reino Unido), como respuesta al a la toma de poder de los comunistas en Praga. Esta Unión se americanizó pronto y sirvió de base para la creación de la OTAN en 1949.

La fusión de dos uniones aduaneras: el BENELUX (surgida entre guerras) concretizada en 1948 (sirvió de laboratorio a la CEE) y un proyecto de unión aduanera franco italiana lanzado

lación de los primeros tratados. En ella Francia lanzaba una mano abierta a Alemania, a la que invitaba a sumarse a esta unidad de Europa.

La «*Declaración de 9 de Mayo*», en donde Francia tiende la mano abierta a Alemania, indicaba lo siguiente:

> «*La paz mundial no puede salvaguardarse sin unos esfuerzos creadores equiparables a los peligros que la amenazan.*

La contribución que una Europa organizada y viva puede aportar a la civilización es indispensable para el mantenimiento de unas relaciones pacíficas. Francia, defensora desde hace más de veinte años de una Europa unida, ha tenido siempre como objetivo esencial servir a la paz. Europa no se construyó y hubo la guerra.

Europa no se hará de una vez ni en una obra de conjunto: se hará gracias a realizaciones concretas, que creen en primer lugar una solidaridad de hecho. La agrupación de las naciones europeas exige que la oposición secular entre Francia y Alemania quede superada, por lo que la acción emprendida debe afectar en primer lugar a Francia y Alemania. Con este fin, el Gobierno francés propone actuar de inmediato sobre un punto limitado, pero decisivo.

El Gobierno francés propone que se someta el conjunto de la producción franco-alemana de carbón y de acero a una Alta Autoridad común, en una organización abierta a los demás países de Europa.

La puesta en común de las producciones de carbón y de acero garantizará inmediatamente la creación de bases comunes de desarrollo económico, primera etapa de la federación europea, y cambiará el destino de esas regiones, que durante tanto tiempo se han dedicado a la fabricación de armas, de las que ellas mismas han sido las primeras víctimas.

La solidaridad de producción que así se cree pondrá de manifiesto que cualquier guerra entre Francia y Alemania no sólo resulta impensable, sino materialmente imposible. La creación de esa potente unidad de producción, abierta a todos los países que deseen participar en ella, proporcionará a todos los países a los que agrupe los elementos fundamentales de la pro-

---

en 1947, fracasa finalmente en 1951. Por su parte el Consejo de Europa creado en 1949 es destinado a preparar la confederación de estados europeos.

ducción industrial en las mismas condiciones y sentará los cimientos reales de su unificación económica.

Dicha producción se ofrecerá a todo el mundo sin distinción ni exclusión, para contribuir al aumento del nivel de vida y al progreso de las obras de paz. [...] De este modo se llevará a cabo la fusión de intereses indispensables para la creación de una comunidad económica y se introducirá el fermento de una comunidad más amplia y más profunda entre países que durante tanto tiempo se han enfrentado en divisiones sangrientas.

Mediante la puesta en común de las producciones básicas y la creación de una Alta Autoridad de nuevo cuño, cuyas decisiones obligarán a Francia, Alemania y los países que se adhieran, esta propuesta sentará las primeras bases concretas de una federación europea indispensable para la preservación de la paz.

Para proseguir la realización de tales objetivos, el Gobierno francés está dispuesto a iniciar negociaciones según las siguientes bases.

La misión encomendada a la Alta Autoridad común consistirá en garantizar, en el plazo más breve posible, la modernización de la producción y la mejora de su calidad; el suministro, en condiciones idénticas, del carbón y del acero en el mercado francés y en el mercado alemán, así como en los de los países adherentes; el desarrollo de la exportación común hacia los demás países; la equiparación y mejora de las condiciones de vida de los trabajadores de esas industrias.

Para alcanzar estos objetivos a partir de las dispares condiciones en que se encuentran actualmente las producciones de los países adherentes, deberán aplicarse con carácter transitorio determinadas disposiciones que establezcan la aplicación de un plan de producción y de inversiones, la creación de mecanismos de estabilidad de los precios y la creación de un fondo de reconversión que facilite la racionalización de la producción. La circulación del carbón y del acero entre los países adherentes quedará liberada inmediatamente de cualquier derecho de aduanas y no podrá verse afectada por tarifas de transporte diferenciales. Progresivamente se irán estableciendo las condiciones que garanticen espontáneamente una distribución más racional de la producción y el nivel de productividad más elevado.

La organización proyectada, al contrario que un cártel internacional tendente a la distribución y a la explotación de los mercados mediante prácticas restrictivas y el mantenimiento de grandes beneficios, garantizará la fusión de los mercados y la expansión de la producción.

Los principios y compromisos esenciales anteriormente expuestos serán objeto de un tratado firmado entre los Estados. Las negociaciones indispensables para precisar las normas de aplicación se llevarán a cabo con ayuda de un árbitro designado de común acuerdo, cuya misión consistirá en velar por que los acuerdos se ajusten a los principios y, en caso de desacuerdo insalvable, decidirá la solución que deba adoptarse. La Alta Autoridad común, encargada del funcionamiento de todo el sistema, estará compuesta por personalidades independientes designadas sobre bases paritarias por los Gobiernos, quienes elegirán de común acuerdo un presidente. Las decisiones de la Alta Autoridad serán ejecutivas en Francia, en Alemania y en los demás países adherentes. Se adoptarán las disposiciones adecuadas para garantizar las vías de recurso necesarias contra las decisiones de la Alta Autoridad.

Un representante de las Naciones Unidas ante dicha autoridad se encargará de hacer, dos veces al año, un informe público a la ONU sobre el funcionamiento del nuevo organismo, en particular por lo que se refiere a la salvaguardia de sus fines pacíficos.

> *La creación de la Alta Autoridad no prejuzga en absoluto el régimen de propiedad de las empresas. En el ejercicio de su misión, la Alta Autoridad común tendrá en cuenta las facultades otorgadas a la autoridad internacional del Ruhr y las obligaciones de todo tipo impuestas a Alemania, mientras éstas subsistan*».

La reacción a esta Declaración de 9 de Mayo fue prácticamente instantánea. Así, el Canciller alemán Adenauer[232], en declaraciones efectuadas al

---

[232] Adenauer, como miembro del Partido del Centro (Zentrum), sería alcalde de Colonia entre los años 1917 a 1933. De 1922 a 1933 fue canciller del Consejo de estado prusiano. En 1933 fue encarcelado por su oposición a los dirigentes nazis.

Convertido en el primer canciller de la República Federal de Alemania, de 1949 a 1963, un periodo que abarca la mayor parte de la etapa preliminar de la Guerra Fría. En este periodo, Alemania Occidental fue separada políticamente de la Alemania Oriental. Adenauer fue cofundador de la CDU, sucesora del Zentrum.

Konrad Adenauer inició la reconstrucción de Alemania Occidental y ayudó a convertir la nación en una potencia económica. También cabe resaltar que Adenauer dirigió la reconciliación de Alemania con Francia y las otras potencias aliadas. Bajo el gobierno de Adenauer, a la

diario francés *Le Monde*, el 16 de mayo de ese mismo año, señalaba que la verdadera misión era «*Construir Europa*», siendo aquel el primer movimiento hacia la «*abolición de barreras aduaneras entre los Estados de una futura federación continental*». En ese mismo sentido irían sus palabras pronunciadas ante el Parlamento Alemán, el 13 de junio, en donde resaltó el acuerdo sobre el carbón y el acero como «*partida hacia la realización de una estructura federativa de Europa*».

Poco tiempo después toda la Europa occidental comprendía que la Declaración Schuman contenía por primera vez la articulación de un poder supranacional, la Alta Autoridad, y que por ello se presentaba como una primera realización para la construcción de una Unión Europea, económica en su primera instancia, más tarde política y militar. Inmediatamente después los Estados que componía desde 1948 el BENELUX –Bélgica, Países Bajos y Luxemburgo–, demás de Italia, decidirían sumarse a dicho proyecto.

La Comunidad Económica del Carbón y del Acero

El Tratado de la Comunidad Económica del Carbón y del Acero (CECA) se firmaba en París el 18 de abril de 1951 por los seis representantes de los Estados signatarios: Adenauer (República Federal de Alemania), Van Celan y Meurice (Bélgica), Sforza (Italia), Bech (Luxemburgo), y Stiker y Van den Brink (Países Bajos). Aquellos Estados deberían ratificar el Tratado por referéndum, entrando en vigor el 25 de julio de 1952. El mismo día, el Reino Unido designaba un embajador permanente ante la CECA.

A través de ese Tratado CECA, se puso en funcionamiento un mercado común que implicaba la supresión de los derechos aduaneros y de las pretéritas restricciones cuantitativas a la libre circulación de los productos, y la interdicción de medidas discriminatorias y de subvenciones o ayudas concedidas por los Estados.

El juicio que la CECA ha merecido resulta sumamente positivo. A ella se le atribuye el enorme crecimiento de la producción de acero, la intensificación del comercio entre los seis firmantes del Tratado, rebaja en los

Alemania Occidental le fue permitido rearmarse y unirse a la OTAN. Adenauer también abrió relaciones diplomáticas con la Unión Soviética y el resto del bloque Este.

costes de producción, etc. Además, aquel modelo institucional se convertiría pronto en el punto de partida de otros proyectos más ambiciosos de la Unión Europea, en sectores como los transportes, mercado agrícola y la sanidad. Así, en la Asamblea consultiva del Congreso de Europa, celebrada el 16 de agosto de 1950, Edouard Bonnefous, presidente de la Comisión de Asuntos Extranjeros de la Asamblea Nacional Francesa, proponía la creación de una Autoridad Europea de Transportes, que mejorase el actual sistema de transportes, abaratar los precios y promover la desaparición de las discriminaciones. La idea no fraguó pero las bases futuras ya habían sido expuestas.

Los seis ministros de asuntos exteriores de la CECA se reunieron el 10 de septiembre de 1952, acordando que la Asamblea emprendiera el estudio previo del artículo 38. Bajo la presidencia de Spaak, y con nuevos parlamentarios, se formaba una comisión constitucional dirigida por Heinrich von Brantano, que elaboró un proyecto presentado a la Asamblea, el 9 de marzo de 1953. De carácter federalista, basado en la unión de pueblos y de Estados, y reconociendo su personalidad propia y la igualdad de derechos y obligaciones, en donde se preveía la constitución de las siguientes instituciones:

Un parlamento bicameral, formado por una Cámara de Pueblos;

Un Senado, formado por representantes de los parlamentos nacionales;

Un Consejo Ejecutivo Europeo, cuyo presidente sería elegido por el Senado por mayoría absoluta;

Un Consejo de Ministros, compuesto por representantes de los gobiernos nacionales;

Una Corte de Justicia que asegurase la aplicación del Estatuto;

Un Consejo Económico y Social con funciones consultivas.

Las competencias de aquella Comunidad Política Europea se extenderían a materias de política exterior, defensa, integración económica y social, y protección de los derechos del hombre.

Sin embargo, uno tras otro los esfuerzos para seguir creando autoridades supranacionales de carácter europeísta fueron fracasando, permaneciendo tan solo como tal, ahora peligrosamente aislada, la Comunidad Europea del Carbón y del Acero.

Sería en septiembre de 1953 cuando Bélgica y los Países Bajos estimasen como posible la extensión de la CECA a otros sectores, como el transporte y los diversos tipos de energía (gas, electricidad, energía atómica). Jean Monnet[233], uno de los artífices de la construcción europea, afectado por el fracaso de la Comunidad Europea de Defensa, anunciaba el 9 de noviembre de 1954 que cuando finalizara su mandato como Alta Autoridad de la CECA, previsto para el 20 de febrero de 1955, abandonaría dicha

---

[233] Al comenzar la Segunda Guerra Mundial, en 1939, fue nombrado presidente del comité franco-británico de coordinación económica. Tras la derrota de Francia por la Alemania nazi, en 1940, concibió un plan para la fusión política entre Francia y Gran Bretaña, que recibió el apoyo de Churchill, pero no encontró eco entre los exiliados de la «*Francia libre*». Sería en la ciudad de Argel, en 1943, cuando vino a plantear sus ideales europeístas: No habrá paz en Europa, si los Estados se reconstruyen sobre una base de soberanía nacional (...) Los países de Europa son demasiado pequeños para asegurar a sus pueblos la prosperidad y los avances sociales indispensables. Esto supone que los Estados de Europa se agrupen en una Federación o «entidad europea» que los convierta en una unidad económica común.

Jean Monnet trabajó para los países aliados en misiones diplomáticas y financieras, y formó parte del Comité de Liberación Nacional francés que presidía De Gaulle.

Terminada la guerra, dirigió la elaboración de un plan de equipamiento y reconstrucción económica (el Plan Monnet) que, apoyándose en la ayuda estadounidense del Plan Marshall, permitió a Francia modernizar sus estructuras productivas y relanzar el crecimiento en poco tiempo. Pero, consciente de las limitaciones de los Estados nacionales tradicionales, se aplicó desde entonces a luchar por el ideal europeísta; fue él quien concibió la estrategia de comenzar por la integración económica de Europa, para fomentar así una solidaridad material que contrarrestara los particularismos nacionales y fuera la base para una futura unión política.

Partiendo del planteamiento que Arístides Briand expuso en 1929, Monnet reelaboró la idea de la unidad europea fundamentándola en una base económica solidaria, e imprescindible para alcanzar la posterior unión política. Con tal propósito participó en 1948 en la creación del Consejo de Europa, en La Haya, y la elaboración la Declaración Schuman.

De 1952 a 1955 fue el primer presidente de la CECA, embrión de la posterior CEE. Monnet tuvo un papel decisivo en la concepción de este instrumento de integración continental (1957), si bien discrepó del protagonismo que mantuvieron en su seno los gobiernos nacionales. La segunda parte del plan ideado por Monnet iba mucho más lejos en la integración y la unidad política: la Comunidad Europea de Defensa. El veto del Parlamento francés en 1954 supuso el primer fracaso importante en el proceso de unidad.

En 1956 creó un Comité de Acción por los Estados Unidos de Europa para apoyar su modelo federalista; lo disolvió en 1975, satisfecho por el logro de la elección directa del Parlamento Europeo por sufragio universal.

El Consejo Europeo de Luxemburgo, otorgaría a Jean Monnet el título de «*Ciudadano de honor de Europa*», en 1976, y fue galardonado con el premio Robert Schuman por sus servicios a la causa de Europa.

responsabilidad, en la intención de poder dedicarse más intensamente a la construcción de la Unión Europea desde foros más amplios y con una mayor libertad de actuación. Monnet veía clara la oportunidad de seguir alternativamente dos vías distintas, la de la utilización del sistema que había dado lugar a la CECA para crear una Comunidad de la Energía Atómica, que al tiempo que evitaba un desarrollo independiente de la industria atómica alemana, reforzaba los vínculos de unión de intereses de los Estados europeos occidentales, y la integración económica global a través de la extensión de la CECA a los restantes campos de la actividad económica.

Tales ideales serían favorecidos por el nuevo gobierno de Edgard Faure, en el que se encontraban personajes del talante de Robert Schuman, Antoine Pinay, y Pierre-Henry Teigten, quién había presentado a la Asamblea de la CECA, el 2 de diciembre de 1954, un memorándum sobre el relanzamiento de la construcción europea.

Pero la persona clave de aquel proceso sería, sin lugar a dudas, Paul-Henri Spaak[234]. Dicho hombre de Estado sería partidario de una integración económica europea a nivel global y no sectorial, manteniendo como principio el hecho de crear una comunidad de carácter supranacional, que tuviese como objetivo la realización de la integración económica de Europa a través de una unión aduanera y económica. Pronto llegarían los Tratados de Roma de 1957.

---

[234] Elegido diputado por el partido socialista en 1932, tres años después fue nombrado ministro de Transportes. En 1938 fue el primer socialista belga que ocupó la jefatura del Gobierno y formó parte del Gabinete en el exilio como ministro de Asuntos Exteriores. Regresó a Bélgica al terminar la guerra, fue viceprimer ministro (1945-46) y dos veces jefe de Gobierno entre 1946 y 1949. Durante toda esta etapa negoció con Holanda y Luxemburgo la creación de la unión económica del BENELUX, apoyó el ingreso de su país en la OTAN y la integración europea a través de la OECE. En 1950 fue elegido presidente de la OECE y del Consejo de Europa, y dos años después, de la Asamblea parlamentaria de la CECA. Nuevamente ministro de Asuntos Exteriores entre 1954 y 1957, dirigió la comisión de expertos que estudió la unificación económica de Europa y firmó el Tratado de Roma. Partidario de una estrecha colaboración con Estados Unidos, Spaak fue secretario general de la OTAN (1957-61) y nuevamente viceprimer ministro y ministro de Asuntos Exteriores de Bélgica (1926-66).

Los Tratados de Roma

En efecto, el 25 de marzo de 1957, a partir de las 5 de la tarde, llegaban al Capitolio los más destacados gobernantes europeos, comenzando la ceremonia con la presentación de los tres textos que se iban a signar:

Uno para la CEE

Otro para el EURATOM

Otro para los anexos

Jean Monnet y su Comité de Acción intervinieron en pro de que las correspondientes ratificaciones por los Estados fuesen realizadas lo más pronto posible, con el fin de evitar riesgos políticos en Francia y, más importante aun, adelantarse a las elecciones legislativas en la República Federal de Alemania. Una vez salvada esta cuestión, los Tratados de Roma entrarían en vigor, constituyéndose sus Instituciones a comienzos de 1958.

El primero de aquellos Tratados establecía la creación de un Mercado Común, cuyo objetivo esencial era la libre circulación de mercancías, servicios y personales en el interior de los seis países firmantes (que, recordemos, eran los mismos del Tratado CECA), la libre circulación de trabajadores, el derecho al establecimiento, y la libertad de cambios y servicios, objetivos que serían logrados a lo largo de un período de transición que duraría entre doce y catorce años después de la entrada en vigor de dicho Tratado.

Dividido en cinco partes, el Tratado CEE contiene un total de 248 artículos:

La primera parte de ellos define los principios que rigen la propia Comunidad.

La segunda expone la libre circulación de mercancías, el calendario del desmantelamiento aduanero, la eliminación de las restricciones cuantitativas, los objetivos de la política agrícola común, las modalidades de la libre circulación de personas, servicios y capitales, y los objetivos de la política común de transportes.

La tercera de sus partes, bajo la rúbrica «*La Política de la Comunidad*», contiene disposiciones en materia de concurrencia, fiscalidad, acercamiento de las legislaciones, balanza de pagos, comercio y las disposiciones de carácter social. Además se encuentran en este apartado los fundamentos de un Fondo Social Europeo, y la puesta en marcha de un Banco Europeo de Inversiones.

La cuarta parte fija las grandes líneas que deben marcar la asociación de la Comunidad con los países y territorios no europeos que posean relaciones particulares con Estados miembros.

De trascendental importancia sería la quinta de las partes del Tratado CEE, en donde encontramos órganos de control, participación y de creación normativa, que con el tiempo tendría una cada vez más creciente significación en aquella construcción europea: la Asamblea Europea –arts. 155 a 163–, el Tribunal de Justicia –arts. 164 a 168–, el Consejo Económico y Social –arts. 189 a 198–, y, finalmente, el Presupuesto Comunitario –arts. 199 a 209–.

El Tratado que constituía la Comunidad Europea de la Energía Atómica (EURATOM), sería firmado, asimismo, el 17 de abril de 1957, resultando su configuración sumamente análoga a la de la CEE, con la cual, además compartirá dos grandes instituciones como fueron la Asamblea y la Corte de Justicia.

El Tratado EURATOM se compone de un preámbulo, en donde se manifiesta que los Estados signatarios se declaran resueltos a crear las condiciones de desarrollo de una pujante industria nuclear, y tres partes con un total de 223 artículos.

La primera de aquellas partes precisa las misiones de la Comunidad y las funciones que le corresponden:

«*La Comunidad tendrá por misión contribuir, mediante el establecimiento de las condiciones necesarias, a la creación y crecimiento rápidos de las industrias nucleares, a la elevación del nivel de vida en los Estados miembros, y al desarrollo de los intercambios de los demás países*».

La segunda de sus partes se ocupa de las disposiciones favorecedoras del progreso en la industria nuclear.

La tercera desarrolla las instituciones análogas a las del Mercado Común: la Asamblea y la Corte de Justicia.

El Tratado EURATOM no persigue el uso de la energía nuclear en actividades de carácter militar, sino que su finalidad será exclusivamente de naturaleza civil.

Pero resultaba en todo caso obvio que estos Tratados CECA, CEE, y EURATOM, convertidos en Derecho Originario, deberían continuar desarrollándose, tanto en la forma como en su espíritu, construyéndose sobre su base el que se ha venido a denominar «Derecho Derivado». Dicho proceso, a veces rápido, a veces lento, constituirá una de las mayores experiencias de la Europa contemporánea.

En efecto, sería a partir de enero de 1959 cuando los Tratados de Roma produjeron sus primeros efectos. Desde aquella fecha se preveía que los derechos de aduana descenderían un 10%, y que se incrementarían un 20% los contingentes de importación, que corresponderían como mínimo al 3% de la producción nacional.

En 1959 los cambios en el interior de la Comunidad aumentaron un 19% con respecto al año anterior. La reducción de los obstáculos aduaneros y la perspectiva de su completa supresión se manifestaban realmente eficaces.

En todo caso, los primeros años fueron de estudio, y al mismo tiempo de habituarse al trabajo conjunto entre gobernantes y ministros de los seis Estados. La buena marcha terminaría por acelerar el proceso de adaptación pactado, fijando la propia Comisión que al final de 1961 los derechos aduaneros se rebajasen al 50%, en lugar del 30% previsto.

Similar situación vivía el EURATOM. El 8 de noviembre de 1958 se firmaba un importante acuerdo con los Estados Unidos de América con la intención de desarrollar programas de investigaciones comunes, y la construcción de centrales atómicas rentables, de más de 1000 megavatios.

El 5 de mayo de 1959 los «*seis*» aceptaron la proposición Dillon, de negociación de tarifas multilaterales, y entre los días 16 y 17 de julio tenía lugar una reunión cerca de la capital federal alemana, por entonces Bonn, en la cual los ministros de finanzas estudiaban las modalidades de una política financiera común.

Con respecto a la política agraria común, asunto abordado por Sicco Mansholt, la Comisión había propuesto realizar un mercado unificado, en donde tratar los principales productos agrícolas, así como sus problemas más acuciantes.

Producto de aquella unión de esfuerzos, la CEE tuvo una proyección sumamente favorable. En este sentido, los «*seis*» conocieron una fuerte expansión económica, que se concretaba en un crecimiento anual del PIB del 5,1% para el período 1961 a 1970, y un gran progreso en la configuración de la Unión Aduanera.

Las ampliaciones y los nuevos Tratados

Sin embargo, importantes países europeos continuaban al margen de este proceso de construcción europea, como el Reino Unido, Dinamarca, los países escandinavos, Península Ibérica, etc., a los cuales se seguía tendiendo una mano para una futura integración, cuestión planteada por Jean Monnet con respecto al Reino Unido desde la misma creación de la CECA y que sufriría el veto de la Francia del general de Gaulle[235], convertido tras

[235] Nacido en la francesa localidad de Lille, pronto entraría a formarse intelectualmente en la Escuela Militar Especial de Saint-Cyr, en 1908, diplomándose en 1912 y alistándose en la infantería. Tras participar activamente en la Primera Guerra Mundial, en donde resultaría herido por tres veces, entre 1932 y 1937 sería destinado a la Secretaría General de la Defensa Nacional donde le tocó conocer la política francesa de preparación para la defensa nacional. Durante la invasión alemana trató de convencer al Gobierno que abandonara Francia y se estableciera en el Imperio, es decir en la Francia colonial, concretamente en Argel, desde donde se recuperaría a Francia y se mantendría libre del deshonor de un armisticio con los nazis. Ante la entrega de Francia a Hitler abandonó el país y asumió el mando de la Francia Libre hasta el triunfo de los aliados. Se opuso abiertamente a la Francia de Vichy de Pétain, quien colaboró con los nazis. Organizó la Francia Libre o Francia Combatiente y a la resistencia desde el exilio, y capitalizó la victoria aliada en la Segunda Guerra Mundial dejando a salvo el honor de Francia, presidiendo hasta el año 1946, el Gobierno Provisional de Francia.

Tras un largo período alejado de la vida pública, vuelve a la política con la intención de solucionar el enquistado problema de Argelia, colonia francesa que buscaba su independencia, y la endémica inestabilidad política de la IV República.

Esta etapa se caracteriza por su firme oposición a los Estados Unidos, mediante una reafirmación de la soberanía francesa que se plasmará en la salida de las estructuras militares integradas de la OTAN (a la que volvería Francia más tarde) y en la petición de conversión en oro de las reservas francesas de dólares, lo que provocó una crisis financiera mundial, que obligó en agosto de 1971 al presidente norteamericano Nixon a suspender la convertibilidad del dólar en oro.

El 22 de enero de 1963 Alemania y Francia se reconcilian tras la firma de Charles de Gaulle y Adenauer el Tratado del Elíseo. Las disonancias con países vecinos por la construcción del

su elevación a la presidencia del país galo, en enero de 1959, en el político francés más opuesto a la Comunidad Europea.

Tendríamos que esperar a la Conferencia de Jefes de Estado y de Gobierno europeos, reunida en La Haya en diciembre de 1969, para contemplar como nuevamente se daban importantes pasos en ese proceso de construcción europea. Así, en aquella fecha comenzaba una nueva etapa para Europa, al decidirse que era el momento óptimo para pasar de aquella fase transitoria de la Comunidad a la definitiva, aceptándose los decisivos reglamentos agrícolas, sobre el principio de los recursos propios de la CEE, lo que venía a sustituir a las antañas contribuciones de los Estados. Asimismo, en La Haya, el nuevo presidente francés, Georges Pompidou[236], levantaba implícitamente el veto francés a la entrada del Reino Unido en la CEE. En efecto, Pompidou siendo aun candidato a la presidencia francesa, evocaba el 22 de mayo de 1969 la idea de una Cumbre Europea, en donde se hiciese salir a la Europa Comunitaria de aquella difícil situación en la cual se encontraba.

Mercado Común Europeo hicieron mermar la popularidad de De Gaulle en el frente interno, que llegó afectada a las elecciones presidenciales de 1965. En ellas, De Gaulle no logró imponerse en primera vuelta, ya que obtuvo el 44% de los sufragios, 34 puntos menos que seis años antes. Ante tal situación, De Gaulle estuvo a punto de renunciar a su postulación y retirarse de la política por lo que consideraba una reprobación pero finalmente se presentó y venció con el 54% ante el 46% de la Federación de Izquierdas.

En la etapa final de su Gobierno, se enfrenta a un recrudecimiento del conflicto social que derivará en el denominado Mayo Francés del 68.

[236] Tras el retorno de De Gaulle al poder, en 1958, Pompidou es llamado a dirigir el gabinete del Presidente. Así las cosas, el 20 de febrero de 1959, será designado como miembro del Consejo Constitucional, cargo que ocupará hasta 1962.

Desde el 16 de abril de ese mismo año, Pompidou ocupa el puesto de Primer Ministro, soportando diversos cambios de gobierno hasta el 10 de julio de 1968. Su mandato hubiera probablemente sido más largo de no haberse producido los eventos de mayo de 1968: para reforzar la acción del gobierno, propuso al Presidente disolver la Asamblea Nacional. Tal decisión, que muchos juzgaron suicida, resultó ser una hábil maniobra política que consiguió decapitar a la izquierda; pero de Gaulle, irritado por haber sido cuestionado por su Primer Ministro, lo obliga a renunciar.

Tras la renuncia del General de Gaulle, Georges Pompidou es elegido Presidente de la República francesa, con un 58,22 % de los votos. Asume el cargo el 15 de junio de 1969. En el plano internacional, optó por reforzar Europa, por profundizarla y fortalecerla frente al pacto atlántico. El Reino Unido (junto a Irlanda y Dinamarca) pudo así integrarse a la CEE. Sin interrumpir las relaciones diplomáticas con la Unión Soviética ni Europa oriental, aspiraba al fortalecimiento político de las instituciones europeas.

Partidario de mantener las tesis confederales y rechazando la Europa supranacional, Pompidou se mostraba totalmente partidario de profundizar la vida comunitaria a través de nuevas políticas comunes en los sectores técnicos, científicos, energéticos, transportes, derecho de sociedades y, finalmente, financiero y monetario.

Acabar, profundizar, alargar son tres misiones europeas que planteaba aquella Francia postgaullista. En una atmósfera caracterizada por su cordialidad se concretaba el fin de período transitorio del Mercado Común, para el 1 de enero de 1970, el reglamento agrícola definitivo, la adopción de la sugerencia de la Unión Económica y Monetaria planteada por el alemán Willy Brandt[237], y, finalmente, la apertura de negociaciones con otros Estados, sobre la base del artículo 237 del Tratado CEE y los análogos 205 del Tratado EURATOM y 98 del Tratado CECA.

Tras rechazarse otras solicitudes, quedaban cuatro Estados con el status de oficialmente candidatos después de mayo de 1967:

Reino Unido

Dinamarca

Irlanda

Noruega

La apertura de negociaciones sobre la adhesión del Reino Unido (21 de julio de 1970), y posteriormente de Dinamarca, Irlanda y Noruega (21 de septiembre de 1970), así como el inicio de las negociaciones con los restantes países de la EFTA (Austria, Suecia, Finlandia, Islandia y Portugal), el

[237] Su verdadero nombre era Herbert Karl Frahm. Miembro de las Juventudes Socialistas desde 1930, militó en el ala izquierda de la organización. Cuando los nazis llegaron al poder se refugió en Noruega, donde se nacionalizó y trabajó como periodista. Al producirse la invasión alemana, se trasladó a Suecia, y al término de la Guerra Mundial regresó a Alemania, recuperó la nacionalidad e ingresó en el SPD. Establecido en Berlín-oeste, fue alcalde de la ciudad desde 1957. Presidente del SPD a partir de 1964, evolucionó hacia posturas más céntricas y en 1966 fue vicecanciller y ministro de Asuntos Exteriores en el Gabinete de la Gran Coalición. Tres años después fue designado canciller de la RFA con el apoyo de los liberales. Impulsó la apertura hacia el Este y negoció el mutuo reconocimiento de las dos Alemanias, pero se mantuvo fiel a la alianza Atlántica y favoreció el proceso de unidad europea. Afectado por un escándalo de espionaje, dimitió en 1974. Elegido miembro del Parlamento Europeo dos años después, en junio de 1979 asumió la presidencia de la Internacional Socialista, cargo que ejerció hasta su fallecimiento. En 1971 le fue concedido el Premio Nobel de la Paz.

10 de noviembre de 1970, animaron el proceso de convergencia económica y política de Europa.

La firma de los documentos de adhesión fue realizada en Bruselas el 22 de enero de 1972, acordándose la ratificación del Tratado de Adhesión, tanto por los países miembros de la CEE, como por los cuatro Estados que la solicitaban. Únicamente el plebiscito noruego resultaría desfavorable a su integración en la entonces Europa de los seis. Así, realizada la consulta, el 53,49% de sus ciudadanos votaron en contra, frente a un 46,51% de votos favorables. Para salvar aquella imprevista situación, Noruega concluía con la CEE, el 16 de abril de 1973, un acuerdo de liberación de cambios para los productos industriales. Análogo acuerdo se preveía para Grecia, pero éste quedaba en suspenso debido al «*Golpe de los Coroneles*», dado en aquel país el 21 de abril de 1967.

El 9 de diciembre de 1972 se producía un acuerdo de asociación entre la CEE y Chipre, Estado que ya forma parte de la nómina de los 27 miembros de la Unión Europea.

Por otra parte, los *Acuerdos de Arusha*, signados el 24 de septiembre de 1969, establecía relaciones entre la CEE y tres importantes países africanos: Kenia, Uganda y Tanzania. Finalmente, el 28 de febrero de 1975 se concluía la *Convención Lomé*, capital de Togo, entre la CEE y 46 países de África, el Caribe y el Pacífico, que organizaba la estabilidad de ingresos de exportación (*Acuerdo Stabex*), entrando en vigor el 1 de abril de 1976.

Mientras tanto, importantes reformas se estaban operando en el seno de aquella Europa comunitaria. Una de ellas se efectuaría sobre la propia estructura del Parlamento Europeo, integrando en su configuración el principio de elección universal de los miembros que componían dicha Cámara. En efecto, hasta 1976 los miembros del Parlamento Europeo fueron elegidos directamente por los parlamentos nacionales, en una proporción variables según el número de habitantes de aquel Estado.

El acuerdo definitivo sobre la elección por sufragio universal directo sería firmado por los nueve ministros de asuntos exteriores, en una reunión celebrada en el castillo de Senningen, el 20 de septiembre de 1976, tomando el acuerdo forma de Acta (*Acta de Bruselas*), y estableciéndose las modalidades de elección, además de una recomendación a los gobiernos para adoptar el Acta conforme a sus reglas constitucionales respectivas.

El Acta de Bruselas sería ratificada por los diversos Estados, elaborándose las correspondientes leyes electorales, y teniéndose presente las distintas modalidades electorales existentes en los Estados de la CEE. Aquellas perspectivas electorales motivaron a los partidos políticos a constituirse en partidos de ámbito transnacional. El 5 de abril de 1974 se creaba la Unión de Partidos Socialistas de la Comunidad Europea, como una confederación de partidos miembros de la Internacional Socialista, comprendiendo a los partidos laboristas, socialistas y socialdemócratas, que definieron el 23 de junio de 1978 sus puntos de convergencia para las elecciones europeas.

Por otra parte, se creaba en Bruselas, el 29 de abril de 1976, el Partido Popular Europeo, integrando un bloque que agrupaba a los partidos democristianos, y adoptando el 23 de febrero de 1978 una plataforma común para construir una Unión Europea Federal.

El 27 de marzo de 1976 se constituía la Federación de Partidos Liberales de la Comunidad Europea, que reunía catorce partidos liberales y demócratas.

Finalmente, surgía una plataforma de partidos de extrema derecha, y un proyecto de convergencia de los ecologistas.

Sin embargo, las primeras elecciones europeas serían dominadas por los propios partidos nacionales, jugando un escaso papel las agrupaciones transnacionales.

Pero aquel proyecto político europeo continuaba creciendo, experimentando profundos cambios políticos e institucionales, entre los cuales cabría destacar el camino hacia la Unión Económica y Monetaria.

Pronto asistiremos a la segunda ampliación de aquella Europa de las Comunidades. En el verano de 1974 había sido derrocada en Grecia la «*Dictadura de los Coroneles*», acordándose el 27 de julio de 1976 la apertura oficial de negociaciones con la Comunidad, firmándose el 28 de mayo de 1978 la correspondiente Acta de Adhesión.

Nuevos retos e impulsos someterían la trayectoria de aquella organización supranacional. Posiblemente este protagonismo deba ser enmarcado en una serie de acuerdos y declaraciones que tendrían como resultado el Acta Única Europea. Así, la crisis que afectó de manera ostensible a Europa en 1981, la tensa situación que exhibía el Reino Unido Thatcheriano, además de las tensiones institucionales derivadas de la incompleta estructura de los propios Tratados, concluyeron con una situación de parálisis en aquel proceso de construcción europea.

Fue entonces cuando la iniciativa de los ministros de asuntos exteriores de Alemania e Italia (Genscher y Colombo) se plasmaría en la presentación ante el Consejo Europeo celebrado en Londres, entre el 26 y el 27 de noviembre de 1981, de un proyecto de Acta Europea que aspiraba a introducir cuestiones no contempladas por los Tratados Comunitarios:

Cooperación política

Cultura

Derechos fundamentales

Armonización legislativa

Lucha contra la violencia, criminalidad y terrorismo

Aquella iniciativa concluyó con la llamada Declaración Solemne de Stuttgart, erigida como la base y el punto de partida del Acta Única Europea, formada por un preámbulo y cuatro apartados que desarrollarán las reformas comunitarias.

El 9 de julio de 1981 Altiero Spinelli[238] presentaba al Parlamento Europeo una Resolución, preconizando la constitución de una comisión, que se encargase de reflexionar sobre las reformas institucionales que demandaba el buen desarrollo de la Comunidad. En el Proyecto Spinelli se diseña un Consejo de la Unión, distinto del Consejo Europeo, Institución que estaría formada por representantes de los gobiernos que votarían por mayoría ponderada. El Parlamento dejaría de ser un órgano de carácter simplemente consultivo, y se convertiría en una cámara con autoridad legislativa y presupuestaria; la Comisión, auténtico órgano ejecutivo, con responsabilidad política. El Tribunal de Justicia reforzaría sus funciones. Finalmente, la Unión tendría autonomía financiera y elaboraría programas de carácter

[238] Altiero Spinelli fue ante todo un defensor a ultranza del federalismo europeo, y uno de los padres de la Unión Europea, cuyo papel más importante tuvo lugar como defensor del proceso integrador sucedido durante las décadas que siguieron a la Segunda Guerra Mundial. Fue miembro del Parlamento Europeo durante diez años, así como cofundador y partícipe eminente del *Club Cocodrilo*, facción de políticos europeos que defendían estos principios, y que recibían tal nombre en honor a la cafetería en donde se reunían.

plurianual. El proyecto de Tratado sería adoptado por la Asamblea el 14 de enero de 1984.

El Acta Única Europea sería el resultante de un proceso concluido en el Consejo Europeo de 3 y 4 de diciembre de 1985, tras las decisiones de los Consejos de Fontainebleau de 1984 y de la Conferencia Intergubernamental de 1985, en donde se acordaba revisar el Tratado de Roma.

El texto definitivo se concluía el 27 de enero de 1986, siendo firmado en Luxemburgo el 17 de febrero únicamente por nueve países, ya que Dinamarca e Italia supeditarían dicha firma a la aprobación de sus respectivos parlamentos, además de reservarse Grecia la suya a que fuese firmado por todos los demás. Finalmente, estos tres Estados darían su aprobación en La Haya, el 28 de febrero de 1986.

Compuesta de un preámbulo introductorio, el Acta Única Europea recoge los aspectos esenciales de la Declaración de Stuttgart, a la que se añadirán otras directrices pretéritas.

El 1 de enero de 1986 se producía la entrada oficial de los dos Estados Ibéricos, produciéndose en el seno de la Comunidad los correspondientes cambios institucionales para dar protagonismo a España y Portugal, conforme a su respectiva importancia poblacional, además de la consiguiente adaptación por parte de dichos Estados de su ordenamiento jurídico interno, a los principios democráticos que regían en el seno de la Unión.

Factor trascendental en el proceso de construcción europea sería la caída del comunismo y del Muro de Berlín, y la consiguiente reunificación alemana. Así, el 18 de mayo de 1990 Helmut Kolh[239] concluía un tratado con

[239] Nacido en Ludwigshafen, se incorporó a la CDU en 1947. Entre 1967 y 1976 fue Ministerpräsident del Land de Renania-Palatinado, pasando a continuación a ser miembro del Parlamento federal como líder de la oposición cristiano-demócrata contra el gobierno, en ese momento en manos del Partido Socialdemócrata Alemán. Fue candidato de la CDU a la cancillería en las elecciones federales de 1976, en las que se impuso SPD.

El 1 de octubre de 1982 Kohl sucedió a Helmut Schmidt como Canciller tras ser este desautorizado por una moción de confianza en la que el Partido Liberal de Alemania que hasta ese momento había apoyado a los socialdemócratas cambió de alianza y apoyó a los democristianos.

Pero el mayor protagonismo histórico de este personaje fue, sin lugar a dudas, el hacho de haber liderado el proceso de reunificación de Alemania que se inició con la caída del Muro de Berlín, o Muro de la Vergüenza, el 9 de noviembre de 1989 y que concluyó formalmente el 3 de octubre de 1990.

la hoy extinta República Democrática Alemana para establecer una unión económica, monetaria y social, que se llevaría a efecto el 1 de julio de 1990, con el marco de la República Federal como unidad de cuenta, y la supresión de las fronteras. El previamente celebrado Consejo Europeo de Dublín, de 28 de abril de 1990, había aprobado la integración del territorio del Este en la Comunidad, a falta de la unificación y sin necesidad de revisión de los Tratados ni imposición de medidas transitorias.

La decisión adoptada por los Doce en el Consejo Europeo de Luxemburgo, de diciembre de 1985, de crear un Mercado Único Europeo, en el que las personas, bienes y capitales podrían circular libremente, haría renacer el viejo objetivo de los años sesenta de lograr una Unión Económica y Monetaria, con la concertación de las políticas económicas, el establecimiento de un Banco Central Europeo y una moneda común para el conjunto de Estados de la Unión.

La eliminación de las fronteras internas de la Unión Europea, además de encontrarnos con una conjunción de muchas de las más desarrolladas economías del Mundo, hizo que se plantease la necesidad de asegurar las fronteras externas del territorio comunitario ante previsibles avalanchas de personas de territorios más deprimidos económicamente, a la vez vino a

---

Como primera etapa de la reunificación, Kohl siguiendo los principios de la Ostpolitid realizó una visita de estado al líder de la República Democrática de Alemania, Erich Honecker, en 1987, primer encuentro entre jefes de estado de las dos Alemanias después de la Segunda Guerra Mundial. Mientras el sistema comunista de Alemania del este se deterioraba, Kohl convenció al Gobierno soviético, dirigido en ese momento por Gorbachov, para que aceptara la idea de una Alemania reunificada en el seno de la OTAN.

Kohl abogó por reforzar el débil aparato económico del este de Alemania introduciendo las reglas del mercado libre y en especial gracias a una fuerte aportación de capital y una gran cantidad de inversiones. A pesar de que en el momento de su derrota electoral parecía que su proyecto había fracasado (el este seguía estado muy atrasado respecto al oeste), la reunificación fue un paso necesario para la integración europea. Así durante su administración, Kohl impulso la marcha de la Comunidad Europea hacia la unión política y monetaria de Europa que se concretizo en la Unión Europea instituida en 1993 cuando entró en vigor el Tratado de Maastricht.

Su última acción en asuntos europeos fue participar en la aprobación del Tratado de Ámsterdam que giraba en torno a varios aspectos fundamentales: empleo, libre circulación de ciudadanos, justicia, política exterior y de seguridad común, y reforma institucional para afrontar el ingreso de nuevos miembros. Estos asuntos habían quedado pendientes en Maastricht. El tratado entro en vigor en 1999, después de que Kohl se retirara del gobierno alemán. En 1998, Kohl fue nombrado ciudadano de honor de Europa por el Consejo Europeo, un galardón que hasta entonces sólo había sido concedido a Jean Monnet.

potenciarse la libre circulación de personas, bienes y capitales por el interior de la Unión.

El proceso alcanzaría plena madurez el 19 de junio de 1990, cuando cinco Estados de la CEE (Alemania, Bélgica, Francia, Luxemburgo y Países Bajos) firmaban en la pequeña localidad luxemburguesa de Schengen un convenio[240] que pretendía suprimir cualquier clase de control de fronteras internas, y estableciendo una estrecha colaboración en el campo de la seguridad (tráfico de drogas, diligencias judiciales, etc.), y en el de la inmigración (política de visados, derecho de asilo, etc.).

Italia se sumaba al Convenio de Schengen en noviembre de 1990, entrando en vigor en marzo de 1995 para siete países comunitarios: Alemania, Bélgica, España, Francia, Luxemburgo, Países Bajos y Portugal.

Un importante desarrollo de la Europa Comunitaria se producirá en la década de los noventa, mediante la aprobación de los Tratados de Maastricht y Ámsterdam.

---

[240] El Acuerdo de Schengen, firmado el 14 de junio de 1985 entre Alemania, Bélgica, Francia, Luxemburgo y los Países Bajos, tiene por objeto eliminar progresivamente los controles en las fronteras comunes y establecer un régimen de libre circulación para todos los nacionales de los Estados signatarios, de los otros Estados de la Comunidad o de terceros países.

El Convenio de Schengen completa el Acuerdo y define las condiciones y las garantías de aplicación de esta libre circulación. Este Convenio, firmado el 19 de junio de 1990 por los mismos Estados miembros, no entró en vigor hasta 1995.

El Acuerdo y el Convenio, la normativa adoptada sobre la base de ambos textos y los acuerdos conexos conforman el «*acervo de Schengen*». Desde 1999, el acervo de Schengen está integrado en el marco institucional y jurídico de la Unión Europea en virtud de un protocolo anexo al Tratado de Amsterdam.

Los acuerdos de Schengen se han ido ampliando a lo largo del tiempo a los quince Estados miembros anteriores: Italia los firmó en 1990, España y Portugal, en 1991, Grecia, en 1992, Austria lo hizo en 1995, y Finlandia, Suecia y Dinamarca (con disposiciones especiales), en 1996. Irlanda y el Reino Unido participan sólo en parte en el acervo de Schengen ya que, por ejemplo, mantienen los controles en sus fronteras.

Los diez nuevos Estados miembros se han incorporado al acervo de Schengen. No obstante, para eliminar los controles en las fronteras de esos países se precisa una decisión del Consejo de la Unión Europea.

Dos terceros países –Islandia y Noruega– forman asimismo parte del espacio Schengen desde 1996. Sin embargo, su participación en la toma de decisiones es limitada. Por otra parte, Suiza ha abierto un proceso de participación en el acervo de Schengen.

Los Estados candidatos a la adhesión a la Unión Europea deben aceptar íntegramente el acervo de Schengen antes de su adhesión.

El Tratado de la Unión Europea o Tratado de Maastricht, instituye entre los Doce Estados de la Comunidad una Unión Europea, que modifica y contempla la letra y el espíritu de los Tratados anteriores:

Tratado CECA de 1951

Tratado CEE de 1957

Tratado EURATOM de 1957

Tratado de adhesión de Dinamarca, Irlanda y el Reino Unido (1972)

Tratado de adhesión de Grecia (1981)

Tratado de adhesión de España y Portugal (1986)

Acta Única Europea, en vigor desde julio de 1987

El Tratado de Maastricht recoge y modifica tanto una base institucional y normativa comunitaria, como el fruto de un largo debate desarrollado a lo largo de todo el anterior proceso de construcción europea, al remarcar la amplitud de su proyecto político.

Este Tratado no otorga personalidad a la Unión, que no subsiste fuera de los Estados. Además aparecen claramente finados unos objetivos como son la culminación de un gran espacio económico, sin fronteras internas, que promueva un progreso económico y social, equilibrado y duradero, reforzando la cohesión económica y social, y estableciendo una Unión Económica y Monetaria.

En cuanto a su arquitectura, se basa en un frontispicio común y tres pilares. Respecto a la primera de estas bases, queda reflejada en los títulos I, con disposiciones aplicables a toda la Unión, y que establecen unos objetivos generales:

El respeto a la identidad nacional de los Estados

El respeto a los derechos fundamentales, tal y como se garantizan en el Convenio de Roma de 1950

El principio de suficiencia de medios

El principio de subsidiariedad como mecanismo de atribución de competencias entre la Unión y los Estados

El principio de unidad institucional

El principio de revisión

La ampliación de la Unión

Los tres pilares son:

Modificación de los Tratados anteriores

Un pilar para la cuestión de política exterior, seguridad común y defensa (PESC).

Un pilar para la cooperación intergubernamental en los ámbitos de justicia e interior.

Las grandes cuestiones contenidas y desarrolladas por el Tratado de la Unión son:

Ciudadanía europea

Principios de subsidiariedad, proporcionalidad y de suficiencia de medios

Las políticas de la Comunidad

Modificaciones institucionales para el Consejo Europeo, Parlamento Europeo, Consejo Económico y Social, Comité de las Regiones, Tribunal de Justicia, y Tribunal de Cuentas

Unión Económica y Monetaria

Política Exterior y de Seguridad Común (PESC)

Cooperación en los ámbitos de Justicia e Interior

El 7 de febrero de 1992 se aprobaba el Tratado de la Unión Europea, correspondiendo la posterior ratificación del mismo por los respectivos parlamentos nacionales. Finalmente entraba en vigor el 1 de noviembre de 1993.

También el Tratado de la Unión Europea establecía que los Estados que solicitaran su adhesión deberían cumplir una serie de condiciones básicas:

Identidad europea

Gobierno democrático y respeto a los derechos humanos

Demostrar una clara voluntad de aceptar y estar en condiciones de aplicar las normas y estructuras comunitarias.

Sobre dichas bases, el 4 de mayo de 1994 el Parlamento Europeo aprobaba por abrumadora mayoría la entrada de Austria, Finlandia, Noruega y Suecia en la Unión Europea, utilizándose por primera vez el poder de aceptación o rechazo de nuevos Estados miembros, que le fueron conferidos por el Acta Única. Así, el 12 de junio de 1994 Austria votaba favorablemente en el referéndum sobre su incorporación; el 16 de octubre lo hacía Finlandia, y el 13 de noviembre lo haría Suecia. Sin embargo, el 28 de noviembre Noruega rechazaba nuevamente su adhesión a la Unión.

El devenir de esta Europa comunitaria continuó a pesar del rechazo al proyecto de Constitución Europea, con ya 27 Estados miembros fruto de la ampliación derivada de la segunda fase de la quinta ampliación, con la incorporación de Rumanía y Bulgaria. Singularmente a partir de la firma del Tratado de Lisboa, mediante el cual se venían a modificar los Tratados anteriores, teniendo como objetivo central el aumentar la democracia, la eficacia y la transparencia de la Unión Europea y, con ello, su capacidad para enfrentarse a desafíos globales como el cambio climático, la seguridad y el desarrollo sostenible.

Y otros muchos Estados plantean su llamada ante la «*puerta comunitaria*», intentando su ingreso en este selecto club. Casos como el de Turquía, Croacia, Serbia, Macedonia, etc. Ellos ya forman o pronto formarán parte de las futuras negociaciones para una nueva ampliación. Hagamos caso a los europeístas convencidos y pensemos en una futura Unión Europea, en donde los valores como la vida, la libertad, el libre pensamiento, etc., sean la más amplia expresión de lo cotidiano.

Cerramos esta breve historia de la Unión Europea con una reseña expuesta en su día por el inmortal Víctor Hugo:

> «*Un día vendrá en que las bombas sean reemplazadas... por el venerable arbitraje de un senado soberano que será para Europa lo que la Asamblea Legislativa es para Francia... Un día vendrá en que habrá dos grupos inmensos, los Estados Unidos de América y los Estados Unidos de Europa, situados uno frente a otro, y se tenderán la mano sobre el mar... En el siglo XX habrá una nación extraordinaria... Esta nación tendrá por capital París y no se llamará Francia, se llamará Europa. Se llamará Europa en el siglo XX y en los siglos siguientes, y así transfigurada se llamará la Humanidad*».

EL IUS COMMUNE

EL IUS COMMUNE

Un acercamiento al Derecho Común

Un hecho sobradamente conocido por los historiadores del derecho es que el Derecho Común viene a ser el resultado de la conjunción de dos elementos fundamentales, el ordenamiento romano y el canónico, a los cuales los glosadores habían venido incorporado un tercero basado en los textos del derecho feudal, preferentemente lombardo. El triunfo del *Ius Commune* tendrá como artífice singular aquella escuela de los Comentaristas, quienes ya no se limitaron a la glosa de los preceptos romanistas, sino que integraron en sus estudios los derechos locales y un rico casuismo, es decir, todo aquello que por contraposición al derecho común era derecho particular o propio.

Un Ius Commune con un período de difusión amplio, internacional por la transmisión de la cultura europea. O como afirma el profesor Bellomo,

> *«se puede pensar que la larga historia del Ius Commune se ha desplegado, en dos grandes épocas: la primera constituida alrededor de los siglos XII-XVI», y «... una segunda alrededor de los siglos XVI-XVIII»*[241].

En ambas épocas encontramos una institución que interconexiona en gran medida las mismas: la universidad. Y como no pudo ser menos también este hecho se vio plasmado en el seno de las universidades castellanas.

Es por ello que puede plenamente afirmarse que la creación doctrinal del Ius Commune y la paralela aparición y desarrollo de las universidades en Europa vinieron a resultar fenómenos paralelos, proyectándose ese Derecho común merced a la enseñanza, ya in situ, de los centros universitarios más célebres, en donde acudían estudiantes de una extensa procedencia y en donde tuvieron especial relevancia los de origen peninsular, aprendiendo aquella ciencia novedosa de la mano de profesores que directa o indirectamente habían tenido una formación en las escuelas italianas.

---

[241] Bellomo, M., «Compartiendo, respondiendo, añadiendo. Reflexiones en torno al Ius Commune», en Rudimentos Legales. Revista de Historia del Derecho, 3, Universidad de Jaén, 2001.

Si atendemos a las raíces del Derecho como ciencia autónoma, con toda probabilidad la primera Escuela de Jurisprudencia de Europa sería la erigida en Bolonia a finales del siglo XI, cuando era probablemente una institución secular privada[242]. Con el discurrir del tiempo y la adopción de métodos revolucionarios su facultad de leyes se convertiría en el prototipo y modelo preferente de todas las demás que se fueran erigiendo tanto a este como al otro lado del Atlántico, fruto de una proyección de la cultura del viejo continente en las nuevas tierras americana[243], desarrollándose esta situación hasta el final del Antiguo Régimen[244].

La enseñanza de las artes eclesiásticas en Bolonia, como el Derecho Canónico desde la época de Graciano en adelante, suscitó en los pontífices un interés doctrinal por los maestros y estudiantes de Bolonia. Fruto de esta actitud, en 1219 Honorio III concedía al archidiácono de la catedral de Bolonia la facultad de poder otorgar aquel privilegiado derecho de ejercitar la

[242] Cfr. Pérez Martín, A., «Profesores hispanos en la Universidad de Bolonia (de fines del siglo XII a 1799)», en *Doctores y Escolares*, vol. II, Valencia, 1998, pp. 225-237. A partir de los años 70 del siglo XI ya aparecen reseñadas en Bolonia universitarios con el calificativo de *legis doctor*. El genio de Irnerio se revela por una triple intuición: 1. Dar al estudio del derecho un carácter autónomo que la enciclopedia del saber medieval no le reconocía; 2. Estudiar el derecho del Emperador de Oriente Justiniano en los textos genuinos, realizando a un margen los extractos y los epítomes; y 3. Establecer el significado auténtico de la compilación justinianéa, llevando a la práctica un ordenado y completo *Corpus Iuris*.

[243] Respecto a las fundaciones universitarias de hispanoamérica, vid. Rodríguez Cruz, A.Mª., *La Universidad en la América Hispánica*, Madrid, Mapfre, 1992.

[244] El Estudio boloñés también sería el primero y principal protagonista de múltiples de las prerrogativas y exenciones de que gozaron las Universidades europeas del Antiguo Régimen. Entre ellas cabría destacar su labor ejemplar en la adquisición de lo que se ha venido a definir como *Fuero Universitario*. En el estudio boloñés, tras un período de precariedad en donde sus universitarios carecían de los privilegios eclesiásticos poseídos por los estudiantes de las escuelas catedralicias sufriendo un trato vejatorio, maestros y estudiantes acudirían al emperador exponiendo sus padecimientos y quejas, tal y como nos relata una crónica anónima. Éste, tras consultar a sus consejeros, promulgaría una ley que protegía a los maestros y estudiantes de cualquier tipo de coerción sobre sus personas y bienes por parte de terceros ajenos a la universidad boloñesa. Ésta verá realmente constituido su fuero universitario, o lo que es lo mismo, alcanzarán las prerrogativas propias una corporación privilegiada tras la promulgación de la *Authentica Habita*. En virtud de la misma, los estudiantes boloñeses podrán nombrar su rector que logra la jurisdicción sobre los estudiantes y doctores, sobre los profesores y demás miembros de la congregación estudiantil. Todos les prestan juramento de obediencia y él es quien preside y rige la universidad, durante el año de su cargo. En los estatutos de 1250 aparecen ya con todo su poder sobre los asuntos de la universidad. Cfr. Ruiz Rodríguez, I., *Los Estudios Civilistas en la Historia de la Universidad de Alcalá*, Madrid, 1999.

docencia en todas partes, convirtiéndose de este modo aquella universidad en dependiente de la Santa Sede[245].

Bajo aquella irradiación cultural, otras universidades de la península Itálica se fundarían siguiendo el modelo boloñés, distinguiéndose de entre ellas las de Padua, Pavía, Perugia y Siene. En sus distintos momentos, las facultades italianas siempre atrajeron un gran número de estudiantes extranjeros, los cuales fueron los responsables de la difusión del modelo boloñés dentro y fuera de Italia. Bajo ese prisma teórico, las escuelas de leyes seguirían su ideario, pero adaptándolo, a veces drásticamente, a sus condicionantes particulares. Sólo en este sentido se puede decir que había diferentes escuelas de derecho medieval[246].

Otro destacado lugar de Europa, aquella Europa que abría sus ojos a una nueva visión del Derecho, sería Francia. Allí las principales facultades eran las de Montpellier –que llegó a existir en gran parte porque Piacentino, jurista boloñés, enseñó allí–, Orleans, Toulouse y Avignon. París tenía gran reputación y era sumamente afamada, pero sólo para el derecho canónico, porque Honorio III prohibió la enseñanza del derecho civil en París en 1219 mediante la bula *Super Specula*[247]. En todo caso, y más allá de aquellos estudios generales itálicos, las facultades francesas atrajeron a muchos estudiantes de toda Europa, especialmente desde el siglo XI.

Más tarde, muchos de esos mismos estudiantes, tras cursar preferentemente en Italia o Francia sus estudios jurídicos, volverían a España y ocupa-

---

245 En todo caso, en el rótulo de 1370-1371, en más antiguo de los publicados por Dallari, las lecturas desarrolladas por los estudiantes de ambos derechos, ya relativas al *Corpus Iuris Civilis* como al *Corpus Iuris Canonici* serían las siguientes: Decretales, Decreto, Sexto y Clementinas, Código, Inforciato, Volumen. En el rólulo de 1550-1551 las lecturas serían las siguientes: Decretales, Sexto y Clementinas, Decreto, Inforciato, Código, Instituciones, De *maleficiis*, De *feudis*, De *notaria*, Digesto nuevo, Volumen. En el rótulo de 1799-1800, estas lecturas se amplían: Decretales, Instituciones civiles, Repeticiones de Bártolo, Pandectas y Código, Summa de Rolando, derecho canónico, derecho civil, práctica judicial, Sexto y Clementinas, derecho público, práctica criminal, derecho municipal según los Estatutos de Bolonia, historia universal de las naciones y sus derechos, comercio o economía, Decreto, De *regulis iuris*, Volumen. Sobre ello vid. Pérez Martín, A., «Profesores Hispanos...», op. cit.

246 Sobre este importante fenómeno de erección de la universidad boloñesa, siempre ha habido un trabajo que ha servido de guía a mis investigaciones, y no que es otro que el publicado por el profesor Bellomo en el año 1993 titulado *Saggio sull' universitá. Nell'etá del diritto comune.*

247 Cfr. Bayen, M., *Historia de las Universidades*, Vilassar de Mar (Barcelona), 1978.

rían las cátedras de las universidades que sucesivamente se iban erigiendo, además de los tribunales de justicia y otros órganos de la administración bajomedieval, justo en épocas a las que había que dotar de ordenamientos jurídicos nuevos a los territorios reconquistados a los musulmanes o, supliendo progresivamente antiguos fueros locales o territoriales con la clara intención de buscar una territorialización del derecho. Efectivamente, en la península Ibérica, en el medievo, se fundarían importantes estudios generales-universidad, en donde los más significativos serían aquellos de Salamanca, Lérida y Coimbra-Lisboa.

A la Universidad de Salamanca pertenece la honra de ser la más afamada de las erigidas en la Corona de Castilla del medievo –aun encontrándose en el histórico reino de León–, a pesar de que el mérito de ser la primera erigida en el solar hispano corresponda a Palencia, en el reino de Castilla, y, con alguna reserva, de la hispanidad en el resto de los períodos históricos más recientes. Su prestigio será equiparado con Bolonia o París y se constituirá como modelo uniformizador indiscutido para el resto de los territorios hispánicos, probablemente por la alta calidad de aquellos docentes que, a lo largo de dilatados períodos de la historia, desarrollaron la magna tarea de formar a aquellos llamados a dirigir y evangelizar los territorios de la monarquía, y en donde las enseñanzas de ambos derechos tuvo una especial significación[248].

Otro importante estudio general de primer orden en ese medievo castellano sería, sin duda alguna, el de Valladolid, universidad que, en nuestra opinión, podría considerarse la segunda universidad hispánica en importancia en aquella Castilla medieval y que, tras la irrupción de Alcalá de Henares en los albores de la Edad Moderna, terminaría siendo relegada a la condición de tercerona en aquellas tierras de España[249].

---

[248] Tarea sumamente complicada sería intentar exponer, aun de modo somero, aquellos autores que han analizado desde varias perspectivas al estudio Salmantino. Sin embargo resulta obligado reseñar a nuestra querida Agueda Rodríguez Cruz, a Luis Enrique Rodríguez-San Pedro, Mª.P. Alonso Romero, A.Mª Carabias, etc.

[249] Sobre el estudio vallisoletano existe un amplio repertorio de obras que trazan una amplia panorámica sobre distintas particularidades o generalidades de aquella institución. Destaca la obra de ámbito global sobre esta Universidad realizada por Vicente Velázquez de Figueroa en 1757, completada con las notas y apéndices realizados por Mariano Alcocer. Otras obras representativas aparecen firmadas por M. Alcocer Martínez, dedicada a las Bulas apostólicas y privilegios reales; M.A. Sobaler Seco, que nos habla sobre los Colegiales Mayores de Santa

Las Universidades hispánicas, especialmente las anteriormente reseñadas, contribuirían en gran medida a introducir ese Derecho novedoso que se estaba extendiendo, desde Bolonia, a toda Europa y que habían encontrado como principal elemento coadyuvante para los intereses castellanos al Colegio Español de San Clemente de Bolonia, fundado en 1367 por el Cardenal Gil de Albornoz. Esta importante institución educativa se constituyó como uno de los elementos más decisivos para la recepción del Derecho Común en estas tierras peninsulares, y en donde ya desde ese mismo momento inaugural unos 600 estudiantes, con un perfil eminentemente jurídico, asistieron al mismo hasta el año 1500[250].

Efectivamente, el occidente europeo del siglo XVI contemplaba un florecimiento del Mundo Universitario[251], tanto en número como en mejora de la calidad de las materias impartidas en las universidades[252], quizá coincidiendo con una nueva etapa en la articulación de los Estados de Europa. Dentro de esta corriente proclive a la promoción cultural, en Castilla se crearían entre 1475 y 1620 un total de 17 Universidades, a las cuales habría que sumar las ya existentes o coetáneas a estas[253], además sumarse a ellas

Cruz; M. Torremocha Hernández, sobre la matriculación y el alumnado en el siglo XVIII, la corte de justicia vallisoletana; etc.

250 García y García, A., «Las Facultades de Leyes», *Historia de la Universidad en Europa*, vol. I, *Las Universidades en la Edad Media*, Bilbao, 1994, pp. 443-466.

251 Fruto de el florecimiento cultural que se está produciendo en la Europa bajomedieval, en gran medida derivado de aquel espíritu de transformación en la cultura jurídica surgido en Bolonia, proliferarán nuevas creaciones universitarias, así, entre los años 1300 y 1450, contemplamos la erección de numerosos estudios generales en toda la fisionomía del Antiguo Continente: Avignon –1303–, Aix/en/Provence –1409–, Caen –1420–, Grenoble –1430–, Poitiers –1431–, Burdeos –1448–, en Francia; Pisa –1342–, Florencia –1349–, Pavía –1361–, Ferrara –1391–, Turín –1405–, Catania –1444–, en Italia; Valladolid –1346–, en Castilla; Saint/ Andrews –1414- y Glasgow –1450–, en Escocia; Lérida –1300–, Huesca –1354–, Perpignan –1379–, Barcelona –1450–, en la Corona de Aragón; Praga –1347–, Cracovia –1360–, Viena –1365–, Erfurt –1379–, Heidelberg –1385–, Colonia –1388–, Leipzig –1409–, Lübeck –1419–, Lovaina –1425–, en tierras del Imperio Germánico y Estados de Europa Central; etc.

252 Carabias Torres, A.Mª., «La legislación universitaria en la España del siglo XVI», *Revista Española de Derecho Canónico*, vol. 43, n. 120, Enero-Junio de 1986, pp. 101-120. La autora indica en este sentido, «*... hemos comprobado que el siglo XVI es uno de los períodos que más legislación de carácter universitario ha producido en Europa, síntoma inequívoco de efervescencia y progreso de estos centros docentes*».

253 Así, siguiendo al profesor Rodríguez-San Pedro, se podría presentar la siguiente relación de universidades existentes en la Península Ibérica en torno al año 1625: **Corona de Castilla** Alcalá de Henares, Almagro, Avila, Baeza, Burgo de Osma, El Escorial, Granada, Irache, Oñate, Osuna, Oviedo, Pamplona, Salamanca, Santiago de Compostela, Sevilla, Sigüenza, Toledo

otras numerosas también existentes o de nueva creación en otros territorios peninsulares.

El Renacimiento del derecho Romano Justinianéo, Canónico y Feudal

El descubrimiento de la obra justinianea y, fundamentalmente, del Digesto y su estudio por los Glosadores y las primeras universidades europeas erigidas a contemplación de ese redescubrimiento del derecho, se convierte en uno de los más significativos fenómenos del «*Renacimiento*» medieval político, económico y cultural, que tiene lugar en la segunda mitad del siglo XI y que rompe con las estructuras feudales de la Alta Edad Media.

La Escuela de los Glosadores

Fue sin lugar a dudas en la localidad italiana de Bolonia el lugar en donde nació en las últimas décadas del siglo XI aquella enseñanza especializada del derecho, en la cual el *magister* Pepo o Pepone quien por iniciativa propia comenzó a utilizar las normas justinianeas. Sin embargo aquellas lecciones fueron desarrolladas de forma oral, motivo por el cual la gloria de ser fundador de la escuela de Bolonia ha pasado a Irnerio o Guarnerio.

Sobre este estudio, indica Kantorowicz, el magíster Pepo había utilizado el Código y las Instituciones, aunque no el Digesto, que se convierte en el instrumento principal de sus enseñanzas. Sin embargo, esta sería preferentemente la obra utilizada por Irnerio. En este sentido se ha llegado a la conclusión de que para su trabajo como «*magister iuris*» tomó la copia del Digesto, la llamada «*Littera Fiorentina*», y sobre esta base realizó una redacción base de la «*Littera Vulgata*» del Digesto, y asimismo se le ha atribuido la célebre obra «*Quaestiones de iuris subtitulatibus*».

---

y Valladolid; **Corona de Aragón** Barcelona, Gerona, Lérida, Perpiñán, Solsona, Tarragona, Vich, Tortosa, Gandía, Huesca, Orihuela, Valencia, Zaragoza y Mallorca; **Reino de Portugal** Coimbra-Lisboa y Evora. Cfr. Rodríguez-San Pedro Bezares, L.E., *La Universidad de Salamanca del Barroco*, I, pp. 203-224.

Pero, sobre todo, sería su técnica de trabajo –*la Glosa*– la que cimentará la obra de Irnerio y la nueva ciencia del Derecho, otorgando su denominación a una escuela, la Escuela de los Glosadores, a la que pertenecieron sus famosos cuatro discípulos: Búlgaro, Martin, Hugo y Jacobo. A ellos seguiría una ilustre lista de nuevos discípulos de éstos, como sería el caso de Rogerio, discípulo de Hugo; Alberico da Porta Ravennate; Giovanni Bassiano; Baccarius, magíster en tierras de Inglaterra y autor del conocido *Liber Pauperum*, publicado en 1148; Odrio Placentino, fundador de la Universidad de Montpellier y que introduce en tierras francesas el Derecho Romano, así como el método de los Glosadores, además de ser autor de una *Summa Codicis*; Pillio da Medicina; Otón de Pavía; Carlo di Tocco; Ugolino dei Presbiteri; y, finalmente citar al inmortal Azo o Azón, profesor en la universidad de Bolonia y autor de la *Summa Codicis*, obra que ha sido considerada como el mejor compendio sistematizador de la obra de los Glosadores.

La técnica usada por los glosadores

El instrumento técnico de la labor de los juristas boloñeses fue la Glosa que consiste en la exégesis textual de aclaración y explicación del texto de la Ley realizada de modo oral por el docente sobre los textos legales con los que se trabajaba.

La expresión más propia del trabajo de los juristas de Bolonia fueron las *Summas*, en las que se condensan la exposición de los textos, que acaban ofreciendo un cuadro perfecto de la *Compilación Justinianea*. De entre ellas destacan la *Summa Trecensis*, atribuida por algunos al propio Irnerio; la *Summa Codicis* de los juristas Rogerio y Placentino, y la citada Summa di Azzone –de Azón– escrita a principios del siglo XIII.

La Magna Glosa de Acursio, último de los discípulos de Azón y el postrero de los grandes glosadores, construye la obra más representativa de esta técnica de la glosa, y recibe la máxima autoridad en la práctica cotidiana del Derecho, y en el uso de los Tribunales europeos hasta fines del siglo XVII, por contener la mejor exposición doctrinal.

La Escuela de los Comentaristas

Con la Magna Glosa, la Escuela de Glosadores alcanzaba el cenit de sus posibilidades, alcanzando una gran madurez en la exégesis de los textos, y requiriendo por tanto la realización de nuevas fórmulas no determinadas por la letra de la ley, dando origen a la *Escuela de los Postglosadores* o *Comentaristas*.

Aplicando los métodos escolásticos estos nuevos Glosadores, abandonarán:

> *«el sistema de la glosa y se dedican a la abstracción de los conceptos y principios generales para construir un nuevo sistema jurídico con el que poder afrontar la regulación de la realidad social de su época, construyendo un sistema orgánico y armónico, una elaboración dogmática de la ciencia jurídica»*[254].

Evidentemente, el origen de esta transformación la encontramos en la pretérita tarea desarrollada por los Glosadores, sin embargo estos nuevos estudiosos de la obra de Justiniano actuarán mucho más libres, sin ataduras. Además aquella ingente actividad científica será realizada en la célebre escuela francesa de Orleans, siendo sus principales protagonistas Jacques de Revigny y su discípulo Pierre de Belleperche. Este método de los romanistas franceses, basado en la Escolástica, pasaría a Bolonia a través del discípulo de Revigny, Cino de Pistoia, y de uno de los discípulos de éste, Bartolo de Sassoferrato, convertido en el más significado representante de aquella doctrina.

Estos grandes juristas aceptaron sustituir el antiguo método de los glosadores por la aplicación del Derecho Romano a través de los métodos utilizados por los teólogos, la Dialéctica y el razonamiento, deduciendo de los textos los principios generales y sus aplicaciones prácticas.

Los Comentaristas sustituyen el procedimiento exegético, dividiendo la norma en sus partes estructurales, recompuesta, formando una serie de síntesis y antítesis lógica, hipótesis y cuestiones para configurar una dog-

[254] Pérez Bustamante, R., *Manual de Historia del Derecho*, Madrid, 1994.

mática jurídica que pueda ser utilizable en la práctica, creando de este modo un Derecho nuevo que pueda adecuarse a la realidad sociopolítica.

El Comentario se desarrolla a partir de una paráfrasis de un texto legal, buscándose el sentido, y creando soluciones dirigidas a la práctica forense, consiguiendo «*la victoria de la vida sobre la ideología, trasladando el espíritu de la ley antigua a la realidad vivida*».

Los más destacados Comentaristas sin duda alguna serán Cino da Pistoia, Bartolo da Sassoferrato, Baldo degli Ubaldi, Luca Dapenne, Paolo di Castro, Raffaele Fulgosio, Alessandro Tartagna, Filipo Decio, y Giason del Maino.

Durante la Edad Moderna aparecerán diversos libros elaborados sobre el Derecho Romano Justinianeo, como fue la obra de Guillermo Budé, *Annotationes in XXIV libros Pandectarum*; y la de Jacques Cujas, *Commentaires sur Papinien y Observationum et emendationum libri XXVIII*. También ha de hacerse referencia a las obras de Arnoldo Vinnio, publicada en 1642 y las Recitaciones del Derecho Civil Romano, de Juan de Inecio, y entre los tratados más extensos con el títulos de Pandectas, aparecen los Comentarios de la Pandectas de Juan Voat (1647-1714), y las *Pandectas in Novum Ordinem Digestae* de Robert Joseph Pothier, profesor de la Universidad de Orleans, y el mayor vulgarizador del Derecho Romano Justinianeo en Francia, cuya obra será utilizada ampliamente en el *Code Napoleon*.

El Derecho Canónico. Introducción

El parentesco entre el derecho civil romano y el canónico es sumamente significativo, hasta el punto de convertirse en inseparables. No obstante, el derecho canónico, aunque parta del civil, es una ciencia más joven.

El proceso de elaboración de este derecho pasa por épocas muy similares a las de la misma Iglesia. En este sentido, la historia del derecho canónico bien puede ser dividida en cuatro etapas, en donde la primera de ellas correspondería a ese período histórico que va desde la misma fundación de la Iglesia, hasta el Decreto de Graciano (29-1140). Las fuentes canónicas de este período lo conformarán las Sagradas Escrituras, los decretos de los concilios y la tradición; un segundo período iría desde aquel Decreto de

Graciano hasta el concilio de Trento (1140-1563), apareciendo en este época las diversas recopilaciones canónicas que más tarde serían recogidas en el *Corpus Iuris Canonici*; ya en una tercera época abarcaríamos desde aquel concilio citado hasta el código de derecho canónico (1563-1917), caracterizándose este período por la vigencia de cómo norma suprema legal el Corpus; finalmente, en cuarto lugar, encontramos una época que iría desde ese Código de derecho canónico, a partir de 1917.

El estudio del Derecho Canónico en el medievo

Pero volviendo a ese mundo medieval italiano, dentro del clima de la reforma que impulsó el Papa Gregorio VII (1073-1085), se construyó el nuevo Corpus de la normativa canonista, cuya misión fue configurar un Derecho Eclesiástico para toda la Iglesia, superando la diversidad de textos jurídicos y de disposiciones nacidas en los Concilios nacionales, regionales y provinciales pero, sobre todo acabar con las falsificaciones y las tradiciones de los padres de la Iglesia.

Con el fin de recoger los textos principales se confeccionaron una serie de colecciones que habían inspirado la reforma del siglo IX, según expone Gabriel Lebrás, y entre ellas la *Colección Anselmo Dedicata*, de origen italiano, y ofrecida a Anselmo Obispo de Milán entre el 892-896; los *Libri de Synodalibus causis* realizados por Reginón, abad de Prüm –Trevelis–, hacia el 906 y el *Decreto de Buchard* (1008-1012) o compilación titulada *Decretorum libri XX* realizada por Burchard, Obispo de Worms, e inspirada en las anteriores obras con el fin de conciliar los textos contradictorios y eliminar los caducos.

En esta labor de superar las contradicciones entre los cánones y sentencias, y distinguir entre las normas temporales y perpetuas, destacó Bernaldo de Constanza, siendo su método utilizado dialécticamente por Abelardo (1079-1142), autor de la famosa obra *Sic et non*, compilación de textos tomados de las Escrituras y de la Patrística, aparentemente contradictorios en torno a 150 importantes cuestiones teológicas. A través de dicho método se planteaba una cuestión, se la oponían diversas soluciones, se individualizaba el tratamiento de los problemas, se argumentaban las contrarias, y se evaluaba y examinaba las distintas «*auctoritates*». De este modo, se pretendía resolver las contradicciones aparentes.

Dicho método fue utilizado por Pedro Lombardo, que además de fijar las reglas para conciliar las diversas posiciones contradictorias aplica las reglas de la Concordancia. Otra colección sería el *Liber Tarraconensis*, redactado en Aquitania.

A comienzos del siglo XIII vería la luz el Decretum de Burchard de Wordms, y, a lo largo del siglo, fueron muchas las compilaciones papalistas llevadas a cabo. En este sentido, durante el pontificado de Gregorio VII fueron realizadas cuatro.

Un siglo después del Decreto de Burchard aparecen las obras del célebre Yves de Chartres, autor de tres colecciones canónicas: la Tripartita (hacia el 1090), que recoge en su primera parte Decretales; segunda, Cánones de la Hispana y tercera, textos patrísticos y romanos: el Decretum, realizado según el plan inspirado por Burchard, hacia el 1094, utilizando ampliamente esta colección, así como otras de decretales, textos romanos y capitulares francas, texto que se convierte en el más importante de las colecciones, sistemático, dividido en 37 partes y en 1200 capítulos; y la *Panormía*, o extracto de la colección anterior, divido en 8 libros y 74 títulos, realizado hacia el 1095, y convertida en una de las obras de mayor uso práctico.

Otro de los grandes textos del Derecho Canónico proviene de la región formada en la área pirenaica entre el 1010 y 1020, llamada *la Cesaraugustana*, conocida así por encontrarse en un códice de Zaragoza, que refunde las colecciones anteriores de Anselmo de Luca y del Cardenal Deusdedit (1086-1087), el Decreto de Yves de Chartres, otros textos del Digesto, y extractos de diferentes obras que en total hacen 15 libros. Han de mencionarse asimismo las *Collectiones Catalaunenses* (1125-1130).

El Decreto de Graciano

La unificación del Derecho Canónico se consiguió en torno al año 1040 a través del *Decreto de Graciano*, realizado por el monje camaldulense Juan Graciano, profesor de Teología del Convento de Bolonia, que confecciona su obra a base de los materiales acumulados durante los once primeros siglos para lograr, como señala en su obra, la *Concordantia Dicordantiun Canonum*, esto es la concordancia de los cánones discordantes. Su obra reúne los Canones de los Concilios ecuménicos y decretales, las obras de los Papas y Padres de la Iglesia, reuniendo toda la tradición canónica y el nuevo Derecho como *Extravagante*[255].

El Decreto de Graciano, que reunía 3.800 textos relacionados con todas las áreas de las disciplinas eclesiásticas, así como sus disposiciones regulatorias, aparece segmentado en tres partes:

- Estudio de las fuentes del Derecho y de la organización de la Iglesia;
- La jurisdicción eclesiástica, procedimiento, matrimonio, régimen de bienes de la Iglesia;
- Finalmente, la tercera de ellas aparece titulada *De Consecratione*, que se ocupa de los sacramentos y la liturgia.

A pesar del carácter privado de la obra de este monje camaldulense, vino a convertirse en un elemento indispensable para el estudio del derecho canónico, teniendo una gran difusión por toda Europa, siendo conocidos los estudiosos del Decreto de Graciano como *Decretistas*.

Las Decretales

Con posterioridad se celebraron diversos Concilios, entre ellos el de III y IV de Letrán, I y II de Lyon, Constanza y Basilea, y los Pontífices continuaron promulgando numerosas *Decretales*, que fueron ordenadas en colecciones por los canonistas como los textos que reunían las Decretales desde Alejandro III (1181) a Honorio III (1127), designadas con el nombre de *Quinque Compilationes Antiquae*, y la *Compilatio Prima* de Bernardo Pavía, dividida en cinco libros.

---

[255] Como indicamos, la *Concordia discordantium canonum*, más conocido como Decretum Gratiani, fue acabada por su autor, Graciano, hacia el año 1140. Era éste un monte benedictino, especializado en derehcoc anónico, desde la perspectiva de crear una nueva rama de estudio separada de la teología, de la cual había dependido, en mayor o menor medida, hasta entonces.

En 1234, el Papa Gregorio IX promulgó el *Liber Extra*, llamado ordinariamente *Decretales de Gregorio IX*. Esta obra fue realizada por el catalán Raimundo de Peñafort, General de la Orden de los Dominicos y profesor de la Universidad de Bolonia. En ella se recogen las Decretales de Gregorio IX y de los Papas anteriores, tomadas de las cinco compilaciones antiguas más los Cánones de los Concilios III y IV de Letrán, y algunos textos anteriores, constituyendo no una recopilación sino una nueva redacción con textos abreviados, según el mismo plan de la Compilación de Bernardo de Pavía, y dividido en cinco libros a imitación del Código de Justiniano. El Papa envió las Decretales oficialmente a las Universidades de Bolonia, París y Salamanca, con el fin de que fuera enseñada junto con el.

La actividad legislativa de los Papas del siglo XIII llevaría a Bonifacio VIII (1239-1298), a realizar con la ayuda de Guillermo de Mendagout, en cuyo curriculum vitae se incluiría el hecho de ser arzobispo de Embrum, y Berenguer Fredol, Obispo de Beziers, una recopilación de textos canónicos, conciliares y pontificales, posteriores a 1234 que recibiría el nombre de *Liber Sextus*, por considerársele un Sexto Libro unido a las Decretales de Gregorio IX, aunque esta afirmación carezca de todo fundamento, o al menos peque de ser inexacta. Dicha obra también se dividió en cinco libros como las anteriores.

Otra colección auténtica considerada *Séptimo Libro* fue preparada por Clemente V (1305-1313), promulgada por su sucesor en la Santa Sede, el Papa Juan XXII en 1317. Aquella obra, denominada *Clementina*, sería enviada por este Papa a las Universidades de París y Orleans, y por Juan XXII a las restantes Universidades. Los editores recogieron 20 Decretales de este último Papa, dándoles posteriormente el nombre de *Extravagantes de Juan XXII*, para diferenciarlas de las llamadas *Extravagantes Comunes*, que comprendía una serie de textos de Papas diversos desde 1298 hasta Sixto IV.

El Corpus Iuris Canonici

El conjunto de todas estas colecciones formó el *Corpus Iuris Canonici*, llamado de este modo desde el siglo XVI a imitación del *Corpus Iuris Civilis*.

El *Corpus Iuris Canonici* recoge el *Decreto de Graciano*, las *Decretales de Gregorio IX*, el *Liber Sextus*, las *Clementinas*, las *Extravagantes* de Juan XXII y las *Comunes*, siendo realizadas múltiples ediciones de aquella obra jurídica.

La gran aportación de este *Corpus Iuris Canonici* se deberá, según Lebrás, a su fundación sobre la escritura, su alimento sobre la ley, y su consolidación obtiene su fundamento del encuentro entre la técnica romana y los principios teológicos debe mucho de constituir un carácter de cuerpo de leyes, pero también a su carácter de *Corpus Doctrinarum*.

Decretistas y Decretalistas

Del mismo modo que había sucedido con el *Corpus Iuris Civilis* se produjo el idéntico proceso de trabajos de la glosa, la lectura y comentarios, dándose el nombre de *decretistas* a los comentadores de Graciano y *decretalistas* a los de las Decretales de Gregorio IX.

Entre los Decretistas destacará un discípulo de Graciano llamado Paucapalea (1145-1148), el cual será autor de más de 160 adiciones al Decreto de Graciano, significándose en las glosas. Otro decretista notable fue Rolando Bandinelli, profesor de la Universidad de Bolonia y más tarde elevado a la dignidad de sucesor de San Pedro bajo la intitulación de Alejandro III, autor de una Summa y de un Decreto. Otro destacado decretista será Rufino, Obispo de Asís, discípulo de Búlgaro, maestro en París, autor de una Summa sobre el Decreto. Añadir la figura de Etienne, obispo de Tournai; o la de Bernardo de Pavía, autor de la *Compilatio Prima*, así como Juan Teutónico, que escribe una Glosa ordinaria del Decreto. Finalmente, citar a Bartolomé de Brescia, autor de una obra sobre procedimiento.

Entre los Decretalistas figuran Vicente Hispano, obispo de Zaragoza, profesor en la universidad de Bolonia, que se encargará de glosar la *Compilatio IV*. A esta figura podremos añadir otras destacadas, como la del papa Inocencio IV; Bernardo de Parma que realiza la *Glossa Ordinaria de Gregorio IX*. En esa misma nómina de estudiosos de las decretales, indicar la importantísima figura de Juan Andrés, también profesor en las universidades de Bolonia y de Papua, encargado de glosar el Liber Sextus y las Clementinas, y también autor de las obras Comentarios Canónicos y

Cuestiones Mercuriales. Finalmente, destacar la figura de Guillermo de Mendagout, que también glosa las Decretales.

Otros célebres decretalistas fueron Enrique de Susa, Arzobispo de Embrum y Cardenal de Ostia, en Sicilia, autor de la *Summa Aurea* o *Summa Iuris Canonici*; Sinibaldo de Fieschi, luego Papa Inocencio IV, autor de las obras *Apparatus super decretales* y *De potestate ecclesiastica et jurisdictione Imperii*; Marsilio de Padua, maestro en París, autor de la obra *Defensor Pacis*.

Ya en el siglo XV, destacan como decretalistas Nicolás Tudesco, autor de unos Comentarios a las Decretales y a las Clementinas; Juan de Ímola, autor de las obras *Comentarios y Consilia*; Agustín de Triunfo, Alvaro Pelayo, Obispo de Silves, Nicolás de Cusa y el cardenal Juan de Torquemada (1388-1468), autor de un *Commentaria in Decretum Gratiani*. También el autor castellano Rodrigo Sánchez de Arévalo, que destaca en sus trabajos sobre la ciencia política, interviene en esta cuestión de la autoridad del Papa y del Emperador, en su *De Monarquia Orbis*, y el franciscano español Álvaro de Pelayo en donde publica su famoso libro llamado *De Planctu Ecclesiae*, publicado en 1474.

Por último, entre los procesalistas cabe destacar las figuras de Egidio Fuscadio y Guillermo Durantes, autor de la obra práctica titulada *Speculum Iudiciale*.

Durante los siglos medievales y modernos se produjo aquella especialidad de estudios jurídicos doble, civilistas y canonistas, cuyas interrelaciones se reflejan en una famosa frase: «*civilista sine canonista parum valet; canonista sine civilista nihil*». En todo caso, ambos ordenamientos serán alegados abundantemente en los siglos posteriores a su realización como grandes cuerpos del Derecho.

El Derecho Feudal

Paralelamente a la Recepción del Derecho Romano Justinianeo y Canónico tuvo lugar la Recepción del Derecho Feudal, que supone la integración dentro de aquellas enseñanzas en las Universidades, sobre todo italianas, de las redacciones del Derecho Feudal de Lombardía donde se recogía la normativa de las relaciones públicas que vinculaban aquel territorio con el Imperio Alemán.

En efecto, los glosadores incorporaron a partir del siglo XIII dentro del Volumen Quinto del Corpus Iuris, la *Redacción Obertina* de los *Libri Feudorum.*

Se llama así esta redacción por la figura de Oberto de Orto, quien, según se conoce por estar incorporadas en la *Compilatio antiqua* y las restantes redacciones de los *Libri Feudorum*, envió a su hijo Anselmo, estudiante en Bolonia, dos cartas para contestar a su pregunta sobre las razones por las cuales, siendo el Derecho Feudal un Derecho vigente y de aplicación continua no se enseñaba en Bolonia.

La fuente principal del Derecho Feudal fueron los *Libri Feudorum*, compilación de usos feudales de origen lombardo, de distintos autores y de diferente elaboración temporal producida a lo largo del siglo XII. Se piensa que es el resultado de la unión de dos partes diferenciadas, una anterior a la Constitución dada por el Emperador Lotario III en 1036 que se llama *De Feudorum Distractione*, y otra parte posterior, que unida con aquella, que genera la compilación titulada *Libri Feudorum*, dividida en diez títulos, y formada por sentencias judiciales sobre feudos, materiales elaborados por juristas y prácticos de Milán y París, glosas y fragmentos de leyes de los Emperadores de Alemania, y otros materiales diversos.

A esta más antigua Redacción llamada *Obertina* le sucede la *Redacción Ardizoniana*, realizada en el siglo XIII por el glosador Ardizone que pretendió realizar una *Summa de Derecho Feudal*, dividida en dos libros y éstos en títulos, con notable influencia de la legislación de Federico I, y enriquecido posteriormente con las Extravagantes.

Con posterioridad hacia 1250, se realizó una tercera Redacción llamada *Acursiana* o *Vulgata*, por ser utilizada por Acursio y los estudiantes de Bolonia, su autor es desconocido y supone la novedad más significada la incorporación de las leyes imperiales de Lotario III, Federico I y Enrique VI. Esta fue la redacción que se incorporó definitivamente al *Volumen Parvum*, o Auténtica, por decisión de Ugolino dei Presbíteri, y glosada por Juan de Blanot y Andrés de Isernia.

Este Derecho Feudal pasó a través de la Recepción a ser difundido en los países europeos, teniendo influencia en algunos de ellos la *colección de cos-*

tumbres del Reino de Jerusalén, Les Assises de Jerusalén y las *costumbres normandas*, sobre todo la gran costumbre de Normandía formada a mediados del siglo XIII o *Summa de legibus Normamanie in curia laicali.*

La Recepción del Ius Commune en la Península Ibérica

La acepción Recepción del derecho romano con que la historiografía ha designado la reanudación de los estudios jurídicos en el occidente de aquella Europa medieval, parece cada vez manos ajustado a la realidad. En este sentido, en primer lugar la huella jurídica romana, a través de los ordenamientos jurídicos de corte germánica, había sido extremadamente poderosa y, además, en muchos lugares de aquella Italia del norte no había dejado de conocerse. Por tanto, aquella leyenda del hallazgo del Digesto en Amalfi, en el año 1135, al tomar la ciudad los pisanos, a estas alturas de las investigaciones, carece de sentido histórico. Seria más bien la evolución de la sociedad occidental la que necesitaría de él, de su aplicación, viniéndose a convertir en una panacea universal: le sirvió a la iglesia, fundamentalmente al papado, además las propias monarquías intentaron fundamentar sus pretensiones más centralistas y autoritarias en las máximas del derecho político romano. En este sentido, todos los monarcas del siglo XII contaban con un cuerpo de juristas que intentaban conocer y poner al servicio de su monarca aquella parte utilizable del derecho romano, de modo que, ya a principios del siglo XIII, vinieron a realizarse obras jurídicas marcadas por el marchamo del romanismo[256].

La Recepción del Derecho Romano, Canónico y Feudal se realizó en los Reinos Hispánicos con similares características a las que se produjeron en los restantes territorios y reinos europeos, favorecida por los monarcas de los reinos peninsulares, que reconocieron en el Derecho Romano Justinianeo la base jurídica para la construcción de los conceptos absolutistas de la monarquía a través de algunos principios romanos que, con malas interpretaciones, podrán servir de fundamento a dichas Monarquías absolutas.

Pero la mayor influencia para la extensión del Derecho Común en España se produjo a través de la presencia de los estudiantes de los Reinos Hispánicos en las Universidades italianas, sobre todo en Bolonia, en don-

[256] Vid. Historia Universal Planeta, t. 4, *La edad del feudalismo*, p. 223.

de encontramos en el siglo XII a Petrus Hispanus, y después a Bernardo Compostelano, Poncio de Lérida, Juan de Pentesilea y sobre todo al famoso compilador de las Decretales, Raimundo de Peñafort. Asimismo ha de destacarse la figura del Cardenal Albornoz (1310-1376), quien creó en Bolonia el Colegio Español de San Clemente de los Españoles en 1368 para ubicar a los estudiantes de los reinos peninsulares.

Por otra parte, desde fines del siglo XII comenzaron a crearse las Universidades de los reinos Hispánicos, Palencia, Valladolid y Alcalá de Henares, en Castilla; Salamanca en el histórico reino de León; Lérida, en la Corona de Aragón; Lisboa y Coimbra, en Portugal, etc. En dichas Universidades se difundieron los Códices, tal como ha manifestado el profesor García García, formándose la nueva clase de juristas, letrados o sabidores en Derecho, que crearon una nueva clase o estamento profesional que pronto ocuparían los cargos de la Administración central, territorial y local, las notarías y escribanías, y las funciones de jueces, árbitros o abogados, desarrollando la utilización y aplicación del Derecho Común frente a los limitados derechos locales o territoriales.

Pero la Recepción en los países ibéricos se realizó de manera desigual en el tiempo y en intensidad por lo cual suele hacerse una revisión por cada uno de los territorios que forman las unidades jurídicas peninsulares.

La Recepción en tierras de Cataluña

En Cataluña, la Recepción fue más temprana debido a la proximidad geográfica y a las relaciones políticas y comerciales con los Estados de la Península Itálica y los territorios del sur de Francia, así como la presencia de estudiantes catalanes en las Universidades de Bolonia y Montpellier, y la existencia de obras romanistas en las Bibliotecas canonicales, que produjo sin duda el uso de fórmulas romanas dentro de la Recepción.

El Derecho Romano Justinianeo se recibe en las primeras redacciones del Derecho local del siglo XIII: *costumbres de Lérida*, en el Derecho de la Ciudad de Barcelona, el llamado *Recognoverum Proceres*; las *costumbres de Gerona*, y sobre todo en las *costumbres de Tortosa*, alcanzando las leyes romanas vigencia oficial, según establecen las costumbres de Lérida en 1228. Sin embargo, el rey Jaime I en 1243 y 1251 estableció en sendas pragmáticas la prohibición de aplicar el Derecho Romano y Canónico cuando no hubiera costumbre o usatges, ordenando que en aquellos casos se utilizase la «*seny natural*» o la buena razón, y fue justamente este portillo de la buena razón, el que utilizaron jueces y juristas para aplicar de manera más intensa el Derecho Romano y Canónico.

Pero en todo caso, la penetración formal del Derecho Romano no se reconocerá hasta un Capitulo de Cort de Martín I de 1409 para poder ser utilizado en *Dret Comú, Equitat, e Bona Rahó*, entendiéndose por los comentaristas catalanes que con ello se hacía referencia al Derecho Romano y Canónico, por este orden, ya que el primero moderaba en su sentido de equidad el rigor del segundo.

La Recepción en tierras del reino de Aragón

En el Reino de Aragón, la Recepción se realiza a mediados del siglo XIII gracias a las compilaciones privadas realizadas por el Obispo de Huesca, Vidal de Canellas, formado en Bolonia, Pierre Dufor y Pérez de Tarazona. El *Código de Huesca* llega a aludir directamente a la utilización del Derecho Romano, pero en 1251, en las Cortes de Alcañiz, se había prohibido su alegación como en los otros reinos de la Corona de Aragón. Además, las opiniones de los Justicias Mayores recogidas en las *Observancias* fueron romanizando las instituciones aragonesas, al tiempo que los juristas, estudiosos de Derecho Romano, ocupaban los organismos de la justicia y de la gobernación del Reino.

La Recepción en el reino de Valencia

En el Reino de Valencia la aplicación del Derecho Justinianeo fue mucho más temprana, amplia y profunda, pues, la Costum o Carta de Población de Lérida y los *Furs de Valencia*, contendrán una profunda carga del Derecho Romano.

La Recepción en el reino de Navarra

Por otro lado, en el reino de Navarra, la Recepción del Derecho Común se observa en el Fuero General del siglo XIII, además de en los Fueros Locales, aunque algunos opinan que la Recepción penetró por la vía canónica, y sobre todo tardíamente a través del Derecho Castellano.

La Recepción en León y Castilla

La Recepción en León y Castilla se produjo en el siglo XIII, aunque suele entenderse que la fuerte tradición del Liber Iudiciorum sirvió de base para este fenómeno, aunque sin lugar a dudas influyó en la formación de una clase de juristas y letrados procedentes de las Universidades de Italia y de los Reinos Hispánicos, que potenciaron la utilización del Derecho Romano y Canónico en los Tribunales y en los usos de la Administración del reino y de Justicia. En este sentido, el Derecho Romano aparece en los Fueros locales, ya a través del Liber, ya a través de los Fueros extensos como el Fuero de Cuenca, el Fuero de Soria. Pero sobre todo, la introducción del Derecho Común en Castilla se realizó por obra de Alfonso X que introdujo el Derecho Romano a través del *Fuero Real*, formado en gran parte por el Fuero Juzgo, por este propio Fuero Juzgo extendido a las ciudades de Andalucía y sobre todo por el *Espéculo* y el *Código de las Siete Partidas*. Es precisamente con esta obra, el Código de las Siete Partidas con la que se consagra la Recepción del Derecho Romano Justinianeo y de las Decretales, romanismo que Gregorio López en su Glosa Latina publicada en 1555 con la edición oficial de las Partidas, acentuará con nitidez.

Sin embargo, no puede hablarse en Castilla de una verdadera Recepción práctica hasta el *Ordenamiento de Alcalá de Henares* de 1348, en donde de consagra la vigencia supletoria de esta fuente cada vez más aplicado en la Administración de Justicia. Tiempo después, en una Pragmática de 1499 de los Reyes Católicos se pretendió limitar las citas en alegaciones a los siguientes comentaristas: Bártolo, Baldo, Juan Andrés y al abad Panormitano, pero esta disposición fue derogada por los mismos monarcas a causa de su escasa eficacia.

El Ius Commune en Indias

Tras el descubrimiento del Nuevo Mundo, la Recepción del Derecho Romano pasaría a Indias, como consecuencia de aquella condición adquirida por el Código de las Siete Partidas como Derecho aplicable en los Tribunales, tal y como se estableció había establecido en relación a la prelación de fuentes, a través del Ordenamiento de Alcalá de 1348, ratificadas por las Leyes de Toro de 1505.

LAS UNIVERSIDADES Y EL IUS COMMUNE

Introducción

A principios del siglo XI Occidente no presentaba, al menos en apariencia, signos que pudieran hacer previsible la gran eclosión cultural de las dos siguientes centurias. Los únicos centros descollantes, producto de la ya agotada renovación otónida, eran una serie de monasterios y escuelas episcopales situadas casi siempre en el núcleo central europeo.

En el Imperio, abadías como las de Corvey, Saint Gall y Gandershein y obispados como Metz, Verdún, Colonia, Worms y, sobre todo, Bamberg, eran sin excepción el resultado del patrocinio de las dinastías sajona y sálica. En Italia destacaban los cenobios de Montecassino y Bobbio y las escuelas urbanas de Pavía, Ravena, Novara, Parma y Roma. Aunque tímidamente, en otros centros situados más al sur –Nápoles, Salerno, Amalfi–, comenzaban también a circular ciertas traducciones árabes y griegas. Dato éste que se repetía en algunos puntos de la Península Ibérica, como los monasterios de Ripoll y Vich, centros de recepción de obras matemáticas y astronómicas orientales.

Respecto a Francia, merecen la pena destacarse los monasterios de Fleury, San Marcial de Limoges y Bec, así como la sede episcopal de Reims, a cuya escuela estuvieron ligados Gerberto de Aurillac, una de las principales figuras del renacimiento otoniano, y su discípulo Fulberto, sin duda el principal intelectual de su tiempo. Fulberto, que llegaría a ser obispo de Chartres entre 1006 y 1028, es considerado con razón el creador de la prestigiosa escuela catedralicia de dicha ciudad.

La reforma monástica, lejos de modificar este mediocre panorama, no hizo sino reforzarlo. Los nuevos cenobios, así como los de antigua fundación, ganados al espíritu reformista, se inclinaron abiertamente por el retorno a las ocupaciones estrictamente religiosas.

Este comportamiento, ejemplificado en Cluny, fue incluso superado por el Cister, que excluyó de manera explícita las labores de enseñanza de sus monasterios. De este modo, aunque mantenidas con relativa vitalidad a lo largo del siglo XI, las funciones docentes desaparecieron de los monasterios desde principios de la siguiente centuria, en lo que fue también un verdadero traspaso de las actividades culturales desde el campo a la ciudad.

El llamado Renacimiento del siglo XII no fue en la práctica sino la expresión, en el plano de la cultura, de un cambio mucho más profundo acontecido en Occidente. La maduración del orden feudal, unida a un crecimiento sostenido de la economía y de la población, permitió en efecto no ya solo consolidar el ámbito geográfico europeo, sino ampliarlo incluso en un creciente contacto con las civilizaciones islámica y bizantina.

Más en concreto, esta pujanza se manifestó en el despertar de las ciudades, focos de desarrollo de una nueva clase social –la burguesía– ligada a formas también novedosas en los campos artístico, intelectual, religioso y de las mentalidades.

Junto a las ciudades, la reforma gregoriana será otro de los elementos de referencia básicos para entender el apogeo del siglo XII. Un resultado más de estos cambios fue el de la aparición del intelectual. Con este término los hombres de la Edad Media no aludían tanto a una categoría profesional, que se designaba con multitud de vocablos (litteratus, magister, professor, etc.), cuanto a una cualidad de tipo inmaterial. El intelectual era, en efecto, un individuo que cultivaba y, al tiempo, vendía el producto de su saber. Aunque comúnmente al servicio de la Iglesia y los poderes laicos, los intelectuales constituían una nueva categoría sociológica y no eran por ello fácilmente clasificables en la condición tradicional de los oratores, por más que la mayoría de ellos fuesen jurídicamente clérigos. A diferencia de éstos el intelectual no consideraba el oficio de pensar –ligado a otras actividades como la docencia y la escritura– como un simple medio de llegar a Dios, sino como un fin en sí mismo.

De hecho, el estudio de las diversas *auctoritates*, a menudo imitadas servilmente, perseguía un solo ideal: llegar más lejos que las anteriores generaciones. Por eso, en palabras de Bernardo de Chartres, los intelectuales se consideraban «*enanos subidos sobre hombros de gigantes*». Su ámbito natural era, por supuesto, la ciudad, centro de todas las inquietudes de renovación de la época, e incluso lugar físico de asentamiento de las nuevas instituciones culturales. De ahí que haya podido afirmarse, con razón, que «*el intelectual de la Edad Media nace con las ciudades*».

Uno de los instrumentos básicos del intelectual medieval era naturalmente la lengua latina, que a la altura del siglo XII seguía siendo la única que ofrecía la posibilidad de codificar cualquier saber humano gracias a la amplitud de su vocabulario y a su sistematizada gramática. Basada en el aprendizaje de manuales de retórica y composición como el *Liber dictaminium et compositium* de Alberico de Cassino (fines del XI), la lengua latina alcanzó durante el siglo XII su maduración medieval, al tiempo que expresaba el carácter supranacional de la Cristiandad.

Respecto a las fuentes, y junto a los Santos Padres, entre los cuales destacaría san Agustín, o las Sagradas Escrituras, los autores más utilizados eran los escritores cristianos de segunda fila y los clásicos (Cicerón, Salustio, Séneca, Ovidio, etc.), si bien estos más por su estilo que por su contenido, ya que seguían siendo contemplados con recelo por su paganismo.

Durante el siglo XII este fondo clásico se fue sin embargo incrementando progresivamente, gracias a las versiones traducidas al latín desde el árabe de nuevas obras, generalmente científicas o de lógica.

En cuanto a los métodos de estudio, no habían alcanzado naturalmente el grado de desarrollo que caracterizaría a la posterior escolástica. Sin embargo, se daban ya los rudimentos del posterior sistema dialéctico. Se partía, en efecto, de la lectura de un «*auctor*» cualquiera, procediendo al análisis gramatical, lógico y alegórico del texto (*lectio*), lo que por lo general daba origen a una discusión (*disputa*) concluida en una «*sententia*» con valor doctrinal. Aunque muchas de estas sentencias se habían puesto desde antiguo por escrito, a mediados del XII comenzaron a aparecer también las «*quaestiones*», colecciones de textos y argumentos centrados en torno a un tema importante, lo que permitió sistematizar aun más el método de estudio. Finalmente, respecto a las material impartidas, seguían basándose en el viejo esquema de las siete «*artes liberales*», divididas en el «*trivium*» o artes sermocionales (gramática, retórica y dialéctica) y el «*quadrivium*», o artes reales (aritmética, astronomía, música y geometría).

A este tipo de enseñanzas, de carácter preferentemente instrumental y características de la formación de los clérigos, se le añadían otras materias en los centro escolares de cierto renombre, como eran la teología, la medicina y el derecho. Obras como las «*Sentencias*» de Pedro Lombardo para la teología, o la «*Historia scholastica*» de Pedro el Comilón para la historia sagrada, llegarían a convertirse con el tiempo en verdaderos manuales de base para este tipo de saberes superiores.

Con el progresivo abandono por parte de los monasterios de las actividades docentes, fueron cobrando importancia las escuelas catedralicias o capitulares, dependientes del obispo.

En 1073 Gregorio VII ordenaba la renovación de los estudios de artes en todas las escuelas episcopales, al considerar que era éste un elemento fundamental para el éxito de la propia reforma. La medida, continuada por otros Pontífices, fue culminada por Alejandro III en el III Concilio de Letrán, donde se decidió reservar una plaza para el cargo de maestrescuela (*scholasticus, cancelarius o primicerius*) en todos los cabildos catedralicios. El concilio también reguló la concesión por parte de los obispos de la oportuna «*licentia docendi*» a todos aquellos maestros que hubiesen sido declarados aptos, insistiendo siempre en la gratuidad de la instrucción dada a los clérigos.

El ejercicio de la citada «*licentia docendi*», regulado ya en el sínodo de Rouen de 1074 al objeto de evitar desviaciones doctrinales, estaba en principio referido al simple ámbito diocesano, si bien resultó inevitable que fuera ampliándose progresivamente a otros territorios. El intento por restringir su aplicación resultó, a la postre, infructuoso aunque permitió sistematizar los grados académicos y recortar cada vez más el carácter gratuito de la enseñanza.

La importancia de las escuelas episcopales estuvo ligada desde casi el principio a la calidad de sus profesores y al prestigio de la sede titular. Localizada por lo general en el claustro y con una clara finalidad religiosa, la enseñanza de cada una de las escuelas fue adquiriendo con el tiempo, sin embargo, cierta especialización, dictada por la personalidad de los propios maestros. Tal fue el caso de Chartres con la filosofía, París con la dialéctica, Orleans con la gramática y retórica, etc.

Aparte de las escuelas episcopales, cuyos ejemplos más importantes se situaban en las regiones entre el Loira y el Mosela, existían en Italia, donde la civilización del escrito jamás desapareció, gran número de escuelas laicas. A diferencia de las catedralicias, estas escuelas, privadas o municipales, impartían sobre todo saberes utilitarios (lectura, escritura, retórica, contabilidad, derecho, medicina, etc.), destinados a los importantes elementos de la burguesía ciudadana. Mantua, Verona, Vercelli, Milán, Piacenza, Cremona y Ravena contaban con centros de este tipo, si bien los ejemplos más destacados parecen haber sido los de Pavía y, desde fines del XI, Bolonia, ambos especializados en la formación de juristas (*iusperiti*). Modelo similar al italiano presentaba la escuela de Montpellier, centrada en la medicina y dependiente a su vez del importante foco de Salerno.

Un personaje de transición, a mitad de camino entre el ocaso otónida y el renacimiento del siglo XII fue san Anselmo. Nacido en 1033 en Piamonte, fue abad del monasterio de Bec en 1078 y arzobispo de Canterbury a partir de 1093, ciudad en donde murió en 1109. Autor de numerosísimas cartas y diversos tratados, buscó conciliar en sus obras la fe y la razón como fuentes del conocimiento.

De formación agustiniana, no poseía aún el instrumental metafísico propio de los escolásticos, por lo que se limitó a aplicar la reflexión lógica a los misterios de la fe. A tal método corresponden, por ejemplo, sus famosas pruebas sobre la existencia de Dios. Modelo de la gran eclosión vivida por los nuevos centros catedralicios es en cambio la denominada escuela de San Víctor en París, centro de una importante congregación de canónigos regulares. Su fundador, Guillermo de Champeaux, fue un destacado promotor de la corriente realista y contó entre sus alumnos al genial Abelardo.

Sin embargo, su discípulo más destacado fue Hugo de San Víctor, autor de un importante tratado teológico –*De sacramentis*–, y sobre todo de una nueva concepción de la jerarquía de los saberes y los métodos de enseñanza, tal y como expone en su «*Didascalion*». Discípulo del anterior fue Ricardo de San Víctor, autor del «*De gratia contemplationis*» y «*De praeparatione animi ad contemplationem*», obras en las que demuestra ser el principal místico de su tiempo. En otro de sus escritos, el «*De Trinitate*», adopta la perspectiva de San Anselmo, al considerar a la razón como instrumento probatorio de la fe. Aparte de autores menores como Godofredo y Gualterio de San Víctor, ciertos personajes de indudable talla intelectual estuvieron también ligados directa o indirectamente a la escuela parisina.

Así el propio san Bernardo en sus importantes escritos de carácter místico y, sobre todo, Guillermo de Saint Thierry, quien en su «*De contemplando Deo*» y «*De natura et dignitatis amore*» se hace eco de concepciones platonizantes afirmando de nuevo el método racional como el más idóneo pare acercarse a la trascendencia. De la escuela episcopal de Chartres se ha dicho con exageración que se caracterizaría por una fuerte tendencia platónica, lo que en verdad no resulta acertado teniendo en cuenta la enorme disparidad de sus autores.

Si es correcto afirmar en cambio que la mayoría se centraron en la naturaleza y el hombre como imágenes de la creación, tendencia ésta que se manifiesta incluso en los primeros intelectuales de la escuela. Así los casos de Fulberto e Ivo de Chartres, defensores del concepto de hombre como microcosmos. De Bernardo de Chartres, «*magíster*» de la escuela entre 1124-1126, no se conservan sus obras, pero su importancia queda de manifiesto por sus principales discípulos: su hermano Thierry, Juan de Salisbury y Guillermo de Conches. Su contemporáneo y sucesor en el cargo, Gilberto de la Porrée fue un importante teólogo y metafísico, también de la corriente llamada realista. Su «*De sex principiis*», interpretación de la lógica aristotélica, llegaría a convertirse entre los siglos XIII-XV en un manual básico de las facultades de artes. Asimismo comentó a Boecio en su «*De Trinitate*», rozando en ocasiones la heterodoxia.

El ya citado Thierry de Chartres, sucesor de Gilberto como canciller entre 1140-1155, sistematizó la enseñanza del «*trivium*» y el «*quadrivium*», abordando el problema de las causas del universo en su «*Heptateuchon*». Guillermo de Conches elaboró por su parte en su «Philosophia mundi» una suerte de enciclopedia científica, dado su interés por la anatomía y la fisiología. Su discípulo, y de Bernardo de Chartres, Juan de Salisbury, fuente insustituible en sus numerosas cartas para conocer la vida diaria y los métodos de trabajo de la escuela, es autor del «*Metalogicom*», en el que se demuestra sus amplios conocimientos de la lógica aristotélica, que llegó ya a conocer completa (*Logica nova*). Mas su obra de mayor interés es el «*Policraticus*», uno de los primeros tratados medievales sobre la ética del poder y la teoría política.

También ligados a la escuela de Chartres cabe citar, finalmente, a Honorio de Autun, autor del «*Elucidarium*», en la línea del «*Didascalion*» de Hugo de San Víctor; a Gerhoh de Reichersberg con su «*Liber de aedificio Dei*» y a Alano de Lille con su «*De planctu naturae*». Figura también interesante es Adelardo de Bath (muerto en 1130), formado en las escuelas de Laon y Tours y autor de las «*Quaestiones naturales*» y «*De eodem et diverso*», sobre anatomía y fisiología humanas.

El Renacimiento del siglo XII había sido más obra de individualidades que de instituciones. Los maestros, como sus alumnos, carecían de una organización verdaderamente sólida y su nomadismo era una clara evidencia de la provisionalidad de su labor. Como cualquier otra profesión urbana, el intelectual necesitaba proteger sus intereses salvaguardando al tiempo su espíritu de cuerpo. La Universidad vino a cubrir de manera idónea ambos objetivos. Esta toma de conciencia, que implicaba la defensa de un interés común, identificaba de hecho a los intelectuales con el resto de grupos profesionales ciudadanos organizados en gremios.

De ahí que haya podido afirmarse por autores como Le Goff, que «*el siglo XIII es el siglo de las universidades porque es el siglo de las corporaciones*». Sin embargo, aunque esta aspiración general de carácter corporativo este clara, los orígenes concretos del sistema universitario son más difíciles de precisar. Aunque pueda hablarse de universidades fundadas desde cero, al calor de la iniciativa regia o pontificia –así Toulouse, Nápoles, Salamanca, Lérida, etc.– parece sin embargo que las primeras en aparecer y también las que alcanzaron mayor relevancia, fueron aquellas que partieron de la experiencia de escuelas episcopales con cierto nivel ya en el siglo XII, como París, Oxford y Bolonia.

La constitución de un grupo profesional de intelectuales organizado corporativamente en el seno de la ciudad, implicaba la conquista de un creciente grado de autonomía que chocaba con las tradicionales prerrogativas de los obispos sobre las escuelas diocesanas.

También la organización municipal podía ver con recelo la aparición de estas corporaciones docentes, tratando, como los prelados, de regular su desarrollo y funcionamiento. El conflicto se solventó normalmente mediante la sumisión a Roma, que si bien a largo plazo iba a suponer una fuente de nuevos problemas, permitió también asentar de manera irreversible la autonomía y privilegios universitarios frente a la ciudad y sus autoridades.

De un total de 44 universidades europeas antes de 1400, al menos 31 contaron en efecto con un documento fundacional pontificio, lo que subrayaba tanto el carácter supranacional de estas instituciones como su condición eclesiástica. Jurídicamente los universitarios eran clérigos, por más que en la práctica no se comportasen como tales e incluso sus planteamientos favoreciesen el laicismo. Esta dependencia de Roma hizo que muy pronto los Pontífices intentaran utilizar al movimiento universitario en favor de los objetivos de la reforma.

En la bula «*Parens Scientarum*» (1231) Gregorio IX recordó la directa dependencia de las universidades respecto de la Santa Sede, por encima de cualquier jurisdicción civil o episcopal. Aunque este carácter pontificio implicaba una fuerte garantía frente a terceros, podía también provocar, como de hecho así sucedió, infinidad de conflictos si la postura romana tendente a rebajar a la Universidad al papel de mero instrumento de gobierno, chocaba con las ansias autonomistas de la propia institución. Para la ciudad como para el Estado o la Iglesia, la corporación universitaria era en suma tan atípica como inconveniente.

Desde el punto de vista interno la Universidad no dejaba de ser una agrupación de profesionales en defensa de sus intereses. De hecho en la Edad Media el término «Universitas» servía para designar, no a la institución docente que hoy conocemos, sino a cualquier organismo gremial o corporativo, siendo así sinónimo de «*hábeas*», «*societas*», «*consortium*», «*communio*», etc. «*Nos Universitas magistrorum et scholarium Parisiensium*», decía orgullosa de sí misma en 1221 la Universidad de París, recalcando la asociación de profesores y alumnos. Y algunos años más tarde, con idéntico sentido, las «*Partidas*» definían el «*Estudio General*» como el «*Ayuntamiento de maestros et de escolares, que es fecho en algunt logar con voluntad et con entendimiento de aprender los saberes*».

Fue esta denominación de «*Studium generale*» la que prevaleció de hecho hasta el siglo XV, en que empezó a utilizarse ya la de «*Universitas*» o «*Universae facultates*» con el sentido actual. Con el calificativo general se subrayaba por otro lado la procedencia internacional de los miembros de la corporación y la validez, también supranacional, de sus titulaciones (*licentia ubique terrarum o licentia ubique docendi*), que sólo el Papa y, con el tiempo, también el emperador y los reyes –previo permiso pontificio– podían conceder.

La Universidad fue el medio natural en el que llegó a su madurez el intelectual del Medievo. A lo largo del siglo XIII su profesionalización había avanzado tanto que puede hablarse, con toda propiedad, de la aparición de un verdadero «*homo scholasticus*». Durante la anterior centuria la denominación «*scholasticus*», con el sentido de hombre sabio o instruido (*eruditus, litteratus, sapiens*, etc.), se había reservado al canónigo director de la escuela episcopal o maestrescuela. Pero con la aparición de las universidades, los «*Doctores scholastici*» fueron ya simplemente todos los profesores titulares de cátedra y «*doctrina scholae*» el saber por ellos impartido. De este modo, Escolástica y Universidad vinieron prácticamente a confundirse. Tres rasgos distinguían sociológicamente al «*homo scholasticus*»: el respeto, a menudo reverencial, a las «*auctoritates*», consideradas fuente de todo conocimiento; el dominio del método dialéctico aplicado al comentario de textos, lo que hacia despreciar el recurso a la vía experimental y, finalmente, la vocación ecuménica de las doctrinas y saberes, por encima de cualquier inclinación nacionalista.

Desde el punto de vista ideológico la escolástica se situaba además en una perspectiva conscientemente cristiana, incluso en su sentido más descalificador, por cuanto aparte de no admitir ningún postulado contrario al dogma oficial, concebía a la filosofía como un mero instrumento racional en la explicación de la fe. La vocación pedagógica, su excesiva sistematización formal y la inclinación radicalmente aristotélica, hacían finalmente de la filosofía escolástica una disciplina tan rigurosa como conservadora e impersonal.

Respecto al método escolástico, no era sino la culminación de los avances logrados en el campo de la lógica durante el siglo XII, en especial tras la completa recepción del pensamiento de Aristóteles. Como siempre, el punto de partida del método escolástico, también llamado silogístico por basarse en el silogismo y en sus reglas de razonamiento, era la «*lectio*». El «*magíster*» o «*lector*» leía en clase el texto de un «*auctor*» determinado, del que se pretendía extraer su significado profundo o «*sententia auctoris*». Para ello, tras formular el tema, el «magíster» lo dividía en diferentes «*quaestiones*», formadas a su vez por diversos artículos que analizaba pormenorizadamente, aduciendo razones en pro y en contra y siempre de acuerdo con el método silogístico (*disputatio ordinaria*). A menudo el desarrollo de esta fase tenía carácter público (*disputatio pública*) y podía ser encomendado a un bachiller asistido por un maestro, que actuaba como presidente.

En el transcurso de este verdadero torneo intelectual, seguido atentamente por el alumnado, todos los contrincantes hacían alarde de sus profundos conocimientos lógicos, hasta que el maestro ponía fin a la disputa resumiendo brevemente el tema y señalando la conclusión (*determinatio magistri*). A menudo estas conclusiones se conservaban por escrito, al objeto de darlas a conocer a las futuras promociones de estudiantes. A diferencia de la «*lectio*», la «*disputatio pública*» no tenía carácter ordinario, si bien se consideraba obligatoria y recurrente pare los bachilleres que optasen al grado doctoral. A partir de 1230 se extendió por la Universidad de París la costumbre, por parte de algunos maestros, de someterse a las preguntas del alumnado sobre cualquier tema. Las *quaestiones quodlibetales* servían así para alejar cualquier sombra de rutina y demostraban desde luego la talla intelectual de los maestros.

Normalmente las universidades gozaron de una plena autonomía jurisdiccional gracias a su directa vinculación con Roma. Otros privilegios fueron el monopolio en la promoción de los puestos de enseñanza y los derechos de huelga y secesión. Pero quizá el privilegio más característico fue el de la «*licentia ubique docendi*», que posibilitaba al nuevo maestro pare ejercer en cualquier punto de la Cristiandad. A pesar de las protestas diocesanas, ejercidas por los cancilleres episcopales, la concesión de la «*licentia*» no podía ser vetada ni anulada si contaba con el voto favorable del tribunal competente. Como cualquier estructura gremial, las universidades distinguían hasta tres grados entre sus miembros: los estudiantes, equivalentes a los aprendices; los bachilleres, similares a los oficiales y finalmente los doctores o maestros. Por lo general eran estos últimos los que ejercían el papel director, hasta el punto de constituir una corporación aparte.

Una excepción fue Bolonia, donde los estudiantes controlaban a los maestros, organizados a su vez en un colegio de doctores.

Pero debe tenerse en cuenta que, por lo general, los estudiantes boloñeses eran de edad madura y desempeñaban cargos civiles o eclesiásticos extrauniversitarios.

Un modelo típico de ordenamiento universitario fue el de los llamados «*Estatutos*» de Robert Courçon para la Universidad de París, confirmados por Inocencio III hacia 1215 y fuente de inspiración para otras muchas universidades. La de París se dividía en cuatro facultades, bajo la dirección de un decano (por lo general el maestro más antiguo o el de mayor edad), que agrupaban a estudiantes y maestros de la misma disciplina. Tales facultades eran las de artes, decretos (derecho), medicina y teología y cada una era en si una corporación autónoma. La más destacada sin duda era la facultad de artes, por ser la más numerosa y contar también con los mayores ingresos. Su decano era asimismo el rector de toda la universidad y resultaba elegido por cuatro procuradores que constituían su consejo permanente.

Estos procuradores resultaban a su vez elegidos por cada una de las cuatro naciones en que se dividía la facultad de artes, según la procedencia geográfica de sus alumnos.

Existían así las naciones picarda (Flandes y Países Bajos), francesa (Francia, Península Ibérica, Italia y Grecia), normanda e inglesa (Inglaterra, Alemania, Países Escandinavos y territorios de Europa Central).

En cuanto al rector, ostentaba la representación institucional de todas las facultades, presidía el claustro general de los maestros, fuesen titulares de cátedra o no, y en general ejercía un poder arbitral en caso de conflicto. El ciclo de estudios, siempre referidos a París, se iniciaba hacia los 14 años en la facultad de artes y constaba de seis cursos –por lo general anuales– con otros tantos exámenes a superar ante un jurado de maestros de la nación correspondiente. En el segundo curso el alumno debía someterse a un tribunal especial y defender una «*determinatio*», tras lo cual alcanzaba el grado de bachiller. Tras el bachillerato el alumno comenzaba sus actividades docentes bajo la atenta vigilancia del maestro regente o titular de cátedra en que se hallase inscrito. Al culminar el sexto curso obtenía al fin el grado de «magister/doctor» en artes, con la consiguiente «*licentia docendi*».

Sólo tras la obtención del titulo de «*magister artium*» podía comenzarse, hacia los 20 años, un segundo ciclo de estudios, también de seis cursos, en las facultades de decretos o medicina, o bien directamente en la de teología –sin duda la más prestigiosa– que constaba de 12 cursos. En el caso de decretos y medicina se alcanzaba en los cinco primeros años el grado de bachiller, obteniendo al sexto el de doctor, tras superar los correspondientes exámenes. El quinto año de teología suponía también el bachillerato, tras lo cual se dedicaban dos cursos al comentario y enseñanza de las Sagradas Escrituras (todavía bajo la supervisión del maestro titular), otros dos a las «*Sentencias*» de Pedro Lombardo (bachiller sentenciario) y finalmente dos más a la enseñanza de la teología en general. Los estudios culminaban en un examen de grado superior ante el conjunto de maestros de teología presididos por el canciller, que actuaba en nombre del obispo.

Eran necesarios al menos dos tercios de los votos pare ser proclamado maestro en teología y obtener la correspondiente «*licentia docendi*». En una solemne ceremonia posterior, el flamante doctor recibía los atributos de su nuevo grado (cátedra, libro, anillo de oro, toga y birrete). Antes de los 35 años era imposible en cualquier caso obtener el título de maestro en teología.

El «*Decretum*» de Graciano y las diversas colecciones de decretales pontificias eran obras de obligada lectura para los estudiantes de derecho canónico, mientras que los civilistas se basaban en el «*Corpus Iuris*» de Justiniano y en las recopilaciones de glosas, como la «*Magna Glossa*» de Accursio (muerto en 1240). Con ser importantes los manuales utilizados, quizá lo fueron aún más los nuevos sistemas de difusión del libro desarrollados al calor de la demanda estudiantil.

Las universidades contaban, en efecto, con uno o varios talleres especializados en la reproducción de originales, según el sistema de cuadernillos sueltos o «*pecias*». El pergamino y, cada vez más también el papel, fueron utilizados para cubrir esta creciente demanda. Su carácter instrumental explica asimismo el uso creciente de la minúscula gótica y de las abreviaturas. Por lo general las copias debían ser previamente homologadas por los bibliotecarios de la universidad, que custodiaban al efecto los originales. Su número oscilaba entre los varios centenares y el millar para los grandes centros universitarios, en tanto que los maestros disponían de bibliotecas particulares que podían llegar a los dos centenares de volúmenes.

En relación a los aspectos de la vida material, desconocemos ante todo un dato tan básico como el del número total de alumnos, si bien para universidades como París o Bolonia hablar para el siglo XIII de 2.000 a 4.000 individuos puede resultar plenamente verosímil. Por el contrario, los centros menores difícilmente alcanzarían el millar, como parece ser el caso de Salamanca, ya a principios del XV.

Los estatutos universitarios nos dan en cambio muchos más datos sobre las medidas tendentes a facilitar la vida de los estudiantes. Así, Oxford y Bolonia intervinieron ante las autoridades locales para regular el precio de los alquileres de casas y habitaciones. La picaresca sin embargo resultaba difícil de erradicar.

Uno de los problemas cotidianos que el escolar venido de fuera tenía que solucionar era, aparte del alojamiento, el de la elección del maestro en cuya cátedra se matricularía. Sabemos que –al menos para Bolonia– los guías más solicitados para determinar dicha elección eran los taberneros y las prostitutas, que al parecer conocían perfectamente quienes eran los doctores más prestigiosos. En parte para evitar abusos y en parte también para controlar a los estudiantes, tendentes por su juventud a cualquier exceso, surgieron a lo largo del siglo XIII numerosos colegios mayores dependientes de las universidades.

Siguiendo el modelo de las residencias anexas a los conventos de mendicantes, y a menudo también inspirados por los ideales monásticos, estos colegios daban acogida a los estudiantes pobres y a los procedentes de ciertas naciones. Los más famosos fueron los parisinos, como el de San Honorato, el de Montmorency y, sobre todo, el de la Sorbona, fundado en 1253 por Roberto de Sorbon. Oxford, Aviñón y Bolonia contaron también, desde mediados del siglo XIII, con centros similares a los parisinos.

Un aspecto también importante fue el de las remuneraciones a los maestros. Al principio el método más utilizado fue el de la «*collecta*» o pago directo de los alumnos al profesor, ligados mediante contrato escrito. En Italia este sistema se mantuvo, pero en Francia y en otros lugares dio paso a otro basado en los beneficios eclesiásticos. Hay que tener en cuenta que, desde el punto de vista doctrinal, el cobro por un producto que como el saber, era de naturaleza inmaterial, y por lo mismo considerado un don del cielo, podía ser tachado de simoníaco. Dado que los universitarios eran jurídicamente clérigos, lo más natural es que se acudiese al sistema de beneficios, considerando al trabajo intelectual parte del oficio eclesiástico. Diversos porcentajes basados en el diezmo, asignados por los monarcas (así en Castilla-León), o simplemente la concesión de beneficios ordinarios ajenos al mundo académico (con el consiguiente riesgo de absentismo) fueron por ello los sistemas generalmente empleados.

Junto a los aspectos materiales, resultaban también importantes los de tipo espiritual.

Siquiera desde el punto de vista legal esto era lógico, puesto que todos los integrantes de la comunidad universitaria estaban tonsurados y sometidos al fuero eclesiástico. Aunque en las facultades de artes abundaban los estudiantes pendencieros y juerguistas, no tanto por vocación cuanto por edad (así los famosos goliardos), no dejaban de constituir una excepción. Los profesores, aunque no hubiesen sido ordenados, solían vivir al modo eclesiástico y ni siquiera era común que se casasen.

Por otro lado, como toda corporación, la Universidad también se manifestaba mediante una religiosidad propia. Los actos religiosos colectivos estaban pormenorizadamente regulados en sus constituciones –estatutos en donde se regulaba su funcionamiento interno–, e incluían, junto a un conjunto de disposiciones que le otorgaban importantes privilegios frente a terceros, la misa y el sermón dominical, además de las fiestas en honor de los santos patronos y ciertas devociones que, aunque no privativas del ámbito universitario, si se consideraron muy pronto típicas de él. En ese apartado se incluían, por ejemplo, la devoción a la Virgen y la fiesta del «*Corpus Christi*».

PRÁCTICAS EN HISTORIA DEL DERECHO Y DE LAS INSTITUCIONES

PRÁCTICA NÚMERO 1

Lea, analice y comente

Las Capitulaciones de Santa Fe

Las cosas suplicadas e que Vuestras Altezas dan e otorgan a don Christoval de Colon, en alguna satisfacion de lo que ha descubierto en las Mares Oceanas y del viage que agora, con el ayuda de Dios, ha de fazer por ellas en servicio de Vuestras Altezas, son las que se siguen:

Primeramente que Vuestras Altezas como Señores que son de las dichas Mares Oceanas fazen dende agora al dicho don Christoval Colon su almirante en todas aquellas islas y tierras firmes que por su mano o industria se descubriran o ganaran en las dichas Mares Oceanas para durante su vida, y después del muerto, a sus herederos e successores de uno en otro perpetualmente con todas aquellas preheminencias e prerrogativas pertenecientes al tal officio, e segund que don Alfonso Enríquez, quondam, Almirante Mayor de Castilla, e los otros sus predecessores en el dicho officio, lo tenían en sus districtos.

Plaze a Sus Altezas. Johan de Coloma.

Otrosí que Vuestras Altezas fazen al dicho don Christoval su Visorey e Governador General en todas las dichas tierras firmes e yslas que como dicho es el descubriere o ganare en las dichas mares, e que paral regimiento de cada huna e qualquiere dellas, faga el eleccion de tres personas para cada oficio, e que Vuestras Altezas tomen y scojan uno el que mas fuere su servicio, e assi seran mejor regidas las tierras que Nuestro Señor le dexara fallar e ganar a servicio de Vuestras Altezas.

Plaze a Sus Altezas. Johan de Coloma.

Item que de todas e qualesquiere mercadurias, siquiere sean perlas, piedras preciosas, oro, plata, specieria, e otras qualesquiere cosas e mercadurias de qualquiere specie, nombre e manera que sean, que se compraren, trocaren, fallaren, ganaren e hovieren dentro en los limites de dicho Almirantazgo, que dende agora Vuestras Altezas fazen merced al dicho don Christoval e quieren que haya e lieve para si la dezena parte de todo ello quitadas las costas todas que se fizieren en ello por manera que de lo que quedare limpio e libre, haya e tome la dicha decima parte para si mismo, e faga dello a su voluntad, quedando las otras nueve partes para Vuestras Altezas.

Plaze a Sus Altezas. Johan de Coloma.

Otrosí que si a causa de las mercadurias quel trahera de las yslas y tierras, que assi como dicho es se ganaren o se descubrieren o de las que en trueque de aquellas se tomaran, aqua de otros mercadores naciere pleyto alguno en el logar don el dicho comercio e tracto se terna y fara, que si por la preheminencia de su officio de almirante le pertenecera conocer de tal pleyto plega a Vuestras Altezas que el o su teniente e no otro juez conozcan de tal pleyto, e assi lo provean dende agora.

Plaze a Sus Altezas, si pertenece al dicho officio de almirante segunt que lo tenía el dicho almirante don Alonso Enrique, quondam, y los otros sus antecessores en sus districtos y siendo justo. Johan de Coloma.

Item que en todos los navíos que se armaren paral dicho tracto e negociacion, cada y quando, y quantas vezes se armaren, que pueda el dicho don Christoval Colon si quisiere coniribuyr e pagar la ochena parte de todo lo que se gastare en el armazon, e que tanbien haya e lieve del provecho la ochena parte de lo que resultare de la tal armada.

Plaze a Sus Altezas. Johan de Coloma.

Son otorgadas e despachadas con las respuestas de Vuestras Altezas en fin de cada hun capitulo, en la, villa de Santa Fe de la Vega de Granada a XVII de abril del año del Nacimiento de Nuestro Señor Mil CCCCLXXXXII.

Yo el Rey. Yo la Reyna.

Por mandado del Rey e de la Reyna: Johan de Coloma.

Registrada Calçena».

PRÁCTICA NÚMERO 2

Lea, analice y comente

El Decreto de Granada de expulsión de los españoles de religión judía

Los Reyes Fernando e Isabel, por la gracia de Dios, Reyes de Castilla, León, Aragón y otros dominios de la corona– al príncipe Juan, los duques, marqueses, condes, ordenes religiosas y sus Maestres,... señores de los Castillos, caballeros y a todos los judíos hombres y mujeres de cualquier edad y a quienquiera esta carta le concierna, salud y gracia para él.

Bien es sabido que en nuestros dominios, existen algunos malos cristianos que han judaizado y han cometido apostasía contra la santa fe Católica, siendo causa la mayoría por las relaciones entre judíos y cristianos. Por lo tanto, en el año de 1480, ordenamos que los judíos fueran separados de las ciudades y provincias de nuestros dominios y que les fueran adjudicados sectores separados, esperando que con esta separación la situación existente sería remediada, y nosotros ordenamos que se estableciera la Inquisición en estos dominios; y en el término de 12 años ha funcionado y la Inquisición ha encontrado muchas personas culpables además, estamos informados por la Inquisición y otros el gran daño que persiste a los cristianos al relacionarse con los judíos, y a su vez estos judíos tratan de todas maneras a subvertir la Santa Fe Católica y están tratando de obstaculizar cristianos creyentes de acercarse a sus creencias.

Estos Judíos han instruido a esos cristianos en las ceremonias y creencias de sus leyes, circuncidando a sus hijos y dándoles libros para sus rezos, y declarando a ellos los días de ayuno, y reuniéndoles para enseñarles las historias de sus leyes, informándoles cuando son las festividades de Pascua y como seguirla, dándoles el pan sin levadura y las carnes preparadas ceremonialmente, y dando instrucción de las cosas que deben abstenerse con relación a alimentos y otras cosas requiriendo el seguimiento de las leyes de Moisés, haciéndoles saber a pleno conocimiento que no existe otra ley o verdad fuera de esta. Y así lo hace claro basados en sus confesiones de estos judíos lo mismo a los cuales han pervertido que ha sido resultado en un gran daño y detrimento a la santa fe Católica, y como nosotros conocíamos el verdadero remedio de estos daños y las dificultades yacían en el interferir de toda comunicación entre los mencionados Judíos y los Cristianos y enviándolos fuera de todos nuestros dominios, nosotros nos contentamos en ordenar si ya dichos Judíos de todas las ciudades y villas y lugares de Andalucía donde aparentemente ellos habían efectuado el mayor daño, y creyendo que esto seria suficiente de modo que en esos y otras ciudades y villas y lugares en nuestros reinos y nuestras posesiones seria efectivo y cesarían a cometer lo mencionado. Y porque hemos sido informados que nada de esto, ni es el caso ni las justicias hechas para algunos de los mencionados judíos encontrándolos muy culpables por lo por los susodichos crímenes y transgresiones contra la santa fe Católica han sido un remedio completo obviar y corregir estos delitos y ofensas. Y a la fe Cristiana y religión cada día parece que los Judíos incrementan en continuar su maldad y daño objetivo a donde residan y conversen; y porque no existe lugar donde ofender de mas a nuestra santa creencia, como a los cuales Dios ha protegido hasta el día de hoy y a aquellos que han sido influenciados, deber de la Santa Madre Iglesia reparar y reducir esta situación al estado anterior, debido a lo frágil del ser humano, pudiese ocurrir que podemos sucumbir a la diabólica tentación que continuamente combate contra nosotros, de modo que, si siendo la causa principal los llamados judíos si no son convertidos deberán ser expulsados del Reino.

Debido a que cuando un crimen detestable y poderoso es cometido por algunos miembros de algún grupo es razonable el grupo debe ser absuelto o aniquilado y los menores por los mayores serán castigados uno por el otro y aquellos que permiten a los buenos y honestos en las ciudades y en las villas y por su contacto puedan perjudicar a otros deberán ser expulsados del grupo de gentes y a pesar de menores razones serán perjudiciales a la República y los mas por la mayoría de sus crímenes seria peligroso y contagioso de modo que el Consejo de hombres eminentes y caballeros de nuestro reinado y de otras personas de conciencia y conocimiento de nuestro supremo concejo y después de muchísima deliberación se acordó en dictar que todos los Judíos y Judías deben abandonar nuestros reinados y que no sea permitido nunca regresar.

Nosotros ordenamos además en este edicto que los Judíos y Judías cualquiera edad que residan en nuestros dominios o territorios que partan con sus hijos e hijas, sirvientes y familiares pequeños o grandes de todas las edades al fin de Julio de este año y que no se atrevan a regresar a nuestras tierras y que no tomen un paso adelante a traspasar de la manera que si algún Judío que no acepte este edicto si acaso es encontrado en estos dominios o regresa será culpado a muerte y confiscación de sus bienes.

Y hemos ordenado que ninguna persona en nuestro reinado sin importar su estado social incluyendo nobles que escondan o guarden o defiendan a un Judío o Judía ya sea públicamente o secretamente desde fines de Julio y meses subsiguientes en sus hogares o en otro sitio en nuestra región con riesgos de perder como castigo todos sus feudos y fortificaciones, privilegios y bienes hereditarios.

Hágase que los Judíos puedan deshacerse de sus hogares y todas sus pertenencias en el plazo estipulado por lo tanto nosotros proveemos nuestro compromiso de la protección y la seguridad de modo que al final del mes de Julio ellos puedan vender e intercambiar sus propiedades y muebles y cualquier otro articulo y disponer de ellos libremente a su criterio que durante este plazo nadie debe hacerles ningún daño, herirlos o injusticias a estas personas o a sus bienes lo cual seria injustificado y el que transgrediese esto incurrirá en el castigo los que violen nuestra seguridad Real.

Damos y otorgamos permiso a los anteriormente referidos Judíos y Judías a llevar consigo fuera de nuestras regiones sus bienes y pertenencias por mar o por tierra exceptuando oro y plata, o moneda acuñada u otro articulo prohibido por las leyes del reinado.

De modo que ordenamos a todos los concejales, magistrados, caballeros, guardias, oficiales, buenos hombres de la ciudad de Burgos y otras ciudades y villas de nuestro reino y dominios, y a todos nuestros vasallos y personas, que respeten y obedezcan con esta carta y con todo lo que contiene en ella, y que den la clase de asistencia y ayuda necesaria para su ejecución, sujeta a castigo por nuestra gracia soberana y por la confiscación de todos los bienes y propiedades para nuestra casa real y que esta sea notificada a todos y que ninguno pretenda ignorarla, ordenamos que este edicto sea proclamado en todas las plazas y los sitios de reunión de todas las ciudades y en las ciudades principales y villas de las diócesis, y sea hecho por el heraldo en presencia del escribano público, y que ninguno o nadie haga lo contrario de lo que ha sido definido, sujeto al castigo de nuestra gracia soberana y la anulación de sus cargos y confiscación de sus bienes al que haga lo contrario.

Y ordenamos que se evidencie y pruebe a la corte con un testimonio firmado especificando la manera en que el edicto fue llevado a cabo.

Dado en esta ciudad de Granada el Treinta y uno día de marzo del año de nuestro señor Jesucristo de 1492.

Firmado Yo, el Rey, Yo la Reina, y Juan de Coloma secretario del Rey y la Reina quien lo ha escrito por orden de sus Majestades.

PRÁCTICA NÚMERO 3

Lea, analice y comente

Relectio prior de Indis recenter inventis (diciembre de 1538/ enero de 1539) enero.

[URDANOZ 641-726. En: Biblioteca de Autores Cristianos Nº 198.]

[GARCÍA-GALLO, A. (ed.), *Antología de fuentes del antiguo Derecho*. Madrid, 1975, pp.660-667.]

I. El lugar que ha de comentarse es el de San Mateo [Enseñad a todas las gentes bautizándolas en el nombre del Padre y del Hijo y del Espíritu Santo]... Toda esta disputa y relección ha sido tomada a causa de esos bárbaros del Nuevo Orbe a los que vulgarmente llaman indios, que hace cuarenta años vinieron a poder de los españoles y antes eran desconocidos en nuestro orbe... Puesto que nuestros príncipes, es decir, Fernando e Isabel, los que primero ocuparon aquellas regiones, fueron cristianísimos, y el emperador Carlos V es un príncipe justísimo y religiosísimo, no es de creer que no tengan averiguado y escudriñado todo lo que puede referirse a la seguridad de su estado y conciencia, máxime en cosa tan importante. Por ello, no solo vano, sino incluso temerario puede parecer disputar sobre esto... Se concluyen las siguientes proposiciones: Primera, en las cosas dudosas debe consultarse a quienes corresponde enseñar sobre ellas; de otro modo no se está seguro en conciencia, tanto si las dudas son sobre si la cosa es en sí lícita o ilícita. Segunda, si después de la consulta de la cosa dudosa, se define por los sabios que es ilícita, debe seguirse su sentencia, y haciendo lo contrario no hay excusa, aunque la cosa en si sea lícita. Tercera, por el contrario, si después de la consulta sobre la cosa dudosa se define por los sabios que es lícita, quien sigue su sentencia obra seguro, aunque en si la cosa sea ilícita. Por tanto, volviendo al tema del negocio de los bárbaros, ni es en sí tan evidentemente injusto que no pueda discutirse de su justicia, ni, por el contrario, tan evidentemente justo que no pueda dudarse de su justicia; pues parece que tiene algo de ambas cosas...

Pero si alguno apareciese diciendo: Aunque alguna vez haya habido alguna duda sobre este negocio, fué ya esto tratado y definido por los sabios, y así por su consejo se administra ya todo, y no hace falta nuevo examen, se responde: En primer lugar, si es así, bendito sea Dios; ni nuestra disputa entorpece nada, ni yo quiero mover nuevos conflictos. En segundo lugar, digo que la determinación de esto no corresponde a los jurisconsultos, o al menos a ellos solos; porque como aquellos bárbaros, como inmediatamente diré, no están sometidos al Derecho humano, sus cosas no han de examinarse por las leyes humanas, sino por las divinas, en las cuales los juristas no son bastante peritos para que por sí puedan definir semejantes cuestiones. Y no sé con certeza que para la disputa y determinación de estas cuestiones hayan sido llamados teólogos dignos, que puedan ser oídos en cosa tan importante.

II. DE LOS TÍTULOS NO LEGÍTIMOS POR LOS QUE LOS BÁRBAROS DEL NUEVO MUNDO PUDIERON VENIR A PODER DE LOS ESPAÑOLES.

1. Los indios bárbaros antes de que los españoles llegasen a ellos eran los verdaderos dueños en lo público y privado.

2. El emperador no es señor de todo el mundo.

3. El emperador, aunque fuese dueño del mundo, no por ello podría ocupar las provincias de los bárbaros, establecer nuevos señores, deponer a los antiguos y cobrar tributos.

4. El Papa no es señor civil o temporal de todo el orbe, hablando con propiedad de dominio y potestad civil.

5. El Sumo pontífice, aunque tuviera potestad secular en el mundo, no podría darla a los príncipes seculares.

6. El papa tiene potestad temporal en orden a las cosas espirituales.

7. El papa no tiene ninguna potestad temporal sobre los bárbaros indios, ni sobre otros infieles.

8. A los bárbaros, si no quieren reconocer dominio alguno del papa, no por esto se les puede hacer guerra ni ocupar sus bienes.

9. Si los bárbaros, antes de que oyeran la Fe de Cristo, pecaron con pecado de infidelidad, por no creer en Cristo.

10. Qué se requiere para que la ignorancia pueda computarse a uno, y sea pecado o vencible.

11. Si los bárbaros están obligados a creer ante el primero que les anuncia la Fe cristiana, de modo que pecan mortalmente no creyendo en el Evangelio de Cristo por su simple anunciación, etc.

12. A los bárbaros, porque simplemente se les anuncia y propone la Fe y no quieren recibirla al punto, no pueden por esta razón los españoles hacerles guerra, ni actuar contra ellos por derecho de guerra.

13. Los bárbaros, solicitados y advertidos para que oigan pacíficamente a los que hablan de le religión, si no lo quieren hacer, no se excusan de pecado mortal.

14. Cuándo los bárbaros están obligados a recibir la Fe de Cristo bajo pena de pecado mortal.

15. Si a los bárbaros hasta ahora se les ha propuesto y anunciado la Fe cristiana de tal modo que estén obligados a creer bajo nuevo pecado, no está bastante claro, según el autor.

16. A los bárbaros, porque se les haya anunciado probable y suficientemente la Fe y no hayan querido recibirla, no por ello, sin embargo, se les puede perseguir con guerra y despojarles de sus bienes.

17. Los príncipes cristianos no pueden, ni aun con autoridad del papa, reprimir a los bárbaros por los pecados contra la ley natural, ni castigarles por razón de ello.

III. DE LOS TÍTULOS LEGÍTIMOS POR LOS QUE PUDIERAN VENIR LOS BÁRBAROS A LA OBEDIENCIA DE LOS ESPAÑOLES.

1. EL PRIMER TÍTULO puede denominarse de la sociedad y comunicación natural.

2. Respecto a esto, sea la primera conclusión: los españoles tienen derecho a andar por aquellas provincias y a permanecer allí, sin daño alguno de los bárbaros, sin que se les pueda prohibir por estos. Se prueba: primero, por el derecho de gentes, que o es el Derecho natural o se deriva del Derecho natural. Instituta 1: «quod naturalis ratio ínter omnes gentes constituit, vocatur ius gentium» [lo que la razón natural establece entre todas las gentes o pueblos, se llama Derecho de gentes]. Pues en todas las

naciones se tiene por inhumano acoger mal a los huéspedes y extranjeros, sin causa especial alguna. Y, por el contrario, por humanidad y cortesía, portarse bien con los huéspedes, a no ser que los extranjeros hicieren mal al llegar a otras naciones. Segundo, a principio del mundo, como todas las cosas eran comunes, era lícito a cada uno dirigirse y recorrer cualquier región que quisiera. Y no se ve que esto se haya quitado por la división de las cosas. Pues nunca fué intención de las gentes por tal división quitar la comunicación de los hombres... Tercero, se puede todo lo que no está prohibido o produce injuria a otros o es en detrimento de otros; es así que, como suponemos, tal peregrinación de los españoles es sin injuria o daño de los bárbaros; luego es lícita... Décimo, «por Derecho natural todas las cosas son comunes a todos, y el agua corriente y el mar, y los ríos y puertos; y las naves, por Derecho de gentes, es lícito atracarlas a ellos» (Inst. 2, 1, 1-5), y por la misma razón se consideran públicas: luego a nadie puede prohibirse usar de ellas. De lo que se sigue que los bárbaros harían injuria a los españoles si se lo prohibieran en sus regiones. Undécimo, ellos admiten a todos los otros bárbaros de cualquier parte; luego harían injuria no admitiendo a los españoles. Duodécimo, porque si los españoles no pudieran andar entre ellos, esto sería por Derecho natural, divino o humano. Por el natural y divino ciertamente se puede. Si, pues, hubiera una ley humana que lo prohibiera sin alguna causa de Derecho natural y divino, sería inhumana y no racional, y en consecuencia no tendría fuerza de ley...

3. Segunda proposición: Es licito a los españoles negociar con ellos, aunque sin daño para su patria, importando en ella las mercancías de que carecen y sacando de ella el oro, plata u otras cosas en que abundan; y ni sus príncipes pueden impedir a sus súbditos que ejerzan el comercio con los españoles, ni por el contrario, los príncipes de los españoles pueden prohibirles el comercio con ellos. Se prueba lo primero: primero, porque parece de Derecho de gentes que, sin daño de los ciudadanos, los extranjeros ejerzan el comercio. Segundo, se prueba del mismo modo: puesto que esto se puede por Derecho divino, luego la ley que lo prohibiera sería sin duda irracional... Cuarto... porque es contra Derecho natural que el hombre se aparte del hombre sin justa causa. «Pues no es el hombre un lobo para el hombre –como dice Ovidio–, sino un hombre.»

4. Tercera proposición: Si hay cosas entre los bárbaros que son comunes tanto a los ciudadanos como a los huéspedes, no pueden los bárbaros prohi-

bir a los españoles la comunicación y partición de ellas. Por ejemplo, si se permite a otros extranjeros extraer el oro en un campo común o de los ríos, o pescar perlas en el mar o en el río, no se puede prohibir a los españoles, sino que, del mismo modo que los otros, pueden estos hacerlo, con tal que no se grave a los ciudadanos y habitantes naturales. Esto se prueba por la primera y la segunda [Proposiciones]: pues si es lícito a los españoles andar y negociar entre ellos, es lícito, en consecuencia, que usen de las leyes y ventajas de todos los extranjeros. Segundo, porque lo que no es bien de nadie, por Derecho de gentes es del ocupante (Inst. 2, 1, 12); luego si el oro que está en el campo, o las perlas en el mar o cualquier otra cosa en los ríos, no están apropiadas, por Derecho de gentes serán del ocupante, como los peces del mar. Y ciertamente, muchas cosas parecen proceder del Derecho de gentes, que, porque se deriva suficientemente del Derecho natural, se ve que basta el consentimiento de la mayor parte de todo el mundo, máxime si es por el bien común de todos.

5. Cuarta proposición: Aún mas, si de algún español nacen allí hijos y quieren ser ciudadanos, no parece que se les pueda prohibir la ciudadanía o el provecho de los otros ciudadanos, de padres que tienen allí el domicilio. Se prueba, porque esto parece que es de Derecho de gentes, que se llama ciudadano al que haya nacido en la ciudad. Y se confirma, porque como el hombre es un animal civil, el nacido en una ciudad no es ciudadano de otra; luego si no fuera ciudadano de ella, no lo sería de otra ciudad, por lo que se impediría un derecho natural y de gentes. Incluso parece que si alguno quisiere tomar domicilio en alguna de sus ciudades, tomando mujer o por otra razón por la que los extranjeros suelen hacerse ciudadanos, no parece se le pueda prohibir mas que a otros, y en consecuencia, que goce de los privilegios de los ciudadanos como los demás, con tal que soporte las cargas de los otros.

6. Quinta proposición: Si los bárbaros quisieran prohibir a los españoles lo arriba dicho de Derecho de gentes, como el comercio y las otras cosas dichas, los españoles primeramente deben con razones y consejos evitar el escándalo y mostrar, con toda razón, que no vienen a dañarles, sino que quieren pacíficamente hospedarse y andar sin molestia alguna para ellos; y no sólo con palabras, sino mostrarlo con razones, según aquello de que es propio de sabios experimentar las cosas antes que decirlas. Pero si dadas las razones los bárbaros no quieren acceder, sino que quieren actuar con la

tuerza, los españoles pueden defenderse y hacer todo lo que convenga para su seguridad, porque la fuerza se puede rechazar con la fuerza. Y no solo esto, sino, si de otro modo no pueden estar seguros, edificar fortificaciones y defensas. Y si recibieren injuria, ésta con autoridad del príncipe pueden perseguirla con la guerra y ejercer otros derechos de guerra. Se prueba, porque es causa de guerra justa rechazar y vengar una injuria, como dice santo Tomás (Summa IIa-IIae q. 40); es así que los bárbaros al prohibir un derecho de gentes a los españoles les hacen injuria; luego si fuere necesario para obtener su derecho hacer la guerra, pueden hacerla lícitamente. Pero hay que notar que, como estos bárbaros son por naturaleza medrosos y a veces imbéciles y necios, cuando los españoles quieren disipar su temor y asegurarles de su trato pacífico, pueden aún temer viendo a hombres de aspecto extraño y mucho más poderosos que ellos. Y por ello, si movidos por este temor se ponen a expulsar o matar a los españoles, es lícito a estos españoles defenderse, guardando moderación en la defensa; pero no pueden ejercer otros derechos de guerra sobre ellos, como, lograda la victoria y la seguridad, matarlos, despojarlos u ocupar sus ciudades, porque en este caso son inocentes y temen con razón, como suponemos. Por ello, los españoles deben defenderse, pero, en cuanto pueda hacerse, con el mínimo daño de ellos, porque es guerra defensiva únicamente...

7. Sexta proposición: Si intentado todo, los españoles no pueden conseguir seguridad con los bárbaros, sino ocupando sus ciudades y sometiéndolos, pueden lícitamente hacerlo. Se prueba, porque el fin de la guerra es la paz y la seguridad, como dice san Agustín a Bonifacio. Pues, como se ha dicho, puede aceptarse por los españoles la guerra, o si es necesario hacerla; puede en consecuencia hacerse todo lo necesario al fin de la guerra, esto es, para obtener la seguridad y la paz.

8. Séptima conclusión: Una vez que los españoles con toda diligencia, de palabra y de obra, hayan mostrado que no tratan de obstaculizar que los bárbaros hagan pacíficamente y sin daño sus cosas, si no obstante los bárbaros perseveraren en su malicia y trataran la perdición de los españoles, entonces no ya como a inocentes, sino como a pérfidos enemigos pueden tratarlos y proceder con todos los derechos de la guerra, despojarlos, reducirlos a cautiverio, deponer a sus anteriores señores y establecer otros nuevos, aunque moderadamente según la calidad de la cosa y de las injurias... Porque, como dicen los doctores en la materia de la guerra, el príncipe que tiene guerra

justa, se hace por el derecho mismo juez de los enemigos, y jurídicamente puede castigarlos y condenarlos según la calidad de las injurias. Y se confirma todo lo arriba dicho, porque los legados por Derecho de gentes son inviolables, y los españoles son legados de los cristianos; luego los bárbaros están obligados al menos a oirles benignamente y a no rechazarles. Este es, pue, el primer título por el que los españoles pudieran ocupar las provincias y el principado de los bárbaros, con tal que se haga sin dolo y fraude y no se busquen fingidas causas de guerra. Pues si los bárbaros permitieran a los españoles negociar pacíficamente con ellos, ninguna justa causa pueden los españoles pretender por esta parte para ocupar sus bienes, no mas que los de los cristianos.

9. OTRO TÍTULO puede haber, a saber: la causa de la propagación de la religión cristiana. En cuyo favor, sea la primera conclusión: los cristianos tienen derecho a predicar y anunciar el Evangelio en las provincias de los bárbaros. Esta conclusión es manifiesta, por aquello de «predicad el Evangelio a todas las criaturas», etc.; y también, «la palabra del Señor no está presa» (II Ad Tim. 2, 9). En segundo lugar, se muestra por lo dicho. Porque si tienen el derecho de andar y comerciar entre ellos, pueden por tanto enseñar la verdad a los que quieran oirla, sobre todo en lo que atañe a la salvación y la felicidad mucho más que en lo que atañe a cualquier disciplina humana. Tercero, porque en otro caso quedarían fuera del estado de salvación si no se permitiera a los cristianos ir a anunciarles el Evangelio. Cuarto, porque la corrección fraterna es de Derecho natural, como el amor; y como todos ellos están no solo en pecado sino fuera del estado de salvación, por tanto corresponde a los cristianos corregirles y dirigirles, y aun parece que están obligados a ello. Quinto y último, porque son prójimos, como arriba se ha dicho. Es así que «Dios manda a cada uno cuidar a su prójimo» (Eccl. 17, 12); luego corresponde a los cristianos instruir a los ignorantes en las cosas divinas.

10. Segunda conclusión: Aunque esto sea común y lícito a todos, sin embargo, el papa pudo mandar este negocio a los españoles y prohibirlo a todos los otros. Se prueba, porque aunque, como arriba se ha dicho, el Papa no sea señor de lo temporal, sin embargo tiene potestad en las cosas temporales en orden a las espirituales. Luego, como corresponde al Papa especialmente cuidar de la promoción del Evangelio en todo el orbe, si para la predicación del Evangelio en aquellas provincias pueden mas cómodamente realizar la

obra los príncipes españoles, puede encargárselo a ellos y prohibírselo a todos los otros. Y no solo prohibir la predicación, sino también el comercio, si esto conviniera para la propagación de la religión cristiana, porque puede ordenar las cosas temporales como convenga a las espirituales. Luego, si esto conviene, corresponde a la autoridad y potestad del Sumo Pontífice. Incluso parece en absoluto convenir esto, porque si indistintamente fueren de otras provincias de cristianos a aquellas provincias, podrían estorbarse fácilmente y provocar sediciones, con lo que, se impediría la tranquilidad y se turbaría el negocio de la fe y conversión de los bárbaros. Además, como los príncipes españoles bajo sus auspicios y a sus expensas, tomaron los primeros de todos esta navegación y tan felizmente encontraron el Nuevo Orbe, es justo que aquellos viajes se prohiban a otros y por solo ellos se disfrute del descubrimiento. Como también, para conservar la paz entre los príncipes y extender la religión pudo el Papa distribuir las provincias de los sarracenos entre los príncipes cristianos para que uno no pasara a las partes del otro, así también puede, en beneficio de la religión, nombrar príncipes, sobre todo allí donde antes no hubiese príncipes cristianos.

11. Tercera conclusión: Si los bárbaros permitieran a los españoles predicar el Evangelio libremente y sin impedimento, reciban o no la Fe, no es lícito por esta razón declararles la guerra ni ocupar otras tierras suyas...

12. Cuarta conclusión: Si los bárbaros, ya sean los señores de éstos ya la multitud, impidieran a los españoles que anuncien libremente el Evangelio, los españoles, dando antes razón para evitar el escándalo, pueden contra su voluntad predicar y obrar para la conversión de aquella gente. Y si fuere necesario, aceptar o hacer por ello la guerra hasta que den oportunidad y seguridad para predicar el Evangelio. Lo mismo ha de juzgarse si aun permitiendo la predicación impidieran la conversión, matando o castigando de otra manera a los convertidos a Cristo o aterrando a otros de otra manera con amenazas. Esto es claro, porque con ello los bárbaros hacen injuria a los españoles, como aparece en lo dicho: luego tienen justa guerra. Segundo, porque se impediría el bien de estos bárbaros, lo que sus príncipes no pueden justamente impedir; luego en favor de los que están oprimidos y sufren injuria, pueden los españoles mover guerra, máxime cuando la cosa es tan importante. De esta conclusión también resulta que, también por esta razón, si de otro modo no puede procurarse el negocio de la religión, es lícito a los españoles ocupar sus tierras y provincias, nombrar nuevos

señores, deponer a los antiguos y hacer con derecho de guerra lo que en otras guerras justas pueden hacer lícitamente, guardando siempre el modo y la razón, para que no se haga mas de lo necesario. Y que más se ceda del propio derecho, que se invada, lo que no es lícito, el de otro; y siempre dirigiendo todo más al bien de los bárbaros que al interés propio... Yo no dudo que no haya sido necesario acudir a la fuerza y las armas para que los españoles puedan permanecer allí; pero temo que no haya ido la cosa mas allá de lo que permitían el Derecho y la licitud...

13. Puede haber OTRO TÍTULO, que se deriva de este, y es: Si algunos de los bárbaros se han convertido a Cristo y sus príncipes, por la fuerza o el miedo, quieren volverlos a la idolatría, los españoles, también por esta razón, si de otra manera no se puede, pueden mover guerra y obligar a los bárbaros a que desistan de la. injuria, y contra los pertinaces actuar con los derechos de guerra, y en consecuencia deponer en ocasiones a los señores, como en las otras guerras justas. Y este puede ponerse como TERCER TÍTULO, y no sólo como titulo de religión, sino de amistad y sociedad humana. Pues por lo mismo que algunos bárbaros se han convertido a la religión cristiana, se han hecho amigos y aliados de los cristianos.

14. OTRO TÍTULO puede ser: Si una buena parte de los bárbaros se hubiera convertido a Cristo –ya sea conforme a Derecho ya con injuria, esto es, con amenazas o por el terror o mediante la opresión–, con tal que fueren verdaderos cristianos, el Papa con razonable causa puede, pidiéndolo ellos o sin pedirlo, darles un príncipe cristiano y quitarles los otros señores infieles. Se prueba, porque si así conviniere a la conservación de la religión cristiana, por temerse que bajo los señores infieles apostasen, esto es, que falten a la Fe, o que con tal ocasión sean oprimidos por sus señores, en favor de la Fe el Papa puede cambiar a los señores.

15. OTRO TÍTULO puede ser por la tiranía, o de los mismos señores de los bárbaros, o también por las leyes tiránicas que injurian a los inocentes, sea porque sacrifican a hombres inocentes o porque matan a otros sin culpa para comer sus carnes. Digo también que sin autoridad del Pontífice pueden los españoles prohibir a los bárbaros toda costumbre y rito nefasto, porque pueden defender a los inocentes de una muerte injusta. Esto se prueba, porque Dios mandó a todos cuidar de su prójimo, y todos ellos son prójimos; luego cualquiera puede defenderles de tal tiranía y opresión, y esto corresponde sobre todo a los príncipes. También se prueba por Prov. 24, 11:

«Salva a los que lleven a la muerte, y a los que son llevados al degolladero no dejes de librarlos.» Esto no solo se entiende del acto de ser conducidos a la muerte, sino que también pueden obligar a los bárbaros a que cesen en tal rito; y si no quieren, por esta razón pueden hacerles guerra y perseguirles con los derechos de guerra. Y si de otra manera no puede quitarse el sacrílego rito, pueden cambiar a los señores e introducir un nuevo principado... Y no obsta que todos los bárbaros consientan en estas leyes y sacrificios, y no quieran ser librados de ello por los españoles; pues en esto no son de tal modo sui iuris que puedan entregarse a si mismos o a sus hijos a la muerte. Y este puede ser el quinto título legítimo.

16. OTRO TÍTULO puede ser, por verdadera elección voluntaria como si estos bárbaros, comprendiendo la prudente administración y la humanidad de los españoles, quisieran en adelante tomar como príncipe al rey de España, tanto los señores como los otros. Pues esto puede hacerse y sería titulo legítimo y de ley natural. Pues cada República puede constituir para sí a su señor, sin que para ello sea necesario el consentimiento de todos, ya que parece bastar el consentimiento de la mayor parte; pues como en otra parte se discutió, en lo que afecta al bien de la República se observa lo que se establece por la mayor parte, aunque otros lo contradigan, pues en otro caso nada podría hacerse en utilidad de la República, por ser difícil que todos convengan en una opinión. De donde, si en alguna ciudad o provincia la mayor parte fueren cristianos y ellos, en favor de la Fe y por el bien común, quieren tener un príncipe cristiano, creo que pueden elegirlo, aun con la oposición de otros, dejando a los otros señores infieles. Y digo, que pueden elegir príncipe no sólo para ellos, sino para toda la República...

17. OTRO TÍTULO puede ser por causa de los aliados y de los amigos. Pues como los bárbaros entre sí hacen a veces guerras legítimas y la parte que sufre la injuria tiene el derecho de hacer guerra, puede llamarse a los españoles en su auxilio y compartir con ellos el premio de la victoria...

18. OTRO TÍTULO no podría ser afirmado con certeza, pero sí traerse a discusión y parecer a algunos legitimo. El cual, yo ni me atrevo a afirmarlo ni a condenarlo en absoluto. Y es este: Pues estos bárbaros, aunque, como arriba se ha dicho, no sean del todo faltos de inteligencia, sin embargo se diferencian muy poco de los amentes, y así parece que no son aptos para constituir y administrar una legítima República, aun en los términos humanos y civiles. Por lo que no tienen leyes convenientes ni magistrados, ni

aun son bastante aptos para gobernar la cosa familiar. Y por ello, también, carecen de letras y artes, no solo de las liberales, sino incluso de las mecánicas, de cuidada agricultura, de oficios y de otras muchas cosas útiles y aun necesarias a los usos humanos. Podría, pues, alguno decir que para su utilidad pueden los príncipes españoles tomar su administración y establecerlos prefectos y gobernadores en sus ciudades, y aun darles nuevos señores, si constara que ésto era conveniente para ellos. Esto, digo, podría convencer, porque si todos fueran amentes no hay duda que ello sería no solo lícito, sino convenientísimo; y aun estarían obligados a ello los príncipes, como si fuesen enteramente niños. Y parece que para estos hay la misma razón que para los amentes, porque nada, o poco mas, valen para gobernarse a sí mismos que los amentes, y son como las fieras y bestias: ni usan alimentos más elaborados que las fieras, ni se comportan apenas mejor. Luego del mismo modo pueden entregarse al gobierno de los sabios... Y ciertamente, esto puede fundarse en el precepto de la caridad, puesto que son prójimos nuestros y estamos obligados a cuidar de sus bienes. Y esto, como dije, sea sin afirmación expresa, y aun con la limitación de que se haga por el bien y utilidad de ellos y no tanto en interés de los españoles. Pues en esto está todo el peligro para las almas y la salvación. Y a esto puede tambien alegarse lo que arriba se ha dicho, de que algunos son siervos por naturaleza –pues tales parecen todos estos bárbaros– y así pueden ser gobernados en parte como siervos.

[IV. CONCLUSIÓN] De toda la discusión parece seguirse que si faltaran todos estos títulos, de tal modo que los bárbaros no dieran ningún motivo para guerra justa ni quisieran tener príncipes españoles, etcétera, cesaría toda expedición y comercio, con gran perjuicio de los españoles, y aun vendría gran detrimento al interés del príncipe, lo que no seria tolerable.

Se responde, primero: el comercio no conviene que cese, porque, como ya se ha declarado, son muchas las cosas que abundan entre los bárbaros y que por cambio pueden venir a los españoles; y hay también otras muchas que éstos tienen abandonadas o que son comunes a todos los que las quieren ocupar. Y los portugueses tienen gran comercio con gentes semejamos, a las que no sometieron, y con gran provecho.

Segundo, las rentas del rey acaso no fueren menores. Pues equitativa y justamente puede imponer tributo sobre el oro y plata que se traiga de los bárbaros, ya sea la quinta parte o aun mayor, según la calidad de la cosa, por la razón de que la navegación fue descubierta por el príncipe y por su autoridad están protegidos los mercaderes.

Tercero, es claro que, una vez que allí se ha producido la conversión de muchos bárbaros, no sería conveniente ni lícito al príncipe abandonar enteramente la administración de aquellas provincias.

PRÁCTICA NÚMERO 4

Lea, analice y comente

Cabrera de Córdoba describe la Batalla de Lepanto (7 de Octubre de 1571)

Jamás se vio batalla más confusa; trabadas de galeras una por una y dos o tres, como les tocaba...El aspecto era terrible por los gritos de los turcos, por los tiros, fuego, humo; por los lamentos de los que morían. El mar envuelto en sangre, sepulcro de muchísimos cuerpos que movían las ondas, alteradas y espumeantes de los encuentros de las galeras y horribles golpes de artillería, de las picas, armas enastadas, espadas, fuegos, espesa nube de saeta... Espantosa era la confusión, el temor, la esperanza, el furor, la porfía, tesón, coraje, rabia, furia; el lastimoso morir de los amigos, animar, herir, prender, quemar, echar al agua las cabezas, brazos, piernas, cuerpos, hombres miserables, parte sin ánima, parte que exhalaban el espíritu, parte gravemente heridos, rematándolos con tiros los cristianos. A otros que nadando se arrimaban a las galeras para salvar la vida a costa de su libertad, y aferrando los remos, timones, cabos, con lastimosas voces pedían misericordia, de la furia de la victoria arrebatados les cortaban las manos sin piedad, sino pocos en quien tuvo fuerza la codicia, que salvó algunos turcos.

PRÁCTICA NÚMERO 5

Lea, analice y comente

Tratado de Utrecht y la soberanía británica sobre el peñón de Gibraltar, conforme a las disposiciones firmadas por el Reino Unido y España, en 1713.

«El Rey Católico, por si y por sus herederos y sucesores, cede por este Tratado a la Corona de la Gran Bretaña la plena y entera propiedad de la ciudad y castillo de Gibraltar, juntamente con su puerto, defensas y fortaleza que le pertenecen, dando la dicha propiedad absolutamente para que la tenga y goce con entero derecho y para siempre, sin excepción ni impedimento alguno.

Pero, para evitar cualesquiera abusos y fraudes en la introducción de las mercaderías. Quiere el Rey Católico, y supone que así se ha de entender, que la dicha propiedad se ceda a la Gran Bretaña sin jurisdicción alguna territorial y sin comunicación alguna abierta con el país circunvecino por parte de tierra. Y como la comunicación por mar con la costa de España no puede estar abierta y segura en todos los tiempos, y de aquí puede resultar que los soldados de la guarnición de Gibraltar y los vecinos de aquella ciudad se vean reducidos a grandes angustias, siendo la mente del Rey Católico sólo impedir, como queda dicho arriba, la introducción fraudulenta de mercaderías por la vía de tierra. se ha acordado que en estos casos se pueda comprar a dinero de contado en tierra de España circunvecina la provisión y demás cosas necesarias para el uso de las tropas del presidio, de los vecinos y de las naves surtas en el puerto.

Pero si se aprehendieran algunas mercaderías introducidas por Gibraltar, ya para permuta de víveres o ya para otro fin, se adjudicarían al fisco, y presentada queja de esta contravención del presente Tratado serán castigados severamente los culpados.

Y Su Majestad Británica. a instancia del Rey Católico consiente y conviene en que no se permita por motivo alguno que judíos ni moros habiten ni tengan domicilio en la dicha ciudad de Gibraltar, ni se de entrada ni acogida a las naves de guerra moras en el puerto de aquella Ciudad, con lo que se puede cortar la comunicación de España a Ceuta, o ser infestadas las costas españolas por el corso de los moros. Y como hay tratados de amistad, libertad y frecuencia de comercio entre los ingleses y algunas regiones de la costa de África. Ha de entenderse siempre que no se puede negar la entrada en el puerto de Gibraltar a los moros y sus naves, que sólo vienen a comerciar.

Promete también Su Majestad la Reina de Gran Bretaña que a los habitantes de la dicha Ciudad de Gibraltar se les concederá el uso libre de la Religión Católica Romana.

Si en algún tiempo a la Corona de la Gran Bretaña le pareciere conveniente dar, vender o enajenar, de cualquier modo la propiedad de la dicha Ciudad de Gibraltar, se ha convenido y concordado por este Tratado que se dará a la Corona de España la primera acción antes que a otros para redimirla».

PRÁCTICA NÚMERO 6

Lea, analice y comente

INSTRUCCIONES 1773, 12 AGOSTO

12 de agosto de 1773. Instrucciones que se dieron al embajador de S.M. en la Corte de París. Señor conde de Aranda.

INSTRUCCIONES QUE SE DIERON AL EMBAJADOR DE S.M. EN LA CORTE DE PARÍS

INSTRUCCIÓN de lo que vos D. Pedro Pablo, CONDE DE ARANDA, deberéis observar para vuestro mejor desempeño en la Embajada de París a que os he destinado, por la experiencia que tengo de vuestro talento, y la confianza que me merece vuestra persona.

Ante todas cosas debo hablaros de la perfecta alianza e íntima unión que subsiste felizmente entre las dos potencias de España y Francia, por que ella es y será siempre la base de todas nuestras negociaciones políticas.

Prescindiendo de los notorios vínculos de sangre, os diré que profeso al Rey Cristianísimo el afecto más distinguido, y que aquel Soberano me corresponde con la misma cordialidad, de suerte que reina entre ambos la mayor estrechez y confianza. Pero hay además otros empeños estipulados por un fracaso solemne y formal, bajo el Título de Pacto de Familia, y para que os enteréis del pormenor de ellos, se os entregará con esta Instrucción, un ejemplar del mismo Tratado.

Siempre he llevado a la máxima de observar con todas las Potencias la más escrupulosa buena fe y franqueza, en cuantos negocios he debido tratar con ellas, tanto porque me parece corresponder así a la dignidad de un Gran Soberano, como porque este es el medio más seguro de dirigir los negocios al fin deseado; y últimamente porque semejante conducta no se opone a que con cada Nación se guarde más o menos intimidad, según lo requieran las circunstancias.

Ya os haréis cargo de que por si por punto general, como llevo dicho, sigo la buena fe con todas las Cortes, será sumamente exacto en observarla con el Rey mi Primo, y en realidad debéis contar con que no tengo asunto reservado para aquel Monarca; antes comprendo que están tan esencialmente ligados entre si los intereses de nuestras dos Naciones, que sería dañoso a ambas cualquier sistema que no estuviese fundado en la unión más íntima.

Así, le tiene acreditado la experiencia, especialmente en el respeto y consideración que logran dichas Potencias desde que en Europa se sabe la estrechez con que viven.

Sentado, pues, este principio paso a daros una idea sucinta del estado interior de la Corte de Francia.

No puede dudarse de la bulla disposición de aquel Soberano, para todo cuanto sea en alivio de sus vasallos o bien de su reino; pero al mismo tiempo que por su edad, su genio natural débil, y su falta de resolución, ha llegado dicha Corte a dividir en bandos partido, los cuales poseídos del espíritu de ambición y ocupados en superarse unos a otros, han dado lugar a que se pierda su poder en gran parte aquella Potencia; a que se malversen sus rentas y a que descaezcan otros ramos importantes.

Por esto se hace indispensable que aprovechando mañosamente de cuantas ocasiones se os presenten en vuestras conversaciones con aquellos Ministros, los estimuléis a que miren por el aumento de la marina, y establezcan una económica administración en otros artículos porque de ello penderá el sostener con honor una guerra que pueda sobrevenir a acaso el precaverla.

Entre los Partidos que reinan en aquella Corte, uno es el de M. Dubarri, Dama favorita del Rey Cristianísimo.

Su poder en el día es grande porque dicho Soberano la trata con singulares demostraciones de cariño; y así tiene ella mucha parte en las determinaciones, especialmente las que respetan a negocios interiores del reino.

Vive en mucha intimidad con el Duque de Aiguillon, Ministro del Departamento de Estado, y con su influjo le mantiene en la gracia del Rey su Amo.

Pero aunque hasta ahora tengo motivos para aplaudir la conducta de dicho Ministro por la cordialidad, y celo con que trata todos los negocios relativos a la España, y aunque comprendiendo que el apoyo de Francia, puede sostener al mismo D'Aiguillon en su empleo, no puedo sin embargo encargaros que cultivéis el trato y correspondencia de aquella Mujer, mucho menos que la hagáis la Corte.

Amo a mi Primo tan tiernamente, y me duele tanto verle poseído de la ciega pasión que ha sabido inspirarle la Dubarry, que he llegado a creer sería aprobar y fomentar dicha pasión el permitir que mi Embajador la hiciese la Corte.

El Conde de Fuentes, vuestro predecesor en aquella Embajada, se abstuvo de ello a pesar de varias insinuaciones que se le hicieron, y no por eso se atrasaron los negocios que tenía a su cargo, ni el Rey mi Primo lo llevó a mal.

Os repito que el Duque de Aiguillon se manera hasta ahora en términos que deben causarme satisfacción, y por lo mismo os recomiendo viváis con él con franqueza y cordialidad.

Hay también en la misma Corte el Partido que llaman de los Devotos al cual se ha agregado el Canciller separándose de Aiguillon y de la Favorita.

Este partido es en muchas ocasiones poderoso, porque con la "capa" de religión y de piedad, lleva adelante sus ocultos ambiciosos designios; y así mismo porque comprende a personas de alta jerarquía, v.g. Me. Luisa Hija de S.M. Cristianísima y Religiosa en el Convento de (sin nombre).

Pero sobre todas estas consideraciones hay la de que siempre que llega el Rey Cristianísimo a sentirse con alguna indisposición cae en escrúpulos, y no dejan los Devotos de aprovecharse de tan feliz coyuntura.

Todo esto os lo digo para vuestro gobierno, en el concepto de que pueden tratarse algunos negocios míos particulares o comunes de ambas Potencias, en que quieran intervenir los del partido citado, y en tal caso deberéis precaver con tiempo (en cuanto sea posible) aquellas sugestiones que serían capaces de dañar a mis intereses.

Aunque la Familia Real de Francia en el día es numerosa, está amenazada de una fatalidad, de la cual si se verificase, podrían resultar la más serias y graves consecuencias.

Tanto el Delfín como el Conde de Provenza, experimentan cierta debilidad o impedimento que los tiene en estado de no haber podido hasta ahora hacer el uso debido del matrimonio, sin embargo de haber ya 3 ó 4 años que están casados. Debemos esperar que a proporción que entren en edad aquellos Príncipes se fortalecerán a términos de vencer todas las dificultades y de lograr la sucesión que tanto importa.

Además podemos lisonjearnos con que el Conde de Artois, cuyo matrimonio con una Princesa de Piamonte va a celebrarse, será desde luego de mejor constitución y más feliz en el asunto de que va hablando.

Pero si a pesar de tan fundadas esperanzas sucediese el caso (hasta ahora bastante remoto) de faltar enteramente la sucesión de dichos Príncipes; bien veis que sería una época demasiado crítica para Francia, muy propia para despertar las miras ambiciosas de otras Potencias de Europa, y señaladamente muy digna de la atención de España, por su proximidad y por los vínculos de parentesco y de intereses políticos que nos unen a los Soberanos de ambos Reinos.

Sería inoportuno ahora detenerme a preveer casos posibles o a sentar conjeturas sobre ellos, mayormente no pudiendo dar por supuesto el tiempo ni las circunstancias en que acaso sucedería dicha fatalidad.

Y así cuanto acabo de insinuaros es con la mira de que por la suma importancia del asunto procuréis siempre estar bien informado, o informarme, de los verdaderos hechos, que ocurran en el desempeño interior de los tres referidos Príncipes en sus respectivos matrimonios.

No hay en la Corte de París puntos pendientes de etiqueta en que pueda hallar tropiezo un Embajador mío que goza allí de entradas y demás prerrogativas de Embajador de Familia, debiendo suponer que el Nuncio precede a todos y a éste se sigue el Embajador Imperial, según se practica generalmente en otras Cortes.

Conviene sin embargo advertiros de lo ocurrido últimamente entre el Canciller y los Embajadores y Ministros Extranjeros para que os sirva de gobierno.

Era práctica constante que dicho Canciller y Ministros Extranjeros no se tratase porque él exigía le hiciesen la primera visita y ellos no se conformaban.

Pero el año pasado de 71, hizo el actual Canciller varios manejos a fin de salir con su empeño, y entre otros se valió del expediente de convidarles a comer en su casa por medio de varios billetes que repartió.

Muchos cometieron el error de asistir al convite, pero ni mi Embajador el Conde de Fuentes, ni el de Merci, que lo es de S.M. Imperial, siguieron el ejemplo, antes se dieron por sentidos de aquella demostración; fundados en que entre Gentes que no se tratan y mediando una disputa sobre visita, el citado convite era más un insulto que una cortesanía, por que se hacía a quien no podía admitirlo decentemente y equivalía a decidir el Canciller a favor suyo la referida competencia.

Posteriormente hizo igual convite el Canciller el Embajador Imperial; y aunque aquel no asistió, fue poco después a su casa con motivo de darle alguna escusa y así debió corresponderle el Embajador con otra visita.

Pero por lo respectivo a mi Embajador no ha habido novedad, como podréis verlo en la correspondencia segunda que existe en aquella Secretaría de Embajada, bien que por el pronto ha prevenido que se os entreguen copias de algunas Cartas que tratan determinadamente de este asunto.

Tal vez vuestra llegada a París tomará el Canciller el partido de visitaros o de ceder de algún modo satisfactorio en el punto de la competencia ya citadas, por el deseo que tiene de tratar al Cuerpo Diplomático, y en tal caso comprendo que no debéis faltar a una correspondencia cortesana, pero si por el contrario insistiese en que se le haga la primera visita, de ningún modo deberéis sujetaros a ello por no ser correspondiente al decoro de vuestra representación, mayormente cuando esta irregular condescendencia de nada serviría para el buen éxito de aquellos asuntos que puedan interesar a mi real servicio.

Tres asuntos de bastante entidad tenemos en el día que arreglar con Francia y justamente de dos de ellos ha dispuesto quede por ahora encargado D. Fernando de Magallón (bajo vuestras órdenes e inspección), tanto porque no os distraigan de vuestros principales cuidados en el punto en que vais a estableceros en aquella Corte; como porque él se halla ya instruido de todos los incidentes ocurridos hasta el día de hoy y de los puntos particulares en que se ofrecen algunas dudas.

El primero es el comercio que en nuestros Puertos y Costas hacen los navíos franceses y el que respectivamente hacen en Francia los navíos españoles.

En el año de 1768, se arregló este punto por medio de una Convención formal firmada por ambas Cortes, teniendo presentes los antiguos Tratados y también el denominado Pacto de Familia.

Pero aunque por nuestra parte no se han suscitado dudas ni se ha dejado de observar escrupulosamente dicha Convención, hemos experimentado que los empleados en las Aduanas y los Arrendadores generales en Francia han buscado mil refugios e interpretaciones, para destruir el verdadero sentido de ella, y eludir su ejecución, con notable perjuicio de mis vasallos que han ido a comerciar a aquel Reino, bajo de la buena fe del reciente Convenio, y esta conducta es tanto más notable cuanto no cesó la Francia de hacer instancias para que se firmase la Convención, y cuanto es ella la principal interesada en su observancia por el más crecido número de Navíos suyos que comercian en estos Reinos.

Pero para terminar de una vez toda disputa, ha hecho declarar reiteradamente al Ministerio de Versalles, que me conformaré con cualquier partido que elija, esto es de anular la Convención, para variarla, de entenderla literalmente o de interpretar sus artículos, con la precisa condición de que sean recíprocas e iguales las ventajosas y de que ello en que finalmente le convenga se observe, con el mayor rigor por ambas partes.

Tal es por ahora el estado del asunto, y para vuestra más perfecta instrucción se os entregará una copia de la citada Convención de 1768.

El segundo Negocio que tenemos pendiente con Francia es el del arreglo de límites por la frontera de los Pirineos, se dirigen a verle felizmente terminado en todas sus partes, para que cesando las hostilidades y disensiones entre los respectivos fronterizos se vea consolidada la unión de las dos Naciones, con todo no puede el asunto por lo vasto y complicado concluirse con la brevedad que apeteceríamos.

Para conseguirlo con mayor acierto he creído que convenía no confundir las operaciones, sino arreglar primero una parte de frontera antes de pasar a otra, y bajo de este concepto ya formado de acuerdo de las dos Cortes, y por Comisarios nombrados por ellas el Plano de la frontera por la Navarra.

Pero no puedo deciros que el asunto esté adelantado porque el Ministerio de Francia, inducido por sus fronterizos que tienen particular interés en obscurecer la verdad desentendiéndose no menos de los derechos de mi Corona que de los peculiares de mis vasallos, se aleja en cuantas Memorias ha presentado del ajuste que apetecemos, al paso que por nuestra parte se pone en evidencia la razón que nos asiste y se proponen partidos ventajosísimos a los mismos franceses.

En el día se acaba de trabajar aquí un papel que entra en todos los puntos con la mayor energía y claridad, rebatiendo cuanto expone Francia, y si este oficio no produce el efecto de que el Ministerio de Versalles abra los ojos sobre el artificio con que proceden aquellos fronterizos por fines particulares, debo persuadirme que no llegará a verificarse el deseado ajuste.

Así mismo se está entendiendo en el arreglo de límites de las posesiones españolas y francesas en la Isla de Santo Domingo, cuyo asunto debería estar ya concluido a no haberse suscitado ciertas dudas sobre varias usurpaciones y establecimientos hechos por vasallos franceses en territorio perteneciente a mi dominio.

Pero me lisonjeo de verle en breve terminado, porque están ya dadas las órdenes a los dos comandantes respectivos para que convengan y ajusten los artículos principales remitiéndolos después a la aprobación de ambas Cortes.

Algunos otros negocios hay pendientes entre otras dos Naciones, pero o no son de tan graves consecuencias o tienen solamente relación con alguna Providencia determinada, y estos se irán arreglando poco a poco según lo requieran las circunstancias, no pudiendo dudarse que así el Rey mi Primo como yo deseamos sinceramente que se efectúe.

Después de haberos hablado de los asuntos particulares que median entre España y Francia, pienso daros una idea de otros negocios políticos que dichas dos Naciones unidas tienen pendientes con otras Potencias.

Con grande satisfacción mía os diré que nunca hemos vivido en tan buena correspondencia con la Inglaterra como al presente.

Sobre no haber en el día motivo alguno de queja, ni de disputa, hemos adoptado el sistema de tratarnos mutuamente con la mayor franqueza, y el actual Ministerio Británico, cuyas miras son realmente pacíficas no cesa de aplaudir y de dar gracias por tan apreciable conducta.

Esto no basta para que conociendo la constitución inglesa recelemos de un día a otro una novedad que pueda influir contra la paz que felizmente disfrutamos.

Y como es indispensable llamarnos prevenidos para este caso, debéis constar con que no omitiré diligencia para poner en estado respetable mi Marina, mi Ejército, mis Plazas de Europa y América y todos los demás ramos relativos a la defensa de mis Reinos, con cuyo motivo os recomiendo de nuevo insinuéis con maña en Francia que se tomen iguales providencias, por lo mucho que en ello se interesará la gloria de las dos Coronas.

La revolución acaecida en la Corte de Suecia por agosto del año próximo anterior dio grandes fundamentos para recelar que se hubiese turbado la paz por esta parte de Europa, porque habiéndose resentido mucho del éxito feliz que tuvo dicha revolución las Cortes de Petersburgo, Berlín y Copenhague, (con no pocas apariencias de querer vengarse atacando las Provincias de aquel Reino, y no pudiendo menos Francia de sostener a su aliado el Monarca Sueco, resultaba de tan críticas circunstancias que si los socorros franceses eran en dinero no sería suficientes; y si es en escuadras o en tropas de tierra convoyadas por algún Navío de línea causarían celos a Inglaterra, y yo debería sacar la cara por el Rey mi Primo.

En efecto hemos llegado a tener de mancomún varias explicaciones sobre este punto con el Ministro de Londres y nos hemos convencido de que a pesar de sus intenciones pacíficas se habría suscitado una guerra marítima que es la que con mayor cuidado debemos precaver, si por auxiliar a Suecia, o por cualquier otro motivo político, salías de los puertos de España o de Francia algunas escuadras.

Por fortuna se han calmado nuestros temores viendo alejarse el riesgo de que ataquen los dominios de la Suecia; pero como este puede volver cuando Rusia se halle desembarazada de su guerra con el Turco, conviene estar siempre a la mira para evitar con tiempo todo aquello que pueda dañar a los intereses de mi Corona.

Otro asunto hay de igual naturaleza y de no menores consecuencias que exigen también toda nuestra atención.

La actual Emperatriz de Rusia es una Princesa llena de ideas ambiciosas y de proyectos vastísimos, como le ha acreditado desde el punto que subió al trono.

Entre otros, según los avisos reservados que nos han venido, tiene el de apoderarse de Constantinopla capital del Imperio Otomano, y de establecer allí su Corte.

Por cualquier lado que se mire esta empresa debe causarnos la mayor inquietud, porque si una Potencia tan poderosa, como esta lo es en el día, hiciese aquella importante adquisición con los territorios que son de sus dependencias, y se acercase tanto a nuestros Países, no podríamos contar con la tranquilidad de la Europa, ni ella podría contenerse de emprender nuevas guerras y nuevas conquistas.

En tal caso Francia perdería el ventajoso comercio que hace en las escalas de Levante y por consecuencia perdería también la consideración, y el respeto con que está mirado en el Mediterráneo y en el Archipiélago.

Este golpe heriría así mismo a España, sino directamente en su comercio, a lo menos en el punto de la representación que hoy tiene hacia estas partes.

Sería empresa muy fácil la de destruir las fuerzas navales que tiene la Zarina, por dichos mares, si tuviésemos únicamente que luchar con ella.

Pero está de por medio Inglaterra y ésta ha declarado abiertamente que no permitirá ataque por mar, ninguna potencia a la Rusia, en defensa del Turco, y obra la Corte de Londres, según sus verdaderos sólidos intereses (a lo menos mirando a lo venidero), con todo nos ata las manos la citada declaración inglesa, porque por mucho que nos interese la suerte del Turco y la subsistencia de la actual constitución de Europa, más nos importa al Rey Cristianísimo y a mí la conservación de nuestras respectivas posesiones en las cuatro partes del Mundo.

En fin, enterado ya de los inconvenientes que pueden ofrecerse por una y otra parte deberéis seguir el asunto según lo exijan las circunstancias y según los ulteriores sucesos, pues no es posible daros en el día mayores luces para vuestro gobierno.

A

El Infante Duque de Parma mi Sobrino, a quien amo tiernamente, se conduce desde el punto en que se casó por unos principios muy distantes de su alta Jerarquía, y del decoro de un Príncipe Soberano, como también muy poco correspondiente al respeto que debe al Rey Cristianísimo su Abuelo y a mí.

Hechos cargo de que el fondo de su corazón es bueno y de que sus desvaríos proceden de tener un genio demasiado dócil, no menos que de la intrépida de la Infanta su esposa, la cual por ostentar su espíritu dominante le sugiere todo género de despropósitos, nos hemos contentado por largo tiempo S.M. Cristianísima y yo con hacer uso de amonestaciones y ruegos; valiéndose además de otros medios que parecían proporcionados para atraer a dicho Príncipe a su deber.

Todo ha sido infructuoso; y aun creo que nuestra excesiva tolerancia (dirigida al loable fin de evitar escándalos) ha servido solo de darle más aliento para llevar adelante tan perjudiciales ideas, con grave desdoro suyo y con notable daño de su propio País.

Después de haber despreciado cuantos expedientes se le propusieron desde aquí, desde parís y desde Viena, tomó aquel Príncipe la inesperada determinación de eximir a D. José Afustin de Llano de los encargos que tenía como Secretario de Estado; sin embargo de que a solicitud suya y de acuerdo de las otras dos Cortes, destiné al referido sujeto para que por algún tiempo pasase a servir cerca de Su persona, y para hacer más ruidosa aquella providencia la puso por obra sin consultarme ni dar previa noticia de ella.

Pero luego que yo la supe mandé retirar de aquella Corte al mismo D. José A. de Llano y al Marqués de Revilla que residía allí en calidad de mi Ministro Plenipotenciario, cortando consiguientemente toda correspondencia con el Infante mi Sobrino, suspendiéndole cuantas rentas o pensiones gozaba en España y haciéndole entender que solo podría templar mi justo enojo por el medio de restablecer todas las cosas como estaban antes, de forma que Llano volviese a servir a su lado con los mismos encargos que tenía; bien que muy en breve cuidaría yo de retirarle de aquel destino.

A pesar de todo lo que llevo dicho se mantiene el Infante mi Sobrino en su obstinación, no dando oídos sino a los ruegos y sugestiones de su esposa, y yo sigo en mi propósito devolviendo las cartas que me escribe sin leerlas, ni aun abrirlas.

Ha ocurrido sin embargo en estos días motivo extraordinario que ha precisado a variar de conducta, porque de resultas de haber dado a luz un Príncipe la Infanta Duquesa de Parma, me ha escrito el Infante participando este feliz acontecimiento, y yo le he respondido en los términos regulares, enviando además la insignia del Toison para el recién nacido y celebrando en mi Corte con gala luminarias tan plausible nacimiento.

Pero en mi carta expreso al Infanta que este caso particular, en el cual se trata de mirar por el Decoro de nuestra augusta familia celebrando públicamente un suceso que la interesa, no impide mi anterior determinación, porque permaneceré firme en ella mientras no de la satisfacción competente.

Desde el extrañamiento de los Jesuitas de estos mis Reinos, tengo entablada una negociación con la Corte de Roma sobre que se extinga absolutamente la Compañía, por lo micho que en ello se interesa la paz de la Iglesia y el bien y quietud de los Países Católicos, procediendo de acuerdo en este importante asunto con los demás Soberanos de la Casa de Borbón y llevando la voz de todos en la parte principal el Ministro que he tenido en la referida Corte.

Esta negociación, en si difícil y escabrosa y además fuertemente contrarrestada por los mismos Jesuitas y por sus poderosos partidarios, ha caminado con suma lentitud encontrando a cada paso nuevos embarazos y contradicciones; sin embargo de que el Pontífice reinante desde su exaltación a la Tiara ha dado muestras de desear lo mismo que le pedíamos como cosa conveniente a la Iglesia universal.

Pero más de una año ha que mi Ministro D. José Moñino, llegó a la Corte de Roma, y con verdad puede asegurarse que halló la negociación más atrasada que nunca, pero porque su singular actividad y por el arte y sagacidad con que ha sabido granjearse el respeto de aquella Corte y la íntima confianza del Papa está ya el negocio en tales términos que le creo concluido perfectamente y a satisfacción de las principales Cortes Católicas.

No solamente no ha escuchado con benignidad el Santo Padre las representaciones e instancias de Moñino, sino que ha seguido en todo sus consejos, y poniéndose en sus manos le ha encargado (con la mayor reserva) la extensión de las Minutas de los Breves y Bulas que deben públicamente, y hasta la impresión de estos instrumentos, la cual se está haciendo en el Palacio de España que habita mi Ministro.

En todo el curso de este importante, delicado negocio no solo he experimentado de parte del Rey de Francia y su Ministro toda aquella conformidad y apoyo que debía esperar, tanto por nuestra unión como por tratarse de un objeto que interesaba a ambos; si no también una singular y absoluta deferencia, de suerte que el Rey mi Primo, aprobando todas mis ideas ha expedido las órdenes que me parecían convenientes al intento y ha dado los demás pasos oportunos con la Corte de Roma, con el fin de mostrar la perfecta uniformidad que reinaba en nuestras resoluciones y en nuestros deseos.

Aunque miro dicho asunto como concluido he querido daros una idea del método que se ha seguido en la negociación, a fin de que veáis cuan de buena fe camina la Corte de Francia, conmigo en todo, y lo mucho que importa mantenerla en este pie con nuestra confianza y cordialidad.

B

Ninguna otra cosa se me ofrece por ahora que preveniros, y aun en los puntos que he tocado he creído del caso ceñirme a lo indispensable porque por vuestro acreditado talento y un grande experiencia os supongo de toda la instrucción dotado para el más acertado desempeño.

Sin embargo debéis tener presente que hallándose en parís D. Fernando Magallón, después de 10 años de servir en aquella Embajada y existiendo allí todos los papeles de la correspondencia que han seguido mis embajadores en el citado tiempo, os dará fácil imponeros menuda y circunstanciadamente de lo ocurrido hasta aquí sobre cualquier asunto de los que deben considerarse aun como pendientes.

Últimamente debo deciros que me prometo de vuestro celo y sagacidad os conduciréis en este nuevo destino con toda aquella prudencia y pulso que convenga para granjearos la particular estimación del Rey mi Primo y la aceptación general de dicha Corte, siendo este un medio muy proporcionado para lograr feliz éxito en vuestras negociaciones.

Y también os recomiendo deis la más seria atención a todo aquello que pueda redundar en beneficio de mi Pueblo ya sea en asuntos de comercio o en cualquier otro, cuidando de trasladar a mi noticia las luces que adquiráis y observaciones que hiciereis; a fin de tomar en vista de ellas las providencias que más conduzcan a mi Real Servicio.

C

Pero antes de concluir este asunto conviene instruiros de que estamos de acuerdo el Cristianísimo y yo en negociar un Tratado de Alianza con la Puerta; a fin de evitar para lo sucesivo (en cuanto sea posible) que los esfuerzos de alguna Potencia guiada únicamente por su extraordinaria ambición, como está sucediendo en el día, ponga en ejecución sus proyectos de mudar el equilibrio y constitución de Europa.

Hemos tenido ya varias explicaciones con el Ministro Otomano que por su parte se ha mostrado bastante inclinado a efectuar el ajuste.

Pero como en todas las providencias de aquella Corte, reina una natural lentitud y que además los grandes acontecimientos de su guerra actual con Rusia ocupan su principal atención, nada hay hasta ahora adelantado positivamente; aunque tampoco por nuestra parte se ha esforzado el asunto en estos últimos tiempos, porque viendo el fuerte abatimiento en que se hallan los Turcos, hemos comprendido que cualquiera Tratado de Alianza concluido en el día nos traería muchos riesgos y ningunas ventajas, en cuyo concepto será más acertado suspenderlo hasta que la Puerta salga de la crítica situación en que se ve por medio de una Paz razonable.

PRÁCTICA NÚMERO 7

Lea, analice y comente

Acta de posesión de la Rada de Bucarely (Alta California)

En el nombre de la Santísima Trinidad, Padre, Hijo y Espíritu Santo, tres personas y un solo Dios verdadero, que es principio, hacedor y criador de todas las cosas, sin el cual ninguna buena se puede hacer, comenzar ni conservar. Y porque el principio bueno de cualquiera cosa ha de ser en Dios y por Dios, y en él conviene comenzarlo para gloria y honra suya. En su Santísimo nombre sea notorio a todos los que el presente testimonio, instrumento y carta de posesión vieren, como hoy viernes catorce de julio de mil setecientos setenta y cinco años, habiendo llegado esta fragata, nombrada Santiago, alias la Nueva Galicia, del muy poderoso, muy esclarecido y católico señor don Carlos Tercero, rey de Castilla, de León, de Aragón, de las Dos Sicilias, de Jerusalén, de Navarra, de Granada, de Toledo, de Valencia, de Galicia, de Mallorca, de Sevilla, de Cerdeña, de Córdoba, de Córcega, de Murcia, de Jaén, de los Algarbes, de Algecira, de Gibraltar, de las Islas de Canaria, de las Indias Orientales y Occidentales, islas y tierra firme del Mar Océano...que por mandado del excelentísimo señor bailío frey don Antonio María Bucarely y Ursúa... Virrey, gobernador y capitán general de el reino de Nueva España...salió del puerto de San Blas, uno de los de la Mar del Sur, de la comprensión de el mismo virreinato el día 16 de marzo del corriente año, para los descubrimientos siguiendo la costa de Monterrey al norte, y encargado por el comandante de esta expedición don Bruno de Heceta Dudagoitia, teniente de navío de la Real Armada, y estando sirta en esta rada de nueva, nombrada de Bucarely, y habiendo desembarcado en tierra el dicho comandante, y con él parte de la gente de mar y tierra de la fragata, y el padre fr. Benito de la Sierra, religioso de nuestro padre San Francisco, del colegio apostólico de San Fernando de México, sacó en tierra una cruz, la cual adoró de rodillas con toda la gente... el religioso entonó en cántico Te Deum Laudamus. En alta voz, dijo: que en el nombre de su majestad el rey don Carlos Tercero, nuestro señor, a quien Dios nuestro señor guarde por muchos años, con acrecentamiento de mayores estados y reinos para servicio de Dios, bien y prosperidad de sus vasallos y de los muy poderosos señores reyes herederos y sucesores suyos, que por tiempos fueron, como su comandante de esta dicha fragata y en virtud de orden e instrucciones que en su real nombre le dio el expresado excelentísimo señor virrey de esta Nueva España, tomaba y tomó, aprehendía y aprehendió la posesión de esta tierra, donde al presente está desembarcado, la cual ha descubierto para siempre jamás en el dicho real nombre y de la dicha Real Corona de Castilla y León, como dicho es, como cosa suya propia que es, y que realmente le pertenece por razón de la donación y bula que el muy santo padre Alejandro VI, sumo pontífice romano expidió motu propio, en donación a los muy altos y católicos señores don Fernando V y doña Isabel, su mujer, reyes de Castilla y León de gloriosa recordación, y a sus sucesores y herederos de la mitad del Mundo. Dada en Roma a cuatro de mayo del año de mil cuatrocientos noventa y tres, en virtud de la cual son estas tierras pertenecientes a la dicha real corona de Castilla y león, y como tal toma y tomó en dicha posesión de estas dichas tierras y sus comarcas, mares, ríos, ensenadas, puertos, bahías, golfos, archipiélagos y de esta dicha Rada de Bucarely, donde al presente está surta esta fragata y las subrogada y subrogó debajo del poder, posesión y dominio de la dicha real Corona de Castilla y León, como dicho es, como cosa suya, propia, que es, y en señal de posesión vel quasi, echando mano a su espada, que tenía en la cinta, con ella cortó árboles, ramos y hierbas, y mudó piedras y pasó los campos y playa sin contradicción alguna, pidiendo a los presentes que de ello fueren testigos, y a mí, Juan González, que soy el escribano, nombrado por el comandante de esta expedición, se lo diese por testimonio en pública forma. Y luego incontinenti, tomando una cruz grande a cuestas y puesta la gente de la fragata en orden de guerra, con fusiles y otras armas, llevaron en procesión la cruz, tomando el padre Fr. Benito de la Sierra una letanía, respondiéndole todos, y acabada la dicha procesión, el dicho comandante plantó la cruz, e hizo un mojón de piedras al pie de la misma, para memoria y señal de la posesión de todas estas tierras, mares y sus términos descubiertos, continuas y contiguas, y puso nombre a esta de Bucarely, como dicho es, y luego que la cruz fue plantada la adoraron segunda vez, e hicieron oración todos, pidiendo y suplicando que nuestro Señor Jesucristo fuese servido que aquello fuese para su Santo Servicio, y para que nuestra Santa Fe Católica fuese ensalzada, aumentada y anunciada y sembrada la palabra del Santo Evangelio, entre estas bárbaras naciones, que hasta ahora han estado desviadas del verdadero conocimiento y doctrina, para que los guarde y libre de los engaños y peligros del demonio, y de la ceguedad en que están, para que sus almas se salven, y luego el religioso cantó el Himno Vejilla Regis, etc.

Y concluida esta función el comandante, para más perpetua señal de memoria y posesión, hizo grabar en la misma cruz el Santísimo Nombre de Nuestro Señor Jesucristo, con estas cuatro letras iniciales: INRI. Y al pie de la misma, puso Carolus Tertius, Rex Hispaniarum. Y para que así conste lo firmaron el comandante don Bruno de Heceta Dudagoitia, teniente de navío de la Real Armada; el padre Fr. Benito de la Sierra, capellán; don Cristóbal de Revilla, piloto; Francisco Álvarez y Rua, calafate, Manuel Guzmán, artillero de mar, José Antonio Dávila…ante mí, el escribano. Juan Martín González.

PRÁCTICA NÚNERO 8

Lea, analice y comente

Declaración de Independencia de los Estados Unidos de América. 4 de julio de 1776

Cuando en el curso de los acontecimientos humanos se hace necesario para un pueblo disolver los vínculos políticos que lo han ligado a otro y tomar entre las naciones de la tierra el puesto separado e igual a que las leyes de la naturaleza y el Dios de esa naturaleza le dan derecho, un justo respeto al juicio de la humanidad exige que declare las causas que lo impulsan a la separación.

Sostenemos como evidentes estas verdades: que todos los hombres son creados iguales; que son dotados por su Creador de ciertos derechos inalienables; que entre éstos están la vida, la libertad y la búsqueda de la felicidad; que para garantizar estos derechos se instituyen entre los hombres los gobiernos, que derivan sus poderes legítimos del consentimiento de los gobernados; que cuando quiera que una forma de gobierno se haga destructora de estos principios, el pueblo tiene el derecho a reformarla o abolirla e instituir un nuevo gobierno que se funde en dichos principios, y a organizar sus poderes en la forma que a su juicio ofrecerá las mayores probabilidades de alcanzar su seguridad y felicidad. La prudencia, claro está, aconsejará que no se cambie por motivos leves y transitorios gobiernos de antiguo establecidos; y, en efecto, toda la experiencia ha demostrado que la humanidad está más dispuesta a padecer, mientras los males sean tolerables, que a hacerse e justicia aboliendo las formas a que está acostumbrada. Pero cuando una larga serie de abusos y usurpaciones, dirigida invariablemente al mismo objetivo, demuestra el designio de someter al pueblo a un despotismo absoluto, es su derecho, es su deber, derrocar ese gobierno y establecer nuevos resguardos para su futura seguridad. Tal ha sido el paciente sufrimiento de estas colonias; tal es ahora la necesidad que las obliga a reformar su anterior sistema de gobierno La historia del actual Rey de la Gran Bretaña es una historia de repetidos agravios y usurpaciones, encaminados todos directamente hacia el establecimiento de una tiranía absoluta sobre estos estados. Para probar esto, sometemos los hechos al juicio de un mundo imparcial.

(Aquí los colonos exponen Unos 25 agravios concretos de que acusan al monarca británico. Entre otras cosas... se ha negado a dar su asentimiento a las leyes necesarias para el bien público; [nos ha impuesto] «contribuciones sin nuestro consentimiento», etc.).

En cada etapa de estas opresiones, hemos pedido justicia en los términos más humildes: a nuestras repetidas peticiones se ha contestado solamente con repetidos agravios. Un Príncipe, cuyo carácter está así señalado co n cada uno de los actos que pueden definir a un tirano, no es digno de ser el gobernante de un pueblo libre.

Tampoco hemos dejado de dirigirnos a nuestros hermanos británicos. Los hemos prevenido de tiempo en tiempo de las tentativas de su poder legislativo para englobarnos en una jurisdicción injustificable. Les hemos recordado las circunstancias d e nuestra emigración y radicación aquí. Hemos apelado a su innato sentido de justicia y magnanimidad, y los hemos conjurado, por los vínculos de nuestro parentesco, a repudiar esas usurpaciones, las cuales interrumpirían inevitablemente nuestras relaciones y correspondencia. También ellos han sido sordos a la voz de la justicia y de la consanguinidad. Debemos, pues, convenir en la necesidad, que establece nuestra separación y considerarlos, como consideramos a las demás colectividades humanas: enemigos en la guerra, en la paz, amigos.

Por lo tanto, los Representantes de los Estados Unidos de América, convocados en Congreso General, apelando al Juez Supremo del mundo por la rectitud de nuestras intenciones, en nombre y por la autoridad del buen pueblo de estas Colonias, solemnemente hacemos público y declaramos: Que estas Colonias Unidas son, y deben serlo por derecho, Estados Libres e Independientes; que quedan libres de toda lealtad a la Corona Británica, y que toda vinculación política entre ellas y el Estado de la Gran Bretaña queda y debe quedar totalmente disuelta; y que, como Estados Libres o Independientes, tienen pleno poder para hacer la guerra, concertar la paz, concertar alianzas, establecer el comercio y efectuar los actos y providencias a que tienen derecho los Estados independientes.

Y en apoyo de esta Declaración, con absoluta confianza en la protección de la Divina Providencia, empeñamos nuestra vida, nuestra hacienda y nuestro sagrado honor.

PRÁCTICA NÚMERO 9

Lea, analice y comente

EXTRACTO DE LAS ACTAS DE LA ASAMBLEA NACIONAL, de los 20, 21, 22, 23, 24, 26 de agosto y primero de octubre de 1789

DECLARACIÓN DE LOS DERECHOS DEL HOMBRE EN SOCIEDAD

Los Representantes del Pueblo Francés, constituidos en Asamblea Nacional, considerando que la ignorancia, el olvido o el desprecio de los derechos del Hombre son las únicas causas de las calamidades públicas y de la corrupción de los Gobiernos, han resuelto exponer en una Declaración solemne los derechos naturales, inalienables y sagrados del Hombre; para que esta declaración, estando continuamente presente en la mente de los miembros de la corporación social, les recuerde permanentemente sus derechos y sus deberes; para que los actos de los poderes legislativo y ejecutivo, pudiendo ser confrontados en todo momento con los fines de toda institución política, puedan ser más respetados; y para que las reclamaciones de los Ciudadanos, al ser dirigidas por principios sencillos e incontestables, puedan tender siempre a mantener la Constitución y la felicidad de todos.

Por estas razones, la Asamblea Nacional, en presencia y bajo el auspicio del Ser Supremo, reconoce y declara los siguientes derechos del Hombre y del Ciudadano:

I - Los hombres nacen y permanecen libres e iguales en derechos. Las distinciones sociales sólo podrán fundarse en la utilidad pública.

II - La finalidad de toda asociación política es la conservación de los derechos naturales e imprescriptibles del Hombre. Esos derechos son la libertad, la propiedad, la seguridad y la resistencia a la opresión.

III - La Nación es esencialmente la fuente de toda Soberanía; ningún individuo ni ninguna corporación pueden ser revestidos de autoridad alguna que no emane directamente de ella.

IV - La libertad consiste en poder hacer todo aquello que no cause perjuicio a los demás. El ejercicio de los derechos naturales de cada hombre no tiene otros límites que los que garantizan a los demás Miembros de la Sociedad el disfrute de estos mismos derechos. Estos límites sólo pueden ser determinados por la Ley.

V - La Ley sólo tiene derecho a prohibir las acciones perjudiciales a la Sociedad. Lo que no está prohibido por la Ley no puede ser impedido. Nadie puede ser obligado a aquello que la Ley no ordena.

VI - La Ley es expresión de la voluntad general. Todos los ciudadanos tienen derecho a colaborar en su formación, sea personalmente, sea por medio de sus representantes. Debe ser igual para todos, sea para proteger o para castigar. Siendo todos los Ciudadanos iguales ante ella, todos son igualmente elegibles para todos los honores, colocaciones y empleos públicos, conforme a su capacidad, y sin ninguna otra distinción que la creada por sus virtudes y conocimientos.

VII - Ningún hombre puede ser acusado, arrestado ni mantenido en confinamiento excepto en los casos determinados por la Ley y de acuerdo con las formas por ésta prescritas. Todo aquél que solicite, emita, ejecute o haga que sean ejecutadas órdenes arbitrarias, debe ser castigado, y todo Ciudadano requerido o aprehendido en virtud de la Ley debe obedecer inmediatamente, y se hace culpable si ofrece resistencia.

VIII - La ley no debe imponer otras penas que aquéllas que son estrictamente y evidentemente necesarias; y nadie debe ser castigado sino en virtud de una ley establecida y promulgada con anterioridad a la ofensa y legalmente aplicada.

IX - Todo hombre es considerado inocente hasta que ha sido declarado convicto. Siempre que su detención se haga indispensable, la Ley ha de reprimir con severidad cualquier rigor que no sea indispensable para asegurar su persona.

X - Nadie debe ser molestado por razón de sus opiniones, ni aún por sus ideas religiosas, siempre que al manifestarlas no se causen trastornos del orden público establecido por la Ley.

XI - Puesto que la libre comunicación de los pensamientos y opiniones es uno de los más valiosos derechos del Hombre, todo Ciudadano puede hablar, escribir y publicar libremente, teniendo en cuenta que es responsable de los abusos de esta libertad en los casos determinados por la Ley.

XII - Siendo necesaria una fuerza pública para dar protección a los derechos del Hombre y del Ciudadano, se constituirá esta fuerza en beneficio de todos, y no para el provecho particular de las personas a las que ha sido confiada.

XIII - Siendo necesaria, para sostener la fuerza pública y subvenir a los gastos de la administración, una contribución común, ésta debe ser distribuida equitativamente entre todos los Ciudadanos, de acuerdo con sus facultades.

XIV - Todo Ciudadano tiene derecho, ya por sí mismo o por sus representantes, a constatar la necesidad de la contribución pública, a consentirla libremente, a hacer un seguimiento de su adjudicación y a determinar su cuantía, modo de amillaramiento y duración.

XV - La Sociedad tiene derecho a pedir a todos sus Agentes públicos cuentas de su administración.

XVI - Toda Sociedad en la que la garantía de los Derechos no esté asegurada, ni la separación de poderes definida, no tiene Constitución.

XVII - Siendo inviolable y sagrado el derecho de propiedad, nadie deberá ser privado de él, excepto en los casos de necesidad pública evidente, legalmente comprobada, y en condiciones de una indemnización previa y justa.

Extracto del acta de la ASAMBLEA NACIONAL del jueves 1 de octubre de 1789.

La Asamblea ha decretado que el señor Presidente se presentará ante el Rey, afin de someterle la Declaración de los Derechos para su aceptación.

Comprobado conforme al original.

Firmado, MOUNIER, Presidente; el VIZCONDE DE MIRABEAU, DÉMEUNIER, BUREAUX DE PUSY, el OBISPO DE NANCY, FAYDEL, el ABAD D'EYMAR, los Secretarios.

PRÁCTICA NÚMERO 10

Lea, analice y comente

Alegato en favor del capitán Alfred Dreyfus, dirigido por Émile Zola mediante una carta abierta al presidente de Francia, M. Félix Faure, y publicado por el diario L'Aurore el 13 de enero de 1898 en su primera plana.)

Yo acuso

(Carta al Presidente de la República Francesa)

Émile Zola

París, 13 de enero de 1898

Carta a M. Félix Faure

Presidente de la República Francesa

Señor: ¿Me permitís que, agradecido por la bondadosa acogida que me dispensasteis, me preocupe de vuestra gloria y os diga que vuestra estrella, tan feliz hasta hoy, esta amenazada por la más vergonzosa e imborrable mancha?

Habéis salido sano y salvo de bajas calumnias, habéis conquistado los corazones. Aparecisteis radiante en la apoteosis de la fiesta patriótica que, para celebrar la alianza rusa, hizo Francia, y os preparáis a presidir el solemne triunfo de nuestra Exposición Universal, que coronará este gran siglo de trabajo, de verdad y de libertad. ¡Pero qué mancha de cieno sobre vuestro nombre –iba a decir sobre vuestro reino– puede imprimir este abominable proceso Dreyfus! Por lo pronto, un consejo de guerra se atreve a absolver a Esterhazy, bofetada suprema a toda verdad, a toda justicia. Y no hay remedio; Francia conserva esa mancha y la historia consignará que semejante crimen social se cometió al amparo de vuestra presidencia.

Puesto que se ha obrado tan sin razón, hablaré. Prometo decir toda la verdad y la diré si antes no lo hace el tribunal con toda claridad.

Es mi deber: no quiero ser cómplice. Todas las noches me desvelaría el espectro del inocente que expía a lo lejos cruelmente torturado, un crimen que no ha cometido.

Por eso me dirijo a vos gritando la verdad con toda la fuerza de mi rebelión de hombre honrado. Estoy convencido de que ignoráis lo que ocurre. ¿Y a quién denunciar las infamias de esa turba malhechora de verdaderos culpables sino al primer magistrado del país?

Ante todo, la verdad acerca del proceso y de la condenación de Dreyfus.

Un hombre nefasto ha conducido la trama; el coronel Paty de Clam, entonces comandante. Él representa por sí solo el asunto Dreyfus; no se le conocerá bien hasta que una investigación leal determine claramente sus actos y sus responsabilidades. Aparece como un espíritu borroso, complicado, lleno de intrigas novelescas, complaciéndose con recursos de folletín, papeles robados, cartas anónimas, citas misteriosas en lugares desiertos, mujeres enmascaradas. Él imaginó lo de dictarle a Dreyfus la nota sospechosa, él concibió la idea de observarlo en una habitación revestida de espejos, es a él a quien nos presenta el comandante Forzineti, armado de una linterna sorda, pretendiendo hacerse conducir junto al acusado, que dormía, para proyectar sobre su rostro un brusco chorro de luz para sorprender su crimen en su angustioso despertar. Y no hay para que diga yo todo: busquen y encontrarán cuanto haga falta. Yo declaro sencillamente que el comandante Paty de Clam, encargado de instruir el proceso Dreyfus y considerado en su misión judicial, es en el orden de fechas y responsabilidades el primer culpable del espantoso error judicial que se ha cometido.

La nota sospechosa estaba ya, desde hace algún tiempo, entre las manos del coronel Sandherr, jefe del Negociado de Informaciones, que murió poco después, de una parálisis general. Hubo fugas, desaparecieron papeles (como siguen desapareciendo aún), y el autor de la nota sospechosa era buscado cuando se afirmó a priori que no podía ser más que un oficial del Estado mayor, y precisamente del cuerpo de artillería; doble error manifiesto que prueba el espíritu superficial con que se estudió la nota sospechosa, puesto que un detenido examen demuestra que no podía tratarse más que de un oficial de infantería.

Se procedió a un minucioso registro; examinándose las escrituras; aquello era como un asunto de familia y se buscaba al traidor en las mismas oficinas para sorprenderlo y expulsarlo. Desde que una sospecha ligera recayó sobre Dreyfus, aparece el comandante Paty de Clam, que se esfuerza en confundirlo y en hacerle declarar a su antojo.

Aparecen también el ministro de la Guerra, el general Mercier, cuya inteligencia debe ser muy mediana, el jefe de Estado Mayor, general Boisdeffre, que habrá cedido a su pasión clerical, y el general Gonse, cuya conciencia elástica pudo acomodarse a muchas cosas.

Pero en el fondo de todo esto no hay más que el comandante Paty de Clam, que a todos los maneja y hasta los hipnotiza, porque se ocupa también de ciencias ocultas, y conversa con los espíritus.

Parecen inverosímiles las pruebas a que se ha sometido al desdichado Dreyfus, los lazos en que se ha querido hacerle caer, las investigaciones desatinadas, las combinaciones monstruosas... ¡qué denuncia tan cruel!

¡Ah! Por lo que respecta a esa primera parte, es una pesadilla insufrible, para quien esta al corriente de sus detalles verdaderos.

El comandante Paty de Clam prende a Dreyfus y lo incomunica. Corre después en busca de la señora de Dreyfus y le infunde terror, previniéndola de que, si habla, su esposo está perdido. Entre tanto, el desdichado se arranca la carne y proclama con alaridos su inocencia, mientras la instrucción del proceso se hace como una crónica del siglo XV, en el misterio, con una terrible complicación de expedientes, todo basado en una sospecha infantil, en la nota sospechosa, imbécil, que no era solamente una traición vulgar, era también un estúpido engaño, porque los famosos secretos vendidos eran tan inútiles que apenas tenían valor. Si yo insisto, es porque veo en este germen, de donde saldrá más adelante el verdadero crimen, la espantosa denegación de justicia, que afecta profundamente a nuestra Francia. Quisiera hacer palpable cómo pudo ser posible el error judicial, cómo nació de las maquinaciones del comandante Paty de Clam y como los generales Mercier, Boisdeffre y Gonse, sorprendidos al principio, han ido comprometiendo poco a poco su responsabilidad en este error, que más tarde impusieron como una verdad santa, una verdad indiscutible, desde luego, solo hubo de su parte incuria y torpeza; cuando más, cedieran a las pasiones religiosas del medio y a prejuicios de sus investiduras. ¡Y vayan siguiendo las torpezas!

Cuando aparece Dreyfus ante el Consejo de Guerra, exigen el secreto más absoluto. Si un traidor hubiese abierto las fronteras al enemigo para conducir al emperador de Alemania hasta Nuestra Señora de París, no se hubieran tomado mayores precauciones de silencio y misterio.

Se murmuran hechos terribles, traiciones monstruosas y, naturalmente, la Nación se inclina llena de estupor, no halla castigo bastante severo, aplaudir la degradación pública, gozar viendo al culpable sobre su roca de infamia devorado por los remordimientos...

¿Luego es verdad que existen cosas indecibles, dañinas, capaces de revolver toda Europa y que ha sido preciso para evitar grandes desdichas enterrar en el mayor secreto? ¡No! Detrás de tanto misterio solo se hallan las imaginaciones románticas y dementes del comandante Paty de Clam. Todo esto no tiene otro objeto que ocultar la más inverosímil novela folletinesca. Para asegurarse, basta estudiar atentamente el acta de acusación leída ante el Consejo de guerra.

¡Ah! ¡Cuánta vaciedad! Parece mentira que con semejante acta pudiese ser condenado un hombre. Dudo que las gentes honradas pudiesen leerlas sin que su alma se llene de indignación y sin que se asome a sus labios un grito de rebeldía, imaginando la expiación desmesurada que sufre la víctima en la Isla del Diablo.

Dreyfus conoce varias lenguas: crimen. En su casa no hallan papeles comprometedores; crimen. Algunas veces visita su país natal; crimen. Es laborioso, tiene ansia de saber; crimen. Si no se turba; crimen. Todo crimen, siempre crimen... Y las ingenuidades de redacción, ¡las formales aserciones en el vacío! Nos habían hablado de catorce acusaciones y no aparece más que una: la nota sospechosa. Es más: averiguamos que los peritos no están de acuerdo y que uno de ellos, M. Gobert, fue atropellado militarmente porque se permitía opinar contra lo que se deseaba. Háblase también de veintitrés oficiales, cuyos testimonios pasarían contra Dreyfus. Desconocemos aún sus interrogatorios, pero lo cierto es que no todos lo acusaron, habiendo que añadir, además, que los veintitrés oficiales pertenecían a las oficinas del Ministerio de la Guerra. Se las arreglan entre ellos como si fuese un proceso de familia, fijaos bien en ello: el Estado Mayor lo hizo, lo juzgó y acaba de juzgarlo por segunda vez.

Así, pues, solo quedaba la nota sospechosa acerca de la cual los peritos no estuvieron de acuerdo. Se dice que, en el Consejo, los jueces iban ya, naturalmente a absolver al reo, y desde entonces, con obstinación desesperada, para justificar la condena, se afirma la existencia de un documento secreto, abrumador; el documento que no se puede publicar, que lo justifica todo y ante el cual todos debemos inclinarnos: ¡el Dios invisible e incognoscible! Ese documento no existe, lo niego con todas mis fuerzas. Un documento ridículo, sí, tal vez el documento en que se habla de mujercillas y de un señor D... que se hace muy exigente, algún marido, sin duda, ¡que juzgaba poco retribuidas las complacencias de su mujer! Pero un documento que interese a la defensa nacional, que no puede hacerse público sin que se declare la guerra inmediatamente, ¡no! ¡No! Es una mentira, tanto mas odiosa y cínica, cuanto que se lanza impunemente sin que nadie pueda combatirla. Los que la fabricaron, conmueven el espíritu francés y se ocultan detrás de una legítima emoción; hacen enmudecer las bocas, angustiando los corazones y pervirtiendo las almas. ¡No conozco en la historia un crimen cívico de tal magnitud!

He aquí, señor Presidente, los hechos que demuestran cómo pudo cometerse un error judicial. Y las pruebas morales, como la posición social de Dreyfus, su fortuna, su continuo clamor de inocencia, la falta de motivos justificados, acaban de ofrecerlo como una víctima de las extraordinarias maquinaciones del medio clerical en que se movía, y del odio a los puercos judíos que deshonran nuestra época.

Y llegamos al asunto Esterhazy. Han pasado tres años y muchas conciencias permanecen turbadas profundamente, se inquietan, buscan, y acaban por convencerse de la inocencia de Dreyfus.

No historiaré las primeras dudas y la final convicción de M. Scheurer-Kestner. Pero mientras él rebuscaba por su parte, acontecían hechos de importancia en el Estado Mayor. Murió el coronel Sandherr y sucedióle como jefe del Negociado de informaciones, el teniente coronel Picquart, quien por esta causa, en ejercicio de sus funciones, tuvo un día ocasión de ver una carta telegrama dirigida al comandante Esterhazy por un agente de una potencia extranjera. Era su deber abrir una información y no lo hizo sin consultar con sus jefes, el general Gonse y el general Boisdeffre y luego con el general Billot, que había sucedido al de la Guerra. El famoso expediente Picquart, de que tanto se ha hablado, no fue más que el expediente Billot, es decir, el expediente instruido por un subordinado cumpliendo las órdenes del ministro, expediente que debe existir aún en el ministerio de la Guerra. Las investigaciones duraron de mayo a septiembre de 1896, y es preciso decir bien alto que el general Gonse estaba convencido de la culpabilidad de Esterhazy y que los generales Boisdeffre y Billot no ponían en duda que la célebre nota sospechosa fuera de Esterhazy. El informe del teniente coronel Picquart había conducido a esta prueba cierta. Pero el sobresalto de todos era grande, porque la condena de Esterhazy obligaba inevitablemente a la revisión del proceso Dreyfus; y el Estado Mayor a ningún precio quería desautorizarse.

Debió haber un momento psicológico de angustia suprema entre todos los que intervinieron en el asunto; pero es preciso notar que, habiendo llegado al ministerio el general Billot, después de la sentencia dictada contra Dreyfus, no estaba comprometido en el error y podía esclarecer la verdad sin desmentirse. Pero no se atrevió, temiendo acaso el juicio de la opinión pública y la responsabilidad en que habían incurrido los generales Boisdeffre y Gonse y todo el Estado Mayor. Fue un combate librado entre su conciencia de hombre y todo lo que suponía el buen nombre militar. Pero luego acabó por comprometerse, y desde entonces, echando sobre sí los crímenes de los otros, se hace tan culpable como ellos; es más culpable aún, porque fue árbitro de la justicia y no fue justo. ¡Comprended esto! Hace un año que los generales Billot, Boisdeffre y Gonse, conociendo la inocencia de Dreyfus, guardan para sí esta espantosa verdad. ¡Y duermen tranquilos, y tienen mujer e hijos que los aman!

El coronel Picquart había cumplido sus deberes de hombre honrado. Insistió cerca de sus jefes, en nombre de la justicia, suplicándoles, diciéndoles que sus tardanzas eran evidentes ante la terrible tormenta que se les venía encima, para estallar, en cuanto la verdad se descubriera. Moinsieur Scheurer-Kestner rogó también al general Billot que por el patriotismo activara el asunto antes de que se convirtiera en desastre nacional. ¡No! El crimen estaba cometido y el Estado Mayor no podía ser culpable de ello. Por eso, el teniente coronel Picquart fue nombrado para una comisión que lo apartaba del ministerio, y poco a poco fueron alejándose hasta el ejército expedicionario de África, donde quisieron honrar un día su bravura, encargándole una misión que le hubiera la vida en los mismos parajes donde el marqués de Mopres encontró la muerte. Pero no había caído aún en desgracia; el general Gonse mantenía con él una correspondencia muy amistosa. Su desdicha era conocer un secreto de los que no debieran conocerse jamás.

En París la verdad se abría camino, y sabemos ya de que modo la tormenta estalló. M. Mathieu Dreyfus denunció al comandante Esterhazy como verdadero autor de la nota sospechosa; mientras M.Scheurer-Kestner depositaba entre las manos del guardasellos una solicitud pidiendo la revisión del proceso. Desde ese punto el comandante Esterhazy entra en juego. Testimonios autorizados lo muestran como loco, dispuesto al suicidio, a la fuga. Luego, todo cambia, y sorprende con la violencia de su audaz actitud. Había recibido refuerzos: un anónimo advirtiéndole los manejos de sus enemigos; una dama misteriosa que se molesta en salir de noche para devolver un documento que había sido robado de las oficinas militares y que le interesaba conservar para su salvación. Comienzan de nuevo las novelerías folletinescas, en la que reconozco los medios ya usados por la fértil imaginación del teniente coronel Paty de Clam. Su obra, la condenación de Dreyfus, peligraba, y sin duda quiso defenderla. La revisión del proceso era el desquiciamiento de su novela folletinesca, tan extravagante como trágica, cuyo espantoso desenlace se realiza en la Isla del Diablo. Y esto no podía consentirlo.

Así comienza el duelo entre el teniente coronel Picquart, a cara descubierta, y el teniente coronel Paty de Clam, enmascarado. Pronto se hallarán los dos ante la justicia civil. En el fondo no hay más que una cosa: el Estado Mayor defendiéndose y evitando confesar su crimen, cuya abominación aumenta de hora en hora.

Se ha preguntado con estupor cuáles eran los protectores del comandante Esterhazy. Desde luego, en la sombra, el teniente coronel Paty de Clam, que ha imaginado y conducido todas las maquinaciones, descubriendo su presencia en los procedimientos descabellados. Después los generales Boisdeffre, Gonse y Boillot, obligados a defender al comandante, puesto que no pueden consentir que se pruebe la inocencia de Dreyfus, cuando este acto habría de lanzar contra las oficinas de la Guerra el desprecio del público.

Y el resultado de esta situación prodigiosa es que un hombre intachable, Picquart, el único entre todos que ha cumplido con su deber, será la víctima escarnecida y castigada. ¡Oh justicia! ¡Que triste desconsuelo embarga el corazón! Picquart es la víctima, se lo acusa de falsario y se dice que fabricó la carta telegrama para perder a Esterhazy. Pero, ¡Dios mío!, ¿por qué motivo? ¿Con qué objeto? Que indiquen una causa, una sola. ¿Estar pagado por los judíos? Precisamente Picquart es un apasionado antisemita. Verdaderamente asistimos a un espectáculo infame; para proclamar la inocencia de los hombres cubiertos de vicios, deudas y crímenes, acusan un hombre de vida ejemplar. Cuando un pueblo desciende a esas infamias, esta próximo a corromperse y aniquilarse.

A esto se reduce, señor Presidente de la república, el asunto Esterhazy, un culpable a quien se trata de salvar haciéndole parecer inocente, hace dos meses que no perdemos de vista esa interesante labor. Y abrevio porque solo quise hacer el resumen, a grandes rasgos, de la historia cuyas ardientes páginas un día serán escritas con toda extensión.

Hemos visto al general Pellieux, primero, y al comandante Ravary, mas tarde, hacer una información infame, de la cual han de salir transfigurados los bribones y perdidas las gentes honradas. Después se ha convocado al Consejo de Guerra. ¿Cómo se pudo suponer que un Consejo de Guerra deshiciese lo que había hecho un Consejo de Guerra?

Aparte la fácil elección de los jueces, la elevada idea de disciplina que llevan esos militares en el espíritu, bastaría para debilitar su rectitud. Quien dice disciplina dice obediencia. Cuando el ministro de la guerra, jefe supremo, ha declarado públicamente y entre las aclamaciones de la representación nacional, la inviolabilidad absoluta de la cosa juzgada, ¿queréis que un Consejo de Guerra se determine a desmentirlo formalmente? Jerárquicamente no es posible tal cosa. El general Billot, con sus declaraciones, ha sugestionado a los jueces que han juzgado como entrarían en fuego a una orden sencilla de su jefe: sin titubear. La opinión preconcebida que llevaron al tribunal fue sin duda esta: "*Dreyfus ha sido condenado por crimen de traición ante un Consejo de Guerra; luego es culpable y nosotros, formando un Consejo de Guerra, no podemos declararlo inocente. Y como suponer culpable a Esterhazy, sería proclamar la inocencia de Dreyfus, Esterhazy debe ser inocente*".

Y dieron el inocuo fallo que pesará siempre sobre nuestros Consejos de Guerra, que hará en adelante sospechosas todas sus deliberaciones. El primer Consejo de guerra pudo equivocarse; pero el segundo ha mentido. El jefe supremo había declarado la cosa juzgada inatacable, santa, superior a los hombres, y ninguno se atrevió a decir lo contrario. Se nos habla del honor del ejército; se nos induce a respetarlo y amarlo. Cierto que sí; el ejército que se alzará en cuanto se nos dirija la menor amenaza, que defenderá el territorio francés, lo forma todo el pueblo, y solo tenemos para el ternura y veneración. Pero ahora no se trata del ejército, cuya dignidad justamente mantenemos en el ansia de justicia que nos devora; se trata del sable, del señor que nos darán acaso mañana. Y besar devotamente la empuñadura del sable del ídolo. ¡No, eso no!

Por lo demás queda demostrado que el proceso Dreyfus no era más que un asunto particular de las oficinas de guerra; un individuo del Estado Mayor, denunciado por sus camaradas del mismo cuerpo, y condenado, bajo la presión de sus jefes.

Por lo tanto, lo repito, no puede aparecer inocente sin que todo el Estado mayor aparezca culpable. Por esto las oficinas militares, usando todos los medios que les ha sugerido su imaginación y que les permiten sus influencias, defienden a Esterhazy para hundir de nuevo a Dreyfus. ¡Ah!, que gran barrido debe hacer el Gobierno republicano en esa cueva jesuítica (frase del mismo general Billot). ¿Cuándo vendrá el ministerio verdaderamente fuerte y patriota, que se atreva de una vez a refundirlo, y renovarlo todo? Conozco a muchas gentes que, suponiendo posible una guerra, tiemblan de angustia, ¡porque saben en qué manos esta la defensa nacional! ¡En qué albergue de intrigas, chismes y dilapidaciones se ha convertido el sagrado asilo donde se decide la suerte de la patria! Espanta la terrible claridad que arroja sobre aquel antro el asunto Dreyfus; el sacrificio humano de un infeliz, de un puerco judío. ¡Ah! se han agitado allí la demencia y la estupidez, maquinaciones locas, prácticas de baja policía, costumbres inquisitoriales; el placer de algunos tiranos que pisotean la nación, ahogando en su garganta el grito de verdad y de justicia bajo el pretexto, falso y sacrílego, de razón de estado.

Y es un crimen más apoyarse con la persona inmunda, dejarse defender por todos los bribones de París, de manera que los bribones triunfen insolentemente, derrotando el derecho y la probidad. Es un crimen haber acusado como perturbadores de Francia a cuantos quieren verla generosa y noble a la cabeza de las naciones libres y justas, mientras los canallas urden impunemente el error que tratan de imponer al mundo entero. Es un crimen extraviar la opinión con tareas mortíferas que la pervierten y la conducen al delirio. Es un crimen envenenar a los pequeños y a los humildes, exasperando las pasiones de reacción y de intolerancia, y cubriéndose con el antisemitismo, de cuyo mal morirá sin duda la Francia libre, si no sabe curarse a tiempo. Es un crimen explotar el patriotismo para trabajos de odio; y es un crimen, en fin, hacer del sable un dios moderno, mientras toda la ciencia humana emplea sus trabajos en una obra de verdad y de justicia.

¡Esa verdad, esa justicia que nosotros buscamos apasionadamente, las vemos ahora humilladas y desconocidas! Imagino el desencanto que padecerá sin duda el alma de M. Scheurer-Kestner, y lo creo atormentado por los remordimientos de no haber procedido revolucionariamente el día de la interpelación en el Senado, desembarazándose de su carga, para derribarlo todo de una vez. Creyó que la verdad brilla por si sola, que se lo tendría por honrado y leal, y esta confianza lo ha castigado cruelmente. Lo mismo le ocurre al teniente coronel Picquart que, por un sentimiento de dignidad elevada, no ha querido publicar las cartas del general Gonse; escrúpulos que lo honran de tal modo que, mientras permanecía respetuoso y disciplinado, sus jefes lo hicieron cubrir de lodo instruyéndole un proceso de la manera mas desusada y ultrajante. Hay, pues, dos víctimas; dos hombres honrados y leales, dos corazones nobles y sencillos, que confiaban en Dios, mientras el diablo hacia de las suyas. Y hasta hemos visto contra el teniente coronel Picquart este acto innoble: un tribunal francés consentir que se acusara públicamente a un testigo y cerrar los ojos cuando el testigo se presentaba para explicar y defenderse. Afirmo que esto es un crimen más, un crimen que subleva la conciencia universal. Decididamente, los tribunales militares tienen una idea muy extraña de la justicia.

Tal es la verdad, señor Presidente, verdad tan espantosa, que no dudo quede como una mancha en vuestro gobierno. Supongo que no tengáis ningún poder en este asunto, que seáis un prisionero de la Constitución y de la gente que os rodea; pero tenéis un deber de hombre en el cual meditaréis cumpliéndolo, sin duda honradamente. No creáis que desespero del triunfo; lo repito con una certeza que no permite la menor vacilación; la verdad avanza y nadie podrá contenerla.

Hasta hoy no principia el proceso, pues hasta hoy no han quedado deslindadas las posiciones de cada uno; a un lado los culpables, que no quieren la luz; al otro los justicieros que daremos la vida porque la luz se haga. Cuanto más duramente se oprime la verdad, más fuerza toma, y la explosión será terrible. Veremos como se prepara el más ruidoso de los desastres.

Señor Presidente, concluyamos, que ya es tiempo.

Yo acuso al teniente coronel Paty de Clam como laborante –quiero suponer inconsciente– del error judicial, y por haber defendido su obra nefasta tres años después con maquinaciones descabelladas y culpables.

Acuso al general Mercier por haberse hecho cómplice, al menos por debilidad, de una de las mayores iniquidades del siglo.

Acuso al general Billot de haber tenido en sus manos las pruebas de la inocencia de Dreyfus, y no haberlas utilizado, haciéndose por lo tanto culpable del crimen de lesa humanidad y de lesa justicia con un fin político y para salvar al Estado Mayor comprometido.

Acuso al general Boisdeffre y al general Gonse por haberse hecho cómplices del mismo crimen, el uno por fanatismo clerical, el otro por espíritu de cuerpo, que hace de las oficinas de Guerra un arca santa, inatacable.

Acuso al general Pellieux y al comandante Ravary por haber hecho una información infame, una información parcialmente monstruosa, en la cual el segundo ha labrado el imperecedero monumento de su torpe audacia.

Acuso a los tres peritos calígrafos, los señores Belhomme, Varinard y Couard por sus informes engañadores y fraudulentos, a menos que un examen facultativo los declare víctimas de ceguera de los ojos y del juicio.

Acuso a las oficinas de Guerra por haber hecho en la prensa, particularmente en L'Éclair y en L'Echo de París. Una campaña abominable para cubrir su falta, extraviando a la opinión pública.

Y por último: acuso al primer Consejo de Guerra, por haber condenado a un acusado fundándose en un documento secreto, y al segundo Consejo de Guerra, por haber cubierto esta ilegalidad, cometiendo el crimen jurídico de absolver conscientemente a un culpable.

No ignoro que, al formular estas acusaciones, arrojo sobre mí los artículos 30 y 31 de la Ley de Prensa del 29 de julio de 1881, que se refieren a los delitos de difamación. Y voluntariamente me pongo a disposición de los Tribunales.

En cuanto a las personas a quienes acuso, debo decir que ni las conozco ni las he visto nunca, ni siento particularmente por ellas rencor ni odio. Las considero como entidades, como espíritus de maleficencia social. Y el acto que realizo aquí, no es más que un medio revolucionario de activar la explosión de la verdad y de la justicia.

Sólo un sentimiento me mueve, sólo deseo que la luz se haga, y lo imploro en nombre de la humanidad, que ha sufrido tanto y que tiene derecho a ser feliz. Mi ardiente protesta no es más que un grito de mi alma. Que se atrevan a llevarme a los Tribunales y que me juzguen públicamente.

Así lo espero.

Émile Zola

París, 13 de enero de 1898

PRÁCTICA NÚMERO 11

Lea, analice y comente

Discurso de Niceto Alcalá Zamora, presidente del gobierno provisional de la Segunda República –14 de Abril de 1931–.

En nombre de todo el gobierno de la República española, saluda al pueblo una voz, la de su Presidente, rendida por la emoción e impulsada por el entusiasmo ante el espectáculo sin igual de una reacción casi imposible de imitar que esta nación ha dado al mundo resolviendo el problema de su revolución latente y cambio indispensable de su estructuración, en medio de un orden maravilloso y por voluntad y vía perfectamente legales. El Gobierno todo, en nombre del cual hablo, está compenetrado por su amor al país y dispuesto a resolver los ideales nacionales y ofrece que pronto, muy pronto, tan pronto como las circunstancias lo permitan, dictará el modelo de su estructuración política. Pero mientras tanto, el Gobierno realizará un programa de justicia social y de reforma administrativa de supresión de injusticia, depuración de responsabilidades y restablecimiento de la ley. Dará con todo ello la satisfacción que el pueblo anhela... El acto del domingo con ser admirable y perfecto, ha tenido complemento grandioso con el requerimiento que ayer hizo la opinión al régimen monárquico para que desaparezca e la implantación en el día de hoy de la República por un acto de voluntad soberana, de iniciativa del país, sin el menor trastorno, completando aquella empresa de tal manera que el mundo entero sentirá y admirará la conducta de España, ya puesta en otras manos con un orden ejemplar, que ha de completar su eficacia.

Asistid al gobierno con vuestra confianza, vigiladle en sus actos y, si incurrimos en responsabilidad, exigidlas; y con nuestro amor y con nuestra conciencia prometemos llenar todas vuestras aspiraciones. Si esto es así, no os reclamamos vuestro aplauso, sino vuestra confianza, para la satisfacción de la conciencia de todos nosotros. Nuestra autoridad sólo puede existir con vuestro apoyo, seguir unidos sin alborotos en las Calles y respetad el derecho de todos; pero vigilad, pues sois la guardia nacional del Gobierno que acompaña al pueblo. Procurad que en vuestra conducta no haya nunca la menor protesta que sirva de pretexto para una reacción contraria y, si ella surgiere, quede ahogada.

La normalidad en el país es completa, y nos hemos posesionado sin el menor incidente. El primer acto del Gobierno ha sido la concesión de una amplia y generosa amnistía.

Estamos todos seguros de que España goza de un completo amor en todas las regiones, que servirá para hacer una España grande, sin que ningún pueblo se sienta oprimido, y reine entre todos ellos la confraternidad.

Con el corazón en alto os digo que el Gobierno de la República no puede dar a todos la felicidad, porque eso no está en sus manos, pero sí el cumplimiento del deber, el restablecimiento de la ley y la conducta inspirada en el bien de la patria. ¡Viva España y viva la República!

PRÁCTICA NÚMERO 12

Lea, analice y comente

Ley para la Reforma Política

Remitido a consulta de la Nación y ratificado por mayoría de votos en el referéndum celebrado el día quince de diciembre de mil novecientos setenta y seis el proyecto de ley para la reforma política, de rango fundamental, que había sido aprobado por las cortes en sesión plenaria del dieciocho de noviembre de mil novecientos setenta y seis.

Dispongo:

Articulo primero

Uno. La democracia, en el estado español se basa en la supremacía de la ley, expresión de la voluntad soberana del pueblo.

Los derechos fundamentales de la persona son inviolables y vinculan a todos los órganos del estado.

Dos. La potestad de elaborar y aprobar las leyes reside en las cortes. El rey sanciona y promulga las leyes.

Articulo segundo

Uno. Las cortes se componen del congreso de diputados y del senado.

Dos. Los diputados del congreso serán elegidos por sufragio universal, directo y secreto de los españoles mayores de edad.

Tres. Los senadores serán elegidos en representación de las entidades territoriales. El rey podrá designar para cada legislatura senadores en número no superior a la quinta parte del de los elegidos.

Cuatro. La duración del mandato de diputados y senadores será de cuatro años.

Cinco. El congreso y el senado establecerán sus propios reglamentos y elegirán sus respectivos presidentes.

Seis. El presidente de las cortes y del consejo del reino será nombrado por el rey.

Articulo tercero

Uno. La iniciativa de reforma constitucional corresponderá:

a) al gobierno.

b) al congreso de diputados.

Dos. Cualquier reforma constitucional requerirá la aprobación por la mayoría absoluta de los miembros del congreso y del senado. El senado deliberará sobre el texto previamente aprobado por el congreso y, si este no fuera aceptado ene sus términos, las discrepancias se someterán a una comisión mixta, bajo la presidencia de quien ostentara la de las cortes y de la que formaran parte los presidentes del congreso y del senado, cuatro diputados y cuatro senadores, elegidos por las respectivas cámaras. Si esta comisión no llegara a un acuerdo o los términos del mismo no merecieran la aprobación de una y otra cámara, la decisión se adoptara por mayoría absoluta de los componentes de las cortes en reunión conjunta de ambas cámaras.

Tres. El rey, antes de sancionar una ley de reforma constitucional, deberá someter el proyecto a referéndum de la nación.

Articulo cuarto

En la tramitación de los proyectos de ley ordinaria, el senado deliberara sobre el texto previamente aprobado por el congreso. En caso de que este no fuera aceptado en sus términos, las discrepancias se someterán a una comisión mixta, compuesta de la misma forma que se establece en el artículo anterior.

Si esta comisión no llegara a un acuerdo o los términos del mismo no merecieran la aprobación, por mayoría simple, de una y otra cámara, el gobierno podrá pedir al congreso de diputados que resuelva definitivamente por mayoría absoluta de sus miembros.

Articulo quinto

El rey podrá someter directamente al pueblo una opción política de interés nacional, sea o no de carácter constitucional, para que decida mediante referéndum, cuyos resultados se impondrán a todos los órganos del estado.

Si el objeto de la consulta se refiriera a materia de competencia de las cortes y estas no tomaran la decisión correspondiente de acuerdo con el resultado del referéndum, quedaran disueltas, procediéndose a la convocatoria de nuevas elecciones.

Disposiciones transitorias

Primera

El gobierno regulara las primeras elecciones a cortes para constituir un congreso de trescientos cincuenta diputados y elegir doscientos siete senadores a razón de cuatro por provincia y uno más por cada provincia insular, dos por Ceuta y dos por melilla. Los senadores serán elegidos por sufragio universal, directo y secreto de los españoles mayores de edad que residan en el respectivo territorio.

Las elecciones al congreso se inspiraran en criterios de representación proporcional, conforme a las siguientes bases:

Primera.-se aplicaran dispositivos correctores para evitar fragmentaciones inconvenientes de la cámara, a cuyo efecto se fijaran porcentajes mínimos de sufragios para acceder al congreso.

Segunda.-la circunscripción electoral será la provincia, fijándose un número mínimo inicial de diputados para cada una de ellas.

Las elecciones al senado se inspiraran en criterios de escrutinio mayoritario.

Segunda

Una vez constituidas las nuevas cortes:

Uno. Una comisión compuesta por los presidentes de las cortes, del congreso de diputados y del senado, por cuatro diputados elegidos por el congreso y por cuatro senadores elegidos por el senado, asumirá las funciones que el articulo 13 de la ley de cortes encomienda a la comisión que en el se menciona.

Dos. Cada cámara constituirá una comisión que asuma las demás funciones encomendadas a la comisión prevista en el artículo 12 de la ley de cortes.

Tres. Cada cámara eligiera de entre sus miembros cinco consejeros del reino para cubrir las vacantes producidas por el cese de los actuales consejeros electivos.

Tercera

Desde la constitución de las nuevas cortes y hasta que cada cámara establezca su propio reglamento, se regirán por el de las actuales cortes en lo que no este en contradicción con la presente ley, sin perjuicio de la facultad de acordar, de un modo inmediato las modificaciones parciales que resulten necesarias o se estimen convenientes.

Disposición final

La presente ley tendrá rango de Ley Fundamental.

Dada en Madrid a cuatro de enero de mil novecientos setenta y siete.

Juan Carlos

El presidente de las cortes españolas,

Torcuato Fernández-Miranda y Hevia

BIBLIOGRAFÍA BÁSICA RECOMENDADA

Aguilera Barchet, Bruno, *Historia y Derecho. Manual de iniciación*, Barcelona, 1994.
Alejandre García, Juan Antonio, *Temas de Historia del Derecho: Derecho del Constitucionalismo y la Codificación*, Sevilla, 1978; *Temas de Historia del Derecho: Derecho primitivo y romanización jurídica*, Sevilla, 1977.
Alvarado Planas, Javier; Montes Salguero, Jorge J.; Pérez Marcos, Regina Mª; Sánchez, Dolores del Mar, *Temas de Historia del Derecho y de las Instituciones*, I y II, Madrid, 1998.
Álvarez de Morales, Antonio, *Apuntes de Historia de las Instituciones españolas (siglos XVIII-XIX)*, Madrid, 1976; *Historia del Derecho y de las Instituciones españolas*, Madrid, 1989.
Barrero García, Ana María, «Las fuentes del Derecho histórico español», en *Enciclopedia de Historia de España*, dirigida por Miguel Artola, VII, Madrid, 1993, PP. 229-335.
Beneyto Pérez, Juan, *Historia de la Administración española e hispanoamericana,* Madrid, 1958; *Instituciones de Derecho histórico*, 3 vols., Madrid, 1930-1931; vol. 4, Fuentes, Madrid, 1931; *Manual de Historia del Derecho*, Madrid, 1940.
Brocá, Guillem M. de, *Historia del Derecho de Cataluña, especialmente del civil y exposición de las instituciones del Derecho civil del mismo territorio en relación con el Código civil de España y la jurisprudencia*, 2 vols., Barcelona, 1918-1926; reed., 1985-1987.
Camps i Arboix, Joaquín de, *Historia del Derecho catalán moderno*, Barcelona, 1958.
Clavero Salvador, Bartolomé, *Manual de Historia constitucional de España*, Madrid, 1989; *Temas de Historia del Derecho: Derecho común*, Sevilla,

1977; *Temas de Historia del Derecho: Derechos de las Reinos*, Sevilla, 1977.

Escudero, José Antonio, *Curso de Historia del Derecho. Fuentes e Instituciones político-administrativas*, Madrid, 2003.

Font Rius, José María, *Apuntes de Historia del Derecho español tomados en las explicaciones ordinarias de la Cátedra*. Parte General: La evolución general del Derecho español, Barcelona, 1974.

Gacto Fernández, Enrique, *Temas de Historia del Derecho: Derecho del constitucionalismo y la codificación*, II, Sevilla, 1979; *Temas de Historia del Derecho: Derecho medieval*, Sevilla, 1977.

García de Valdeavellano, Luis, *Curso de Historia de las Instituciones españolas. De los orígenes al final de la Edad Media*, Madrid, 1968.

García Gallo, Alfonso, *Curso de Historia del Derecho español*. I. *Introducción e historia de las bases de formación del Derecho, de las fuentes y del Derecho público*. II *Historia del Derecho privado, penal y procesal*. I. *Conceptos generales, la persona natural*, II vols., Madrid, 1946-1950; *Estudios de Historia del Derecho privado*, Sevilla, 1982; Historia del Derecho español, 2 vols., Madrid, 1940-1942; *Manual de Historia del Derecho español*. El origen y la evolución del Derecho, Madrid, 1959.

García González, Juan, *Historia del Derecho español. Exposición cronológica*, Valencia, 1978; *Lecciones de Historia del Derecho español*, Valencia, 1988.

Gibert, Rafael, *Historia general del Derecho español*, Granada, 1968.

Hera, Alberto de la; Díaz Rementería, Carlos; Sánchez Bella, Ismael, *Historia del Derecho indiano*, Madrid, 1992.

Iglesia Ferreirós, Aquilino, *La creación del Derecho. Una Historia del Derecho español. Lecciones*. Fascículo 1, Barcelona, 1987: Fascículos II y III, Barcelona, 1988.

Lalinde Abadía, Jesús, *Derecho histórico español*, Barcelona, 1974; *Iniciación histórica al Derecho español*, Barcelona, 1970.

Minguijón Adrián, Salvador, *Historia del Derecho español*. Cuadernos, Zaragoza, 1923-1934; *Historia del Derecho español*, Madrid, 1933.

Montanos Ferrín, María Emma; Sánchez-Arcilla Bernal, José, *Introducción a la Historia del Derecho*, vol. 1 y II, Madrid, 1988; vol. III, *Historia del Derecho y de las Instituciones*, Madrid, 1991.

Ots y Capdequí, José María, *Historia del Derecho español en América y del Derecho Indiano*, Madrid, 1968.

Pérez Bustamante, Rogelio, *Historia del Derecho español. Las Fuentes del Derecho*, Madrid, 1994; *Historia de las Instituciones políticas españolas, Madrid*, 1995.

Pérez-Prendes y Muñoz de Arraco, José Manuel; *Apuntes de Historia del Derecho español*, Madrid, 1964; *Breviario de Derecho germánico*, Madrid, 1993; *Curso de Historia del Derecho español*, vol. 1: Parte General, Madrid, 1973; *Curso de Historia del Derecho español*. Introducción, *Fuentes y Materiales institucionales*, Madrid, 1989; *Interpretación histórica del Derecho. Notas. Esquemas. Prácticas*, Madrid, 1996.

Pérez-Prendes y Muñoz de Arraco, José Manuel; Azcárraga Servert, Joaquín de, Lecciones de Historia del Derecho español, Madrid, 1993.

Peset, Mariano, *Historia del Derecho*, Valencia, 1989.

Peset, Mariano; Mora, Adela; Ferrero, Remedios; Correa, Jorge; García Trovat, Pilar; Palao, Javier, *Historia del Derecho*, Valencia, 1990.

Peset, Mariano; Mora, Adela; Correa, Jorge; García Trovat, Pilar; Palao, Javier; Marzal, Pascual; Blasco, Yolanda, *Lecciones de Historia del Derecho*, Valencia, 1998.

Riaza, Román; García-Gallo, Alfonso, *Manual de Historia del Derecho español*, Madrid, 1934.

Salcedo Izu, Joaquín, *Sistema de fuentes histórico jurídicas españolas*, Zaragoza, 1978; Pamplona, 1987.

Sánchez, Galo, *Curso de Historia del Derecho*. Introducción y Fuentes, décima edición, revisada por J. A. Rubio Sacristán, Valladolid, 1972.

Sánchez-Arcilla Bernal, José, *Temas de Historia de la Administración*. Tomo I. *Hispania romana y visigoda*, Madrid, 1983; *Historia de las Instituciones político-administrativas contemporáneas (1808-1975)*, Madrid, 1994; Historia del Derecho. 1. *Instituciones políticas y administrativas*, Madrid, 1995.

Coronas González, Santos M., *Manual de Historia del Derecho español*, Valencia, 1996.

Tomás y Valiente, Francisco, *Manual de Historia del Derecho español*, Madrid, 1979.

Torres López, Manuel, *Lecciones de Historia del Derecho español*, 2 vols., Salamanca, 1935-1936.

COLECCIONES DE TEXTOS

Alonso Seco, José María, *Textos comentados de Historia del Derecho*, Madrid, 1993.

Alvarado Planas, Javier; Montes Salguero, Jorge J.; Morán Martín, Remedios; Pérez Marcos, Regina María; Rodríguez Gallardo, Francisco; Rodríguez Gil, Magdalena: *Comentarios de textos y casos prácticos de Historia del Derecho español adaptados al programa de la U.N.E.D.*, Madrid, 1993.

Bandrés Sánchez-Cruzat, Rosa María, *Textos de Historia del Derecho*, Zaragoza, 1988.

Gacto Fernández, Enrique; Alejandre García, Juan Antonio; García Marín, José María, *Textos de Historia del Derecho*, Madrid, 1983.

García-Gallo, Alfonso, *Textos jurídicos antiguos*, Madrid, 1953; *Manual de Historia del Derecho español*, tomo II Metodología Histórico-jurídica. Antología de fuentes del Antiguo Derecho, Madrid, 1962.

Gibert, Rafael, *Textos jurídicos españoles*, Madrid, 1973.

González de San Segundo, Miguel Ángel; Pérez Collados, José María; Solís Fernández, José, *Textos de Historia del Derecho español*, Zaragoza, 1998

Iglesia Ferreirós, Aquilino, *La creación del Derecho. Una Historia del Derecho español. Antología de textos*, Barcelona, 1991.

Merchán Álvarez, Antonio, *Antología sobre las épocas del Derecho español (concepto y textos de derecho histórico)*, Valencia, 1998.

Pérez Bustamante, Rogelio; Sánchez-Arcilla Bernal, José. *Textos de Historia del Derecho español*, Madrid, 1992.

EN LA RED

www.artehistoria.com
www.biografiasyvidas.com
www.wikipedia.com